GUERRE ET MÉMOIRE

Table ronde sur la littérature de guerre (6-7 décembre 1999)

Mémoires de guerre

Combattants iraniens (conflit Iran-Irak)

Combattants français (Première Guerre mondiale)

BIBLIOTHÈQUE IRANIENNE

57

Fondée en 1949 par Henry Corbin,
la Bibliothèque Iranienne
est publiée
par
l'INSTITUT FRANÇAIS DE RECHERCHE EN IRAN
Boîte Postale 15 815–3495 Téhéran, Iran
Site internet : http://www.ifriran.org
e-mail : ifri@ifriran.org

GUERRE ET MÉMOIRE

Table ronde sur la littérature de guerre (6-7 décembre 1999)

Mémoires de guerre

Combattants iraniens (conflit Iran-Irak)

Combattants français (Première Guerre mondiale)

BUREAU DE LA LITTÉRATURE ET DE L'ART DE LA RÉSISTANCE
INSTITUT FRANÇAIS DE RECHERCHE EN IRAN
FACULTÉ DES SCIENCES SOCIALES DE L'UNIVERSITÉ DE TÉHÉRAN
Téhéran 2002

Ce volume est publié
par l'Institut Français de Recherche en Iran avec le concours de la
Direction Générale de la Coopération Internationale et du Développement
du Ministère des Affaires Étrangères,
Sous-Direction des Sciences Sociales, Humaines et de l'Archéologie (Paris).

ISBN 2-909961-32-X

Dépôt légal : 2002
Imprimé en Iran

SOMMAIRE

PRÉFACE

C'est sur l'initiative de l'Institut Français de Recherche en Iran (IFRI) que s'est réunie à Téhéran, les lundi et mardi 15 et 16 Azar 1378, une table ronde dont le thème était « Etude comparative des littératures mémorialistes de guerre laissées par les combattants de la guerre Iran-Irak et les combattants français de la première guerre mondiale », en présence du *Bureau de la littérature et de l'art de la résistance* et avec la coopération de la *Faculté des sciences sociales de l'Université de Téhéran*. Un certain nombre d'experts, de professeurs et étudiants ainsi que d'auteurs de mémoires de guerre y ont participé. Le but de cette réunion était l'examen des bases culturelles communes et analogues rapprochant les deux guerres précitées, ceci en confrontant les souvenirs consignés de combattants. La réunion matinale du premier jour, qui eut lieu au *Bureau des études politiques et internationales* du ministère des Affaires étrangères, en présence, entre autres, de l'ambassadeur de France, Monsieur Nicoullaud, et du chercheur français le Dr Hourcade, fut ouverte par la lecture de versets du Saint Coran. Puis le Dr Christophe Balaÿ (directeur de l'IFRI) prononça une allocution au terme de laquelle il invita l'assistance à observer une minute de silence en l'hommage des martyrs de la guerre. Le Dr Mahmud Tâleqâni (Professeur de sociologie à la *Faculté des sciences sociales de l'Université de Téhéran*) parla ensuite du rôle des universités et centres de recherches dans les activités relevant de l'iranologie. Le sujet abordé par l'orateur suivant, le Dr Audoin-Rouzeau (conservateur du *Musée de l'histoire de la guerre de Péronn, France*) portait sur l'histoire culturelle de la première guerre mondiale et ses effets sur la France et les autres pays d'Europe. Vint ensuite le tour de Mortezâ Sarhangi (responsable du *Bureau de la littérature et de l'art de la résistance*) dont la communication était consacrée à une étude détaillée du courant de publication dans la presse iranienne de souvenirs de guerre ainsi qu'aux circonstances à l'origine de la création du Bureau de la littérature et de l'art de la résistance au sein du « cercle artistique ». Enfin, le dernier orateur de cette réunion fut M. Eric Butel que des impératifs de temps ont contraints à remettre la fin de sa communication à plus tard. La première intervention de la séance de l'après-midi du premier jour fut celle du Dr Audoin-Rouzeau, qui, à l'aide de la projection de diapositives du site et de sections du musée de la guerre de Péronne, s'attacha à présenter celui-ci, tout en prenant soin de mentionner que la vue d'objets vestiges de guerre suscite chez le visiteur le sentiment d'être plus proche de la réalité. Le dernier orateur du premier jour, le Dr Mas'ud Kôwsari (responsable de la *Direction de recherche et d'enseignement du ministère de la culture et de la guidance islamique*) parla de la littérature des mémoires de guerre et souleva la question de savoir si ces souvenirs écrits pouvaient être considérés comme constituant un genre littéraire, avant d'en présenter une classification basée sur les divers genres qu'on y rencontre.

Le second jour de réunion de cette table ronde, dans le salon de conférences de la Faculté des sciences sociales, la séance débuta par la communication de M. Alirezâ Kamari (écrivain et chercheur), intitulée « mystère des souvenirs de guerre et nouvel espace de la rédaction mémorialiste ». Les propos détaillés de l'orateur, suivis avec intérêt par l'auditoire, ont amené les participants à formuler leurs questions. En marge de ce débat, le Dr Audoin-Rouzeau déclarait : « On m'a demandé la raison de cette comparaison des deux guerres. Je dis que toutes deux ont été des guerres de positions et parfois d'usure et des groupes de combattants y ont fait naître une culture de guerre. Les belligérants ont passé une longue période sur le front et bien peu de temps à l'arrière du front. Enfin, cette guerre, j'entends la première guerre mondiale, peut être comparée, du point de vue militaire et humain, à la guerre de l'Irak contre l'Iran ». Après l'intervention de M. Kamari et les questions et réponses l'ayant suivie, M. Kâveh Bayât (chercheur et auteur d'une histoire contemporaine de l'Iran) parla de la littérature relative à la première guerre mondiale publiée en langue persane et de la bibliographie la concernant, déclarant que les mémoires de l'Ambassadeur de France à Moscou, publiées au Khorâsân en 1304, étaient le premier ouvrage écrit dans ce domaine.

La séance de l'après-midi du second jour commença par la présentation de plusieurs reproductions de dessins relatifs à la guerre exécutés par M. Kâzem Tchalipâ et un débat, en présence de ce peintre iranien, portant sur « les images et la connaissance des signes », en même temps qu'une analyse critique et une étude du Dr Chahidi et du Dr Audoin-Rouzeau. Ensuite, ce fut au tour du Dr Armaki (Professeur de sociologie et doyen de *la Faculté des sciences sociales de l'Université de Téhéran*) de lire son article, avant que M. Butel ne saisisse l'opportunité de terminer ses propos inachevés. Après qu'il ait été répondu aux questions posées par les participants, le Dr Balaÿ prononça le discours de clôture de cette réunion de deux jours, rappelant que ce délai était insuffisant pour pouvoir mener à bien l'étude des sujets abordés. Il proposa de prévoir d'autres réunions. M. Sarhangi annonça alors que le Bureau de la littérature et de l'art de la résistance était disposé à organiser les prochaines réunions.

Un point digne d'intérêt à mentionner est que la raison principale de l'organisation de cette réunion réside dans les travaux de recherche de M. Eric Butel, en particulier son travail sur le « martyre » durant la guerre Iran-Irak du point de vue des combattants iraniens, plus précisément sur « le martyre dans la littérature de guerre ». Selon son auteur, cette recherche visait à étudier les données ethnologiques du martyre de façon systématique, en utilisant les méthodes d'analyse de l'ethnologie et de la sociologie. Son entreprise aura non seulement conduit M. Butel à instaurer des liens avec des institutions culturelles et celles publiant des écrits sur la guerre – en particulier le Bureau de la littérature et de l'art de la résistance – mais encore à accéder à un important volume de toutes sortes de souvenirs de combattants et de soldats du front. C'est ainsi qu'au terme de quatre années d'efforts, il put accéder, grâce à l'analyse de ses découvertes et sous la direction du Dr Christophe Balaÿ, au titre de docteur en littérature persane qui lui a été décerné par l'Institut national des langues et civilisations orientales (INALCO). Bien que les bases théoriques, la méthode et les résultats du travail de recherche de M. Eric Butel puissent faire l'objet de critiques, il n'en reste pas moins qu'en soi le sujet traité ainsi que l'intérêt qu'y a porté l'auteur nous en révèlent la nouveauté en même temps que l'importance d'une approche scientifique. Cette réunion de deux jours s'est, contrairement aux habitudes, déroulée sans tumulte publicitaire ni protocole, sans frais excessifs, dans une atmosphère amicale, scientifique, totalement apolitique et empreinte de simplicité, où tout reposait sur le dialogue et la compréhension. Le déroulement de cette table ronde a montré qu'il est possible de discuter de phénomènes et problèmes nouveaux relatifs à la révolution islamique et la guerre / défense sacrée hors d'un climat dominé par les sentiments et le désir de propagande, à l'aide de critères scientifiques minutieux, puis, grâce à une connaissance précise des problèmes en cause, d'en identifier les différents aspects et de les explorer.

L'étude des Mémoires de la guerre Iran-Irak et leur mise en parallèle avec ceux relatifs à la première guerre mondiale publiés en France est également révélatrice du fait qu'en dépit du silence quasi général des centres de recherche officiels d'Iran une réalité qu'on appellera « littérature de la guerre / défense sacrée », a trouvé son identité et s'est affirmée, de telle sorte qu'on peut soumettre au débat et explorer l'une de ses composantes, en l'occurrence les souvenirs. Plus particulièrement, il est apparu que ce nouveau domaine est susceptible d'être étudié au moyen d'une approche dépassant les limites géographiques de l'Iran et les critères courants et d'offrir ainsi ses propres richesses. Néanmoins, malgré le titre de cette table ronde, la comparaison de la littérature mémorialiste et des souvenirs écrits de chacune des deux guerres précitées n'a pas été menée à bien de manière évidente et précise. En effet, la plupart des débats et discussions prévus au programme, dont les plus importants articles et interventions orales figurent dans ce recueil, auront surtout permis aux participants de se présenter et de poser les jalons des futures réunions de cette table ronde. Ses organisateurs pensent poursuivre leur tâche en préparant des questions et sujets élaborés en commun et touchant au domaine littéraire de la guerre ainsi qu'à ses problèmes annexes.

Le but de la publication des comptes-rendus des discussions de cette réunion et d'une sélection de souvenirs de guerre, faite sur l'avis et au goût de M. Eric Butel, est de permettre l'accès à ces débats et sujets traités tant aux amateurs pour leur propre information qu'aux experts et institutions spécialisées dans la recherche afin de les encourager à aider, grâce à leurs conseils et connaissances précises des sujets concernant ce domaine, les organisateurs des prochaines sessions en les faisant bénéficier de leur érudition.

Bureau de la littérature et de l'art de la résistance — Institut Français de Recherche en Iran

Faculté des sciences sociales de l'Université de Téhéran

PREMIÈRE PARTIE

COMMUNICATIONS

Christophe BALAŸ

HISTOIRE CULTURELLE DE LA GUERRE

Excellences, Messieurs les Professeurs, Chers amis

REMERCIEMENTS

Je voudrais saluer tout d'abord la direction de l'IPIS qui nous accueille aimablement dans ses locaux pour cette séance d'ouverture de la table ronde sur l'histoire culturelle de la guerre. L'IFRI a déjà eu cet honneur dans le passé à l'occasion de la tenue d'un colloque sur la Première Guerre mondiale dont les actes seront prochainement coédités par nos deux institutions. Je salue ici MM. Araqtchi et Mowjani qui ont accepté sans réserves d'être les premiers témoins de nos débats.

Qu'il me soit permis ensuite de saluer ici et de remercier S.E. l'Ambassadeur de France qui représente notre ministère de tutelle et soutient avec constance l'action scientifique de l'IFRI.

Nos remerciements vont aussi à l'Université de Téhéran et à sa Faculté des Sciences Sociales qui ont accepté (c'est la troisième fois pour cette Université et la première pour cette Faculté) de coopérer avec l'IFRI pour l'organisation de cette table ronde. Je salue ici son Président le Dr. Azâd-Armaki qui a bien voulu nous faire confiance. J'y vois un signe de bon augure dans les relations scientifiques et culturelles de nos deux pays et un nouveau départ dans la coopération scientifique des universités d'Iran et de France.

Nos remerciements vont enfin à l'Université d'Amiens qui a bien voulu déléguer le Professeur Audouin-Rouzeau pour apporter à cette table ronde toute l'expérience de son groupe de recherche sur l'histoire culturelle de la guerre et nous faire part des activités de l'Historial de la Grande Guerre de Péronne.

Permettez-moi enfin de remercier personnellement chacun des intervenants dans cette rencontre, les Dr. Tâleqâni, Kowsari, Bayât, MM. Sarhangi, Kamari, le Dr. Shahiri, MM. B. Hourcade (autrefois directeur de l'IFRI et actuellement directeur de l'équipe Monde iranien du CNRS), E. Butel et, bien sûr M. le Professeur Audoin-Rouzeau.

RÔLE DE L'IFRI DANS LES ÉCHANGES CULTURELS FRANCO-IRANIENS

La présence, ici-même, des représentants de l'université iranienne et de l'université française, m'invitent comme directeur de l'IFRI à souligner le rôle particulier qu'entend jouer cet institut dans les échanges scientifiques et culturels franco-iraniens.

Dès sa fondation, sous l'impulsion et l'autorité du Professeur Corbin, l'Institut Français d'Iranologie de Téhéran, c'était son nom, devenu depuis plus simplement Institut Français de Recherche en Iran, a été un lieu d'échanges intellectuels où les deux cultures – iranienne et française – entraient en contact. Dans les études d'Henri Corbin, les Français ont autant appris sur le chiisme ou la philosophie persane ancienne que les Iraniens sur la philosophie européenne. Il n'est pas lieu ici de faire l'histoire de ces recherches, mais qu'il soit permis seulement de rappeler que tous les travaux de l'IFRI, que ce soit en littérature, en archéologie, en histoire, en philosophie ou en philologie, en ethnologie, en géographie ou en sociologie – et la liste n'est pas exhaustive – tous ces travaux n'ont eu d'autre but que d'établir un pont entre nos cultures, ou, pour reprendre la formule désormais célèbre du Président de la République Islamique d'Iran, de nouer un dialogue entre les civilisations.

Fort heureusement, si la France et l'Iran ont eu parfois des motifs de discorde, plus nombreux ont été les sujets de concorde et de rapprochement ; en tout cas félicitons-nous de n'avoir pas connu de conflits. Certes, le sujet que nous allons aborder pendant ces deux journées n'est pas sans connotations politiques précises, nous ne nous le cacherons pas, comme nous n'oublierons pas non plus que pendant la guerre qui éclata en 1980 entre l'Iran et l'Irak les jeux de la politique internationale ont placé les divers pays dans des positions parfois contestables par l'une ou l'autre des parties. Mais cela étant dit, notre débat d'aujourd'hui n'est d'ordre ni politique ni stratégique. Il est d'un tout autre ordre. Il s'agit, en effet, de permettre à tous ceux qui d'un côté comme de l'autre, ont commencé de réfléchir à la nature profonde des grands conflits qui ont secoué la société européenne au début du siècle et la société iranienne, il y a plus de dix ans, de mettre en commun leurs réflexions et leurs interrogations.

POURQUOI UNE APPROCHE COMPARATIVE ?

Tout d'abord parce que nous croyons à des universaux de l'expérience humaine. En effet, la guerre, avec ses traumatismes et ses conséquences effroyables pour les peuples de la terre, met en œuvre des mécanismes socio-culturels qui d'une civilisation à l'autre, *mutatis mutandis*, retrouvent des caractères analogues.

Paradoxalement ensuite, parce que ces expériences présentent aussi des différences notables et que le partage de ces expériences peut permettre à chacun de mieux se comprendre soi-même dans le miroir des différences qui l'opposent à autrui.

Mais si nous cherchons à comparer, certes, ce n'est pas le conflit en lui-même, mais bien plutôt la représentation que les hommes s'en sont faite dans leurs cultures respectives. C'est ainsi qu'on peut parler, en reprenant l'expression du Pr. Audoin-Rouzeau, d'histoire culturelle de la guerre. Et lorsqu'on prononce ce mot, on constate que chaque peuple est entré dans le conflit avec son approche culturelle originale, qu'il l'a vécu dans des termes définis par sa tradition et son histoire, qu'il l'a traduit enfin dans des mots, des images, tout un travail de la représentation qui s'est achevé dans des formes particulières. Au bout de la chaîne se trouve le texte, produit de toutes ces expériences, de toutes ces voix, de tous ces points de vue.

Je ne veux pas anticiper sur le débat, et pourtant, je ne peux m'empêcher de remarquer à quel point les deux guerres (Iran-Irak, Première Guerre mondiale) envisagées comme phénomènes, divergent dans leurs efforts respectifs à se représenter. La première guerre mondiale, au moins dans le domaine français, doit attendre plusieurs décennies pour qu'on ose sérieusement se pencher sur le corpus des textes qui la représentent. Pour la guerre Iran-Irak, il en va tout autrement, au moins du côté iranien, où la fumée du canon à peine évanouie et le bruit des armes encore retentissant, ce ne sont pas quelques textes isolés qui sont apparus pour dire et représenter l'expérience de guerre dans toute sa profondeur, mais une forêt de textes dans des formes littéraires variées, venant de toutes les provinces d'Iran.

Ici se pose une question indéniablement culturelle. Pourquoi cette abondance de textes (je laisserai Eric Butel vous en livrer les chiffres) ? Pourquoi cette impérieuse nécessité de dire et de raconter ? Souci de garder mémoire ? Pas seulement ; volonté plus ou moins consciente d'inscrire l'expérience vive dans un patrimoine. Et là, l'histoire contemporaine rejoint le long fleuve de la tradition culturelle iranienne. Les historiens de l'Iran ancien se sont longtemps interrogés sur la faiblesse de l'historiographie perse. Mais parallèlement, un Charles-Henri de Fouchécour dans ses *Moralia* décrit avec une infinie minutie, cette chaîne ininterrompue de la morale politique, religieuse et sociale du peuple iranien depuis ses origines zoroastriennes jusqu'à l'orée des temps modernes. C'est donc qu'en terre d'Iran, l'important n'est pas là où on l'attendrait: ni événementiel, ni vraiment factuel, mais dans un travail inlassable et incessant d'interprétation, une quête du sens de l'histoire.

A lire la masse des mémoires de guerre (dont l'IFRI a recueilli et traduit quelques extraits pour nourrir notre réflexion pendant les deux jours à venir) on est frappé d'étonnement devant cette interrogation sans cesse répétée par les jeunes *bassidji*s qui partent affronter non pas l'ennemi irakien mais leur vérité intérieure, qui partent non pas combattre leurs voisins et frères dans la foi, mais les forces du mal, j'oserais dire Ahriman, tout ce qui s'oppose à la lumière de l'amour, à l'accomplissement de l'union mystique.

Bien sûr diront les sceptiques, ces textes sont édités et diffusés par les œuvres de la propagande. Certes, qui le nierait ? Des esprits plus éclairés et sans nul doute plus rapides, ont su rassembler tous ces efforts d'écriture et les mettre au service de leur cause ? Qui le leur contesterait ? Mais pour qui revient aux textes, à la multitude de ces textes, dans leur langue hésitante et râpeuse, dans leur naïveté ou leur compétence littéraire, devant la multiplicité, la complexité d'écritures et de visions, en entendant le concert de ces voix diverses mais unies dans la souffrance et la joie, scellées par la mort qu'ils ont appelé martyre – *shahâdat* – c'est-à-dire témoignage, pour le lecteur honnête et lucide, sans complaisance, le doute n'est pas permis. On est là devant un phénomène d'une authenticité qui dépasse toutes les tentatives de récupération propagandiste, un authentique travail de l'histoire mais que dépasse la vision eschatologique. Oui, le récit de guerre tel qu'il nous est donné à lire dans ce corpus des mémoires de la guerre Iran-Irak est un récit visionnaire ; parce qu'il est projeté à la fois dans une tradition immémoriale, religieuse, morale et littéraire et dans un au-delà sans cesse « déjà-là» dans l'expérience de l'aujourd'hui.

Pour un Européen, la représentation de l'expérience de guerre, décrite par les mémoires et inscrite dans une tradition littéraire séculaire, est du plus haut intérêt.

E. BUTEL ET LES MÉMOIRES DE GUERRE (DEA, DOCTORAT)

C'est pour cette raison même qu'Eric Butel ne s'y est pas trompé. Nous devons saluer ici sa perspicacité et tout autant sa persévérance. Ne nous faisons aucune illusion sur les difficultés d'une telle recherche. Il a fallu convaincre tout d'abord, et peut-être aussi se convaincre soi-même, de l'intérêt d'un tel corpus d'étude, mais surtout de la faisabilité de l'entreprise.

J'ai assisté, quand j'étais à Paris, aux premiers pas, aux premiers doutes, aux premiers étonnements. Dès les premiers résultats consignés dans un mémoire de DEA conduit sous la direction du Professeur Farhâd Khosrowkhâvar – à qui je rends ici hommage pour ses travaux, en particulier son travail de pionnier sur les testaments des martyrs. Les travaux d'Eric Butel, et jusqu'à un certain point l'initiative de cette table ronde, sont fondés sur ces premières esquisses et ces intuitions de départ.

Eric Butel a décidé il y a quelques années de consacrer sa thèse de doctorat à l'étude du martyre. C'est ainsi qu'il en est venu à concentrer toute son attention (et aussi la nôtre) sur cet immense corpus des mémoires de guerre édités par plusieurs institutions d'Iran. Et tout d'abord par le Howze-ye honari de l'Organisation de la Propagande islamique.

LES MÉMOIRES DE GUERRE, L'EXPÉRIENCE DU HOWZE-YE HONARI, SÂZMÂN-E TABLIGHÂT

Je laisserai les divers intervenants décrire en détail les activités du centre. Mais je voudrais dire ici en quelques mots combien l'expérience menée dès la fin de la guerre par quelques personnes, mues par la passion et un courage exceptionnel, me semble non seulement digne d'intérêt mais encore d'une importance capitale pour la compréhension de la société iranienne et de sa culture contemporaine.

Une des clefs pour la compréhension du phénomène qui nous intéresse, c'est un des écrivains de ces mémoires de guerre, Mohsen Motlaq, qui nous la donne dans son introduction à *Zendeh bâd Komeyl* (« Vive Komeyl ») : « Lorsqu'à Dokuhe j'ai rendu mon arme au dépôt dans les derniers jours de la guerre, je suis venu chercher un stylo au magasin avec lequel je pourrais défendre les valeurs acquises à travers mon *djihad.* »

A y bien réfléchir, nous avons là les éléments fondamentaux de notre phénoménologie : la plume prolonge le fusil ; le travail de l'écriture donne forme aux valeurs acquises dans la guerre (sainte). La forme rejoint et prolonge le sens.

BUTS ET MÉTHODE DE CETTE RENCONTRE

Je laisserai à E. Butel et au Professeur Audoin-Rouzeau le soin de vous présenter l'Historial de la Grande Guerre et les études européennes sur la littérature de la Première Guerre mondiale.

Permettez-moi simplement, avant de conclure, de rappeler les buts et les méthodes de cette rencontre. Nous l'avons dit, il s'agit avant tout de mettre en présence, non pas deux expériences (il n'y a plus guère, côté français, de témoins qui puissent en parler d'autorité), mais deux lectures de cette expérience de la guerre.

La méthode consistera à circonscrire au maximum le champ du débat ; aux mémoires de guerre essentiellement. Bien que les matériaux soient d'une richesse et d'une étendue considérablement plus vastes que ce que nous pourrons bien envisager ensemble. Les séances qui suivront, pendant ces deux jours, ont été délibérément voulues sinon confidentielles du moins limitées à un groupe de quelques dizaines de spécialistes et d'étudiants désireux d'entrer dans une réflexion commune et interculturelle.

CONCLUSION

Ce débat requiert de notre part beaucoup de modestie et de patience, d'indulgence et de bienveillance et aussi une prudence extrême pour ne pas laisser la passion ou l'idéologie prendre le pas sur la rigueur scientifique. C'est pourquoi nous n'avons pas souhaité de débat public ni de publicité. Notre seule prétention est ici d'apprendre à connaître et à nous connaître et d'œuvrer ainsi à une plus grande humanité dans les relations internationales. Le pari est-il trop audacieux ? Je ne le crois pas. Ou bien alors, à quoi aurait servi le sacrifice de tant de vies humaines ? De toute cette jeunesse qui a versé son sang ?

En sa mémoire, pour ne pas oublier, jamais, le poids de ce sacrifice, je vous invite, mes amis, à une minute de silence et je vous remercie de votre attention.

Mahmud TALEGHANI

LE RÔLE DES UNIVERSITÉS ET DES CENTRES DE RECHERCHE IRANIENS DANS LES ACTIVITÉS ÉTRANGÈRES D'ÉTUDES ET DE RECHERCHES SUR L'IRAN

Au nom du Très-Haut

Ainsi qu'il ressort du titre de mon intervention, je n'ai pas l'intention de traiter d'un sujet en rapport avec le thème de cette table ronde. Je laisse le soin aux spécialistes et aux experts du *Howze-ye honari* de l'Organisation de propagande islamique ainsi qu'à Messieurs Eric Butel, Audouin-Rouzeau et tous les autres collègues ici présents de faire part de leurs connaissances et de leur expérience sur le thème qui sera débattu dans cette assemblée.

Avant d'aborder le sujet même de mon intervention, je pense utile de rappeler qu'étant donné le peu de temps qui m'est accordé, je me limiterai à une étude très condensée du rôle positif des Universités dans l'organisation de telles réunions et de ses avantages.

Voici des années que me poursuit l'idée d'organiser, en milieu universitaire iranien, des réunions scientifiques et spécialisées, pour les chercheurs et étudiants étrangers intéressés dans les divers domaines des sciences humaines et sociales relatives à l'Iran. En effet, je suis convaincu que de telles assemblées peuvent prévenir d'éventuels malentendus d'ordre social tout en offrant, ce qui est plus important, l'occasion aux chercheurs étrangers, avant de publier les conclusions de leurs travaux, d'en discuter avec leurs collègues iraniens et d'en faire ensemble une revue critique ; et cela, de surcroît, dans une atmosphère purement scientifique et un environnement spécialisé, loin des agitations nées de quelque propagande. Ceci est essentiel pour les activités d'études et de recherches menées par des étrangers sans la participation de chercheurs iraniens.

Comme je l'avais expliqué de manière détaillée dans le cadre de la quatrième Conférence européenne d'Études iraniennes, qui s'était tenue à Paris cette année au mois de chahrivar, grâce aux efforts de mon ami et collègue Bernard Hourcade : dans la situation actuelle prévalant en Iran, la plupart des Iraniens qui y résident, quelles que soient leur situation et leurs responsabilités, sont tout à fait partisans des activités de recherches sur l'Iran entreprises à l'étranger, à condition toutefois qu'elles soient exemptes de préjugés hâtifs, parfois intentionnels, et qu'elles respectent les règles et critères scientifiques. Pour toutes ces raisons, de grands efforts ont été accomplis durant ces dernières années, en particulier après la fin de la guerre imposée, pour que soient réunies sur place, dans la mesure du possible, les conditions nécessaires aux activités scientifiques des iranologues étrangers.

La présence dans les universités iraniennes d'un nombre appréciable d'étudiants étrangers, originaires surtout de pays européens, occupés à des études et des recherches sous la direction de professeurs iraniens, dans les différents domaines de la culture et de la littérature persanes ainsi que des sciences sociales, non seulement prouve le bien-fondé de cette requête, mais encore signifie que nombre de nos collègues universitaires à l'étranger sont eux aussi parvenus à cette évidence qu'étant donné les conditions politiques, sociales et scientifiques spécifiques à l'Iran, aucun travail scientifique dans les domaines précités ne pourrait se faire sans le concours permanent et précieux de chercheurs et spécialistes iraniens.

Dans ce but, priorité a été accordée à l'aide aux jeunes chercheurs étrangers désireux d'entreprendre des études et recherches dans les diverses branches des sciences humaines et sociales. C'est pourquoi, lorsque j'ai appris, il y a environ trois mois, que M. Eric Butel, jeune chercheur français, avait pratiquement mené à terme sa recherche portant sur « les souvenirs des combattants de la guerre imposée Iran-Irak », j'ai immédiatement proposé que les résultats de son travail fassent l'objet d'une étude critique à l'occasion d'une table ronde. Cette proposition devait heureusement recevoir un accueil favorable d'abord de la part du chercheur concerné lui-même, puis du doyen de la faculté des sciences sociales de l'Université de Téhéran, le Dr. Taqi Azâd Armaki, ainsi que du Dr. Christophe Balaÿ, Directeur de l'Institut Français de Recherche en Iran.

Au cours des quatre années, ou presque, qu'ont duré ses recherches, M. Eric Butel a pu bénéficier des conseils et de l'aide désintéressée des spécialistes et chercheurs compétents du *Howze-ye honari* de l'Organisation de la propagande islamique. En revanche, pour diverses raisons qu'il serait trop long d'exposer ici, il n'a pu réussir à établir durant cette période des relations scientifiques formelles et permanentes avec des centres universitaires et de recherches iraniens. Nous espérons donc que ces réunions permettront de créer les conditions nécessaires pour qu'il puisse établir des contacts scientifiques avec des centres universitaires et de recherches iraniens et qu'il puisse ainsi, dans l'avenir, poursuivre ses recherches dans sa spécialité avec la possibilité des les approfondir plus encore.

Nous souhaitons en outre que ces réunions soient à l'origine de l'instauration de liens scientifiques et spécialisés durables et permanents entre nos collègues universitaires et les experts et spécialistes de la littérature de guerre au *Howze-ye honari* de l'Organisation de propagande islamique qui détiennent un savoir et une expérience peu communs de la littérature de guerre. Il est certain qu'à leur tour ces relations contribueront à réunir les conditions requises pour encourager et orienter les étudiants de maîtrise et de doctorat vers la recherche dans les divers domaines de la littérature de guerre.

Pour finir, je tiens à remercier, personnellement et au nom de la Faculté des sciences sociales, le Dr. Mehdi Fâ'ezi-Pour, Directeur des Relations universitaires et internationales de l'Université de Téhéran, dont le rôle a été éminent dans l'organisation de cette table ronde.

Taqi ÂZÂD ARMAKI

GUERRE OU RÉVOLUTION SOCIALE

Le présent article a pour objet l'étude du lien existant entre guerre et révolution dans la littérature des sciences sociales. Certains considèrent la guerre comme un phénomène plus militaire que social et culturel. La raison en est qu'on a défini la question essentielle, dans les guerres, comme étant celle de l'agression et de l'avantage de l'agresseur (généralement des états étrangers), grâce au recours à des méthodes coercitives et au rassemblement de forces militaires, sur un autre état et gouvernement. En revanche, la révolution a été considérée comme un phénomène plus social et culturel que militaire. En effet, cette conception implique que le peuple, soit en tant que force essentielle de la révolution, soit aux côtés de forces révolutionnaires, agisse de son propre gré selon un plan préconçu en vue de parvenir aux objectifs visés, le plus souvent un changement des structures de la société. D'autre part, pour distinguer guerre et révolution, sont prises en considération les conséquences qu'ont eues les guerres pour l'homme et l'histoire : destruction et désordre, alors que l'effet des révolutions est perçu comme plus favorable aux nations et aux populations et conforme aux finalités de l'homme. Pourtant, et compte tenu des expériences que le monde a connues durant les deux derniers siècles, si la question essentielle est une appréciation scientifique de ces deux phénomènes que sont la guerre et la révolution, il serait contestable de considérer les guerres comme néfastes et les révolutions comme salutaires. En effet, en dépit de leurs effets néfastes pour l'homme, les guerres ont engendré tout comme les révolutions sociales les principales bases de changement et d'évolution des anciennes structures sociales et culturelles, permettant ainsi à la société d'aborder une nouvelle ère. D'un autre côté, bien que les révolutions aient pu, en rassemblant consciemment les forces sociales, générer pour la société le progrès intellectuel, la fierté sociale et politique ainsi que l'ouverture d'une nouvelle ère sociale et culturelle, elles ont entraîné aussi des destructions, des désordres ainsi que du gaspillage d'énergie et de chances. En tant qu'évaluation scientifique et non pragmatique, ou en tant que jugement idéologique, on peut dire que les révolutions et les guerres ne sont ni bonnes ni mauvaises. Toutes deux portent en elles le pouvoir de faire évoluer la société et, en même temps, sont à l'origine de multiples désordres sociaux et culturels.

QUESTION PRINCIPALE

Cette communication tend à démontrer que les guerres et les révolutions sociales dans la société moderne peuvent différer dans leurs apparences, mais se ressemblent peu ou prou quant à leur substance, leur orientation, leurs effets sur la société et la vulnérabilité de celle-ci à leur égard. A cet effet, ont été posées des questions de fond dont les réponses à certaines d'entre elles ont été prises en considération ici :

- Les guerres engendrent-elles des effets néfastes pour la société, et les révolutions d'heureux effets ?
- N'existe-t-il pas de différence entre les conséquences découlant de ces deux phénomènes sur la société ?
- Les effets engendrés par les guerres et les révolutions ne vont-ils pas dans le sens de la modernisation de la société ?
- Les guerres ne contribuent-elles pas à un recul de la société, alors que les révolutions sociales la portent vers l'avant et sont à l'origine d'une évolution et de réformes radicales ?
- Les différences existant entre ces deux phénomènes tiennent-elles surtout à la façon dont leurs observateurs les interprètent et les perçoivent ou bien ou à leur nature intrinsèque ?

CADRE CONCEPTUEL

Les sciences sociales, et particulièrement la sociologie, envisagent l'étude de la guerre et de la révolution selon deux points de vue divergents. Le premier cadre théorique appartient au domaine marxiste et le deuxième à la thèse dite de l'harmonie, et surtout au structuro-fonctionnalisme de Parsons. Dans ce premier on considère la révolution comme un phénomène nécessaire et inévitable pour que la société évolue d'une étape à une autre. Cette évolution, en même temps qu'elle est nécessaire et inéluctable, est également heureuse et avantageuse. Marx est l'un des penseurs sociologues qui a le plus prôné la révolution. Il a qualifié de forces aimables et révolutionnaires ceux qui s'efforcent dans l'abolition du régime féodal vers le capitalisme puis le passage de celui-ci vers l'instauration du communisme. Marx pense que les forces révolutionnaires, principal agent du passage de la féodalité au capitalisme, constituent ce qu'il a appelé « bourgeoisie » :

La bourgeoisie, avec l'amélioration rapide des moyens de production et l'extension des moyens de communication plus aisés qu'elle a entre les mains, conduit toutes les nations, même les plus sous-développées, vers la civilisation. Les bas prix de ses produits représentent une artillerie lourde au moyen de laquelle elle abat toutes les murailles de Chine, et grâce à laquelle elle métamorphose l'aversion la plus tenace des peuplades sauvages et arriérées (étrangères, s'entend) en soumission inconditionnelle. La bourgeoisie contraint toutes les nations à adopter son système de production de peur qu'elles ne soient détruites par elles. Elle les oblige à propager en leur sein ce qu'elle nomme civilisation, en d'autres termes, à acquérir elles-mêmes la qualité de bourgeoisie. En un mot, la bourgeoisie crée le monde à sa propre image. [1]

Marx considère explicitement la bourgeoisie comme la force révolutionnaire essentielle.

Du point de vue historique, la bourgeoisie a joué le rôle le plus révolutionnaire qui fût. Partout où elle a dominé, elle a mis un terme aux rapports féodaux citadins et ruraux. Impitoyablement, elle a mis en loques les liens féodaux, semblables à une mosaïque, qui existaient entre l'être humain et les « supérieurs naturels », ne laissant subsister aucun rapport, mis à part le profit brut et le critère grossier et froid du « billet de banque » entre les êtres humains. Elle a noyé dans l'eau glacée de ses calculs égoïstes les rêves les plus spirituels issus des ferveurs religieuses, les émotions de bravoure ainsi que l'univers affectif des peuples. La bourgeoisie a anéanti la valeur personnelle dans celle de l'échange, et, au lieu des innombrables libertés inaliénables qui avaient une charte et un ordre, elle nous a imposé la liberté unique et irrationnelle du « libre commerce ». En un mot, au lieu de l'exploitation politique qui, autrefois, était voilée de craintes de nature religieuse et politique, la bourgeoisie a mis en place une exploitation brute, sans pudeur, directe et sanguinaire.

Au stade de la transition du capitalisme au communisme, Marx mentionne les forces révolutionnaires sous la dénomination de « prolétariat » et « intellectuels ». Il a explicitement et clairement décrit l'importance du rôle du prolétariat dans le passage du capitalisme au nouvel ordre :

Tous les anciens mouvements historiques étaient des mouvements minoritaires ou agissant dans l'intérêt de minorités. Le mouvement du prolétariat est le mouvement conscient et indépendant de la vaste majorité agissant dans l'intérêt de celle-ci. Le prolétariat, qui constitue la couche la plus subalterne de notre société actuelle ne peut bouger et relever la tête que si les couches superstructurelles de la société se désintègrent.

La lutte du prolétariat et de la bourgeoisie, du point de vue formel et non par nature, est avant tout un combat national. Il est évident que le prolétariat de chaque pays doit, avant toute chose, régler ses comptes avec la bourgeoisie interne de ce pays. [2]

Après Marx, les marxistes hégéliens, dont Lukacz et Gramsci, se sont penchés sur le rôle des intellectuels et du prolétariat dans l'apparition de la révolution sociale. Lukacz, dans son ouvrage *Histoire et conscience de classe* [3],

---

1. Abrahams, J. H., *Bases et développement de la sociologie*, vol. 1, trad. Hassan Puyân, Téhéran, Tchâpkhoch, 1ère éd. 1363 (1984), p. 309.
2. *Ibid.*, p. 307.
3. Lukacs, George, *Târikh va âgâhi-e tabaqâti*, trad. Djavâd Bâchi, Téhéran, Amir Kabir, p. 38.

sensibilisé aux idées de Kant et Hegel et s'appuyant sur leurs points de vue, critique la thèse anglaise relative à la révolution ouvrière et présente le matérialisme du Siècle des lumières comme le « moule idéologique de la révolution bourgeoise ». Dans cet ouvrage, Lukacs qualifie les intellectuels de forces révolutionnaires.[4]

Opposés à ce point de vue, nombre de penseurs sociaux ont critiqué la théorie de la révolution marxiste et pensent que, étant donné que les révolutions sociales récentes ont eu des conséquences malheureuses et destructrices, il convient de tenter de comprendre les mécanismes internes des systèmes dans le cadre de la « théorie de la réforme ». A titre d'exemple, on peut citer Karl Popper, qui, dans sa défense de la thèse réformiste, a procédé à la critique de la thèse révolutionnaire.[5]

Compte tenu des deux cadres conceptuels ci-dessus, on est en droit de se demander « quel destin on peut imaginer pour les guerres ». Les guerres sont-elles uniquement porteuses d'effets destructeurs ou bien engendrent-elles changement et évolution ? Faut-il considérer les guerres avec cette présomption que les révolutions sont les phénomènes essentiels engendrant l'évolution et regarder les guerres comme des phénomènes néfastes ?

C'est en s'appuyant sur ces deux points de vue théoriques que « les guerres » sont étudiées à travers la lucarne des « révolutions ». En acceptant les révolutions sociales comme seule voie de changement structurel d'une société, le point de vue marxiste a entrepris la critique de la thèse réformiste, et, d'autre part, celle des guerres dans lesquelles le rôle idéologique des intellectuels de gauche est moindre. En revanche, la thèse de l'harmonie, après avoir critiqué révolution et guerre accorde toute son attention à l'importance de la réforme. Compte tenu des expériences qui demeurent des deux derniers siècles en matière de révolutions et de guerres, il est possible, conformément à un nouveau cadre conceptuel, de prétendre pouvoir considérer les guerres comme des révolutions sociales.

ÉTUDE DE L'OPINION SELON LAQUELLE LES GUERRES SONT AUSSI DES RÉVOLUTIONS SOCIALES

Jusqu'ici, nous avons tenté d'opérer une distinction entre « révolution » et « guerre » et de considérer chacune comme un phénomène différent. Alors que si nous observons leurs conséquences respectives, il est possible de prétendre qu'elles ne sont pas si dissemblables. Un examen plus approfondi nous permet de constater que les deux phénomènes se sont produits sur la base de penchants humains, dans un lieu et à une date ou période précises, au cours d'une seule

---

4. Azâd Armaki, Taqi, *Nazariyye-hâ-ye djâme'e chenâsi*, Téhéran, Soruch, 1376 (1997), p. 140.
5. *Enqelâb yâ eslâh* (révolution ou réforme).

période, avec des buts bien déterminés, avec la participation d'hommes utilisant du matériel et certaines méthodes. On peut aussi y voir violence, massacres ainsi que l'emploi de l'énergie et de l'expérience humaines. Ces deux phénomènes, qui touchent les structures sociales et politiques, exigent un énorme investissement tant en hommes qu'en capital. Ainsi, « guerre » et « révolution » sont des phénomènes sociaux qui revêtent des aspects militaires, politiques, économiques et culturels.

Ce qui, dans « le monde moderne » rapproche plus encore guerre et révolution est l'ensemble de leurs conséquences. Toutes deux trouvent leurs racines dans les structures sociales et toutes deux, après les avoir brisées, en créent de nouvelles, ce qui revient à moderniser la société et la vie sociale. Même si guerre ou révolution prétendaient retourner au passé ou ramener au pouvoir les classes sociales d'autrefois ou encore les gouvernements traditionnels et réactionnaires, et, à supposer même que cela arrive, le mouvement collectif mû par l'objectif de détruire le modèle existant serait encore là. C'est de façon inconsciente que ces deux phénomènes entreprennent la planification de nouvelles structures. Et ceci n'est rien d'autre que la « révolution ». En d'autres termes, les guerres sont des révolutions non déclarées, tandis que les révolutions sont des guerres déclarées.

Pour mieux comprendre ces aphorismes, il est indispensable de porter notre attention sur plusieurs points :

1 - Quand, dans la littérature sociale et politique (en sciences sociales) on parle de guerre, le verbe se teinte de violence et d'approche critique. Mais quand il s'agit de révolution, l'expression se ressent d'une sorte de regard teinté d'optimisme.

2 - Le jugement des observateurs des « facteurs » de guerres et de révolutions diffère des uns aux autres. En effet, les observateurs considèrent ces deux sortes de phénomènes avec un œil critique, et, parfois, contestataire. Alors que leurs agents, dans les deux cas, ont une attitude défensive proportionnelle à leur appartenance et leur intérêt dans les deux phénomènes.

3 - Les agents de ces deux phénomènes agissent en dehors de tout jugement de valeur s'appuyant sur des cadres théoriques, le jugement de l'histoire, les systèmes de valeurs et les idéologies. Ils se considèrent comme les forces certaines de la réalisation des résultats. On en veut pour preuves les testaments, dont l'examen sera utile. En effet, dans les testaments publiés après les guerres et les révolutions, le portrait des instigateurs d'une guerre ou d'une révolution donnée est fort différent de l'image dont il était question durant les événements concernés. Ceux-ci, tout en claironnant la victoire sur l'ennemi, font allusion aux problèmes objectifs du combat mené ainsi qu'aux réalités qui les attendent une fois celui-ci terminé.

C'est compte tenu des développements précédents que, du point de vue théorique, je conçois les guerres comme des révolutions non déclarées, implicites, et ne considère pas leurs moyens d'investigation différents de ceux des révolutions. Prenant en considération les questions ci-dessus, on peut accorder plus d'attention au champ théorique et empirique commun rapprochant guerres et révolutions, que j'ai appelé « domaine conséquentiel » ou « champ des résultats involontaires ». C'est la raison pour laquelle il ne fallait pas étudier les différences séparant les forces impliquées dans le combat, ou accorder quelque attention aux slogans et à l'apparence de l'ennemi. En effet, ce genre d'études s'apparente plus à l'apparence qu'au contenu. C'est ainsi que nous pouvons soulever les questions suivantes :

1 - La première guerre mondiale a-t-elle eu une part inférieure dans le changement des structures sociales de la France que la Révolution ?

2 - La guerre menée par l'Irak contre l'Iran a-t-elle eu une part inférieure à celle de la révolution islamique dans l'histoire contemporaine de l'Iran ?

Il semble qu'une évaluation scientifique exempte de jugement sur « la nocivité des guerres » et « la vertu des révolutions » peut apporter une réponse aux questions précitées. Après avoir cité, d'un pont de vue historique, deux guerres, ceci dans le cadre de plusieurs questions, il est possible de parvenir à de nouveaux points : ces deux guerres, en France et en Iran, qu'étaient-elles ? Comment ont-elles vu le jour ? Comment se sont-elles poursuivies ? Comment se sont-elles terminées ? Qui sont leurs instigateurs ? Quels messages ont-elles transmis ? quelles furent leurs conséquences ? Ces questions sont de celles qui doivent certainement retenir l'attention de toute investigation historique. [6]

Après avoir fait allusion à ces deux guerres comparables, s'impose la nécessité d'appliquer le point essentiel, qui est le suivant : « les guerres sont ces mêmes révolutions sociales » à une étude pratique de la période de reconstruction et de révision des structures sociales et politiques de l'Iran et de la France après les deux guerres susdites. Il est certain qu'à l'issue de ces conflits, en France comme en Iran, la société se trouve confrontée à l'émergence d'une nouvelle génération, au sein de laquelle est revendiqué, sous la forme d'un slogan absolument fondamental, le besoin d'un renouveau de l'ordre social, et exprimée l'objection à la guerre et une révolution rénovée, avec sa contrepartie, l'insistant slogan réclamant des réformes structurelles internes.

---

6. L'intention des auteurs d'articles et des chercheurs (ayant participé au Congrès relatif à l'étude comparée de la littérature mémorialiste de la guerre Iran-Irak et de la première guerre mondiale) n'est pas de répondre aux questions précitées dans le cadre d'une étude comparative de la littérature mémorialiste ayant marqué chacune de ces guerres. Ils ne veulent pas simplement faire une revue de ce qui était, mais leur intention, en analysant la teneur des souvenirs, est de saisir la direction prise par ces deux guerres et les modalités de leur mutation en révolution.

Morteza SARHANGI

LE FEU DE LA GUERRE ET LA LITTÉRATURE

Lorsque le conflit a éclaté j'étais un jeune homme d'un peu plus de 20 ans, sans un cheveu blanc, qui, pour la première fois, allait expérimenter de près la guerre sur le front méridional. C'était l'hiver. Le premier hiver de la guerre. Les étendues désertiques proches de la petite ville frontalière d'Hoveyzeh [1] étaient recouvertes de boue que la fumée de la poudre à canon avait, par endroits, striées de noir. J'étais alors un jeune journaliste inexpérimenté et assez gauche, caractéristique du reste tout à fait incompatible avec un tel métier. Mais j'étais ainsi et personne n'y pouvait rien.

Je n'étais pas allé sur le front pour y préparer un reportage ou y recueillir des informations. J'étais venu pour me battre. Toutefois, l'expérience tirée de mes lectures me disait que tout ce que je verrais à la guerre serait digne d'être écrit. C'est pourquoi je transportais dans mon sac à dos un petit carnet recouvert de cuir noir. Certains soirs, à l'intérieur du VTT ou de l'abri situé au bord du fleuve Karkheh, je consignais, date à l'appui, le déroulement de mes journées. Ce carnet est toujours là, mais il ne sert à rien, car il est incomplet. La vérité est que je ne pouvais pas écrire en permanence, tant en raison des déplacements successifs que nous connaissions que de l'impossibilité de penser à écrire sous une pluie de fer et d'acier en fusion. Cependant, je m'efforçais de garder en mémoire tout ce que je voyais et entendais. Des aventures qui, en soi, étaient de toutes manières inoubliables.

Après y avoir passé plusieurs mois, je quittai le front méridional, avec tout ce qu'il avait eu de bon comme de mauvais, pour rejoindre mon administration d'origine et reprendre une vie normale dans une situation de guerre. Bien qu'épargné de toute égratignure, chaque jour je sentais que j'étais devenu un autre homme. La guerre avait creusé en mon âme des sillons pour y semer une nouvelle graine qui n'était autre qu'une soif infinie de savoir tout ce qui se passait au cœur de la guerre.

Chaque jour, je devenais plus sensible à l'abondance des nouvelles en provenance des divers fronts de la guerre qui se déversaient au bureau du journal. Après tout ce que j'avais pu voir, durant les quelques mois passés sur le front méridional, je voyais perdus mon pays et sa jeune révolution. J'en ressentais une profonde amertume qui m'empêchait de penser plus sérieusement à ma jeunesse et ma propre vie.

---

1. Petite ville du sud du Khuzistan rasée par l'armée irakienne, aujourd'hui reconstruite à proximité des ruines de l'ancienne ville.

Nouvelles, reportages et communiqués officiels étaient sans cesse publiés, remplissant les colonnes des journaux. Mais je savais qu'aucun d'eux ne pouvait refléter l'aspect et l'ampleur de la guerre que j'avais vue. Au regard de la gravité du conflit, les nouvelles étaient bien minimes. Autre amertume.

J'aimais mon travail. Je savais que ces caractères de divers formats ainsi que ces pages reliées pouvaient, par des écrits authentiques, créer la magie d'approcher la dimension de la guerre et de la révéler à tous. Mais qui devrait écrire ces récits ?

Cette question avait creusé son chemin en mon esprit. Sans que je le sache, j'étais à la recherche d'un je ne sais quoi de perdu, sans en posséder le plus petit indice. Mais je savais que cela existait.

Je dirigeai mes lectures vers les guerres mondiales. Devant moi se trouvaient les expériences passées dont je devais tirer profit, car je pensais n'avoir rien d'autre à faire que de trouver cette chose non identifiée et occultée. Au cours de mes lectures, je compris que lorsque des troupes d'occupation entrent dans un village ou une ville, aucune porte ne leur est fermée. Les soldats occupants sont les rois sans couronne et sans trône de villages et villes à demi dévastés. Par conséquent, c'est dans leurs récits que l'on doit découvrir une part de cet élément perdu de la guerre.

Une année s'était écoulée depuis le début des hostilités lorsque je me rendis, avec un laissez-passer, au camp de détention des prisonniers irakiens. Mes outils de travail étaient un petit appareil enregistreur et un bloc-notes. Certains jours, du matin jusqu'au soir, c'est-à-dire jusqu'à l'heure réglementaire du camp, j'écoutais parler les prisonniers irakiens et prenais des notes. Certains d'entre eux me racontaient comment eux-mêmes ou leurs amis avaient occupé, détruit, tué et violé. Moi, je ramenais toutes ces déclarations et les publiais dans une colonne de notre journal, ainsi intitulée « secrets de la guerre imposée de la bouche de prisonniers irakiens », titre que j'avais moi-même choisi. Ces sujets suscitèrent très vite de l'intérêt car, pour la première fois, nos compatriotes pouvaient prendre connaissance de faits issus du cœur même de la guerre et dont, jusqu'ici, ils n'avaient jamais entendu parler. Le fait d'entendre relater ces événements, surtout par des prisonniers ennemis, m'ouvrit plus encore les yeux vers l'intérieur de la guerre. Je compris que je devais accorder plus d'importance à la collecte de ces déclarations. Ainsi, chaque jour, je parlais avec quelques prisonniers irakiens et remplissais cette colonne. Parfois même, certains d'entre eux, relativement éduqués, manifestaient le désir d'écrire eux-mêmes leurs souvenirs et le faisaient. Quant à moi, je publiais toutes ces déclarations orales et écrites, lues par de nombreux lecteurs. Par la suite, à partir d'une nouvelle rédaction de ces entretiens, je publiai un livre sous le même titre de « secrets de la guerre imposée de la bouche de prisonniers irakiens » [2].

2. Morteza Sarhangi, *Secrets de la guerre imposée de la bouche de prisonniers irakiens*, éd. Soruch, 1ère éd. 1362 (1983), 2ème éd. 1363 (1984), 3ème éd. 1364 (1985), 4ème éd. 1369 (1990).

Ces entretiens avec des militaires irakiens prisonniers ont réellement bouleversé ma vie professionnelle, et chaque jour qui passait me rapprochait d'un pas de l'objet de mes recherches. Ces souvenirs, en soulevant un coin du voile qui occultait la guerre, nous révélaient des événements qui nous étaient jusque-là invisibles. Ce n'était pas un petit exploit ; à vrai dire, non pas pour moi-même, mais pour ceux qui viendront après nous et chercheront, entre les lignes de ces écrits, leur « je ne sais quoi de perdu ».

Un autre point à noter dans ces souvenirs de militaires irakiens prisonniers est que ceux-ci ne relataient pas seulement leurs souvenirs personnels, mais parlaient aussi des combattants iraniens et de la résistance de la population dans les villes et les villages frontaliers. Ceci fit réaliser que, réunis, les souvenirs des militaires irakiens et ceux des combattants iraniens nous offriraient une perspective plus complète des événements de la guerre.

Plus la guerre durait, plus la relation des souvenirs de guerre gagnait en importance. La presse d'alors consacrait pages et colonnes aux souvenirs de combattants iraniens, dont certains sont encore en cours de publication à l'heure où je vous parle. En dépit de leur style peu littéraire, la prise de conscience de l'importance, à cette époque, du fait d'écrire ses mémoires primait sur la façon de les écrire. Car nous savons tous que ce sont des soldats qui écrivent les souvenirs de guerre, et non écrivains et historiens.

Les mois et les années de guerre s'étiraient avec leur lot quotidien d'événements nouveaux. On n'en était pas encore arrivé à la moitié de la guerre que les amis, à la rédaction du journal pour lequel je travaillais, consacrèrent une page spéciale, intitulée « le front et la guerre », au récit de ces souvenirs. Ces amis n'étaient autres que MM. Sa'id 'Alâmian et Sa'id Sâdeqi, l'un des éminents photographes de la période de guerre. Cette page, publiée deux jours par semaine, le dimanche et le mardi, ne traitait que des divers aspects littéraires de la guerre et avait réussi à séduire pas mal de lecteurs, dont je faisais partie. La publication des souvenirs de combattants, écrits et expédiés spécialement pour cette page des divers fronts de la guerre, comportait pour nous trois aspects importants :

1- Le premier était qu'en leur donnant de l'assurance, elle développait, chez les combattants, une espèce d'audace qui les encourageait à écrire d'avantage. Ceux d'entre eux qui écrivaient bien, nous les contactions. Ils devenaient ainsi des correspondants permanents pour la page « le front et la guerre » qui donnait ainsi l'occasion aux combattants de tester leur propre talent littéraire.

2- Le second point était que les combattants constataient ainsi que des événements, qui, leur semblaient tout à fait ordinaires, méritaient d'être imprimés dans les journaux et étaient même stupéfiants, pour les gens éloignés des lieux de combat.

3- Enfin, le troisième point résidait en ce que la lecture et la correction de ces souvenirs allaient nous apprendre une nouvelle grammaire, celle d'un langage réaliste. Nous savons qu'une foi nouvelle en une réalité implique un style neuf pour la traduire ; la rédaction de ces souvenirs de guerre empruntait ce même style nouveau, dénué d'emphase et d'art littéraire plaisant. Ces souvenirs étaient peut-être rudimentaires d'un point de vue littéraire, mais, en tant que tranche des réalités de la guerre, ils étaient des œuvres de maîtres.

Riche de ces enseignements, je produisais cette feuille en m'améliorant chaque jour un peu plus. D'autre part, mes relations avec les prisonniers irakiens se poursuivaient et leurs souvenirs étaient publiés dans le journal. En dépit d'interruptions épisodiques de leur publication, mes relations avec eux n'ont jamais été totalement interrompues.

Notre groupe n'ignorait pas ce qui se passait dans les autres journaux et magazines s'agissant de la littérature de guerre. L'ancien journal *Ettelâ'ât* commença à publier, au début de l'année 1366, un supplément hebdomadaire de 16 pages intitulé « informations du front » (*Ettelâ'ât-e djebheh*) paraissant le mardi. Y étaient également abordées les implications politiques et économiques de la guerre, mais les questions relatives à la littérature de guerre y dominaient. Après 90 numéros, la publication de ce périodique, qui s'était poursuivie huit mois après l'annonce de la fin de la guerre, cessa. La revue *Payâm-e Enqelâb* (Message de la révolution), organe de l'Armée des Gardiens de la révolution, consacrait également des pages et des colonnes spéciales à la publication de souvenirs et d'entretiens avec des combattants réalisés sur les champs de bataille. La page de cette revue intitulée « Instants de mort et de vie » (*Lahzehâ-ye marg va zendegi*) relatait d'émouvants souvenirs. Une autre forme de collecte de souvenirs avait été la préparation et l'impression d'une grande quantité de carnets format poche par l'Armée des Gardiens (Sepâh-e Pâsdârân). Appelés carnets de souvenirs, ils furent distribués parmi les combattants se trouvant au front afin qu'ils confient leurs souvenirs à leurs pages de taille réduite. Aujourd'hui, nombre de ces livrets, après avoir été remplis, dorment dans les centres de l'Armée des Gardiens ou au domicile des combattants. Il faut ajouter à l'ensemble de ces écrits plusieurs milliers de cassettes enregistrées pleines de souvenirs de combattants et conservées au Service des Archives de l'Armée des Gardiens.

Une autre expérience nous enseigna que, parallèlement à la publication de livres relatifs à la guerre, une revue indépendante pouvait laisser des traces des vérités inhérentes à la guerre dans notre société. Voici quatre ans, une fois encore aux côtés de M. Behbudi, nous avons lancé la revue bimensuelle *Kamân*. De nouveau, nous avons apporté, au petit bureau de *Kamân*, nos expériences de journalistes du temps de guerre, mais, cette fois, sept années s'étaient écoulées depuis la fin de la guerre. A ce jour, ont été publiés 85 numéros de cette revue, considérée comme le seul périodique spécialisé dans la littérature de guerre, littérature sans frontières et hautement humaine. La guerre Iran-Irak, qui, à l'instar de nombreux autres conflits, connut des débuts aisés, finit péniblement. Le jour de l'annonce de la fin de la guerre, je me trouvais sur mon lieu de travail, dans le bureau de la page « front et guerre ». A présent, il n'y avait plus ni guerre ni front, mais leur bureau existait. Certains collègues disaient en plaisantant : « la guerre est terminée et vous voilà sans plus rien à faire : il est préférable que vous rentriez chez vous et vous reposiez convenablement ! »

Au cours de ces huit années de travail, nous avions trouvé une nouvelle formule. Celle-ci nous disait : la littérature de guerre naît avec le lancement de la première balle. Elle se développe pendant la guerre, puis, après, atteint l'âge adulte. Maintenant, fallait-il l'abandonner alors qu'elle était en pleine maturité ?

Avant la fin de la guerre, nous avions ressenti la nécessité de fonder un centre littéraire capable de travailler de façon continue sur la littérature de guerre. En effet, non seulement le volume des œuvres était énorme, mais encore notre groupe avait consacré sa vie active à ce travail et était donc expérimenté dans ce domaine. Ce plan n'avait pas revêtu de forme écrite mais avait seulement été débattu entre nous. Un jour, nous avons parlé de l'importance et de la nécessité de la création d'un tel centre avec le responsable du Centre d'art, M. Zam, et il fut convenu de la rédaction du projet et de son programme. Le soir même, au domicile de M. Behbudi, dont, sincèrement, nous avons beaucoup appris, nous rédigions le plan et baptisions ce centre « Bureau de littérature et des arts de la résistance ». Quelques jours plus tard, au cours d'une réunion avec M. Zam, après avoir discuté du projet, celui-ci annonça son accord pour le lancement de ce Bureau.

Après 10 ans de travail et d'expérience au journal, nous le quittions pour un petit bureau situé au coin de la rue Somayyeh. Mais nous n'arrivions pas les mains vides. Au contraire, nous avions de nombreux programmes destinés à réaliser des tâches variées, que nous exécutions l'un après l'autre. En marge des souvenirs des combattants et de ceux des prisonniers irakiens, nous nous préparions pour la rédaction des Mémoires des prisonniers de guerre iraniens, qui n'avaient alors pas encore été libérés. En publiant deux ouvrages [3] réunissant respectivement les souvenirs de deux prisonniers iraniens qui avaient été échangés, en période de guerre, avec des invalides, nous avons pu faire connaître à nos milieux littéraires cette sorte de littérature de guerre, connue dans le monde sous le nom de « littérature de la captivité ». A la suite de l'important échange de prisonniers de guerre entre l'Iran et l'Irak et le retour consécutif d'environ 40 000 prisonniers iraniens dans leurs foyers, nous avons dû faire face à un énorme volume de travail. Ces souvenirs révèlent une autre face de la guerre. Leur importance est due au fait que non seulement ils nous dévoilent un petit coin de la guerre mais encore révèlent ce qu'était l'existence carcérale, existence basée sur la privation de tout, même de la vision d'une étoile le soir.

---

3. Le premier « Ramalhâ-ye techneh » a été écrit par Dja'far Rabi'i, aujourd'hui propriétaire d'un cabinet d'avocat à Téhéran. Le second, intitulé « Ordugâh-e Mowsul 3 », a pour auteur M. Hamid Mohammadi, aujourd'hui attaché culturel d'Iran à Belgrade.

La compilation de « la culture du front » dont le projet avait été préparé par Seyyed Mehdi Fahimi, a commencé dans ce même Bureau de littérature et d'art de la résistance. Les premiers pas étaient ainsi franchis vers la compilation d'un recueil d'œuvres immortelles sur la culture. Aujourd'hui, environ 40 volumes de ces œuvres ont été publiés grâce au planificateur et compilateur de ce recueil.

Durant ce temps, nous étions parvenus à une autre formule, à savoir : les guerres populaires, de même qu'elles trouvent leurs propres commandants trouvent également leurs propres écrivains. Les combattants des champs de bataille d'hier venaient l'un après l'autre et écrivaient. Ceux d'entre eux qui ont persévéré dans l'écriture méritent bien d'être désignés par le terme de mémorialistes de guerre. Ces derniers, qui, en réalité, forment la deuxième génération d'écrivains postérieurs à la révolution iranienne, sont plus modestes que les écrivains professionnels. Cette modestie est sans aucun doute un présent que la guerre leur a offert. Pourtant, ces jeunes auteurs sont arrivés à croire qu'ils sont écrivains de guerre et qu'ils ne sont pas moins importants que les fameux commandants du temps de guerre.

Onze ans ont passé depuis la création du Bureau de littérature et d'art de la résistance pendant lesquels il a publié environ 500 titres d'ouvrages dans le domaine de la littérature de guerre, dont la plupart concernent des souvenirs de combattants, de militaires irakiens et de prisonniers iraniens.

Aujourd'hui, nous sommes tous affectés par les expériences passées de notre vie et si nous devons progresser et nous rapprocher de la vie souhaitée, soyons certains que nous gardons un pied dans notre vie d'hier. La connaître nous fait accéder à une sorte de conscience et de perception des réalités qui nous dictent la façon de regarder un événement, voire comment prévoir l'avenir avec ce même regard. Les événements revêtent des aspects variés. Jusqu'au moment où leur écorce n'a pas été fendue et leur contenu dissimulé au regard, leur vraie nature demeure indéterminée. Il arrive parfois que nous nous demandions ce que nous rapporte la compilation des détails de cet événement que fut la guerre. Mais, à force de recherches et d'investigations, après avoir recueilli ces petites et grandes informations et les avoir mises côte à côte, nous réalisons que l'étendue de cet événement n'était pas de la dimension que nous pensions.

La nature de la guerre est faite de ces épisodes qui sont recouverts d'innombrables couches de pellicules. Tant que nous ne nous sommes pas parvenus en leur cœur, nos restons incapables de diagnostiquer correctement la véritable nature de celle-ci. Les souvenirs de guerre sont tels un couteau tranchant, qui, par son fil, fend les couches de pellicules et nous conduit au cœur des vérités de la guerre.

L'expérience de ces vingt années m'a enseigné, ainsi qu'à l'organisation dans laquelle je travaille, que nous ne pourrons atteindre nous-mêmes le bout du chemin que nous avons jusqu'ici parcouru. Si nous imaginons une fin à cette œuvre, ce sera la fin de notre propre existence et non celle des œuvres littéraires de guerre.

Aujourd'hui vingt années se sont écoulées depuis le jour où, en cet hiver froid, sur le front méridional, j'expérimentais la guerre pour la première fois. Je suis maintenant un homme d'âge mûr aux cheveux plus ou moins blancs, mais je ne me sens nullement las.

Ce que mes amis du Bureau de littérature et des arts de la résistance et moi-même avons à dire est que nous prenons congé d'un siècle souillé de sang. Le 21ème siècle nous tend les bras. Nous espérons qu'au cours de ce siècle les hommes liront des souvenirs de guerre mais n'auront plus à en écrire. Selon vous, il s'agit là d'une petite espérance ?

Mas'ud KOWSARI

ASPECTS SOCIOLOGIQUES DE L'ŒUVRE MÉMORIALISTE

Les mémoires ou souvenirs de guerre, dont, à ce jour, seule une infime partie se trouve publiée, ont, en Iran, jusqu'ici peu retenu, en tant que genre littéraire, l'attention des sociologues de la littérature. Le but du présent article est de souligner l'importance des aspects sociologiques de ce genre littéraire et de mettre en exergue sa valeur sociologique dans la connaissance du « monde du front » ou, en d'autres termes, de « la communauté des combattants » musulmans iraniens. Nul doute que la guerre, à l'instar de tout autre phénomène social, représente un phénomène dont on peut observer et étudier des analogies dans des lieux et des temps différents, ce qui, précisément, en rend possible une étude comparative.

Au cours du présent article, il sera tout d'abord procédé à une étude des souvenirs écrits en tant que genre littéraire, avant d'en déterminer les caractéristiques relatives à des éléments tels que le récit, le narrateur, l'époque et le lieu de la narration ; enfin, sera établie une liste des aspects des souvenirs de guerre des combattants iraniens susceptibles de faire l'objet de recherches sociologiques.

GENRE LITTÉRAIRE DES SOUVENIRS ÉCRITS

Sous-tendant la suite des développements de cet article, se pose une première question : peut-on considérer les souvenirs écrits comme un genre littéraire ou non ? Avant d'y répondre, s'impose une définition de quelques termes, destinée à éclaircir quelque peu notre sujet. L'un de ces termes est le mot « souvenir ». Pour le rendre plus intelligible, il faut distinguer entre le souvenir désignant ce qui est imprimé dans la mémoire ou les images du passé fixées dans la mémoire et ce qui demeure sous forme de texte. Ici, lorsqu'on parle de souvenirs, il ne s'agit pas des souvenirs que les combattants ont gardés à l'esprit des événements de la guerre sur le front ou à l'arrière (de toutes façons en rapport avec le front) – bien que dans leur genre, ces souvenirs-là recèlent aussi pour leur part une valeur propre et une qualité documentaire particulières – mais ce que nous entendons ici par « souvenirs » est le texte écrit résultant de la genèse de cette matière première emmagasinée dans la mémoire des combattants. En d'autres termes, grâce à l'élément « récit », celle-ci aura trouvé une structure particulière et, par là, acquis une valeur sociologique. Livrés en effet sous forme narrative, les événements acquièrent une importance variable, sont arrangés, choisis, et, en fin de compte trouvent leur structure expressive et sont traduits en mots en vue de suggérer une signification particulière. Il se peut aussi évidemment que le texte soit à la fois oral (enregistré) et écrit, mais ce qui retient notre attention dans cet article ce sont surtout les mémoires écrits par les combattants iraniens et relatant leurs souvenirs, que nous appellerons souvenirs écrits ou mémoires. Dans la mesure où ces textes contribuent à nous faire connaître les conceptions, croyances et comportements des combattants iraniens sur le front et à l'arrière, et, par là, à nous offrir les moyens d'une meilleure connaissance de la société iranienne durant les huit années de « défense sacrée », nous leur reconnaissons une valeur sociologique certaine.

L'importance du récit dans la conversion des souvenirs personnels des combattants en écrits mérite incontestablement une étude d'ordre sociologique. En effet, au moment du récit, le rédacteur (le combattant), s'inspirant de sa propre vision du monde et de son idéologie personnelle, évidemment toutes deux liées à sa situation sociale dans la société globale de l'Iran et déterminées par les conditions sociales de l'époque, donne aux événements une structure spécifique. C'est précisément à partir de ce point que les souvenirs écrits acquièrent leur propre valeur sociologique et anthropologique et que, du point de vue strictement sociologique, on peut les analyser en tant qu'œuvres littéraires. Désormais, à chaque fois que le terme souvenirs ou mémoires sera employé, il s'agira des textes écrits des souvenirs des combattants iraniens de la guerre Iran-Irak.

Au terme de ces propos liminaires, nous revenons une fois encore à la première question posée, celle de savoir si l'on peut considérer ces mémoires comme un genre littéraire ou non. Bien que la réponse soit du ressort des critiques littéraires dans la mesure où cette question concerne leur spécialité et non la sociologie de la littérature, on peut tout de même sommairement affirmer, indépendamment du degré de qualité littéraire de chacun de ces textes, qu'ils forment un genre littéraire indépendant tout à fait digne d'intérêt.

TYPOLOGIE DES MÉMOIRES DE GUERRE

De l'étude de l'ensemble des souvenirs ou mémoires de guerre publiés par le Bureau des Arts de l'Organisation de la Propagande islamique et par des organes comme l'Armée des Gardiens de la Révolution islamique (*Sepâh*), on peut conclure que ces œuvres se divisent elles-mêmes en subdivisions ou types secondaires, dont la classification a été faite compte tenu des trois critères ou éléments suivants : le récit, le narrateur, l'époque et le lieu.

1- L'élément récit

L'élément récit a été utilisé dans l'ensemble des mémoires publiés en proportion variables, des simples notes journalières jusqu'aux mémoires où domine complètement l'utilisation de l'élément récit. Il est indispensable ici de préciser que l'importance de cet élément ne suffit pas à elle seule à conférer au texte sa qualité de document, car il se peut même que le journal d'un combattant ou d'un martyr recèle pour sa part une valeur historique supérieure. Malgré tout, dans l'optique littéraire et, plus encore, du point de vue sociologique, plus ample sera l'usage fait de l'élément récit dans un texte, plus ce dernier s'en trouvera enrichi au bénéfice des études sociologiques et anthropologiques. Ici, nous nous abstiendrons bien sûr de traiter de l'importance et de la richesse littéraire de ces textes, ce sujet ne relevant pas de la compétence de l'auteur de ces lignes. Nous nous limiterons à rappeler qu'une revue de l'ensemble des mémoires des combattants nous amène à constater que, dans la plupart des cas, ceux-ci n'ont pas été rédigés dans l'intention de produire un texte littéraire mais dans le but de consigner par écrit des événements et des souvenirs relatifs à un fait historique déterminé. Nombre de combattants ont commencé ainsi la rédaction de leurs souvenirs :

> « Je n'écris ni dans l'intention d'être lu ni guidé par la mauvaise foi ou poussé par quelque pensée hypocrite, mais pour disposer d'un moyen le jour où je voudrai penser au passé et me remémorer mes souvenirs ; bien que je n'aie guère une bonne plume et que mes mots manquent d'élégance » (*Hermân-e Hur*, p. 27).
>
> « ... J'écris pour, un jour, m'asseoir et feuilleter ce carnet. Il se peut que mes notes ne présentent aucun intérêt pour certains et, même, qu'elles ne leur plaisent pas ; mais je n'écris pour personne d'autre que moi, dans l'espoir que cela me servira plus tard » (*Ibid.*, p. 28)

Ces phrases ne signifient pas que les combattants, en consignant leurs souvenirs, n'aient pas eu quelque destinataire en tête et n'aient écrit que « pour leur propre plaisir » (du reste, écrire pour son plaisir n'exclut pas la pensée d'un lecteur particulier) mais plutôt que le fait de coucher les souvenirs d'un événement important primait sur la production d'un texte littéraire, ce qui n'est d'ailleurs pas incompatible avec la valeur littéraire de ces œuvres.

En ce qui concerne leur qualité narrative, il est possible de présenter les mémoires publiés sous la forme de la figure ci-dessous :

qualité narrative minime ⟶ qualité narrative moyenne ⟵ haute qualité narrative

Première catégorie : les souvenirs de qualité narrative minime

Les notes journalières et les biographies recèlent une valeur narrative moindre par rapport aux autres souvenirs. Se trouvent ci-dessous reproduits des exemples de cette première catégorie :

« Le 2/3/65, 6 heures et demi.

Au nom de Dieu. J'ai eu l'occasion d'être hypocrite, de trop rire, de faire les prières avec légèreté et sans ferveur. De pleurs, mes yeux n'en avaient plus, peut-être parce que j'avais trop ri. Jusqu'à un certain point je n'ai pas fait grand chose de [ce qui était prévu à] mon programme, mais à la place, je suis allé visiter les amis et rendre service aux combattants. C'est pourquoi Satan m'a tourmenté toute la journée. Il a fait pas mal de trucs rusés... » (*Bord-e Imân*, p. 11 / Chahid Seyyed Qâsem Zabihifar).

« Nous sommes aujourd'hui, le 13/01/1365 [2 avril 1986]. On a distribué à chaque combattant des billets de 10 tomans signées par le Premier ministre comme étrennes. » (*Bord-e Imân*, p. 68 / Notes du Chahid Mortezâ Sangtarâch).

Bien que ce genre de souvenirs soit plutôt consacré à la biographie et à l'expression des préoccupations morales des combattants ou bien à de simples comptes-rendus des événements ayant marqué les jours écoulés, il arrive aussi parfois qu'on y trouve dépeints des instants empreints de spiritualité ainsi que, au sens du mysticisme islamique, l'état spirituel (*hâl*) des combattants. Ces souvenirs regorgent de relations de rêves et de visions qui assaillent les combattants au combat ou dans les instants de solitude :

« Cette nuit j'ai revu Mehdi en rêve. Dans ce rêve, nous rigolions Mehdi et moi. C'était un rêve étrange. J'ai senti que j'étais ailleurs que dans ce monde-ci. Mehdi était heureux, moi aussi. Je me suis réveillé, et puis je me suis rendormi. De nouveau j'ai revu Mehdi dans mon sommeil. Mais cette fois-ci furieux. » (*Bord-e Imân*, p. 69 / Notes du Chahid Mortezâ Sangtarâch).

Deuxième catégorie : souvenirs de qualité narrative moyenne

Cette deuxième catégorie est relative aux mémoires dans lesquels les narrateurs (les combattants) procèdent, dans le cadre de leur récit, à un rapport des événements relativement précis. La meilleure illustration de cette catégorie de souvenirs est l'ouvrage *Yâd-e ayyâm* (« souvenir de l'époque ») écrit par Hamid Dâvudâbâdi. Des passages en sont reproduits ci-après :

« C'était ma première expérience d'envoi collectif au front. Les fois précédentes, j'avais été envoyé seul. C'est pourquoi ce voyage se chargeait pour moi d'une atmosphère toute particulière et m'apparaissait fort intéressant. M'asseoir dans l'autobus à impériale me menant à la gare, monter dans le train puis dans le compartiment en compagnie de tous ceux avec qui, les jours suivants, nous devrions combattre côte à côte, être là jusqu'au matin du jour suivant au moment de l'arrivée à Ahwaz, tout cela devait m'apporter des instants heureux et inoubliables. » (*Yâd-e ayyâm*, p. 60).

« Passant par l'ouverture du remblai nous avons atteint l'autre côté de la route. C'est alors que nous vîmes, à peu de distance, des forces que nous présumions être irakiennes. En les entendant parler arabe, nous acquîmes la certitude que nous nous trouvions face à l'ennemi. Nous passâmes donc à l'attaque : échanges de balles et de R.P.G. des deux côtés. Nous n'étions pas très éloignés. L'un des obus R.P.G. éclata près de nous. Un éclat atteignit et blessa Rezâ Alemiân, qui se mit à hurler ; « Amir, je suis blessé ! » A son cri répondit soudain d'en face la voix de nos propres forces qui, en persan, disaient : « Ne tirez pas, nous aussi sommes Iraniens, vous vous êtes trompés » (*Ibid.*, p. 80-81).

Troisième catégorie : souvenirs de haute qualité narrative

Cette troisième catégorie recouvre, parmi les mémoires de combattants iraniens, ceux qui sont empreints d'une valeur narrative relativement appréciable et s'apparentent plus ou moins à ce qu'on appelle « nouvelle » (histoire courte), voire à un récit plus étoffé. Évidemment, nous ne voulons pas dire par là que ces mémoires ont été rédigés selon la structure du récit de style moderne, dont la trame est faite d'un ensemble de difficultés et de solutions dramatiques. Au contraire, le mode de narration est tel qu'en filigrane le front apparaît comme une vraie demeure, avec des personnages réels et d'authentiques relations entre eux. En d'autres termes, dans cette sorte de souvenirs, « le monde social de l'histoire » prend forme et nous faisons la connaissance des personnages de l'histoire, histoire plus authentique qu'aucune autre. Un exemple patent de cette catégorie de souvenirs peut être trouvé dans l'ouvrage *Hachtâd ruz moqâvemat* (80 jours de résistance / souvenirs de Sa'id Tâdjik) :

> « Un jour, de retour du champ de tir, je pris une couverture, y couchai mon Siminov, puis soulevant ma chemise, je mis le canon sur mon sein comme une mère allaite son enfant. Je commençai à le bercer en lui chantant une berceuse ! En me voyant les gars se mirent à hurler de rire. Hâdj Aqâ Parvâzi se tenait dans un coin et me regardait. Je ne m'était aperçu de rien, quand, soudain, je vis Hâdj Aqâ qui riait. Aussitôt, je rabaissai ma chemise et le saluai. Je me grattai la tête, et, de honte, allai me cacher derrière les gars. Hâdj Aqâ dit : Allaite donc ton enfant et n'ai pas honte ! » (*Hachtâd ruz moqâvemat*, p. 24).

2- L'élément narrateur

L'étude des mémoires de guerre des combattants iraniens montre la diversité de l'élément narrateur dans ces écrits. En réalité, selon les nécessités requises par le sujet ou l'époque et le lieu, le narrateur apparaîtra sous l'une des figures suivantes :

– Le combattant dans le rôle de rédacteur et narrateur.
– Un ami ou parent du combattant dans le rôle de narrateur ou rédacteur.
– Transcription du texte d'une interview du combattant, accompagnée d'une légère correction du texte.
– Interview et rédaction des souvenirs par l'auteur de l'entretien.

Il est évident que les mémoires rédigés par les combattants eux-mêmes, de par la présence directe de ceux-ci dans leurs écrits ainsi que la claire révélation qu'ils y font de leurs croyances et observations, sont dotés de plus d'importance que les textes rédigés par une autre personne, intervenue dans la composition des souvenirs issus de la mémoire des combattants et convertis ensuite en un texte écrit. En tout cas, c'est le résultat de la conversion en un texte écrit des souvenirs mentaux des combattants que nous avons entre les mains, et ce résultat dépend de la personne par l'esprit de qui s'est opéré le filtrage (le combattant, les amis ou parents du combattant, les correcteurs et compilateurs des recueils) avant que naisse le texte. En ce qui concerne tant la qualité et la richesse littéraire que la valeur anthropologique et sociologique des textes obtenus, règne la plus grande diversité.

3- Époque et lieu de la narration

L'époque et le lieu de la rédaction ou de la narration des souvenirs constituent un autre facteur de disparité. Sur cette base, ils peuvent être classés en deux groupes :

– Écrits du front (rédigés au moment des événements du front ou peu après).

– Écrits de l'arrière (généralement éloignés dans le temps de la survenance des événements).

Il est très difficile de juger de l'importance relative de chacune de ces deux catégories ; en effet, les écrits du front, en dépit de leur aspect succinct, haché, voire parfois inachevé, sont empreints d'une valeur littéraire et sociologique certaine parce qu'ils ont été consignés au cœur même de l'événement et traduisent les sentiments et les états d'âme ou d'esprit des combattants. D'autre part, les écrits de l'arrière sont eux aussi considérés comme particulièrement précieux, en ce sens que l'éloignement de l'atmosphère du front aura permis à leurs auteurs de bénéficier d'un temps de réflexion supérieur et de procéder donc à une meilleure narration des événements.

Compte tenu des trois éléments récit, narrateur et époque et lieu de la narration, il est possible de procéder à une classification des souvenirs des combattants iraniens. En d'autres termes, ces trois éléments forment, pour chacun, les trois sommets d'un triangle ; toute variation de chacun des trois sommets peut conduire à la naissance d'un genre secondaire (subdivision) :

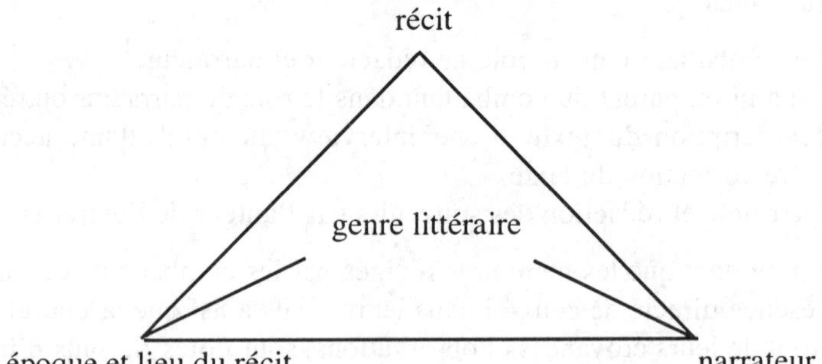

La question de la dénomination éventuelle pouvant être attribuée à chacune de ces subdivisions dépasse le cadre de cet article et appelle débats et recherches supplémentaires. Nous terminerons par conséquent par un bref exposé des aspects et caractéristiques des souvenirs écrits susceptibles d'une étude sociologique.

LE MONDE SOCIAL DES MÉMOIRES DE GUERRE

Bien que chacune des subdivisions englobant les souvenirs des combattants se distingue par sa valeur littéraire, anthropologique et sociologique particulière, il semble bien cependant que les souvenirs où l'élément narratif a pris le plus de consistance, et où, en un sens, « le monde social » [1] prend forme, recèlent une valeur sociologique supérieure. Les ouvrages *Hermân-e Hur*, *Yâd-e ayyâm*, *Hachtâd ruz moqâvemat* et *Zendeh bâd Komeyl* méritent, en particulier de ce point de vue, d'être cités. On peut clairement observer dans ces spécimen le développement d'un « monde social » et y discerner les personnages (les combattants), leurs rapports entre eux, leurs antécédents ainsi que leur origine sociale, et, enfin, leur destin (qu'ils aient été martyrs, blessés, invalides, ou aient disparus).

Indubitablement, ce monde social peut, sous des dimensions et des aspects variés, faire l'objet de recherches sociologiques, dont, afin d'éviter les longueurs, nous nous limiterons à citer une liste non exhaustive de sujets :

1- L'origine sociale des combattants en terme de classes sociales.

2- Leur situation sociale : classes d'âge, profession, etc...

3- Les mécanismes du rassemblement et de l'organisation des combattants.

4- Les processus de socialisation des combattants.

5- Les méthodes de commandement et des mécanismes efficaces permettant de transformer de simples combattants en commandants expérimentés et émérites ; autrement dit, l'éducation d'une force compétente pour la prise en charge de responsabilités de commandement.

*

* *

N.B. Les références bibliographiques relatives au présent article se trouvent annexées au texte original persan, également publié dans cet ouvrage.

1. L'auteur a emprunté cette expression aux sociologues de la littérature d'après lesquels, dans les récits, plus particulièrement les romans, nous rencontrons un monde comme le monde social hors-temps, qu'ils appellent « monde social du récit (roman). Ceux-ci pensent que le devoir d'un sociologue de la littérature est de découvrir ce monde social entre les lignes de l'œuvre littéraire. Il est évident que, selon cette conception, l'œuvre littéraire n'est plus uniquement une simple superstructure puisée dans une vérité de base ou un miroir reflétant les événements extérieurs, mais est perçue en tant que monde indépendant, avec ses propres relations et sa propre logique.

ʿAlirezâ KAMARI

SECRET ET ALLÉGORIE DES SOUVENIRS DE GUERRE : NOUVEAU CHAMP DE LA LITTÉRATURE MÉMORIALISTE

Au nom de Dieu et en présentant mes salutations à l'assistance.

A l'occasion de cet entretien, nous nous proposons de débattre de l'évolution de la littérature mémorialiste ainsi que de certains aspects ou caractéristiques des souvenirs de combattants iraniens de la guerre Iran-Irak.

Il convient de signaler que, compte tenu du temps réduit dont nous disposons et de l'économie de mots qui s'impose, il est impossible de considérer le sujet sous tous ses aspects. En conséquence, ce qui sera présenté ici ne sera inévitablement guère plus qu'une étude liminaire, susceptible de préparer le terrain à des sujets de débats qui pourront prendre place dans le cadre de cette table ronde.

Ceci étant, il se peut que la teneur de mon intervention apparaisse comme dépourvue de l'aspect et de la structure d'un article cohérent et semble s'apparenter plutôt à des mots croisés ou à des extraits d'un livre ou d'un vaste traité.

1- On peut donner de multiples définitions du mot « Mémoires », mais, pour l'instant, nous nous limiterons à celle-ci : Mémoires – sous la forme écrite – œuvre que son créateur, en l'occurrence le détenteur du souvenir, aidé de sa mémoire, compose et écrit, et dans laquelle il procède à des reconstitutions et parle de ce qu'il a vu et entendu, sous l'effet du rappel à son esprit et d'une revue opérée dans son passé – et, également d'un recours à tout ce qui pourrait l'aider à lui remémorer ce passé. Donc, les Mémoires sont le fruit d'une recherche dans le temps passé.

Prenant en considération cette définition usuelle, nous devons, si nous voulons dénombrer les composantes du souvenir, porter notre attention, dans le texte de l'œuvre, sur le lieu, le sujet et les modalités du rôle et de la présence de son détenteur. La façon dont sont organisés les liens et rapports de ces composantes entre elles engendre la variété des souvenirs. Nous pouvons également déduire de cette définition que les Mémoires sont aussi anciens que la vie et la civilisation humaine. Dans le plus ancien texte religieux de la Perse antique, l'Avesta, Zoroastre, dans certaines gathas, relate ses problèmes et ses doléances et raconte son existence à l'époque qui était la sienne, en utilisant la première personne du singulier. De même, la première œuvre écrite qui nous est restée des anciens Achéménides comporte des inscriptions que les rois ont fait graver sur la pierre pour témoigner de leurs actions. Beaucoup de ceux qui ont étudié ces monuments, comme Henning et des historiens comme Frantz Rosenthal ont mentionné l'aspect mémorial de ces inscriptions et les ont d'ailleurs dénommées expressément « Mémoires des rois ».

Le rappel de ces antécédents n'annonce pas un exposé de l'évolution historique du genre littéraire des Mémoires en Iran, mais vise simplement à souligner et rappeler le fait que cette forme littéraire n'est pas un fait récent dans l'histoire de l'Iran. Toutefois, à chaque période et selon les circonstances historiques, elle a porté un nom particulier et revêtu une apparence spécifique. Pour des raisons que nous mentionnerons ici rapidement, en regard des diverses autres périodes, l'apparition d'une littérature mémoriale durant les deux dernières décades, c'est-à-dire après la révolution islamique, puis, à sa suite, la guerre Iran-Irak, aboutit au développement d'un champ nouveau dans la littérature et l'histoire de l'Iran. Nous l'appellerons désormais « littérature des Mémoires de guerre ».

Notre conception de la littérature et de l'application du terme « littéraire » à des Mémoires appelle quelques explications, et, dans une certaine mesure, une vérification. En effet, l'application du terme « littéraire » ou des caractéristiques propres à la littérature au texte des souvenirs, ne répond pas tout à fait aux critères de la science littéraire. En réalité, l'œuvre littéraire repose sur des fondements faits de sens esthétique, de sentiment, de talent et d'imagination ; puis, par le biais de l'impression qu'elle exerce sur les sensations de ceux à qui elle s'adresse, contraint les pensées à l'effort et la réflexion. Car c'est l'utilisation artistique du mot qui fait glisser le discours-texte de son degré objectif et ordinaire au rang littéraire. Mais les Mémoires sont fondamentalement révélateurs de vérités vécues par des êtres humains et nous savons que dans la relation des réalités, plus on y met d'application scrupuleuse, plus on en augmente l'importance documentaire et la crédibilité historique. C'est pour cette raison que la mention du temps et du lieu lors de la relation écrite de Mémoires est indispensable. On ne peut en effet les ignorer.

D'un autre côté, il est possible de compter les Mémoires au nombre des œuvres littéraires si l'impact de la teneur et de la signification du texte sur les émotions et les réactions affectives des lecteurs est pris en considération. Alors, le discours littéraire imprimé au texte tend vers des notions et des thèmes dont les Mémoires peuvent bénéficier et même regorger.

Convenons d'une autre manière permettant de ranger les Mémoires au nombre des œuvres littéraires au sens large : il s'agit du point de vue traditionnel qui rattache à la littérature toutes les œuvres écrites.

Une autre perception susceptible d'être déduite de l'expression « littérature mémorialiste » est d'envisager cette littérature comme une méthode et un style, et notre propos est ici de distinguer et d'observer un ensemble de caractéristiques qui, dans un certain nombre d'œuvres semblables et communes, les Mémoires, ont pu être établies et existent effectivement.

A mon avis, toutes les considérations et interprétations citées à propos du lien entre la littérature et les Mémoires sont justifiables et peuvent faire l'objet de commentaires ; il est du reste possible d'accepter chacune d'elles pour sa part et de l'utiliser.

Selon la science littéraire, l'évocation de genres littéraires et de pures œuvres littéraires exclut toute recherche et toute trace des Mémoires. Cependant, de ce point de vue, il existe aussi un certain nombre de Mémoires dont les particularités de forme et de construction textuelles comportent des liens et des ressemblances avec la catégorie des œuvres littéraires ; d'après la science littéraire, on peut compter cette sorte d'œuvres au nombre des genres littéraires, ou semi-littéraires.

Si l'on observe le contenu, l'expression et le sujet des Mémoires, en tant que substance et âme de ceux-ci, nous comprenons que leur valeur principale est dissimulée dans leur qualité historique et le thème qu'ils traitent. C'est pourquoi on les classe dans l'ensemble des documents historiques. Dans certains cas, les Mémoires sont reconnus comme documents complémentaires, et, dans d'autres, ou dans certaines circonstances, comme source essentielle et première référence d'un événement ou d'une période historique. A mon avis, cette position intermédiaire des Mémoires, tant du point de vue historique que littéraire, pourrait constituer un sujet de discussion libre, qu'il ne m'est pas loisible d'évoquer pour l'instant ; cependant, je me limiterai à ce point : il faut considérer l'aspect historique et réaliste inhérent aux Mémoires comme l'essentiel et le fondement (*djôhar*) et leur forme littéraire comme un accident (*'araz*) et les classer sous la rubrique « littérature mémorialiste ».

Autant nous privilégions, dans les Mémoires, les particularités ou les effets artistiques factices du discours, c'est-à-dire leur aspect littéraire, autant nous enlevons de leur importance et de leur fonction historique, et vice-versa. Ceci dit, je suis maintenant dans l'obligation de laisser inachevé ce sujet et de passer au suivant.

2- On a dit justement que la littérature mémorialiste, tant narrative qu'écrite, se propage et reçoit, dans une société ou à une époque donnée, un accueil favorable, lorsque le « moi » individuel et social est né après avoir trouvé son identité et que les hommes ont pris conscience de leur indépendance individuelle ainsi que de leur rôle en tant qu'individus. En Europe, une telle situation apparut après la Renaissance pour s'affirmer avec plus de force sous l'effet des révolutions ou des soulèvements en quête de liberté et d'indépendance. Mais en Iran, l'écriture de Mémoires, dans son acception courante et moderne, a pris forme vers le milieu de l'époque Qadjar, et la révolution constitutionnaliste, tout en la promouvant, lui a conféré plus d'ampleur encore, au point d'influencer et d'imprimer un nouveau cours à la méthode et à l'examen critique de l'écriture traditionnelle de l'histoire en Iran. Cet ascendant et cette nouvelle orientation non seulement ont coupé court à la voie habituelle de la relation de l'histoire, qui se faisait dans le cadre des vœux, des intérêts et de l'agrément des gouvernants, mais encore influença de façon étonnante et durable le langage utilisé, la prose, ainsi que la littérature de cette époque et des suivantes. Bref, la révolution constitutionnaliste a mis fin à l'ère de l'écriture imposée et de la parole pompeuse.

Après la mise en place, en Iran, d'un régime constitutionnel avorté, malgré l'atmosphère intellectuelle ambiante, fort différente de celle des périodes précédentes, la concentration du pouvoir aidant, les limites imposées aux libertés individuelles allaient bientôt retourner imperceptiblement, avec de nouvelles variantes, à celles de la période absolutiste. Vers la fin du règne des Pahlavis, un nouveau concept, de nature spécifique et de portée générale, germa dans l'esprit et la pensée des individus composant la société – tout comme une jeune pousse enfouie germe après des années et sort de terre – et c'était assurément l'émergence de la confiance en soi individuelle et collective d'une nation. Cette nouvelle assurance devait être considérée par le célèbre sociologue révolutionnaire contemporain, le défunt Dr. 'Ali Chari'ati, comme le retour d'un peuple à son identité, son auto-identification, autre interprétation de cette même prise de conscience collective et individuelle d'une nation qui trouve son propre moi.

La perception que les citoyens avaient généralement du déclenchement de la guerre entre l'Iran et l'Irak et la façon dont ils ont alors réagi à cet événement reposaient sur cette même foi collective. Leur présence sur les champs de bataille équivalait pour eux à la poursuite de la révolution, ou du moins, de la voie tracée par elle.

Quelques mois après la victoire du peuple et la chute du régime impérial, les régions occidentales du pays, en l'occurrence le Kurdistan, durent faire face à une guerre civile. Des forces militaires et civiles révolutionnaires se trouvèrent aux prises avec ceux qui, selon les documents existants, après avoir été incités par des mains étrangères et gratifiés d'un terrain préparé par le voisin occidental, s'étaient lancés dans la rébellion. Les Gardiens de la Révolution et les volontaires, dénués d'expérience sérieuse des choses militaires, rejoints et soutenus par l'armée régulière, se sont trouvés impliqués, sans l'avoir voulu, dans cette guerre. Une guerre qui n'aura pas été exempte de péripéties d'importance diverse, voire, parfois, d'incidents sanglants et terrifiants. Le spectacle des événements qui se produisaient alors dans cette région suscitèrent chez beaucoup une grande prudence en même temps qu'un vif intérêt et affectèrent profondément, dans le silence, leur âme et leur esprit. Le récit des témoignages vivants et des propos entendus et transmis de bouche à oreille parmi les combattants sur ces événements, qui, au début, ne sortaient pas de leur cercle restreint et amical, allait donner leurs premières bases à des relations encore éparses de souvenirs. Progressivement, ces récits, des cercles restreints, atteignirent les médias et furent publiés sous forme de témoignages personnels, de reportages ou de narration des réminiscences de ceux qui, au cours d'un épisode inoubliable, trouvèrent la mort (comme Chahid Tchamrân décrivant comment le siège de Pâveh avait été brisé).

La narration de souvenirs en était à ses débuts et faisait ses premiers pas en titubant. Entre l'Iran et l'Irak, la guerre ne s'était pas encore ouvertement propagée. Au nombre des Mémoires alors diffusés, on doit citer les monographies publiées dans *Payâm-e Enqelâb* (organe de l'Armée des Gardiens de la révolution) sous le titre de *Lahezât-e marg va zendegi* (instants de vie et de mort) ainsi que des souvenirs épars réunis et publiés par la suite sous le titre de *Lahzehâ-ye yek pâsdâr* (instants d'un pasdar).

La guerre avait débuté de manière subite et totale, en l'absence de toute stratégie ou préparation militaire permettant de faire face à l'ennemi dans les régions frontalières. Pourtant, grâce à ces mêmes croyances et dispositions révolutionnaires et morales enfouies dans le cœur des révolutionnaires convaincus, c'est-à-dire le peuple, les forces militaires révolutionnaires et les volontaires (les *Basidjis*), et sous l'effet du rôle déterminant et influent des paroles du Guide de la révolution, la guerre ne fut pas considérée comme une calamité ou une tragédie angoissante, décourageante et faisant peur. Chose étonnante que de voir l'armée irakienne conquérir prestement les villes et villages frontaliers, alors que nul doute et nulle hésitation n'effleuraient l'esprit des volontaires présents sur les champs de bataille, des citoyens ordinaires, ou encore des partisans de la révolution ; la révolution était remémorée et, à part certains vieillards politisés, personne ne pensa à négocier ou à transiger avec l'ennemi. Les combattants se sont rués vers les fronts, et associant la foi révolutionnaire à un idéal religieux et historique ressortissant au mythe, ont interprété personnellement la guerre comme la poursuite de cet idéal. Le souvenir de Kerbelâ et de l'Achurâ de l'Imam Hossein avait bouleversé toutes les âmes.

3- L'attrait du front, pour ceux qui faisaient progressivement l'expérience des péripéties de la guerre et les provoquaient ou bien en étaient les témoins, a contribué à l'expansion et rendu prospère la narration de souvenirs parmi les combattants lorsqu'ils se rendaient de la ville au front ou dans les cercles et assemblées d'amis, en particulier au cours des cérémonies commémoratives du martyre de leurs compagnons de combat. Les divers événements de caractère épique et tragique qui provoquaient l'émotion générale, comme l'occupation d'Hoveizeh et la mort de tous les défenseurs de cette ville au mois de Dey 1359 (1980), ont joué un rôle important dans la narration et la diffusion des souvenirs des martyrs de cet épisode. Dans ces souvenirs, le comportement, le caractère et les idéaux des combattants face aux événements ont fait l'objet d'une attention toute particulière et se sont trouvés reflétés dans une aura de perception mystique.

La guerre en soi, c'est-à-dire la face apparente des événements, n'était pas tellement prise en considération dans les images et les dires. En revanche, l'introversion et la perception mystique, l'intuition mystique du combat, sacralisant la guerre défensive en lui conférant la nature de guerre sainte, étaient associées et intimement mêlées à l'épisode de Kerbela, créant ainsi le fondement de la vision que les combattants ont eue de la guerre. Mais ce même facteur, à savoir l'introversion et la vision mystique de la guerre, était alors un obstacle à un phénomène qui, jusqu'ici, n'a fait l'objet d'aucune recherche ni étude. Ce phénomène est, en fait, la tendance d'un grand nombre de combattants à s'abstenir de raconter leurs souvenirs et parler de ce qu'ils ont vu.

Il convient de porter notre attention sur ce point : malgré le grand nombre de souvenirs et Mémoires publiés, en l'occurrence plusieurs centaines d'ouvrages et des milliers de fragments de souvenirs, la plus grande partie des souvenirs de guerre est encore dissimulée dans le cœur et la mémoire de combattants, scellée comme un secret ; en outre, nombre de ces témoins et détenteurs de secrets reposent aussi en terre, nous privant ainsi du récit de leurs souvenirs. Cette renonciation à se raconter et à parader, même par le truchement de Mémoires publiés, est un trait de caractère répandu et tout à fait remarquable chez de nombreux combattants. Les mémorialistes ne disent rien d'eux-mêmes, sauf dans de rares cas, et leurs souvenirs consistent principalement à décrire le comportement et les activités de l'ensemble des combattants. En d'autres termes, on peut dire que le « je » du narrateur et mémorialiste, en rupture avec le schéma véritable de la composition de Mémoires, n'est pas manifeste, mais, s'il peut être aperçu, ce sera en filigrane, dans le caractère et le visage collectifs des combattants, c'est-à-dire dans le « nous ». C'est quand l'auteur relate la vie des autres qu'il lui arrive parfois de se mentionner lui-même.

Ce courant de narration de leurs souvenirs par les combattants, enrichi de l'expérience précitée, allait progressivement, grâce à l'intérêt manifesté par la presse pour la guerre, se rapprocher de la littérature mémorialiste, mais de façon éparse et quelque peu incohérente. Après des mois de guerre, lorsqu'il devint clair que celle-ci serait longue, quelques engagés volontaires, conscients de l'importance de la sauvegarde et de la conservation des souvenirs des combattants, créèrent au sein de l'Armée des Gardiens de la révolution de la région sud, dont le siège était à Ahwaz, la « Propagande du front et de la guerre ». Environ un an plus tard, naissait une institution du même nom et destinée aux mêmes fins, au sein de l'état-major central de l'Armée des Gardiens : l'Unité de publication et de propagande. Cette institution, deux ans plus tard, publiait une sorte de carnet conçu spécialement pour recevoir les souvenirs écrits des combattants durant leurs heures de loisirs. A la fin de la guerre, cette institution avait réuni des milliers de cassettes enregistrées et mis au point des enregistrements d'entretiens où se trouvaient relatés des souvenirs du front et de la guerre. Seule une part insignifiante de ces entretiens s'est trouvée plus tard consignée dans des Mémoires publiés par l'Armée des Gardiens ou dans la presse. Le reste se trouve actuellement conservé au Service des Archives de l'Armée de terre de l'Armée des Gardiens.

Par conséquent, durant les premières années de la guerre et jusque vers la moitié des années 80 la narration de souvenirs a abouti à la collecte de récits enregistrés. En outre, les sections culturelles des quartiers généraux et des divisions, à l'ouest et au sud, ont abrité, certes de manière désordonnée et sporadique, des milliers de cassettes enregistrées par des combattants. Une explication détaillée relative à ces faits, leur processus ainsi que le montant de cette réserve s'impose. Il ressort de tous ces souvenirs ou du dépistage entrepris pour les obtenir, que leur sujet essentiel ne porte pas sur le processus, les chiffres ni les modalités du déroulement des événements survenus durant le conflit, tous éléments destinés à décrire quelque bataille ou des opérations militaires. Il s'est au contraire avéré que, dès les premiers jours de la guerre, les souvenirs des combattants recelaient les idéaux dont ils étaient par ailleurs le fruit, tout en reflétant les dimensions culturelles du conflit bien plus que son compte-rendu militaire. C'est pourquoi la collecte de souvenirs fut entreprise par les unités culturelles et de propagande de guerre et l'objectif recherché par leur éditeur d'alors, l'Armée des Gardiens (Sepâh), en les diffusant, rejoignait pour l'essentiel ces mêmes orientations. Dès les premiers mois de la guerre, parallèlement à cette entreprise, ou la précédant peut-être, un organisme, au sein de l'Armée des Gardiens, se vit confier, de façon indépendante, la responsabilité de réunir et d'enregistrer tous les documents permettant de suivre le cours des événements et le déroulement des batailles. Cet organisme est aujourd'hui appelé Centre de Recherches sur la Guerre du Sepah. Les « reporters » de ce Centre, aux côtés des commandants et de leurs compagnons, les jours et les nuits où se déroulaient les opérations, consignaient et enregistraient ce qui se passait. Puis ils réunissaient le produit de leurs notes écrites et de leurs propos enregistrés sous la rubrique « compte-rendus des événements de la guerre ». Ces reporters, contrairement aux collecteurs de souvenirs, avaient surtout pour tâche de faire ressortir les aspects militaires des batailles. Les archives de ce Centre abritent la plus riche documentation qui soit sur la guerre.

Tout naturellement, par une classification non annoncée, la description des réalités des champs de bataille s'est trouvée dissociée du récit biographique et du monde mental des combattants. Les deux courants précités sont apparus et ont pris forme sans s'appuyer sur des études académiques, mais sur la base de l'expérience, du sentiment, du choix, des goûts personnels et des efforts de ceux qui, au sein de ces deux institutions, se sont démenés. Ce travail en vase clos et intra muros, n'a jamais été exposé à l'analyse critique, aux regards ni à un éventuel nouvel examen en dehors de Sepah.

Après la collecte des souvenirs de guerre par l'Armée des Gardiens, le poste de commandement Khâtem ol-Anbia' publiait, en 1365 (1986), un recueil en six volumes d'histoires, de poésies et de souvenirs. L'édition des deux volumes de ce recueil consacrés aux souvenirs a, dans une certaine mesure, détourné la tendance à la narration de souvenirs vers leur rédaction. De son côté, la presse, grâce à la publication de chroniques « front et guerre » et l'insertion de souvenirs monographiques de combattants, a apporté une aide remarquable à l'édition des Mémoires.

Jusqu'à la fin de la guerre, la narration de souvenirs ainsi que la collecte de souvenirs verbaux, suivies de leur conversion en un texte écrit étaient quasiment exclusives dans ce domaine. Jusque-là en effet, la rédaction de Mémoires au sens où nous l'entendons, se faisait rarement et de façon éparse.

Enfin, il ne faut pas oublier la mise au point de programmes télévisés intitulés « récits de victoires » par le martyr Mortezâ Avini, qui marquèrent aussi grandement le cours de la diffusion médiatique des souvenirs. Ce programme, comme son nom l'indique, reposait sur les récits de combattants, illustrés par des documents et des reportages filmés sur les lieux du combat et étaient diffusés entourés de cette même aura de valeurs morales et de louanges.

4- L'acceptation de la Résolution 598 des Nations Unies par l'Iran et le fait qu'a été ainsi mis subitement et de façon inattendue, un terme à la guerre furent pour tous, mais surtout pour les combattants et notre peuple, un moment de consternation, sinon de choc. La soudaineté de cette nouvelle – pour la réception de laquelle il n'y avait eu apparemment aucune préparation – fit naître des pensées contradictoires dans l'esprit de nombre de combattants volontaires, en particulier de ceux qui avaient passé de nombreuses années sur les champs de bataille. Mais, progressivement, grâce aux paroles apaisantes et émouvantes du Guide, cet état d'esprit allait évoluer vers une certaine accalmie et plus de sérénité.

Les combattants retournaient maintenant, chez eux, à leurs écoles ou leurs lieux de travail et les militaires rejoignaient leurs bases et leurs quartiers permanents. Au cours de cette période intermédiaire où la guerre et tout ce qui s'y rapportait étaient considérés comme révolus et où la poursuite de l'édition des souvenirs de combattants rencontrait le doute et l'indécision, fut créé le Bureau de la littérature et des arts de la résistance. Après tous les détails donnés par M. Sarhangi sur la genèse de la mise en place de ce Bureau et ses activités depuis sa création jusqu'à nos jours, je ne crois pas indispensable de répéter ces explications. Cependant, je pense utile de souligner ici le fait que la création de ce Bureau de littérature et d'art de la résistance n'a aucunement résulté de quelque ordre, choix, ou demande d'un responsable national, militaire ou d'une personnalité du domaine culturel. Les fondateurs de ce Bureau n'étaient pas des militaires et n'étaient guidés par aucune pensée d'ordre militaire.

Il est possible qu'on se demande pourquoi ce Bureau est apparu au sein d'une institution culturelle et de propagande, le Département des Arts, et n'a pas vu le jour de façon indépendante ou en tant qu'annexe et ensemble rattaché à des centres universitaires et de recherches. Critique tout à fait pertinente ! Nous aurions aimé qu'il en fût ainsi et souhaitons qu'un jour un tel événement se produise. Toutefois, une telle éventualité, compte tenu des conditions existant dans notre pays ainsi que de la position particulière à l'égard de la guerre, était et reste irréalisable et impossible. Les raisons pour lesquelles le système scientifique et culturel étatique ne s'est pas tourné vers la recherche sur la guerre et pourquoi la rédaction de souvenirs ou les activités de cette nature n'ont pas pris naissance au sein des universités, appellent un débat revendicatif auquel j'ai fait allusion ailleurs. (Editorial de la revue trimestrielle *Nâmeh-ye pajuhesh* n° 9). Mais je me permets de rappeler ici que le Bureau de littérature et des arts de la résistance, de la même façon qu'il n'a pas été créé sur commande, a suivi et continue de suivre les principes de base, la voie et la méthode de travail tracés par ses fondateurs.

Si nous voulons retracer, le plus brièvement possible, le rôle du Bureau de littérature dans le domaine de la littérature mémorialiste, nous mentionnerons trois points axiaux : tout d'abord, le Bureau a réussi à faire évoluer les courants de narration et de rédaction éparse et monographique de souvenirs précisément vers un troisième courant, en l'occurrence l'écriture de Mémoires. Il ne faut pas considérer ce phénomène comme élémentaire et superficiel et ne pas s'y arrêter. L'un des résultats de ce courant est l'avènement de la deuxième génération des écrivains de la révolution durant les deux dernières décades. C'est grâce à cette même rédaction de Mémoires que des auteurs comme Ahmad Dehqân, Rahim Makhdumi, Mohammad-Rezâ Bâyrâmi, Hassan Bâni-'Âmeri, Habib Ahmadzâdeh et d'autres, à divers degrés et différents titres, ont rejoint le cercle des écrivains et le champ de l'expression écrite de cette époque et ont créé des œuvres remarquables. Il est intéressant et étonnant que la moyenne d'âge de ces auteurs, qui ont parfois acquis un style tout à fait personnel, oscille entre 30 et 35 ans.

Un autre effet déterminant du rôle joué par le Bureau de littérature aura été de libérer de la domination de la pensée issue de la culture militaire le courant scrupuleux et absolu caractérisant l'expression orale et les écrits sporadiques. De plus, il l'a aidé à transgresser, dans une certaine mesure, les « il faut » et « il ne faut pas » auparavant usités, pour lui faire observer plus librement les divers aspects de la guerre. Au Bureau, cette transgression préluda à ce que les souvenirs des volontaires partis au front et des combattants basidjis ne soient pas les seuls à susciter l'intérêt et à être diffusés. Ainsi, les autres – les militaires – voire les femmes, les enfants, les prisonniers, particulièrement les prisonniers irakiens, pourraient se mettre eux aussi, évidemment de manière limitée, à relater leurs actions et leurs observations.

Enfin, en troisième lieu, dans le domaine de la narration de souvenirs, le Bureau de littérature et d'art de la résistance lança un projet nouveau et entreprit une démarche intéressante en convoquant les combattants du front et ceux qui avaient connu la guerre, de quelque milieu qu'ils fussent, à des « soirées de souvenirs » où, une fois par mois, ils peuvent s'exprimer en public. A partir de ce moment, l'expression courante de « soirée de souvenirs » prit racine et devint tout à fait courante.

5- Je pense qu'à présent il est temps que la question de l'écriture des souvenirs de guerre, telle qu'elle a été rapidement débattue, fasse l'objet d'un contrôle et d'une analyse critique. Si nous examinons soigneusement le thème général de cette table ronde, nous réalisons que le titre « littérature de souvenirs de guerre » est une expression générique, d'un contenu riche et vaste. Maintenant, nous constatons que la plus grande partie, qui nous concerne ici, des souvenirs publiés, laquelle s'est littéralement approprié la dénomination de littérature mémorialiste, est constituée par les Mémoires des combattants volontaires présents sur les champs de bataille et non pas de tous ceux qui ont touché de près la guerre, et, d'une manière ou d'une autre, ont été manifestement impliqués dans ses combats. Même les militaires mobilisés, comme, les militaires de carrière, ne se sont pas tournés autant qu'il aurait fallu vers la rédaction de leurs souvenirs.

Si la présente situation rend plus précis, en le limitant, notre champ de recherche sur les souvenirs, elle contribue aussi à en réduire le contenu et l'étendue, et, par là, à nous rendre hésitants dans l'acceptation du titre proposé pour cette table ronde. Selon moi, tous les êtres humains qui, d'une façon ou d'une autre, ont été impliqués dans cette guerre ou en ont été bien informés, ou encore gardent à l'esprit un souvenir ponctuel, doux ou amer, beau ou laid, vaste ou limité, quelle qu'en soit la forme, peuvent considérer leurs acquis comme des souvenirs de guerre. Nous, pour notre part, devons nous efforcer d'y accéder. L'épisode du bombardement des villes, les souffrances des familles, particulièrement toutes les conséquences ultérieures de la guerre, sources d'événements et de souvenirs d'après-guerre... Tout cela peut enrichir et diversifier cette immense réserve.

Il ne faut pas laisser notre esprit rejeter les afflictions inhérentes à la guerre. Ce que nous recherchons dans les souvenirs est la découverte et la relation de tous les aspects de ce phénomène qu'est la guerre. Soumettre les souvenirs qui s'y rapportent à un tri peut entacher et compromettre le récit de ce qui s'est passé ou de ce qui est resté dans les mémoires et les cœurs. Nous ne recherchons nullement à sanctifier la guerre ; qui donc pourrait inventer et reconnaître à la guerre en soi quelque caractère sacré et la moindre valeur ? Il s'agit d'un phénomène laid et inhumain. Il est intéressant de noter que, même dans les souvenirs des combattants, son aspect martial n'est absolument pas pris en considération. Les seules valeurs qui importent sont toujours les rapports humains et les idéaux pacifistes, sinon teintés de délicatesse, reçus. C'est sur cette toile de fond que le front, grâce à la dimension spirituelle apportée par la présence des combattants, a pris forme et en a pourvu les souvenirs (Cf. *Nâmo'âdeleh*).

D'après moi, les afflictions de la guerre, entendues de la bouche d'une mère qui tire son enfant des décombres, sont instructives et leur diffusion ne doit pas nous inquiéter. Fuir toutes les réalités nous mènerait à la contradiction. En effet, on ne peut pas dissimuler la vérité.

La démarche suivante à entreprendre en vue de l'édition de souvenirs de guerre est de les faire sortir peu à peu de l'emprise des institutions chargées de la propagande et des affaires militaires. Ce qui n'ira pas sans problèmes, mais il faut s'y mettre. Une telle démarche nécessite l'approbation des centres de documentation de guerre et l'adhésion à l'idée que leur réserve de souvenirs représente un dépôt national et non un bien personnel. L'élaboration d'une loi susceptible de permettre l'utilisation de cette richesse de façon organisée s'avère indispensable. Le premier pas dans cette voie est la préparation d'un catalogue des avoirs disséminés dans les centres et institutions alliés dans ce domaine.

6- Cet article, mis au point et présenté au terme d'un long parcours, m'a amené à traiter de points relatifs aux souvenirs écrits et à la rédaction de souvenirs de guerre ; seuls quelques-uns des sujets dignes de réflexion abordés dans les souvenirs écrits des combattants volontaires, qui ne représentent qu'une partie des souvenirs de guerre, feront ici l'objet d'un rapide commentaire :

a- Les souvenirs de guerre, c'est-à-dire les souvenirs écrits auxquels je me réfère principalement, malgré la simplicité et la fluidité de leurs textes et de leur prose proche du langage parlé, ne peuvent refléter toutes les sensations ni de leurs auteurs ni des lecteurs qui ne sont jamais allés sur le front. Ce point mérite la plus grande attention. Il faut les lire exactement comme la poésie mystique, suivant l'adage persan selon lequel il faut lire entre les lignes. Ceci exige que le lecteur puisse non seulement lire, mais dans son for intérieur, croire et féconder les souvenirs, afin de pouvoir atteindre la géométrie interne et cachée de l'esprit des auteurs et tout ce qui s'est passé au front, c'est-à-dire la réalité du front et l'état d'esprit de celui qui a alors écrit.

Pour qui n'a pas été confronté à la guerre et au front et n'a pu en saisir l'atmosphère, la vision des pleurs nocturnes des combattants avant les opérations militaires ou bien le mélange extraordinaire de tristesse et de joie ainsi que de rires et de pleurs sur le front est quelque chose de saisissant. Il se peut qu'il dénie ce sentiment ou qu'il l'estime vain. Cette particularité est l'un des aspects inhérents et l'une des caractéristiques permanentes de nos œuvres culturelles. Sans que nos combattants l'aient voulu consciemment, ils ont suivi la même voie.

b- Les combattants auteurs de Mémoires, lors de la rédaction de leurs souvenirs, n'avaient recours à aucun procédé qu'ils auraient lu ni aucune méthode qu'ils auraient apprise. Ils ont couché sur le papier leurs souvenirs tels que le langage de leur cœur et leur élocution naturelle les leur dictaient. Il ressort de la prose écrite de leurs œuvres que, en un mot, ceux-ci n'ont pas écrit avec discernement, c'est-à-dire sous l'emprise d'un intellect intéressé et calculateur. Dans la relation écrite de ces souvenirs, on doit généralement les considérer, dans une certaine mesure, comme incultes et ignorants ; cette manière de faire est évidemment plus perceptible dans les souvenirs écrits peu avant la fin de la guerre. Avec la même foi qu'ils avaient en leur capacité de faire la guerre, ils ont livré leur cœur sans difficulté et consigné leurs souvenirs. Leur langage est très proche de leur tempérament, laissé intact par les règles imposées de la composition écrite ; certains des auteurs de souvenirs ont précisé qu'ils n'avaient jamais eu le courage ni le temps de lire quelque ouvrage.

c- Au nombre des faits et événements invisibles accompagnant la guerre, nous rencontrons un phénomène que j'appellerai « la pression du temps ».

J'entends par là que les circonstances particulières à la guerre et au front, qui offrent un terrain propice à la totale manifestation de l'activité des forces cachées de l'homme, impliquent une réduction fort sensible du laps de temps séparant les divers événements et bouleversements liés à la guerre. Ainsi, un événement qui, dans des circonstances ordinaires, exige de longues années d'études et de recherches, s'il se produit pendant la guerre, quelques jours suffiront pour parvenir à un résultat. Cette réalité est perceptible même dans le domaine des initiatives et innovations suscitées par la guerre.

L'amitié et les relations interpersonnelles en temps de guerre parviennent en quelques jours à un degré de solidité tel qu'il faudrait des années pour y accéder en temps normal : des amitiés qui débutent extrêmement vite et finissent dans la plupart des cas par l'éloignement ou le martyre de l'un des deux amis. Si, conformément à ce même principe « d'évolution rapide et de pression du temps », nous observons le cours et l'évolution de la vision du front des auteurs de Mémoires, nous comprenons qu'une règle proche de celle ayant régi l'évolution de la poésie persane du style du Khorâssân à l'époque du Retour mérite d'être identifiée et suivie.

Dans les souvenirs, tant oraux qu'écrits des débuts, comme par exemple *Lahezât-e marg va zendegi*, les mémorialistes accordent la plus grande attention à l'environnement perceptible de la guerre. Progressivement cet intérêt porté à l'apparence des événements s'estompe pour être remplacé par l'exposé des relations humaines, des pensées et des idéaux, et, enfin, en arriver au point où ce qu'on ne voit vraiment pas dans la guerre est la guerre elle-même ; en réalité, le fait de parler de la guerre est accessoire et marginal dans les souvenirs, car suppléé par des discours sur la pensée, la fermeté (*razâneh*), l'abstraction (*entezâ'*) et les divers degrés de l'intuition mystique. Nous pouvons saisir cette évolution à la lecture du début et de la fin de l'ouvrage *Hermân-e Hur*, ou encore à celle, par ordre, de : *Lahzehâ-ye yek pâsdâr*, *Tapeh-ye bohrâni*, *Zendeh bâd Komeyl*, et, enfin, *Djang-e pâberahneh*. Cette évolution correspond exactement au déroulement dans le temps de la guerre.

d- Si nous considérons les Mémoires de guerre sous l'angle de la typologie et de la connaissance de la personnalité, il ressort de cet examen que certains des Mémoires (comme *Lahzehâ-ye yek pâsdâr*) nous livrent les caractéristiques d'un être calculateur et clairvoyant. Ces sortes de souvenirs traduisent surtout le caractère sérieux de l'auteur et son sens des responsabilités. Dans une autre catégorie (comme *Tapeh-ye bohrâni*) nous avons affaire avec des personnes qui ont un penchant marqué pour la lecture, les louanges et la prière. On peut les qualifier de laudateurs combattants. Leur conception des choses et leur perception sont symptomatiques d'une espèce de soumission et d'acceptation du Destin. Dans un autre genre, nous nous trouvons face à des combattants bons vivants et sans souci des usages (*qalendâr*) dont le comportement apparent diffère de leurs principes personnels. Ils plaisantent, rient et font rire, mais, au-delà de ce comportement apparemment léger, sont dissimulées idées et significations profondes. Ces joyeux lurons combattants se trouvent répartis dans de nombreux bataillons ; nous pouvons en observer deux exemples proches malgré leurs différences dans les ouvrages suivants : *Zendeh bâd Komeyl* de Mohsen Motlaq et *Djang-e dust dâshtani* de Sa'id Tadjik. Un autre type de personnalité, dans les Mémoires des combattants, est représenté par ceux qui s'adonnent à la méditation, et, contrairement aux bons vivants du front, observent les phénomènes avec lenteur, réflexion et en les approfondissant. Ils considèrent les événements de leur apparence jusqu'à leurs aspects intrinsèques et cachés. L'image obtenue de ces auteurs de souvenirs est sérieuse et, jusqu'à un certain point, sévère (Cf. *Hermân-e Hur* par Ahmad-Rezâ Ahadi et *Djang-e pâberahneh* par Rahim Makhdumi).

Le point intéressant à relever dans l'étude de tous ces divers types, est la façon dont a pu être amalgamé cet ensemble apparemment disparate et se sont trouvés assemblés ses différents éléments. On ne peut justifier et interpréter ce paradoxe que par l'hypothèse de l'unité dans la multitude qui régnait dans tous les sens du terme sur le front et durant la guerre. Cette unité, nous pouvons la retrouver, de façon latente, non évidente, dans les souvenirs, écrits ou non. J'ajouterai que la masse des combattants et l'ensemble de ceux partis au front, étaient composés d'individus infiniment différents de tous les points de vue (âge, éducation, métier, appartenance ethnique, langue, etc...). Malgré tout, les multiples éléments de cette diversité s'étaient à tel point soudés les uns aux autres, qu'elle avait acquis l'identité d'un corps unique de la société combattante.

e- Une autre caractéristique, elle aussi à l'état latent, dans les souvenirs des combattants, est la jonction établie, par les significations employées et la trame profonde du texte, entre leurs traditions et l'œuvre de culture persane et islamique. On peut ainsi lire les souvenirs en y voyant à la fois la continuation et un ensemble du tronc culturel autochtone, religieux et national, et même, en extraire les bases de croyances populaires. En ce sens, les souvenirs, le langage et la substance de leur texte, ont subi l'influence et s'inspirent largement d'images littéraires et culturelles. Sans vouloir exagérer, et cela est susceptible d'être prouvé, il est possible de retrouver dans certains de ces Mémoires (comme *Hermân-e Hur* et *Djang-e pâberahneh*) des traces des légendes tribales et des souvenirs éternels. Il suffit pour cela, dans ces mêmes souvenirs, de relever et étudier les phénomènes perceptibles de la nature (montagnes, arbres, eau, soleil et ciel).

Un dernier mot :

Je terminerai mon intervention par ces phrases : ce qui vient d'être dit n'est qu'une infime partie des acquis et des découvertes de plusieurs années de recherches portant sur les souvenirs du front et de la guerre. Bien sûr, je considère la littérature mémorialiste comme un domaine nouveau et merveilleux de l'histoire et de la littérature de cette période. D'ici que soit faite la lumière sur tous les sujets impliqués et que soient en vue les horizons à parcourir, je considère ce courant comme n'en étant qu'à ses débuts, même pas à mi-chemin.

Les souvenirs, écrits ou non, de nos combattants, tels qu'ils sont apparus, sont, à de nombreux points de vue, sans précédent dans notre histoire et le cours de notre littérature. Ils peuvent se trouver à l'origine d'une évolution étonnante et profonde. Car ils ont déployé devant nous les sentiments, témoignages et stimulants les plus communicatifs, les plus populaires et naturels d'une génération en pleine action et expérience.

Stéphane AUDOIN-ROUZEAU

L'HISTOIRE CULTURELLE DE LA GRANDE GUERRE

Depuis une dizaine d'années, l'histoire de la Première Guerre mondiale fait figure de domaine en plein renouvellement au sein des écoles historiques occidentales. Ce renouvellement doit beaucoup à l'impulsion donnée à la recherche par une équipe de recherche internationale (à laquelle j'appartiens), groupée autour d'un musée : *l'Historial de la Grande Guerre de Péronne*, dans la Somme, c'est-à-dire sur les lieux mêmes d'une des plus grandes batailles de la Première Guerre mondiale et de ce siècle. J'espère d'ailleurs avoir l'occasion de vous présenter plus longuement la muséographie de la Grande Guerre mise en œuvre dans ce lieu de mémoire qui est aussi lieu de recherche.

Cette vision nouvelle du conflit de 1914-1918 prend appui, en France surtout, sur une forme d'histoire assez ancienne : celle de l'« histoire des mentalités » (une expression il est vrai aujourd'hui remise en cause). Et dans le cas précis de 1914-1918, la source s'en trouve peut-être dans un article magistral de l'historien et ancien combattant Marc Bloch, paru dès 1921, et qui avait pour titre : « Réflexions d'un historien sur les fausses nouvelles de la guerre » [1].

L'analyse contenue dans ces pages initiait une forme d'histoire du premier conflit mondial qui n'a été mise en œuvre et ne s'est vraiment imposée chez les spécialistes d'histoire contemporaine que depuis deux décennies environ : c'est-à-dire une histoire *culturelle* de la guerre, et non une histoire diplomatique et militaire. C'est pourtant cette dernière qui avait dominé toute la période séparant le premier conflit mondial du second, et qui a continué d'imposer sa marque longtemps encore après 1945.

Ainsi, plus de soixante-dix ans après l'article de Marc Bloch, l'histoire culturelle de la Grande Guerre en est encore à ses débuts [2]. Nous la définirons ici comme une histoire de la manière dont les contemporains de la guerre *ont représenté* et *se sont représentés* le conflit. Et je voudrais proposer ici à votre réflexion une notion capitale : celle de « *culture de guerre* », que l'on pourrait

1. Marc Bloch puisa en effet dans son expérience de guerre de nombreux éléments qui allaient orienter son travail ultérieur de médiéviste : « Réflexions d'un historien sur les fausses nouvelles de guerre », in : Marc Bloch, *Mélanges historiques*, t. 1, Paris, Serge Fleury, EHESS, 1983, pp. 41-57.
2. Voir sur ce point notre article, en collaboration avec Annette Becker : « Vers une histoire culturelle de la Première Guerre mondiale », *Vingtième Siècle*, n° 41, Janvier-Mars 1994, pp. 5-7, et l'ensemble du même numéro qui porte en titre ; « La guerre de 1914-1918. Essais d'histoire culturelle ». On consultera également le numéro 171 de *Guerres mondiales et conflits contemporains* : « Représenter la guerre de 1914-1918 ». On consultera également les actes du colloque de Péronne de 1992 : *Guerre et cultures (1914-1918)*, (sous la direction de : J. J. Becker, J. Winter, G. Krumeich, A. Becker, S. Audoin-Rouzeau), Paris, A. Colin, 1994, 445 p.

définir comme l'ensemble des pratiques, des représentations, des attitudes, des créations artistiques et littéraires des années 1914-1918. Et aussi des années suivantes, tant il est vrai que ce type d'histoire fait une large place au deuil, au souvenir, au témoignage, à la commémoration de l'après-guerre [3].

Pour finir cette introduction, j'ajouterai qu'une cause supplémentaire du retard historiographique dont a longtemps souffert la Première Guerre mondiale a trait aussi à la lenteur avec laquelle les historiens de la Grande Guerre ont pris conscience de son caractère mondial. Le paradoxe peut surprendre : pourtant, comment ne pas reconnaître que la guerre mondiale a été traitée, par la quasi-totalité de la communauté historienne depuis 1918, comme une juxtaposition de guerres nationales, c'est-à-dire sur une échelle rendant difficile, sinon impossible, une saisie du conflit dans sa globalité, inséparable de son caractère « total », précisément ? L'histoire comparative du conflit – pour ne pas parler d'une histoire comparée sans doute hors d'atteinte pour longtemps encore, ne serait-ce qu'à cause de la barrière des langues – est un acquis récent.

La notion même de « culture de guerre » suggère de quel poids écrasant cette culture a pesé sur les sociétés qui ont pris part au conflit entre 1914 et 1918. En effet, on se tromperait en faisant de cette culture le fruit de l'extrême tension du conflit, de son processus de « totalisation ». C'est l'inverse qu'il faut souligner : la guerre mondiale, la guerre totale, a été largement engendrée, dans sa violence radicale, par la culture de guerre elle-même. Celle-ci n'a pas été une conséquence de la guerre mais son origine, sa véritable matrice.

En effet, la première guerre totale ne fut pas seulement le fruit du blocage stratégique intervenu dès la fin de l'année 1914, de la propagation du conflit, du progrès de la puissance de feu et de la mobilisation économique, mais aussi « morale » ou « psychologique », des fronts intérieurs, de l'arrière. La « totalisation » de la guerre fut très profondément liée à un processus de « brutalisation » du conflit, au sens où l'entend George Mosse [4], inventeur de cette expression presque intraduisible en française, et qui pourrait signifier « rendre brutal ». Le terme veut rendre compte des seuils de violence franchis pendant la guerre, qui ont bien leur source dans les systèmes de représentations des sociétés engagées dans le conflit. Ce sont eux qui permettent de comprendre les pratiques entièrement nouvelles de l'affrontement, en totale rupture avec ce qui se passait auparavant, en 1870 par exemple : la fin de la trêve des brancardiers sur le champ de bataille (on tire désormais sur les sauveteurs), la façon de traiter les villes encerclées (le bombardement de masse), le sort nouveau réservé aux prisonniers (souvent mis à mort sur les lieux du combat), le langage même qui

---

3. Antoine Prost a été l'historien pionnier en ce domaine, dans sa thèse sur les anciens combattants (Antoine Prost, *Les anciens combattants et la société française, 1914-1939*, Paris, PFNSP, 1977). Annette Becker a, plus récemment, profondément renouvelé le sujet. Voir notamment : Annette Becker, *Les monuments aux morts, mémoire de la Grande Guerre*, Paris, Errance, 1988.
4. G. L. Mosse, *Fallen Soldiers, Reshaping the Memory of the World Wars*, New York, Oxford University Press, 1990, 264 p.

accompagne la guerre (celui de la propagande, certes, mais aussi celui des civils et des soldats qui s'inscrit très souvent en continuité avec le premier), sont autant d'éléments qui indiquent la profondeur de la rupture entre les conflits du XIXe siècle et le Premier conflit mondial.

Or, le témoignage combattant, et l'historiographie à sa suite, ont longtemps « aseptisé » l'histoire de la Grande Guerre, au risque de nous la rendre pour une part incompréhensible. Cette affirmation étonnera peut-être : les témoignages ont en effet été légion (plusieurs milliers) sur le cortège d'horreurs et de souffrances qui a accompagné le conflit, au point que chacun, en Europe, a aujourd'hui encore parfaitement conscience de ce que cette épreuve a eu d'indicible. Pourtant, à notre sens, plusieurs aspects centraux d'une des pires expériences de ce siècle sont restés longtemps – et restent aujourd'hui encore – largement occultés.

Au cœur de cette occultation, il y a d'abord, il y a surtout le *corps* de ceux qui ont dû affronter l'expérience du champ de bataille. Certes, les témoignages n'ont pas manqué, depuis les années 1920 et surtout les années 1930, en France comme dans les autres pays, pour souligner l'horreur du *no man's land.* Mais à y regarder de plus près, c'est toujours la brutalité anonyme, aveugle, qui est mise en avant, une violence sans responsabilité identifiée. La violence interpersonnelle, en revanche, demeure très peu présente dans le témoignage combattant. Comme l'ont remarqué certains anthropologues, peut-être moins embarrassés sur ce point que les historiens, « on est tué » à la guerre, mais on ne tue pas [5]. Or, pour être certes beaucoup plus rare, cette violence interpersonnelle a elle-aussi existé. Les objets, en ce domaine, se mettent en travers des discours historiques les mieux contrôlés : les collections de matraques de tranchées, la remontée au jour des minces poignards fabriqués par les soldats, adaptés aux exigences de la guerre de position, tous ces objets de la mort donnée d'individu à individu qu'a réunis, par exemple, l'Historial de Péronne, trahissent un autre conflit, souterrain, inavouable par ceux qui y ont pris part et qui ont dû l'occulter pour vivre ensuite avec le traumatisme de la violence subie et, surtout, infligée.

Car la haine de l'ennemi a bien existé [6]. Elle est pourtant fort peu soulignée par l'historiographie de la Grande Guerre, qui l'a longtemps niée au profit de longs développements consacrés, par exemple, aux fraternisations entre soldats. La parole combattante, que permet de déceler si aisément, en France, le contrôle postal [7], ne laisse aucun doute sur la réalité de la haine, ou tout au moins de l'hostilité. De même que ne laissent aucun doute les atrocités commises sur les civils par toutes les armées d'invasion et d'occupation (massacre, prises d'otages, déportations en camps de concentration, travail forcé, viol des

---

5. Evelyne Desbois, « Vivement la guerre qu'on se tue ! Sur la ligne de feu en 1914-1918 », *Terrain*, octobre 1992, n° 19, pp. 65-80.
6. S. Audoin-Rouzeau, 14-18, *Les combattants des tranchées*, Paris, A. Colin, 1986.
7. Annick Cochet, *L'opinion et le moral des soidats en 1916, d'après les archives du contrôle postal*, Thèse de doctorat, Université de Paris X, 1986, 2t, 514ff.

femmes), atrocités qui donc ont bien eu lieu contrairement à la volonté d'oubli de l'entre-deux-guerres. Celle-ci, mêlée de pacifisme et d'antimilitarisme, a tenté de prendre le contre-pied de la propagande de guerre, afin de permettre une réconciliation des peuples : les historiens redécouvrent aujourd'hui ces phénomènes de violence extrême [8].

Le même processus d'occultation a touché les épouvantables dégâts infligés au corps humain par le combat moderne. Eux aussi ont été en partie minimisés, parfois niés au profit d'une version moins traumatisante : c'est le cas de Jean Norton-Cru dans *Témoins*, cet ouvrage publié en 1929 par un ancien combattant professeur de littérature, resté longtemps le livre de référence en matière de témoignage combattant. En fait, cette œuvre, qui passe en revue tous les témoignages publiés entre 1914 et 1928 est en soi une des tentatives les plus achevées d'imposer une norme de lecture du conflit, certes pacifiste et dénonciatrice de la guerre, mais aussi subtilement aseptisée [9]. S'agissant de la confrontation des corps humains aux moyens modernes de destruction, l'auteur nie par exemple toute visibilité des traumatismes physiques. Son discours minimaliste permet de passer sous silence d'autres réalités corporelles, d'autres spectacles visuels, ceux-là réellement insupportables [10].

À cette manière de dissimuler les traumatismes corporels de la Grande Guerre, s'est ajoutée longtemps l'occultation des souffrances morales. Que sait-on, historiographiquement parlant, de ce qu'ont réellement enduré les « gueules cassées », les gazés, les amputés qui ont survécu au conflit ? Très peu de choses en fait, car la médecine de guerre, la blessure, les blessés, sont restés longtemps presque totalement en dehors du champ de recherche sur la Première Guerre mondiale [11]. Et pourtant, les blessés et leurs médecins n'ont-ils pas, chacun à leur place, fait l'expérience la plus profonde des réalités nouvelles de la guerre moderne ? Une aseptisation certaine à l'endroit de la violence et de la souffrance de guerre a décidément prévalu depuis quatre-vingts ans. Elle a prévalu chez les témoins d'abord, incapables, à quelques très rares exceptions

---

8. Les rapports publiés par tous les belligérants, malgré leurs imperfections et leur instrumentalisation par la propagande, ne laissent aucun doute à ce sujet, comme le montre une étude pionnière qui a repris entièrement la question à nouveaux frais : John Horne, « Les mains coupées : " atrocités allemandes" et opinion française en 1914 », *Guerres mondiales et conflits contemporains*, n° 171, juillet 1993, pp. 29-45. Alan Kramer, « Les "atrocités allemandes" : mythologie populaire, propagande et manipulations dans l'armée allemande », *Guerres mondiales et conflits contemporains*, n° 171, juillet 1993, pp. 47-67. John Horne et Allan Kramer, « German "Atrocities" and Franco-German Opinion, 1914 : The Evidence of German Soldiers' Diaries », *Journal of Modern History*, n° 66, mars 1994, pp. 1-33.

9. Pour la première critique argumentée de Jean-Norton Cru : Jean-Jacques Becker, « Récits de la guerre de 1914 », *L'Histoire*, n° 172, décembre 1993, pp. 72-74.

10. Paul Fussel, *A la guerre. Psychologie et comportements pendant la Seconde Guerre mondiale*, Paris, Seuil, 1992, 448p., p. 379.

11. On notera toutefois deux articles pionniers : Hélène Dequidt, « La crise d'identité du monde médical français en 1914-1918 » et Sophie Delaporte, « Les défigurés de la Grande Guerre », *Guerres mondiales et conflits contemporains*, n° 175, juillet 1994, pp. 87-101 et pp. 103-121.

près [12], d'une « écriture de soi » susceptible de rendre compte des souffrances et des traumatismes subis. Les historiens leur ont, à leur tour, emboîté le pas. Ces derniers, aujourd'hui encore, restant très largement des créatures de l'écrit : ils ont fait leurs les non-dits les plus ancrés des récits de guerre et, sans s'en rendre compte, les ont ensuite transférés dans l'historiographie. On songe ici à ce jugement parfaitement justifié d'Alain Corbin : « Un évident puritanisme a, jusqu'à une date très récente, lourdement pesé sur la recherche universitaire. » Le même historien (à propos de l'histoire de la médecine il est vrai, mais son propos peut être intégralement repris pour le sujet qui nous occupe), ajoute plus récemment : « Le silence ou plutôt le mutisme des historiens auquel nous sommes aujourd'hui confrontés relève de réticences plus profondes. Il participe du refus que suscite tout histoire de l'essentiel. Aborder celles du corps, du plaisir, de la souffrance, engage l'historien. (...). Son écriture risque de dévoiler, de soumettre la personne de l'auteur au regard du lecteur. » [13]. Cette phrase pose tout le problème de l'historicisation des phénomènes extrêmes, et en particulier de l'historicisation de l'expérience de violence radicale induite par la guerre moderne. Elle souligne la difficulté spécifique qui s'attache à toute histoire culturelle de l'expérience de guerre dès lors qu'on essaye d'écrire celle-ci par en-bas, à travers les pratiques et les représentations de ses acteurs.

L'oubli du corps, des souffrances corporelles, se double souvent d'un oubli de l'esprit. Comment n'être pas frappé du fait que l'historiographie occidentale de la Grande Guerre ne se préoccupe que depuis peu de temps des dégâts psychiques, parfois irrémédiables, provoqués par la guerre sur les soldats [14], des souffrances post-traumatiques liées à l'immersion prolongée dans la situation d'affrontement ? Il a fallu près de quatre-vingts années – quatre-vingts années baignées pourtant d'un discours psychiatrique et psychanalytique entièrement banalisé depuis 1945 dans les sociétés occidentales – pour que la communauté historienne commence à prendre conscience des conséquences durables et profondes de la violence de guerre sur le psychisme individuel et de l'ampleur des phénomènes de désocialisation engendrés par le combat. On sait, aujourd'hui, que les troubles psychiques figurent au premier rang des pathologies induites par la guerre entre 1914 et 1918, et que les formes prises par la guerre de position, doublées de l'ignorance ou de l'impuissance médicale face à ce type de troubles, ont contribué à en accroître la fréquence, la gravité, et la durabilité dans des proportions considérables.

Et l'arrière ? Un mot doit être dit ici des populations civiles, du « front intérieur » en temps de guerre. Sans doute les choses sont-elles ici différentes,

12. Parmi ceux qui ont rompu tous les tabous, on citera Blaise Cendrars, avec deux textes : l'un très court, écrit « à chaud » : *J'ai tué*, Paris, Ed. Georges Crès, 1919, pp. 148-152. L'autre publié immédiatement après la Seconde Guerre mondiale : *La main coupée*, Paris, Denoël, 1946.

13. Alain Corbin, in : *Pour l'histoire de la médecine. Autour de l'œuvre de Jacques Léonard*, sous la direction de Michel Fagrée et François Lebrun, Rennes, PUR, 1994, p. 108.

14. Bruna Bianchi, « La psychiatrie italienne et la guerre », *Vingtième siècle*, *op. cit.*, pp. 74-85.

dans la mesure où la population civile n'a, en dehors des territoires envahis et occupés où les civils ont vécu dans le tout premier cercle de la guerre totale, que très marginalement été confrontée à la violence directe. En ce sens, l'historien Jean-Jacques Becker, qui dirige le centre de recherche de l'Historial de la Grande Guerre, a raison d'évoquer la « banalisation de la guerre » [15] au sein de la population, passés les premiers affrontements. Une des difficultés de l'étude globale de 1914-1918 réside d'ailleurs précisément dans la superposition toujours complexe entre l'anomie de guerre (le front, les régions occupées) et le maintien de vastes plages de « normalité » (les fronts intérieurs, restés à l'abri des combats, mais qui subissent néanmoins les contraintes parfois très lourdes de la mobilisation des sociétés belligérantes).

Mais sur les marges de cette « normalité » conservée dans la vie civile, ou plus exactement à l'arrière-plan de cette normalité elle-même, que sait-on, là-encore, des souffrances de guerre ? Souffrances des attentes (attentes du courrier, attentes des permissions), souffrances de la mort des proches ? Curieusement, l'historiographie actuelle, qui n'est pas entièrement dépourvue d'outils d'analyse en de tels domaines, s'est peu attaquée à fond à l'évocation de ces sujets [16]. On aura du mal à le croire : ce que fut la mort des enfants pour les parents, des petits-enfants pour les grands-parents, celle des pères pour les enfants, celle des frères pour les sœurs, n'a jamais été sérieusement décrit. On parle commodément des « deuils », alors que ces deuils, et la souffrance qu'ils ont occasionnée, ont tous été différents. On évoque, sans s'y arrêter davantage, les « veuves », les « orphelins », on compte accessoirement leur nombre, on sait l'historique de leur prise en charge par les Etats à l'issue du conflit. Est-ce suffisant ? Est-ce l'essentiel ? Que peut-on espérer comprendre aux Occidentaux et en particulier aux Européens des années 1920, 1930, 1940, et bien au delà, sans une prise en compte de ce que fut le poids de la mort sur les individus, dans presque toutes les familles ? Ainsi, d'après mes estimations, et à condition d'adopter la notion d'« entourage » des démographes d'aujourd'hui, on peut considérer que la quasi totalité des membres de la société française était en deuil à l'issue du conflit.

Il est également révélateur que des groupes entiers aient été jusqu'à une date très récente, entièrement ignorés par l'historiographie de la Guerre. Les combattants, seuls héros véritables et légitimes, ont ainsi focalisé toute l'attention historienne, au détriment des autres, et donc au détriment d'une compréhension plus globale de la guerre. On ne se préoccupe que tout récemment des personnes âgées qui ont dû vivre le traumatisme de la mort des jeunes, traumatisme qui reste, par exemple, la seule explication à leur surmortalité

15. Cette notion constitue un des fils conducteurs de l'ouvrage de J. J. Becker, *Les Français dans la Grande Guerre*, Paris, Laffont, 1980.
16. En dépit d'une tentative récente, malheureusement peu fructueuse : Yves Pourcher, *Les jours de guerre. La vie des Français au jour le jour en 1914-1918*, Paris, Plon, 1994, 546 p.

spécifique à Paris, Londres et Berlin entre 1914 et 1918 [17]. Si les femmes ont retenu assez tôt l'attention [18], on ne s'est préoccupé que très tard des enfants et de leur expérience de guerre, pourtant fondamentale pour la mémoire de 14-18 puisque ce sont les enfants de la guerre qui ont porté le souvenir historique du conflit dans le plus long terme : alors que les derniers vétérans disparaissent, ils restent les ultimes témoins... Il aura fallu près de trois quarts de siècle pour que les millions d'enfants qui ont traversé la Grande Guerre commencent d'être « interrogés » par l'historiographie [19].

On pourrait penser que le champ idéologique a été mieux repéré, compte tenu de l'ancienneté de l'histoire des idées et de l'histoire politique en Occident. Pourtant, c'est tout récemment que l'on a commencé à mesurer l'importance des grandes attentes – de type politique et idéologique – véhiculées par la guerre. Le conflit de 1914-1918 fut d'abord un affrontement entre nations, entre Européens – ou hommes de culture européenne – combattant pour leur nation. Il ne sert à rien de le nier, en surestimant l'importance des résistances, des révoltes, des rebellions. Le drame humain de la Grande Guerre, et une des clefs de sa durée et de son acharnement, c'est l'investissement des hommes de 1914-1918 sur leur nation. C'est leur sentiment, si fortement intériorisé, qu'ils avaient à la défendre, quel qu'en puisse être le coût. Car le conflit fut de nature fondamentalement défensive pour tous les protagonistes sans exception. Un des aspects les plus tragiques de la guerre de 1914-1918, ce fut finalement, et que cela plaise ou non, le *consentement* de ceux qui y ont pris part.

Or, si les nations ont fait l'objet d'un tel investissement, c'est parce que toutes étaient perçues comme porteuses d'immenses attentes positives. Ce sont elles que l'historiographie commence seulement à repérer. Attentes d'un monde meilleur, d'une nouvelle étape de la civilisation humaine, d'un nouvel « âge d'or », attentes qui expliquent l'engagement de millions d'hommes dans le conflit. Au fond, la culture de guerre de 1914-1918 fut profondément nourrie d'espérances de type religieux. Croire en la Patrie, croire en Dieu : deux notions souvent indissociables. C'est très récemment aussi que l'histoire religieuse, sans laquelle il ne saurait y avoir de compréhension en profondeur des

---

17. Contrairement à ce que l'on pourrait croire, la situation du front intérieur évolue dans un sens très différent dans les trois capitales. À Londres par exemple, l'espérance de vie des adultes augmente pendant la guerre. En revanche, les vieux subissent dans les trois capitales une catastrophe démographique qui ne peut s'expliquer, par exemple, par les seules restrictions, d'ailleurs très inégales selon les pays. Sur ce point, voir Jay Winter et Jean-Louis Robert, « Un aspect ignoré de la démographie urbaine de la Grande Guerre : le drame des vieux à Berlin, Londres et Paris », *Annales de démographie historique* 1993, pp. 303-328.

18. Voir notamment : *The Upheaval of War, Family, Work and Welfare in Europe, 1914-1918*, Ed. par R. Wall et J. Winter, Cambridge University Press, 1988.

19. Voir les communications au colloque de Dublin, *Mobilizing for Total War*, 1993, de E. Demm, « German Children and Primary Schools during the War », et de A. Fava, « The "tender children of the Warriors" : Children's assistance and the "National School" on the Italian Home Front (1915-1918) » (Actes à paraître). Voir aussi S. Audoin-Rouzeau, *La Guerre des enfants. 1914-1918. Essai d'histoire culturelle*, Paris, A. Colin, 1993, 187 p.

sociétés, a pu s'intégrer à l'historiographie de la Première Guerre mondiale, permettant ainsi un certain nombre de percées conceptuelles qu'on eût été en droit d'attendre bien plus tôt [20].

Non point que tous les combattants de la guerre aient été croyants. Il est probable au contraire qu'une minorité seulement le fut. Mais ce qu'il faut comprendre, c'est que les valeurs et le vocabulaire de la religion, de la foi, ont imprégné la « culture de guerre » de 1914-1918, lui ont fourni ses images, ont alimenté les représentations des contemporains, et bien au delà du milieu des « pratiquants ». De même est-ce la raison pour laquelle, même dans un pays « laïque » comme la France, l'iconographie chrétienne a massivement prêté ses formes à la commémoration [21].

Qu'on le veuille ou non, la guerre de 1914-1918, dès qu'on veut bien l'envisager sous l'angle des cultures, fut une immense tension collective de type eschatologique, dans la mesure où les grandes attentes de la guerre ont posé la question d'un devenir de l'être humain décalqué de la réflexion chrétienne sur les fins dernières de l'homme. Certes, les « hommes de 14 » ont d'abord subi, obéi à la contrainte, « tenu » faute de pouvoir faire autrement : mais la dimension de croisade est essentielle à la compréhension de leur système de représentations, dont seule une étroite minorité a pu totalement s'affranchir.

L'historiographie occidentale de la Grande Guerre a donc longtemps accumulé et vécu sur des silences. Pourquoi si longtemps ? Du point de vue des témoins, la réponse est assez claire : tous ont voulu exorciser la vraie guerre et reconstruire une guerre différente, susceptible de leur permettre de vivre avec le traumatisme. Pierre Chaunu, un spécialiste d'histoire « moderne » qui, mieux que quiconque peut-être, a senti certains des ressorts profonds de la Grande Guerre, tout au moins de la Grande Guerre à la Française [22], a prétendu un jour que « la mémoire sert à oublier » ... Un propos que tous les spécialistes du récit de guerre, de la mémoire et de la commémoration devraient connaître et méditer. Les vétérans de la Grande Guerre ont voulu témoigner, certes. Les historiens ont tout simplement oublié de se demander si leur témoignage n'était pas d'abord une volonté d'oubli, à tout le moins de reconstruction. L'écart – souvent immense – entre ce qu'ils ont dit dans l'instant et ce qu'ils ont dit après coup n'a d'ailleurs pas d'autre origine.

Les professionnels de l'histoire, face aux combattants s'érigeant en historiens exclusifs de leur expérience de guerre, ont donc longtemps renoncé aux règles élémentaires de l'opération historique. Ce n'est pas leur compétence qui

---

20. Sur tous ces points, voir : Annette Becker, *La guerre et la foi. De la mort à la mémoire, 1914-1930*, Paris, A. Colin, 1994, 141p. Nadine-Josette Chaline (sous la direction de), *Chrétiens dans la Première Guerre mondiale*, Paris, Cerf, 1993, 201p.
21. Annette Becker, *Les monuments aux morts, mémoire de la Grande Guerre*, Paris, Errance, 1988. « Les monuments aux morts », *Guerre mondiale et conflit contemporains*, n° 167, juillet 1992.
22. Pierre Chaunu, « Le fils de la morte », in : *Essais d'ego-histoire*, sous la dir. de Pierre Nora, Paris, Gallimard, 1987, pp. 61-107.

est en jeu, et encore moins leur bonne foi. La culpabilité du civil devant le combattant a, en revanche, sans doute pesé davantage. Mais le fond du problème n'est-il pas dans le fait que la guerre de 1914-1918 reste, sur son versant le plus noir, un sujet insupportable ? Qu'il nous pose des questions insupportables ? L'historien Alain Corbin a résumé le problème de manière magistrale lorsqu'il écrit : « A de rares exceptions près, les historiens refusent l'étude du paroxysme »[23].

Je plaide ici pour l'étude de ce versant noir, dont la découverte progressive dilate prodigieusement le champ historiographique du Premier Conflit mondial. A cet égard, certaines leçons de l'effort historique actuel sur 1914-1918 peuvent servir, j'en suis persuadé, à l'étude de beaucoup d'autres conflits.

Et pour se diriger en un tel domaine, il n'est peut-être pas inutile de s'inspirer de l'avertissement d'un très grand historien italien, Carlo Ginzburg, qui donne à choisir entre « assumer un statut scientifique faible pour arriver à des résultats marquants, ou assumer un statut scientifique fort pour arriver à des résultats négligeables »[24]...

Car en matière de culture de guerre et d'activité guerrière en général, sans doute ne faut-il jamais perdre de vue que de tels sujets d'investigation demeurent parfois très au delà des savoir-faire actuels de la discipline historique.

23. Alain Corbin, in : *Pour l'histoire de la médecine. Autour de l'œuvre de Jacques Léonard*, sous la direction de Michel Lagrée et François Lebrun, Rennes, PUR, 1994, p. 106.
24. Carlo Ginzburg, *Mythes, emblèmes, traces. Morphologie et histoire*, Paris, Flammarion, 1989, 304p., p. 179.

Eric BUTEL

GUERRE OU RÉVOLUTION SOCIALE

Monsieur le président a bien voulu me confier la dernière communication de cette première séance, c'est-à-dire celle à qui il revient, en quelque sorte, de conclure cette matinée de présentation générale et de vous introduire aux séances plus spécialisées qui suivront. Pour ce faire, j'ai choisi de vous entretenir de mon expérience spécifique de chercheur sur la littérature de guerre iranienne du conflit Iran-Irak, à ma connaissance la première conduite à ce niveau par un chercheur occidental.

Je voudrais immédiatement assortir ce constat de quelques réflexions :

Le fait d'être le premier à défricher un domaine scientifique ne confère d'abord aucun privilège ni aucun droit particulier, mais au contraire le devoir rigoureux d'accepter d'emblée avec humilité de voir un travail nécessairement grossier et élémentaire rapidement remis en cause par les autres recherches qu'il sera parvenu à susciter.

S'il est vrai, comme a bien voulu le rappeler le professeur Balaÿ, que mes recherches sont pour quelque chose dans la tenue de cette table ronde, c'est bien parce qu'il est question de les dépasser et de les étendre, et que ceci ne peut se faire sans vous, et notamment sans les étudiants que nous serons parvenus à intéresser à cette dimension essentielle de l'histoire contemporaine de ce pays. Notre réflexion commune n'aura d'intérêt que si elle se prolonge au delà de ces quelques séances, à travers un dispositif scientifique dans lequel l'Université occupe naturellement une place centrale.

Le docteur Tâleghâni a bien voulu nous dire quelques mots sur les relations difficiles de l'Université avec un secteur de la recherche qui lui échappe à peu près complètement, alors qu'elle y aurait toute sa place dans la mesure où on lui en donnerait les moyens matériels et humains, et où les universitaires y seraient libres de préconiser des critères proprement scientifiques, à l'abri des contraintes idéologiques. De notre point de vue de chercheurs occidentaux, la chose est on ne peut plus claire : aucun travail à prétention scientifique n'a de chance d'être pris en compte sur le plan international, s'il n'implique pas l'Université d'une manière ou d'une autre. Si nous voulons que la littérature de guerre iranienne acquière un statut de champ scientifique reconnu sur le plan international, nous devons faire en sorte que l'Université d'Iran s'y implique de manière active et sans complaisance. Un domaine d'une telle ampleur ne peut continuer à reposer sur les épaules de quelques scientifiques non résidents.

Cette table ronde, c'est un fait, n'aurait pourtant pas eu lieu, tout au moins sous cette forme, si j'avais été un jeune chercheur iranien confirmé et infiniment plus brillant, au lieu d'être un chercheur occidental néophyte. Je ne suis pas, et de loin, le premier chercheur en Iran à m'être penché sur la littérature de guerre. D'autres ici l'on fait, avec infiniment plus de connaissances et de compétence. Je ne vois, pour expliquer le privilège qui m'est donné aujourd'hui de parler devant vous, que deux explications, qui ne tiennent ni à ma personne, ni aux qualités de ma recherche, mais à ma position. Le professeur Tâleghâni l'a, me semble-t-il, parfaitement mis en lumière : l'intervention d'un chercheur occidental provoque d'une part la recherche locale en l'amenant à s'interroger sur elle-même, à faire en quelque sorte le bilan de ce qui a été fait, reste à faire et de quelle manière. Qu'on le veuille ou non, qu'il s'agisse d'un mythe ou d'une réalité, l'image de la recherche occidentale est inséparable, d'autre part, d'une certaine liberté de ton, alliée à une rigueur de raisonnement fondée sur une grande créativité en matière de méthodes.

En ce qui concerne la liberté de ton, les autorités universitaires qui se sont associées à ce projet, nos collègues iraniens dans leur ensemble, m'ont sans cesse pressé de dépasser avec franchise et sans ambages les diverses limites idéologiques, affectives et épistémologiques, s'imposant ici aux chercheurs iraniens, limites pour certaines bien connues et compréhensibles mais également suffisamment strictes pour expliquer en partie le peu d'attention accordée par les universitaires à la guerre Iran-Irak.

Nos collègues iraniens exigent maintenant de nous un regard de qualité, c'est-à-dire fondé sur des concepts et des méthodes d'analyse efficaces et qui ont fait leur preuve, appliquées, par exemple, à d'autres phénomènes du même ordre. C'est, je crois, tout le sens de l'intérêt très vif suscité par la présence ici du professeur Audoin-Rouzeau. Je rappellerai que celui-ci n'est pas, fondamentalement, un iranologue. Ses recherches sont, à première vue, totalement extérieures au champ iranien. Pourtant les quelques traductions de textes de guerre iraniens que nous lui avons fait parvenir lui ont suffi pour se décider immédiatement à abandonner provisoirement ses cours, ses étudiants et ses responsabilités et venir dialoguer avec nous, à Téhéran. Les responsables de la Faculté des sciences sociales de l'Université de Téhéran, n'ont pas hésité, non plus un seul instant, à faire bon accueil à ce projet.

Qu'il s'agisse de la Faculté des Sciences Sociales et non d'une autre, la Faculté des Lettres par exemple, ne tient pas du hasard. Nous sommes tous ici convaincus, aiguillonnés pourtant par des curiosités diverses, que notre débat contribue, non seulement à une meilleure connaissance des deux conflits, mais plus fondamentalement, par la confrontation de deux expériences qui peuvent paraître lointaines en terme de temps ou d'espace culturel, à la construction de ce qu'il est convenu d'appeler une « anthropologie générale de la guerre ».

C'est bien là ce qui se profile au delà du phénomène commun d'écriture des mémoires de guerre qui vont nous occuper les séances prochaines. Nous ne resterons pas confinés, j'en suis convaincu, dans la sphère de l'histoire ou de la littérature. Les progrès enregistrés contribueront à une meilleure connaissance de l'humain, à celle, également fondamentale, des processus qui accompagnent la transformation des sociétés, notamment, dans le cas de l'Iran, des sociétés en mutation rapide aux prises avec les défis imposés par la modernité.

Dire que nous ne resterons pas confinés, même malgré nous, dans la sphère de l'histoire ou de la littérature, revient à dire qu'aucune discipline scientifique ne peut rendre compte, à elle seule, d'un phénomène comme celui qui nous rassemble ici. L'expérience que j'ai acquise de ce champ m'amène à vous inviter à ne pas craindre de mobiliser les ressources scientifiques de nos diverses disciplines, de multiplier les angles d'attaque, les théories, les hypothèses, à lancer de nouveaux concepts, à croiser les méthodes, à essayer de nouveaux outils, pour peu qu'on n'y mette de la rigueur, tout en surmontant l'angoisse d'avoir à se perdre dans un brouillard intellectuel de plus en plus épais.

Voici pourquoi nous avons tenu à donner à cette rencontre la forme d'une table ronde ouverte à toutes les interventions et que nous espérons que chacun aura cœur d'y intervenir, fort du bagage de sa discipline. L'écriture des mémoires de guerre est cependant une expérience si profondément humaine que nous devons être persuadés à l'avance qu'elle nous résistera, car l'homme, avec sa fâcheuse complexité, ne se laisse, fort heureusement, que très difficilement réduire en concepts, en formules et en équations. L'on peut même avancer qu'il s'agira d'une résistance exceptionnelle car elle s'ancre sur les fondements les plus profonds de la nature humaine, comme la confrontation avec la douleur, l'amour et bien sûr la mort.

Le professeur Audoin-Rouzeau a évoqué ce matin la lenteur avec laquelle l'histoire culturelle de la Grande guerre s'est mise en place. Il nous dira cet après midi qu'il a fallu près de soixante-dix ans pour qu'une telle opération soit entreprise en France, avec l'inauguration en juillet 1992 de l'Historial de la Grande guerre de Péronne et son centre international de recherche, à deux pas des champs de bataille de la Somme. Encore la création de l'Historial s'applique-t-elle à un phénomène déjà refroidi, solidifié, alors que nous travaillons nous, dans le domaine de la guerre Iran-Irak, sur une coulée de lave encore incandescente et fluide. Rappelons ici que la Grande guerre a marqué la destruction de l'Europe historique, en ruinant ce qu'avait été la vie culturelle européenne durant des siècles. La rupture fondamentale provoquée par la guerre de 1914-18, n'a été surmontée en Europe qu'au prix d'une seconde guerre mondiale payée de cinquante millions de morts et de l'amputation décisive de la vieille Europe par l'expansion du communisme. L'Europe nouvelle est née de la réflexion comparée sur ces deux tragédies. Il me paraît très symbolique que l'inauguration en juillet 1992 de l'Historial de la Grande guerre de Péronne, suive de moins de trois ans la chute du mur de Berlin, c'est-à-dire le premier signe d'une réunification décisive de l'Europe.

Le projet de construire une histoire culturelle des conflits ne peut donc intervenir que dans la phase de refroidissement des idéologies, quelles qu'elles soient, lorsque les sociétés sont enfin disposées à régler dans la sérénité l'héritage de la guerre et reprennent confiance en elle-même, liquidant ce lourd sentiment de méfiance et de peur qu'elles entretenaient vis-à-vis d'elles-mêmes et de l'autre. Ce refroidissement des passions prend du temps. C'est là que le discours du chercheur étranger, moins astreint que les chercheurs locaux à ces limites idéologiques et affectives, provoque, dérange et stimule. Il n'en doit pas moins affronter cependant, comme ses collègues locaux, un certain nombre de limites d'ordre épistémologique, à propos desquelles je voudrais dire quelques mots.

Certaines de ces limites sont inhérentes à l'organisation matérielle rudimentaire d'un champ en train de se construire. J'ai passé ainsi près d'un an à tenter d'établir une bibliographie des textes de guerre, pour aboutir à une liste de 2000 ouvrages que j'estime encore inférieure de plus d'un tiers à la réalité. Quelques centaines de ces ouvrages se trouvent à ce jour sur le marché. Aucune bibliothèque publique ne s'est souciée de les collecter systématiquement, alors qu'il est assez probable, dans la grande tradition iranienne, que des amateurs éclairés les ont poursuivis d'un bout à l'autre du pays. L'idée lancée par M. Rahmândust de la Fondation des déshérités à la mi-juillet 1993, de créer une bibliothèque centrale de la littérature de guerre où serait conservé au moins un exemplaire de chaque volume identifié, a été suivie, semble-t-il, d'une vaste campagne d'achat de livres, y compris auprès des privés, mais, à ma connaissance, n'a encore abouti à rien.

Si près de 450 ouvrages ont été publiés par le seul Département des arts de l'Organisation de la Propagande islamique, le reste des publications s'est trouvé dispersé entre plus de 40 centres différents, dont certains ont aujourd'hui disparus ou ont été absorbés dans de nouvelles structures. Nous connaissons tous les grands éditeurs institutionnels tels que l'Armée des gardiens de la révolution, l'Armée régulière, le Ministère de Ershâd, la Fondation pour la conservation des œuvres de guerre, la Fondation des martyrs, etc, mais j'ai trouvé également des textes très intéressants dans la minuscule maison d'éditions 'Omân Sâmani de Sâman, dans la province de Tchahâr mahal va bakhtiyâri, ou aux éditions Aflak de Khorramâbâd. Dans ces conditions, et compte tenu du volume d'informations à traiter, le repérage des textes n'est pas une chose facile. Encore ai-je dû abandonner l'idée de recueillir les textes de guerre parus dans la presse depuis 20 ans, dont certains journaux, comme *Djomhuri-e eslâmi* ont publié des facsimilés reliés, mais de taille si réduite qu'ils sont quasiment inutilisables. La presse constitue cependant une mine inépuisable, notamment en ce qui concerne les testaments des martyrs.

La tâche est encore rendue plus difficile par l'absence de véritable matériel bibliographique. Les centres institutionnels ont certes publié à tour de bras, mais sans prendre la peine d'éditer ou de mettre à jour le moindre catalogue. Les équipes constituées dans leur périphérie pour conduire le travail de bibliographie n'ont cessé de se créer et de disparaître, minées par l'absence de réflexion théorique préalable, des méthodes de travail artisanales, des querelles de personnes, des parti pris idéologiques et d'inévitables problèmes matériels. Les critiques littéraires qui se sont penchés sur la question, et qui auraient dû proposer des axes scientifiques clairs ont encore embrouillé les choses en préconisant des classements parfaitement inopérants. Après dix ans de travail, nous en sommes donc encore aujourd'hui à ne disposer d'aucun ouvrage de bibliographie d'une qualité scientifique irréprochable, fiable, et sans erreur, ce qui paraît d'autant plus étonnant que la science de la bibliographie appartient en propre au patrimoine culturel irano-musulman. L'histoire de la bibliographie sur la littérature de guerre, à l'opposé de celle de l'édition des textes révèle les conséquences néfastes de la prolifération des centres de recherches hors de l'Université, dans lesquels les études ne sont pas conduites avec la rigueur scientifique nécessaire. Tout ceci aurait sans doute pu être évité si des bibliothécaires professionnels aux qualités scientifiques unanimement reconnus comme ceux de la bibliothèque centrale de l'Université, avaient été, par exemple, directement impliqués dans ces projets.

Je ferai à peu près le même type de réflexion à propos de l'encyclopédie *Farhang-e djebheh*, dont l'équipe s'est courageusement maintenue à flot en passant dans le giron d'institutions successives. Ce projet novateur, unique, et du plus haut intérêt, souffre cependant de quelques faiblesses scientifiques qui me semble inhérentes à l'absence de coopération active avec les chercheurs de l'Université.

L'on me répondra que les universitaires iraniens dans leur ensemble ont longtemps hésité à s'engager dans un domaine qui ne leur apparaissait pas disposer d'une marge d'autonomie culturelle suffisante par rapport au politique, donc justiciable d'une véritable approche scientifique indépendante. Je dois reconnaître qu'une des limites essentielles à laquelle nous étions tous confrontés, lorsque je parlais de mes recherches à des universitaires iraniens, était de distinguer dans quel domaine scientifique précis devait s'inscrire ce travail. Les historiens hésitaient à s'engager dans un domaine qui leur paraissait relever de la sociologie, les sociologues de la littérature, les littéraires de la science politique, les anthropologues ne voulaient pas entendre parler de l'histoire ni de sociologie religieuse. Cette imbrication des disciplines participait à leur confusion. D'emblée, la multidisciplinarité impliquait un travail d'équipe de plus grande envergure, soudé par une vision très nette du parcours à accomplir et des objectifs à atteindre.

En termes événementiels et chronologiques, la guerre appartient bien à l'histoire, au sens classique du terme. Les armes se sont tues et comme dans les bois et les prés de la Somme réduits à l'état de steppe lunaire, l'herbe a bien fini par repousser et le vent comble chaque jour davantage les tranchées de la ligne de front. Pourtant le phénomène littéraire qui nous occupe ici débute au cours de la guerre et se poursuit encore aujourd'hui. L'histoire culturelle n'est donc pas en phase avec l'histoire événementielle. Il semble même que le rythme de l'édition se soit d'ailleurs accéléré depuis l'arrivée au pouvoir du président Khâtami, manière de dire que l'édition des textes de guerre ne reste pas en retrait des enjeux actuels de l'évolution de la société iranienne. Le récit prolonge donc bien l'action dans le temps par d'autres moyens, ainsi que l'expriment parfaitement les paroles de Motlaq citées par le professeur Balaÿ, qui rejoignent ici le caractère mimétique fondamental du récit posé par Aristote dans sa poétique.

Une réflexion essentielle et centrale sur le temps permet de redonner une pertinence à l'intervention de la recherche anthropologique, qui, ainsi que le défini Marc Augé dans son *Introduction à une anthropologique de la surmodernité*, « traite au présent de la question de l'autre », ce qui, ajoute-t-il, « suffit à la distinguer de l'histoire ». Si l'écrit nous place, de fait, face à une altérité unique, essentielle et intime, il est clair, ne serait-ce que parce qu'il s'inscrit dans des systèmes emboîtés de plus en plus vastes, que la question de l'identité individuelle est indissociable, comme l'écrit encore Marc Augé, de l'identité collective : « Ce n'est pas simplement parce que la représentation de l'individu est une construction sociale qu'elle intéresse l'anthropologie, c'est aussi par ce que toute représentation de l'individu est nécessairement un représentation du lien social qui lui est consubstantiel ». Du coup, de ce qui nous semble relever de l'individuel devient pleinement justiciable d'une approche sociologique.

Sans présumer de ce que M. Kowsari nous dira sur ce sujet, l'approche sociologique de la littérature de guerre me semble devoir faire face dans le contexte iranien actuel à deux complications majeures : la première, essentielle, tient aux rapports très étroits que cette littérature entretient avec le fait religieux. Est-il possible de produire en Iran un discours autonome sur le religieux réduit à une dimension spécifique de la réalité sociale ? Si l'on part de la définition de Bourdieu qui stipule que la démarche sociologique consiste à arracher l'objet à l'évidence sociale [1], la sociologie comme entreprise critique entre, nous le savons bien, en collision frontale avec la religion, pour la simple raison que la religion est en elle-même, comme l'écrit Danielle Hervieu Léger, « la formalisation savante d'une explication du monde social qui ne peut concevoir l'autonomie du monde que dans les limites du projet divin qui la consent ».

En cherchant à établir les lois et régularités qui régissent les sociétés, les sciences sociales propose un projet concurrent de la vision unifiante des systèmes religieux. En Occident ce conflit a été réglé très clairement aux dépens du religieux. Puisqu'il n'en est pas question en Iran, nous devons nous en tenir à une sociologie descriptive qui, ma foi, peut rendre d'immenses services dans la mesure où elle se construit de manière relativement autonome de tout déterminisme culturel ou religieux, par étapes progressives, à partir des objets qu'elle identifie empiriquement. C'est d'ailleurs la méthode que j'ai largement utilisée dans mon travail de thèse, dès que j'ai compris qu'il me fallait tenir un cap

1. Bourdieu, *Le métier de sociologue*, Introduction, Leçons de sociologie.

médian entre des hypothèses certes séduisantes mais dont aucune ne permettait, à vrai dire, de rendre justice à la complexité intrinsèque du sujet. C'est ainsi, par exemple, que tout en proposant une analyse du martyre en terme de rapport conflictuel à la modernité, en ramenant notamment la fascination pour la mort au symptôme douloureux de l'apparition sur la scène iranienne du nouvel individu qui constitue aujourd'hui le centre du concept de société civile, j'ai pris garde à la rémanence de certains traits de mentalité traditionnels propres aux classes inférieures de la société, dont étaient majoritairement issus les jeunes volontaires. Je place évidemment au nombre de ces traits hérités un certain type de rapport au religieux traditionnel marqué, par exemple, par l'importance de la dévotion populaire envers les membres de la famille du Prophète, notamment l'honorée Zahrâ, l'Imam Hoseyn, et l'Imam Zamân qui intervient souvent directement dans la vie des combattants, ou bien encore la vocation de cette littérature à mettre en relief la sainteté des martyrs manifestée par l'octroi de faveurs surnaturelles qui permettent d'extérioriser leur perfection. Il faudrait parler ici également de la place réservée aux aspects collectifs et communautaires de la foi, les cérémonies religieuses, la lecture des élégies funèbres, etc. Au moment de soutenir qu'à travers le martyre, nous assistons à l'apparition d'une nouvelle image de la mort profondément moderne, j'ai vivement regretté de ne disposer d'aucune histoire générale de la mort en Iran à l'image du travail bien connu de Philippe Ariès sur nos sociétés européennes.

Ceci me conduit à aborder la seconde difficulté que j'évoquais plus haut. A mesure que nous nous éloignons des événements, la sociologie active se transforme en une sociologie historique qui doit emprunter des chemins indirects. Morteză Sarhangi a d'ailleurs choisi d'évoquer cette dimension dès le début de sa communication : « Lorsque la guerre a commencé, je n'avais pas un seul cheveu blanc ». Les adolescents d'hier sont aujourd'hui des pères de famille. Cette distance sans cesse croissante avec les événements génère, dans la littérature combattante, une homogénéisation sensible de la diversité du réel et l'apparition de figures-types, qui effacent peu à peu dans les consciences la très grande variété des situations qui prévalait au moment de la guerre. Les soldats du contingent disparaissent derrière les volontaires, les ruraux devant les citadins, tous les martyrs ont tendances à devenir des adolescent pauvres originaires des quartiers sud de Téhéran, partis sur le front malgré l'avis de leurs parents. Les stéréotypes se multiplient qui figent les martyrs dans des images de plus en plus statiques et résumées qui ne sont pas sans rappeler celles des saints des anciennes hagiographies. Lorsqu'on s'attache au décryptage des formes prises par ces différents récits, l'on se rend rapidement compte que les logiques persuasives et didactiques qui sous-tendent les discours idéologiques, les conduisent en ce domaine à brider l'organisation du discours et à figer les itinéraires de sens en autant de parcours contraignants et stéréotypés. Les deux textes *Des déshérités* (Az khukh neshinân) et *Le dévouement d'un frère religieux* (Isâr-e yek barâdar-e rowhâni), pages 190 à 195 du corpus persan, 102 à 104 du corpus français nous en fournissent un exemple éloquent. Dans de très nombreux recueils de récits courts, une large place est faite, ainsi, à ce que Jolles appelle dans sa théorie des formes simples « la forme légendaire », qui, rappelons le, a pour objet de « réaliser le passage qui rend la vertu [du saint] agissante et de montrer la confirmation, par le miracle, du caractère agissant de la vertu » [2]. La légende s'adosse à une disposition mentale spécifique, que Jolles appelle « l'imitation ». La vie du martyre, comme celle du saint des hagiographies classiques, est une vie exemplaire. Or, pour que l'imitation fonctionne, la vie du saint ne doit pas être encombrée de détails qui la rendrait trop singulière. Voici à mon sens une des raisons pour laquelle nos mémoires de guerre entretiennent cette relation si ambiguë et pour nous, si difficile, avec l'histoire. La notion de modèle n'est pas totalement soluble dans celle de réalité historique. Cette hésitation perpétuelle entre récit historique et récit de fiction m'a conduit à mener une si longue enquête sur le temps, que je ne me hasarderais pas ici à la résumer ; mais je ne désespère pas de pouvoir la traduire un jour en persan.

Ce que je viens de dire, fait peser, on s'en doute, de sérieuses contraintes sur l'enquête sociologique. Il nous faut par exemple, décrypter à la loupe des passages comme celui où Motlaq nous montre, dans *Zendeh bâd Komeyl*, la querelle des *'âsheqân* et des *'âqelân*, pour découvrir le face-à-face entre les étudiants issus de la bourgeoisie moyenne urbaine et les soldats issus du monde rural ou déruralisé. A défaut d'avoir accès aux statistiques tenues par les militaires sur l'origine géographique et sociale des appelés du contingent ou des volontaires, ou aux fichiers de la Fondation des martyrs, les mémoires de guerre permettent de recueillir des informations de type qualitatif biaisées et indirectes, sur des transformations sociales qui débutent dès avant la révolution, à l'époque de l'explosion de l'économie pétrolière, nourrissent le processus révolutionnaire et se prolongent durant toute la guerre jusqu'à aujourd'hui. Informations de type qualitatif biaisées et indirectes, car comme le rappellera Alirezâ Kamari dans son intervention de mardi matin, les mémoires de guerre publiés ne représentent que la frange littérarisée d'une masse considérable de carnets de guerre conservés par les combattants volontaires, les familles et les institutions, et cachent un océan de textes non encore publiés et plus certainement sans doute, de textes non encore écrits. Il n'en reste pas moins que cette goutte d'eau infime face à cet océan, que nous observons comme des biologistes, au microscope, forme pourtant un tout signifiant. L'argument quantitatif n'est pas recevable, car c'est ici l'argument qualitatif qui prime. Les phénomènes socioculturels que nous observons dans ces mémoires de guerre, tels que la redéfinition d'un nouveau rapport au corps, à la vie sociale, à la quotidienneté, atteignent dans nos récits une masse suffisamment critique pour que la question de la quantité ne fasse plus sens. Comme l'aime à le rappeler Farhâd Khosrokhavar, en sciences sociales des phénomènes peuvent être numériquement très minori-

2. Jolles (André), *Formes simples*, p. 38.

taires mais anthropologiquement très signifiants. C'est à mon avis le présupposé le plus approprié pour traiter de la question du martyre.

Je voudrais dire en conclusion quel plaisir intellectuel j'éprouve de voir réunis ici autour de ce projet des hommes et des femmes d'horizons différents. La littérature de guerre est un immense chantier qui peut fournir du travail à de nombreuses équipes de recherches nationales et internationales durant plusieurs années, constituées d'autodidactes chevronnés et d'universitaires. Je voudrais rendre ici témoignage de la profondeur et de la qualité des intuitions de certains des hommes que j'ai croisés, au Bureau des Arts de la Guerre, à *Farhang-e djebheh* ou à la faveur de discussions moins professionnelles.

DEUXIÈME PARTIE

CHAPITRE I

ANTHOLOGIE DES MÉMOIRES DES COMBATTANTS IRANIENS

VIVE KOMEYL, Mohsen Motlaq

Mohsen Motlaq, *Zendeh bâd Komeyl* [Vive Komeyl], Téhéran, Bureau de la Littérature et des Arts de la Résistance, Département des Arts de l'Organisation de la Propagande islamique, 1ère édition, 1370 (1991-92), 98 p. Traduction intégrale. (Trad. E. Butel).

Dédié à notre Seigneur Seyyed 'Ali Khâmeneh'i,
Mon Guide étranger et opprimé.

Introduction de l'écrivain

L'Imâm [1] a dit :

> « Nous, nous avons exporté dans la guerre notre révolution vers le monde. Nous, nous avons prouvé dans la guerre notre état d'opprimés et la tyrannie des agresseurs. Nous, nous avons révélé dans la guerre l'hypocrisie des impérialistes. Nous, nous avons distingué dans la guerre, les amis des ennemis. Nous, nous avons brisé dans la guerre la superbe des super-puissances de l'Orient et de l'Occident. Nous, nous avons affermi dans la guerre les racines de notre féconde révolution islamique. Notre guerre était la guerre du Droit contre l'Erreur, qui ne peut pas avoir de fin. Notre guerre était la guerre de la foi contre la bassesse. Cette guerre ne cessera d'Adam jusqu'à la fin du monde. Comme ils ont la vue courte ceux qui s'imaginent que puisque nous ne sommes pas parvenus à réaliser sur le front nos idéaux ultimes, donc le martyre, la vaillance, le dévouement, le renoncement à soi, la rigueur sont inutiles. Nous ne sommes dans la guerre, pas un instant même, repentants et honteux. Et bien est-ce que nous avons oublié que nous avons fait la guerre pour accomplir un devoir et que le résultat n'a pas été secondaire ? »

Seules les paroles de l'Imâm apaisaient et rafraîchissaient nos cœurs calcinés et remplis de souffrance. Quant à moi, je pensais que jusqu'au Retour du Maître des Temps [2] il fallait tenir en main soit une arme, soit un stylo. Lorsque à Dokuheh j'ai rendu mon arme au dépôt dans les derniers jours de la guerre, je suis allé chercher un stylo au magasin avec lequel je pourrais défendre les valeurs acquises à travers mon *djahâd*. J'aurais aimé être plus instruit pour tenir en main un stylo de plus grande taille et ainsi mieux couvrir de souillure ce monde d'esclaves de la force et d'amoureux de l'or. Mais que faire puisque mon stylo, brisé comme les palmiers décapités de Khorramshahr, n'a pas la force d'exprimer ma reconnaissance envers les martyrs qui ont déposé sur ma poitrine rem-

1. L'ayatollâh Khomeyni.
2. Le douzième Imam chiite.

plie de chagrin, le trésor de leurs souvenirs. Puisque je considère mes amis martyrs comme plus opprimés, mes compagnons disparus comme les êtres humains les plus étrangers qui aient posé les pieds peu de temps sur cette terre pour disparaître ensuite, j'ai décidé de verser sur ces pages une goutte de leur océan de patience et de savoir, pour que ceux qui sont pris d'amour, se souviennent un instant, en la respirant, des jours de *djahâd* et de martyre et parcourent cette terre. Mais je ne sais jusqu'à quel point j'ai réussi à remplir ce devoir. J'espère que jamais nous n'oublierons l'amitié d'armes.

Mohsen Motlaq, été 1370 (été 1991).

[I. Le front de Mehrân (début printemps 1986)] [3]

Il n'y avait guère plus de quelques jours que nous avions été arrachés à Téhéran. Dokuheh avait un climat agréable et doux. Après la libération de Fâv, les bataillons de la division étaient soit partis en congés, soit, demeurés en garnison, passaient le temps agréablement sous le couvert protecteur de la spiritualité. 'Abbâs Yegâneh et moi nous nous baladions dans la caserne quand nous avons appris qu'un an après sa dissolution le bataillon Komeyl allait être recréé [4]. Quand la nouvelle s'est répandue, les anciens membres du bataillon sont venus de tous les côtés pour se regrouper avec bonheur. 'Abbâs et moi nous faisions partis du lot. Cette fois-ci le commandement du bataillon Komeyl échut au frère Shahsavand. Dans la nouvelle organisation, 'Abbâs, Teymuri et moi servions d'auxiliaires à l'artilleur, le frère Darafshi, dans la première unité de la compagnie Shahid Madani.

Parmi les soixante-quinze personnes qui formaient une compagnie, la présence de quelques-unes avait de quoi nous satisfaire. Parmi elles il y avait Shâdâb. Shâdâb faisait partie des forces les plus anciennes de la guerre et venait de Khorramshahr. Il avait un œil de verre et l'on ne pouvait guère trouver une seule partie indemne dans le corps de ce bon garçon. Avec son bel accent de Khorramshahr, on ne l'en aimait que davantage. Randjeh également, qui était responsable de notre unité et venait d'Abâdân. Quoiqu'il n'eût pas d'accent, il parlait bien.

Les quelques jours où nous sommes restés à la garnison de Dokuheh, nous étions chaque matin réveillés par les invocations de Nurâ'i. Après nos ablutions, nous partions au *hoseyniyeh* Shahid Hâdj Hemmat. Avant la prière du matin, l'intérieur et les environs du *hoseyniyeh* étaient remplis de ceux qui veillaient [par dévotion] durant la nuit, comme s'ils y avaient organisé la prière collective. Parfumés généralement avec de l'essence de rose *mohammadi*, les tapis de prière, qui faisaient partie des affaires personnelles de chacun de ces

---

3. Ces titres ne figurent pas dans le texte original. Ils ont été restitués pour permettre au lecteur de suivre le déroulement chronologique du récit.
4. Le bataillon Komeyl appartient à la 27e armée Mohammad Rasulallâh de l'Armée des gardiens de la révolution.

hommes généreux, embaumaient cet espace. Chaque recoin du *hoseyniyeh* était témoin de l'activité des camarades : dans un coin ce n'était que mains ouvertes en soumission, dans un autre, têtes inclinées en prosternation, visages d'un adolescent dans la poussière, etc. Nous aussi nous devons être reconnaissants envers Dieu d'avoir vécu dans ce milieu.

Au crépuscule, chacun était en lui-même. Plus le soleil s'abaissait, plus le cœur se serrait et plus il sombrait dans le souvenir des compagnons disparus. Lorsque le soleil se couchait le cœur ne souhaitait plus qu'être arraché de sa place. Et si l'appel à la prière qui fait revivre les hommes n'était pas venu à leur secours, les larmes se seraient écoulées de la fontaine de leurs yeux. C'étaient là des scènes que personne n'avait vues auparavant et Dieu seul sait si on les reverra un jour. Tant d'adolescents et de jeunes hommes, dont les semblables en ville reçoivent de l'argent de poche de leurs parents, ici sont des lions le jour et des ascètes la nuit.

Après la prière de *maghreb* et de *'eshâ'*, tous sortent du *hoseyniyeh* et se dirigent vers le bâtiment de la garnison. Je n'étais pas moi-même à l'écart des autres. Une fois à l'intérieur, tous les membres du premier détachement prennent place autour de la nappe du repas. En lançant des *salavât* les garçons récitent en chœur la prière de la nappe « Ô notre Dieu, accorde-nous notre pain quotidien d'une façon légitime. » Mehdi Sâberi compte tout ce qu'il mange à la cuillère près. Le soir, il ne mange pas plus de sept ou huit bouchées, afin de mieux se réveiller au petit matin. Certains d'entre eux ne mangent absolument rien au dîner. Les gens des villes, au cours de l'année ne se réveillent au petit matin que pour le mois de ramadan, encore est-ce pour manger avant le début du jeûne. Mais les gens ici se réveillent au petit matin, non pas pour manger avant le début du jeûne, mais pour...

Un vendredi matin, dans l'air brumeux de la garnison, je suis allé aux douches avec quelques-uns des gars de l'unité. Dans les douches c'était un vrai chahut. Les garçons étaient généralement par groupes et pour cette même raison un concert de plaisanteries fusait vers le ciel. Dans tout ce vacarme et ces rires, personne n'oubliait Dieu. On se rappelait les uns aux autres qu'il fallait faire l'ablution complète du vendredi. En vérité les plaisanteries et les rires des combattants de la voie de Dieu étaient non seulement purs, mais on s'y raccrochait pour gagner la satisfaction de Dieu.

En dépit de la formation récente du bataillon et de l'arrivée d'un nouveau groupe, ce sentiment d'être étrangers les uns aux autres avait disparu. Ceux qui vont à Karbalâ par le chemin du cœur se connaissent assurément depuis longtemps et s'ils ne reconnaissent pas les uns les autres les traits de leur visage apparent, cela fait des années qu'ils sont, à l'intérieur, les familiers des uns les autres.

Après quelque temps, on nous délégua la défense du front de Mehrân. C'est pourquoi les gars s'étaient préparés à prendre leur équipement. Ceux qui sentaient le parfum du martyre, allèrent aux douches de Dokuheh pour la dernière fois faire l'ablution complète du martyre. Tous parlaient entre eux de la ville de Mehrân, des souvenirs de sa destruction et de ceux qui y avaient trouvé le martyre.

Après une manœuvre nocturne, nous avons vu ressurgir les autocars. La cassette de Âhangarân [5] dans les haut-parleurs renforçait notre moral. Le bataillon a été mis en rang et le frère Shâhsavand a fait ses dernières recommandations. Après que l'on eut égorgé quelques moutons fort gras aux pieds des camarades, les détachements sont montés en ordre dans les autocars. A la hauteur de la gendarmerie de la garnison, nous avons jeté, en matière d'adieu, un dernier coup d'œil sur la zone des bâtiments et nous sommes partis ensuite à toute vitesse vers Mehrân. Nous sommes parvenus à Sangshekan [6] sur le couchant. Nous sommes descendus des autocars pour grimper dans des Toyota et partir vers le front. J'étais déjà venu à Mehrân et la vue des collines et des hauteurs de la région me remirent en mémoire les souvenirs du passé et les visages des compagnons martyrs réapparurent devant mes yeux. Le soleil était en train de se coucher lorsque nous avons atteint le terme du chemin de Qal'ehvizân. Après quelques minutes, nous sommes arrivés sur la ligne de front. Les gars sautèrent des Toyota et serrèrent dans leurs bras les amis qui étaient dans la région depuis près de deux mois. Dans cette presse, nul n'était étranger et tous s'étreignaient sans hypocrisie, sans se connaître, car il leur suffisait de partager le même combat et la même cause.

Les soldats du bataillon Hazrat-e Abdol'azim, qui gardaient la ligne firent mouvement vers la garnison Dokuheh pour prendre des permissions et du repos et nous fûmes établis à leur place sur le front.

Abolfazl Eslâmi, le responsable de notre compagnie, était parti reconnaître la région quelques jours avant nous et avait eu malheureusement le pied arraché par une mine. Il avait été envoyé à Téhéran pour suivre un traitement médical. C'est pour cette raison que Ahmad Buyâni fut appointé responsable de la compagnie.

Jusqu'à huit heures du soir, les gardiens restèrent en faction dans leurs postes et les autres furent installés dans leurs abris respectifs. Notre abri était particulièrement grand et l'on y installa douze personnes. Une traverse au milieu de l'abri faisait office de pilier, et dans le fond, on avait fixé un beau portrait de Sa Sainteté L'Imam. La lumière de deux lanternes éclairaient plus ou moins bien cet espace. Les garçons ont pendu leurs affaires à la corde que l'on avait tendue pour cet usage et ont commencé à faire le ménage. Cette soirée-là s'est achevée par la prière, le repas, l'invocation et le recours aux Saints Imâms.

---

5. Sâdeq Ahangarân, célèbre *maddâh-e ahl-e beyt* (récitant d'élégies sur le calvaire des Imams) de l'Armée des gardiens de la révolution.
6. Site d'une ancienne usine d'agrégat sur la route de Dehlorân à Mehrân, convertie en base arrière du front.

Nous étions installés depuis déjà plusieurs jours et la distance qui séparait les camarades de Dieu diminuait jour après jour. Selon leur expression même, quelques-uns d'entre eux roulaient en pleins phares. Il y avait entre autre Mehrâi, qui avait toujours en main le Coran ou le *Mafâtih*. Il s'asseyait dans un coin et psalmodiait pour lui-même à voix basse. Les gars de notre abri avaient creusé une tombe derrière la colline près d'un champ de tulipes sauvages et la nuit y passaient du bon temps.

Le frère Randjeh, responsable de l'unité poussait de temps en temps jusqu'à notre abri pour s'enquérir de nos nouvelles et les garçons le retenaient à déjeuner ou à dîner. Un de ces jours-là revint le frère Afrâz, responsable adjoint de l'unité, qui avait été gazé lors des opérations Va'l-fadjr VIII [7] et hospitalisé. En l'honneur de son retour on organisa une bataille de polochons mais lui était plus futé que ça.

Un matin, nous nous sommes aperçus que le réservoir d'eau avait été percé par des projectiles lors du bombardement de la nuit passée. Les gars ont rapidement mis la main à l'ouvrage pour le rapiécer. Hâtefi, qui était un as en la matière, aida Pâpinejâd à faire chauffer du goudron afin de colmater les trous de la citerne. Moi-même j'avais passé la tête dans l'ouverture pour trouver les trous. Shâdâb quant à lui, nettoyait la boue sous le réservoir. D'un autre côté, quelques bouquets de tulipes sauvages avaient attiré le regard de Hedâyati. Hedâyati était parti les cueillir. Comme l'endroit se trouvait à la vue des Irakiens, ils lui firent cadeau de quelques tirs de fusils à lunette, pour que ce même Hedâyati se transforme aussi en coquelicot, mais ça s'est bien passé. Quelques minutes après le retour de Hedâyati nous avons essuyé quelques obus de mortier et leurs sillages rouges pâles passèrent au-dessus de nos têtes. Après quelques minutes des obus de mortier vinrent à nouveau s'écraser sur le sol. Tout au plus un peu plus près que la fois d'avant. Les gars couraient en riant vers leurs abris lorsqu'un obus est tombé près du réservoir. Hâtefi qui était penché pour trouver les trous, tomba à l'intérieur. Il ne pouvait plus en sortir. Les éclats de rire explosèrent également tout autour de Hâtefi.

Ces jours là passèrent, quoiqu'il en soit, les uns après les autres jusqu'au moment où nous avons appris qu'il nous fallait remettre notre position à l'armée. Le matin de notre dernier jour sur le front arriva. Moi-même, qui venais de revenir de mon poste de sentinelle, j'ai rassemblé mes affaires à la hâte pour être prêt à partir avec les camarades. Après la prière du matin et le *ziyârat-e 'âshurâ*, ils étaient dans un état étrange. Quoiqu'ils ne fussent pas restés longtemps sur le front, ils s'étaient particulièrement attachés à la région. S'en arracher leur était, pour cette raison, difficile. Lors de nos dernières minutes sur le front, l'Irak commença à nous envoyer des tirs violents si bien que deux jeunes copains supers, Nâder Ma'sumzâdeh et Asghar Mehrâ'i, s'envolèrent vers le Seigneur. Tous furent tristes et contrariés de leur départ. Dans ce même événe-

---

7. Offensive iranienne de février 1986 pour la prise de Fâv (Fao) à l'embouchure du Shatt al-'arab.

ment le frère Shâdâb a été blessé et transporté vers l'arrière. Le front remis à la 21e armée Hamzeh, nous avons rejoint Sangshekan.

Le martyr Mehrâi, qui, dans l'espace de ces quelques jours avait trouvé sa place dans nos cœurs, n'était plus parmi nous. Je me souviens que la dernière nuit, après la prière, il avait été ébloui par quelque chose que je n'ai pas compris. Malgré son jeune âge, il avait conquis les plus hauts sommets des qualités humaines et combien nous enviions son dévouement sincère et sa pureté. La place de Shâdâb était vide elle aussi. Les camarades firent pour sa santé la Prière du Recours.

L'alerte avait été donnée dans la région et l'on disait que l'Irak allant probablement reprendre Mehrân, il nous fallait rester en réserve. Un matin, Randjeh fit mettre le détachement en rang. Il ne faisait pas encore tout à fait jour et la bruine de la nuit passée avait donné à l'air de la région une fraîcheur particulière. Après la récitation du Coran et la prière du matin, le frère Randjeh nous parla quelques minutes de la sincérité dans les actions, de la purification de l'âme, et du fait que nous devions continuer le chemin des martyrs. Et nous avons prié finalement pour le rétablissement du frère Shâdâb, qui avait passé une vie de labeur sur les fronts. Après le discours de Randjeh, l'unité s'est mise sur trois rangs et nous avons pris la direction de la route principale de Mehrân-Dehlorân pour courir et nous échauffer. Les gars couraient en ordre en lançant des *salavât*. Ce matin-là, nous avons couru près de dix kilomètres. On allait se fatiguer quand Randjeh commença à réciter la prière de l'aube et ensuite à entonner le refrain « Il est génial », auquel nous donnions la réplique :

> « Regarde-moi Sâberi, il est génial / Regarde-moi 'Arab'ali, il est génial / Sa carrure, elle est géniale / Bodybuildée, elle est géniale / Echauffée, elle est géniale / Vise-moi un peu Motlaq, il est génial / C'est une vraie catastrophe, il est génial, etc. »

Il donnait tous les noms des gars de l'unité jusqu'à ce que le tour de Randjeh lui-même arrive et que nous criions en cœur : « Il est génial, il est génial, il est génial ! » Nous nous sommes mis à rire et à plaisanter.

Après une semaine passée dans les forces de réserve de la zone, le danger entrevu de l'offensive ennemie disparut. Nous dûmes, petit à petit, faire nos adieux à Sangshekan ainsi qu'à toute son ambiance et à tous ses bienfaits. La file des autocars a réapparu. Nos bagages rassemblés, nous avons pris le chemin de Dokuheh. Nous avons été accueillis devant la garnison de Dokuheh avec des boissons et des pâtisseries. L'on avait écrit sur une banderole au-dessus de la porte de la garnison : « Nous souhaitons la bienvenue aux hommes courageux du bataillon Komeyl » et Sâberi qui avait perdu Mehrâ'i, son meilleur ami, proclama avec regret : « Courageux sont en fait ceux qui ne sont pas revenus de ce voyage ! »

Le lendemain de ce jour là, Randjeh fit aligner l'unité et nous sommes partis en camion vers la garnison de Karkheh pour installer les tentes et les sanitaires des soldats de la compagnie. Après avoir franchi le pont de Karkheh, nous avons emprunté un chemin de terre, qui se trouvait sur la droite du chemin principal. Il faisait vraiment très chaud. Le camion a progressé sur ce chemin de terre jusqu'aux collines brûlées de Karkheh. Lorsque le camion s'est arrêté, nous sommes descendus.

Les garçons n'appréciaient guère ce nouvel établissement. Moi non plus. Nous avons travaillé jusqu'au soir, jusqu'à ce que les tentes et les sanitaires soient installés. Au crépuscule, le camp était superbe. A l'achèvement du travail, un sourire de satisfaction a éclairé les visages.

Les nuits de Karkheh étaient plus belles que le crépuscule, et l'aube était encore plus agréable encore. Heureux ceux qui ont employé tous ces instants d'une manière digne ! Nous étions compagnons de ses crépuscules, compagnons de ses levers de soleil. Le jour suivant, le reste des forces du bataillon est arrivé. Chaque unité a été installée dans une grande tente.

La mission réalisée, on opéra sur ordre de la garnison des modifications dans la structure de la compagnie. On nomma le frère Sarrâdj responsable de la compagnie, qui conserva également le grade de commandant adjoint du bataillon. le frère Selsepur devint responsable adjoint de la compagnie, le frère Randjeh, responsable de l'unité et le frère Afrâz, responsable adjoint de l'unité. On modifia également la tâche des autres gars de l'unité. Le frère Mo'ayyeri fut nommé tête de colonne, Hoseyn Darafchi artilleur, Sâberi, franc tireur, Zohâb et Qâlibâf estafettes, Sangtarâch responsable de l'approvisionnement, Mosleh *maddâh* de l'unité, Mir Qâsemi secrétaire de la compagnie, Parastâsh et Nushâbâdi infirmiers, Teymuri lanceur de RPJ [8], Pâpinejâd, 'Arab'ali et moi aides du RPJ, Foâdiyân, qui faisait partie des responsables de la banque Mellat et était l'homme à tout faire de l'unité : les garçons l'appelaient « Bonhomme ». Je ne me souviens plus des autres gars.

Ces jours-là, à cause de Pâpinejâd, nous n'avions pas une minute de calme. Comme ce gars-là était drôle et sympa ! Il faisait des trucs extraordinaires et sans pareil. Je me rappelle qu'un soir, il avait branché l'électricité sur les mâts de la tente. Tout ceux qui rentraient dans la tente et venaient à poser la main sur le mât prenait une châtaigne. Ils se demandaient, perplexes ce que c'était que ce truc. Il n'arrêtait pas de répéter : « Frère, prend les choses du bon côté !»

Après les quelques jours passés à s'installer, les travaux pratiques et les classes théoriques ont commencé pour la compagnie. A la fin de chaque leçon, après les marches forcées, la colline derrière les tentes était le lieu de rancart des garçons. Au crépuscule le thé était prêt ; avec l'aide de Sangtarâsh, « Bonhomme » leur préparait du sirop. Il y avait là quelques personnes très dévouées qui jusque tard dans la nuit, ciraient les brodequins des camarades. Lorsque tu sortais de la douche, tes vêtements n'étaient pas en sécurité ! Il te suffisait de

8. Lance-roquettes.

perdre un instant tes vêtements de vue et tu ne les retrouvais plus, si ce n'est lavés et suspendus à sécher sur la corde à linge. C'était là une chose habituelle chez nous.

Le coin des provisions avait été établi au fond de la tente, séparés du reste par quelques couvertures. Il y avait là tout un monde. A minuit, Sangtarâsh et quelques autres y faisaient la prière de la nuit. Passé minuit les yeux qui cherchaient Dieu trouvaient une occasion pour rencontrer l'Ami. Nushâbâdi priait avec un total dévouement dans le *hoseyniyeh* de la garnison. L'écho du Coran, des prières, des prières personnelles, des gémissements des lions du jour s'élevaient au milieu des collines. Sâberi vivait toujours dans le désir du jour de l'union. En vérité la gloire et la grandeur des nuits de Karkheh sont indescriptibles.

Après quelque temps les gars du bataillon ont été envoyés en permission. Ainsi, après avoir enlevé nos vêtements militaires et revêtus nos déguisements, nous sommes partis vers Téhéran. Nous avons décidé dans le train que certains paieraient à bouffer à tous les autres. Un de ceux-là était justement ce même « Bonhomme ». Nous avons accepté avec plaisir.

Au terme de la permission, nous nous sommes rendus à la garnison de Dokuheh et de là vers le camp de Karkheh. Karkheh attendait toujours de revoir les combattants de la voie de Dieu. Dès que les camarades ont posé le pied dans la garnison, Karkheh a retrouvé son éclat. Nous avons repris les combats de nuit, les marches forcées, les entraînements. C'est alors que nous avons appris que l'ennemi faisait mouvement dans la région ; il avait occupé la ville de Mehrân et lancerait probablement une attaque sur Fâv.

Ces quelques jours-là, il a commencé à pleuvoir, ce qui fit baisser la température. Avec l'aide des camarades, nous avons profité de l'occasion pour organiser une séance de commémoration des martyrs du bataillon. Nous avons invité également des camarades du bataillon Habib. Après le sermon, au moment des lamentations et du *sinezani*, une pluie violente s'est abattue d'un seul coup. C'était comme si le cœur du ciel lui-même s'était assombri au souvenir des disparus. La pluie tombait et les garçons se frappaient la poitrine en pleurant. Quelles belles journées nous avons vécues !

[II. Le front de Fâv (fin printemps- début été 1986)]

On nous donna finalement pour mission de défendre le front de Fâv. Il faisait déjà très chaud. Une fois de plus, on pouvait voir les signes du voyage de la caravane. Les autocars surgirent de la poussière de la route. Les voyageurs vers la Lumière partirent précipitamment dans la direction de Arvandkenâr. Nous avons atteint à la nuit les palmeraies proches de l'Arvand [9]. Nous avons dormi par groupes sous les palmiers jusqu'au lever du jour. Au matin, le déta-

9. Nom persan du Shatt al-'arab.

chement mis en ligne prit la direction de l'embarcadère. Quoique les opérations Va'l-fadjr VIII fussent passées de quelques mois, la région était encombrée et les avions de l'ennemi la harcelaient méchamment. En arrivant à l'embarcadère et en apercevant les minarets de la mosquée de Fâv, nous avons lancé des *salavât.* L'étendard vert de la coupole de L'Imam Rezâ symbolisait toujours la gloire et la grandeur des combattants du camp de l'unicité divine. La brise elle-même apportait en cadeau le parfum des martyrs, de l'autre côté de l'Arvand. Tous les gars ont enfilé des gilets de sauvetage et sont montés dans des embarcations, pour rejoindre l'autre côté du fleuve. La ville de Fâv souhaitait la bienvenue aux combattants de l'islam dans une langue secrète.

La première compagnie qui devait être installée sur le front était la nôtre. Nous sommes montés dans des camions Mâyler et sommes partis vers le front. A mi-chemin nous avons abandonné les camions pour des Toyota. Nous sommes parvenus sur la seconde ligne en Toyota puis nous avons continué à pied pour arriver vers la première ligne. Le feu de l'ennemi sur la région était violent.

Randjeh et Afrâz ont divisé les camarades et les ont répartis en petits groupes dans les abris, jusqu'à ce que la situation s'éclaircisse. Quelques minutes plus tard nous avons reçu un abri précis. Teymouri, Pâpinejâd, ʿArabʿali, Parastâsh et moi étions dans le même. Mir Qâsemi, Mehri, Moʿayyeri et Nushâbâdi se trouvaient dans l'abri voisin. Notre abri se trouvait du côté droit et nous avions moins d'informations du reste des camarades.

La ligne n'avait pas de sanitaires et nous avons commencé par en construire en guise de premier travail. Une ou deux personnes sont restées dans notre abri pour y mettre un peu d'ordre. Le plafond était très bas et nous étions obligés de faire la prière assis. Nous avons achevé les toilettes au crépuscule.

Finalement la nuit est tombée. Chaque abri était un *mehrâb* pour le culte et il est vrai que dans ces petits abris un océan de connaissance faisait des vagues. L'on aurait dit que la lanterne de l'abri était seule à partager la douleur des compagnons. Il nous fallait désormais bien utiliser chaque instant. La prière et les invocations sur le front étaient différentes de tous les autres endroits. Chacun tenait ses genoux entre ses bras et fixait l'unique lanterne de l'abri. Le scintillement de la lumière de la lanterne comme celui des étoiles valaient la peine d'être vus. Le bruit d'une explosion venait parfois interrompre le cours de nos pensées.

Lorsque je suis monté sur la hauteur j'ai pu voir les lumières de Umm Al-Qasr. Khor-ʿAbdallâh semblait donner la main à nos remparts. Une brise parfumée traversait l'espace. On aurait dit qu'elle venait du côté de Karbalâ. Monter la garde en pleine nuit était aussi merveilleux. Particulièrement du fait qu'il s'agissait de monter la garde pour la tranquillité de ceux qui veillent la nuit. A ton poste, tu pouvais d'un regard aller vers Karbalâ. C'est pourquoi Karbalâ avait une place dans le cœur de chacun des garçons. N'avaient-ils pas dit : « Notre sépulture est dans le cœur de nos Chiites ?» Dans ce désert et cette obscurité absolue tu n'éprouvais jamais de sentiments de crainte ou d'ennui car en respirant du même souffle des *basidji*-s tu étais amoureux. Comme ceux qui ont brûlé les étapes. Tu ne sais combien il était bon d'être assis avec eux autour de la même nappe. De vivre sous le même toit. De s'asseoir à leur côté et de parler avec eux.

A cause de la chaleur inouïe, l'eau de la baie de Khor-ʻAbdallâh était chaque jour plus basse, le rivage s'asséchait et nous devions combler les limites desséchées en apportant de la terre et des soldats. On avait établi notre poste de garde tout au bout de la ligne, à la limite de la baie. Nous avons creusé de nouveaux abris sur cette partie de terre qui venait d'être asséchée. Comme ces abris se trouvaient tout au bord de l'eau, on les appelait « La Plage ». C'était comme si nous aussi nous étions allés pour les grandes vacances au bord de la mer. Le seul petit défaut qu'avait notre bord de mer était qu'il était parfois troublé par le sifflement d'un obus de mortier ou d'un fusil à lunette, qui venait alors perturber la quiétude du rivage. ʻArabʻali et Pâpinejâd étaient postés ensemble dans un de ces abris et depuis plus personne n'était de taille à rivaliser avec eux. A chaque échange de tirs de mortiers, ils éclataient de rire et faisaient pleins de trucs rigolos. Ils guettaient la première occase pour lancer des vannes et se fendre la gueule.

De toute façon, les jours défilaient les uns après les autres. Jusqu'au terme de la mission de notre compagnie sur le front, lorsque nous avons passé le relais à d'autres compagnies. Notre compagnie a été transportée vers l'arrière du bataillon. L'arrière du bataillon était installé dans une école de deux étages, dans la ville de Fâv. Après quelques semaines, nous avons pris à la première occasion le chemin du fleuve Arvand pour faire notre toilette. Au premier quai, nous nous sommes jetés à l'eau tout habillés, non seulement pour nous laver mais aussi pour laver nos vêtements. Après avoir nagé et lavé nos vêtements, nous sommes revenus vers l'arrière-garde. Après la prière collective, tous les frères de la compagnie se sont retrouvés autour de la même nappe, ce qui n'était pas arrivé depuis quelque temps. Le frère Randjeh a remercié les soldats de toute la peine qu'ils avaient endurée à défendre la région. Ayant lancé le *salavât* et dit la prière de la nappe, nous avons commencé à déjeuner. Après les prières de *maghreb* et de *ʻeshâ'*, nous avons organisé ce soir-là une séance de déploration où nous avons fait un *sinezani* complet.

Après l'appel du matin, nous sommes partis tous ensemble pour la ville. C'était vachement sympa. Le frère Afrâz entonnait l'hymne « Vive le Hezbollâh » ! et nous lui donnions la réponse :

> « Notre guide, hezbollâhi ! / Notre pays, hezbollâhi ! / Notre nation, hezbollâhi ! / Les artilleurs, hezbollâhi ! / Les lanceurs de RPJ, hezbollâhi ! / Les tireurs isolés, hezbollâhi ! etc. »

Pour les échauffements, Afrâz s'est mis au centre du cercle que nous formions tout autour de lui. A chaque mouvement nous lancions : « ʻAli !, ʻAli ! »

Les matins à Fâv se déroulaient de la même façon. Les jours où la chaleur était insupportable, nous allions nager tous ensemble. Les soirs, la station *salavâti* était notre lieu habituel de rencontre. On appelait désormais la station *salavâti*, la station Komeyli, des gars de Komeyl.

La mission du bataillon dans la région de Fâv toucha finalement à son terme. Il fallait de nouveau faire nos adieux à Fâv. A ses palmiers, son école, sa station *salavâti*, et à ses célèbres minarets. En vérité, Fâv, rendait, ruelle après ruelle, un parfum d'amour et de générosité et l'amitié fleurissait dans chacune de ses maisons. Fâv avait elle-même donné tant de signes de son mérite qu'elle pouvait être le lieu consacré par l'empreinte des pieds des fidèles de Khomeyni [10]. Après nos adieux à Fâv, nous sommes repartis à Karkheh, notre patrie. Karkheh était assoiffée et silencieuse dans l'attente de notre venue. Nous avons ré-ouvert les tentes et redonné son éclat à Karkheh. La chaleur était devenue tellement insupportable que toutes les plantes s'étaient desséchées en formant des buissons épineux comme dans le désert. Nous étions à Karkheh depuis quelques jours lorsqu'on accorda un congé au bataillon. Le frère Shâhsavand et Rezâ Dastvâreh [11] ont remercié tous deux séparément les camarades. Nous sommes partis malgré nous en permission.

Trois jours plus tard j'étais de retour à Karkheh. Il y avait là dans la garnison les frères Randjeh, Hamid Bahâdori et quelques autres. Le frère Shâdâb y était venu lui aussi. Blessé à Mehrân, il allait mieux. Il avait décidé de revenir s'installer au camp et était en train de récupérer son jeûne. Je ne sais pas comment il pouvait jeûner par une chaleur pareille !?

[III. La reconquête de Mehrân (Karbalâ I été 1986)]

Nous passions les quelques jours qui nous séparaient du retour des camarades en balades. La plupart du temps nous allions sur le bord du fleuve et nous pêchions des poissons pour le déjeuner. Les soirs, nous allions nous abriter de la chaleur intense au pied d'un arbre qui se trouvait près de la source, à proximité de la garnison. Nous étions à deux ou trois jours du retour des camarades lorsque est tombée la nouvelle que l'Irak s'était emparé de Mehrân et que la situation dans la région n'était pas bonne. Le frère Randjeh est parti pour Mehrân avec les soldats du bataillon Habib. Les camarades sont revenus de congé et comme la saison était celle des examens, beaucoup d'entre eux ont réglé leurs comptes. Notre bataillon a été transformé en compagnie de quatre unités. Quant à moi j'avais laissé tombé les études.

Mehrân était très encombrée. Plusieurs bataillons étaient partis à Sangshekan. Il y avait de l'offensive dans l'air. Nous fûmes rapidement équipés. Les combats nocturnes et les entraînements intensifs ont repris.

---

10. *Qadamgâh*, se réfère aux sanctuaires dans lesquels sont conservées les traces de pas d'un Imam.
11. Seyyed Rezâ Dastvâreh, tué lors des opérations Karbalâ V.

Le frère Afrâz, qui était responsable adjoint de notre unité a été nommé responsable dans une autre. Le frère Zandi a pris en charge la responsabilité d'adjoint de notre unité et Randjeh celle de l'unité et le poste de responsable adjoint de la compagnie. Le frère Sarrâdj a été nommé responsable de la compagnie et Selsepur son adjoint. Tout le monde avait compris que l'offensive porterait sur Mehrân. Saddâm, qui avait adopté une stratégie de défense mobile, s'était une fois de plus donné bien des difficultés. Quant à moi, qui avait vu en rêve le martyr Qamsari, je pensais qu'il fallait me préparer pour le départ. Beaucoup étaient au bord de la tombe : Hâdj Âqâ Kâboli, qui avait près de quarante ans et Hâdj Âqâ Gorgâni étaient parmi les vieux du bataillon avec qui on se sentait bien.

La dernière nuit de notre séjour à Karkheh était arrivée. La nuit précédente, on avait prévu pour nous des manœuvres très lourdes et nous étions prêts à faire mouvement. Après la prière de *maghreb* et *'eshâ'* un des *maddâh* de l'armée a récité une lamentation funèbre et les camarades ont réellement beaucoup pleuré :

> « L'on sent une brise délicieuse / Cher Hoseyn, un parfum de *karb* et *balâ*. [12] »

Quelques-uns étaient partis en avant pour dresser les tentes. Un autre groupe les a suivis peu après. Quant à nous nous étions restés pour rassembler les affaires. A dix heures et demie onze heures, nous sommes partis, nous aussi. Les garçons étaient d'un enthousiasme et d'une ferveur indescriptibles. Plus les instants passaient et plus les visages étaient brûlés de passion. Au cœur de la nuit nous avons rejoint les autres.

Nous avons attendu dans une des maisons de Dehlorân que le jour se lève. Cette nuit-là, jusqu'au matin, personne n'a dormi. Au matin, nous sommes partis nous promener par petits groupes dans les ruelles de la ville opprimée de Dehlorân. J'y suis allé moi aussi avec quelques copains, en chantant :

> « La nostalgie de ton amour m'a rendu malheureux / Elle m'a fait sortir de mon foyer, de ma maison / Le désir de voir pendant toute une vie ton visage / M'a amené, errant, dans ces ruelles. »

Après la prière du matin, où nous avons récité le *ziyârat-e 'âshurâ*, le frère Randjeh a récité lui aussi quelques vers de poésie de telle façon que tous les camarades sont tombés amoureux de ses rimes :

> « La poussière de ta porte est ma nature / L'amour de ton visage est mon paradis / Ton amour est mon destin / Ma paix est ton bon plaisir / Mon Hoseyn, mon Hoseyn. [13] »

12. Jeu de mots sur Karbalâ : un parfum de tristesse et de désastre.
13. Adaptation de vers de Hâfez.

Après avoir rassemblé nos affaires nous sommes de nouveau montés dans les autocars pour prendre la direction de Mehrân. Avant Sangshekan, nous nous sommes dirigés vers la garnison. Après avoir laissé derrière nous quelques collines et quelques montagnes, nous avons aperçu les tentes de la garnison. La garnison était installée au fond d'une vallée profonde, traversée par la rivière Gâvi. Nos tentes étaient collées à la rivière. Après avoir descendu nos affaires et nous être installés, le frère Mohammad Zandi a déclaré : « Que personne ne s'éloigne d'ici, car il se peut qu'on fasse mouvement vers le front d'un moment à l'autre ! ».

Les gars ont fait rapidement un barrage avec des grosses pierres sur le cours d'eau, et l'ayant ralenti ont trouvé là un endroit propice pour nager et se baigner. Tout le monde a sauté dans l'eau. Nous étions en train de nous baigner lorsque le frère Randjeh, accompagné de Selsepur, est venu nous dire que le déjeuner était prêt et qu'il fallait qu'on vienne. Ils avaient à peine fini de parler que plusieurs camarades les ont poussés dans l'eau. Dans l'eau on s'en est payé une bonne tranche. Selsepur disait : « Bon vous avez foutu à l'eau le responsable de l'unité ! D'accord ! Je vais vous préparer un de ces trucs... » Tous ont éclaté de rire. Evidemment nous voulions aussi jeter le frère Darvish à la flotte, mais il l'a compris suffisamment tôt pour décamper hors de portée. Nous passions les journées dans l'eau et les nuits à dire nos prières. Le frère Kâboli ne cessait de répéter : « Appréciez ces jours à leur juste valeur car viendra un temps où vous vous en souviendrez avec regret. »

Tous autant qu'on était, nous attendions le début des opérations et nous comptions les minutes. Chaque nuit, Mehdi Sâberi réclamait à Dieu, les yeux remplis de larmes, la promesse de l'union. Afrâz méditait lui aussi et il était dans son propre monde. Finalement la nuit des opérations est arrivée.

Les camarades se préparaient aux opérations avec beaucoup de passion et d'ardeur. L'on approchait du crépuscule lorsque nous avons appris qu'on ne nous utiliserait que dans la deuxième phase de l'offensive. En entendant ça, nous avons tous été vachement déçus. Les bataillons Habib, Hamzeh et Shahâdat devaient passer à l'attaque cette nuit-là. Quant à nous, nous avons levé les mains vers le ciel pour supplier Dieu qu'il leur accorde la victoire. Tous avaient les yeux rivés sur le ciel pour voir apparaître le premier projectile traçant et en informer tous les autres.

Les opérations ont commencé aux environs de onze heures du soir tandis que l'on entendait au loin le grondement des explosions. Il était impossible de décrire l'état des camarades. C'est pour cette raison que j'ai laissé tombé mon stylo. Le matin, lorsque nous nous sommes réveillés pour la prière, des files de camions Mâyler attendaient autour des tentes. Après la prière, nous nous sommes mis en rang, terrorisés à l'idée qu'il pourrait y avoir un problème. Chaque unité est montée dans un camion distinct et les camions ont démarré en trombe. Lorsque la noria des camions a quitté la piste de terre pour retrouver la route asphaltée, nous avons découvert combien la région était encombrée.

Les Orgues de Staline et les canons de l'artillerie pilonnaient la zone sans interruption. Ils accablaient l'ennemi. Chacun était à sa façon en train de faire des efforts. Pâpinejâd n'arrêtait pas de répéter : « Dieu fasse que ça finisse bien ». Les garçons n'arrêtaient pas non plus de lancer des *salavât*. Un sourire de satisfaction se dessinait sur toutes les lèvres. On avait fait un peu de chemin lorsque les camions se sont arrêtés. A partir de là nous devions faire le reste à pied. Zandi, qui m'avait, ces jours derniers, choisi comme messager de l'unité et que les gars appelaient « le gâteau » de l'unité [14], m'a lancé : « Mets tout le monde en rang et fais-leur prendre le même chemin que moi ! ».

Nous nous sommes mis à marcher à côté du chemin qui conduisait à Mehrân. Après quelques tournants nous avons pénétré dans le champ de mines. Un champ de mines que les soldats avaient traversé la nuit. On disait que le bataillon Shahâdat s'était bagarré la veille avec l'ennemi dans ce champ de mines. En chemin, nous avons vu des tas de trucs comme des enveloppes de chargeurs, des gourdes, des trousses de secours, et des bandes déroulées, en plus des taches de sang sur les pierres. Le corps de deux martyrs adolescents reposaient l'un à côté de l'autre le long du sentier. Tous deux avaient sur le front un bandeau rouge « Ô Hoseyn » et s'étaient endormis l'un à côté de l'autre tranquilles et déterminés. Les tulipes sauvages sautaient aux yeux à côté d'eux. On voit parfois durant la guerre des scènes qui demeurent des années et des années en mémoire. Cette scène en fait justement partie.

Lorsque nous avons atteint les remblais conquis, nous avons occupé tout le côté gauche. Les obus de mortier ne cessaient de traverser le ciel en hurlant et venaient exploser dans les environs ; leur sillage rouge, rouge-pâle passait à côté de nous et se déployait au sein des remblais.

Du haut du remblai, on voyait les murs dévastés de Mehrân plongés dans un nuage de fumée et de feu. Il s'agissait de lancer le soir même la deuxième partie des opérations de nettoyage et de libération de Mehrân.

A mesure que le soleil s'élevait, il faisait de plus en plus chaud. Disposés dans des réduits individuels, sûrs d'eux même, volontaires et décidés, les camarades s'étaient adossés aux remblais. Certains étaient même repartis en arrière pour convoyer les prisonniers. Les gars passèrent la journée entière à lire le Coran, en adoration et en prières. Le crépuscule du jour de la séparation était arrivé, la nuit de l'union approchait. Mehdi Sâberi était joyeux ; Afrâz s'était raccroché à Dieu. Il fallait voir dans la lumière épuisée du crépuscule, les larmes qui coulaient sur les joues de Tâlebi.

Lorsque le soleil s'est couché, il a pris avec lui les dernières images des combattants et s'en est allé jusqu'au lendemain où il serait, en se levant, le spectateur du martyre solitaire des martyrs, un martyre aussi lumineux que la lumière du jour, afin que les générations futures soient conscientes de ce qui nous est arrivé et envient notre état. Tous firent leur dernière prière et furent

14. Jeu de mot entre *pek* (estafette) et *kek* (de l'anglais *cake*).

prêts pour le voyage, un voyage pour parvenir aux dernières limites du bonheur et de l'amour.

Il n'en manquait pas un seul pour verser des larmes dans la dernière *rak'at*[15] et l'ultime prosternation, pour prier afin de parvenir au trésor du martyre.

> « Ô Dieu ! Dans les moments difficiles, ne fais pas trembler nos pas / Ô Dieu ! Nous partons pour que le Guide demeure / Protège l'Imam jusqu'à la révolution du Mahdi / Ô Dieu ! Garantis toi-même notre victoire et ne nous prive pas de la faveur du martyre. »

Lorsque les Toyota arrivèrent, chaque unité embarqua à tour de rôle. Tous les véhicules démarrèrent en même temps à une distance précise. Les obus continuaient à s'écraser tout autour des Toyota. Le conducteur de la Toyota, qui conduisait sans phare dans l'obscurité de la nuit, a accéléré. A un moment nous nous sommes rendus compte que nous avions perdu la colonne.

La colonne s'était disloquée. Trois voitures nous suivaient également. Nous ne savions pas où aller. Sur la suggestion d'un camarade, nous avons rejoint la route asphaltée et nous sommes repartis en arrière. Personne n'a alors compris que nous revenions sur nos pas. Au lieu d'aller vers Dehlorân, nous partions vers Mehrân. Mehrân qui était encore entre les mains de l'ennemi. A peu de distance, nous nous sommes retrouvés dans Mehrân. Nous avons sauté rapidement des véhicules et mis nos armes en position. D'autres, à l'aide de petits projecteurs, ont aidé les chauffeurs à faire demi-tour. Tout le monde était inquiet et anxieux et d'un autre côté au bord du fourire. Tout à coup, un bruit d'automobile mit chacun en alerte. Sous la lumière d'une fusée éclairante, nous avons vu une Jeep s'approcher de nous. Nous avons d'abord cru que c'était une Jeep irakienne ; lorsqu'elle s'est approchée, nous nous sommes aperçus que c'était une des nôtres. Celui qui était au volant n'était autre que Hâdj Rezâ Dastvâreh, responsable-adjoint de la vingt-septième armée. Lorsque Hâdji nous vit, il déclara : « Oh là là ! Mais qu'est-ce que vous foutez là ? Ici vous êtes au cœur des positions irakiennes ! Suivez-moi ! C'est un sacré pot que les Irakiens ne vous aient pas trouvés ! »

Les voitures ont suivit la Jeep de Hâdj Rezâ. A mi-chemin, nous avons rattrapé le restant de la troupes. Nous sommes descendus des Toyota et elles ont décampé.

Tous les bataillons se tenaient assis en colonnes derrière les remblais, attendant le signal pour commencer l'offensive sans merci. Hâdj Rezâ n'arrêtait pas de courir d'un endroit à un autre. Finalement, on a donné l'ordre d'attaquer. « Au nom de Dieu, par Dieu, et dans le chemin de Dieu ». Chacun s'est mis en route. La lumière des fusées éclairantes de l'ennemi révélait dans la colonne les yeux remplis de larmes et les lèvres murmurant des *zekr*. J'étais moi-même

15. Phase de la prière rituelle.

stupéfait et jaloux de leur état. Afrâz se tenait debout à côté de la colonne et demandait pardon à chacun des frères. Plus nous allions en avant, plus les âmes devenaient légères et les cœurs plus certains. La colonne s'est assise puis s'est relevée plusieurs fois pour continuer sa progression. On aurait dit que cette terre-là voulait elle-même demeurer sous les pieds des combattants. Nos ailes gauche et droite avaient été engagées. Mais nous avancions encore, sans rencontrer d'Irakiens. C'était comme s'ils s'étaient tous enfuis. Les tirs de balles traçantes traversaient la colonne de part en part. Un tir jeta Randjeh au sol et un autre déchira la poitrine de Khândjâni. 'Âbedini, infirmier de l'unité, pansa dans cette même obscurité leur plaie avec une dextérité particulière et les plaça tous les deux sur un brancard, dans un trou. Les tirs continuaient à traverser la colonne. La fin de la colonne était en désordre. La colonne s'arrêta soudain. Les gars en tête se trouvaient engagés. Nous étions très loin d'eux. Mohammad Zandi criait : « Camarades, gardez votre sang froid ! ». Nous étions toujours réduits à l'état de spectateurs. Une violente explosion éclata en tête de la colonne et un feu terrifiant s'éleva dans le ciel. Il s'agissait probablement d'un char ennemi qui s'était mis en travers de la route des camarades et qu'ils avaient fait exploser. On donna l'ordre à la colonne de se remettre sur ses pieds et de continuer sa route.

En passant près du char détruit, mes yeux sont tombés sur Teymouri et quelques autres blessés. Ô Dieu, que vois-je ? Afrâz lui aussi est parti ? Son corps sans vie s'était endormi tranquillement ; c'était le paysage de son ultime prière. Nous sommes passés près de cette scène. La colonne allait ainsi son chemin lorsque nous sommes arrivés à un hameau situé à quelques centaines de mètres de Mehrân. La colonne avait apparemment dévié de son chemin initial. Le frère Shâhsavand entrait sans cesse en contact radio et demandait les ordres au quartier général. La colonne continuait son mouvement lorsque nous parvint l'ordre de nous asseoir. Nous nous sommes assis. Moi, qui n'avais pas fermé l'œil depuis plusieurs nuits, je me suis endormi. Lorsque j'ai ouvert les yeux, nous étions déjà aux premières lueurs de l'aube.

Nous avons fait nos ablutions avec du sable et la prière de l'aube assis. Mohammad Zandi approcha et me dit : « Mohsen, il y a une rivière sur notre côté droit, va voir un peu ce qui se passe là-bas. »

Lorsque je suis arrivé sur les bords de la rivière, j'ai aperçu qu'en bas du précipice au-dessus duquel nous nous trouvions, quelques colonnes de chars ennemis égarés attendaient que le jour s'éclaircisse. Je suis retourné rapidement auprès du frère Sarrâdj faire mon compte rendu. Sarrâdj répondit : « En ce moment on peut rien faire ». Il envoya par la suite quelques personnes surveiller les mouvements des chars. On entendait le bruit de nos bulldozers qui prolongeaient vers nous les remblais du bataillon Ansâr. Sur ces entrefaites, Hâdj Rezâ passa près de nous juché sur une moto. Tandis qu'il criait à haute voix « Vive Komeyl ! » nous avons reçu, en le voyant, une bouffée d'optimisme.

Lorsque le jour s'est éclairci, les chars qui se trouvaient de l'autre côté de la rivière nous ont envoyé leurs premiers obus, révélant ainsi où ils se trouvaient. Les bulldozers du *djahâd* prolongèrent et achevèrent les remblais de là où nous nous trouvions jusqu'à la rivière. Comme les Irakiens se trouvaient aussi sur notre flanc droit, ils firent des remblais en forme de croissants. Les chars ennemis harcelaient le bulldozer qui travaillait de notre côté. Quelques projectiles sont tombés près du bulldozer mais le chauffeur n'y prêtait aucune attention. Il avait pris de la terre plein la figure mais ne s'était pas départi pour autant de son sourire. C'était là sa seule réaction : sourire. J'étais en train de parler avec un type lorsque le bruit d'une explosion nous fit tourner les yeux dans la direction du bulldozer. Le bulldozer était noyé dans la fumée et dans les flammes et l'on ne voyait plus aucune trace du conducteur. On aurait dit qu'on s'était emparé de son sourire ; le tir direct du char avait accompli sa mission. On retrouva le casque d'acier du conducteur, criblé de trous, de l'autre côté de la rivière. Le bulldozer continuait de brûler.

L'ennemi, qui ne se trouvait que depuis peu de temps dans la région et venait de comprendre jusqu'où nous avions progressé, noya les remblais sous un feu violent. Mehrân n'avait pas encore été nettoyé et nous étions arrêté aux portes de la ville. Les Ifâ [16] irakiennes sortaient sur la route ouest de la ville. Finalement, Mehrân recouvrit la liberté sur le coup de onze heures du matin.

Les Toyota des services de ravitaillement apportaient sans cesse de la glace, des melons et des pastèques. Tous les cent mètres on avait déversé des melons et des pastèques. Les camarades disaient qu'on ne savait plus si on était bien là sur la ligne de front ou sur une place de marché.

A midi le soleil était déjà mortel, la chaleur insupportable. La poussière soulevée par le va-et-vient des engins de transport mettait à rude épreuve notre endurance et notre résistance. Nous nous sommes dit : « Advienne que pourra ! » et nous nous sommes jetés dans la rivière près du front. De temps en temps le sifflement des tirs de mortier et le grondement des avions irakiens venaient nous déranger alors qu'on était en train de piquer un crawl, mais malgré ça personne n'a mis le petit doigt hors de l'eau. Avec le retour du crépuscule, le cœur des camarades s'est rempli de tristesse. Sangtarâsh et Zandi se consumaient du regret des jours où ils étaient avec Afrâz. Les autres camarades étaient aussi affligés au souvenir des disparus, ceux qui avaient bouclé leurs valises dans les combats de la veille au soir. Dans mes souvenirs, je compte cette nuit passée derrière les remblais, parmi les meilleurs moments. Cette nuit où je vis en rêve tous mes compagnons martyrs. Des milliers d'étoiles réunies dans ma mémoire, scintillantes jusqu'au matin dans le ciel de Mehrân, se sont éteintes dans le désir d'une autre rencontre. Parfois je me demandais en moi-même : « Mon Dieu, quelle perte les membres de cette communauté d'amoureux sont-ils venus chercher au cœur de ces abris dangereux et couverts de

---

16. Véhicule militaire.

poussière ? Pourquoi se sont-ils infligés tant de souffrances ? » Après avoir réfléchi un instant, j'ai compris que nulle part au monde la croyance de l'homme ne se trouve plus en sécurité comme dans ces petits abris. Et qu'aucun lieu au monde n'est, comme ces abris, un tel centre d'examen. Des abris dont chacun était une ouverture sur le paradis.

La nuit précédente, les gars arrachèrent quelques hauteurs importantes à Qal'ehvizân des griffes des agresseurs baasistes. Notre bataillon se replia sur le Q.G. tactique pour prendre du repos et être recomposé. Après la recomposition du bataillon, nous nous sommes remis en route pour sauvegarder les victoires des jours précédents. Le soir même, après être passés près des levées de terre du premier secteur des opérations, nous avons laissé Mehrân derrière nous et nous somme partis vers le piémont de Qal'ehvizân.

Le frère Shahsavand avait défini à l'avance la mission de chaque unité : chaque unité est partie dans une direction. Nous sommes rentrés dans les abris. Chaque unité a été redivisée en groupes plus réduits. On a décidé que Pâpinejâd et Shahidi et moi prendrions place dans l'abri de guet. Il ne faisait pas encore jour lorsque nous nous y sommes installés.

Il faisait encore plus chaud et notre seul problème était l'eau. Evidemment nous avions de l'eau chaude, mais elle n'était pas potable. Shâdâb, qui était aussi avec nous, disait : « Si nous n'avons pas d'eau fraîche, l'offensive va être découverte ou bien va échouer ! » Nous crevions de soif. Notre seule consolation était les plaisanteries de Pâpinejâd et de Shâdâb qui en calmaient, jusqu'à un certain point, la morsure. Mais finalement notre endurance s'est brisée. Shahidi s'est jeté à l'eau et est parti chercher de la flotte en arrière. Il est revenu peu après avec un *coleman* d'eau glacée et une vigie.

La vigie appartenait à la brigade Zulfeqâr de l'armée et devait guider notre offensive contre l'ennemi à partir de l'abri de guet. Lorsque quelques tirs de mortier de 60 explosèrent nous avons compris que les Irakiens nous avaient découverts. Pâpinejâd dit à Shâdâb : « Et bien quoi mon pote, t'avais rien d'autre à foutre ? On voulait ni eau glacée ni vigie. » Un sourire éclaira la figure de la vigie qui s'est exclamée : « Pas de panique. Je me tire de là cet après midi. » Shâdâb répondit : « C'est ça et quand tu te tireras cet après midi, n'oublie surtout pas d'emporter nos cadavres ! » et tout le monde a éclaté de rire. Pâpinejâd insistait pour qu'on sorte de l'abri des Irakiens parce que les chars de l'ennemi bombardaient directement les abris un par un. Plusieurs tirs directs ont éclaté autour de notre abri mais beaucoup s'en foutaient. Jusqu'à ce qu'un autre obus direct le fasse voler en éclats. Dieu soit loué, personne ne fut atteint ! Avec l'aide de tous nous avons retiré le reste des gars de dessous les gravats.

Le lendemain, avec Rabi'i et quelques autres, nous sommes allés à Mehrân. Après une bonne brasse, un petit tour dans la ville et une sieste après déjeuner, nous avons pris de nouveau le chemin du front. Nous étions sur la route lorsque qu'un feu très violent des Irakiens s'est abattu sur la région. On nous a informés peu après que l'Irak avait lancé une contre-offensive. Nous nous sommes dépêchés d'arriver sur la ligne. Au début de la tranchée nous avons vu des blessés qui arrivaient de l'avant. Ils nous dirent : « Si vous allez en avant, emportez vos munitions avec vous. » Nous avons pris chacun une caisse de munitions sur l'épaule et nous sommes mis à courir dans le fond de la tranchée vers la ligne. Nous sommes arrivés sur la ligne aux abords du crépuscule.

Les camarades avaient brisé la contre-offensive de l'ennemi avec une persévérance et une résistance encore jamais vue. L'eau glacée s'était cependant transformée en pierre philosophale. Dans les *coolman* il ne restait rien que de la poussière. Le front crevait de soif. Partir en arrière était quasiment impossible à cause aussi de l'obscurité. Après avoir beaucoup insisté, j'obtins finalement du frère Selsepur l'autorisation d'aller chercher de l'eau à l'arrière. J'ai traversé en courant plusieurs tranchées et plusieurs champs de mines. La région était encore sous le feu de l'ennemi. L'odeur des explosions remplissait l'atmosphère. Quoiqu'il en soit, et malgré cette obscurité, j'ai traversé la dernière tranchée et je suis arrivé au dernier barrage sur la route. C'était bien le champ de mines. J'ai suivi le passage et j'ai continué. J'avais parcouru une certaine distance lorsque je me suis aperçu que la corde qui servait à indiquer le passage avait été coupée par l'explosion d'un obus et que le vent l'avait emportée d'un côté et de l'autre. Je restais quelques minutes à scruter le champ de mines, mais c'était comme s'il avait été décidé que cette nuit-là nous devions souffrir de la soif. Désespéré, je suis revenu sur mes pas, vers le front. Nous l'avons tous passé cette nuit-là dans les affres de la soif ; en souvenir de Karbalâ.

Tôt le matin, l'obus d'un mortier, porteur de quatre bons de passage pour le pont de Serât s'est écrasé sur un abri. Les frères Tâlebi, Gorgâni, Ramzi et Hâdj Âqâ Kâboli ont fermé leur bagage de voyage et sont partis.

> « Tous fermèrent leur bagage de voyage et partirent ;
> Ils remplirent mon âme de chagrin et partirent. »

Hâdj Âqâ Kâboli reposait tranquille et paisible sur le sol de la tranchée. Je me suis souvenu que Hâdj Âqâ Gorgâni, qui s'était cassé le pied en manœuvres, était anxieux de ne pas rester en arrière lors des opérations. J'ai compris alors pourquoi il était inquiet à ce sujet. Il est vrai que nous sommes toujours informés trop tard de la conduite des hommes de Dieu. Les gars de l'assistance de l'armée sont venus emporter les corps purs de ces quatre martyrs. Mais l'épopée et la grandeur de leur combat est inscrite à jamais dans le cœur de cette terre. J'avais encore au cœur la douleur de la perte de ces quatre chers amis, lorsqu'on s'est pris sur la tête la nouvelle de l'ascension au ciel de Hâdj Rezâ Dastvâreh. Il y a quelques nuits il était venu nous voir et nous avait dit : « J'avais pris ma moto pour venir vous faire une petite visite et voir où vous en étiez quand je suis tombé en chemin sur quelques gars. Ils m'ont fait : stop ! J'ai cru d'abord que c'était des Iraniens, mais quand je me suis approché, j'ai vu que c'était des Irakiens, j'ai laissé la moto et je me suis tiré. » La douce voix de Hâdj Rezâ s'écriant : « Vive Komeyl, vive Komeyl ! » résonnait encore à nos oreilles.

La nouvelle arriva que le bataillon Meqdâd nous relèverait sur le front. Notre dernière nuit à Mehrân est arrivée. Elle était comme la « nuit des orphelins » [17]. Comment pouvait-on se séparer de cette terre ? Comment pouvait-on quitter les tranchées ensanglantées de Qal'ehvizân ?

Le frère Darvish m'a choisi, ainsi que Zandi, pour guider la colonne des soldats de Meqdâd. Il avait été décidé que Zandi emmènerait tout le bataillon sur la ligne auprès de Darvish et que j'emmènerais pour ma part six gars de Meqdâd au poste de guet. Mais malheureusement je me suis perdu. Cette nuit-là, à cause de mon erreur, quelques personnes ont été blessées par le feu nourri de l'ennemi. Darvish et moi étions contrariés par cette affaire. A cause de ça nous nous sommes retrouvés à l'amende. On décida ainsi que Zandi et moi serions les derniers à quitter la région.

Une fois tout le monde parti et les forces du bataillon Meqdâd complètement installées, nous avons fait, nous aussi nos adieux à Qal'ehvizân. L'obscurité était totale. Nous avons laissé derrière nous les tranchées et les champs de mines et nous avons débouché sur la piste. Mais aucune nouvelle des Toyota. La soif nous rendait incapable de marcher, mais il n'y avait rien à faire. Si nous étions restés sous le feu de l'ennemi nous nous serions fait massacrer. Nous nous sommes mis en route sur le bord du chemin, en colonne, vers Mehrân. En chemin, nous avons trouvé quelques *coleman* que nous avons descendus aussi sec. La route était obscure et pénible. Nous étions guidés de loin en loin par la lumière d'une fusée éclairante. Nous sommes arrivés finalement à un chemin de terre, mais il n'y avait pas trace de la route asphaltée. Mohammad Zandi m'a demandé : « Mohsen, à ton avis, il faut aller de quel côté ? » sous la lumière des fusées éclairantes j'ai trouvé un bout d'asphalte. C'était bien la route asphaltée, mais sous le feu de l'ennemi elle avait disparu et ressemblait davantage à un chemin muletier. On avons continué à la suivre vers l'arrière. Pour rejoindre le Q.G. tactique, nous avons changé de véhicule en cours de route.

Au Q.G. nous avons fait en groupes la prière du matin, mais dans la douleur de la séparation d'avec les compagnons martyrs. Après nous avons dormi. D'un sommeil de plomb. Ce qu'il fallait pour chasser la fatigue. Le jour suivant, nous avons plié les tentes et nous avons fait mouvement vers Dokuheh.

Ce soir là, lorsque nous sommes arrivés, c'était comme si les murs de Dokuheh eux-mêmes nous demandaient des nouvelles des compagnons disparus. Accablé de chagrin et de tristesse, chacun s'était réfugié dans un coin et pleurait à chaudes larmes. Les camarades de la Propagande eux même, en diffusant la cassette « Eh vous qui revenez du voyage, où sont passés nos martyrs ? » jetaient du sel sur les blessures des camarades. Cette même nuit, Dieu sait tout

17. *Shab-e gharibân*, la première nuit, après la mort de l'Imam Hoseyn.

ce qui est arrivé parmi les rescapés de la caravane du martyre. Après une permission d'encouragement, accordée communément aux bataillons après chaque opération, nous sommes revenus à Dokuheh. Quelques jours après on décida d'affecter l'armée au quartier de Kuzerân.

[IV. Le Kurdistan (début automne 1986)]

Kuzerân se trouvait situé à quelques kilomètres d'Eslâmâbâd [18]. Une grande quantité d'arbres recouvraient les montagnes de verdure jusqu'au sommet. Après avoir livré Qalâdjeh, l'armée avait choisit Kuzerân. A Kuzerân, les positions des bataillons étaient assez proches les unes des autres. Notre bataillon a été installé dans un secteur ouvert, au pied d'une hauteur verdoyante et élevée. Nous avons dressé à tour de rôle les tentes de l'amour. Les tentes prirent peu à peu leur place dans le cœur de la montagne. Il ne restait plus qu'à attendre l'arrivée des forces. Il ne restait plus qu'à attendre pour voir qui allait mettre le pied dans le campement des gens de cœur.

L'attente finalement toucha à son terme et les voyageurs de la caravane de Karbalâ posèrent leur charge sur le sol de notre quartier. Ce jour-là tout le monde est parti à la rencontre des convois, pour essayer de séduire les connaissances et les forces anciennes. Randjeh lui-même, dont l'état s'était amélioré, passait en moto avec Mohammad Zandi entre les convois à la recherche de visages connus. Pas un bouton ne manquait. Tous les bataillons étaient au complet.

Le frère Shahsavand avait confié le bataillon Komeyl à Darvish. Randjeh devint son adjoint. Moi j'étais au service des camarades auprès de Zandi comme responsable de l'approvisionnement de l'unité. Quant à l'ambiance de ces nuits, il suffit de dire qu'en rentrant dans les tentes tu ne ressentais rien d'autre que le parfum de l'amitié et tu n'entendais rien d'autre que des paroles connues.

Les garçons les plus jeunes avaient pris place à la porte de la tente et les plus anciens et expérimentés dans le fond. Parmi eux Seyyed Zabihifar attirait davantage l'attention. Seyyed avait un cahier qui fermait avec un bouton et sur lequel il était écrit : « Frère, je ne suis pas content ! », pour bien montrer qu'il ne fallait pas l'ouvrir sans autorisation. Nous avons compris plus tard qu'il y consignait le compte de ses péchés et tout ce qu'il faisait au cours de la journée [19].

Aux approches de l'aube, avant l'appel à la prière, les gars de la Propagande se sont évertués à réveiller les camarades en passant la cassette des psaumes confidentiels de Nurâ'i. Ils n'avaient même pas remarqué que les camarades s'étaient levés plus tôt qu'eux et étaient déjà en train de faire leur

18. Province de Kermânshâh.
19. Motlaq a publié une partie de ce texte sous le nom de *Bord-e imân*.

prière. C'est pour cette raison que les camarades changèrent le nom de la Propagande, de *tablighât* en *tanbalighât*[20]. Le froid du matin réclamait des manteaux, mais comme nous n'en avions pas, les gars s'enveloppaient dans leur couverture pour sortir faire leurs ablutions. L'expression « Avoir la couverture sur les épaules à minuit » est ainsi devenue un leitmotiv et est devenue à la mode à partir de là.

Djavâd Soleymâni et Hoseyn Soleymâni étaient venus occuper la place vide de Pâpinejâd et de quelques autres joyeux lurons de l'unité. Hoseyn Soleymâni fut connu sous le nom de « Hoseyn le Calamiteux » et Djavâd sous celui de « Djabâd ». La nuit, les camarades s'asseyaient jusque très tard autour d'un feu de camp et se rappelaient les souvenirs du passé. Regarder les flammes dans ces moments-là c'était aussi l'extase. En chaque point de Kuzerân un feu se mettait à luire, autour duquel une assemblée d'amoureux se consumaient comme des papillons au souvenir des disparus. Tous les matins, au son de « masbâh ol-hadâ » et en répondant « Yâ Hoseyn », nous nous mettions en ligne et nous partions, complètement équipés, pour l'appel. Après l'appel, soit on courait soit on faisait un peu d'escalade. On disait que cette fois-ci les opérations auraient lieu dans une région montagneuse et difficile à franchir. Toutes ces marches forcées nous désespéraient.

A dix heures ou dix heures et demie, nous prenions notre petit déjeuner. L'après-midi nous avions aussi des cours de tactique et la nuit des cours d'amour. Avec l'aide de Djavâd Soleymâni j'ai construit un local pour les provisions, avec de grosses pierres et du ciment, dans un coin de la tente de l'unité.

Avec l'aide de Mohammad Zandi, nous avons mis en place un Comité, comme au bon temps de Mehrân car la moindre des choses était que nous puissions célébrer et invoquer les « Gens de la Maison » et pratiquer le *sinezani*. Je le conduisais parfois moi-même en me plaçant à la tête. Une fois l'exhortation achevée, Zandi abaissait doucement la lumière des lanternes, pour que les gars soient plus à l'aise. Les cris de douleur de la séparation, des cris à fendre l'âme, montaient vers le ciel, les yeux pleuraient de la catastrophe de Karbalâ. A l'approche de la lune de moharram, la ferveur et l'amour s'aiguisaient. Avec l'aide des copains, Djavâd avait fabriqué comme une manière de tente en tendant des couvertures dans les basses branches des arbres. Au crépuscule, on y contait les récits de l' *'âshurâ*. La première nuit de moharram, les gars se vêtirent de noir et passèrent autour du cou l'écharpe de deuil. Un étendard noir flottait devant chaque tente.

Le soir, les camarades, se rangeaient bien en ordre, par unité, et se rendaient dans les bataillons voisins. Après le *sinezani* et la prière, ils dînaient à l'écart. Jusqu'au jour de l' *'âshurâ*. Le jour de l' *'âshurâ*, tous partirent, pieds nus

---

20. *Tablighât* signifie « propagande ». Formé sur le même schème, *tanbalighât* est un jeu de mot formé à partir de *tanbal*, qui signifie « paresseux ».

et vêtus de noir, sur le chemin pierreux de Kuzerân, en se frappant la poitrine jusque dans la cour du bataillon Habib. La route était longue et ce jour là, les pieds nus se couvrirent de blessures et de sang. Nous avons pris le « dîner des orphelins »[21], accompagné de cérémonies de deuil dans le *hoseyniyeh* « bataillon ʿAmmâr ». Les gars s'étaient repliés sur eux-mêmes. Au son plaintif des lamentations funèbres qui s'élevaient dans la montagne, l'âme s'envolait vers Karbalâ et les yeux se remplissaient involontairement de larmes.

> « Kuzerân c'était et les nuits pleines de bruit / Kuzerân c'était, les invocations et les prières / Kuzerân c'était et tous les souvenirs / Kuzerân avait, ces voix qui me parlaient / Kuzerân derrière ces montagnes élevées / Jusqu'au matin les murmures, plus haut / Le feu, partout / Les amoureux, à ses côtés, debout / Hélas, comme les arbres y étaient verts / Par sa brise plantait la fleur de la foi / Partout des tentes dressées / Des tentes en cercle de la vertu / Pierre par pierre pour le pied des purs / En chaque lieu le but de la foi. »

Ces jours-là, aucun bazar n'était plus chaud que le bazar de l'amour. Plus nous étions prêts pour l'offensive et plus s'accroissait la distance qui nous séparait du monde et de ceux qui l'adorent. Ces jours-là, avec les gars de l'unité, tous ensemble nous chantions un hymne à voix basse jusqu'à ce qu'il s'ancre dans les profondeurs de l'âme. C'était un compagnon et un baume pour le cœur de ceux qui souffraient dans le chemin de l'amour et de la pureté.

> « Dieu soit ma lumière, moi qui suis sans refuge, Dieu, plongé dans mes péchés, les compagnons sont tous partis vers Dieu, Dieu moi je suis resté ici, je suis resté ici. »

Les marches et les batailles nocturnes se sont poursuivies ainsi jusqu'à ce qu'on apprenne la nouvelle que la zone de l'offensive ayant été découverte, l'offensive était annulée. L'Irak avait sauvagement bombardé la région à l'arme chimique, à l'artillerie et avec l'aviation. Certains agents de la Santé publique, qui avaient subi ces attaques chimiques revinrent de la région des opérations. On décida pour cette même raison d'envoyer quelques bataillons en permission. Un de ceux-ci était le bataillon Komeyl. Le jour du départ pour Téhéran arriva. Djavâd Bahâdar, Kârgar Modjallâl, comme moi volontaires, devaient rester surveiller le matériel et les tentes.

[V. La défense de Mehrân (fin automne 1986)]

Le silence et la cécité du Q.G. à l'approche de la nuit était oppressant. Les nuits, à quelques-uns, nous récitions le *ziyârat-e ʿâshurâ* entre nous. Après l'arrivée des camarades, nous sommes repartis à Karkheh.

A Karkheh nous avons dormi quelques jours dans le désert car le matériel n'était pas encore arrivé de Kuzerân. Là non plus ça ne s'est pas trop mal passé. Pourquoi ? Parce que le désert de Karkheh était toujours accueillant et

---

21. *Shâm-e gharibân*, le repas de la première nuit qui suit la mort de l'Imam Hoseyn.

valait vraiment la peine d'être aimé. Lorsque le clair de lune se levait sur la plaine, il semblait, dans sa faible lumière, polir les aspérités de l'esprit et accordait de la fraîcheur à l'âme. De la même façon, on entendait encore dans l'obscurité de la nuit les lamentation de Nurâ'i, qui rendaient plus pathétique et plus poignante la prière de la nuit pleine de souffrance et le murmure des amoureux qui guettaient l'occasion. La découverte du terrain d'opération avait causé de l'émotion et du chagrin aux camarades mais cela était resté sans influence sur leur rendement. C'était comme si personne n'était resté seul face au front pour la prière de la nuit et les lamentations. Tous, absolument tous, étaient à la recherche de l'agrément de Dieu et de la Porte des Combattants de l'Islam [22] et de rien d'autre.

Une nouvelle fois, le tirage au sort de la défense de Mehrân tomba sur le nom du bataillon Komeyl et les Komeyli se préparèrent à remplir leur mission. Il nous fallait passer par Mehrân, la cité des souvenirs. On laissa de nouveau derrière nous Sangshekan et les plaines couvertes de coquelicots de Mehrân pour nous établir sur les hauteurs de Qal'ehvizân. Cette fois là, en parcourant la région empan après empan, les gars souffrirent beaucoup. Car chacun d'eux avait perdu ici un être cher. A quatre heures du matin, nous étions dans nos tranchées.

On nous avait assigné de nouveau un vaste abri. Il était proche de l'abri de la compagnie. Selsepur, Shodjâ'i et Djavâd Bâbâ'i se trouvaient dans l'abri voisin. Pour notre grand plaisir l'abri accueillait également Dârbor, Nâ'ini, Taqizâdeh, Zabihifar, ainsi que quelques autres personnes. Hoseyn Soleymâni était chargé d'organiser la relève des sentinelles de nuit. Tous se donnaient la main pour que cette période se passe dans les meilleures conditions. Si ça n'avait pas été le cas nous n'aurions pas eu de plaisir.

Nous avons commencé cette première journée à Mehrân par la commémoration de l' *'âshurâ*. Le front de Mehrân était calme et silencieux. Les tulipes sauvages s'étaient complètement épanouies. Dans notre abri, il y avait toujours un groupe pour parler âprement jusqu'aux lueurs de l'aube. Seyyed Zabihifar illuminait encore davantage notre abri avec ses lamentations et Dârbor évoquait également par ses actions et son comportement le souvenir des martyrs. Chaque matin Seyyed insistait pour que nous récitions le *ziyârat-e 'âshurâ*. Un jour qu'il montait la garde il m'a même réveillé pour me demander de lui réciter le *ziyârat-e 'âshurâ*. Je ne l'oublierai jamais. Je récitais et Seyyed déversait des flots de larmes comme un nuage de printemps. De quelque endroit qu'il voyait ce monde-ci, Seyyed mourait du désir de partir. Dans aucun de ses gestes ou de ses actes on ne pouvait voir le moindre signe d'amour pour ce monde. Il n'avait aucun espèce d'égard envers les amis de ce monde. Qu'il est bienheureux le Seyyed et ceux qui ont l'intériorité du Seyyed !

---

22. *Bâb ol-modjâhedin*. Selon une tradition, la porte du paradis réservée aux combattants dans la voie de Dieu.

Les forces de notre unité alimentaient trois petites tranchées et une petite levée de terre. La distance la plus courte qui nous séparait des Irakiens n'était que de vingt mètres environ, mais l'esprit facétieux accroissait cette courte distance. Hoseyn Soleymâni tirait au lance-pierre sur la tête des Irakiens, si bien que ceux-ci étaient toujours furieux. Ils nous balançaient une grenade ce qui faisait hurler les gars de rire. Soleymâni imitait les Arabes et lançait des cris d'alarmes, ce qui faisait hurler de rire les camarades et c'était le début des accrochages. Les Irakiens qu'on avait tourmentés criblaient le front de tirs de mitraillettes. Ahmad Rahibi, responsable de la compagnie n° 2, qui était notre voisin et avait vue sur les Irakiens fit rapidement taire leur vacarme par quelques tirs de RPJ. Selsepur et Randjeh débarquèrent en gueulant : « Mais qu'est ce qui se passe ? Qu'est-ce que vous foutez ? Ne tirez pas comme ça ! »

Une nuit, les Irakiens aperçurent un bulldozer qui venait d'arriver pour couvrir de terre les tranchées, et nous tirèrent dessus à coup de mortier et de RPJ 11. Ils soulevèrent une poussière du diable. Le conducteur du bulldozer qui n'en avait rien à faire, demeura calme et déterminé et continua à bosser jusqu'à ce que son travail soit terminé, sans prêter la moindre attention aux tirs de l'ennemi.

Notre compagnie était installée aux limites extrêmes du front et était enfoncée comme une flèche dans l'axe de la défense irakienne. Le plus court chemin vers Karbalâ, c'était bien la région de Mehrân. Nous, de l'abri de guet n° 2, nous étions les plus proches de Karbalâ, de cette tranchée nous étions les plus familiers de Karbalâ, de Hoseyn et des compagnons qui s'étaient effondrés dans son sang. Les gars de l'abri de guet n° 2, qui l'avaient bien compris, passaient du bon temps en confidences amoureuses avec le Prince des Martyrs. Mas'ud Ne'mati faisait partie des forces les plus anciennes de cette période. Mas'ud était très jeune et était arrivé récemment sur le front. Il était également toujours remuant et joyeux. Soit il tirait, soit il allait à l'entrepôt chercher des munitions. Bref avec ce qu'il faisait, il perturbait la discipline du front. Un jour, à la tombée de la nuit, l'Irak s'est mis à bombarder furieusement un secteur du front avec des doushka-s. Lorsque nous nous avons voulu savoir de quoi il en retournait, nous avons surpris Mas'ud qui courait dans la tranchée que les Irakiens pilonnait avec son casque fiché sur le bout d'un bâton. Il fallait voir la bobine de Mas'ud lorsque Randjeh, bouillonnant de colère, se mettait à l'engueuler !

Un soir un frère religieux a commençé à fréquenter notre abri. Comme toutes les nuits, les prières de *maghreb* et de *'eshâ'* puis le dîner passés, nous avons lu la sourate *Vâqe'eh*. L'un est parti à son poste et les autres ont déplié leur lit. Dârbor discutait avec passion avec Hâdj Âqâ [23]. Dârbor insistait beaucoup pour que Hâdj Âqâ lui révèle les secrets de l'autre monde. Cette nuit-là, sous la lumière mourante de la lanterne, dans cet abri de tristesse, on aurait dit que tous

23. Qualificatif honorifique, utilisé, entre autres, pour désigner un clerc.

les atomes des murs regardaient pour la dernière fois avec regret le visage céleste de Dârbor, brûlant et bouleversé de s'envoler. Nous, nous avons lu en un clin d'œil l'histoire jusqu'à sa fin, et une heure après, Dârbor a vidé d'un trait la coupe de l'union et est parti rejoindre la communauté des martyrs.

Dârbor, qui avait saisi que l'heure de l'union était arrivée, nous quitta sous prétexte d'aller inspecter les abris des sentinelles. Un instant plus tard il était effacé dans la poussière de l'explosion d'un obus. Nous avons trouvé son corps pur près de la levée de terre, ensanglanté d'avoir parcouru le chemin de l'amoureux, dans l'état de celui qui est arrivé au but, son âme gracieuse parvenue à la rencontre de Dieu. Tôt le matin, dès que la nouvelle du martyre de Dârbor s'est répandue sur la ligne, notre abri, qui avait été plusieurs jours l'hôte de ce voyageur pour Karbalâ, devint le lieu de pèlerinage de ses amis. Quelques-uns, les genoux repliés sur la poitrine pleuraient sur la levée de terre, assis en cercle autour de son casque déchiqueté et couvert de sang. Avec son dévouement sincère et sa pureté indescriptible Dârbor partit finalement et abandonna nos yeux baignés de larmes dans l'attente de la promesse du jour du Jugement dernier.

Parmi les souvenirs de ces jours-là, je me souviens de la descente de Hoseyn Soleymâni dans le magasin de ravitaillement où il a dérobé un paquet de sucre candi pour l'apporter dans notre abri. Mes protestations vigoureuses et celles des camarades l'ayant convaincu de rapporter le sucre au magasin, il est reparti le porter au magasin, mais blessé par un éclat d'obus sur le chemin du retour, il est sorti du rang et, selon l'expression des gars, a été classé en "seconde main".

La nuit, après la prière de *maghreb* et de *'eshâ'*, j'ai voulu faire le tour des postes. Le temps était orageux. J'étais dans la première tranchée lorsqu'il a commencé à pleuvoir. Et quelle pluie ! L'eau a rapidement envahi toutes les tranchées. Cette nuit-là il a été très difficile de circuler sur le front, d'autant que l'Irak s'est mis à nous bombarder. En allant visiter les postes je me suis souvent cassé la figure, et parfois j'ai bien failli poser le pied sur une mine. Les trombes d'eau avaient entraîné quelques mines dans les tranchées. Même les cadavres des ennemis, qui avaient été inhumés après les opérations à l'écart dans un coin ont été déterrés par la pluie. Au matin, nous avons tous étendu les couvertures et ce qu'il y avait dans les abris au grand soleil pour tout faire sécher. Au crépuscule, les abris avaient repris une allure ordinaire. Complètement crevés par les péripéties de la nuit passée, nous avons dormi d'un sommeil de plomb. Il était environ minuit lorsque tout le monde a été réveillé par des explosions répétées. Chacun s'est levé pour voir de quoi il s'agissait. Les sections voisines vinrent aussi aux nouvelles pour savoir d'où venait le bruit et ce qui l'avait provoqué. Après avoir inspecté la ligne de front, nous avons découvert que le dépôt de munitions était en feu. Vers minuit, une fusée éclairante ennemie qui avait explosé près du sol avait atterri dans l'abri où l'on gardait les munitions de l'unité. Le feu s'était propagé et les munitions avaient explosé.

Ainsi passaient les jours, les uns derrière les autres. La mission du bataillon est arrivée à son terme. Ahmad Rabi'i arpentait la tranchée en ruminant des choses dans sa tête. A certains moments ses épaules étaient brutalement secouées par des pleurs. Personne n'a voulu le tirer de son état spirituel mais le bilan de Ahmad a été tout à coup signé et il s'est précipité, dans l'explosion d'un obus, rejoindre les compagnons disparus. Nous nous sommes tous rués vers lui, mais il était déjà trop tard. L'oiseau de l'amour s'était déjà envolé de la cage de l'âme. La gaieté et le rire qui illuminaient le visage de Ahmad après le martyre firent trembler le cœur de chacun. Oui, Ahmad nous plongea dans la tristesse comme notre Dârbor.

Les derniers jours de notre mission arrivèrent et tous firent leurs adieux à Mehrân et à tous ses bons souvenirs.

> « Adieu, ô abri le plus proche de Karbalâ ! / Adieu, ô plaine des coquelicots sauvages ! / Adieu, ô nuits de Mehrân étincelantes d'étoiles ! / Adieu, ô martyrs, ô compagnons au vol rapide ! »

Après la remise de la ligne de front et le retour à Karkheh, tout le bataillon est parti en permission. A Téhéran, nous avons organisé une cérémonie de deuil à la mémoire des martyrs de la mission de défense de Mehrân. Les gars du bataillon s'impliquèrent dans ce rassemblement avec une ferveur indescriptible. Une partie de ceux qui avaient quitté le bataillon quelques mois plus tôt à cause de leurs études et de leurs classes souffraient aussi davantage de l'absence des compagnons. Le congé toucha finalement à son terme et nous avons quitté Téhéran, cité des péchés mortels, lui préférant ces mêmes abris humides et obscurs, ces mêmes tentes de Karkheh pleines de scorpions et de reptiles, ces mêmes bâtiments suffocants de Dokuheh, ces mêmes faits divers de cuisine, bref, ces mêmes vêtements couverts de poussière, usés et froissés, bien préférables à tous ces hôtels, ces repas sophistiqués, et ces vêtements comme ci et comme ça de ceux qui sont amoureux des villes. Il vaut bien mieux que la plupart ne comprennent pas ce qui se passe dans ces déserts !

[VI. Les opérations Karbalâ IV (fin décembre 1986)]

Le premier mois d'automne n'était pas encore passé. Nous sommes partis en train de Téhéran à Andimeshk et de Andimeshk nous avons pris en autocars le chemin de la contrée des amoureux : Karkheh...

LA PORTÉE DE LA FOI, Seyyed Qâsem Zabihifar, Mortezâ Sangtarâsh, martyr inconnu

Mortezâ Sangtarâsh, avec Seyyed Qâsem Zabihifar, martyr inconnu, *Bord-e imân* [La portée de la foi], mémoire n° 94, Téhéran, Bureau de la Littérature et des Arts de la Résistance, Département des Arts de l'Organisation de la Propagande islamique, 1ère édition, 1374 (1995-96), 98 p. Traduction intégrale. (trad. E. Butel).

***Le discours de l'âme*, Martyr Seyyed Qâsem Zabihifar**

1/2/65 [21 avril 1986], 10h07 du soir, Garnison de Karkheh, Bataillon Komeyl

Au nom de Dieu. Grâce à Dieu, nous avons commencé la journée avec le programme [24]. D'une façon générale, les prières ont manqué très franchement de ferveur : on a dit peu de *zekr*. Il y avait un peu d'hypocrisie dans le travail. La majeure partie du programme prévu n'a pas été réalisée mais c'était à moitié pardonnable. On a entendu une médisance. Ce matin, j'ai dit un peu trop de paroles ambiguës. Tout ça c'était par négligence [25]. Mais, grâce à Dieu, grâce à sa faveur sans limite, le verset du Coran, les versets quotidiens du *ziyârat*, la réflexion et la prière m'ont procuré de grandes joies qui toutes proclamaient : « Tout ceci est totalement et complètement une grâce de mon Dieu » [26]. Ô Dieu ! Comble-moi davantage de ta faveur pour qu'en face de la grande responsabilité que représentent toutes tes bontés, nous te remerciions de tes grâces avec les compliments les mieux choisis. Ô Dieu, « fais moi vivre de la vie de Mohammad et des membres de la famille de Mohammad et fais moi mourir de la mort de Mohammad et des membres de la famille de Mohammad » [27]. C'est tout.

2/2/65 [22 avril 1986], 10h40, Karkheh, Bataillon Komeyl

Au nom de Dieu. Aujourd'hui, malheureusement, je n'ai pas fait tout ce qui était convenu, voilà pourquoi je n'allais vraiment pas bien. En plus de ça, je me suis goinfré de pistaches, ce qui m'a désespéré. A part un cas, tout ce que j'ai cité a été fait avec un peu de retard. « Louange à Dieu, Seigneur des mondes », ça a été un de ces bons jours dont Dieu nous gratifie. Je ne me souviens de rien. Il faut seulement que je fasse plus attention à ce que je dis. « Louanges à Dieu, Seigneur des mondes », on s'est fait les versets, le *ziyârat*, la visite aux amis. « Tout ceci est totalement et complètement une grâce de mon Dieu » et c'est tout. Ô Dieu ! Comble-moi davantage de ta faveur peut-être que je pourrais te remercier de tes bienfaits.

2/3/65 [23 juin 1986], 6h50

> « Ne t'arrête pas à ce que tu ne connais pas, car l'oreille, l'œil et le cœur sont tous responsables. »

---

24. Les heures définies par Seyyed pour l'accomplissement de chaque tâche.
25. En arabe.
26. En arabe.
27. En arabe.

Au nom de Dieu. J'ai eu l'occasion d'être hypocrite, de trop rire, de faire les prières avec légèreté et sans ferveur. De pleurs, mes yeux n'en avaient plus, peut-être parce que j'avais trop ri. Jusqu'à un certain point je n'ai pas fait grand chose de [ce qui était prévu à] mon programme, mais à la place, je suis allé visiter les amis et rendre service aux combattants. C'est pourquoi Satan m'a tourmenté toute la journée. Il a fait pas mal de trucs rusés, mais, Dieu soit loué, comme Dieu est « Celui qui secourt ceux qui demandent assistance »[28], il m'a sauvé de ses inspirations. Son travail (Satan), était de mettre les choses en doute. Dans certains cas il m'a inspiré des bigoteries. Par exemple, quand je commettais un péché, il commençait à le monter en épingle pour me désespérer. « Tout ça c'était par négligence », c'est tout. Dieu soit loué, on a récité le *ziyârat* prévu au programme, on a fait la visite aux amis, qui sont ensemble « une grâce de mon Dieu » et c'était tout. Une des questions de Satan était de me demander : « Toi qui n'as pas commis de péchés, pourquoi pleures-tu ? » Ainsi il abusait de mon espoir en Dieu. Ô Dieu ! Merci beaucoup de m'avoir accordé toutes ces faveurs. Ô Dieu bon ! Comble-moi davantage de ta faveur que je t'en remercie et que je t'aime encore davantage, ô Dieu des mondes ! Aujourd'hui, j'ai appris grâce à la faveur et à l'inspiration de Dieu qu'il fallait que je pense à ce que j'avais à faire au bon moment pour ne pas avoir à regretter de ne pas réaliser ma tâche.

6/2/65 [26 avril 1986], 2h05

Au nom de Dieu. Dieu soit loué Seigneur des mondes, aujourd'hui j'ai commencé la journée en fanfare et j'ai récité le *ziyârat*. Mais comme il était prévu que j'aille en ville, je n'ai pas fait de programme. De toute façon, le matin, après la prière et le petit déjeuner, je suis parti en ville. Ce matin, j'ai reçu deux lettres de la maison, qui ont remplacé mes visites. Une négligence a fait qu'aujourd'hui j'ai violé une promesse. Hélas, hélas, pourtant à la prière du vendredi de Bâkhtarân, j'étais en forme et c'est dans cet état que j'ai fait ma prière. En ce jour, j'ai dit une flopée de paroles en l'air, c'est-à-dire vides de sens. En revanche, j'ai récité cinq versets du Coran. Bref, aujourd'hui ça a été d'un côté un jour de lumière au cours duquel certains problèmes se sont éclaircis pour moi. C'est ainsi que j'ai compris que je me mettais rapidement en colère. Par ruse, Satan veut ainsi m'influencer de l'intérieur. Mais Dieu soit loué c'est Dieu même qui m'inspire. D'un autre côté, je n'ai pu ni réfléchir ni prier. En bref, la négligence a jeté une ombre noire sur cette lumière. Si Dieu veut, j'espère que Sa Sainteté l'Imam Mahdi (Que Dieu le Très-haut hâte son retour) et les Imams seront contents de nous, et que Dieu m'accordera par leur intermédiaire la faveur d'être témoin.

---

28. En arabe.

6/1/65 [26 mars 1986], 11h05 du soir

Au nom de Dieu. A cause d'une négligence mon programme n'a pas été génial. Après la prière, comme j'étais fatigué, j'ai dormi, et c'est ainsi que les effets négatifs du sommeil ont envahi tout mon être jusqu'à présent ; bref, que Dieu me sauve ! J'ai entendu un mensonge et quelques médisances que j'ai rappelés à l'ordre en disant : « Ne dites pas de médisances ! » Je me suis rapidement mis en colère, jetant des piques et parlant haut. Au cours de la journée j'ai dit un peu de *zekr*, c'est pourquoi j'ai été enjoué jusqu'en fin d'après-midi. A vivre sans programme, l'homme s'expose à perdre son temps. On a trop mangé, « tout ça par négligence .» Aujourd'hui, grâce à Dieu, je suis tombé en réfléchissant sur de nombreux sujets intéressants, que je regrouperai, si Dieu veut, sur une page. J'ai réussi également aujourd'hui à écrire une lettre à un ami. Si Dieu veut, grâce à la faveur divine, je vais agir de sorte à contenter Dieu et les Imams en mettant de côté la paresse. Aujourd'hui j'ai été très négligent parce que j'ai dormi après la prière du matin.

7/1/65 [27 mars 1986], 10h46, garnison de Karkheh

> « Pour ceux qui, après avoir accompli une mauvaise action ou s'être fait tort à eux-mêmes se souviennent de Dieu et lui demandent pardon pour leurs péchés ; quel est celui qui pardonne les péchés, si ce n'est Dieu ? Pour ceux qui ne s'entêtent pas dans leurs agissements, alors qu'ils savent.[29] »

Au nom de Dieu. Dieu soit loué, j'ai commencé la journée avec un programme et un moral épatant, mais vers le milieu de la journée paresse et manque de tonus se sont emparés de moi. Je ne pouvais vraiment rien faire. Bien sûr ma raison était toujours en alerte et me disait : « Programme » ; mais je n'ai pratiquement rien fait. De toute façon, j'étais de nouveau en forme. Grâce à Dieu j'ai pu rendre un peu service aux combattants. J'ai aussi récité le *ziyârat* et les versets ; les prières ont été bien faites qui avaient un peu d'esprit, tous ensemble « une grâce de mon Dieu ». Je n'ai pas pu tenir le reste du programme, sauf la lecture du Coran, et ça montre que Satan veut trouver le moyen de m'influencer. « Je me réfugie en Dieu contre Satan le lapidé »[30]. Il se mettait en travers de chacun de mes actes, et me posait la question : « Est-ce que tu n'es pas en train de faire une hypocrisie ? » J'ai compris aujourd'hui que Satan avait tout doucement trouvé là une voie d'infiltration et qu'il fallait que je me prépare à lutter.

---

29. Coran, II-135 (La Famille de 'Imrân). Ce verset complète les versets 133-134 : « Hâtez-vous vers le pardon de votre Seigneur et vers un jardin large comme les cieux et la terre, préparé pour ceux qui craignent Dieu ; pour ceux qui font l'aumône, dans l'aisance et dans la gène ; pour ceux qui maîtrisent leur colère ; pour ceux qui pardonnent aux hommes. » Sauf indication contraire, les traductions coraniques sont celles de Denise Masson.

30. En arabe.

8/1/65 [28 mars 1986], 10h10, garnison de Karkheh

Au nom de Dieu. « Dieu soit loué, Seigneur des mondes », j'ai commencé la journée en pleine forme. On a aussi récité le *ziyârat.* Mais par la suite, comme je suis allé en ville, le programme a été annulé. Ce jour a été un jour béni, et Dieu m'a accordé la faveur de joindre ma famille, de parler au téléphone avec Hâdj Khânum [31], Âqâ Mahmud, l'oncle Hodjat et Âqâ Mohsen [32]. Après çà, j'avais aujourd'hui l'esprit étrangement joyeux et heureux et j'ai l'impression d'être léger. Grâce à Dieu, j'ai répété de très nombreuses fois le nom de Dieu, plus que les autres jours, « C'est une grâce de mon Dieu », et puis je me suis aussi fait les versets. Quelques hypocrisies m'ont traversé l'esprit, qui, Dieu soit loué, ont été rapidement éliminées ! Je peux dire qu'aujourd'hui a été un jour d'immense lumière. Le climat de la prière n'était pas mauvais non plus. Aujourd'hui Satan a poursuivi ses activités souterraines avec l'intention de rendre légitime mon hypocrisie, mais Dieu soit loué, on a fait ce qu'il fallait faire. Ô Dieu, comble-nous à chaque instant de ta faveur et accorde-nous de poursuivre la voie des martyrs.

10/1/65 [30 mars 1986] [33]

> « Nulle calamité n'atteint son but sans la permission de Dieu. Dieu dirige le cœur de celui qui croit en lui. Dieu connaît parfaitement toute chose. [34] »

Au nom de Dieu. J'ai commencé la matinée, « Dieu soit loué, Seigneur des mondes », avec un programme génial et après le *ziyârat,* je suis allé à l'appel du matin. Cette nuit, on a fait pour la première fois des manœuvres nocturnes et je me suis réveillé drôlement exalté, comme si mon âme était déjà partie dans mon sommeil, et qu'on m'avait accordé une étrange félicité.

11/1/65 [31 mars 1986], 10h50 du soir

Au nom de Dieu. « Dieu soit loué, Seigneur des mondes », j'ai sacrément bien commencé la journée, et je me suis réveillé au voisinage de Âqâ Djavâd. Lorsque pour la première fois je me suis réveillé hier soir pour les manœuvres nocturnes, j'étais dans un état prodigieux. Cet après-midi, alors que j'étais en train de lire le fascicule des fondements moraux de l'Armée des Gardiens de la révolution, je me suis souvenu que dans la nuit d'hier j'avais fait un rêve dont je ne me rappelle qu'une partie. J'avais dans les deux mains deux billets pour Mashhad et il était question d'un aller retour à Mashhad en avion. Je ne sais pas

31. L'auteur parle ici de sa mère.
32. En note : membres de la famille. Le titre *âqâ* « monsieur » est donné par respect aux mâles, y compris plus jeunes.
33. Imputé par erreur au 10/10/65 [31 décembre 1986].
34. Coran, LXIV, 11. (La duperie réciproque).

pourquoi, mais je sentais que ce rêve était lumineux. Aujourd'hui, comme j'étais malade, je n'ai pas lu les versets et pour la même raison j'avais l'esprit dominé par l'ennui. Il y a eu un cas de médisance que j'ai commencé à arranger. Aujourd'hui, je n'ai eu malheureusement ni ferveur ni retraite dans la multitude et cela a eu toute la journée des effets extraordinaires. J'ai fais le vœu de dire demain des *salavât* par cent tout au cours de la journée et de travailler encore davantage à l'étude et à la recherche.

19/1/65 [8 avril 1986]

Au nom de Dieu. Aujourd'hui, le programme n'a pas été génial, à cause de la rédaction de mon testament prolongée tard dans la nuit, et à cause de l'excès de nourriture, la prière du matin a été sans âme. Ce matin, au cours d'une querelle qui est survenue, ma langue a trop fonctionné et ça m'a brisé le cœur ; j'ai dit pas mal de paroles stupides qui ont blessé un des frères. Je ne sais pas comment me faire pardonner.

20/1/65 [22 mars 1986], ville de Fâtemiyun [35]

Au nom de Dieu. « Dieu soit loué, Seigneur des mondes », aujourd'hui j'ai commencé la journée de façon géniale, mais sans trop de moral. Aujourd'hui, j'ai eu jusqu'à présent le sentiment d'avoir trop parlé. « Dieu soit loué, Seigneur des mondes », aujourd'hui mon Dieu très aimé m'a gratifié d'une immense faveur. Après avoir fait la sieste avant midi, il m'a accordé un sentiment de repentir et j'ai pris conscience de ma négligence. Je remercie Dieu.

22/1/65 [11 avril 1986], 8h04 du soir, Fâtemiyun

Au nom de Dieu. « Dieu soit loué, Seigneur des mondes », j'ai commencé la journée en forme. Et les prières ont été dites également avec ferveur. Depuis quelques jours tout ce que je voyais me paraissait vain et des efforts sans résultat. Mais avec l'aide de Dieu, à la fin de cet après midi, j'ai résolu ces problèmes délicats. J'ai ressenti la douceur de la vie sur le chemin de la Vertu, ce qui m'a fait penser que ce malaise avait été causé par ma demande de martyre ; ça devait être une de ces entourloupes de Satan ou peut-être même une épreuve divine. Cet après-midi, nous sommes montés dans des véhicules pour aller sur le front, mais nous sommes revenus. Aujourd'hui j'ai mangé un peu trop et beaucoup parlé alors si Dieu veut, j'ai décidé qu'à partir de demain à la fois je rendrai beaucoup de services et que je continuerai à faire ma prière régulièrement et sans interruption et aussi à réfléchir et à dire beaucoup de *zekr*. Dieu merci, on a bien récité tous les versets prévus.

---

35. Nom que les combattants de l'islam donnaient à la ville de Fâv.

3/3/65 [24 mai 1986], 10h25 soir, Karkheh

Au nom de Dieu. Nous sommes arrivés aujourd'hui vers 1 heure de l'après-midi à Karkheh et ce matin nous sommes partis à 6h30-7 heures de Arvand. Oui, c'est cet après-midi, alors que j'étais parti voir Rasul, Mortezâ et Akbar, que j'ai appris la nouvelle de l'ascension sanglante et l'envol de mon frère Seyyed Mahmud. Je ne l'avais pas compris ; mais j'avais l'intention de le comprendre. C'était un maître. Comme le dit Safar Sâdeqi : « Seyyed a vécu en martyr, et le martyre était son dû ». Oui, un autre encore de mes frères est parti, un compagnon qui n'aura fait avec moi qu'une moitié de chemin ou plutôt je dirais que je n'ai fait avec lui qu'une moitié de chemin. Lui, en partant, est devenu une lumière à l'horizon de ma vie. Je ne peux pas encore croire qu'il n'est plus parmi nous. Dieu, toi tu sais ce que je veux, fais-en toi-même cadeau.

10h30 après midi, Karkheh

Au nom de Dieu. Ô Dieu ! Je te remercie de tout préparer toi-même et de m'accorder ta faveur. J'ai commencé la journée aussi génialement qu'il fallait. Après la prière on a lu le *ziyârat* de *'âshurâ*, et après l'appel du matin, je suis rentré à la tente. Je vois dans le détail qu'en général j'ai trop parlé de mes affaires personnelles et qu'aujourd'hui encore j'ai aussi parlé haut et demandé de l'aide à autrui. Aujourd'hui, à cause de l'hypocrisie intérieure et de conflits intérieurs à l'âme concupiscente qui essaie de se montrer depuis quelques jours, j'ai pas eu un bon programme et cette absence de programme a fait que mon temps a été encore davantage gaspillé. Aujourd'hui j'ai étudié pendant 30 minutes les nouvelles et les discours et aussi j'ai un peu réfléchi.

5/3/65 [26 mai 1986] 8h15, Karkheh

Au nom de Dieu. Ô Dieu ! Je te remercie de me rendre proche de toi et je te demande de m'aider à te remercier de cette faveur immense pour que je puisse t'adorer, plus pur que jamais. Aujourd'hui, après la prière, on a récité le *ziyârat* de *'âshurâ*. Assis à la nappe du petit déjeuner j'ai agressé quelqu'un de façon très dure et injuste et même si c'était ordonner le bien et combattre le mal, il ne fallait pas le faire en public et peut-être que cette faute pourrait être même un grand péché. Aujourd'hui, à cause du départ de Karkheh vers Dokuheh, je n'ai pas continué mon programme, mais à sa place, j'ai été rendre visite aux amis. En parlant, on a essayé de ne pas oublier Dieu. Aujourd'hui, j'ai confié à quelqu'un de compréhensif un peu du poids que j'ai sur la poitrine et de ce qui s'est passé dans mon cœur, ça m'a allégé et j'ai dit ça à qui je devais le dire. Dans mes prières, il y avait, Dieu soit loué, de la ferveur en bonne quantité.

10/3/65 [31 mai 1986], 12h45, Téhéran

Au nom de Dieu. Dieu soit loué, Seigneur des mondes. J'ai commencé la journée aussi bien qu'il fallait, mais pas tellement sérieusement. Après le repas d'avant l'aube et la prière, on a lu le *ziyârat*. Aujourd'hui je n'ai pas réalisé de programme, car j'avais la tête occupée à l'examen de demain, c'est-à-dire l'examen de mathématiques. Mes prières ont eu très peu d'impuretés et j'ai essayé de garder allumée la lumière de la ferveur. Je remercie Dieu de m'avoir accepté et de m'avoir montré le chemin qui mène vers lui. Il ne faut pas oublier de dire que depuis quelques jours, depuis la « nuit du Décret »[36] du 19 ramadan, j'avais dans le cœur quelque chose qui remontait à un passé très lointain et qui même encore aujourd'hui continue à me faire mal. C'est peut-être dû à mon manque de moral, parce que venir d'un coup du front à Téhéran et abandonner tous ces programmes variés consacrés à la purification et à la maîtrise de soi peut créer un vide. C'est pour ça que j'ai le cœur lourd. Est-ce que Dieu m'acceptera dans ces quelques nuits bénies du mois de ramadan ? Aujourd'hui c'était ma fête, dont Sa Sainteté 'Ali (sur lui la paix), a prescrit : « Quiconque en un jour ne commet pas de péché, ce jour là est le jour de sa fête. » Si Dieu veut, je suivrai mon programme.

13/3/65 [3 juin 1986], Téhéran

Au nom de Dieu. Mon Dieu ! Je te dis merci de toutes ces grâces immenses que tu m'as accordées, un merci dont le terme ultime serait de donner mon sang pour te satisfaire. Merci d'avoir bien voulu me destiner à la faveur de participer à cette invitation prestigieuse. Dieu soit loué, aujourd'hui j'ai commencé à moitié en forme. Satan, dont le représentant s'est maintenant installé en moi, a diffusé de la paresse dans mon corps, a profité de ma négligence et m'a empêché d'avoir un programme. Aujourd'hui, lorsque j'ai enfourché ma moto, Satan me poursuivait et a suscité dans mon cœur une série de fanfaronnades et d'hypocrisies, aussi petites soient-elles. Dieu fasse que ce ne soit pas la cause d'un manque de ferveur.

22/3/65 [12 juin 1986], 12h 40 du soir

Au nom de Dieu. Mon Dieu, je te remercie de m'avoir donné le bonheur et je te remercie que le martyre dans ta voie soit le bonheur le plus haut. Dieu soit loué, Seigneur des mondes, que Dieu très bon m'ait fait encore la grâce d'un nouveau jour et m'accorde la faveur de vivre. Aujourd'hui j'ai été un peu renfermé jusqu'à l'appel à la prière de *maghreb*, mais après ça, grâce aux inspirations divines j'ai compris que mes actions étaient de telle sorte qu'elles me

36. Nuit au cours de laquelle le Coran fut révélé au Prophète. Les Chiites ne s'accordent pas sur cette date.

tenaient loin de la présence de Dieu, particulièrement le fait de parler beaucoup et le manque de ferveur qui en découlent. Ainsi Satan retient-il l'homme de faire des *zekr*-s et empêche l'homme d'être religieux. Dieu soit loué, ce soir Dieu m'a accordé un bon état. La décision ici c'est qu'en restant silencieux, nous obtenions, si Dieu veut, la sagesse divine et que de cette grâce nous aide à nous rapprocher de Dieu.

30/3/65 [20 juin 1986]

Dieu soit loué, aujourd'hui j'ai compris que le silence était la clé du problème et qu'il fallait, en plus du silence, rester un peu moins seul afin de me mettre au service des autres, et entraver par-là même ma déprime. Dieu fasse également que les programmes aussi m'aident d'avantage en ce domaine et me permettent de me rapprocher de Dieu. Ô Dieu, tu sais bien toi-même que je suis très seul. Plus que je ne l'attendais. Tu sais bien toi-même combien la vie est difficile pour moi dans ces limites étroites. Mon Dieu ! Tire-moi de ma solitude et conduis-moi vers la caravane de mes amis martyrs. J'aime ce que tu aimes, ô Celui qui secourt ceux qui demandent assistance, ô Seigneur des mondes !

Notes de la fin de chaque mois

Ô Dieu, je te remercie de nous avoir accordé ta grâce et ta faveur et de nous avoir guidé sur le chemin que les saints ont parcouru. Ce mois a été le mois du sang. Ce mois, a été le mois du martyre d'autres compagnons. Ce mois a été le mois de la séparation avec les amis. Où êtes-vous, amis anciens ? Venez accueillir vos amis. Ce mois-ci, le martyr Seyyed Mahmud Musavi s'est envolé en s'inspirant de sa mère Sa Sainteté Zahrâ (sur elle la paix), et a déposé son corps et son âme aux pieds de l'Ami. En partant, Seyyed Mahmud a creusé un grand vide dans mon esprit. Quand cette immense lumière est passée dans mon cœur, il est devenu un compagnon et un frère du chemin à demi parcouru puis m'a rendu à ma solitude absolue. Suivant son frère Seyyed Mahmud, Safar Rahmati a bénéficié de la faveur de l'intercession et a quitté lui aussi ce monde éphémère. Je pense à eux, car je suis peut-être, en ne partant pas, un compagnon du chemin à demi parcouru. Ô Dieu ! Tu sais bien toi-même combien j'en bave. Jusqu'à quand dois-je supporter la séparation d'avec l'Ami ? Donc rends-moi plus vite amoureux, accrois mon amour et invite-moi chez toi, puisque j'attends.

16 tir 65 [7 juillet 1986]

Au nom de Dieu. Ô Dieu ! Tu sais bien toi-même que par excès de pudeur je ne prends pas la plume et que je ne sais absolument pas comment te prier de m'excuser. Simplement je dis : Ô Dieu ! Par l'Honneur et par la Gloire, c'est-à-dire par ton Hoseyn (sur lui la paix), pardonne-moi. Aujourd'hui, malheureusement, mes prières ont manqué totalement de ferveur. Et je les ai même faites en retard. Dieu seul sait aujourd'hui combien j'ai essayé, mais à cet instant même je renouvelle mon pacte avec mon Dieu, les Imams et le sang des martyrs : de réduire mes plaisirs sensuels, si Dieu veut. De rester silencieux et de parler moins, si Dieu veut. De faire du *zekr* en réfléchissant, si Dieu veux. De recourir davantage à Dieu, si Dieu veut. Mon Hoseyn ! Aide-moi sur ta voie.

15 et 16 mehr [7-8 octobre]

Ô Dieu ! Si tu ne regardais pas dans quel état d'abattement je suis, mon être serait vide de toi. Tu es clément et miséricordieux, ne m'ôte pas le guide de la lumière des Imams. J'aime répéter et répéter la sourate. Dieu ! Dans ma vie, on voit facilement ta bonté et ta générosité. Je peux voir exactement ta louange, ton royaume et le royaume des cieux. Accorde-moi une part dans cette louange pour que j'emprunte la voix directe vers toi. Ô Dieu ! Je sais qu'aujourd'hui je n'ai pas pris de provision de route. Mais sois mon guide !

14 âbân [5 novembre], 9h20 du soir, Mehrân

Mon Dieu ! S'il y avait pour moi du plaisir à rester et à vivre et si la passion de parvenir et de m'unir à toi se perdait dans mon être, ce serait par une négligence qui viendrait de mon manque de ferveur à te comprendre et à percevoir ton visage. Dieu ! Tu sais bien que j'accepte la douleur de rester uniquement et uniquement seulement au nom de l'amour de « fais moi vivre de la vie de Mohammad et des membres de la famille de Mohammad et fais moi mourir de la mort de Mohammad et des membres de la famille de Mohammad », et c'est pour cette raison que ma vie n'a de sens que si elle est prétexte à ta satisfaction. Et que je tire profit des Imams que tu as envoyés pour me guider. Toi seul m'appelle ton serviteur et ceci m'est un plaisir sans limite.

15/1/66 [4 avril 1987]

Au nom de Dieu

Avertissement

Le temps n'est-il pas venu pour ceux qui se sont convertis en apparence, de se convertir à Dieu intérieurement, et pour leur cœur de se prosterner au souvenir de Dieu, de prêter attention à ce qui a été révélé par Dieu, et de ne pas être comme ceux à qui un Livre a été envoyé précédemment (Juifs et Chrétiens), dont le cœur s'est pendant longtemps endurci, beaucoup d'entre eux étant devenus débauchés et pervers ?

Ô Dieu, j'ai honte de m'être comporté ainsi avec toi. La journée a passé et je suis arrivé au soir les mains vides, vides de n'avoir pu te satisfaire complètement. J'accueille la nouvelle année en recevant l'annonce du martyre de mes meilleurs amis spirituels. Las, l'esprit agité et tourmenté, je me contente de ce destin, avec l'unique espoir que toi tu m'aides et qu'avec la nouvelle année tu me gratifies des réflexions et une pensée nouvelle, l'ardeur et la passion de parvenir à une autre rencontre, que tu me donnes un cœur neuf pour que je puisse t'adresser de nouvelles invocations, que tu me donnes une nouvelle pensée pour que je puisse avoir de nouveaux comportements. Dieu soit loué, cette année je me suis beaucoup analysé et c'est pourquoi je me connais mieux. Ô Dieu, comment te remercier avec ma langue et mon *qalam* impuissants ?

Au nom de Dieu. Le glorieux Coran donne à l'homme de nombreux modèles de vie, certains étant parfois réalisables, d'autres étant interdits. Tous les modèles ont non seulement pour but de connaître davantage les humains, mais certains sont simplement là pour éveiller notre conscience et ne doivent jamais être réalisés ; les autres modèles coraniques qui ont été confirmés, vont dans le sens des modèles réalisables. Dans le Coran, on a mis d'une façon complète le modèle du bien et celui du mal ; de cette façon, après avoir rencontré un modèle, nous en comprenons les caractéristiques générales et particulières ; pour l'assimiler, nous disposons également d'exemples probants. Par exemple, s'il parle de l'hypocrisie, il montre après l'avoir décrite l'hypocrisie dans les actes des Hypocrites. Dans la sourate du Qalam, il souligne premièrement ce point, qui est très utile à écouter. Le modèle dont il est ici question, c'est pour nous connaître, nous les humains ; il s'agit particulièrement de recommandations aux musulmans et aux croyants afin qu'ils sachent tout de l'hypocrisie et de l'hypocrite et ne se lient pas d'amitié avec eux dans la société et ne soient pas également atteints par l'hypocrisie, consciemment ou inconsciemment.

23/1/66 [12 avril 1986], en souvenir du martyr Mohammad Radjabi

Au nom de Dieu. Il se résumait par deux caractéristiques : le silence qui venait de sa simplicité et de sa pureté et sa sincérité qui dénotait sa forte foi. Sa pensée était ramassée en lui. Son silence était signe d'une réflexion et d'une retraite intérieure abondante. Son amour était en Dieu et il lui était redevable d'aimer. Son être était imprégné de l'amour des Gens de la Maison. Cet amour se gonflait dans son cœur de son attachement très fort pour les *hadith*-s.

Comment est-il parti, de quel côté nous avait-il dépassés, nous ne l'avons pas compris du tout. Partir dans les bras de l'Ami se passe exactement de cette façon, c'est pourquoi celui ci n'est pas confiné dans une époque, ni limité à un lieu. Comment se peut-il que nous restions quand les amis partent ? Ceux qui étaient plus avancés que nous sont partis mais, ô prodige ! Comment se fait-il que les plus avancés aussi nous aient abandonnés ! Oui, ils sont tous partis et nous, nous sommes restés plantés là. Ô Dieu ! Nous ne nous prenons pas pour des justes, pour ceux qui s'élèvent vers le haut, mais tu sais bien toi-même que nous t'aimons.

[Sans date]

Ô Dieu ! Tu sais bien que ce qu'on entendait entre mes lèvres après la prière, face au tapis, ne venait pas de moi, mais que c'était tes paroles et que moi je ne savais pas quoi dire et par où commencer. Ce mois, c'est le mois de l'anniversaire de la naissance d'un certain nombre d'Imâms (sur eux soit la paix). Il faut que l'on distingue les effets de cette joie dans nos cœurs et aussi dans nos membres. Quelle que soit l'allégresse dans la joie des Imâms et la tristesse dans le deuil des Imâms – en considérant que Dieu, tout comme les Imâms et les martyrs observent nos actes – nous n'agissons que dans le seul but de les satisfaire. Là où l'Imam Sâdeq (sur lui la paix) prescrit : « Nos chiites sont affligés dans notre tristesse et notre chagrin et heureux dans notre joie », est ce que la joie et la peine auraient un autre siège que le cœur ? Maintenant qu'il s'agit de la joie, il est préférable d'être heureux des profondeurs de l'âme.

23/11/65 [12 février 1986]

Au nom de Dieu. Mon cœur est assombri par ce que je pense, assombri par ce que je vois, assombri par ce que j'entends. Que faut-il faire ? Ô Ibn al-Hasan [37] ! Même si je ne t'ai pas trouvé, je suis ton ami. Même si je ne peux pas ressembler à Hoseyn, prends-moi à ton service. Depuis ce matin où tu m'as réveillé et où tu m'as accordé comme lot quotidien la grâce d'une autre vie, j'ai été triste et las ; tu as été toi-même le témoin à travers les étapes de ma vie, que j'ai fait tous mes efforts pour parvenir à toi. Ô Ibn al-Hasan ! Je ne sais pas, maintenant que je veux dormir ou mourir temporairement, comment tu regardes mon dossier, si tu es satisfait ou mécontent de ce qu'il y a écrit dedans. J'aimerais que tu sois heureux en voyant mon dossier, et non que perle de tes doux yeux, une larme de tristesse.

[Sans date]

Au nom de Dieu. Dans sa façon de rencontrer divers individus, l'homme doit avoir quelques questions à l'esprit, puis il peut parler ou se mettre à faire quelque chose. Premièrement il doit essayer de transmettre complètement ce qu'il veut dire et en revanche ne pas parler d'autrui (médisance) ; ses paroles doivent venir du cœur. L'expression des problèmes doit s'accorder avec la pensée et l'esprit de l'autre partie ; pour ceci il faut avant toute chose mettre en balance son esprit ; c'est alors qu'on peut parler et dire ce qu'on a à dire. Y compris moquerie, mystique, science, action, etc. Dans toute rencontre il faut conserver un respect réciproque ; ainsi il n'y aura, dans la rencontre, ni mauvais effets ni cause de rancœur.

---

37. Le douzième Imam.

[Sans date]

Ô Dieu ! Anéantis mon âme qui est une de tes grâces, dans une éternité qui accompagne ta satisfaction. Ô Dieu ! Je te remercie de nous avoir mis lors des appels du matin au même rang que tes anges qui apportèrent la bonne nouvelle. Moi je ressemble à une goutte d'eau face à la mer de ta clémence et je ne peux pas te remercier de toutes ces grâces, mais j'aime être ce que tu veux. J'aimerais être amoureux. J'aimerais être le meilleur de tes adorateurs. J'aimerais être pur.

[Sans date]

Ouvrons les Coran ! Prenons la parole de Dieu, qui est le message des martyrs, comme une arme, prenons la parole lumineuse du Coran comme provision de route. Faisons du comportement des Imâms (sur eux la paix), la tactique de ce code. Ô êtres chers ! Commençons les opérations de cette manière. Que notre slogan au moment de la victoire soit « Je me confie en Dieu », et que le code des opérations soit « Migration vers Dieu ». Faisons couler dans nos cœurs la lumière de la bénédiction par le biais des Imâms, et mettons le fusil à l'épaule. Ô prophètes ! Pour faire connaître le message il faut apprendre toutes les leçons d'assistance. Sachons le Coran ; comprenons les commandements du Coran. Connaissons le comportement des Imâms, interrogeons-nous à travers lui et faisons en sorte que nos actes s'en rapprochent. Tant que tu n'auras pas appris cette leçon tu ne seras jamais le messager du sang des martyrs. Il est temps, dans cette étape d'inviter la nation à la résistance. Face au martyr de nos chers amis, comme Mehrâ'i, Akbary, Sa'id et Bahman, au lieu de plus de mobilité, de plus d'activités, de plus de ferveur, malheureusement ça a été l'inverse. Le chemin, pour moi est devenu difficile. Je ne sais pas dans quel état je suis, vertueux, bon, ascète ! On dirait que l'état spirituel s'est envolé de moi. Quelles que soient les étapes qu'ait traversé le peuple de Moïse, à la fin Dieu a dit que son cœur était plein de dureté. Au regard du Coran, ils ont commis des actes criminels, de telle façon que Dieu les a comparés à des pierres et à moins que des pierres ; avec ces comportements et ces idées tordues, ils n'ont pas laissé de place pour la clémence de Dieu, et leurs cœurs, qui formaient une assemblée divine, ont été si pervertis que la dureté des pierres leur était préférable.

Ecrire sur deux sujets m'a occupé. Premièrement : comme ici c'est l'utopie de l'humanité ou bien l'utopie de l'humanité est ici, [je dois écrire sur] la grande société, pleine de ferveur et d'émotion du front qui est la société islamique même, sur les relations, sur le respect des principes sociaux fondamentaux particulièrement individuels qui sont à la base de cette utopie de l'humanité, ainsi que sur les allégories de ce monde, pour éclaircir le visage de l'utopie de l'humanité. Deuxièmement, je dois écrire au sujet d'histoires diverses, dont l'origine remonte aux événements de ma vie dans ces dernières années. Je dois coucher sur le papier des événements importants, comme le fait d'avoir entendu la nouvelle du martyre de 'Ali Hedjâbi.

[Sans date]

Il est le plus savant. Ô familles et amis des martyrs ! Qu'attendez-vous ? Pourquoi ce silence ? Qu'est ce qui s'est passé ? Le Mahdi est-il de retour ? Est-ce la victoire finale ? Pourquoi ne transmettez-vous pas le message des martyrs ? Nous n'en sommes encore qu'au début de la propagation du message vers le monde. Moharram s'approche et nous devons allier ce message et [celui de] l' *'âshurâ*. Zeynab s'est préparée à porter sur ses épaules le fardeau de cette mission ; si les martyrs sont partis avec la caravane de Hoseyn, celle de Zeynab, des dépositaires du sang des martyrs et des messagers de *'âshurâ* ne sont pas encore parvenus au terme de son voyage. Avez-vous vu la caravane de Hoseyn ? Pourquoi restez-vous immobiles ? Êtes-vous parvenus au terme de votre voyage pour vous être arrêtés ? La première caravane était conduite par Zeynab et l'Imam Zeyn ol-'Âbedin, il y a quelque mille trois cents ans de cela, et cette caravane est toujours en route. Faites courir vos plumes sur le papier, vos langues dans les paroles, vos cœurs dans les actions, et mettez absolument tout en œuvre pour transmettre le message des martyrs. Une nouvelle bataille s'annonce. Ô messagers du sang des martyrs ! Commencez votre mission.

***La portée de la foi*, Journal du martyr Mortezâ Sangtarâsh**

Au nom de Dieu, le Clément, le Miséricordieux. Ce matin, je me suis arraché du sommeil après la prière et je me suis forcé à aller faire un petit tour dans les environs. Après cette balade sans intérêt dans le quartier, je suis revenu à la maison, pour voir ce que j'allais prendre comme petit déjeuner. Il était environ 10 heures. Quoique [texte lacunaire], dès que nous avons senti le parfum du front, nous avons laissé nos affaires de côté. Après être resté longtemps en convalescence après ma blessure, mon invalidité et la nouvelle de la mort de Mehdi, j'attendais avec impatience un jour pareil. Je finissais par être dégoûté de tout. Les rues, les ruelles, les murs, tout ça me donnait le cafard. On sonna à la porte ; comme j'attendais Mohammad Rezâ, je suis allé ouvrir. C'était lui. A savoir Mohammad Rezâ Mosleh. Il a dit : « Si tu es prêt, allez, en route ! » Après avoir fait mes adieux à ma famille, j'ai décarré du nid avec un désir fou de m'envoler, comme ces jeunes pigeons qui viennent tout juste d'apprendre à se servir de leurs ailes.

J'ai demandé à ma famille de ne pas dire à la mère de Mehdi (le martyr Mehdi) que j'étais parti pour le front, car je savais qu'elle s'inquiéterait ; j'avais rempli en effet la place vide de Mehdi. Bien sûr moi-même je ne le pensais pas, mais c'est comme ça qu'ils parlaient de moi. De toute façon, la mère de Mehdi l'a su avant même qu'on s'en aille et elle est venue elle-même pour nous accompagner. J'étais en train de faire mes adieux aux copains du quartier quand j'ai vu que le frère de Mehdi était là lui aussi. J'ai demandé à Mohammad – mon frère – qui les avait prévenus. Il a répondu : « Je ne sais pas, ils l'ont su tout seuls. » Il m'était encore plus difficile de dire adieux à la mère de Mehdi qu'à mes propres parents. Les sanglots douloureux de la mère de Mehdi m'ont fait fondre en larmes et j'avais l'impression que Mehdi était là lui aussi. Après des adieux déchirants, nous sommes finalement partis au Centre de recrutement Malek, dans la voiture du père de Mohammad Rezâ Mosleh. Nous avons réglé nos affaires et nous sommes allés faire la queue pour prendre nos uniformes. Alors que nous étions en train de faire la queue, deux ou trois copains de nos anciens quartiers sont encore venus nous dire au revoir. Y compris Ahmad Turâni, qui nous avait apporté des amandes. Il a dit : « C'est de la part du frère du martyr Pur Taqi pour vous occuper en route. »

La file d'attente pour prendre les habits diminuait et on avançait comme ça, petit à petit, pour récupérer les uniformes, et enfiler ces uniformes kaki de *basidji*, tissés du fil même de l'amour et de l'union. Comme le disait Sa Sainteté le Commandeur des croyants (sur lui la paix et le salut) les tenues de combat sont des habits nobles, en soie du paradis. On bouillait d'impatience de mettre ces vêtements. Vraiment personne ne se sentait aussi léger dans aucun autre vêtement d'aucune autre couleur que dans ces uniformes modestes et kaki de *basidji* ! Nous avons pris nos affaires, qui se composaient d'un uniforme, d'une brosse à dent, un tube de dentifrice, une serviette de toilette et une paire de brodequins et nous sommes allés dans un coin pour nous habiller. Les vêtements étaient beaucoup trop grands pour moi, mais je les ai mis. J'avais l'air d'un clown. En roulant le bas de mon pantalon et les manches de ma chemise, j'ai réussi à remettre un peu les choses en ordre et nous sommes allés déjeuner. Cette fois-ci nous avons d'abord mangé et ensuite nous sommes allés à la prière, car si nous étions arrivés en retard, on n'aurait peut-être rien eu à manger.

Nous sommes partis l'après-midi à la garnison de Vali 'Asr (que Dieu hâte son retour). Elle était remplie de *basidji*-s sympas venus de tous les Centres de recrutement. Hâdji Bakhshi passait parmi eux en pulvérisant de l'eau de rose, et distribuait des bonbons en criant : « Mâshâ allâh ! » Les gars répondaient : « Hezbollâh ! » et ça se poursuivait ainsi :

- *Mâshâ allâh.*
- *Hezbollâh.*
- Où vas-tu ?
- A Karbalâ.
- Emmenez nous.

Alors tous les garçons disaient en rigolant :

- On n'a pas de place !

Pour faire rire les garçons, Hâdji Bakhshi fronçait les sourcils et tous se mettaient à rigoler. Peu de temps après, nous sommes partis vers la gare en autobus à impériale. A perte de vue il n'y avait que des autobus à impériale, remplis de *basidji*-s qui agitaient des drapeaux multicolores aux fenêtres et lançaient des slogans. Tout du long, les gens se pressaient des deux côtés des rues en agitant les mains. Au rez-de-chaussée de notre autobus, les garçons disaient sur un rythme original :

- Pèlerins préparez-vous, Karbalâ vous attend !

Nous, nous répondions :

- Du front arrive la bonne nouvelle que l'ennemi est en fuite.

Nous sommes arrivés à la gare au crépuscule. Les garçons savaient que pour s'installer dans le train il fallait passer par le terrain de foot de la gare. Mais la porte du terrain de foot était fermée et les garçons ont tout submergé en passant par-dessus les grilles. Alors que les garçons étaient passés de l'autre côté en escaladant les grilles, on ouvrit enfin la porte principale, ce qui ne servait désormais plus à rien et les fit bien rire. Tous se mirent en file et on distribua les billets. Je pense qu'il devait y avoir deux ou trois trains pour transporter tous les soldats, mais dans la panique il n'y avait pas de billets pour tout le monde, y compris moi. Par chance et parce que Dieu ne voulait pas nous retarder davantage, on dégota deux billets et Mohammad Rezâ Mosleh et moi nous sommes montés dans le train. Et c'est ainsi que parmi la masse des camarades, on s'est trouvé bloqués dans un compartiment. Quoiqu'il n'y eût pas de place ça valait mieux que de rester sur le quai. Nous avons mis les sacs dans le haut du compartiment et nous avons attendu que le train parte. On se payait la tête de Mohammad Rezâ qui faisait le fou. A 7h40, la sirène du train s'est mise à siffler et le train emporta notre souvenir vers le front.

Nous sommes arrivés à la garnison de Dokuheh le 27/12/1364 [18 mars 1986] à 10 heures du matin. Je suis descendu du train avec Mosleh. On aurait dit que Dokuheh nous attendait fébrilement. Le *hoseyniyeh* Hâdj Hemmat a été notre premier lieu de pèlerinage. Là, nous avons pu nous mettre à l'aise, quittant nos brodequins pour des sandales en plastique. Nous avons fait nos ablutions, pour poser le pied en état de pureté sur le sol foulé par les martyrs ; car sur le front, les garçons étaient constamment en état de pureté rituelle. Nous avons fait un tour dans Dokuheh pour nous balader un peu et retrouver les amis.

A la tombée de la nuit, j'avais le cœur gros en me rappelant les amis disparus et je souffrais un enfer au souvenir de Mehdi. Je suis revenu aux souvenirs du passé, c'est-à-dire un an plus tôt, où j'étais venu à la garnison de Dokuheh pour rencontrer Mehdi. J'ai fondu en larmes et les larmes ont eu raison de ma patience. J'ai tiré de ma poche la photo de Mehdi que j'avais toujours sur moi, pour m'apaiser en le voyant. Je souffrais d'abandon et de solitude. Je mourais d'envie de le voir. Je ne sais pas dans quel état j'étais, mais maintenant je ne parviens plus à le décrire. J'ai vu un type nommé Sha'bâni. Il m'a dit que Hâdi Qerâ'i, un gars de notre quartier, avait accédé au martyre. Ça m'a cloué sur place. Je lui ai dit :

- Comment tu sais ça ?

Il m'a répondu :

- Mon frère faisait partie de leur bataillon.

J'ai compris par la suite qu'il faisait partie de la compagnie du martyr Mehdi Djamâlâbâdi. Au nom de Mehdi, mon cœur replongea dans les souvenirs des jours heureux de notre amitié. Je lui ai dit :

- Tu l'avais déjà vu Djamâlâbâdi ?

Il a répondu :

- J'avais vu Mehdi quelques mois avant son martyre.

Après quoi il a commencé à parler de lui.

Le soir même, on a réparti les garçons qui venaient d'arriver dans les divers bataillons de la 27e armée. Mohammad Rezâ et moi nous avons atterri au bataillon Komeyl. Mais c'était beaucoup trop tôt pour qu'on puisse nous-mêmes nous y présenter et nous avons décidé de prendre quelques jours de liberté à Dokuheh pour changer d'air. Pour être sûr du martyre de Qerâ'i, je suis allé faire un saut à la Coopérative de l'Armée. Malheureusement la nouvelle était juste. J'avais le moral à zéro. Vraiment quel dommage que je n'aie pas été destiné à partir, à la place de Qerâ'i, et qu'on ne m'ait pas fait cette faveur. Heureux sont ceux qui devenus les amis du martyre ! Faire le tour de Dokuheh a pris du temps et nous nous sommes présentés au bataillon Komeyl. L'après-midi, nous avons piqué un somme et au crépuscule, nous sommes allés au *hoseyniyeh* Hâdj Hemmat pour faire en groupe la prière de *maghreb* et *'eshâ'*. Nous avons fait nos ablutions près du célèbre bassin du *hoseyniyeh* Hâdj Hemmat. Lorsque les vagues faisaient danser à la surface du bassin l'image des garçons debout pour faire leurs ablutions, on pensait aux fontaines du paradis, particulièrement lorsque la brise se mettait à souffler. Purifiés, nous sommes rentrés dans le *hoseyniyeh.*

Dans le *hoseyniyeh* on a mis la main sur deux, trois copains qu'on connaissait. Nous étions en rangs pour la prière collective lorsque un groupe de religieux est entré dans le *hoseyniyeh*, accompagné de Hâdj Âqâ Bakhshi ; comme toujours lorsque Hâdj Âqâ Bakhshi venait, ce fut un beau chahut. Il vaporisait de l'eau de rose et lançait ses slogans habituels. Il a traversé tout le *hoseyniyeh* en direction de la tribune près du *mehrâb* et a pris place derrière le micro pour raconter une histoire. Il dit : « Il y a quelques temps, nous sommes allés chez l'Imam. Comme l'Imam avait entendu dire que mon fils était martyr, il a accepté de nous recevoir. Il y avait également Hâdj Sheikh Hoseyn Ansariân et monsieur Tavassoli. Avant qu'on déclare que le fils de Hâdji Bakhshi avait accédé au martyre, l'Imam a dit : « Je sais ! » L'Imam avait les larmes aux yeux. Pour ne pas voir le chagrin de l'Imam, j'ai dit : « Imam ! Il y a quelques temps, des journalistes étrangers sont venus à Fâv, pour tourner un film et prendre des photos. Lorsqu'ils m'ont vu, ils sont venus m'interviewer. J'ai répondu : « Bu, bu, bu, bu... » Hâdji Bakhshi a dit que les douces lèvres de l'Imam s'étaient éclairées d'un sourire. L'histoire de Hâdji Bakhshi a fait éclater de rire tous ceux qui étaient dans le *hoseyniyeh*, mais ensuite ils se mirent tous à pleurer.

Je suis revenu avec Mohammad Rezâ au bâtiment du bataillon pour dîner, puis nous sommes retournés prier au *hoseyniyeh*. Ce soir-là, la prière de Komeyl a été grandiose. Lorsqu'ils ont éteint les lampes, je me suis tout à coup replongé dans le souvenir des jours où j'étais avec Mehdi ; j'avais l'impression d'entendre de temps en temps la voix de Mehdi à travers les pleurs et les gémissements. Je me suis rappelé cette nuit-là où nous étions allés ensemble à la prière de Komeyl. Ça avait été tellement bon ! La prière s'est achevée, le *hoseyniyeh* Hâdj Hemmat s'est vidé. Nous avons pris le chemin de nos lits pour nous lever si possible au petit matin, pour être prêts à faire la prière.

Cette nuit-là, j'ai vu Mehdi en rêve. Je ne me souviens plus ni comment ni où c'était ; mais je sais que Mehdi était très heureux et moi aussi. Au matin, vers 7 heures, on nous a mis en rang. On nous a dit qu'à une heure ont partirait pour la ligne de défense de Mehrân. Mohammad Rezâ et moi nous sommes allés aux fameuses douches de Dokuheh pour nous débarrasser de nos impuretés avant de partir pour le front. En revenant, je suis tombé sur ʿAli ʿAdnâni. Il m'a dit qu'il allait partir en permission. Je lui ai répondu : « Bon, passe me voir avant de partir que je te donne une ou deux lettres pour Téhéran. » J'ai écrit deux lettres à toute vitesse, qu'ʿAdnâni emporterait avec lui à Téhéran. Une pour mes parents et une pour Amir Djamâlâbâdi, le frère de Mehdi.

Nous sommes aujourd'hui le 2/1/65 [22 mars 1986] et je suis en train d'écrire mes souvenirs. Comme jusqu'à présent je n'ai pas trouvé le temps d'écrire mes souvenirs tous les jours, j'ai écrit aujourd'hui un résumé de mes souvenirs passés. C'est maintenant le début de la soirée. Dans l'abri, les camarades s'apprêtent à faire ensemble la prière du soir et Mohammad Rezâ est en train de faire l'appel à la prière. La prière dans ces abris, avec ces garçons, et en plus dans ces conditions, a un autre goût. On se fout de savoir qui sera l'imam de la prière ; on dirait que les garçons n'en forment qu'un ; après une montagne de politesses, quelqu'un se jette finalement à l'eau et va se mettre debout à l'avant. Je vais maintenant faire ma prière avec les copains. Je ne pensais pas pouvoir être un jour imam de la prière. Oui, comme j'étais en train d'écrire, je n'ai pas fait attention mais les gars avaient réglé mon compte et ils m'ont mis de force au premier rang. J'avais honte devant Dieu et devant les frères combattants et j'étais confus. Mais qu'est ce que je pouvais faire, à part me soumettre à la décision collective ? Nous avons dîné et affalés dans un coin de l'abri, nous sommes en train de boire du thé.

Celui qui est chargé de répartir les postes est en train d'attribuer les tours de garde pour la nuit. Mohammad Rezâ Mosleh est prêt pour aller faire sa ronde. Ce con ! Tout ça c'est sa faute. C'est lui bien sûr qui a vendu la mèche, c'est-à-dire que c'est lui qui a suggéré aux copains de me faire diriger la prière. Après avoir bu mon thé, je suis allé à l'abri principal de la tranchée. Nous avions deux abris ; un abri du haut où nous allions le soir, et un abri du bas où nous nous trouvions dans la journée. Les nuits, nous étions les invités des étoiles brillantes et scintillantes et des lumières de la ville de Badreh qu'on voyait de loin, et les jours, des coquelicots éphémères.

Le soir, dans l'abri du haut, c'était une autre ambiance. Particulièrement sous la pâle clarté de la lanterne dont on aurait dit qu'elle avait une lumière mystique et parce que la présence des garçons lui donnait une tout autre atmosphère de pureté. Mon tour de garde a lieu entre 10 heures et une heure du matin. Il est maintenant 10 heures et je suis assis dans l'abri de guet. Le silence de la nuit et le calme du désert se confortent l'un l'autre, unis à la lumière muette du clair de lune, sous laquelle le canon glacé du fusil a envie de se décharger. De temps en temps, le grondement d'un obus ou le sifflement d'une fusée éclairante viennent rompre ce lourd silence et notre solitude de rêve.

Notre abri se trouve sur une hauteur de Qalâvizân [38]. Au-dessous de nous, il y a une vallée profonde, qu'on peut voir uniquement grâce aux fusées éclairantes. Nous sommes à environ un kilomètre des Irakiens ; mais ailleurs sur la ligne de front, cette distance ne dépasse évidemment pas 200 mètres. Je jette un coup d'œil au loin, c'est-à-dire vers la position de l'ennemi. On dirait que les Irakiens sont en train de bouger. Quelques-uns de leurs véhicules se dirigent même vers nos remblais, phares allumés. Celui qui fait le guet avec moi, est un gars de notre unité ; comme on n'est pas encore familiers, je n'arrive pas à mettre les noms sur les visages, surtout maintenant qu'on y voit mal avec cette obscurité. Malgré le clair de lune, la visière du casque empêche la lumière d'éclairer son visage. On a causé un peu jusqu'à l'arrivée du responsable chargé de répartir les tours de guet avec deux autres gars. Ça voulait dire que notre tour était fini. On est revenu vers l'arrière par les tranchées écroulées, des abris dont les sacs de sable à moitié troués, montraient bien qu'on était sur une vieille ligne de défense, pour se reposer dans l'abri du soir. J'ai déplié mon matériel et je me suis endormi après avoir récité trois fois la sourate Ekhlâs.

Aujourd'hui nous sommes le 3/1/1365 [23 mars 1986], 5h40 du matin, et nous sommes tous prêts à partir à l'abri de jour, car lorsque le soleil se lèvera il sera dangereux de rester ici. Après être arrivés à l'abri du bas, nous avons fait nos ablutions et nous nous sommes préparés pour la prière. Le *ziyârat-e 'âshurâ* après la prière était impeccable. Après le petit déjeuner, je me suis cassé de l'abri pour me changer les idées. Deux gars m'ont demandé si je pouvais leur raser la tête et comme je cherchais un truc à faire pour ne pas m'emmerder, j'ai pris une tondeuse et je leur suis tombé dessus comme un bulldozer. J'étais en train de jouer au coiffeur, Mosleh racontait des conneries et faisait rigoler les gars. Il ne manquait que le thé à la cannelle. Bien sûr on avait du thé normal.

Le soleil s'était levé et les tulipes sauvages s'étaient réveillées dans la fraîcheur du matin. Les matins, devant chaque abri, les gars étalaient leurs

38. On trouve le nom de cette colline située près de Mehrân sous diverses orthographes dans la littérature de guerre. Elles dérivent toutes de Qal'eh-ye âvizân « le Château suspendu ».

affaires comme dans un bazar, et sortaient tous se mettre au soleil. Se mettre au soleil et prendre un bon bol d'air ça faisait vraiment du bien, surtout s'il avait plu pendant la nuit. Il y avait un groupe de gars assis devant chaque abri. L'un disait des conneries, l'autre cirait les chaussures, quelques-uns nettoyaient les armes, bref chacun faisait quelque chose. Y'en avait des qui, comme Mohammad Rezâ Mosleh, écrivaient des poèmes et des hymnes religieux. Le travail fini, j'ai fermé le salon de coiffure et j'ai rendu la tondeuse au magasin. Le soleil a pris ses cliques et ses claques. Les gars ont fini peu à peu ce qu'ils étaient en train de faire au dehors et sont rentrés dans les abris.

Je suis fatigué. Je sens que tout ici est répétitif. J'en ai ras-le-bol. La seule chose qui me reste dans cette solitude, c'est la photo de Mehdi. Ah ! Si seulement j'étais là où il est ! Je suis totalement cassé. Dieu, je ne sais pas que faire, où aller, pourquoi tout est gris, tout le monde est en deuil ? Dieu, débarrasse-moi de cette errance, libère moi de cette vie. Quoique sachant que je ne suis pas digne de cette mort qui a pour nom le martyre, tu es bon et miséricordieux, et malgré tous mes défauts, tu ne me renverras pas de ton seuil.

Aujourd'hui, nous sommes le 4/1/1365 [24 mars 1986]. Il a été prévu qu'un frère de l'idéologie de l'armée viendrait dans notre abri pour nous donner des cours de religion et de morale. Les garçons ont nettoyé l'abri et s'y sont tous rassemblés. Une étrange lumière régnait dans l'abri. Le frère en question est venu parler un peu et est resté chez nous jusqu'à la prière. On avait dit aussi qu'après le repas le frère Randjeh, responsable de l'unité, viendrait également nous parler. Il est venu nous dire quelques mots de la situation sur le front et de celle de l'ennemi ; il nous a signalé qu'il était question d'envoyer cette nuit quelques démineurs dans le champ de mine pour ramener vers l'arrière le corps d'un des martyrs, tombé la semaine dernière lors d'une tentative d'ouverture d'un passage à travers le champ de mine et qu'on nous avait demandé de les aider. Randjeh en avait fini. Mais nous n'étions pas encore lassés de lui. Les gars lui posèrent des questions diverses et il répondait calmement. Il avait une figure fascinante et un visage ouvert. On ne se lassait jamais de l'écouter. On disait qu'il était de Âbâdân, qu'il était un ancien de la guerre.

Ce soir-là l'obscurité envahit l'immensité des cieux plus rapidement qu'à l'accoutumée. Mon tour de guet était à 7 heures. J'ai fait ma prière dans l'abri du bas et après avoir pris mon matériel, je suis allé à l'abri de nuit. Il pleut ce soir. De l'intérieur même de l'abri on entend le tonnerre et le murmure de la pluie. Parfois on confond ce grondement avec celui d'un obus. Je suis allé à mon poste. On sentait partout l'odeur de la terre humide. Ce fut une bonne nuit. Les gars étaient restés dans l'abri, sous la pluie de la grâce, les nuages avaient sorti leurs flashs et le ciel prenait des photo-souvenirs de ces instants où tous s'étaient abîmés dans la grâce divine. Une fois mon tour de guet terminé, j'ai remarqué en revenant vers l'abri de nuit que toutes les tranchées s'étaient remplies d'eau. On enfonçait dans la boue jusqu'aux chevilles et on avait beaucoup de mal à marcher. Je suis revenu à l'abri de nuit et après avoir déplié mon matériel, je me suis glissé sous ma couverture pour dormir. Cette nuit j'ai rêvé de Mehdi. J'ai vu qu'on était en train d'accrocher des guirlandes électriques et des affiches.

Nous sommes aujourd'hui le 13/1/1365 [2 avril 1986]. On a distribué à chaque combattant des billets de 10 tomans signés par le Premier ministre comme étrennes. Aujourd'hui il ne s'est rien passé de spécial. Lorsque je suis allé cette nuit prendre mon tour de guet, j'ai vu que quelqu'un s'était endormi dans l'abri. Je ne l'ai pas d'abord reconnu. En faisant un peu plus attention, j'ai vu que c'était le chef de la compagnie, le frère Buyâni. J'étais vachement surpris. Il s'était complètement allongé sur le sol de l'abri, simplement et sans manière. Je lui ai dit :

- Hâdj Ahmad Âqâ, réveille-toi, va dormir dans l'abri !

Il a répondu :

- Non, ici c'est autre chose !

Il est resté une demi-heure allongé, comme ça, à regarder les étoiles.

Cette nuit j'ai revu Mehdi en rêve. Dans ce rêve, nous rigolions Mehdi et moi. C'était un rêve étrange. J'ai senti que j'étais ailleurs que dans ce monde-ci. Mehdi était heureux, moi aussi. Je me suis réveillé, et puis je me suis rendormi. De nouveau j'ai revu Mehdi dans mon sommeil. Mais cette fois-ci furieux. Je n'ai rien compris à ces deux rêves. Sur les gémissements douloureux du *ziyârat* de *'âshurâ* le soleil s'est levé doucement derrière les collines, sur un nouveau jour.

Aujourd'hui une Toyota de la Propagande est arrivée avec quelques photographes. On a dit à tous ceux qui voulaient prendre des photo-souvenirs de venir. Nous nous sommes fait prendre en photo. Aujourd'hui, nous étions était tous réunis dans notre abri. Nous avons récité le Coran avec les autres gars, nous avons également organisé une cérémonie de deuil d'une pureté extraordinaire. Voilà pourquoi je me sentais bien en faisant ma prière. C'était un drôle d'état : peur de la mort ordinaire et de la fureur de l'enfer. Je voulais crier, mais les larmes m'en ont empêché.

> « Hier soir je me consumais du chagrin de ton amour / Si mes larmes ne m'avaient pas aidé, j'aurai péri brûlé. »

Postface

Nous ne disposons plus des dernières pages du journal du martyr Sangtarâsh, mais sa mémoire et son doux souvenir sont encore dans les cœurs de compagnons de Komeyl. Le martyr de son ami Djamâlâbâdi avait profondément influencé Mortezâ. A chaque instant il pensait au martyre, qu'il lui fallait un jour rejoindre Djamâlâbâdi. Il est soudain parvenu à réaliser son vieux désir. Mortezâ Sangtarâsh est resté environ deux ans dans le bataillon Komeyl et a accédé soudainement à la faveur du martyre au cours des opérations Beyt ol-moqaddas II [39].

29 khordâd 66 [19 juin 1987]

Au nom de Dieu le Très-Haut. Hier ça allait vraiment mal. Ô cœur, que veux-tu de moi ? Il y a aussi une inconnue dans le cœur « moi je suis silencieux, lui se plaint et s'agite » [40]. J'ai ouvert un petit cahier contenant quelques prières et j'ai lu le ziyârat de *'âshurâ*. J'ai l'impression d'avoir vidé tout ce que j'avais dans mon cœur avec mes larmes. J'ai l'impression d'avoir des ailes. Comme je suis léger, Ô Dieu.

6 tir 66 [27 juin 1987]

Au nom de Dieu. J'ai été transféré au Centre opérationnel Souteh. Il se trouve au début de l'axe routier Souteh-Bastâm. Ce Centre est un des plus importants et des mieux équipés de l'axe où sont cantonnées les meilleures forces et les plus expérimentées. J'ai me suis informé auprès des frères des incidents et des combats qui étaient survenus ici. Quelques jours plus tôt deux boulangers étaient morts brûlés vifs. Un frère me dit :

> « Il était 11 heures du soir lorsque nous avons vu que l'abri de la boulangerie avait pis feu. L'entrée de l'abri était très étroite et était complètement en flammes. Avec beaucoup d'efforts nous sommes parvenus à les éteindre et a y entre, et à en sortir les corps brûlés des frères. Dans cette nuit glaciale, sous la neige, nous avons demandé une ambulance et nous avons transporté les corps à demi brûlés à Saqqez. A chaque moment on pouvait tomber dans une embuscade, mais grâce à Dieu, nous avons pu avancer et amener les frères à l'hôpital. Nos efforts sont restés vains, ils avaient été brûlés vifs et sont partis rencontre Dieu. »

Un autre accident à noter, la conquête du Centre [par les contre-révolutionnaires]. Du Centre Degâdegâ. Celui-ci se composait de deux parties : le Centre Degâdegâ du haut et le Centre Degâdegâ du bas. Ce Centre se situe en haut d'une montagne, à portée de vue du Centre de Souteh. Le frère expliqua :

> « Le Centre Degâdegâ du haut est tombé aux mains des contre-révolutionnaires à cause de la trahison du commandant. Les contre-révolutionnaires ont décapité la plupart des soldats. Ensuite ils s'en sont pris au Centre Degâdegâ du bas. Cette nuit-là il n'a avait dans ce Centre que 7 personnes. Ces sept personnes ont résisté avec héroïsme à des dizaines de contre-révolutionnaires, et grâce à leur courage ont réussi à préserver le Centre jusqu'au matin. »

Gloire aux valeureux hommes qui sont restés debout jusqu'à leur dernier souffle pour préserver le drapeau de l'Islam et le sol de la patrie, puis sont tom-

---

39. Ces opérations débutent le 15 janvier 1988, dans la région de Mâ'ut.
40. Hâfez : ghazal 26, 3ème éd. Khanlari, I, p. 68.

bés percés de coups... Les yeux baignés de larmes, je suis en train d'écrire cette histoire, à la lumière de la lanterne. Ô Dieu. Pour toi, advienne que pourra. C'est toi qui nous comprends, c'est toi qui nous sauve. Ô Dieu, celui qui t'a, qu'est ce qui lui manque, qu'est ce qu'il a comme souci ? Que celui qui T'oublie par négligence soit enveloppé de Ta grâce infinie. Que fait l'homme ? Pécher. Que fait Dieu ? Pardonner. Ô Dissimulateur des Vices, Ô celui qui pardonne, Ô tendre, Ô bienveillant, Ô bienfaiteur, Ô Glorieux et majestueux.

4 mordâd 66 [26 juillet 1987], Centre opérationnel de Souteh, Poste de guet

Au nom de Dieu, Clément et Miséricordieux. Ô Dieu. Nous sommes venus pour toi. Mon Dieu, toi dont l'océan infini de clémence est sans cesse animé, nous t'adjurons par le Temps de pardonner à tes serviteurs pécheurs. Pardonne-moi, j'ai honte. Je suis confus. Combien de pénitence, que j'ai finalement rompus. Je me souille de péchés à chaque instant. Qu'est ce que je fais sinon chercher des prétextes comme un enfant ? Qu'est ce que je fais sinon verser des larmes de repentir ? Il ne me reste ni pieds ni chemin pour fuir. Que peut faire un incapable qui s'est jeté lui-même dans un marécage. Que peut faire celui qui connaît le chemin du puit, mais s'y jette par négligence ? Que peut faire celui dont les yeux sont voilés par l'ignorance et s'approche du gouffre des enfers ? Que peut-il faire d'autre que dire : « J'ai honte, mon Seigneur... » Que peut-il faire puisqu'il n'a plus d'espoir en rien ? Que peut-il faire d'autre que dire : « Ô Celui qui vient en aide aux nécessiteux, à l'aide, à l'aide, à l'aide. »

4 mordâd 66 [26 juillet 1987], Centre opérationnel de Souteh, Poste de guet

Dans l'assemblée des fleurs

Moi je ne suis bougie pour mourir dans un coin solitaire, pour mourir immergé dans les vagues de mes larmes de sang / Je quitte ce désert brûlant avec la caravane du fleuve, pour aller mourir dans le grondement infini du bleu de la mer / L'esprit léger comme la rosée, j'aime au matin, mourir dans la chaude lumière du soleil qui embellit le monde / Je veux que la plaine se transforme en brasier d'amour et là, rendre l'âme dans la brûlure de l'union, mourir avec courage / Je veux être un rayon du soleil de demain, et mourir comme la lune errante et nocturne dans la muraille de l'ombre / Je suis venu avec la brise, main dans la main, de loin en loin, et pas à pas, mourir ici dans l'assemblée des fleurs.

LE PARADIS POUR TOI / LE SECRET DE L'ENVOL, Dâvud Amiriân

Dâvud Amiriân, *Behesht barâ-ye to* [Le paradis pour toi], Téhéran, Bureau de la Littérature et des Arts de la Résistance, Département des Arts de l'Organisation de la Propagande islamique, 1ère édition, 1370 (1991-92), 128 p. (Extraits traduits par E. Butel).

Dès que la guerre a commencé, j'ai voulu aller sur le front. J'avais peur que la guerre ne finisse avant que je n'y arrive. Est-ce que tu t'es jamais posé la question, mon pauvre garçon, de savoir ce que tu pourrais bien y faire, à la guerre, hein ? Lorsque j'ai entendu que Mohammad Hoseyn Fahmideh s'était lancé sous un tank, j'ai éclaté en sanglots. Il avait deux ans de plus que moi. Rien à faire : il fallait prendre son mal en patience.

Chaque fois que j'allais à la porte du Bureau de mobilisation, je me heurtais de front au gardien. Dès qu'il me voyait, le type se mettait à gueuler : « Gamin fous le camp ! Si tu te repointes ici, je t'expédie au diable ! » Ça tombait bien ! C'était justement ce que je voulais ; c'était clair que le diable vivait en Irak et moi je voulais partir me battre contre les Irakiens. Quand je le fixais droit dans les yeux, il tapait du pied et je me sauvais.

Comme moi, un des gars du quartier nommé Fariborz voulait partir pour le front. On s'est concerté mais on s'est aperçu qu'il valait mieux d'abord s'inscrire à *Basidj* du quartier, et partir sur le front après avoir acquis un peu d'expérience. Après s'être vraiment donné un mal de chien, nous avons trouvé un piston pour rentrer dans *Basidj* du quartier, mais vraiment on comptait pour du beurre. J'étais à peine plus haut que le fusil G3. Quand je le prenais, je devais mettre mes pieds de travers et j'avais les jambes qui flageolaient. Mon truc favori c'était d'aller à la gare causer avec les volontaires qui partaient pour le front.

Un an a passé. C'était en *safar* 1363 [novembre 1984]. Mon grand frère venait de partir sur le front, quand mes deux sœurs aînées en sont revenues. Elles avaient passé quelques mois sur l'arrière et puis elles étaient revenues. Mais j'étais resté planté en ville.

Un soir où je faisais semblant de dormir, mais où j'écoutais en vérité ma grande sœur raconter à ma mère comment elles avaient été envoyées sur le front, j'ai failli me lever d'un bond et faire des galipettes tellement j'étais content. J'avais trouvé le secret du départ pour le front. Tout en restant allongé, je me suis mis à pleurer de bonheur.

Le jour du deuil du Prophète, je me suis tiré dehors en disant que j'allais faire le deuil au *tekkiyeh*. Pour aller où ? A la mosquée de Lâleh Zâr, voir Hâdj Âqâ Kafâ'i. Je suis arrivé à la mosquée. Au milieu de la rue Lâleh Zâr. Devant la porte, il y avait un arc de triomphe au-dessus duquel on apercevait un dôme turquoise. J'ai fait mes ablutions et je suis rentré dans la mosquée. Les gens faisaient leur deuil. Je me suis assis dans un coin. Je regardais les vieux, pour essayer de reconnaître Hâdji. Je me disais : « C'est celui-là ? non... laisse tomber, ça lui ressemble pas... »

La cérémonie s'est achevée. Je me suis mis à discuter avec un jeune type, plus âgé que moi, vêtu d'un pantalon kaki, d'une chemise bleue, avec un *tchafieh* autour du cou. C'était un soldat qui revenait du front. Il avait dix-sept ans, et il était sur le front depuis l'âge de quatorze. Je lui ai demandé qui était Hâdji : « C'est celui-là ! Tu vois ? Celui qui est assis à côté de la chaire et qui égrène son chapelet. Ouais ! Pile à côté du mollah. C'est un sacré mec, mais il ne plaisante pas. Il faut que tu le prennes dans le bon sens. Attends, mange d'abord et une fois qu'on aura débarrassé, va le voir ! » Il y avait du *khoresh-e qeymeh.* Bien que je n'eusse pas pris mon petit déjeuner, je n'avais pas faim. Une heure après, je suis allé trouver Hâdji. Je l'ai salué. Il m'a regardé, m'a rendu mon salut. J'ai dit en bégayant, d'une voix tremblante :

- Hâdj Âqâ, excusez-moi, je voulais vous demander quelque chose.

- Je vous en prie, j'écoute.

- Bon, bien, euh... je voulais, je voulais savoir, si ça posait pas de problèmes, si vous pouvez m'envoyer sur le front. J'irai où vous voudrez. Je laverai le linge, je creuserai les tranchées, je laverai la vaisselle, vous avez juste qu'à m'envoyer, c'est tout !

- Tu es déjà allé sur le front ?

- Non j'y suis pas allé. Mais je me suis entraîné dans *Basidj* du quartier. C'est-à-dire que je connais les armes. Je pourrais les démonter et les remonter les yeux fermés.

- Comment tu sais que j'envoie des gens sur le front ?

- C'est ma sœur qui l'a dit. Ça fait quelques jours qu'elle est rentrée du front. Elle dit que sur le front y'a plein de garçons du même âge que moi. Je vous en prie Hâdj Âqâ, envoyez-moi sur le front...

- Tes parents sont d'accord pour te laisser partir sur le front ?

- Ouais ! Enfin oui. Çà c'est leur lettre d'autorisation.

J'ai alors donné à Hâdji la lettre d'autorisation que j'avais écrite de ma propre main et signée moi-même. Il m'a regardé dans les yeux. Son regard m'a percé jusqu'au plus profond.

- Bon, s'ils sont d'accord, viens demain pour qu'on t'envoie. Il est prévu que demain une camionnette pleine de matériel parte pour le front, avec quelques gars qui m'accompagnent et...

J'étais tellement content que je me suis levé sans dire au revoir et que j'ai couru dehors. J'avais des ailes, je volais. J'ai couru de Tupkhâneh à Djavâdiyeh. Je faisais n'importe quoi, je pleurais, je criais, et je me moquais des réprimandes des vieux grincheux. Le soir je me suis donné des airs sérieux dans la famille. Comme si j'étais devenu quelqu'un d'autre. Au chant du coq, j'ai fait mes adieux à la famille qui dormait encore et je suis parti.

Le petit sac dans lequel j'avais fourré quelques habits se balançait d'avant en arrière. La mosquée était complètement déserte. J'avais les larmes aux yeux.

J'ai eu beau cogner sur la porte, personne n'est venu ouvrir. Les gens allaient et venaient dans la rue, et les magasins étaient déjà ouverts. Après deux, trois heures, un jeune *basidji* est venu ouvrir la porte de la mosquée, puis s'est dirigé vers la bibliothèque. Je l'ai suivi.

- *Salâm 'alaykum*, frère. Pouvez vous me dire, s'il vous plaît quand vient Hâdj Âqâ Kafâ'i ?

- *Salâm 'alaykum*. Dans deux ou trois mois.

J'ai failli avoir une attaque. Je pleurais comme un veau.

- Pourquoi dans deux ou trois mois... mais il était pas prévu qu'il vienne aujourd'hui ?

- J'ai dit qu'il viendrait dans deux ou trois mois. Il est parti ce matin même pour le front, à six heures. Attends ! Tu voulais toi aussi partir pour le front ?

J'ai fait « Oui ! » de la tête, et je suis parti. J'ai pleuré autant que j'ai pu. C'était de ma faute. Je n'avais pas attendu que Hâdji finisse de parler. J'avais perdu une occasion en or. Et c'est en pleurant, qu'ainsi, j'ai traversé ma première épreuve amère.

Mon frère venait de rentrer du front. Il disait que sur le front on avait vraiment besoin de soldats et son commandant avait demandé à tous ceux qui le pouvaient de revenir avec deux ou trois personnes. J'allais exploser de joie. J'ai tellement insisté auprès de mes parents pour qu'ils persuadent mon frère de m'emmener, qu'ils ont accepté finalement et l'ont obligé à le faire. Mais lui n'acceptait pas : « Mais où est ce que je vais l'emmener, ce môme ? Mais qu'est ce qu'il est capable de faire ? Si mon commandant le voit, il va me faire foutre dehors. Ici c'est déjà une vrai catastrophe, alors qu'est ce que ça va donner là-bas ! »

En pleurant, en suppliant, j'ai fini par le convaincre. A partir de ce moment-là mon frère et les gens de ma famille en ont profité à fond pour m'exploiter, moi qui, même si on m'avait couru après avec un balai ne serais jamais sorti faire les courses ; je n'avais même jamais mis les pieds à la boulangerie, jamais vu de magasin, jamais fait la queue pour la viande, le fromage et le beurre. Maintenant en rentrant de l'école comme un bon garçon, après avoir déjeuné et fais mes devoirs, je prenais le panier à provisions et je courais chez le boulanger, l'épicier, le boucher, avec en main une liste qui avait l'air de se payer ma poire. Je lavais le linge, je faisais la vaisselle, je passais le balai et même, j'exécutais les ordres de mon frère qui m'ordonnait : « Debout, assis, couché, debout ! »

J'en avais vraiment ma claque. Mais bon ! Il fallait bien supporter, sinon, pas question de front ! Un jour que j'étais revenu des courses et m'étais adossé, épuisé, contre le mur, le cadre qui était pendu au-dessus de moi s'est décroché et m'est tombé sur le crâne. La douleur m'a transpercé les os. J'ai poussé un tel hurlement que notre chat gâté, arrogant et fainéant qui se prélassait contre le poêle n'a fait qu'un bond et s'est enfui. Au moment où j'allais commencer à pleurer mon frère a lancé : « Eh bien bravo ! Et c'est comme ça que tu veux aller sur le front ? Tu n'es vraiment pas à la hauteur. Si tu te chopes une balle ou un éclat d'obus, qu'est ce que tu feras alors, hein ? » J'ai rapidement oublié la douleur, retirant la main de dessus la bosse que j'avais sur la tête, et en lui décochant un sourire, j'ai remis en grande pompe le cadre à sa place.

La veille du départ, je suis allé faire mes adieux à la mosquée, comme les gars à la fin de leur permission ; je frimais ; j'ai fait mes adieux à tous les copains. Quelques gars de mon âge qui me regardaient avec envie, m'ont lancé pour me faire sortir de mes gonds :

- Ouais ! Il nous raconte des bobards ! Celui là, c'est à peine si on l'laisse rentrer à la mosquée ! C'est pas demain la veille qu'on va l'envoyer sur le front !

- Il veut retourner dans son village mais il ose pas dire qu'il est péquenaud !

- Ouais, il fait son ciné pour nous avoir !

J'en avais plus que marre. Je me suis contrôlé et en fixant leurs gueules de cons je leur ai lancé :

- Vous voyez bien que j'étais cap !

J'étais tellement excité que je n'ai pas fermé l'œil de la nuit. Je me retournais dans mon lit en ne quittant pas des yeux le sac de mon frère qui était à ma tête, et que je tenais par la poignée. Je pensais au front. Aux opérations...

... Les tirs, les obus, pleuvaient de tous les côtés, les Irakiens s'avançaient vers nous. J'ai calé mon arme sur tir automatique et j'ai tiré. Mais j'avais beau tirer, aucun d'entre eux ne mourait. J'étais sur le point de m'enfuir, quand un Irakien balèze a surgi devant moi, un sourire ignoble figé sur le visage. Avec les yeux exorbités et le ventre en avant, il a braqué son fusil vers moi et a tiré, tandis que je me débattais en hurlant : « Non ! Ne me tue pas ! Non ! ... »

Je me suis réveillé en sursaut. Ma mère était assise à mon chevet. J'ai essuyé la sueur qui me trempait le front d'un revers de manche. Tout d'un coup, j'ai pensé à mon frère. Plus de sac, plus de frère. J'ai tout compris. J'ai tellement pleuré que ma mère m'a pris en pitié. Pendant trois jours, je n'ai parlé à personne à la maison. Soit je pleurais, soit je m'asseyais dans un coin et je regardais dans le vide. Le quatrième jour, ma mère a fondu en larmes à force de me voir pleurer : « Pourquoi n'arrêtes-tu pas de pleurer ? C'est moi qui ai dit à ton frère de ne pas t'emmener. C'est encore trop tôt pour toi. Attend encore un ou deux ans avant de partir. Tu dois d'abord aller à l'école ! Quand ton frère sera de retour, alors tu partiras. Arrête de me fendre le cœur avec tes jérémiades ! » J'ai embrassé le tendre visage de ma mère et j'ai mis fin à ma grève de trois jours en mangeant une assiette de riz et de *khoresh.*

Quelques jours après, j'allais voir mon frère à l'hôpital ! Il avait pris une balle dans la jambe. Quand je suis rentré dans sa chambre, il a rendu mon salut sans oser me regarder en face. J'ai dit avec un rire ironique : « C'est bien fait pour ta gueule ! T'as vu un peu comment ça c'est passé ? T'avais qu'à pas te foutre de moi ! Quand Dieu punit, tu ne le vois pas venir mais c'est sans remède ! » J'étais en train de faire mon discours avec une ferveur exemplaire lorsque le hurlement d'un *mowdji* m'a fait détaler : « Les Irakiens arrivent ! Où est mon R.P.G. ? Les laissez pas partir ! Mais où est mon flingue ? »

Dans le quartier je m'étais fait deux bons amis : Seyyed Amir Seyyedzâdeh et Khalil 'Azimi. C'était en *âzar* 64 [novembre décembre 1985]. Je revenais de bon matin de la boulangerie lorsque je les ai rencontrés qui partaient le sac sur l'épaule. Je suis allé vers eux. De la vapeur s'élevait du pain *barbari* que j'avais entre les mains. Je leur ai dit :

- Salut, vous allez où comme ça ?

Khalil et Seyyed Amir ont répondu d'une seule voix :

- Au front !

- Quoi ? Au front ?

- Ouais ! Avec ta permission. Bon accorde-nous ton pardon. Si on t'a fait du bien, c'était par erreur, si on t'a fait du mal, c'est bien fait pour ta gueule.

J'étais effondré. J'ai posé les pains sur le capot d'une voiture et j'ai pris Khalil par le bras :

- Eh tricheur ! Comment t'as fait pour être envoyé sur le front ? toi qu'as le même âge que moi ? Je te lâcherais pas tant que tu m'auras pas dit comment tu t'es inscrit. Je peux même aller vous dénoncer. Alors tu le dis ou pas ?

- Bon mec ! Y'a des solutions ; des moyens ; c'est pas complètement à l'œil. Ecoute ! nous on est un peu en retard. On va pas nous envoyer tout de suite sur le front. Maintenant on va à la caserne, pour les classes, et c'est après qu'on ira sur le front. Dans une semaine, quand je reviendrais en perm, je te raconterai tout, d'accord ?

Heureux, Khalil et Seyyed Amir partirent avec la première caravane de Karbalâ et moi je suis resté, malheureux et dépité, avec mes *barbari* refroidis.

Cette semaine-là m'a paru aussi longue qu'une année. Une semaine après, Khalil et Seyyed Amir sont revenus, le visage fatigué, mais heureux. Ils avaient fait leur classe dans la caserne de la 21e armée Hamzeh. Le soir même à la mosquée, Khalil m'a dévoilé le secret du départ pour le front ou, comme nous disions, Le Grand Secret : « Ça reste entre nous. Moi je l'ai entendu et appris de quelqu'un d'autre, mon cousin Mohsen Gholâmi. Donc ! En premier tu fais une photocopie de ton livret d'identité. Tu te trouves une lame de rasoir. Tu fais bien gaffe évidemment de pas te couper la main ! Tu grattes ensuite ta date de naissance, tout doucement, en faisant bien attention, les chiffres comme les lettres, jusqu'à ce qu'elle s'efface, puis tu la réécris dans le même style, mais en te vieillissant de deux ans. Tu en fais une photocopie et tu vas au bureau d'enrôlement. Tu te débrouilles pour le reste. »

De joie, j'ai peut-être embrassé dix ou vingt fois le visage souriant de Khalil. La nuit-même, je me suis attaqué à la photocopie de mon livret d'identité à la lame de rasoir. J'ai rectifié à la main ma date de naissance avec cette même écriture que critiquait sans cesse l'instituteur de mon école. Au matin, après avoir fait mes ablutions, je suis parti au bureau d'enrôlement Abu Zar. De la place du Chemin de fer jusqu'au carrefour de Khâniâbâd où se situait le bureau en question, j'ai récité tout ce que je savais de prières, de versets coraniques en soufflant sur moi pour éloigner les démons.

Je suis arrivé au Centre. Le gardien était occupé avec quelqu'un d'autre, et je me suis faufilé à travers la foule. Je tremblais de la tête aux pieds. Je n'y pouvais rien. J'en avais des sueurs froides. J'ai grimpé les escaliers, la peur au ventre ; au deuxième étage, j'ai tourné à droite vers le bureau des inscriptions. J'ai frappé à la porte, et suis entré. Un jeune homme, vêtu d'une chemise noire, était derrière le bureau, en train d'écrire quelque chose sur une feuille de papier. Il a levé la tête en me jetant un coup d'œil :

- *Salâm 'aleykum* !

- *'Aleykum os-salâm* ! Je vous en prie.

- Je voudrais remplir une demande, pour l'engagement.

- Tu es né en quelle année ?

- 48 ! ... je suis né en 1348 [1969] !

Il m'a regardé avec un air surpris de la tête aux pieds et m'a dit d'un drôle de ton :

- Tu veux dire que tu as seize ans, c'est çà ? Ecoute mon gars ! Est-ce que tu me prends pour un idiot ? Chaque jour cent personnes comme toi viennent ici en essayant de nous faire marcher. Mais sache que nous avons assez d'expérience pour savoir quel âge tu as, si tu dis la vérité ou si tu mens !

Je suis resté pétrifié.

- Enfin ! Je te dis que j'ai seize ans ! Pourquoi est-ce que vous me croyez pas ? Voilà la photocopie de mon livret d'identité ! Tenez !

- Donne-moi aussi le livret de tes parents.

- Mon père est en mission et il est parti avec mon livret et celui de ma mère.

- Ecoute ! J'ai pas le temps. J'ai beaucoup de travail. Fous-moi la paix !

J'avais beau insister autant que je le pouvais, cela restait sans effet. Je ne sais pas comment ça c'est fait, je suis sorti de mes gonds et j'ai crié en pleurant :

- Frère ! C'est ça que tu veux ? Que je devienne *punk*, que je me fasse voyou ou voleur ! Bon Dieu, si tu ne me laisses pas partir pour le front, je vais devenir voyou ou voleur. Après ça, dans l'autre monde, j'irai trouver l'Imam Hoseyn et je porterai plainte contre toi, et je dirais que c'est toi qui ne m'as pas permis d'accéder à la grâce du *djahâd* et du martyre, etc.

Je n'ai pas compris moi-même d'où j'avais tiré tout ça. Mais quoiqu'il en soit, ça a marché. Tandis qu'il avait les larmes aux yeux il m'a tendu un formulaire en disant :

- Allez ! Lâche-moi ! Laisse tomber !

J'ai pris la feuille au vol, je l'ai remplie à toute vitesse et j'ai demandé :

- Bon, il faut aller où maintenant ?

- Du calme, du calme. Y'a pas le feu. Tu dois passer l'entretien et après, si tu es accepté, tu seras incorporé.

J'ai compris que notre entretien, des questions sur des points de religion et de politique, tomberait trois jours plus tard.

Le type m'a sérieusement cuisiné. Il a posé des questions sur Dieu, sur le Prophète, sur les Imams et la prière. Arrivé aux questions de politique :

- Ce fils de [pute] de Reagan est le président de quel bordel de pays ? Les communistes ressemblent à quoi ? Les *modjâhedin* font partie de quelle famille d'hyènes et de vautours ? Quel est le nom du président de l'Angola ?

Je me suis planté sur la dernière question.

- Qui est Sheykh Halabi ?

Je ne savais pas quoi répondre. Je me suis dit :

- Merde ! Qu'est ce que je vais dire ? A son nom il doit travailler dans le bazar des dinandiers ou au marché de Seyyed Esmâ'il. Et si c'était pas ça ?

Alors là, j'ai compris :

- C'est le chef de l'Afghanistan !

Le type est d'abord resté bouche bée, les yeux ronds. Il a jeté un œil sur mon visage ruisselant de sueur et puis a éclaté de rire, avec tous ceux qui étaient là pour l'entretien. Après s'en être payé une bonne tranche, il m'a dit :

- Toi, t'es vraiment rigolo ! Ce mec est le leader de l'Association des *hodjatiyeh*, ceux qui croient que le monde doit être totalement corrompu et pourri pour que l'Imam du Temps revienne. Bon ! Ce n'est pas un problème. T'es accepté !

Le cœur joyeux, j'ai rempli plusieurs formulaires. J'ai su le jour du départ : le 20 *farvardin*. Au moment où j'allais partir, le responsable des inscriptions a regardé la photocopie de mon livret d'identité d'un air soupçonneux, en disant :

- Frère Amiriân ! Vous ne trouvez pas que l'écriture de votre photocopie laisse un peu à désirer ?

Sans rien répondre, j'ai filé dehors, en entendant derrière moi de grands éclats de rire.

Ma mère a pris sur elle et s'est donné beaucoup de la peine pour ne pas pleurer devant moi. On a jeté de l'eau derrière moi. C'était un adieu à la maison, le départ pour le front.[41] J'ai embrassé le Coran, et je suis parti.

---

41. J'ai appris par la suite cette méthode [falsification de la photocopie de la carte d'identité pour se vieillir et pouvoir partir sur le front] à plusieurs personnes : parmi elles Seyyed Mehdi Miri, né en 1354. En 67 il avait treize ans. Sur mes indications, il a falsifié la photocopie et est parti pour le front. Khalil 'Azimi, âgé de seize ans, s'est lancé courageusement à l'attaque dans les ténèbres de la nuit du 11 bahman 1365 et n'est pas revenu. Comme Mohammad Rezâ Keshâvarz, né en 1352. En 67, âgé de quinze ans, il a bu à Shalamtcheh le doux sirop du martyre. Comme Sa'id Gholâmi, qui s'est enfui vers le front à quinze ans avec Mohammad Rezâ Keshâvarz et a accédé au martyre à l'âge de 19 ans.

80 JOURS DE RÉSISTANCE, Sa'id Tâdjik

Sa'id Tâdjik, *Hashtâd ruz moqâvemat* [Quatre-vingt jours de résistance], Téhéran, Bureau de la Littérature et des Arts de la Résistance, Département des Arts de l'Organisation de la Propagande islamique, 1ère édition, 1373 (1994-95), 121 p. (Extraits traduits pour l'IFRI par Y. Momtaz).

Quelques jours plus tard, le bataillon reçut une nouvelle mission : partir à Fâv. Nous devions nous poster dans une tranchée, qui, militairement parlant, jouissait d'une situation particulière. Cette fois, le bataillon Seyyed osh-Shohadâ constitua l'avant-garde, tandis que le bataillon Ruhollâh demeurait en réserve. Quant à moi, je devins le responsable du ravitaillement des gars pour la zone. Hâdj Âqâ Ruhollâh vint aussi au ravitaillement du bataillon.

Il était environ 2h30 lorsque nous arrivâmes aux baraquements. Nous n'y restâmes pas longtemps et, peu de temps après, nous partîmes pour Fâv. Il était prévu que le bataillon Shahid Beheshti soit cantonné à l'arrière de la ligne de front. La tranchée où nous devions prendre position était d'une longueur d'environ 350 mètres. La distance du remblai à la tranchée était de quelque 350 mètres dont nous devions franchir quelques 50 mètres en courant sans aucune protection. La profondeur de la tranchée allait d'un demi-mètre à un mètre et demi. Elle était par endroits extrêmement friable et poudreuse. A 300 mètres derrière nous, se trouvait également un remblai derrière lequel les gars du bataillon Shahâdat avait pris position.

Tous les gars prirent position à la base de lancement de missiles. A la tombée de la nuit, plusieurs Khashâyâr, chargés de transporter les gars jusqu'à la ligne, arrivèrent. Les combattants du bataillon Shahid Beheshti y montèrent. Ces Khashâyâr nous emmenaient de l'autre côté puis ramenaient les gars du bataillon précédent vers l'arrière. Le bataillon Shahid Beheshti étant parti, notre tour arriva.

L'unité de Qâsem Khâni devait d'abord se rendre à la tranchée, les deux autres restant en réserve. Outre l'unité cantonnée dans la tranchée, une autre s'y rendait la nuit par prudence et se repliait avant l'aube. Il en était ainsi chaque soir, et chaque unité passait trois jours dans la tranchée avant d'être remplacée par une autre. Quant à l'importance de cette tranchée, il suffit de savoir que sa perte équivalait pour nous à la chute de la route Om ol-Qasr-Fâv. L'ennemi ignorait d'ailleurs totalement son existence.

Nous sommes donc montés dans les Khashâyâr. Devant, le feu était particulièrement nourri. Le fait de transporter les gars dans des véhicules blindés les protégeait des éclats. Ceci était une grande chance ! Mais le vacarme qu'ils faisaient était tel qu'à l'intérieur on ne s'entendait pas. Sa'id Hosni, Rahim, Samad et moi parlions très fort et riions. Nous étions complètement inconscients ! De l'intérieur du véhicule, on ne pouvait rien distinguer. Il n'y avait que le bruit du Khashâyâr et rien d'autre. Nous pûmes cependant regarder à l'extérieur par trois petits trous ronds qui avaient été faits dans la carrosserie. Après avoir dépassé la saline, nous pouvions voir les éclairs accompagnant l'explosion des obus ainsi que les canons ennemis.

Arrivés au lieu prévu, Madjid nous donna l'ordre de descendre et de nous mettre contre le remblai pour éviter balles et éclats. L'ennemi tenait la zone sous un feu puissant. A même le sol, près de l'ambulance, les corps d'un ou deux martyrs du bataillon précédent attendaient d'être évacués vers l'arrière. Madjid dit à Qâsem de prendre ses hommes et de dévaler le remblai vers la tranchée.

Qâsem partit en tête et nous derrière lui. Nous grimpâmes sur le remblai, avant de courir à toute vitesse vers la tranchée. Nous devions ensuite traverser une sorte de marécage sur des ponts flottants. Mahmud Sâne'i, qui avait une patte folle, se joignit à nous. Il courait derrière les gars en boitant. Les gars se tinrent à l'entrée de la tranchée, puis se mirent en route en direction des forces du bataillon précédent. Après avoir franchi 50 mètres, nous arrivâmes au premier poste.

Nous saluâmes chaleureusement les soldats, et certains s'embrassèrent. Le responsable de leur peloton nous éclaira sur la zone, et dit : « Les Irakiens sont à environ 300 mètres de nous. Vous devez être très vigilants ! De cette même tranchée, voici quelques soirs, nous avons tué 250 hommes de la Garde présidentielle. Grâce à Dieu, ils n'ont pas encore découvert l'existence de cette tranchée. Vous devez veiller à ce que les Irakiens ne se doutent pas de votre présence ; sinon, ils vous tueront tous avec des balles à retardement. » Madjid me confia la responsabilité de la tête de tranchée ; j'avais carte blanche. Il me dit de m'adresser à Qâsem si j'avais besoin d'hommes. Ensuite, avec quelques autres, il alla à l'autre bout de la tranchée – qui aboutissait aux marais du Khor-'Abdollâh. Avec un fusil Grinov, un Siminov, une radio, une lunette à infrarouge spéciale pour voir de nuit et une équipe, je devais assurer la protection de l'aile droite de la tranchée. Le premier soir a été très difficile, car je ne connaissais pas la partie antérieure ni la tranchée. Nous étions de garde à tour de rôle jusqu'au matin.

Là-bas, nous n'avions d'eau ni pour les toilettes ni pour nos ablutions, car pourvoir la tranchée en eau aurait été fastidieux. Les gars se nettoyaient avec des chiffons, des mouchoirs en papier, et, parfois, avec de la terre. La première nuit passée dans la tranchée nous a rappelé tout ce que nous avions pu lire à propos de la première nuit dans la tombe. L'endroit était si exigu que deux personnes ne pouvaient d'aucune façon s'y croiser. Il devint aussi évident qu'une personne seule ne pouvait y dormir à l'aise. A l'intérieur du poste qui se trouvait à proximité, il y avait quelques conserves, des fruits au sirop, du pain sec et une sorte de pain à l'aspect de biscuit, le tout laissé pour nous par le bataillon précédent ; mais cela n'était pas suffisant. C'est pourquoi, le lendemain, je demandai à l'arrière des fruits en conserves, de l'eau, des conserves et d'autres choses. L'Irak avait fait de notre ligne un enfer et attaquait furieusement ; mais, grâce à Dieu, aucune de ces balles qui s'écrasaient sur le sol ne réussit à nous prendre un martyr.

Le jour se levait lentement. Les hommes firent leurs ablutions avec de la terre puis leur prière. Il commençait à faire chaud. C'était approximativement un mois après les fêtes du nouvel an.[42]

Chaque matin, je parcourai la tranchée pour distribuer leur ration aux soldats : je donnais à chacun deux boîtes de fruits au sirop, deux conserves de poisson et un peu de pain. En même temps, je leur remettais leur ration du déjeuner et du dîner, afin de réduire les allées et venues dans la tranchée. Avec au cœur, l'amour de l'Imam et l'esprit paisible, les soldats passaient des jours entiers dans cette tranchée poussiéreuse et humide sous un soleil de plomb.

Un jour, après avoir distribué les rations des gars, je me dirigeais vers mon poste, lorsque, à mi-chemin, je vis ʻAli Ossâli et Rezâ Soleymâni occupés à ranger leurs affaires. Je plaisantai un peu avec ʻAli : « ʻAli ! la ligne est-elle bonne ou non ? » Il répondit qu'elle était extraordinaire, puis rit et me pinça la joue. C'était son habitude de me pincer la joue avec une légère torsion.

Un jour, dans la tranchée, je me mis à chanter très fort une chansonnette :

> « Celui qui a envie d'aller à Karbalâ, qu'il vienne au nom de Dieu
> Celui qui veut nous accompagner, qu'il vienne au nom de Dieu »

Tous les gars criaient ! « Bravo Tâdjik ! Chante ! » Puis je me mis à braire plus fort encore ! si fort que les gars du bataillon Shahid Beheshti, qui se trouvaient à environ 200 ou 300 mètres de distance, m'entendirent et crièrent : « Tâdjik, crie donc encore un peu plus fort ! » Tous les gars se mirent à rire. Avec la voix que je prenais, les Irakiens étaient affolés comme des mouches et tiraient dans ma direction. Lorsque j'eus compris que les Irakiens y étaient si sensibles à cette voix, je me mis à braire encore plus fort !

Un jour, je suis allé voir Madjid et lui dis que j'avais envie de rendre fou les Irakiens en les narguant. Madjid, d'abord, n'était pas d'accord, mais quand il vit qu'il ne pouvait pas me convaincre, il me dit « Fais ce que tu veux, mais attention à toi ! Nous n'avons qu'un seul Saʻid Tâdjik. Si tu deviens martyr, nous n'aurons plus personne pour nous imiter des marches militaires et pour braire. » Je le quittai en rigolant. J'enjambai la tranchée puis me dirigeai du côté des Irakiens, postés à environ 300 mètres de là, et commençai à leur faire des grimaces et des mimiques tout en courant. Tous les gars riaient, mais d'un côté ils craignaient qu'ils me touchent. Les Irakiens ne tardèrent pas à me repérer et à tirer dans ma direction au Siminov. Je les avais vraiment rendus fous.

42. Nous avions passé le jour de l'an à la base de missiles. Les 7 « mets » traditionnels de notre table dont le nom commence par un « s » étaient : *sonbeh-ye kalâch* (élément de fusil Kalachinkov), *Sarneyzeh* (baïonnette), *Sâtchmeh-ye min* (plomb à mine), *Sim-e khârdâr* (fil de fer barbelé), *Sim-e telefon* (fil de téléphone), *Sonbeh-ye khompâreh* (écouvillon d'obusier), et *Simtchin* (tenailles à barbelés). A l'instant du passage à la nouvelle année, Hâdji Bakhshi vint à la base et remit à chacun des gars un billet de 10 tomans béni de la main du saint Imam.

Pendant un bon quart d'heure, je me suis bien moqué d'eux ! Puis, je me mis à hurler dans leur direction : « Eh, les Irakiens ! » et d'autres choses encore en mauvais arabe. Aussitôt, ils tirèrent dans ma direction au Siminov et avec d'autres armes. Je sautai alors précipitamment à l'intérieur de la tranchée.

A midi, après avoir fait nos ablutions avec du sable, nous fîmes en bottines la prière dans le fortin, puis, sous le soleil, nous nous étendîmes dans la tranchée. Sâdeq Sadiqi était couché dans la tranchée un mètre plus loin, tandis que Samadniyâ s'était fabriqué un parasol avec une couverture. Sâdeq en avait plus qu'assez de la chaleur et du soleil et ne cessait de gémir : « Je n'en peux plus ! » Les mouches le harcelaient, se posant sur lui et bourdonnant à son oreille. Avec son charmant accent de Firuzkuh, Sâdeq leur lançait : « Fichez-moi le camp ! Vous me prenez pour de la barbe à papa ou quoi !? » Avec sa chemise Samad se mettait alors à chasser les mouches et nous amusait à tel point que nous étions morts de rire. Sâdeq nous faisait passer des journées épatantes. Ainsi s'amoncelaient les souvenirs.

Le soir venu, après les ablutions et la prière, nous nous préparions à la garde de nuit. Chaque soir, nous placions les gars à tour de rôle à l'intérieur de deux postes de garde. Une unité de réserve venait aussi à la tranchée. La nuit tombée, Saʿid Hosni tirait au lance-grenades 40 mm en direction des postes de guet de l'ennemi. Parfois, il m'arrivait de chanter et briser ainsi le silence de la nuit. D'autres fois encore, quand je trouvais la zone trop silencieuse, je me mettais à braire ! Comme toujours, les Irakiens manifestaient leur allergie en tirant dans ma direction.

Chaque soir, je scrutais et examinais la zone avec ma longue-vue spéciale pour voir de nuit. Je pouvais parfaitement voir tout être animé en mouvement dans l'espace de 300 mètres qui nous séparait des Irakiens. Toutefois, la portée de ma longue-vue était bien modeste par rapport à eux qui disposaient d'instruments de 25 km de portée permettant de voir aussi bien qu'en plein jour.

Deux ou trois jours passèrent. La première unité regagna ses arrières, mais Samad et Sâdeq restèrent avec moi. Il leur arrivait seulement de temps à autre de retourner en arrière pour rendre compte et se délasser. Râsekh remplaça Madjid, qui partit également. Tous les gars de l'unité de Qâsem Khâni étaient partis et se trouvaient remplacés par ceux de l'unité de Esbâti. Ce soir-là, comme d'habitude, je chantai pour les gars, puis, j'interpellai bien haut les Irakiens, leur disant des bêtises, ce qui les rendait fous furieux !

Il faisait entre chien et loup lorsque je pénétrai à l'intérieur du poste de ravitaillement pour y prendre des conserves et des fruits en boîtes. A peine sorti du poste, j'entendis un terrible grondement de tonnerre qui me fit automatiquement bondir à l'intérieur de la tranchée. Lorsque je me relevai, en un instant mon regard se porta vers le ciel où je pus voir 2 chasseurs bombardiers F 5. Mettant en œuvre une tactique exceptionnelle, ils lâchaient leurs bombes en direction de l'ennemi, exactement au-dessus de nos têtes. Après qu'ils aient eu déversé leurs bombes sur les nids d'agression de l'ennemi et opéré leur virage vers le Golfe Persique, les Irakiens réalisèrent alors ce qui se passait ! Je dis « Dieu est grand ! » et réveillai Samad. Quelque 10 secondes s'écoulèrent avant que les projectiles n'atteignent leurs cibles. L'un toucha la plate-forme d'un tank et l'autre un dépôt de munitions irakien, dont la terrible explosion secoua toute la zone. L'ensemble des batteries anti-aériennes irakiennes eurent beau viser le ciel, les oiseaux avaient regagné leur nid. De joie, je me précipitai derrière mon arme pour tirer. Puis, heureux, je hissai sur mes épaules le sac de conserves et les distribuai aux gars.

Ce soir-là, Rahim n'était pas allé à l'arrière. Il faisait partie des hommes intrépides de notre bataillon. Son frère, qui combattait au sein du bataillon Ansar, était tombé martyr le cinquième soir des opérations ; son corps gisait au bord de la route, près des tanks irakiens. Rahim était resté dans l'espoir, s'il en trouvait l'occasion, de pouvoir ramener le corps de son frère vers l'arrière. Non seulement il n'y réussit pas, mais lui-même fut tué le lendemain par les tirs directs de l'artillerie ennemie. Le souffle de l'explosion le projeta à environ 15 mètres à l'extérieur de la tranchée et lui sectionna une jambe et un bras. Mon profond attachement à Rahim me fit perdre tout contrôle, et moi qui, dans de telles circonstances, m'efforçais de remonter le moral des gars, éclatai en sanglots.

Si les gars apprenaient cette nouvelle, ils perdraient le moral. C'est pourquoi, après avoir essuyé mes larmes, je pris une poignée de terre et m'en barbouillai le visage, afin qu'ils ne remarquent pas que j'avais pleuré. Dès que je m'approchai d'eux, je commençai à pousser mes braiments habituels ! ils s'exclamèrent : « Dieu soit loué, Rahim n'est pas martyr ! » mais dans mon for intérieur, j'étais en train de me consumer. En chantant et imitant le braiment de l'âne, j'égayais les gars. De retour à mon poste, Samad me demanda : « C'est vrai ? » Je lui répondis affirmativement en pleurant et lui demandant de n'en parler à personne.

Râsekh, au moyen du téléphone sans fil, avait annoncé la nouvelle du martyre de Rahim à Madjid. Le même soir, ce dernier vint à l'avant avec l'unité de réserve et, à 9 heures du soir, Qâsem Khâni et deux autres soldats emmenèrent Rahim à l'arrière, sans que les autres se rendissent compte de rien.

En raison de l'exiguïté de la tranchée, quelques-uns des gars s'étaient installés dans des cavités creusées par des impacts d'obus. Vers 10 heures du soir, l'Irak déclencha un feu violent. Au même moment, nous comprîmes que Kâhedi et Musavi étaient martyrs. Je me tenais derrière ma mitrailleuse en train de scruter la zone à l'aide de ma longue vue pour m'assurer que les Irakiens, couverts par le feu, n'avaient pas avancé, lorsque mon regard tomba sur deux corps immaculés, placés comme des fleurs sur des brancards. Ils n'avaient pas de tête. Un éclat d'obus leur avait à tous deux sectionné le cou. En voyant cette scène, je me mis à pleurer derrière mon arme en murmurant : « Mon Dieu, si tu me juges digne du martyre, fais-moi la grâce d'un tel martyre ! »

A l'aube, j'étais occupé à détacher la mitrailleuse de son trépied, lorsque mon regard tomba soudain sur deux Irakiens. J'enlevai aussitôt l'arme de son cran de sûreté et commençai à tirer dans leur direction. Le bruit réveilla tous les gars. Je dis à Samad de téléphoner à Madjid pour lui dire que deux Irakiens s'étaient avancés à 100 mètres de nous. Madjid donna aussitôt la nouvelle à Hâdj Rezâ Rastvâreh à l'état-major. Ce dernier souligna qu'il fallait, si possible, les prendre vivants mais qu'il fallait les tuer s'ils tentaient de fuir.

Je me levai, et criai en arabe :

- Eh, frères, venez ! Haut les mains !

De loin, les Irakiens crièrent :

- Nous demandons l'asile à Khomeyni !

Je répétai :

- Haut les mains, venez !

Mais il semblait qu'ils ne voulussent rien entendre ; courbés en deux, ils fuyaient vers l'arrière. Vite, je pris mon Siminov et en touchai un. Celui-ci tomba dans une excavation en hurlant. Sa'id Hosni arriva avec son lance-grenade. Je lui dis que, dès que le deuxième Irakien sortirait, de le frapper à la tête. Sa'id chargea son arme et lança une grenade en direction des Irakiens. L'un d'eux s'écroula mort, tandis que l'autre hurlait. Avec la T.S.F., je demandai aux gars du bataillon Shahâdat de bien vouloir arroser d'obus 60 le terrain s'étendant devant nous afin que le deuxième Irakien ne puisse pas se replier sain et sauf. Ce terrain étant complètement miné, nous ne pouvions en effet pas nous approcher des Irakiens qui s'y trouvaient. C'est pourquoi nous les abandonnâmes à leur sort et ne nous en occupâmes plus. Mais, bien sûr, toutes les demi-heures, nous nous levions pour inspecter l'horizon. Pas d'Irakiens en vue.

Le matin, comme d'habitude, je distribuai la ration des gars et dormis dans la tranchée. Lorsque je me levai, il était 10 h 30. Il y avait tellement de mouches que leur bourdonnement ne vous laissait pas roupiller quelques minutes. On vint nous annoncer que Qâsem Mahdavi et Kordbatcheh étaient tombés martyrs, ce qui m'attrista une fois de plus profondément. Je me dis : « Les gars partent les uns après les autres. Mon Dieu, pense aussi à moi ! »

Le soir, après avoir fait la prière et dîné, Madjid appela pour me demander de vite préparer la mitrailleuse. Il disait : « Nous allons faire un feu d'artifice ». Le message de Madjid une fois terminé, les gars de l'unité de réserve franchirent le remblai et dévalèrent la pente menant à la tranchée. Parmi eux, se trouvait Hamid Akhavân, qui, après force lamentations et supplications, avait obtenu de Hâdj Âqâ Nosrat l'autorisation de venir à la tranchée. J'aimais beaucoup ce garçon. Nous nous embrassâmes. Vraiment, je le jure, Hamid avait ce soir-là un visage incroyablement lumineux ! Je le lui dis, non pas pour plaisanter, mais au contraire très sérieusement. Très modestement, il répondit :

- Ne t'y méprends pas mon vieux, la recette de cette luminosité, c'est le gant de toilette !

Puis, il ajouta :

- Maintenant, dis-moi ce que je dois faire !

- D'ici quelques instants, il est prévu quelque chose dans la zone. Avec un ou deux gars des pièces détachées, allez vous poster à 50 mètres d'ici. Lorsque le feu d'artifice commencera, vous aussi tirez vers les Irakiens.

Tous les gars, prêts et dans l'attente des ordres, étaient installés à leurs postes. Je plaçai un sac plein de balles de mitrailleuse dans la tranchée et dis à Samad : « Pendant que je tire, remplissez vite le chargeur. » Quelques minutes plus tard, la sonnerie du « téléphone crapaud » retentit. Madjid lançait l'ordre de commencer. Il s'agissait d'une guerre psychologique que nous faisions subir à l'ennemi dans le but de l'embrouiller et de lui saper le moral. Connue sous le nom de guerre des T.S.F., elle consistait en ceci : en utilisant la radio, le quartier général se mettait à les bluffer en s'adressant à l'ensemble des unités et bataillons, ordonnant que tel bataillon attaque immédiatement telle aile ennemie, que telle division lance une offensive à tel endroit, etc. L'ennemi, aux écoutes, se trouvait désorienté et complètement désorganisé.

Ce soir-là, toute la ligne n'était que feu. En cinq minutes, les Irakiens avaient fait de la zone un enfer. Cependant, nous ne tirions pas moins qu'eux ! J'avais tellement fait marcher ma mitrailleuse que son canon était chauffé à blanc et se voyait dans l'obscurité à plusieurs mètres. J'étais occupé à tirer lorsqu'une balle frôla le sac qui se trouvait devant moi et toucha ma main. Je me mis à hurler « Aïe, ma main ! » mais sans interrompre mes tirs. Soudain, un des gars cria : « Tâdjik, je brûle ! » J'abandonnai ma mitrailleuse et courus dans sa direction et vis Hamid tombé martyr. Hâdji Shahâmi avait le corps comme une passoire et les corps de deux autres gars étaient remplis d'éclats de toutes tailles. L'un d'eux, dont la jambe était en bouillie, ne cessait de répéter : « Cher Tâdjik ! mes jambes ont été sectionnées ! » Je répondais « Mais non, tes jambes sont là ! » Et, tirant ses jambes repliées sous son corps, il hurla et perdit connaissance. Je fis tout ce qui était en mon pouvoir pour le ranimer, mais n'y réussis pas. Au moment où je soulevais ses jambes pour les attacher aux attelles, il reprit conscience. Après avoir évacué ces deux hommes à l'arrière, je me rendis auprès des corps d'Akhavân et de Shahâmi. Le premier avait reçu un éclat au cœur, un à la tête, et un troisième au cou, qui tous les trois l'avaient traversé de part en part. Lorsque je mis la dépouille de Hamid Akhavân sur mes épaules, sang et cervelle coulèrent de sa tête sur ma poitrine et imprégnèrent jusqu'à l'intérieur de mes chaussures, si bien que tout mon corps se trouva rougi du sang de Hamid. Nous partîmes ensuite nous occuper du martyr Shahâmi. Son corps réduit en bouillie était semblable à un sac de jute rempli d'os brisés ; il faisait du bruit. On percevait sans mal le bruit de ses os fracassés. Je le pris par les épaules pour le tirer sur le brancard ; ma main droite s'enfonça alors dans son thorax et se bloqua entre ses côtes. Moyennant des efforts surhumains, je réussis à la retirer. L'intérieur de son corps était encore chaud. Après avoir retiré ma main, je le mis sur le brancard afin que les gars l'évacuent vers l'arrière.

Tous les gars, durant les six jours que nous passâmes dans la tranchée, étaient allés à l'arrière pour se laver, sauf moi. Tous, et particulièrement Madjid et Râsekh, insistaient pour que j'y aille aussi. Mais si je partais, je pensais qu'il n'y aurait personne pour faire le travail. Avec la chaleur, je m'étais mis à sentir si mauvais que les gars me fuyaient. A chaque fois que je les approchais pour leur remettre leur ration, ils se pinçaient le nez. Etant allé au poste de Râsekh pour lui donner sa ration, celui-ci, après avoir proféré force onomatopées de dégoût et réitéré sa proposition maintes fois ressassée de me rendre à l'arrière, me dit :

- Laisse moi te raconter un film.

Tandis que je me tenais en retrait, il commença à raconter :

- Un jour, deux parachutistes membres d'un commando sautèrent d'un avion. Après 40 jours de combat, ils se cachèrent dans une forêt. Un jour qu'ils marchaient, ils virent une cabane. L'un d'eux y entra, et, soudain, une chèvre, incommodée par l'odeur pestilentielle de celui-ci, s'enfuit de la cabane. Toi, tu es exactement comme lui.

Je répondis :

- Merci bien ! Alors, cela veut dire que toi, tu ressembles à cette chèvre.

Rire général des gars après ma cuisante réplique.

Le soir, on apprit la nouvelle du martyre de Mahmud Pirbodâqi. Je sentis la tête me tourner et le monde s'écrouler par-dessus. Je me sentis tellement défaillir que je m'agenouillai sur place. Je me tenais derrière ma mitrailleuse et pleurais. Quand je me rappelais Mahmud et les souvenirs que j'avais de lui, je me détestais. Mahmud était professeur de morale. Son martyre a profondément attristé les gars. Le lendemain du martyre de Mahmud, la mission du bataillon se termina. Le bataillon Mâlek cédait sa place aux gars du bataillon Hamzeh. Nous montâmes dans les Khashâyâr qui nous emportaient vers la base de missiles. De là, nous allâmes jusqu'au bord du fleuve Arvand pour être transférés sur l'autre rive. Assis dans la Toyota, deux choses me torturaient : la première était le martyre de tous ces gars, particulièrement Mahmud et Rahim, et la seconde le fait de quitter Fâv à jamais. Nous étions en effet en train de dire adieu à Fâv pour toujours. Finalement, après 80 jours de résistance, de sacrifice, de combat, d'abnégation et de martyre, le sceau de l'Islam fut apposé à l'encre rouge sur une ville dont la conquête constitue le témoignage de la foi et de la volonté des hommes de Dieu.

LE DÉSESPOIR DE HUR, martyr Ahmad Rezâ Ahadi

Ahmad Rezâ Ahadi, 'Alirezâ Kamari, édit., *Hermân-e Hur* [Le désespoir de Hur], Téhéran, Bureau de la Littérature et des Arts de la Résistance, Département des Arts de l'Organisation de la Propagande islamique, 1ère édition, 1372 (1993-94), 302 p. (extraits traduits pour l'IFRI par Y. Momtaz).

Tu pars et je pleure

Je voudrais me confier. Mais à qui ? Je ne sais pas ! J'ai beau chercher, je ne trouve personne à qui dire le fond de mon cœur. J'ai beau réfléchir, je n'ai aucune idée. Jusqu'au moment où me vient à l'esprit l'idée de m'isoler en compagnie de cette feuille de papier, cette plume et ces souvenirs enfouis au fond de mon cœur.

Je ne sais pas comment rendre ces mots. J'ai beau tenter d'exprimer ma pensée par l'enchaînement des mots, je n'y parviens pas. Comment placer l'une près de l'autre ces trente-deux lettres pour que mon cœur trouve la sérénité ? Mais je dis que si mes mots doivent être empreints de franchise et mon propos sincère, j'aimerais que qu'ils me servent à affirmer qu'en dépit de tout ce que j'ai en moi, du poids de mes fautes et des actes indignes connus de Dieu seul, bref, de tout ce genre de choses, je l'aime de tout mon cœur.

> « Le cyprès du jardin de la connaissance a ployé
> Sous le poids de la séparation »

Après cette triste rupture, je me disais que je ne resterai pas vivant, je ne rirai plus, je ne me lierai d'amitié avec personne. Dans la ville, je longe les murs d'ombre en ombre, silencieusement, de sorte que la mort vienne. Bien que de multiples fois ma raison ait refusé d'y penser, mes sentiments, eux, acceptent de dire qu'après lui, maudits soit ce monde et tout ce qui s'y trouve ; qu'après lui, tout ce qui est monde n'est rien que vide et néant. Le souvenir de notre dernière rencontre ne m'a pas encore quitté :

Oui, le sol brûlant de la plaine harcelait les soldats. Tu étais venu pour rassembler des munitions en prévision des opérations nocturnes, lorsque, soudain, ton attention fut attirée par de petits coups répétés dans ton dos. En te retournant, contre toute attente et parmi tous ces hommes que tu ne connaissais tu reconnus Mohammad. La canicule du sud faisait perler la sueur sur son front pur d'adolescent et pesait sur ses yeux enfoncés dans leur orbite. Comme toujours, vous vous demandâtes mutuellement de vos nouvelles avec ces sourires et ces formules courtoises. C'est alors qu'il sembla que ton cœur se rasséréna.

Un instant après, tu écris, ta plume décrit la séparation ; d'un rapide au revoir. Tu pensais sans doute que tu le verrais toujours. Mais attends ! Pour l'amour de Dieu ! Attends une seconde ! Où vas-tu ? Si seulement il était possible d'arrêter le temps, ne fût-ce qu'un instant. Où vas-tu donc Mohammad ? Tu ne t'es même pas retourné pour le voir une dernière fois car tu ne pensais pas que l'instant d'après, vous seriez à jamais séparés. Tu n'imaginais pas un sort aussi amer. Mais le dernier souvenir que tu gardes de lui, ce sont ses yeux pleins de larmes un de ces soirs où vous marchiez dans les rues désertes, ou encore ce voyage de Qom qui fut une belle leçon. Un adolescent avec tous ces souvenirs enfouis dans les recoins des dédales d'une mémoire endormie !

Ce soir, le cri de cette plume accoutumée à nos propos blasphématoires s'adresse au ciel, et tout mon être n'est qu'attente. Heureux soit le souvenir des gars en ce lointain soir de La Nuit du Décret ceux qui, à présent, sont réduits au rang de rêves et de souvenirs : des formes aussi légères que des ombres, dans cette plaine riche en événements et qui, pas un instant, ne s'effacent de mon esprit. Heureux soient le souvenir de toutes ces beautés de l'adolescence et ceux de ces moments-là !

Mais comme ont été dures ces trois années de séparation et d'attente. J'aurais aimé que ces lignes ne soient pas les dernières, mais ni ma plume ni mes yeux n'ont plus la force de m'accompagner.

« Tu pars et je pleure
Attends une heure que la pluie cesse »

16/02/1364 (06/05/1985)
Lundi – mi-*sha'bân*

Madjnun

Tu avais entendu dire que son amour pour Leyli avait à ce point égaré le pauvre Madjnun qu'il franchit même les déserts les plus rudes et les plus terrifiants pour la trouver. Mais tu ne croyais pas que cet amour fût si fort qu'il allait le conduire jusqu'aux îles, les îles Madjnun. Hur, le grand marais, dans toute son étendue, est l'arène des *basidji*-s. L'environnement est constitué de hautes jonchaies disséminées et de toutes ces bestioles étranges, y compris une collection de toutes sortes d'insectes dont on ne pourrait trouver la liste que dans de grandes encyclopédies. Comme toujours, l'invité de toute contrée dangereuse, de tout « nulle part », est le *basidji*, qui est le seul à pouvoir résister dans l'arène. Ici, tous sont des Madjnun, des fous.

Les *basidji*-s, montés dans des barques, font une folle irruption sous les rafales des mitrailleuses ennemies qui jouent en effleurant la surface des eaux. Folles sont les petites barques. Leurs conducteurs sont sans peur et plus fous encore que les obus qui, chaque soir, noient sous leurs baisers mortels le sol de l'étroite route de l'île. C'est tellement étrange ici ! la guerre est une guerre totale, une bataille navale et terrestre, et avec toutes les ruses possibles. La ligne de front est une route traversant Hur : de ses deux côtés, veille l'ennemi, ainsi qu'au bout de la route. Plus de la moitié de la route est vide de joncs, mais des parties sont recouvertes de ces hauts roseaux de Hur. De trois côtés, le feu ennemi prend les gars pour cibles, ce qui est inimaginable. Le jour, tous leurs mouvements sont sous la surveillance directe des sentinelles ennemies. Le transport des troupes, des munitions et du ravitaillement se fait la nuit, au moyen de barques, avec d'innombrables difficultés.

Le premier soir, comme d'ordinaire et comme tous les gars, tu te comportes comme un débutant. Le retranchement, humide et peu élevé, est plein de rats, dont chacun pourrait se mesurer avec plusieurs chats. Il n'existe pas de tranchée, ou bien il s'agit alors d'une crevasse en ruines, qui, régulièrement, a été éventrée ou, au contraire, bouchée, par les obus. Ce front n'est pas un lieu facile ; mais, quoi qu'il en soit, grâce à Dieu, il progresse bien.

Le même soir, Nâser, ce garçon de 13 ou 14 ans à la belle voix, perdit la vie. Il était avec ce porte-drapeau du peloton qui était à l'avant-garde de toutes les opérations devant Mahmud, adjoint du commandant du bataillon, qui, lui, parvint au martyre le premier soir. Dieu choisit les meilleurs comme s'il cueillait les plus belles fleurs. Le jour suivant, deux autres connaîtront le même sort : Hâdji Tcherâqi et Ahmad Zamâni. Tu connaissais Hâdji depuis très longtemps. Ces derniers jours, il lisait le Coran. Il était tout à fait dans un autre monde. Finalement, il a offert sa vie dans le plus grand silence, le maximum de délicatesse et le dernier degré de sincérité. Mais tu n'aurais jamais cru qu'Ahmad serait martyr. Lorsque tu repenses à tes souvenirs de lycée et qu'aujourd'hui, le corps déchiqueté d'Ahmad se trouve éparpillé de part et d'autre de la route, tu es triste et abattu. En tout cas, il fut le quatrième élu de nos gars.

Deux jours plus tard, Dieu redemande des fleurs à cueillir, parmi les bons de la communauté du Prophète Mohammad. Cette fois, le décret divin inclut deux autres anges : Behruz et ʿAbdollâh. Behruz est tombé martyr au guet de La Pointe, avec le courage qu'il a toujours manifesté ! Le souvenir de Behruz et du martyr Fathollâh Nazari est toujours commémoré à la base Shahid Radjâ'i d'Ahvâz [ceci avant les opérations de Ramezân].

Le dernier martyr de cette période de quelques jours sera finalement ʿAbdollâh. Celui-ci, à peine arrivé de permission, retourna à la ligne de combat. Lorsqu'il apprit que Mahmud, son chef-adjoint, et son petit Nâser si gai avaient quitté ce monde, il éprouva un étrange sentiment. Finalement, le même soir, se rendant au poste de guet de La Pointe, il parvint doucement au martyre. Alors, cette fois, dans l'axe des combats les plus sanglants et des souvenirs les plus riches en événements, tes meilleurs amis, bravement et superbement, accédaient au martyre, tout doucement, dans l'ivresse !

Illogisme

(Au sujet de la mobilisation générale du corps d'armée de 100.000 hommes Hazrat-e Rasul)

Qui sait ce qu'est la guerre ? Qui sait combien de cœurs déchire un seul obus ? Qui sait que le sifflement de chaque obus se transformera en larmes de souffrance ? Qui sait que la guerre signifie incendie, destruction ; qui étude d'une mère venant juste d'endormir son enfant, lové dans ses bras, d'une chaude berceuse ; un éclair, une détonation, le plafond de la maison, s'effondre et le corps chaud de l'enfant se glace sous le corps de sa mère ? Qui sait que la guerre signifie oppression, incendie, Khorramshahr ensanglantée [43], une robe couleur de sang, une autre couleur de cendre, la fuite vers où, n'importe où qui ne serait pas ce lieu-là, l'angoisse de parents criant « Où est mon petit, mon garçon, où est ma fille ? »

Dans quel coin de Téhéran te trouves-tu ? Quelle jeune étudiante, qui n'est même pas d'humeur à voir des photos de la guerre ni même à écouter les nouvelles, peut comprendre les filles innocentes de Sousangerd, ces sœurs semblables à des fleurs qu'on appelle Nâz, ces modèles de chasteté, qui, toutes, après avoir subi les épreuves infinies de la vie désertique et du nomadisme, rêvaient d'un avenir meilleur, ces sœurs merveilleuses, symboles de la pudeur, dont des crapules ont souillé la robe avant de les ensevelir vivantes, suivant la tradition de leurs ancêtres ? Quel jeune étudiant sait où se trouve Hoveyzeh, qui y a été tué, qui s'y trouve enterré ? Comment peut-il comprendre que des tanks ont écrasé Hoveyzeh et cent vingt des meilleurs parmi les élus ? En fait, sait-il même ce qu'est un tank, comment une tête est broyée sous ses chenilles ? Pouvez résoudre ce problème : combien faut-il de temps à une balle, tirée du canon d'un fusil Douchka à une distance de 100 mètres, pour atteindre sa destination à sa vitesse initiale, trouer et traverser une gorge ? Précisez le lieu de chute de la tête, quelle femme pousse des hurlements, quelle chemise devient noire, quelle sœur reste sans frère, le ciel de quelle ville devient rouge, quel col se déchire, quel visage est griffé, quel enfant pleure seul, dans son coin ? Ou encore cet autre problème : un avion à une vitesse équivalente à une fois et demi la vitesse du son et à une altitude de 10 mètres au-dessus de la surface du sol, lance un missile sur une land-cruiser roulant à grande vitesse sur la route Mehrân-Dehlorân. Sans tenir compte de la résistance de l'air, déterminez quel corps brûle, quelle tête saute, comment retirer les corps de l'intérieur de ce tas de ferrailles écrasées, et comment laver les corps pour les funérailles ?

Comment pouvons-nous rire et oublier le regard de ces êtres chers ? Comment rester à Téhéran, et ne rien faire qu'étudier ? Comment peux-tu refermer la porte sur toi et, comme une souris, te faire un nid douillet dans les discours révolus d'un livre ? Tu résous quel problème ? Tu prépares quel examen ? Quel espoir te fait vivre ? De quoi remplis-tu ton sac et ton classeur ? D'illusions, de livres, du titre éminent de docteur ou des chewing-gums que ta mère, chaque matin, met dans ton sac ? Quelle est l'angoisse qui pique ton âme ? Un retard d'autobus, arriver en retard en classe, obtenir les meilleures notes ? A quoi tiens-tu : à ton diplôme, à ta voiture, à être reçu en spécialisation ?

Ô, toi, pauvre étudiant ! Que peut te faire qu'une famille, dans ton voisinage, soit éprouvée par un deuil, qu'un jeune tombe à terre, déchiré, dans son propre sang ? Ô, toi, pauvre étudiante ! Que peut bien te faire qu'on ait fait

---

43. Khorramshahr, "La ville bienheureuse" a été rebaptisée pendant la guerre Khuninshahr "la ville ensanglantée".

pleurer des filles de Sousangerd et qu'on les ait enterrées vivantes, qu'au Kurdistan l'on ait tranché la gorge de tel ou tel pour en obtenir des codes de transmissions sans fil ? Que peut bien te faire qu'un missile tombe sur Dezful et détruise, en un éclair, tout un quartier ? ou encore, qu'un ouvrier parti de chez lui un matin pour se rendre à son usine n'en soit jamais revenu et que ses camarades l'aient transporté à bout de bras jusqu'au cimetière d'Ahvâz ? Que peut bien te faire qu'à Khorramshahr des enfants soient morts de soif ? Tu le savais ? Certainement pas ! Es-tu jamais allée, là où le Kârun, le Tigre et l'Euphrate se rejoignent, chercher de l'eau pour en humecter la langue asséchée d'un enfant, puis une fois retournée, le cœur gonflé d'espoir, au chevet de cet enfant pour l'abreuver, as-tu jamais constaté qu'il n'en avait plus besoin ?

Ô toi ! Si tu n'es pas Qâsem, si tu n'es pas ʿAli Akbar, ne sois pas non plus Harmaleh ! Car Dieu a accepté le présent de Hoseyn ; Il n'a pas rendu à la terre le sang versé de ʿAli Asghar, et je ne sais pas ce que ce sang, le sang de Dieu, fait avec celui de Harmaleh !

Amen.

Celui qui suit la voie tracée par Dieu restera sain et sauf.

Ô Lui !

Désir ardent de requête – rupture totale

... Je ne veux plus rester en vie. J'ai un besoin ardent de disparaître. J'ai un besoin ardent de Toi. Ô Dieu ! Ordonne à la pluie de tomber, car voici des années que le désert salé de mon cœur est resté stérile. Je ne peux plus supporter de rester éloigné de la pluie. Ô Dieu ! Je ne peux plus supporter de rester. Laisse ce terrain sec de mon être, mon cœur mort, ne plus exister ! Laisse ces yeux ne plus voir. Ce qu'ils ont vu est suffisant. Laisse ces oreilles ne plus entendre. Ce qu'elles ont entendu est suffisant. Laisse ces pieds et mains ne plus bouger. Ils ont suffisamment remué. Ô Dieu ! J'aimerais venir absolument seul, loin de toute affluence ; j'aimerais venir totalement inconnu, loin de toute identité. Ô Dieu ! si tu me dis : « Tu ne le mérites pas », je répondrai : « Laquelle de tes bontés avais-je donc méritée ? » Ô Dieu ! J'aimerais me consumer, être anéanti, couler de partout, couler vers la rupture totale...

LES 7 DERNIERS JOURS, Mohammad Rezâ Bâyrâmi

Mohammad Rezâ Bâyrâmi, *Haft ruz-e âkhar* [Les Sept derniers jours], Téhéran, Bureau de la Littérature et des Arts de la Résistance, Département des Arts de l'Organisation de la Propagande islamique, 1ère édition, 1369 (1990-91), 144 p., pp. 31-108. (trad. Y. Momtaz).

Je bondis vers le mur de la cour. Je jette un coup d'œil par-dessus et regarde la plaine. A l'autre bout de ces champs de blé moissonnés, une rangée d'hommes s'avance en désordre. La plupart ne sont pas armés. Ils avancent lentement et en se traînant. Ils doivent être probablement très fatigués ou alors, ils vont très mal. L'un des gars, qui, par un trou du mur, regarde lui aussi la plaine, dit :

- Regarde bien, Hasan, ils doivent être des nôtres.

Le capitaine sort de son poste pour demander ce qui se passe :

- Mon capitaine, des gars sont en train de venir par ici !

Le capitaine grimpe dans la K.M. et, accompagné de plusieurs gars, roule vers les nouveaux venus. Ils reviennent 5 minutes plus tard :

- Ce sont les gars de l'artillerie qui se replient.

- Ils (les Irakiens) sont venus jusqu'à l'artillerie ?

- Ils ont lâché des bombes chimiques. Les gars n'en peuvent plus.

Les officiers et gradés du cadre de la compagnie Arkân arrivent :

- Vous n'avez rien à manger dans vos bagages ?

Ils rentrent et s'asseyent. Nous leur donnons tout ce que nous avons. A ce qu'ils racontent, nous comprenons qu'ils ont tué la sentinelle de l'Orgue de Staline à son poste de garde ; le sous-officier d'active, suite au bombardement chimique, est tombé martyr, et son corps est resté à la base. Ils ont anéanti également la deuxième compagnie : le Commandant de leur compagnie leur a crié : « Au revoir mes frères ... on ne peut plus résister. Ils ont gagné. »

Une autre Toyota est arrivée, transportant plusieurs officiers ainsi que le Commandant de notre propre unité Sahand. A peine descendu du véhicule, celui-ci nous dit :

- Mais vous ne savez donc pas où vous êtes ? C'est moi qui ai détruit vos armes. J'ai lancé deux grenades, mais, malgré cela, elle n'a pas été complètement anéantie.

Tous l'entourent. Il poursuit :

- Le Commandant est devant. Ils sont en train de faire avancer les troupes. Allez ! On y va !

Je ne comprends rien à ce qu'il raconte. Le capitaine allume la K.M. et tout le monde monte. Je les regarde, incrédule. Mais où vont-ils donc ? Ils vont nous abandonner ou quoi ? Je voudrais demander ce que nous devons faire, avec, de surcroît, toutes ces armes et ces équipements qui nous sont restés sur les bras... Mais le capitaine parle comme s'ils allaient bientôt revenir.

- Mettez les masques des blessés entre leurs mains. Si l'ennemi lance des gaz, mettez-leur leurs masques.

Ils roulent à toute vitesse vers la route asphaltée, ne laissant derrière eux qu'un sillon de poussière. Poussière des roues et poussière des balles irakiennes qui accompagnent le véhicule. Je m'assieds sur le lit. Il fait encore plus chaud. 'Abbâs murmure :

- Je t'en prie, si l'ennemi bombarde au gaz, mets-moi mon masque ! Moi je ne peux pas. Mes mains sont engourdies.

Je lui promets que je le ferai. Nous décidons d'évacuer les blessés vers l'arrière. Le camion qui, de nuit, amenait de la glace, est dans les cuisines. Les cuisines sont situées près du puits, de l'autre côté du champ de blé. L'un des soldats va le chercher. Nous y chargeons les blessés des deux compagnies. Personne ne s'est encore replié de la compagnie des fantassins. Quelques-uns des blessés sont nerveux et détraqués. Pour éviter quelque incident possible, plusieurs personnes en bonne santé montent pour les accompagner, dont l'armurier de la compagnie Arkân, ce qui m'étonne. Lentement, le camion démarre et poursuit son chemin vers Andimeshk sous les tirs disséminés venant de-ci de-là. Maintenant, nous n'avons plus grand chose à faire. Progressivement, le quartier de toutes les compagnies se vide. Tous les officiers et gradés sont partis. Dans chaque quartier, seuls sont restés quelques soldats. L'ennemi avance, pas à pas. Nous nous trouvons bientôt cernés par un feu très nourri. Les avions se font également plus nombreux. On dirait qu'ils ont beaucoup plus de liberté d'action pour pouvoir se débarrasser de nous sans mal. Mais nous n'attachons plus aucune importance à leur présence. A présent que nous sommes impuissants à leur régler leur compte, qu'ils aillent au diable !

Dans notre quartier, il ne reste que six personnes : Mansur et Sha'bân'ali, l'aide armurier ; Esfandiyâr, l'aide magasinier ; Hasan, responsable de l'alimentation ; Hasan Hedâyat et Ya'qub, sans poste précis. Nous ne savons pas encore ce que nous allons décider ni ce que nous voulons faire. Quelques minutes plus tard, l'un des gars se met à hurler : « Les tanks, les tanks sont en train d'avancer ! » Je me précipite à l'arsenal pour prendre une longue-vue 7 x 50 munie d'une boussole et, du haut du mur, j'observe la plaine. Je ne vois pas de tank, mais seulement des balles et la poussière qu'elles soulèvent ainsi que leur fumée. Les derniers survivants des gars de la ligne de front sont en train de battre en retraite. Je les observe lorsque j'entends des vrombissements d'avion. Plusieurs Mirage apparaissent, qui bombardent les abords des cuisines. J'oblique le bout de ma longue vue dans cette direction et je vois les gars des cuisines courant de tous les côtés. Peu après, une Land-cruiser roule vers eux. Un de leurs gradés est certainement à l'intérieur. Plusieurs gars entourent le puits. Je braque la longue-vue sur eux. Ils prennent de l'eau du petit bassin et en remplissent un à un les bidons qu'ils posent ensuite à l'arrière du véhicule. Puis, ils ramassent leurs affaires et allument la Ganex des provisions, pleine de pain, conserves, fromage, etc. Les gars s'impatientent :

- Donne la longue-vue ! que se passe-t-il ?

Je la leur passe.

- Ils sont partis, ils sont en train de partir !

Hasan dit :

- Partons nous aussi ! Si nous restons ici, nous serons tous tués.

Avec l'insistance qu'engendre la contrainte, je réponds :

- Partez, vous tous. Nous, nous ne pouvons pas venir avec vous. Nous avons des responsabilités.

- Nous sommes ensemble. Ou nous serons tués ensemble ou nous rejoignons l'arrière ensemble.

Mansur intervient alors :

- Ne soyez pas tributaires de nous. Personne ne doit l'être. Les circonstances ne se prêtent pas aux politesses. Il s'agit de vie ou de mort. Celui qui veut partir, qu'il parte !

Personne ne parle. J'ouvre la porte de l'arsenal et y pénètre. Je suis étourdi. Bon Dieu, pourquoi le capitaine ne vient-il pas ? Pourquoi ne nous envoient-ils pas une IFA ? Pourquoi personne ne pense-t-il à nous ? Cela signifie-t-il que nous devrons abandonner toutes ces armes à l'ennemi ? Le Grinov, suspendu au plafond, que je viens de réparer et astiquer et dont la crosse de bois brille, les colts que j'ai rangés dans les caisses d'obus... Pour les Kalachinkov et les G-3, nous avions préparé un emplacement. Les caisses contenant la longue-vue, le matériel de visée, les instruments de mesure d'angle de tir du commandement, les combinaisons anti-gaz, tout cela a été soigneusement rangé. Au milieu de l'arsenal se trouvent également deux tas de couverture. 29 couvertures, très exactement !

Une idée me vient : pourquoi ne pas déballer les couvertures, les étendre sur les armes et les arroser de pétrole ? Le plafond étant en bois, cela facilitera l'incendie. Ainsi, rien ne tomberait aux mains de l'ennemi. Puis je me dis que, tout compte fait, ils n'oseront pas venir jusqu'ici et qu'ils ne dépasseront pas les collines Homreyn...

Je suis plongé dans ces pensées, quand un obus explose tout près d'ici. Le plafond tremble. Je le regarde. Ce ne serait pas étonnant qu'il s'écroule. Je sors en courant. De toute leur puissance, les tanks se sont mis à nous tirer dessus. Les obus explosent avec un fracas épouvantable tout en faisant valser la poussière. Les gars de l'état-major arrivent et se réunissent devant notre camion-citerne. Ils sont en train de s'entretenir sur ce qu'il convient de faire. Tous sont désorientés. Personne ne sait ce qu'il faut faire. Nous ne pouvons pas non plus agir de notre propre chef, et nous n'avons aucune nouvelle des commandants. Le responsable de l'approvisionnement dit : « Levez-vous et partons. Les gars des cuisines sont partis aussi. Pas un n'est resté, les salopards, pas un seul ! » Je jette un coup d'œil vers la route Dehlorân-Andimeshk. Toute l'artillerie, canons et Orgues de Staline compris, est en train de se replier. Camions et P.M.P., petits véhicules, tous remplis d'hommes, roulent vers Andimeshk. Pas un seul véhicule ne se dirige vers Delhorân.

- Allons au bord de la route. Nous arrêterons l'un de ces véhicules et l'obligerons à venir ici. Puis, nous y chargerons l'arsenal, le dépôt et le matériel de télécommunications, et après, nous foutons le camp.

- Ce qu'il est naïf celui-là ! Personne ne viendra nous aider. Personne !

- On les amènera de force. Elles sont faites pour quoi alors, ces armes ?

- Ils ne viendront pas, même par la force des armes. Ils ont déjà assez de mal à s'en sortir eux-mêmes, ils ne vont pas venir s'occuper de nous en plus.

Mansur est pensif. Il contemple les montagnes et dit :

- Bon. Si jamais nous sommes obligés de partir, de quel côté faut-il aller ?

Je lui montre les montagnes pierreuses du Nord-Ouest, acérées comme des lames et dressées comme des remparts :

- L'année passée, j'avais un condisciple qui s'appelait Darikavand. Un soir, il disparut. Quand il revint plusieurs jours après, il s'avéra qu'il était allé voir sa famille à Khorramâbâd et qu'il avait contourné cette même montagne.

- Il y a combien de kilomètres ?

- J'en sais rien moi. Je n'y suis pas allé.

Un autre dit :

- Jusqu'à nouvel ordre, ce n'est pas nécessaire, puisque la route est ouverte.

- Oui, mais peut-être qu'ils ont détruit le pont de Karkheh.

- Bon, alors, qu'est-ce que vous dites de faire finalement ?

- Je n'en sais rien.

- Moi, je pense qu'il vaut mieux attendre. Esfandiyâr, qu'en penses-tu ? Hasan, Ya'qub, qu'est-ce vous dites, vous ?

Esfandiyâr dit :

- Je ferai exactement comme vous.

Chacun dit quelque chose. Les gars de l'état-major ne savent pas non plus quoi faire. Ils se séparent de nous sans résultat. Dans le village, le vent joue avec la fumée. Le coin de jardin du milieu de notre cour, recouvert d'une couche de poussière de l'épaisseur d'un doigt, halète de soif. Je me dirige vers le camion-citerne d'eau et me lave le visage. Des jonchaies bordant la rivière s'élève une fumée blanche. Les collines de Homreyn sont encore masquées par un nuage de poussière et de fumée. La conversation reprend.

- Il faut partir, vous êtes tous stupides.

- Où aller ? Peut-être nous ont-ils envoyé un moyen de transport. Ils savent que nous ne pouvons pas mettre toutes ces armes et matériel sur nos épaules et les emporter.

- Un moyen de transport ? Lequel ? Tu rêves ou quoi ? Vous vous consolez en vous berçant d'illusions, vous tous ! Franchement !

- En tout cas, nous sommes bien obligés d'attendre.

- Vous êtes fous, alors ! Complètement fous !

- Toi, l'intelligent, qu'est ce que tu fais donc ici avec les fous ?

Pas de réponse. Le temps passe lentement. Par moments, les attaques sur le village se font si violentes et la concentration des projectiles est telle, que je pense que, d'un instant à l'autre, nous allons être tués. Alors, nous retenons notre souffle. Nous écoutons le sifflement des balles et nous en remettons à Dieu. Ce Dieu qui, s'Il le veut, peut nous garder en vie, où que nous soyons.

Peu après, nous décidons d'aller trouver les gars de l'état-major. Pour voir leur réaction, de loin, nous crions :

- Commencez à tout ramasser pour partir !

- Comment pouvons-nous partir ? Que faire de toutes les armes, les appareils de télécommunication, les T.S.F. et les détecteurs de mines ?

- Les gars des cuisines sont partis.

- Nous avons vu par nous-mêmes qu'ils sont partis, mais eux avaient un commandant. Nous ne pouvons pas partir de notre propre chef.

Ceux qui ont de moindres responsabilités s'efforcent aussi de nous convaincre :

- Qu'est-ce que vous racontez là ? Tous ont battu en retraite : le commandant du bataillon, le commandant de la compagnie, le commandant de l'armée...

L'un des gars de l'état-major lui réplique vertement :

- Qui a dit qu'ils se sont tous repliés ? Le commandant de la compagnie se trouve plus loin que l'infanterie.

Je ne sais pas d'où il tient cette information. Ainsi debout près du dépôt de l'intendance générale des gars de l'état-major en train de parler lorsque tout à coup six ou sept balles frappent le sol en même temps. Nous sautons chacun dans un coin. Quelqu'un crie :

- Il n'est plus possible de rester !

Inconsciemment ou non, tous nous dirigeons vers la route. Le responsable des vivres est ravi que nous acceptions finalement de battre en retraite. Mais ce départ était un mouvement impromptu provoqué par ces balles. Très vite, nous nous reprenons. C'est d'abord Mansur, resté à la traîne, qui déclare :

- Je ne viens pas ; vous, partez !

Je le regarde. Son visage est serein et déterminé. Moi aussi je renonce à partir. Puis Esfandiyâr et Hasan Hedâyat, suivis de Sha'bân'ali et de Ya'qub. Hasan hésite. Il dit :

- Alors quoi, venez, espèces de lâcheurs, venez et partons !

Je dis :

- Vas-y toi, Hasan djân ! Nous, nous ne pouvons pas. Si j'étais à ta place peut-être que je serais parti dès l'aube.

Il se tait et regarde. Je le regarde. Les regards disent tout. Il s'assied par terre et commence à resserrer son baudrier de toile. Un obus passe en sifflant au-dessus de nos têtes. Nous nous mettons tous à plat ventre, sur le sol. De nouveau, les tanks se mettent à frapper, visant la route. De temps à autre, des tirs isolés, en sifflant, déchirent l'air et passent au-dessus de nous. L'ennemi doit être tout près. Quelques-uns des compagnons de Hasan prennent congé de leurs amis :

- Au revoir !

- Soyez prudents !

- Et vous aussi !

- Bon. Espérons que nous nous reverrons ! J'essaierai de rester vivant pour vous revoir !

- Tu resteras en vie.

- Bonne chance.

- Courez vite jusqu'à la route asphaltée. Si vous y parvenez, vous êtes gagnants.

Ils se mettent à courir. Nous nous tenons debout, immobiles là où nous sommes. Nous nous appuyons au mur du dépôt et les regardons s'éloigner. Régulièrement, un boulet de canon ou un obus tombe près d'eux et les oblige à se jetter sur le sol. Ils tombent à terre. Ils restent là un moment, le temps que les éclats retombent, puis reprennent leur course. En les regardant, je ressens quelque chose de bizarre. Il me semble qu'ils se sont éloignés de centaines de km de nous et que nous ne pourrons jamais plus les revoir.

- Eh, les gars ! Cela ne sert à rien de rester ici. Il vaut mieux que nous allions à l'abri fortifié.

Nous faisons demi-tour en direction de notre propre quartier. Au même instant, apparaissent, sur la place du village, deux hommes : l'un, revolver à la ceinture, est officier, et l'autre, Kalachinkov en main, est sergent-major. Ce dernier est sans doute le garde de l'officier. Ils avancent. Nous nous mettons tous en rang au pied du mur. Seul l'un des gars s'avance au-devant d'eux.

- Votre carte, s'il vous plaît !

L'officier, qui a le grade de colonel, sort sa carte. Nous lisons son nom : colonel H.A. C'est alors seulement que nous le remettons. C'est le commandant de notre propre compagnie. Il est terriblement incommodé par la chaleur. Son visage est en sueur. Je lui donne de l'eau. Il en boit une gorgée, puis se frappe le visage du poing et renverse la gourde. Nous nous taisons tous. Le colonel essuie la sueur de son visage et se tourne vers les collines de Homreyn. Nous sommes heureux de l'avoir rencontré. Il va sans doute pouvoir nous dire ce que nous devons faire. Nous avons eu probablement beaucoup de chance de rencontrer un commandant de haut grade. Sur la voie secondaire, apparaît une K.M. roulant droit vers nous. Apparemment, elle cherchait le colonel. Arrivé à notre hauteur, elle freine. Le colonel, sans dire un mot, se dirige vers la K.M. Je fais signe à Mansur de s'avancer et de demander ce que nous devons faire. Il y va :

- Excusez-moi, mon colonel ! Que devons-nous faire ? A l'heure actuelle, tous se sont repliés. Nous sommes seuls à rester ici, avec une quantité importante de matériel. Si, au moins, on nous envoyait un véhicule pour charger tout ce matériel, nous aurions l'esprit plus tranquille.

- Où est le commandant de votre bataillon ?

- Il est à l'avant.

- Très bien. Je m'en vais le voir et lui dire de vous envoyer ses ordres.

Il monte dans la K.M. qui démarre aussitôt. Il semble qu'il nous ait envoyé promener. L'un des gars s'écrie en colère :

- Et bien sûr, il va aller à Andimeshk voir le commandant du bataillon et lui dire de nous envoyer ses ordres !

En traînant le pas, nous nous dirigeons vers l'abri fortifié. Je tourne lentement mon regard du côté de la route. Je n'y vois ni Hasan ni l'un de ses compagnons. La plaine est calcinée sous la vague de chaleur. Il n'y a rien d'autre. Le colonel et sa K.M. ont disparu.

- Eux aussi sont partis.

- Ne t'inquiète pas. Seule la volonté de Dieu se réalise.

Maintenant, nous ne sommes plus que cinq, l'esprit tranquille et sans soucis. Je pense que nous sommes tous heureux d'avoir pu prendre une décision. Nous voilà arrivés dans l'enceinte de notre propre compagnie. Je prends la longue-vue et scrute la route. On peut y voir un encombrement exceptionnel. Tous se dirigent vers le pont du Karkheh et Andimeshk. Des phrases du livre *Les Insoumis*[44] me reviennent en mémoire :

Vers l'orient, toujours vers l'orient ...

Pas une seule voiture ne roulait en direction de l'Ouest.

> « Se succédaient des files de voitures, des charrettes chargées de fourrage et de caisses vides de munitions, des ambulances et des cabines carrées contenant les équipements des transmissions sans fil. Les chevaux, exténués, avançaient lentement et lourdement. Des hommes, la main sur l'affût du canon, noyés dans la poussière et ployant sous le poids du chagrin, se dirigeaient vers l'orient, toujours vers l'orient, vers Strayamoguild, Krasna, Don, Kâmensk, de l'autre côté du Donetz septentrional. Ils traînaient leurs chargements... venaient, passaient et partaient, disparaissaient de la vue, sans laisser la moindre trace d'eux-mêmes. On eût dit que la vive poussière verte du chemin les avalait. »

Nos forces également se dirigent vers l'orient. Avec tous leurs engins. Je m'identifie au vieil homme du roman *Les Insoumis*, regardant avec inquiétude, du bas-côté de la route où il se tenait, passer les engins qui, tous, allaient vers l'Est. Je jette un coup d'œil au camion-citerne. Nous avons encore de l'eau potable pour une semaine. Il y a aussi un demi-pain de glace dans la glacière. Il reste également sept ou huit pains. Je ne sais pourquoi je me suis mis à faire le compte de ces choses-là.

[...]

Nous courons de toutes nos forces. Une course dont il est peu probable qu'elle puisse nous sauver. On entend le bruit des chenilles des tanks de l'autre côté du remblai. Il s'en faut de peu que nos forces ne nous abandonnent. Nos jambes ne peuvent plus nous porter. Nous avons le cœur lourd. La soif et le soleil brûlant te font suffoquer. La gorge te brûle. Tes yeux regardent fixement devant. Ce sont de ces instants où on ne peut que regarder fixement devant soi : les collines et les montagnes, l'espoir, la délivrance. Qu'elles sont loin et inaccessibles, les montagnes ! On dirait qu'elles te fuient et qu'à chaque pas que tu

---

44. Ecrit par Boris Gorbanov.

fais vers elles, elles reculent d'autant. Elles ressemblent à un mirage, qui fait avancer le voyageur assoiffé, sans toutefois exister. Mais la montagne existe. De cela, tu es certain. Et si toi aussi tu existes et demeures, tu la verras, mais comme il est difficile de demeurer ! Si seulement tu étais un oiseau ! Si seulement tu pouvais être un oiseau et accéder à la montagne ! Sans aucun doute, la montagne t'abriterait. Elle t'abriterait dans son tendre giron et barrerait la route à l'ennemi. Elle ne le laisserait pas t'atteindre. Alors, tu pourrais te calmer un instant, te reposer un instant, assuré que la montagne ne laisserait pas passer les tanks mais les rejetterait.

Une rafale sporadique vise le remblai à un pas de nous. Inconsciemment, nous nous courbons. Mais pour un instant seulement, car ainsi courbés, nous ne pouvions ni facilement courir ni, à plus forte raison, courir vite. Le grondement des tanks s'est amplifié. Plus rien, excepté le remblai, ne s'interpose entre eux et nous. Nous courons de ce côté-ci du remblai, et eux, roulent de l'autre côté. Les uns et les autres parallèlement, dans la même direction. Evidemment, ce sont eux qui doivent se conformer à notre mouvement. Je ne sais pas pourquoi ils ne franchissent pas le remblai. Ne le peuvent-ils pas ou bien pensent-ils qu'ils perdraient du temps et retarderaient ainsi leur poursuite ? En tout cas, c'est dans notre intérêt. Une K.M. passe, roulant en direction des collines, à un kilomètre de nous. Les projectiles des tanks l'ont complètement perturbée. Cependant, la chance lui sourit puisqu'elle tombe, saine et sauve, dans une crevasse, d'où elle devient invisible. Moi, je devance deux autres gars. Mansur, qui court derrière moi, halète et, sans cesse, manifeste son découragement. Il est vraiment désespéré.

- C'est inutile ; nous ne nous en sortirons pas vivants.

Esfandiyâr se tait. Il ne profère pas un mot. Ses mains et sa bouche sont ensanglantées. On ne sait pas ce qui lui est arrivé. Nous arrivons à un grand abri. Tous les ustensiles qui s'y trouvent sont intacts : le camion-citerne d'eau, plusieurs lits recouverts de couvertures, des bidons en plastique, une grosse bouilloire, un filet de camouflage dont l'ombre s'est projetée sur les lits, une tenture parasol devant la porte, une étagère pleine de vaisselle, un réchaud de cuisine, etc. Mais la seule chose qui attire notre regard avide, est le beau et grand thermos d'eau. Un thermos bleu à couvercle blanc et sa timbale devant. On dirait qu'une main, volontairement, l'a posé sur le lit pour nous tenter. Peut-être qu'ils l'avaient sorti pour l'emporter avec eux mais qu'ils n'en ont pas eu le temps. Je ne sais pourquoi je suis persuadé que ce thermos est plein d'eau glacée. De cette eau qui, en ces circonstances, peut sérieusement nous remettre sur pied.

Nous ne sommes qu'à quelques mètres de cet abri. En fait, il est contre le remblai et fait face à la plaine. Nous devons passer devant. Mais nous n'avons pas un instant de répit pour nous humecter les lèvres. Le grondement menaçant des tanks ne nous le permet pas. Tandis que nous continuons à courir, quelque chose explose au-dessus de nos têtes. Je regarde. Une tache de fumée noire apparaît dans l'air.

- Cette fois, qu'est-ce que ça peut bien être ?

Un second, puis un troisième projectile, explosent. Il semble qu'ils font pleuvoir des pierres du ciel. Des choses percutent les deux rives du canal en soulevant des gerbes de terre. Nous réalisons soudain ce qui se passe.

- Nous voilà dans de beaux draps ! Ils sont en train de tirer des balles fusantes percutantes [45] !

Cette fois, c'était le comble de nos difficultés. On ne sait pas comment réagir pour s'en protéger. Se coucher ? Courir ? Rester debout ? Quoi qu'on fasse, on ne peut échapper aux éclats. Du reste, se coucher augmente les risques, car alors une surface accrue du corps se trouve exposée au danger. Ce qui est étonnant est que les balles semblent nous accompagner. Une ou deux balles viennent régulièrement exploser près de nous, alors qu'il semble improbable que les pièces d'artillerie aient vue directe sur nous. En peu de temps, nous réalisons que tout vient des tanks. C'est la première fois que je vois des tanks tirer également des balles fusantes percutantes. Une partie du remblai, devant nous, a été aplanie. Les tanks peuvent facilement y passer. Nous ralentissons un peu. Nous appréhendons d'approcher de la brèche. Nous craignons qu'un tank n'apparaisse soudain devant nous et ne nous mette en pièces. Mais nous n'avons pas le choix. Il faut avancer et passer exactement là. Après la brèche, le chemin amorce peu à peu un méandre et le remblai s'ouvre vers un ravin plus large. Je dis :

- Si, grâce à Dieu, nous arrivons à nous tirer vivants de ce bout de chemin à faire, nous sommes sauvés.

Personne ne prononce un mot. C'est la première fois que je tiens de tels propos : nous voilà encore en pleines difficultés, il ne faudrait pas qu'à présent aussi... La brèche est plus proche. Mon cœur bat furieusement. Le bruit de chenille des tanks a cessé. Je me dis :

- Ils se sont certainement embusqués derrière la brèche et nous attendent.

Je sens que Mansur et Esfandiyâr sont eux aussi fort agités. Maintenant, tout tient à cette brèche :

- Il faut que nous franchissions ce bout de chemin comme des bolides. Forcez-vous un peu !

Une fois encore, nous concentrons toutes nos forces dans nos jambes et, plus qu'avant, courbons la tête. Tandis que mon cœur, d'émotion, est prêt de cesser de battre, nous dépassons la brèche, sans qu'un tank tourne devant nous. Seulement, une rafale, on ne sait d'où, est tirée dans notre direction. L'un des gars, croyant que ce sont les tanks qui recommencent, hurle effrayé : « Ô Saint 'Abbâs ! » Quant à moi, je trouve un instant pour jeter un regard de l'autre côté du remblai. Ils ont rassemblé les gars et sont en train de les emmener.

---

45. Balles qui explosent en l'air.

Les collines se sont rapprochées. De-ci de-là, sur les bords du lit de la rivière, on peut voir quelques arbres clairsemés. Encore incrédule, je crie :

- Eh les gars, nous pouvons continuer notre route. Si Dieu le veut, nous pouvons y aller !

Jusqu'ici, je n'ai jamais éprouvé une telle sensation de soulagement. Comme si, de mes épaules, avait été ôté un poids insupportable. Comme si j'étais remonté du fond d'un puits profond où j'étais tombé. Mansur, d'une voix à peine audible, murmure :

- Il n'est pas certain que nous puissions partir. Les tanks sont encore en train d'avancer. Tu ne les entends pas ?

Il dit vrai. Les bruits se sont encore rapprochés. Je réponds :

- Ça ne fait rien ! Arrivés aux collines, ils ne pourront plus nous poursuivre.

Le chemin devient plus découvert et plus large. Le ravin aboutit à un bosquet. C'est un endroit beau et tranquille. Verdoyant et ombragé. Tout cela est dû à l'ombre que font les cimes des cèdres sauvages.

Nous nous précipitons vers le bosquet et sortons de leur champ de vision. A première vue, il semble vierge, mais, au fur et à mesure que nous avançons, nous tombons sur plusieurs abris disséminés et protégés par les arbres. Sous un lit, apparaît un bidon bleu. Je cours pour le prendre. Il est à moitié plein, ce qui me réjouit. Je le soulève pour m'y abreuver. Il dégage une mauvaise odeur. C'est un bidon de pétrole. D'un coup de pied, je le balance plus loin. Tout en surveillant les alentours, nous dépassons le bosquet. Mansur crie :

- Regardez, les gars ! Un camion-citerne d'eau ! Peut-être y a-t-il de l'eau.

Nous bondissons dans sa direction. Il contient de l'eau, mais si chaude qu'elle est presque bouillante. Nous regardons derrière nous. Toujours pas de nouvelles des tanks. Peut-être ne viendront-ils plus. Rapidement, nous buvons de l'eau et en remplissons nos gourdes. Puis nous démarrons. L'eau que j'ai bue me soulève le cœur. Je manque de vomir. Maintenant, si nous courons seulement encore un kilomètre, nous pourrons, protégés par les collines, être hors de portée de l'artillerie ennemie. Sur les collines situées à notre droite, une IFA tente désespérément de grimper une côte, mais elle n'y parvient pas. Les tanks essaient de la toucher. Des tirs ininterrompus, à sa gauche comme à sa droite, font s'abattre une pluie de balles sur le sol et se soulever la poussière. Tandis qu'ils n'ont aucun abri, les fantassins qui ne sont pas tombés dans la zone assiégée tentent sans espoir, sous le feu des tanks et des mitrailleuses ennemies, d'accéder au rempart des collines. Certains d'entre eux ont marché depuis le matin et n'ont plus la force de se mouvoir. En sortant du bosquet, nous tombons sur une K.M. à l'arrêt. C'est celle qui était passée à un kilomètre de nous il y a un moment. Trois hommes se tiennent à côté d'elle : un capitaine et deux soldats. L'un des soldats crie :

- Eh, venez pousser ! Si elle s'allume, nous vous emmenons !

Nous jetons un coup d'œil derrière nous. Rien. Nous avons le temps de pousser la voiture.

- On la pousse un coup. Si elle s'allume, tant mieux. Sinon, nous n'attendons pas.

Le capitaine se met au volant. Nous dirigeons la voiture vers la pente et poussons. Aussitôt, elle s'allume. Quelle chance ! Les lèvres sèches esquissent un sourire. L'arrière de la K.M. est plein de documents, de dossiers et de diverses choses. Le capitaine et ses soldats s'installent devant. Esfandiyâr et moi nous asseyons sur le toit, tandis que Mansur se met sur la capote. Bien qu'accidentée, sa vitesse dépasse la moyenne ordinaire d'un coureur. A présent, nous sommes rassurés du côté de l'ennemi. Nous savons qu'il ne peut plus nous atteindre. La voiture avance tout doucement dans le lit de la rivière. Peu à peu, nous rencontrons des soldats venus chacun de quelque part et parvenus comme ils ont pu jusqu'à cette voie. Au fur et à mesure que nous avançons, leur nombre augmente. Tous sont exténués et avancent péniblement. Certains boitent ou ont un bras blessé en écharpe. Plusieurs s'appuient l'un sur l'autre et s'aident mutuellement à marcher. Ceux qui sont sur le point de flancher arrêtent la voiture. Ils font signe de la main. Ils remuent avec peine leurs lèvres fermées toutes desséchées et supplient le capitaine de les faire monter. La voiture non seulement n'a pas de place mais ne pourrait pas supporter une charge supplémentaire. Du reste, avec ce nombre de passagers, elle peine déjà dans les côtes. Esfandiyâr et moi, en nous accrochant solidement à la galerie du toit, nous efforçons de ne pas peser sur la bâche.

Au fur et à mesure que la voiture franchit lentement les virages du lit de la rivière, nous pouvons voir sporadiquement, entre les collines, des scènes de combat. Par-ci par-là, des balles isolées frappent le sol en soulevant poussière et fumée. Une balle chimique, après avoir percuté le faîte d'une colline, dégage de la fumée. Une fusée éclairante s'allume très haut dans le ciel. Je ne sais pas ce qu'elle peut signifier ni d'où elle a été tirée.

- Pour l'amour de Dieu, faites-moi monter, je ne peux plus marcher.

Je détourne la tête. Un soldat émacié, arrêté au bord de la route, a tendu la main vers nous. Le capitaine ne l'embarque pas. En passant près de lui, nos regards se croisent. Il semble qu'il ait du mal à se tenir debout. Ses yeux supplient. Je ne sais ce qu'il a lu dans mon regard pour se mettre à courir. S'étant rapproché, il tend la main vers moi. Je la lui prends et le hisse vers moi. Il pose les pieds sur la roue de secours et se suspend au toit. Il se calme. Il ferme les yeux, haletant. Je tiens fermement son épaule.

- Ne tombe pas !

Il se tait. Il n'a pas la force de parler. Nous dépassons d'autres hommes et franchissons encore quelques virages. A un autre tournant, un autre soldat s'arrête en nous voyant. Il se traîne jusqu'au milieu de la route et agite la main impatiemment. Ses lèvres sont gercées ; son visage et ses vêtements sont couverts de poussière. D'évidence, il ne peut plus marcher. L'un des soldats du capitaine sort la tête et dit :

- Je suis navré pour toi, où pourrais-je donc te faire monter ?

Le soldat, entendant cela, se jette devant la voiture. Mansur le hisse sur la capote.

- Qu'est-ce que tu fais, frère ? Tu as failli te faire écraser.

Lui non plus ne dit rien, comme si vivre ou mourir lui était indifférent. La voiture gémit puis repart. Après une courte distance, le capitaine stoppe et saute à terre.

- Descendez ! Descendez tous ! Je n'emmène aucun de vous.

Un défilé de soldats épars nous dépasse. Certains nous regardent, d'autres ne nous jettent même pas un regard. Nous ne prenons pas au sérieux ce qu'a dit le capitaine, car nous considérons avoir contribué à la mise en route de la voiture. Peu après, nous redémarrons. Encore un autre soldat, égaré et livide, dont le visage est totalement altéré. Celui-ci, lorsque qu'il voit que notre voiture ne s'est pas arrêtée pour lui et l'a dépassé, prend le fusil de son épaule et tire sur la culasse. Je me secoue. Et si, sait-on jamais, il tirait et nous réduisait à l'impuissance ? Je me prépare à sauter dès qu'il mettra le doigt sur la gâchette. Mais son camarade vient à notre secours. Il bondit sur lui et l'empêche de tirer. Le pauvre soldat se débat pour reprendre son arme à son camarade, en vain. Finalement, il cède. Je pousse un soupir de soulagement. J'ai pitié de lui. Il doit être dans un piètre état moral. Parfois, la route mène à des culs-de-sac où la voiture ne peut plus passer. Alors, il nous faut rebrousser chemin et trouver un autre itinéraire. Nous arrivons à une trouée que le véhicule ne peut pas franchir. Nous descendons tous. Le capitaine, apparemment officier du renseignement, sort une carte de l'arrière de la voiture et la déplie sur le capot. Il essaie de trouver le chemin sur la carte, mais il n'y comprend rien. Dans un silence total, nous fixons ses lèvres. Il lève la tête et dit :

- Montez !

Nous montons et faisons en sens inverse une partie du chemin pour nous engager dans une nouvelle voie. Peu après, la route débouche sur un ravin cerné de collines. Là, il n'y a plus de chemin praticable. Nous descendons. Un camion est, lui aussi, resté en rade. Derrière lui, a été fixé un canon à longue portée. Dessous, il y a plein d'hommes s'abritant de la chaleur insupportable du soleil. Le capitaine dit :

- Il faut aller au sommet des collines pour trouver une route. En attendant, la voiture reste ici.

Accompagné de ses deux soldats, il se dirige vers les plus hautes collines. Nous restons. Je lance :

- Bon ; maintenant, qu'est-ce qu'on fait ?

Mansur répond :

- Nous attendons. Là où ira cette voiture, nous irons avec elle.

Esfandiyâr ajoute :

- Je ne crois pas qu'il existe encore quelque voie praticable.

Les passagers du camion nous regardent avec indifférence. Il semble qu'eux aussi aient envoyé des hommes en reconnaissance pour tenter de trouver une voie de sortie. Nous nous dirigeons vers eux, puis nous asseyons sur un rocher pour prendre une décision. Le sol est aussi brûlant qu'un four chauffé au rouge. Progressivement, d'autres hommes arrivent et se rassemblent dans la vallée. Comme je les regarde, tout à coup, j'aperçois parmi eux un gars du premier bataillon. Je vais vers lui :

- Quoi de neuf ?

- Tout va bien !

- De votre bataillon, combien êtes-vous à avoir battu en retraite ?

- Je ne sais pas. Nous n'étions pas plus de cinq ou six.

- Quelles nouvelles des gars des télécommunications ?

- De qui veux-tu des nouvelles ?

Je cite les noms des gars. Il hésite avant de répondre :

- Quels liens as-tu avec eux ?

- Rien ! nous sommes seulement copains. A une époque, nous étions également collègues.

- Alors, que Dieu leur accorde sa miséricorde.

Je suis abasourdi. Je n'arrive pas y croire. Je demande :

- Comment ?...

- Dès le début des opérations, un obus 120 a percuté leur abri. Ils sont tous restés sous les décombres. Seul leur sergent-chef a pu s'en extraire. Les gars disaient que l'un d'eux a eu la tête tranchée.

Je me rappelai 'Ali et sa belle voix. Il y avait vingt-neuf mois qu'il servait dans l'armée. Un mois supplémentaire. Il faisait ses derniers jours de supplément. Ces derniers temps, il passait la plupart de son temps avec nous. Les gars lui disaient :

- Ne va plus sur le front ! Tu ne vois pas que, par malheur, ils te règlent ton compte à la fin de ton service ?

Mohammad aussi, jusqu'à ces derniers jours, était au bâtiment. Il y a exactement deux jours que je suis allé le voir. Il était nostalgique. Il disait :

- Ici, je m'ennuie. Demain, j'irai à l'avant pour me faire remplacer par l'un des gars.

Je dis :

- Toi alors, t'en as du courage d'aller argumenter avec l'un ou l'autre ! N'est-ce pas dommage de partir d'ici ? Tu ne vois pas un gradé ou un officier une fois l'an. Il n'y a personne pour te dire quoi que ce soit. Et tu veux abandonner un tel endroit pour aller dans cette pagaille !

Mais il ne pouvait pas rester. Il est parti et a envoyé Bahrâmi à sa place. Je secoue ma gourde. Il ne reste que quelques gouttes d'eau au fond. Mansur et Esfandiyâr eux non plus n'ont presque plus d'eau. On ne peut pas attendre bien longtemps. Le soleil est en train de nous calciner. C'était comme si de la vapeur s'échappait de nos cerveaux. Nous échangeons nos réflexions pour voir ce que nous pouvons faire. Pas de nouvelles du capitaine et de ses compagnons. Il semble que rester ici serait un gaspillage de temps. Nous devons partir.

[...]

Je regarde son visage avec application. Le champion de lutte poids lourd de Qazvin est dans un triste état. Cependant, il me semble que ses propos ne sont pas déplacés. Personnellement je n'espère plus rien de ces déplacements. Je dis :

- Vous savez, les Irakiens viennent juste de prendre la zone et ne la connaissent pas encore bien. De surcroît, beaucoup des tranchées et des abris fortifiés de ce côté de la route asphaltée ne sont pas encore tombés. Nous pouvons retourner et y prendre de l'eau.

- Et si nous ne pouvions pas ?

- Dans ce cas, nous serons tués ou peut-être faits prisonniers. De toute façon, nous n'avons pas d'autre choix.

Esfandiyâr refuse de faire demi-tour. Il dit qu'il vaut mieux aller de l'avant :

- Je suis certain que nous arriverons bien quelque part !

Hasan martèle :

- Je ne vous laisserai pas partir. Dans ce désert, nous mourrons tous. Pas un de nous ne restera vivant.

Il attend que nous le soutenions. Sans rien dire, je me lève et commence à grimper la colline. Je revois le chemin que nous avions suivi pour venir. Il est plus long nous ne le pensions. Faire demi-tour n'est vraiment pas raisonnable. Des balles tombent encore de-ci de-là. On n'entend ni leur sifflement ni le bruit de leur explosion. On n'en voit qu'un peu de feu et de fumée. Sur la terre, l'herbe séchée est en train de brûler. Ils ont mis le feu à toute la plaine. Je redescends la colline. A présent, j'adhère moi aussi à l'opinion d'Esfandiyâr et m'efforce de convaincre Hasan :

- Suppose que nous puissions, au prix de mille efforts, retourner sur nos pas et boire de l'eau. Tu crois que nous pourrons nous traîner à nouveau jusqu'ici ?

Il est très difficile de convaincre Hasan, mais, pour finir, il se rend à l'avis des autres. Je dis :

- Très bien. Maintenant qu'il a été décidé de poursuivre la route, promettez de marcher correctement et pas comme avant !

Je visais surtout Mansur. Ce dernier baisse la tête, silencieux. Esfandiyâr parle à sa place et promet. Nous commençons à descendre la colline. Je marche devant. Tous, nous boitons. Nos pieds se sont refroidis, et lorsque nous les posons par terre, ils nous font très mal. Notre compagnon originaire de Abhar est tombé dans une crevasse. Je le rejoins et lui dis :

- Lève-toi ! Nous sommes sur la bonne route.

Il me répond que nous n'avons qu'à y aller, nous ; qu'il ne vient pas, qu'il ne peut pas marcher. J'essaie de sourire et lui dis :

- Comment est-il possible que tu ne viennes pas ? Tu flanches ?

Il me regarde calmement. Ses yeux ont une drôle d'expression, pleins d'une froide sérénité, comme s'ils me regardaient de loin, de très loin. Je lui dis :

- Je sais que tu es fatigué et assoiffé, mais nous sommes tous dans le même état. Moi aussi, comme toi, j'ai soif. Mais il faut marcher tant que nous pouvons. A présent que nous envisageons la mort, il vaut mieux que nous ayons auparavant tout tenté.

Il reste silencieux. Il regarde seulement, d'un regard toujours froid et inerte. Il semble qu'il pense à la mort tragique qui l'attend. La sérénité de son regard montre qu'il a finalement accepté son destin. Malgré tout, je lui prends les épaules et le soulève de terre.

- Lève-toi frère ! Un homme ne se dégonfle pas.

C'est inutile. Il repousse ma main, secoue la tête en signe de dénégation et se recouche dans la crevasse. A présent, il a les yeux pleins de larmes, comme s'il voulait pleurer sur son sort. Peut-être s'est-il rappelé aussi sa famille ? Je le regarde un instant, incrédule, et me demande si, vraiment, il s'était abandonné aussi facilement à la mort. Et je me fais des reproches : « Peut-être la voie qu'il a choisie est-elle celle de la sagesse. Peut-être que vous êtes tous en train de vous tuer pour rien. » Je le laisse tranquille et me remets en marche. Les gars sont encore en train de descendre prudemment la pente. Je tombe dans une crevasse. Ils passent à proximité de notre compagnon d'Abhar. Je crie :

- Esfandiyâr, appelle-le aussi !

Esfandiyâr va le voir, mais ses efforts sont aussi infructueux. Mansur me crie de bien vouloir m'arrêter pour que nous marchions ensemble ! Je m'arrête pour les attendre. Ils arrivent. Je demande à Esfandiyâr :

- Tu n'as pas pu l'amener ?

Il me répondit que non, que le pauvre bougre a flanché de désespoir.

- Ce soir, les loups vont le dévorer. Il s'est effondré à un bien mauvais endroit.

- Tant qu'il est vivant, ils ne peuvent pas. Il a posé son fusil sur son ventre, le doigt sur la gâchette.

Nous escaladons une colline, mais il apparaît clairement que nous ne pourrons plus escalader et descendre les collines. Un large ravin serpente entre les collines en direction de l'Ouest et du Nord-Ouest. Nous décidons de l'emprunter. Sous nos pieds, une profusion de cailloux, gros et petits, entravent considérablement notre marche. En plus, avec les pieds que nous avons ! Alors que nous marchons, Mansur déclare que la nuit est en train de tomber. Je lui fais répéter ce qu'il vient de dire. Il répète. Nous nous regardons. Il fait encore complètement jour. Il s'avère que la soif lui a ôté la vue. Cependant, nous ne lui disons rien.

- Tu entends bien le bruit de pelle ? Suis-le !

Des herbes sauvages recouvrent les collines en pente douce qui bordent le ravin. De toute évidence, ces lieux avaient un jour offert de bons pâturages aux troupeaux, mais l'herbe y avait séché sans avoir servi. Je me dis : « Si seulement nous étions en hiver ; si c'était l'hiver, de l'herbe verte et des fleurs sauvages auraient tapissé ces collines. Le chant des oiseaux migrateurs aurait caressé l'âme humaine et ... de l'eau, sans aucun doute, on aurait trouvé de l'eau dans l'une de ces rigoles desséchées. »

Mes yeux aussi, comme ceux de Mansur, sont en train de perdre peu à peu leur vue. Mon ouïe également diminue. Je ne sais pas si cela vient du manque d'eau ou des gaz chimiques. On dirait que mes jambes se sont vidées de l'intérieur. Je ne les sens plus. J'ai l'impression de marcher sur deux ballons gonflés qui me tiendraient lieu de jambes. Après plusieurs kilomètres de marche, le ravin se termine. Devant nous, se dressent plusieurs chaînes de collines de plus en plus élevées. Nous escaladons la première, ce qui nous prend plus d'un quart d'heure. Nous sommes tous silencieux. Le soleil s'est couché et notre environnement est plutôt angoissant. Nous sommes cernés de tous côtés par des collines toutes semblables. Au pied de la montagne, de l'autre côté de cette plaine sèche, on peut voir une étendue de terre qui semble être un champ de blé. Dans ce cas, quelqu'un a dû semer ce blé, ce qui signifie la proximité d'un village. Mais nous comprenons vite que tout ceci n'est rien de plus qu'une hallucination.

Je parviens au sommet de la seconde colline, d'où, debout, je regarde l'autre côté. Une vallée de pierres nous sépare de la colline suivante. Arrondie, elle a la forme d'un bol. Je descends. Le sol n'est que pierres, mais des crevasses profondes et sinueuses apparaissent entre ces pierres, laissant l'homme stupéfait. C'est l'eau qui a les creusées dans le cœur pierreux de la terre. Leur profondeur atteint environ le double d'une taille humaine moyenne, et leur plus grande largeur un maximum de soixante, soixante-dix centimètres. Elles ressemblent à peu près aux crevasses que nous avions vues auparavant, mais elles sont beaucoup plus belles. Tandis que je les contemple, je m'enfonce pour quelques instants dans le monde de l'imagination. Le ciel gronde. Il gronde furieusement. Des éclairs successifs fouettent la cime des collines. Une pluie torrentielle s'abat. De tous côtés, coule l'eau vers la vallée. Le sillon pierreux et mystérieux se remplit d'eau. L'eau déferle, rugit, et, tonitruante, frappe de tous côtés. Je deviens fou. Je me mets à courir. Je cours sur cette colline, puis sur l'autre. Je cours sur toutes les collines. La pluie me trempe. Mes habits collent à ma peau. Mes chaussures se remplissent d'eau et, quand je cours, elles bruissent. Je lève les mains et la tête au ciel. Je laisse cette pluie sans répit me cingler le visage... Puis, je reviens à moi. Je me tiens debout au bord des crevasses pierreuses, les yeux fixés sur son sol. Je secoue ma gourde. Ah, si seulement... juste une goutte d'eau ... !

Je saute par-dessus la crevasse de l'autre côté. Un squelette gît au pied d'un rocher noir. Je me penche sur lui. Il semble que ce soit là le squelette d'un cheval ou d'une vache. Ses pattes ont été arrachées. Peut-être est-ce l'œuvre des loups, ou bien celle de la nature. Il est évident que l'animal est mort il y a plusieurs semaines, voire plusieurs mois. Mais ses dents n'ont rien perdu de leur blancheur ; elles brillent. Il me semble qu'il est en train de se moquer de nous :

- Vous êtes fous ! Fous ! Moi qui ai passé toute ma vie dans cette montagne et ce désert, je n'ai pas réussi à m'en sortir vivant ; comment voulez-vous, vous, vous en sortir ?

Je suis, de manière inquiétante, aux prises avec des hallucinations. J'erre régulièrement du monde de la réalité à celui de l'illusion. Je ne sais pas pourquoi il en est ainsi. Cela vient-il de mon état psychique ? Est-ce un effet par la situation et l'environnement ? Peut-être s'agit-il aussi, en quelque sorte, de fuir cette situation anormale dans laquelle nous sommes englués. Fuite de la réalité, réalité dont l'aspect est terrifiant.

Laissant la vallée derrière nous, je me rends au sommet de la colline d'en face. Je m'étends sur l'herbe desséchée, mais je n'arrive pas à me calmer. La terre est encore brûlante. Mon front est en sueur. J'ôte ma chemise et la mets sous moi. Peut-être va-t-elle rafraîchir la terre. C'est inutile. Je geins, involontairement. Je ne suis plus maître de moi. Je n'en peux vraiment plus. Plus tard, Hasan et Esfandiyâr arrivent. Sans parler, ils tombent à mes côtés. Nous restons un peu ainsi. Pas de nouvelles de Mansur. Je demande à Esfandiyâr où il est. Il répond qu'il est resté en rade sur l'autre colline.

- Pourquoi tu l'as laissé faire ? Que faire maintenant ?

- Je ne sais pas. Nous allons attendre jusqu'à ce qu'il vienne.

Je sais qu'il ne viendra pas. Il faut le forcer à redémarrer. Je rebrousse chemin, franchissant une courte distance. A présent, je peux voir Mansur. Il est assis, comme un loup esseulé, au sommet de la colline et nous regarde. Je siffle. Je remue les bras. Je crie :

- Alors, viens, maudit ! Tu n'arrêtes pas de nous en faire voir !

La gorge me brûle. Ma langue est comme un morceau de bois sec. Je ne peux plus crier. Mansur ne bouge pas. S'il ne veut pas venir, nous ne pouvons rien faire pour lui. Je retourne auprès des gars.

- Levez-vous et partons !

Hasan dit :

- Attends un peu ! Laisse-nous reprendre notre souffle.

Esfandiyâr demande ce que nous comptons faire avec Mansur et si nous allons le laisser.

- Partons nous asseoir un peu plus bas. Tant qu'il pourra nous voir, Mansur ne bougera pas. Mais s'il ne nous voit plus, il viendra, ne serait-ce que par peur des loups.

Esfandiyâr n'est pas d'accord. Il prétend que s'il ne nous voyait plus, il perdrait espoir et ne viendrait pas du tout. Il se lève pour aller le chercher. Il commence à grimper et s'assied sur le versant de la colline. Je ne sais pas pourquoi, sans le vouloir, je repense à ce jour où j'avais déchiré la paume de la main de Mansur avec ma baïonnette. Il a plié la main et s'est assis par terre. La blessure n'était pas profonde, mais il fallait qu'elle soit bandée. J'ai eu beau insisté pour qu'il se rende à l'infirmerie, il a refusé obstinément. Par la suite, il a pris pour prétexte sa blessure pour échapper pendant un mois aux corvées de vaisselle et de balayage de la tranchée, en riant bien de moi. Un peu en contre-bas, on voit une étendue plane et sans buissons. Hasan et moi nous levons et allons nous y étendre. Sous nos pieds, s'ouvrent un profond précipice et une vallée à la terre noire. Un lièvre, ayant sans doute senti notre présence, sort de dessous une pierre et détale. Un oiseau, probablement un épervier, ondule au-dessus de la vallée. Leur présence allège notre sensation de solitude. Hasan sort de sa poche plusieurs ampoules d'atropine [46] et d'amilnitrite et se met à les tripoter. Je lui demande ce qu'il est en train de faire. Il me dit :

- On ne pourrait pas boire le liquide ?

- Tu es devenu fou ou quoi ?

Il lance les ampoules au loin et s'étend à nouveau. Tandis que je regarde le piémont de la colline, Je vois Esfandiyâr approcher sa gourde de sa bouche. Il boit quelque chose, puis fronce le visage. Je reste perplexe. Nous avait-il caché qu'il avait de l'eau ? Par la suite, je compris tout. [47] En attendant que Mansur arrive, petit à petit, l'atmosphère commence à s'assombrir. Pour lui, nous nous reposons encore un peu. Apparemment, tant que je ne dis rien, personne ne songe à lever l'ancre. Je me lève pour me mettre en route. Hasan et Esfandiyâr font de même. Mais Mansur est toujours couché. Je lui dis :

- Lève-toi, nous partons !

- Vous, vous vous êtes reposés ; moi, je viens juste d'arriver.

- Mais toi, en revanche, pendant que nous marchions, tu t'es bien reposé, assis en haut de la colline.

Il ne répond pas. Je l'appelle plusieurs fois de suite. N'attendant plus rien de sa part, je prends Esfandiyâr au collet, comme s'il était responsable de Mansur :

- Esfandiyâr, dis quelque chose ! Pourquoi ne dis-tu rien ? Pourquoi ne lui dis-tu pas que ce n'est pas un endroit pour dormir ? Espèce de canaille, pourquoi est-ce que tu ne le fais pas démarrer ?

Je me mets en route. Les gars ont réussi à faire décoller Mansur. Nous descendons les collines et tombons sur une crevasse. Nous la suivons. Qu'importe où elle nous mènera ! L'essentiel est que nous traversions ces collines et que nous parvenions au-delà.

[...]

Une lumière ? Celle des phares d'un véhicule ? C'est incroyable. Et moi qui me méfie de tout véhicule, si toutefois c'en est un. Je ne sais depuis quand Ahmadi est en haut, mais le fait qu'il y soit est d'un grand secours pour nous.

46. Ampoules anti-gaz C.M.R. (chimiques, microbiologiques, radioactifs).
47. Ce procédé [uriner dans sa gourde], Mansur y fut également contraint par la suite.

Tel un observateur compatissant, à chaque instant, il rapporte tout ce qu'il voit. Moi, à chaque fois, je mets mon voisin à contribution et lui demande les nouvelles :

- Frère, que dit-il ?

- Il dit que la lumière a viré vers la gauche. Apparemment, le véhicule se dirige vers l'Ouest.

- Maintenant, que dit-il ?

- Il dit que la voiture a tourné à droite.

- Et maintenant ?

Il me répond en rechignant. Il est évident que je le fatigue.

- Il dit qu'il ne voit plus la lumière.

« Il ne voit plus la lumière ! » que s'est-il donc passé pour qu'il ne voie plus la lumière ? Peut-être que le véhicule a éteint ses phares. Peut-être qu'il est engagé dans une pente. A moins qu'il n'ait fait demi-tour, ce qui serait la pire des choses qui puisse arriver. Hélas ! Nous commencions à reprendre espoir. Du regard, j'inspecte les alentours. Autour de moi, plusieurs personnes sont tombées. Je ne sais pas s'il s'agit de nos gars ou non. Je suis sur le point de les appeler, quand Ahmadi parle à nouveau. Les gars s'agitent. D'après les réactions, il est évident que la nouvelle était importante. Je demande à mon voisin ce qu'Ahmadi a dit. Il ne me répond pas. Je le questionne une deuxième, puis une troisième fois. Finalement, il est obligé de parler.

- Il dit que le lumière est en train de venir droit vers nous.

La lumière vient vers nous ? Je me lève. Grand Dieu, cela voudrait dire qu'il est possible que nous soyons sauvés ? La dernière phrase de l'observateur a fait bondir tout le monde. Tous ont retrouvé le moral. Surtout nous quatre. La nouvelle a eu un effet stimulant inattendu. On dirait que j'ai plus de force. J'ai l'impression que ma soif a un peu diminué. L'observateur descend de la colline, et, tout excité, il dit :

- Elle n'est pas à une grande distance de nous, seulement un ou deux kilomètres !

Tous, nous nous levons. L'espoir fait des miracles. Nous reprenons vie. Mais, moi, je n'arrive pas encore à croire à la délivrance. Grand Dieu, est-ce vraiment possible que quelqu'un vienne nous secourir ? Il ne faudrait pas que cette voiture-là aussi, comme cette Mercedes, nous échappe, ou que nous n'arrivions pas jusqu'à elle. Et si elle changeait d'itinéraire ? Et si, en nous voyant, elle prenait la fuite ? Et si ... des dizaines de questions sans réponses tournent dans ma tête. J'ai perdu les gars. Aussi bien les nôtres que les autres. Tout à coup, je m'effraie. Et s'ils me laissaient en plan ? Et si je ne les retrouvais plus ? Je regarde tout autour de moi. On ne voit rien. Je ne me suis absolument pas aperçu à quel moment je me suis trouvé séparé des autres. La pensée de rester seul dans ce désert brûlant et d'y mourir revigore mes jambes. J'accélère et quelques instants après, j'entends des bruits de pas et me calme. Apparemment, nous sommes en train de marcher dans le lit asséché d'une rivière. L'obscurité est totale. Nous ne voyons rien, même pas ce qu'il y a sous nos pieds. Puisque mes yeux ne servent à rien, je les ferme et m'efforce de somnoler tout en marchant, mais je trébuche sans arrêt dans des trous et des ornières et tombe. C'est vraiment curieux ! Jusqu'à présent, j'avais beau essayer de m'endormir, je n'y parvenais pas ; maintenant, je vois que si je me laissais aller un instant, je m'endormirais. Je prends peur. Il ne faudrait pas que je m'endorme et que je me trompe de chemin ou que je prenne du retard sur les autres. J'entends toujours les bruits de pas et ne les laisse pas s'éloigner. Pour ne pas risquer de m'endormir, malgré tous les efforts que cela me coûte, j'ouvre les yeux. Peu de temps après, je me vois parmi les gars. Maintenant, nous voyons le sol sous nos pieds, d'une blancheur éclatante. Nous avons dû pénétrer dans un terrain salin.

Nous arrivons à une espèce de fosse, dont le pourtour avait été entouré d'un muret de pierres. Quelqu'un, au moyen d'une lampe de poche, éclaire l'intérieur. J'y descends et gratte la terre du fond de cette cavité. Aucune trace d'eau. Pourtant, à une époque, elle était certainement pleine d'eau, sinon pourquoi l'aurait-on entourée d'un muret ? Nous arrivons à une bifurcation. L'observateur choisit notre voie. C'est ce que je saisis des conversations des autres. Maintenant, le sol est mou sous nos pieds. Il n'y a plus trace de ces pierres. Un tournant, deux tournants ... Nous arrivons à une colline. Derrière elle, une lumière s'élève vers le ciel. Une lumière céleste. Je la vois pour la première fois.

- Dispersez-vous. Que ceux qui sont armés préparent leurs armes. Il ne faut pas que nous la laissions s'échapper.

Nous quittons notre chemin et commençons à courir dans un terrain couvert d'herbes sèches. Mes compagnons m'ont tous dépassé. J'ai beau m'efforcer de ne pas rester à la traîne, je ne peux pas. Mais le plus étonnant est que Mansur est devant. Ce Mansur que nous avons traîné avec tant de mal jusqu'ici. Je jette un coup d'œil au faisceau de lumière qui s'étire dans le ciel jusqu'à l'infini. Il est fixe et immobile. Il est évident que le véhicule est à l'arrêt. Les gars se précipitent sur le piémont de la colline, la contournent et, de toutes parts, dévalent vers l'autre côté. Lorsqu'ils traversent les pentes ou le sommet de la colline, ils apparaissent en pleine lumière, et, pour la première fois, je peux voir leurs silhouettes. A présent que le véhicule est à l'arrêt et que les hommes l'ont atteint, je ne suis plus pressé de franchir la colline. Je l'escalade lentement. Mes pieds foulent de hautes herbes, dépassant la hauteur de mes genoux, qui entravent mon avancée. J'entends, venu de l'autre côté, le bruit que font les gars. Parvenu au sommet, une violente lumière frappe mes yeux. Ils sont occupés à aller et venir tout autour de la voiture. Plusieurs fois, je saisis, de manière décousue, le mot « eau ». Je me dis : « Il doit y avoir une source dans le coin et la voiture a dû s'arrêter pour prendre de l'eau. »

La main devant les yeux, je descends. Pas de source. Les gars entourent un homme. Il est vêtu d'une longue robe blanche et coiffé d'un foulard également blanc. Il est grand et maigre. Il s'efforce de calmer les hommes.

- Ne vous excitez pas, les gars, il y a beaucoup d'eau. Un plein thermos ! Je vous en donnerai à tous !

Je me mets dans la file. Les gars sont devenus fous.

- Il y a beaucoup d'eau. Vous en aurez au moins chacun une timbale.

Mon tour arrive enfin. L'Arabe, remplit d'eau la timbale et me la tend. Je la prends. Ma main et mon cœur tremblent. Durant toute la durée de ce parcours, à tous les instants d'espoir et de désespoir, notre seul leitmotiv était cela même : l'eau !

CHAPITRE II

ANTHOLOGIE DES MÉMOIRES DES COMBATTANTS FRANÇAIS

Discours, sergent Brana

« Discours de notre camarade Brana, directeur d'école à Bayonne, à l'occasion de la remise de la rosette qui lui était faite », *Cahiers de l'Union Fédérale*, 15 août 1936. Cité par Antoine Prost, *Histoire sociale de la France au XXème siècle*, Cours IEP, FNSP, 1972-1973, pp. 205-206.

Le sergent Brana, ancien combattant de la grande guerre et grand invalide, reçoit à Bayonne (Sud Ouest de la France) en 1936, 22 ans après la fin du conflit, le grade d'officier de la Légion d'honneur, plus haute décoration militaire française. Il tient à cette occasion un discours violemment pacifiste, mais qui révèle aussi l'investissement personnel des combattants dans la guerre.

« La guerre a fait de nous, non seulement des cadavres, des impotents, des aveugles. Elle a aussi, au milieu de belles actions, de sacrifice et d'abnégation, réveillé en nous et parfois porté au paroxysme, d'antiques instincts de cruauté et de barbarie. Il m'est arrivé – et c'est ici que se place mon aveu – à moi qui n'ai jamais appliqué un coup de poing à quiconque, à moi qui ai horreur du désordre et de la brutalité, de prendre plaisir à tuer. Lorsque, au cours d'un coup de main, nous rampions vers l'ennemi, la grenade au poing, le couteau entre les dents comme des escarpes, la peur nous tenait aux entrailles, et cependant une force inéluctable nous poussait en avant. Surprendre l'ennemi dans sa tranchée, sauter sur lui, jouir de l'effarement de l'homme qui ne croit pas au diable et qui pourtant le voit tout à coup tomber sur ses épaules ! Cette minute barbare, cette minute atroce avait pour nous une saveur unique, un attrait morbide, comme chez ces malheureux qui, usant de stupéfiants, mesurent l'étendue du risque, mais ne peuvent se retenir de reprendre du poison.

À l'issue de la guerre, de retour dans mon village, dans mon joli village basque – et ici encore je rougis à l'idée de vous avouer cette abominable déformation intellectuelle, mais je veux être sincère jusqu'au bout – c'est avec des yeux de guerrier que je voyais nos ravissants paysages couverts de fleurs et de verdure. Ici, sur cette crête, un magnifique emplacement pour un groupe de combat ; là, un cheminement admirable pour surprendre l'ennemi ; plus loin, dans cet éperon, une position idéale pour une mitrailleuse. Ah, les belles vagues de tirailleurs ennemis qu'elle coucherait ! Partout, dans les cadres les plus poétiques, les plus reposants, l'obsession du combat, l'obsession du meurtre, l'obsession de la mort... Et c'est cette défloraison de l'âme que j'ai pardonné le moins facilement à la guerre ».

Gilles, Pierre Drieu La Rochelle

Pierre Drieu La Rochelle, *Gilles*, Paris : Gallimard, 1ère édition : 1939, rééd. Folio : 1986, 687 p.

Gilles *est un roman autobiographique de l'écrivain Pierre Drieu La Rochelle, plusieurs fois blessé durant la Première Guerre mondiale. Lié tout d'abord à l'avant-garde d'extrême gauche dans les années 1920, il se rallie au fascisme à partir de 1934 et publie alors que la seconde Guerre Mondiale est commencée, un roman qui est celui de la conversion au fascisme. Cette conversion imprègne rétrospectivement sa vision de la Grande Guerre, comme dans ce texte.*

- La révolution en Europe serait plus facile si le prolétariat avait devant lui une seule bourgeoisie, un seul militarisme, une seule oppression.

Ayant dit cela, Debrye ricana. Il avait de petites dents pointues qui déplaisaient à Gilles. Celui-ci préférait le front bas, qui, avant de fuir, montrait des bosses modelées par une main savante et tourmentée.

Il avait rencontré son ancien camarade de Sorbonne dans la rue. Ils ne s'étaient pas vus depuis juillet 1914. Aussi, depuis deux heures, parlaient-ils à perte de vue en marchant au hasard.

Gilles lui demanda brusquement :

- Vous ne vous êtes jamais demandé si cette idéologie ne naît pas de la peur ?

Il s'arrêta et regarda Debrye avec anxiété. Il ne voulait pas le blesser, encore moins faire une erreur de jugement. Sans doute, cet homme avait eu peur comme lui-même, Gilles, avait eu peur ; mais son activité défaitiste, de plus en plus accentuée, lui composait un autre risque. Il ajouta donc, en hâte :

- Laissez-moi m'expliquer... Ce que je veux dire...

- Pourquoi ne tiendrais-je pas compte de la peur ?

- Je n'aimerais pas que vous n'ayiez pas pris conscience de la peur comme élément certain de votre sentiment sur la guerre. J'ai horreur des idéologies qui partent d'une donnée inconnue de la sensibilité.

Debrye regarda Gilles avec cette curiosité sympathique, amusée, où passait un léger filet de regret qu'il lui manifestait déjà autrefois à la Sorbonne. Il considérait Gilles Gambier comme un esprit fin, trop séduit par les pensées et les actes rares.

- Mais vous, Gambier, de votre côté, vous construisez tout votre système *contre* la peur. Moi, je me dis : la peur est un instinct naturel, qui me désigne le mal. Le mal. J'ai peur à la guerre, c'est que la guerre est un mal pour l'homme.

Gilles s'arrêta, étonné. Le courage était devenu pour lui quelque chose de positif. Il reprit :

- Vous ne vous êtes jamais demandé si votre idéologie ne légitimait pas, non la peur, mais... comment dirais-je ?... la paresse, l'incapacité... Oui, voilà, toute une incapacité. Vous n'êtes pas sportif, vous ne savez rien faire avec votre corps.

- Pardon, je...

- Oh ! avouez que ça ne va pas bien loin. L'homme moderne est une affreux décadent. Il ne peut plus faire la guerre, mais il y a bien d'autres choses qu'il ne peut plus faire. Cependant, avec son infatuation, sont arrogance d'ignorant, il condamne ce qu'il ne peut plus faire, ce qu'il ne peut plus supporter. C'est comme l'art. Il est devenu scientifique parce qu'il ne pouvait plus être artiste.

- Joli art, cette guerre.

- Ah ! voilà, s'écria Gilles avec un soupir, on peut dire, en effet, que la guerre est devenue si laide que l'homme aurait le droit de la rejeter. Cependant...

Il s'arrêta. L'autre lui fit signe d'achever. Il remarquait qu'à la bouche de Gilles un pli délicat devenait une lippe de dégoût.

- Cependant, la guerre, si défigurée qu'elle soit, demeure nécessité. Vous êtes révolutionnaire. La révolution, c'est encore la guerre.

La lippe de Gilles s'était effacée ; son œil brillait. Debrye lui jeta de nouveau son regard amusé. Puis une image, un souvenir passa devant les yeux du défaitiste. Sa mâchoire se contracta malignement :

- J'ai eu peur, j'ai crevé de peur depuis août 1914.

Gilles regardait son ami. Car cet homme qui tenait ces propos méprisables était son ami. Et un homme digne d'amitié. A la Sorbonne, brillant étudiant, il fascinait ses maîtres et ses camarades par sa fringale d'autorité, fringale aussitôt satisfaite, car les hommes se donnent à qui veut les prendre. (...)

Gilles revint sur le premier point de leur débat :

- Vous ferez de l'Europe, par la victoire de l'Allemagne, une immense Irlande où les sentiments nationalistes seront renforcés, exaspérés, consacrés par la persécution.

Il pensait que, si on refuse un combat, on ne peut qu'en engager un autre. On ne peut se dérober à la loi du combat, qui est la loi de la vie. Il avait trouvé dans la guerre une révélation inoubliable qui avait inscrit dans un tableau lumineux les premiers articles de sa foi : l'homme n'existe que dans le combat, l'homme ne vit que s'il risque la mort. Aucune pensée, aucun sentiment n'a de réalité que s'il est éprouvé par le risque de la mort.

Il redit encore :

- Vous êtes contre la guerre, mais vous êtes pour la révolution. Or, la révolution, c'est la guerre.

Au grand étonnement de Gilles, Debrye acquiesça, cette fois.

- Oui, mais une autre guerre. La guerre civile.

- La guerre civile, parlez-moi de ça. Là on connaît ses ennemis.

- Oh ! il y aurait des distinctions à faire entre les bourgeois comme entre les Allemands.

- Elles sont plus faciles.

- Croyez-vous ? Croyez-vous qu'on ait fait des distinctions en 1793, ou pendant la Commune ?

Gilles manifesta un scandale amusé.

- Le but de la guerre est toujours la paix... par l'extinction de l'ennemi. C'est cette paix-là qui est au bout de votre révolution comme de ma guerre.

Debrye, agacé, rompit et revint aussi en arrière :

- Vous avez trop peur d'avoir peur. Il se trouve que, pour notre génération, la guerre est la première expérience de la vie. Vous avez peur de n'y pas répondre généreusement. Alors, vous voilà construisant une philosophie de la vie sur la résistance à la colique.

Gilles demeura coi. Décidément, il s'intéressait à cette analyse de lui-même qu'il n'avait su faire. Contemplatif, Gilles toujours, à un moment donné, songeait à abandonner le combat pour considérer l'élément nouveau de connaissance qu'il lui apportait. Cependant son hostilité demeurait entière contre la sensibilité de l'autre.

Debrye n'avait pas une très bonne santé, c'était le grief essentiel de Gilles contre lui. Il avait été longtemps à l'arrière, puis il avait été dans les brancardiers quelque part. Maintenant il était réformé : Gilles, devant lui, souffrait de n'être pas au front, de n'être pas mort. Seule, la mort pouvait le séparer de cette race d'esclaves révoltés et grimaçants. Il jeta sur Debrye, sur le lieu où ils étaient un regard qui le séparait complètement de tout cela, comme une lame de couteau. (...)

Gilles voulait quitter Debrye. « Je veux quitter Debrye comme je veux quitter Myriam. Je refuse tout ce monde. La guerre, c'est ma partie. » C'était sa sûre solitude. Toutefois, il s'attardait. Il y avait des mois qu'il n'avait causé avec un homme intelligent, avec un esprit dont le raffinement flattait le sien. Enfin, il lui dit : au revoir, en se disant : non, c'est adieu.

Au moment que leurs mains se dénouaient, Gilles sentit un scrupule rétrospectif.

- Si nous nous étions trouvés l'un à côté de l'autre au front ?

Debrye regarda Gilles, sans avoir l'air de comprendre.

- Si je vous avais vu mettre en pratique votre défaitisme ?

- Ah ! ça... si on ne m'avait pas mis dans les brancardiers, j'aurais refusé de me servir d'un fusil.

- Alors, moi, qu'aurais-je fait ?

Debrye regarda Gilles de son air amusé, un peu railleur.
- Mon cher, ne vous faites pas plus méchant que vous n'êtes.
- J'aurais tiré sur vous, prononça Gilles avec effort, en rougissant.

Carnets de guerre, Louis Barthas

Louis Barthas, *Les carnets de guerre de Louis Barthas, tonnelier (1914-1918)*, introduction de Rémy Cazals, Paris : François Maspéro, 1981.

Âgé de 35 ans en 1914, artisan rural (tonnelier habitant dans un village de l'Aude (Sud de la France), Louis Barthas était un socialiste autodidacte et un militant syndicaliste. Il fait la guerre dans l'infanterie. Durant toute la durée du conflit, il ne cesse de rédiger des notes, qui lui permettent de réécrire ses mémoires de guerre à partir de 1919. Il présente une version de la guerre socialiste et antimilitariste dont la postérité a été considérable. Ceci explique la notoriété de ce livre depuis sa parution en 1981.

Ce fut d'abord des sourires, puis des rires étouffés qui fusèrent bientôt, éclatèrent irrévérencieusement. Les officiers avaient grand-peine à tenir leur sérieux, et le successeur de la Trémouille lui-même, le colonel gouverneur militaire de Vitré, mordillait ses grosses moustaches grises. À la fin, l'orateur lui aussi fut gagné par le rire qui secouait la salle entière et cette bizarre conférence prit fin au milieu de l'hilarité générale. Ce qui était le plus drôle, c'est que cet émissaire de Clemenceau ne paraissait pas se douter le moins du monde du motif de cette hilarité et continuait à hacher toutes ses phrases de ces exclamations où il mettait toute sa conviction : « C'est formidable ! C'est formidable ! »

1918. L'armistice ! Libération !

Cependant le grand drame touchait à sa fin ; seule contre vingt peuples se ruant contre elle en un hallali fantastique, l'Allemagne, si orgueilleuse en 1914, à genoux demandait grâce, demandait l'armistice.

Mais cette façon de fuir la guerre ne faisait pas l'affaire de nos galonnards qui n'avaient pas encore tout leur compte de croix, de médailles, d'étoiles, de fourragères, de galons, d'honneurs et de gloire.

Pour ces gens-là, cette guerre devait finir par un désastre total de l'armée allemande auprès duquel les Iéna, les Waterloo, les Sedan n'auraient été que de simples embuscades. Des canons capturés par milliers, des Boches par centaines de mille, les débris ennemis passant affolés les ponts du Rhin, pourchassés la baïonnette dans les reins par nos soldats, nos régiments entrant dans les grandes cités d'outre-Rhin, drapeaux déployés, fanfares en tête, voilà l'apothéose que rêvaient non seulement nos grands guerriers mais le gouvernement, presque toute la presse, tous les embusqués, et à l'arrière tous ceux qui n'avaient plus rien à perdre ou qui avaient encore à gagner à la continuation de la guerre.

Qu'importait cent mille, deux cent mille cadavres de plus, quelque mois de souffrances inimaginables à supporter encore !

Est-ce que cela comptait pour ceux qui étaient loin des horions ? Et pour accomplir ce rêve monstrueux les gouvernements, dits alliés, cherchèrent à retarder le plus possible l'heure du dernier coup de canon en obligeant l'Allemagne à renouveler plusieurs fois sa demande d'armistice, pour de simples questions de forme et de formules.

Et pendant ce temps, dans une orgie de meurtre, de sang, d'incendies, tout le front était enflammé d'Ypres à Belfort ; sans exception tous nos régiments furent lancés à l'assaut des mitrailleuses allemandes.

Cependant, les armées allemandes pliaient sur tous les points, mais sans laisser rompre leur front et leur retraite ne put être changée en déroute.

Il fallut bien se résigner à céder la parole aux diplomates, mais je n'ai pas la prétention de faire ici de l'histoire en racontant les péripéties angoissantes, dramatiques qui aboutirent à la signature de l'armistice, le Onze Novembre 1918, à cinq heures du matin.

Les grands chefs eux-mêmes ne croyaient pas à un dénouement si proche. Témoin ce fait : deux jours avant l'armistice nous arrivions à onze heures du matin à la caserne, l'appétit aiguisé par trois ou quatre heures d'exercice et croyant aller manger de suite notre pitance, lorsqu'en arrivant dans la cour nous eûmes la désagréable surprise d'y trouver le général commandant la région militaire, le fameux général d'Amade, célèbre par ses exploits coloniaux.

Le général avait sans doute bien déjeuné. Il n'avait pas l'air pressé. Il nous fit rassembler, il congratula les officiers, s'arrêta de-ci, de-là, devant quelques poilus, posant des questions diverses, puis finalement il nous fit un boniment patriotique et en terminant, croyant sans doute nous faire plaisir, il nous assura que « la victoire était certaine mais que la guerre n'était pas finie et que nous avions encore des lauriers à cueillir ! ». Merci de ces lauriers, cette fin de boniment nous coupa notre appétit et nous rentrâmes pensifs et soucieux dans nos chambrées.

Il était midi quand la nouvelle nous parvint à la caserne de Vitré. Il ne resta pas un seul soldat dans les chambres. Ce fut une dégringolade endiablée par les longs couloirs et la ruée vers le poste de police où l'on venait de placarder un télégramme annonçant en deux lignes laconiques la délivrance de millions d'hommes, la fin de leurs tortures, leur retour prochain à la vie civilisée.

Que de fois on avait songé à ce jour béni que tant n'auront pas vu, que de fois on avait scruté, fouillé le mystérieux avenir, cette étoile de salut, ce phare toujours invisible dans la nuit noire. Et voilà que ce jour à jamais immortel était arrivé !

Ce bonheur, cette joie nous écrasaient, ils ne pouvaient contenir dans notre cœur et nous restions là à nous regarder, muets et stupides.

Mais nous fûmes rappelés à la réalité par les cris de « Rassemblement ! » et les coups de sifflets des adjudants de jour pour aller à l'exercice comme de coutume.

Quoi, à l'exercice ! Un jour si solennel dont la date sera inoubliée dans les siècles futurs, c'était une brimade. En maugréant on prit le chemin du terrain de manœuvre, et le lendemain aussi. Enfin quelque haut galonné moins stupide que les autres fit cesser ces exercices qui n'avaient plus leur raison d'être et trois jours après notre détachement regagna la capitale du pays de Guingamp. Mais pour le retour on eut l'intelligence de nous faire prendre un train qui n'était pas direct et il fallut passer la nuit sur les bancs d'une salle d'attente à Rennes.

J'obtenais bientôt une permission de cinquante jours comme tonnelier et ne rejoignis le dépôt que le 10 janvier 1919.

À mon passage à Paris, je visitai le Jardin des Plantes et passai devant l'Opéra et le Louvre.

Un mois encore me séparait de ma libération. Il fut employé à prendre la garde à la caserne du 48e régiment et à un hôpital où étaient soignés des prisonniers allemands qu'on envoyait de toute la région.

On les avait installés sous deux grandes tentes au fond du grand jardin de l'hôpital et là on ne s'occupait plus d'eux. Celui qui était trop malade mourait, et voilà tout, un Boche de moins.

Pas de visite pour eux. Une fois par semaine seulement, un major passait et jugeait sur la mine ceux qui étaient ou paraissaient être en état de rejoindre leur camp d'origine.

Je fus un jour désigné pour aller avec quatre soldats conduire une douzaine de « guéris » à leur cantonnement de Saint-Brieuc. Leur prison était un collège de la ville. Nous y arrivâmes au moment où on servait le repas qui se composait uniquement de riz cuit à l'eau où surnageaient quelques bouts de viande de dernière catégorie, peaux, tendons, gras, etc. Par exemple, du riz, il y en avait à volonté. Ceux qui aimaient ce plat du jour pouvaient s'en mettre « jusque-là ».

Les autres qui avaient de l'argent pouvaient se payer quelques douceurs ; dans un coin de la cour un mercanti avait dressé une table chargée de boîtes de conserves, du chocolat, etc. Tous les sous des maigres bourses des prisonniers prenaient le chemin de la poche du mercanti.

Nous passâmes le restant de la journée à visiter Saint-Brieuc que des ravins très encaissés séparent de la mer.

Sur une place se dresse la statue d'un ancien maire de la ville tué par le Chouans qui, une nuit, s'étaient emparés de Saint-Brieuc pour ouvrir les portes des prisons où se trouvaient des condamnés à mort qui devaient être exécutés le lendemain.

Enfin le jour tant désiré arriva pour moi le 14 février 1919.

Ce jour-là à Narbonne après de multiples formalités imposées aux démobilisés et passages dans une série de bureau, un adjudant rond-de-cuir me tendit ma feuille de libération en me disant cette phrase attendue avec plus d'impatience que le Messie : « Allez, vous être libre. »

J'étais libre après cinquante-quatre mois d'esclavage ! J'échappais enfin des griffes du militarisme à qui je vouais une haine farouche.

Cette haine je chercherai à l'inculquer à mes enfants, à mes amis, à mes proches. Je leur dirai que la Patrie, la Gloire, l'honneur militaire, les lauriers ne sont que de vains mots destinés à masquer ce que la guerre a d'effroyablement horrible, laid et cruel.

Pour maintenir le moral au cours de cette guerre, pour la justifier, on a menti cyniquement en disant qu'on luttait uniquement pour le triomphe du Droit et de la Justice, qu'on n'était guidés par aucune ambition, aucune convoitise coloniale ou intérêts financiers et commerciaux.

On a menti en nous disant qu'il fallait aller jusqu'au bout pour que ce soit la dernière des guerres.

On a menti en disant que nous, les poilus, nous voulions la continuation de la guerre pour venger les morts, pour que nos sacrifices ne soient pas inutiles.

On a menti... mais je renonce à écrire tous les mensonges sortis de la bouche ou sous la plume de nos gouvernants ou journalistes.

La victoire a fait tout oublier, tout absoudre ; il la fallait coûte que coûte à nos maîtres pour les sauver, et pour l'avoir ils auraient sacrifié toute la race, comme disait le général de Castelnau.

Et dans les villages on parle déjà d'élever des monuments de gloire, d'apothéose aux victimes de la grande tuerie, à ceux, disent les patriotards, qui « ont fait volontairement le sacrifice de leur vie », comme si les malheureux avaient pu choisir, faire différemment.

Je ne donnerai mon obole que si ces monuments symbolisaient une véhémente protestation contre la guerre, l'esprit de la guerre et non pour exalter, glorifier une telle mort afin d'inciter les générations futures à suivre l'exemple de ces martyrs malgré eux.

Ah ! si les morts de cette guerre pouvaient sortir de leur tombe, comme ils briseraient ces monuments d'hypocrite pitié, car ceux qui les y élèvent les ont sacrifiés sans pitié. Car qui a osé crier : « Assez de sang versé ! assez de morts ! assez de souffrances ! » ?

Qui a osé refuser son or, son argent, ses papiers, publiquement, aux emprunts de guerre, pour faire durer la guerre ?

Revenu au sein de ma famille après des années de cauchemar, je goûte la joie de vivre, de revivre plutôt. J'éprouve un bonheur attendri à des choses auxquelles, avant, je ne faisais nul cas : m'asseoir à mon foyer, à ma table, coucher dans mon lit, chassant le sommeil pour entendre le vent heurter les volets, lutter avec les grands platanes voisins, entendre la pluie frapper inoffensive aux carreaux, contempler une nuit étoilée, sereine, silencieuse ou, par une nuit sans lune, sombre, évoquer les nuits pareilles passées là-haut...

Souvent je pense à mes très nombreux camarades tombés à mes côtés. Je entendu leurs imprécations contre la guerre et ses autres, la révolte de tout leur être contre leur funeste sort, contre leur assassinat. Et moi, survivant, je crois être inspiré par leur volonté en luttant sans trêve ni merci jusqu'à mon dernier souffle pour l'idée de paix et de fraternité humaine.

Février 1919

Le Feu, Henri Barbusse

Henri Barbusse, *Le Feu, Journal d'une Escouade*, suivi de *Carnets de Guerre*, Paris : Flammarion, 1ère édition : 1916, 1965, 315 p.

Le Feu, *obtient à la fin de l'année 1916, le prix Goncourt, principal prix littéraire français. Il fut le premier best-seller de la guerre et il l'est resté jusqu'à nos jours. Son auteur était un engagé volontaire de 41 ans, homme de gauche sans être militant, et radicalisé par l'expérience de guerre. Le succès de sa présentation du conflit fut liée au réalisme de l'évocation : mais Barbusse voyait dans la guerre la possibilité d'un monde nouveau de type socialiste qui l'amena à se rallier au communisme en 1919.*

Où est l'ennemi ? Il a laissé des corps partout et on a vu des rangées de prisonniers : là-bas, encore, il s'en profile une, monotone, indéfinie et toute fumeuse sur le ciel sale. Mais le gros semble s'être dissipé au loin. Quelques obus nous arrivent ici, là, maladroitement ; on s'en moque. On est délivrés, on est tranquilles, on est seuls, dans cette sorte de désert où des immensités de cadavres aboutissent à une ligne de vivants.

La nuit est venue. La poussière s'est envolée, mais elle a fait place à la pénombre et à l'ombre, sur le désordre de la foule étirée en longueur. Les hommes se rapprochent, s'asseyent, se lèvent, marchent, appuyés ou accrochés les uns aux autres. Entre les abris, bloqués par des mêlées de morts, on se groupe, on s'accroupit. Quelques-uns ont posé leur fusil par terre et vaguent aux abords de la fosse, les bras ballants ; de près, on voit qu'ils sont noircis, brûlés, les yeux rouges, et balafrés de boue. On ne parle guère, mais on commence à chercher.

On aperçoit des brancardiers dont les silhouettes découpées cherchent, s'inclinent, s'avancent, cramponnés deux à deux à leurs longs fardeaux. Là-bas, à notre droite, on entend des coups de pioche et de pelle.

J'erre au milieu de ce sombre tohu-bohu.

Dans un endroit où le talus de la tranchée, écrasé par le bombardement, forme une pente douce, quelqu'un est assis. Un vague éclairement règne encore. La calme attitude de cet homme, qui regarde devant lui et pense, me semble sculpturale et me frappe. Je le reconnais en me penchant. C'est le caporal Bertrand.

Il tourne la figure vers moi et je sens qu'il me sourit dans l'ombre avec son sourire réfléchi.

- J'allais te chercher, me dit-il. On organise la garde de la tranchée, en attendant qu'on ait des nouvelles de ce qu'ont fait les autres et de ce qui se passe en avant. Je vais te mettre en sentinelle double, avec Paradis, dans un trou d'écoute que les sapeurs viennent de creuser.

Nous contemplons les ombres des passants et des immobiles, qui se profilent en taches d'encre, courbés, pliés dans diverses poses, sur la grisaille du ciel, tout le long du parapet en ruines. Ils font un étrange remuement ténébreux, rapetissés comme des insectes et des vers, parmi ces campagnes cachées d'ombre, pacifiées par la mort, où les batailles font, depuis deux ans, errer et stagner des villes de soldats sur des nécropoles démesurées et profondes.

Deux êtres obscurs passent dans l'ombre, à quelques pas de nous ; ils s'entretiennent à demi-voix.

- Tu parles, mon vieux, qu'au lieu de l'écouter, j'y ai foutu ma baïonnette dans l'ventre, que j'pouvais plus la déclouer.

- Moi, i's étaient quat' dans l' fond du trou. J'les ai appelés pour les faire sortir ; à mesure qu'un sortait, j'y ai crevé la peau. J'avais du rouge qui me descendait jusqu'au coude. J'en ai les manches collées.

- Ah ! reprit le premier, quand on racont'ra ça plus tard, si on r'vient, à eux autres chez nous, près du fourneau de la chandelle, qui voudra y croire ? C'est-i' pas malheureux, s'pas ?

- J'm'en fous, pourvu qu'on r'vienne, fit l'autre. Vitement, la fin, et qu'ça.

Bertrand parlait peu, d'ordinaire, et ne parlait jamais de lui-même. Il dit pourtant :

- Il le fallait, dit-il. Il le fallait – pour l'avenir.

Il croisa les bras, hocha la tête.

- L'avenir ! s'écria-t-il tout d'un coup comme un prophète. De quels yeux ceux qui vivront après nous et dont le progrès – qui vient comme la fatalité – aura enfin équilibré les consciences, regarderont-ils ces tueries et ces exploits dont nous ne savons pas même, nous qui les commettons, s'il faut les comparer à ceux des héros de Plutarque et de Corneille, ou à des exploits d'apaches !

« Et pourtant, continua Bertrand, regarde ! Il y a une figure qui s'est élevée au-dessus de la guerre et qui brillera pour la beauté et l'importance de son courage... »

J'écoutais, appuyé sur un bâton, penché sur lui, recueillant cette voix qui sortait, dans le silence du crépuscule, d'une bouche presque toujours silencieuse. Il cria d'une voix claire :

- Liebknecht !

Il se leva, les bras toujours croisés. Sa belle face, aussi profondément grave qu'une face de statue, retomba sur sa poitrine. Mais il sortit encore une fois de son mutisme marmoréen pour répéter :

- L'avenir ! L'avenir ! L'œuvre de l'avenir sera d'effacer ce présent-ci, et de l'effacer plus encore qu'on ne pense, de l'effacer comme quelque chose d'abominable et de honteux. Et pourtant, ce présent, il le fallait, il le fallait ! Honte à la gloire militaire, honte aux armées, honte au métier de soldat, qui change les hommes tour à tour en stupides victimes et en ignobles bourreaux. Oui, honte : c'est vrai, mais c'est trop vrai, c'est vrai dans l'éternité, pas encore pour nous. Attention à ce que nous pensons maintenant ! Ce sera vrai, lorsqu'il y aura toute une vraie bible. Ce sera vrai lorsque ce sera écrit parmi d'autres vérités que l'épuration de l'esprit permettra de comprendre en même temps. Nous sommes encore perdus et exilés loin de ces époques-là. Pendant nos jours actuels, en ces moments-ci, cette vérité n'est presque qu'une erreur, cette parole sainte n'est qu'un blasphème !

Il eut une sorte de rire plein de résonances et de rêves.

- Une fois, je leur ai dit que je croyais aux prophèties – pour les faire marcher.

Je m'assis à côté de Bertrand. Ce soldat qui avait toujours fait plus que son devoir et pourtant survivait encore, – revêtait en ce moment à mes yeux l'attitude de ceux qui incarnent une haute idée morale et ont la force de se dégager de la bousculade des contingences, et qui sont destinés, pour qu'ils passent dans un éclat d'événement, à dominer leur époque.

- J'ai toujours pensé toutes ces choses, murmurai-je.

- Ah ! fit Bertrand.

Nous nous regardâmes sans un mot, avec un peu de surprise et de recueillement. Après ce grand silence, il reprit :

- Il est temps de commencer le service. Prends ton fusil et viens.

*

*   *

...De notre trou d'écoute, nous voyons vers l'est une lueur d'incendie se propager, plus bleue, plus triste qu'un incendie. Elle raye le ciel au-dessous d'un long nuage noir qui s'étend, suspendu, comme la fumée d'un grand feu éteint, comme une tache immense sur le monde. C'est le matin qui revient.

Il fait un froid tel qu'on ne peut rester immobile malgré l'enchaînement de la fatigue. On tremble, on frissonne, on claque des dents, on larmoie. Peu à peu, avec une lenteur désespérante, le jour s'échappe du ciel dans la maigre charpente des nuages noirs. Tout est glacé, incolore et vide.

J'ai tué, Blaise Cendrars

Blaise Cendrars, *J'ai tué*, Paris : Edition G. Grès, 1919, 152 p.

De nationalité suisse, Blaise Cendrars mena avant la guerre une vie d'aventure et de voyages. Il appartenait à l'avant-garde littéraire et artistique parisienne des années 1900. Il s'engage dans la Légion étrangère au début de la guerre et, blessé en Champagne en septembre 1915, il est amputé du bras droit. J'ai tué, *rédigé en convalescence dans le Sud de la France avant la fin du conflit, est un des textes les plus brutaux qui ait été écrit en langue française sur la violence interpersonnelle pendant la Grande Guerre.*

C'est l'heure H. On part à l'attaque la cigarette aux lèvres. Aussitôt les mitrailleuses allemandes tictaquent. Les moulins à café tournent. Les balles crépitent. On avance en levant l'épaule gauche, l'omoplate tordue sur le visage, tout le corps désossé pour arriver à se faire un bouclier de soi-même. On a de la fièvre plein les tempes et de l'angoisse partout. On est crispé. Mais on marche quand même, bien aligné et avec calme. Il n'y a plus de chef galonné. On suit instinctivement celui qui a toujours montré le plus de sang-froid, souvent un obscur homme de troupe. Il n'y a plus de bluff. Il y a bien encore quelques braillards qui se font tuer en criant : « Vive la France ! » ou « C'est pour ma femme ! » Généralement, c'est le plus taciturne qui commande et qui est en tête, suivi de quelques hystériques. Voilà le groupe qui stimule les autres. Le fanfaron se fait petit. L'âne brait. Le lâche se cache. Le faible tombe sur les genoux. Le voleur vous abandonne. Il y en a qui escomptent d'avance des porte-monnaie. Le froussard se carapate dans un trou. Il y en a qui font le mort. Et il y a toute la bande des pauvres bougres qui se font bravement tuer sans savoir comment ni pourquoi. Et il en tombe ! Maintenant les grenades éclatent comme dans une eau profonde. On est entouré de flammes et de fumées. Et c'est une peur insensée qui vous culbute dans la tranchée allemande. Après un vague brouhaha, on se reconnaît. On organise la position conquise. Les fusils partent tout seuls. On est tout à coup là, parmi les morts et les blessés. Pas de répit. « En avant ! En avant ! » On ne sait pas d'où vient l'ordre. Et l'on repart en abandonnant le sac. Maintenant on marche dans de l'herbe haute. On voit des canons démolis, des fougasses renversées, des obus semés dans les champs. Des mitrailleuses vous tirent dans le dos. Il y a des Allemands partout. Il faut traverser des feux de barrage. De gros noirs autrichiens qui écrabouillent une section entière. Des membres volent en l'air. Je reçois du sang plein le visage. On entend des cris déchirants. On saute les tranchées abandonnées. On voit des grappes de cadavres, ignobles comme les paquets des chiffonniers : des trous d'obus, remplis jusqu'au bord comme des poubelles ; des terrines pleines de choses sans nom, du jus, de la viande, des vêtements et de la fiente. Puis, dans les coins, derrière les buissons, dans un chemin creux, il y a les morts ridicules, figés comme des momies, qui font leur petit Pompéi. Les avions volent si bas qu'ils vous font baisser la tête. Il y a là-bas un village à enlever. C'est un gros morceau. Le renfort arrive. Le bombardement reprend. Torpilles à ailettes, crapouillots. Une demi-heure, et nous nous élançons. Nous arrivons à vingt-six sur la position. Prestigieux décor de maisons croulantes et de barricades éventrées. Il faut nettoyer ça. Je revendique alors l'honneur de toucher un couteau à cran. On en distribue une dizaine et quelques grosses bombes à la mélinite. Me voici l'eustache à la main. C'est à ça qu'aboutit toute cette immense machine de guerre. Des femmes se crèvent dans les usines. Un peuple d'ouvriers trime à outrance au fond des mines. Des savants, des inventeurs s'ingénient. La merveilleuse activité humaine est prise à tribut. La richesse d'un siècle de travail intensif. L'expérience de plusieurs civilisations. Sur toute la surface de la terre on ne travaille que pour moi. Les minerais viennent du Chili, les conserves d'Australie, les cuirs d'Afrique. L'Amérique nous envoie des machines-outils, la Chine de la main-d'œuvre. Le cheval de la roulante est né dans les pampas de l'Argentine. Je fume un tabac arabe. J'ai dans ma musette du chocolat de Batavia. Des mains d'hommes et des mains de femmes ont fabriqué tout ce que je porte sur moi. Toutes les races, tous les climats, toutes les croyances y ont collaboré. Les plus anciennes traditions et les procédés les plus modernes. On a bouleversé les entrailles du globe et les mœurs ; on a exploité des régions encore vierges et appris un métier inexorable à des être inoffensifs. Des pays entiers ont été transformés en un seul jour. L'eau, l'air, le feu, l'électricité, la radiographie, l'acoustique, la balistique, les mathématiques, la métallurgie, la mode, les arts, les superstitions, la lampe, les voyages, la table, la famille, l'histoire universelle sont cet uniforme que je porte. Des paquebots franchissent les océans. Les sous-marins plongent. Les trains roulent. Des files de camions trépident. Des usines explosent. La foule des grandes villes se rue au ciné et s'arrache les journaux. Au fond des campagnes les paysans sèment et récoltent. Des âmes prient. Des chirurgiens opèrent. Des financiers s'enrichissent. Des marraines écrivent des lettres. Mille millions d'individus m'ont consacré toute leur activité d'un jour, leur force, leur talent, leur science, leur intelligence, leurs habitudes, leurs sentiments, leur cœur. Et voilà qu'aujourd'hui j'ai le couteau à la main. L'eustache de Bonnot. « Vive l'humanité ! » Je palpe une froide vérité sommée d'une lame tranchante. J'ai raison. Mon jeune passé sportif saura suffire. Me voici les nerfs tendus, les muscles bandés, prêt à bondir dans la réalité. J'ai bravé la torpille, le canon, les mines, le feu, les gaz, les mitrailleuses, toute la machinerie anonyme, démoniaque, systématique, aveugle. Je vais braver l'homme. Mon semblable. Un singe. Œil pour œil, dent pour dent. A nous deux maintenant. À coup de poing, à coups de couteau. Sans merci. Je saute sur mon antagoniste. Je lui porte un coup terrible. La tête est presque décollée. J'ai tué le Boche. J'étais plus vif et plus rapide que lui. Plus direct. J'ai frappé le premier. J'ai le sens de la réalité, moi, poète. J'ai agi. J'ai tué. Comme celui qui veut vivre.

Nice, 3 février 1918

Ecrits de guerre, Marc Bloch

Marc Bloch, *Ecrtis de guerre, 1914-1918*, Textes réunis et présentés par Etienne Bloch et Stéphane Audoin-Rouzeau, Paris : Armand Collin, 1997, 196 p.

Marc Bloch, âgé de plus de 30 ans en 1914, était un historien, qui avait commencé sa carrière de médiéviste avant 1914. Mobilisé comme sous-officier, il termine la guerre avec le grade de capitaine. Appartenant à une famille juive non-pratiquante qui avait quitté l'Alsace occupée par l'Allemagne en 1870, Marc Bloch incarne parfaitement le patriotisme des élites intellectuelles françaises pendant la Grande Guerre, comme en témoignent ses deux lettres testaments, rédigées "en cas de malheur", à l'intention de sa famille en juin 1915 et novembre 1917.

Paris, 1er juin 1915

Quand vous lirez cette lettre, j'aurai cessé de vivre. Je serai mort « à l'ennemi ». Je vous demande pas d'avoir du courage, je sais trop que vous en aurez. que vos larmes ne soient pas trop amères ! Je suis mort volontairement pour une cause que j'aimais ; j'ai fait en partant le sacrifice de moi-même ; c'est la plus belle des fins. Je mentirais en disant que je ne regrette pas la vie ; je serais injuste envers vous qui me l'avez faite si douce ; mais vous m'avez appris à mettre certaines choses au dessus de la vie même. Songez que j'aurais pu comme tant d'autres tomber au mois d'août 1914, pendant la retraite, et mourir en désespérant de la France : ce sont ceux-là qu'il faut plaindre. Moi je suis mort sûr de la victoire, et heureux – oui vraiment heureux, je le dis dans toute la sincérité de mon âme – de verser mon sang ainsi.

Dites toute mon affection à Louis et à Marie. Il m'est doux de penser qu'Henri du moins se souviendra de moi. Parlez de moi aux petits, plus tard, mais surtout gardez vous de les attrister par votre deuil.

Dites à Jaques Massigli et à Suzanne Hatzfeld que leur amitié aura été une des joies de ma vie.

En toute tendresse
Marc

*
* *

27 novembre 1917

Mon cher Louis,

Si jamais tu reçois cette lettre, elle t'apportera un grand chagrin et t'imposera une bien cruelle mission. Je la remets à mon camarade Crassier, en le priant de te l'envoyer, au cas où je viendrais à être tué.

Tu voudras bien te charger de prévenir papa et maman. Il vaut mieux que la nouvelle leur soit apportée par toi. Peut-être le meilleur moyen d'adoucir le coup serait de leur amener le plus vite possible tes enfants. Mais surtout évite à Henry, dont le cœur est trop tendre, toute émotion qui ne serait pas de son âge. Je ne voudrais pas que rien de sombre se mêlât au souvenir que Jean et lui garderont de leur oncle.

Dis bien à papa et maman que je ne regrette rien. J'ai toujours tenu à la vie, je n'ai jamais eu de sinistres pressentiments ; au moment même où j'écris cette lettre, j'espère fermement qu'elle ne sera jamais envoyée ; mais je suis tout prêt au sacrifice, et je l'accepte, j'ose le dire, sans frisson, mais sans fierté.

J'ai remis autrefois à Marie une enveloppe contenant une lettre d'adieu et mes dernières volontés. Si comme je le pense elle l'a encore, je la prie de la donner à papa et maman. Je n'ai rien à y changer. Quelques souvenirs à mes amis (surtout Jacques, Besch, Davy, Leroux et Morize, – et Suzanne et André), – et un emploi aussi raisonnable que possible de quelques milliers de francs que je laisse pour des œuvres sociales (j'ai pleine confiance pour cela en papa et maman) c'est tout ce que je te demande.

Mes dernières tendresses à tous

Marc

Dernières affections à Suzanne et à Jacques Massigli

Lettres, Capitaine John Francis Mott

John M. Winter, *The experience of World War I*, Londres : Macmillan, 1988, 256 p.

Officier de carrière dans l'armée britannique, marié, quatre enfants, John Francis Mott participe en 1915 à l'expédition de Gallipoli, dans le détroit des Dardanelles. Le 6 août 1915, son régiment est envoyé au Nord de la presqu'île : l'officier est tué le lendemain. Sa correspondance avec son épouse rend compte des conditions atroces de l'opération des Dardanelles. On remarquera la brutalité de l'annonce des décès aux familles pendant le conflit.

1er juillet 1915

Ma chérie,

J'espère que tu es rentrée sans difficulté. On m'a promis que je connaîtrai le nom du bateau sur lequel nous embarquons demain. Mais mieux vaut ne pas écrire à Gibraltar car nous pourrions y arriver avant la lettre. Essaie plutôt par Malte (...). Si tu es sans argent, adresse-toi à [la banque] Cox. Au revoir, ma chérie. Ne t'inquiète pas, je reviendrai en bonne forme.

Ton mari dévoué, J.F.Mott

9 juillet 1915

Ma chérie,

Je t'envoie ceci par un des officiers du bateau, et ce sera la seule lettre non censurée que je pourrai t'envoyer. A 5h du matin, le 4 juillet, notre destroyer d'escorte nous a quitté. A 5h20, nous avons été visé par un sous-marin. La torpille nous a manqué de trois pieds seulement. Nous n'avons jamais su d'où elle avait été tirée. Bien sûr, on a donné l'alarme, et nous nous sommes tenus prêts à embarquer dans les chaloupes jusqu'à 11h du soir, heure à laquelle on nous a renvoyé. La chose la plus extraordinaire est que notre escorte nous a laissé juste avant les îles Sorlingues, où cinq bateaux avaient déjà été torpillés. Tout le monde, y compris le capitaine du bateau, était furieux contre l'Amirauté. Il y avait là le plus gros bateau du monde avec 9000 hommes à bord laissé sans aide dans la partie la plus dangereuse du parcours. (...)

13 juillet, Moudros

Ma chérie,

L'île est très chaude en vérité, mais aussi très ventue. Nous n'avons absolument aucune nouvelle du front. Les troupes débarquent en ce moment et j'espère que nous serons arrivés la semaine prochaine. Nous avons tous eu un peu de diarrhée. Je n'étais pas trop mal et j'ai seulement eu mal à l'estomac, autrement cela va bien. Tout le monde supporte la chaleur très bien. Le général de la brigade a une tente, mais tous les autres sont dehors sous un soleil de plomb (...).

28 juillet

Ma chérie,

J'ai écrit à l'instant à Cox & Co au sujet de l'indemnité et de ma paye. Ma paye devrait être de 14sh 6p par jour maintenant, et les indemnités de 3sh. Soit en tout 17sh 6p par jour ou £26 et 5sh par mois. Dès que tu auras reçu ma lettre, écris leur. (...) Je suis au plus haut point désolé par ces problèmes d'argent, je n'arrive pas à établir comment a pu se creuser un tel découvert. J'ai été fou de perdre de l'argent aux carte sur le bateau. As-tu consulté un avocat au sujet des assignations ? Je suis sûr qu'ils ne peuvent rien sans m'assigner moi-même personnellement. J'aimerais être à la maison pour résoudre tout cela, mais c'est impossible. C'est épouvantable d'être loin dans un tel problème financier. (...)

31 juillet 1915

Ma chérie,

J'ai reçu un grand nombre de lettres de toi aujourd'hui, datées du 5, 6, 7 juillet. Je n'avais pas idée jusqu'à ce que je lise ta lettre de tout ce qu'ils pouvaient faire au sujet des assignations. Je n'aurais jamais dû laisser les choses dans un tel désordre. J'espère seulement que tu as pu arranger la situation.

Hier, je suis parti d'ici à 5h30 pour aller aux tranchées avec le général de brigade. Nous avons eu une journée épouvantable et je ne suis pas enthousiaste pour aller là-dedans, en tout cas. Nous avons traversé dans un chalutier et avons marché longtemps à découvert sous les schrapnels. Ce n'était pas très agréable. Puis nous avons été aux tranchées de communication et nous avons fait 1,5 mile pour monter. Puis nous avons été aux tranchées de première ligne, l'odeur était épouvantable. Bras et jambes des cadavres turcs dépassaient des parapets et les morts jonchaient les alentours. En un endroit, le sommet de la tranchée était fait de cadavres turcs, mais la place avait été abandonnée comme trop toxique. Un pauvre gosse du [Rgt] Lincoln a été tué juste avant notre arrivée et on l'enterrait juste derrière la tranchée. Nos navires de guerre ont bombardé très fortement, aussi pourrait-il y avoir une attaque. Je me dois d'écrire à ma mère ce soir. Tout mon amour et mes baisers pour toujours, ton mari qui t'aime, J.F.Mott.

1er août 1915

Le vent souffle et la poussière est épouvantable. J'en étais couvert ce matin en me levant. Mon ventre est des plus contrarié. J'ai des douleurs violentes trois fois par jour.

Je dois aménager notre petit cinéma. (...) Les sièges sont très branlants, mais c'est mieux que de s'assoir par terre. J'espère que ce chien de travail sera bientôt terminé : en fait nous faisons l'entraînement ordinaire comme à Withey, mais dans des conditions plus inconfortables. Envoie-moi quelque chose à lire, et aussi des chaussettes.

Comment vas-tu, et les enfants ? Si le quatrième est une fille, elle devra avoir Muriel parmi ses prénoms. J'ai pensé (à ton installation) à Kilvington Hall. Le seul avantage que j'y vois c'est que tu feras des économies et que tu pourras peut-être venir un peu à Alexandrie à la fin de l'année. Une ou deux femmes d'officiers sont ici, et si quelques permissions sont accordées, c'est l'endroit où je pourrai aller le plus facilement. Un type a d'ailleurs eu une épouvantable malchance : il a été tué le jour où sa femme arrivait à Alexandrie.

Dis-moi si maman va bien. Je suppose que c'est très bien de sa part de vous héberger, mais je sais que tu détestes l'endroit, et c'est de ma faute si tu y es. J'aurais dû consulter un avocat avant de partir. (...) J'ai eu trois lettres de ma mère disant toutes de ne pas m'inquiéter, et qu'elle ferait tout pour vous. Au revoir, je vais de nouveau à la petite tente-cinéma. (...)

6 août 1915

Ma chérie,

(...) Nous partons aujourd'hui juste au lever, avec quatre jours de rations. Je ne peux pas dire où nous allons mais nous verrons sur place. Je ne pourrais pas écrire pour un moment tant que nous serons en opération. J'espère que tu as pu te procurer une carte de l'emplacement, et peut-être sauras-tu où nous avons été. C'est super de s'en aller d'ici.

Tout mon amour et mes baisers pour toujours, ton mari qui t'aime, J.F.Mott. Bon baisers aux enfants et au bébé.

A. Thompson à Mms Mott, sd.

Nous avions débarqué le 6 août et pris deux collines, et au lever du jour, le 7, on a avancé à travers une plaine à terrain découvert (...) et subi un épouvantable bombardement. Nous sommes arrivés à une petite colline (...) et c'est 200 yards plus loin que le capitaine fut touché. (...) Je ne peux pas dire si c'était un schrapnel ou un obus classique mais je pense que c'était probablement un schrapnel car c'est ce qu'ils utilisent le plus. Ca tombait si fort que personne ne put rejoindre le capitaine à ce moment-là et je ne pense pas qu'il a survécu très longtemps (...). Il fut ensuite enterré quand les choses furent plus calmes, le soir ; une croix fut mise sur sa tombe avec une inscription, et il eut une tombe aussi belle qu'on pouvait en faire une là-bas. Voilà, je crois vous avoir dit tout ce que je sais sur le capitaine Mott. J'aurais aimé vous donner de meilleures nouvelles. Avec mes respects, A. Thompson.

Lettres de deux soldats vignerons à leur cousine de Thésée

Documents inédits, coll. particulière de M. Stéphane Audoin-Rouzeau.

Ces deux paysans vignerons écrivent à une même cousine de Thésée, commune du centre de la France (Loir et Cher), dans les débuts de la guerre de position. Leur niveau scolaire est faible et à ce titre ces lettres sont très représentatives des soldats paysans de la Grande Guerre : 70 à 80% des fantassins français étaient d'origine paysanne.

Clermont en Argonne-24 Juin (ou Février ?) 1915

Ma cher Laure

Je profite d'un petit moment de repos pour répondre à ta charmante lettre, combien de plaisir j'ai éprouvé en la lisant celà fait oublier les fatigues déja éprouvées surtout lorsque lon recois des nouvelles de ses amies. Quand pourrons nous reprendre la vie que nous avons quitter ci brusquement. Pour le moment rien ne fait prévoir la fin de se fleau. Tu me dis sur ta lettre que vous avez fais une colectte en faveur du canon 75 qui nous a rendu de grand services et qui nous en rendras encore. Ces très bien de votre part, malheureusement nous en aurons pas grand chose de tout celà. Nous sommes au repos depuis lundi dernier, probablement nous repartirons sur le front Vendredi. Nous avons eut pendant quatres jours un triste passage celà vous seras encore cacher sur les journaux, je m'en suis encore tiré sans blessures, enfin j'ai toujours l'espoir que la chance me suivras, ma cher Laure, je vois pas grand chose a te dire, je t'envoi une carte de l'endroit où nous sommes au repos et le désastre des boches sur leurs passages, j'ai vu hier Maurice Gauchez Bien le bonjour aux amis de ma part, Reçoi de la part d'un ami ses meilleurs souvenirs,

Georges Serreau 89ème RI

Samedi le 8 Mai 1915

Ma chère Laure

Je t'envoie ces quelques mots pour te donner de mes nouvelles qui sont toujours bonnes pour le moment, je n'sait pas si sa va duré car d'ici quelques jour ont doit faire une grande attaque enfin que veut tu je ferai bien mon devoir, mais je croit bien que lon en reviendra pas tous de ce coup la, que veut tu se n'est pas une vie non plus d'être toujours dans les tranchées il faut bien en finir car ont a tous assez et les autres aussi Odette ma ecrit hier soir elle me dit qu'elle va mieux et qu'elle cherche une place, Ma cher Laure, jait dit à mes copains que si je venais a être tué ou prisonnier qu'il vous prévienne enfin il ne faut pas penser a sa, il faut y aller carrément je ferais tout ce que je pourrais

Edouard Bodin

Lettres à Louis Poughon, Fernand Léger

Fernand Léger, *Une correspondance de guerre à Louis Poughon, 1914-1918*, Paris : Les cahiers du Musée national d'art moderne, Hors série, Archives, 1990, 107 p.

Le peintre Fernand Léger, âgé de 34 ans en 1914, appartient à l'avant garde artistique parisienne. Il est mobilisé comme brancardier. Il n'a pas combattu, mais au titre de premier maillon de la chaîne de soins, il a été le témoin des dégâts corporels infligés par la guerre moderne. Fin 1916, il assiste à la fin d'une des plus grande bataille de la Grande Guerre, celle de Verdun. Comme l'atteste cette lettre adressée à son ami Louis Poughon, le champ de bataille constitue une expérience centrale.

Verdun 25-10-16

Mon cher ami,

J'ai ta lettre du 19. Elle m'a fait grand plaisir, crois-le bien. Je n'ignorais point tes occupations récentes. Je savais par les journaux que ton patron et toi sont des gens d'initiative. Les humoristes Bonnaud ! Te rappelles-tu ? Moi, cela me rappelle cet après-midi mémorable où les Noctambules eurent notre visite ! On a eu notre vie de bohème ! Tu as créé une chanson aux Noctambules ! Depuis cela, ma foi, toi surtout tu as très mal tourné, comme dirait [Conte]. Bourgeois, va ! Je pense que as dû rappeler cette journée à Bonnaud et Cie, ils ont dû être certainement assez étonnés d'apprendre qu'un conseiller de Préfecture avait été, ne serait-ce que quelques heures, leur collègue en humour !

Remarque bien que tes occupations ne m'étonnent nullement. Je sais fort bien qu'il y a encore des civils qui désirent des suppléments de distractions à la lecture du communiqué. Remarque aussi que nous venons de vous en fournir un assez sensationnel. Ma C(ompagn)ie a participé dans de modestes moyens (nous faisons des routes pour artillerie lourde) à la reprise de Douaumont. J'ai vécu cette attaque surtout avec les artilleurs qui sont indiscutablement les gagnants de l'épreuve. Ces mitigeurs de l'infanterie, paraît-il, n'ont eu qu'à se promener. C'était du travail parfaitement fait. J'en sais quelque chose. J'ai encore mal aux oreilles, mal à la tête. Mal partout. Te décrire cette fête du Bruit c'est impossible. Mais ce que je connais maintenant, c'est la griserie du bruit. On s'explique ici la raison du pétard à 2 sons qu'on faisait partir à 15 ans. C'est quelque chose comme la griserie de la vitesse, cela t'empoigne complètement. Il fallait cela pour me sortir de mon engourdissement et pour t'écrire à nouveau. Quand l'attaque a commencé (les journaux disent juste : 11 h et quelque chose), j'étais dans la zone des 75. Ici c'est rarement la grande guerre tu sais. Les batteries sont en ligne, mon vieux, comme des tirailleurs ! En plein champ. Il y en a partout. On marche dessus. C'est formidable le nombre de canons que cette attaque a déclenché. Mais ça n'est rien. L'orchestre est très complet ici. Pour juger de la partie, il fallait passer des faubourgs de Verdun où sont tapis les pièces lourdes. Là, c'était vraiment infernal. Remarque que je descendais avec un tas de prisonniers (les premiers faits). Boches et Français mélangés, nous avons assisté à une des plus fortes attaques d'artillerie de Verdun. Les artilleurs étaient comme des fous. Ils gueulaient comme des enragés. Penses-tu, ils avaient ordre du tir accéléré. J'ai vu des officiers en bras de chemise passer des obus que ça aille plus vite ! J'étais totalement pris par tout cela, les Boches aussi. Ces pauvres diables qui crevaient de faim oubliaient de dévorer les bouts de pain qu'on leur donnait. J'ai vu le moment où eux aussi allaient aider les artilleurs ! Et pourtant dans quel état ils étaient. Depuis 4 jours les tirs de barrage ont empêché tout ravitaillement. Ils sont tous assez grands et jeunes. C'est un défilé que je me rappellerai toujours, ces blocs de boue aux figures décharnées aux yeux morts. Une seule tache plus blanche : les bouts de pain qu'ils grignotent et qu'on ne peut vraiment s'empêcher de leur donner. On ne peut pas dépasser cela comme misère, comme souffrance morale et physique. D'ailleurs, devant ces spectacles-là nous autres on sait se tenir. Je ne sais comment cela se passe chez eux. Mais chez nous, je n'ai pas vu un mot et un geste déplacés. C'était tellement fort comme tragique que toutes les figures étaient crispées et qu'on s'écartait pour ne pas les heurter. Ils ont passé dans Verdun en ruine comme des ombres silencieuses. C'était la même chose. C'était la même couleur. Ils n'avaient même pas la curiosité du regard. Cette journée pour moi est une des plus fortes émotions de cette guerre. Je suis content de te l'envoyer. J'en sors. J'en ai encore plein la tête. Il y avait longtemps que j'avais ressenti cela. Tout d'ailleurs ici a un caractère accusé par cette bataille de 6 mois. Le paysage depuis les lignes jusqu'à Verdun est complètement transformé par les obus. La quantité d'obus déversés est incroyable. C'est de la terre largement labourée avec des lignes sèches de tranchées, des batteries, des bouts d'arbres, le serpentage des boyaux. Tout cela très linéaire, sans relief. J'ai fait quelques dessins curieux de cet aspect spécial d'ici. L'Argonne, ce n'est pas du tout cela. Il y a des jolis arbres, de la verdure, des fleurs ! Ici rien de tout cela n'est plus. C'est le travail humain qu'il faut regarder. T'imagines-tu cela, toi, heureux civil, le travail que les hommes auront fourni pendant ces années terribles. On oublie cela pour ne penser qu'à l'élément bataille. Mais quand la guerre sera finie et que tu iras voir tout cela, pense aux quantités phénoménales de cubes de terre remués. Des tunnels de plusieurs kilomètres faits par les fantassins. Oh ! Les fantassins qui n'ont jamais de repos, qui, après avoir passé des journées en lignes, passent en arrière et travaillent jour et nuit à faire d'autres lignes. Quel sculpteur génial fera et immortalisera à jamais le Fantassin. Tu ne peux pas les connaître ni en convalescence, ni en permission, ils ne sont plus les mêmes. Un litre de vin et la vie les retourne et les transforme. Il faut un cataclysme comme celui-là pour juger pleinement les valeurs, la valeur « homme » est prodigieuse. Un cheval, c'est rien du tout à côté d'un homme et la puissance du vin et de l'alcool. La transformation, le travail prodigieux que cela fait. Je ne savais pas tout cela, surtout je n'avais pas vu cela de tout près. Que de choses neuves à observer ici et à creuser. Les types sont à vif, tout crus, il n'y a qu'à lire. Mais, une fois sortis d'ici, c'est fini : il faut les voir ici et pas autre part. Ils bluffent ils exagèrent. Il en reste plus rien du tout. Au revoir, mon vieux. Dis bien des choses à ta femme. Je n'ignore pas, hélas, que Dangel a quitté Claudon. J'espérais qu'il m'y ferait rappeler. Il me dit de ne pas me désespérer, que je suis réclamé par l'aéronautique comme dessinateur. Vraiment il s'est occupé de moi, mais tout dépend, je pense, de la Direction du Génie. Je lui ai dit de t'écrire si de ce côté tu ne pourrais pas nous aider. Mais je crois qu'il a l'amour-propre de mener l'affaire tout seul. Donc ne lui cause pas de cette lettre et si vraiment tu peux m'aider je pense que tu le feras et écris-le moi. Presque tous sont tirés. Je reste un des seuls avec mes 2 années 3e campagne. Je ne suis pas très content de Mare qui sûrement n'a pas fait ce qu'il aurait pu. Il oublie que pourtant je l'ai tiré (pécunièrement) plusieurs fois de certains mauvais pas et malgré toute ma famille. Nous ne sommes pourtant pas nombreux, nous, 3 ou 4 amis, je ne puis m'adresser qu'à vous. Au revoir, mon vieux, excuse-moi de t'embêter de ma personne, mais tu dois comprendre cela.

Ton vieil ami. F. Léger.

Verdun 30-10-16

Mon cher vieux,

Je continue ma lettre de l'autre jour. Je t'ai raconté ce que j'avais vécu ce 24 octobre, mais j'ai tenu à voir surlendemain où tout cela s'était passé. J'ai fait la route jusqu'aux anciennes lignes. Je n'ai pas attendu qu'il fasse beau. J'y suis monté tout seul à 6 heures du matin. Il pleuvait doucement, un vrai temps de Verdun. Je savais parfaitement les difficultés qui m'attendaient. C'est pas un petit voyage, tu sais, de monter à Fleury, mais je ne regrette pas ce que j'ai vu. C'est très dégradé. Tu ne tombes pas d'un seul coup dans l'enfer. Les vestiges de nature existent encore jusqu'à 3 kilomètres des lignes, et puis insensiblement tout cela disparaît pour ne plus laisser que l'impression du désert et du silence. À 6 h le matin l'artillerie tape peu. C'est l'heure tranquille. C'était un contraste absolu avec le vacarme de l'avant-veille. J'étais bien dans le désert avec rien du tout de vivant autour de moi. Je savais que ce qui restait de Fleury, c'était un petit arbre, un tout petit arbre, avec une branche à droite qui se découpait nettement derrière la silhouette de Douaumont avec à gauche Thiaumont. Je n'avais que cela comme point de repère. J'ai marché droit dessus en regardant bien où j'étais et ce sur quoi je marchais. Les débris humains commencent à apparaître aussitôt que l'on quitte la zone où il y a encore un chemin. J'ai vu des choses excessivement curieuses. Des têtes d'homme presque momifiées émergeant de la boue. C'est tout petit dans cette mer de terre. On croirait des enfants. Les mains surtout sont extraordinaires. Il y a des mains dont j'aurais voulu prendre la photo exacte. C'est qu'il y a de plus expressif. Plusieurs ont les doigts dans la bouche, les doigts sont coupés par les dents. J'avais déjà vu cela le 13 juillet en Argonne, un type qui souffre trop se bouffe les mains. Pendant près d'une heure avec des attentions de chaque minute pour ne pas me noyer (car tu n'ignores pas que de nombreux blessés meurent noyés dans les trous des 380 qui ont 3 mètres de profondeur et pleins d'eau). Je savais parfaitement que, si je tombais dedans, il m'était impossible de regrimper le bord. La glaise détrempée ne le permet pas. Nous savons tous cela. Donc tu comprends que j'y regardai à deux fois. Seul là-dedans j'étais foutu. J'ai été enlisé deux fois malgré mes précautions. J'ai été pris dans la boue une jambe jusqu'au genou et l'autre à mi-jambe. J'ai essayé de me remonter avec les mains. J'ai pas pu. Les mains enfonçaient jusqu'au-dessus des poignets, alors j'ai fait ce que font les brancardiers pour dégager un type, je me suis couché à plat ventre et, les bras étendus, j'ai dégagé mes jambes. Je t'avoue que j'ai eu un moment de frousse intense. Je ne referai jamais un voyage comme celui-là tout seul. C'est plus qu'imprudent. Enfin, j'en suis sorti et, toujours guidé par mon petit arbre, je suis arrivé sur l'emplacement où avait dû être Fleury. Plus rien. Ni une pierre, ni un bout de bois, des trous, de la boue, de l'eau dans les trous et des débris humains. Des corps entiers mieux conservés. J'ai jugé par là et par là seul que je devais être aux lignes d'où l'avant-veille après le bombardement les vagues d'assaut avaient dû sortir. Maintenant je voulais trouver les lignes Boches. Rien ne pouvait m'indiquer autres que le débris d'homme et d'objets. Ce sont les chaussures qui m'ont surtout guidé. Quand j'ai vu des bottes et des casques verts, j'ai vu que j'avais dépassé nos lignes. Là, mon cher, dans le versant du côté passé Fleury j'étais en plein dans la partie du terrain où notre bombardement avait donné son maximum. Je ne puis absolument pas te décrire cela. Ceux qui veulent le faire font de la littérature et de la mauvaise, et là se confirme ce que je te disais plus haut : beaucoup de noyés dans une eau rose où flottent des tas de choses. On n'est pas seulement tué par obus ici, on se noie aussi. Il faut savoir ces choses-là. Je voulais une paire de bottes pour me faire des jambières. Ils ont du cuir épatant, les Boches. Je n'ai pas pu en trouver une paire sans que les jambes soient dedans. J'ai laissé les bottes et je suis resté monté sur un Sénégalais qui était en travers de deux entonnoirs. Je suis resté le temps qu'il fallait pour bien voir, regarder, voir encore tout l'horrible du spectacle. Pour être sûr de la chose, pour avoir une idée absolument et rigoureusement nette du drame. Je l'ai pleinement. Je ne pousse pas des cris d'horreur. Je suis trop habitué à ces sortes de choses. Mais je dis que, au bout de deux ans de guerre, il fallait que je vienne ici pour savoir ce que c'était. Eh ! Bien, mon vieux, dans tout cela, dans ce mélange de viande pourrie et de boue, des fantassins commençaient un peu au-dessus à creuser de nouvelles tranchées ! Ils recommençaient. Ce recommencement au même endroit par ces hommes-là, tu ne trouves pas cela formidable ! Eux, ils ne le trouvent pas, eux. Ils faisaient leur boulot tranquillement. Il y en avait un qui sifflait : « C'est la Mère Blaise, etc. » Ils m'ont demandé du tabac. Ils m'ont demandé si je voulais des trucs boches. L'odeur de pourriture était tellement forte dans leur terre remuée que j'ai dû fiche le camp. Eux, ils sont là-dedans, ils y sont encore. Ils doivent rester 4 jours ! Ils se font un abri et, comme ils n'ont pas de planches, sais-tu ce qu'ils font ? Je t'ai dit qu'il y avait des tas de bottes avec leurs jambes, eh ! Bien, ils en mettent 4 ou 8 en deux rangées, on charge la terre dessus, et voilà.

Au revoir, mon vieux, ma lettre est très longue, mais c'est une promenade que je voulais te raconter. C'est fait. Toutes mes amitiés à ta femme et poignée de main.

Verdun 7-11-16

Mon cher vieux,

Je viens de passer 6 jours en ligne entre Vaux et Douaumont. Ces 6 jours m'ont permis de préciser tout ce que j'avais vu déjà dans mon excursion à Fleury le lendemain de l'attaque. Ces six jours, je les ai passés avec un peloton de ma C(ompagn)ie à quelques centaines de mètres des lignes. Je suis monté avec 6 jours de vivre, car ici aucun ravitaillement ne parvient encore. C'est le chaos absolu. Une ligne, que je situe environ à deux kilomètres avant Fleury, démarque la zone qui sépare tout ce que nous connaissons de la vie habituelle pour entrer dans un désert tout nouveau, œuvre des hommes et des canons. J'étais à 2 kilomètres en avant de Fleury. Je t'ai dit qu'aucune route ni boyau n'existe plus. Mais on trouve déjà une piste. La piste n° 1, la première qui relie l'arrière aux nouvelles positions. Cette piste que tout le monde doit prendre, c'est une trace sinueuse faite par les coureurs qui sont chargés de porter les plis quand tous les fils téléphoniques sont coupés. L'instinct seul a guidé ces premiers hommes qui avaient l'ordre coûte que coûte d'arriver à leur but. Elle fait mille détours, les pieds ont taté le terrain pour trouver le plus résistant. On voit les hésitations. Des traces à droite et à gauche abandonnées, puis la reprise de la piste. C'est d'ailleurs la seule vraie, il n'y a pas à passer ailleurs. Ils ont trouvé le seul chemin possible, des cadavres avec quelq(ues) planches servent à franchir des entonnoirs. La piste est créée. Quand je suis monté, la piste n° 1 seule existait ; quand je suis revenu, d'autres déjà s'étaient établies. La vie reprenait déjà plus. Cette première piste m'a conduit au ravin où mon peloton devait faire des abris-casernes. Rien absolument n'existait, il fallait tout créer le plus vite possible pour pouvoir au moins mettre nos provisions à l'abri. J'ai choisi un trou d'obus moyen. J'ai cherché des débris de planches et avec ma toile de tente j'ai constitué mon abri dans lequel j'ai passé mes six journées de 24 heures. Ma préoccupation était d'éviter un cadavre quelconque comme voisinage. J'ai eu le tort de creuser un peu mon trou pour pouvoir placer ma tête. J'ai dégagé deux pieds chaussés de souliers, c'était un corps de Français (les Boches n'ont que des bottes). Je suis monté un peu au-dessus pour trouver mieux. Rien à faire. partout, des débris humains. J'ai même aperçu dans un trou voisin un restant de croix en bois avec l'inscription « Colonel », peut-être était-ce les pieds du colonel qui sortaient en dessus. Je n'en sais rien. Je me suis décidé à habiter avec ces deux pieds. Naturellement je les ai utilisés et à l'un d'eux qui tenait bon j'y ai accroché ma musette, chose qui d'ailleurs est courante ici. La terre est tellement fouillée et remuée qu'il est impossible d'y faire tenir un bout de bois.

Tout s'utilise. La vie y est réduite à une simplicité telle, les moyens sont tellement réduits que ce sont choses toutes naturelles. Je t'ai dit que j'ai passé les 6 jours et 6 nuits sans dormir. Un marmitage implacable augmente, arrive le soir et s'intensifie avec la nuit. Les pistes aussitôt repérées sont battus et elles sont battues surtout la nuit, car c'est la nuit que les hommes qui portent l'eau aux tranchées montent vers les lignes. Les ânes de Verdun s'arrêtent à la crête de Fleury, là des fantassins attendent, emplissent des bidons et partent en longues colonnes pour leur ravitaillement ; un homme ici a droit à un quart d'eau par jour. Souvent la nuit j'entendais causer ces fantassins qui passaient devant mon abri. Ils s'arrêtaient quelques minutes pour se reposer. Il était toujours question d'éviter d'être tué, d'attendre que ça se calme un peu, mais comme ça tombait toujours avec la même régularité ils repartaient dans la nuit parfaitement résignés, ne cherchant pas à éviter les obus, mais seulement préoccupés de bien placer leurs pieds sur de la terre solide, de ne pas perdre la piste qu'ils sentaient plus qu'ils ne voyaient, de ne pas crever noyés dans un trou de 3 mètres d'eau. La journée se passe mieux que la nuit. On pense moins à ce que tout le monde craint. Je me remplissais du spectacle vraiment fantastique qui m'entourait. Les artilleurs doivent vraiment être satisfaits. Ils sont arrivés à un résultat absolu. Rendre non viable une zone de terre déterminée en détruisant absolument tout dans une profondeur de 3 mètres. Ça, c'est fait. La lutte entre l'abri sous terre et l'explosif est décidée. Aucun abri ne résiste. Vaux a été pris l'arme à la bretelle. Ça, c'est sûr. J'ai vu cela moi-même. Ce n'est pas une phrase. C'est un fait. Je suis monté sur la crête du ravin où je suis. J'avais derrière moi Fleury devant Vaux et Douaumont. J'embrassais une dizaine de kilomètres carrés transformés en désert de terre brune uniforme. Les hommes sont tout petits perdus là-dedans. On les distingue à peine. Un obus tombe dans ces petites choses. Ça remue un moment. On emporte les blessés, on laisse les morts. Ça n'a pas plus d'importance que des fourmis. On n'est pas plus gros que les fourmis là-dedans. C'est l'artillerie qui domine tout. Formidable, intelligente, frappant partout où il faut, désespérante par sa régularité. Il n'y a pas à espérer quelques heures de repos, à Verdun cela n'existe pas. On est entré dans la terre, on est absorbé par elle, on se colle dessus pour éviter la mort qui est partout. Le seul espoir, ce sont les trous qui font un peu illusion. On se fourre dedans en se faisant tout petit. On se cache derrière un tué. On vit avec les morts en bon camarade. On ne les enterre même pas. À quoi bon ? Un autre obus les déterrera. Et puis un mort, c'est rien du tout. O vanité des funérailles civiles à plusieurs classes ! Il faut avoir vécu ici pour apprendre à apprécier les valeurs exactes des sentiments et des objets, tout est si simplifié, si épuré. Manger et boire pour ne pas mourir de faim. Dormir quand le sommeil l'emporte avec la fatigue physique sur l'angoisse morale. Je ne vois pas autre chose ; et attendre patiemment, dévotement, la relève. Je t'écris cette lettre retour à Verdun de cette nuit. J'ai goûté, moi aussi, profondément les heures qui me ramenaient vers l'arrière. J'ai retraversé Fleury en suivant bien la piste sans m'enliser. J'ai redescendu la crête. J'ai commencé là à retrouver des choses qui sont agréables à revoir, des troncs d'arbres qui commencent à être plus longs, des places sur la terre où il y avait un peu d'herbe ! Et puis des arbres où il y a quelques branches. Alors, mon vieux, l'angoisse morale disparaît, et cela permet de reprendre la vie, de goûter la vie intensément comme des enfants. Et puis on rencontre des artilleurs. Ils souffrent moins que les autres. Ça fait plaisir de rencontrer des hommes qui rient, qui blaguent librement. Sans se forcer. Là, je me suis assis dans de l'herbe. Il était 6 h du matin. Il faisait assez beau, le jour se levait. J'ai attendu un blessé que je voyais venir avec son pansement blanc qui faisait tache. Puis, lorsqu'il a été à côté de moi, on est parti ensemble. C'était un fantassin qui revenait des lignes. Il avait participé à l'attaque de Vaux et du village. Il me parlait de tout cela. Il avait sur un bras au-dessous de ses brisques un petit ruban rouge horizontal. Je lui ai demandé ce que c'était. Il m'a dit que c'était l'insigne qui distinguait les nettoyeurs de tranchées. Nous savons ce que c'est qu'un nettoyeur de tranchée. Aussi je me suis mis à le regarder attentivement. Une gueule de paysan pleine de barbe noire, un type du Centre, robuste avec un air placide. Il n'avait pas demandé à faire ce truc-là. On l'avait désigné. Il me disait ceci : « Je pars avec les vagues d'assaut et à la première tranchée allemande je m'arrête et avec les copains on fait le boulot ». C'était justement ce boulot qui m'intéressait. Je savais le droit de vie et de mort qu'ont ces quelques hommes sur les blessés et les vivants restés dans les lignes, aussi je voulais savoir ce qu'il faisait, lui. Alors il m'a dit : « Ah ! Ben, ça dépend pas de moi tout seul, ça dépend aussi des copains. Sûrement, c'est emmerdant de les emmener parce que on se fait bousiller en route ». J'ai compris que, lui, préférait les tuer, mais qu'il devait y avoir discussion avec les copains. tu te représentes ce tribunal sinistre et sans recours où ces quelques hommes décident de la vie des autres qui sont devant eux à genoux, leur offrant argent, tout ce qu'ils ont, pour ne pas être achevés ? Pense à ces Allemands qui comprennent le Français et qui subissent la discussion et le calcul de ce paysan, qui entendent tout et qui attendent le jugement ! Quand dans ta douce préfecture tu rencontreras un de ces hommes-là avec la barre rouge horizontale sous les brisques, fais comme moi, regarde-le bien, mais ne l'interroge pas. Ce Dieu qui fait métier de disposer froidement de la vie de ses semblables ne te dirait pas les choses vraies. Ils bluffent avec les civils. Ils ne sont plus les mêmes, ils ne sont plus crus et purs comme ici. Tu ne saurais rien. C'est un quelconque permissionnaire ou convalescent, et c'est tout. Tous les deux nous sommes redescendus vers la vie, vers les arbres où il y a des feuilles. On oubliait tous les deux insensiblement à mesure que nous descendions, moi ma misère de six jours, lui sa sinistre et redoutable fonction. Nous étions deux pauvres diables heureux d'être sortis de l'enfer pour quelques jours. Nous sommes arrivés dans les faubourgs de Verdun. On a trouvé des artilleurs qui voulaient nous vendre deux litres de vin. On les a bus ensemble. Il a voulu payer, mais en sortant son porte-monnaie il a sorti aussi quelques bagues, de petites médailles en or, de jolies montres-bracelets ! Il en a offert aux artilleurs. Maintenant il faisait son petit commerce, très simplement, tout naturellement ! Peut-être là-haut s'était-il tout de même laissé attendrir. Au revoir mon vieux Louis, tu vois que je ne t'oublie pas. Verdun, tu le vois, m'a pris des pieds à la tête. Tant que cette nouveauté m'alimentera, je ne serai pas trop malheureux, mais après ! Mille choses à ta femme et pense à ton vieil ami.

F. Léger.

Extraits de journaux de guerre

Stéphane Audoin-Rouzeau, *A travers leurs journaux : 14-18, Les Combattants des Tranchées*, Paris : Armand Collin, 1986, 224 p.

Dès le début de la guerre de position en 1915, les soldats français éditèrent de manière artisanale des journaux de tranchée, destinés à leurs camarades. Contrôlés et censurés par le commandement, ces journaux n'en parvinrent pas moins à exprimer assez fidèlement l'expérience combattante pendant le conflit.

Il y a entre nous deux cette seule différence (...) que tu couches dans un lit et moi dans la paille. Mais tu n'as pas le plaisir de t'endormir au son du canon et des mitrailleuses. J'ai cet avantage sur toi. Ici, la vie est très gaie et chacun semble oublier que des parents et des amis attendent dans l'anxiété. Pour ceux-ci, il faudrait qu'il leur soit permis de voir ce qui se passe autour de nous. Ce serait pour eux une consolation, et radicale. J'ai l'occasion, chaque jour, de parler à des soldats qui reviennent des tranchées ou qui y retournent. Ils sont unanimes à déclare que l'existence sur la ligne de feu est très supportable et qu'ils savent s'y distraire. Quand ils sont dirigés sur l'arrière pour se reposer, ils n'y voient qu'un avantage, celui de pouvoir changer de linge et se laver. Dans les hôpitaux, le stoïcisme avec lequel les soldats blessés grièvement supportent leur souffrance est admirable... Du reste, chacun attend très patiemment et avec sérénité les événements qui nous donneront la victoire.

Le Petit parisien, 6 janvier 1915

Dans cette région (rive droite de l'Aisne) nos succès sont constants et nos progrès journaliers depuis longtemps déjà. Nous prenons des tranchées et par conséquent du terrain. L'ennemi fait des retours offensifs : il est repoussé et nous en profitons pour nous emparer de nouveaux morceaux de tranchées. C'est toujours la même action, qui se reproduit à chaque occasion donnée par un mouvement offensif de l'ennemi. Quelquefois cependant nous prenons l'offensive de l'attaque, et il est à remarquer que dans ce cas comme dans l'autre nous perdons très rarement ce que nous avons pris. Quant à la supériorité de notre artillerie lourde sur celle de l'ennemi, comme celle de notre canon de bataille sur le sien, c'est maintenant un fait établi sans conteste.

Le Petit journal, 13 janvier 1915

Le peuple germanique, le peuple de Schiller et de Goethe, de Leibnitz et de Schubert, s'est, depuis quarante ans, transformé en un ramassis de brutes répugnantes et féroces qui détruisent, violent, pillent, massacrent et torturent comme faisaient, il y a trois siècles, les Turcs, ses alliés d'aujourd'hui. Et encore, je me trompe. Les bandes de Mahomet II avaient sur celles de Guillaume cette supériorité d'être sobres. Elles ne demandaient point à l'alcool de stimuler leur fureur et leur barbarie, tandis que les Tudesques, qui craignent sans doute d'être insuffisamment odieux quand ils sont à jeun, vont chercher dans l'ivresse la plus dégradante un renfort de sauvagerie et de brutalité. Ces êtres immondes sont à la fois des ivrognes, des voleurs, des satyres et des assassins. Et le pire, c'est que cette violation monstrueuse des lois humaines est érigée par eux à la hauteur d'un système. Ce sont les officiers en personne qui mènent la danse, (...) voici qu'on ne retrouve en eux que des tortionnaires et des bourreaux. Ils allument les torches que promènent leurs soldats dans les maisons méthodiquement saccagées et président, le cigare aux lèvres, aux exécutions atroces qui marquent leur passage d'une longue traînée de sang. (...) Les Allemands unifiés sont devenus indistinctement des sauvages, qu'ils s'appellent de leur nom privé Badois, Bavarois ou Wurtembergeois. Si bien que dans les hordes, qu'au milieu d'un cortège de roitelets asservis, Guillaume II mène la dévastation universelle, on compte presque autant de criminels de droit commun que de soldats. Il faudra que nous nous en souvenions à l'heure du règlement des comptes quand les légions alliées, enfin victorieuses, fouleront le sol maudit où, depuis presque un demi-siècle, ont pullulé ces portées de brigands.

Le Petit parisien, 8 janvier 1915

Les poilus ont froid. Les abris de tranchée sont insuffisants.

Je l'ai dit et je veux le redire : les poilus ont froid. J'ai décrit ces tristes cantonnements, froids et sombres, où, faute de feu et de lumière, on s'allonge sur la paille, dès que la nuit tombe, pour y grelotter jusqu'au jour. Et c'est là que naissent les angoisses, les rancunes, les haines vagues, les colères et le découragement qui obscurcissent la notion du devoir. Les poilus ont froid. Pour effacer leurs heures terribles, hâtons-nous, s'il en est temps encore, de leur donner des heures de repos et de douceur. (...) Je n'ai pas tout dit dans mon précédent article. Je n'ai parlé que des cantonnements de repos ; ce n'est pas cela seul qui m'inquiète. (...) A la question des abris de repos est liée celle des abirs de combat, je veux dire toutes les organisations des premières lignes, les camps des bataillons de réserve, les abris de tranchée. (...) Connaît-on exactement à l'arrière dans quel état sont les tranchées de première ligne où les obus et les balles sifflent dans les cris du vent ? Sait-on dans quel état sont les postes d'écoute des sentinelles avancées, dans quel état les abris des bataillons de réserve à quelques centaines de mètres de l'ennemi ? Tous ces bataillons de réserve sont-ils en sûreté sous des toits épais ? S'est-on préoccupé de faire partout (...) des abris plus résistants et plus sûrs, plus profonds et plus chauds, où le soldat puisse attendre sans trop de souffrances et dans une sécurité relative l'heure de la faction et le jour de l'attaque ? A-t-on creusé des sapes profondes où les hommes puissent circuler à l'abri des rafales avec un minimum de danger ? A-t-on creusé sur tous les points du front des boyaux de communications par où se puissent effectuer, sans trop de pertes, les transports de munition et les mouvements de troupes ? Sommes-nous assurés que partout où cela était possible on a pratiqué jusqu'aux premières lignes des voies d'accès permettant de faire les relèves à l'abri des balles ?

Le Matin, 9 janvier 1918

Nous devons tenir pour attendre les Américains

Les événements actuels sont la conséquence directe et inévitable de la défection russe. Nous sommes dans la plus mauvaise période de la guerre ; celle où l'armée russe n'existe plus et où l'armée américiane n'est pas encore à même de donner tout son effort, qui sera très considérable avant peu. (...) C'est nous qui devons tenir sur le champ de bataille contre la ruée de leurs masses. Nous y parvenons ; les derniers communiqués en font foi, mais la lutte est très dure. (...) Depuis deux jours, il est en effet tenu en échec. Mais nous aurions tort de penser que la stabilisation soit obtenue dès à présent et qu'il ne nous reste plus qu'à attendre le moment prévu où nous le battrons, c'est-à-dire où nous aurons assez de forces alliées en ligne pour passer résolument à l'offensive. Bien que les divisions de l'ennemi s'usent, il garde des réserves. (...) Ces réserves occupent des points centraux d'où elles peuvent être dirigées par le chemin le plus court sur telle partie du vaste front d'attaque que l'ennemi choisira (...) En attendant nous devons nous défendre et pour cela nous fortifier, contre-attaquer localement à l'occasion, et surtout tuer des Allemands le plus que nous pourrons. Reculerons-nous encore ? Nul ne peut le dire ; nul ne peut prévoir le sort des combats. Mais notre premier devoir est d'accrocher solidement nos lignes au terrain de façon à limiter nos reculs possibles au minimum. Sous ce rapport, l'ennemi a donné depuis le début de la guerre, depuis sa retraite de la Marne, des exemples nombreux. Nous n'avons qu'à les suivre.

Le Petit journal, 6 juin 1918

Les gaz ; à ceux qui les ont vus.

Avec la vague, la mort nous a enveloppés, elle a imprégné nos vêtements et nos couvertures, elle a tué autour de nous tout ce qui vivait, tout ce qui respirait. Les petits oiseaux sont tombés dans les boyaux, les chats et les chiens, nos compagnons d'infortune se sont étendus à nos pieds et ne se sons plus réveillés. Puis nous avons vu se diriger vers le poste de secours nos camarades de combat et, avec anxiété, nous avons, pendant longtemps, attendu l'ennemi ou la mort. Nous avons passé là, chers camarades, les heures les plus douloureusement longues de notre existence de soldats. Nous avions tout vu : les mines, les obus, les lacrymogènes, le bouleversement des bois, les noirs déchirements des mines tombant par quatre, les blessures les plus affreuses et les avalanches de fer les plus meurtrières, mais tout cela n'est pas comparable à ce brouillard qui, pendant des heures longues comme des siècles, a voilé à nos yeux l'éclat du soleil, la lumière du jour, la blanche pureté de la neige.

Le Filon, 20 mars 1917

Il n'y a rien de plus horrible à la guerre que de subir un bombardement. Un homme est là, seul dans son trou. Il n'est pas dans le feu du combat. Il raisonne. Il a une acuité extraordinaire de jugement. Tout d'abord, il cause avec son voisin du trou d'à côté : il aime sentir près de lui un être, un camarade qui court les mêmes risques. C'est humain. Il crâne, se contraint à plaisanter (...) Mais il constate que son rire sonne faux et brusquement il préfère être franc avec lui-même : nul doute n'est possible, c'est là un bombardement, un vrai, une de ces préparations d'artillerie qui précèdent les attaques et où le terrain à conquérir doit être complètement bouleversé, où il ne doit plus rester un être vivant dans les tranchées nivelées... L'obus fusant, il ne le craint pas, les 30 à 40 cm de terre qui sont au-dessus de sa tête suffisent amplement à arrêter les éclats. L'obus percutant, lui, ne pardonnera pas, c'est la mort certaine sous le sol effondré. Il calcule, chercher la position la moins défavorable, se recroqueville, place sa tête près de l'ouverture de sa cagna pour pouvoir respirer en cas d'éboulement partiel (...) Son oreille perçoit tous les départs des coups. Il devine la trajectoire de l'obus, sait approximativement où se produire l'éclatement. (...) S'il comprend que l'obus va tomber près de lui, il ferme les yeux, se fait tout petit, place instinctivement son bras de façon à protéger la tête... Une flamme brûle ses paupières, une âcre fumée le suffoque... c'est fini pour cette fois, il n'est pas blessé. Bientôt le bruit devient infernal ; plusieurs batteries tonnent simultanément. Impossible de rien distinguer. Les obus se succèdent sans interruption. Il lui semble que son crâne éclate, que sa raison va chavirer. C'est un supplice dont il ne prévoit pas la fin. Il a peur tout à coup d'être enseveli vivant. Il se voit les reins brisés, étouffant, creusant la terre de ses mains crispées. Il évoque l'atroce agonie, il désire de toutes ses forces que le bombardement prenne fin, que l'attaque se déclenche (...) Que sont devenus ses camarades ? Sont-ils partis ? Sont-ils morts, Reste-t-il seul vivant dans son trou ? Et c'est la vision soudaine des êtres chers : Sa femme, sa mère, son enfant (...) Sans savoir pourquoi, il revoit des détails insignifiants de son appartement (...) Il veut que sa pensée dernière soit pour ceux qu'il aime... Il prononcera doucement, pieusement leur nom... Puis c'est la révolte, il a une envie folle de bondir. C'est trop stupide de rester là à attendre la mort ! Tout est préférable à cela ! Oh ! voir le danger en face ! Lutter !!! Agir !!! Le déluge continue. La force aveugle se déchaîne. Et l'homme reste dans son trou, impuissant, attendant, espérant le miracle.

La Saucisse, avril 1917

La leçon que cette guerre nous aura donnée, à nous intellectuels, c'est une leçon d'humilité. Nos frères en gloire et en douleur sont des simples (...) Nos camarades de la grande guerre nous entourent d'ignorance et de tranquillité intellectuelle (...) Placés au milieu d'eux, nous les avons bien des fois admirés et enviés. Lorsque nos nerfs épuisés, nos muscles douloureux lâchaient la pioche, leurs bras forts continuaient d'un même rythme régulier et puissant à creuser le boyau ; ils devaient, parce que notre travail saccadé était moins rapide de moins beau, faire une partie de notre tâche. Souvent, dans les corvées de nuit, ils nous ont aidé à porter le madrier sous le quel nous marchions d'abord péniblement courbés vers la boue, sous lequel nous chancelions bientôt ; ils nous ont relevés et, continuant à porter leur propre fardeau, ils nous prêtaient en même temps secours. C'est chez eux qu'étaient la pitié et dans notre âme la reconnaissance, la prière, l'humilité, la honte. Car nous avions honte de nos mains blanches et de nos bras débiles. Et nous avons eu honte aussi parfois de notre sensibilité trop aiguë. Aux jours où les bombardements prolongés et violents mettaient à bout nos pauvres nerfs surmenés, leurs natures sereines, équilibrées, supportaient sans impatience, sans « énervement » toutes les émotions du « martèlement », de cette attente sous la terre, dans l'ombre où la mort plane, devant l'inconnu formidable (...) Lorsqu'il faut franchir la plaine balayée par les balles, ils montent à l'assaut avec une poitrine plus large et plus solide, avec des bras plus robustes, des gestes plus adroits, plus simples, plus sûrs. Plus utiles que nous au travail, ils le sont souvent aussi au combat, meilleurs tireurs, meilleurs coureurs, baïonnettes plus habiles. Au repos, ils ont un sommeil plus facile que ceux dont le cerveau s'obstine à penser. Ils oublient bien vite leurs fatigues. Et, quoique parfois aussi ils nous admirent lorsque notre science transparaît, quoique nous entions alors d'eux à nous le respect un peu superstitieux de l'écolier pour son maître, nous restons humbles devant eux, parce que nous éprouvons combien nous manquent leur force et leur adresse physiques, combien nous est une intériorité, presque une infirmité, notre système nerveux trop vibrant. Nous avons compris qu'il n'est nul besoin d'une philosophie pour être grand devant la plus grande des choses, pour affronter le péril malgré le recul de la chair, pour comprendre et faire tout son devoir, pour aborder la mort fièrement, « stoïquement », la mort devant qui nous sommes tous égaux et qui couche côte à côte nos corps semblables et de même valeur lorsque la flamme inégale de l'intelligence les a quittés.

L'Horizon, novembre 1917

La vie par correspondance est une vie à part, une vie en dehors de tous les gestes que l'on fait, de tout ce que l'on dit et pense avec les copains. C'est une vie complète ainsi qui n'a pas besoin d'être alimentée par les événements. *On écrit*, on s'isole, on n'entend plus le bruit qui vous entoure, le canon devient lointain et les plaisanteries des camarades ne vous atteignent plus. *On écrit* et l'on redevient ce que l'on a été, on oublie un peu ce que l'on est, on ne parle plus de la guerre (...) *On écrit*, on répond à la dernière lettre, on la commente, on se rappelle, on espère, on fait des rêves qui seront partagés. *On écrit*, on est jaloux, oui, car on est jaloux de loin. un mot suffit pour que le poilu tremble (...), un mot insignifiant qui vaut quelquefois douze pages de réponse (...) Et après la phrase maladroite, ce sont des scènes : des larmes là-bas, le cafard ici (...). On ne sait pas combien peut-être intense un sentiment né et entretenu par correspondance. Que de femmes auront été aimées de loin pendant cette guerre, plus qu'elles ne le seront jamais... de près ! (...) Les poilus m'approuvent déjà m'approuvent déjà, eux qui savent que le vaguemestre est un Dieu, les lettres une providence et les marraines une bénédiction.

Belica, mai-juin 1916

Des fenêtres des maisons, de la porte des cafés, des trottoirs, des tramways qui passent dans les avenues, on nous salue, on nous fête, on nous acclame. Les poilus, très émus, oublient l'ennui du métier, les angoisses d'hier, les inquiétudes de demain, et la longueur de la terrible épreuve pour jouir délicieusement de cette précieuse récompense : les bravos d'un peuple qui est notre obligé. Une étrange fierté nous gonfle la poitrine, en pensant que c'est grâce à nos efforts et à notre long calvaire que ces femmes, ces enfants, ces vieillards, peuvent en toute tranquillité se promener le dimanche par les rues ensoleillées. La joie d'être admiré, d'avoir un « public » a chassé de notre cœur certaines rancunes, certains écœurements, et le mépris du combattant pour ceux qui restent en dehors de la tourmente. Les poilus, qui, hier dans la boue et sous les crapouillots, raillaient amèrement le commode optimisme des gens de l'arrière qui jamais ne comprendront les souffrances du front, ceux-là mêmes renient leurs révoltes, désarmés par les applaudissements, ils tiennent à se montrer aux spectateurs tels que la légende les a façonnés, poilus insouciants et gaiement héroïques ! Soudain, comme le train entre lentement dans une gare bondée de voyageurs, sans mot d'ordre, un chant éclate d'un bout à l'autre du convoi, monte vers le ciel : « La République nous appelle ! Sachons vaincre ou sachons mourir... » Les larmes aux yeux, bouleversés, nous chantons à pleine vois, enivrés par les applaudissements, fiers de nos capotes boueuses, follement orgueilleux d'une gloire si péniblement acquise et prêts sincèrement à tous les sacrifices (...) Nous sentons que c'est Paris que nous allons défendre là-bas, sous le ciel gris d'Artois.

Le Crapouillot, janvier 1917

On dira, peut-être, que le soldat ne hait pas ; que s'il lui arrive de parler du Boche, c'est sur un ton qui exclut l'existence de toute inimité profonde. Cela vaut d'être regardé de près (...) Il n'a guère ainsi qu'un minimum de haine, le minimum nécessaire à la poursuite de la guerre. Mais il existe et il suffit. Cet irréductible noyau est en chacun de nous mais sans que nous jugions nécessaire de l'entourer de grands mots chers aux bourreurs de crânes et aux bravaches. Sans lui, le front ne pourrait exister : il se dissoudrait comme le front russe. S'il ne haïssaient pas le boche et toute l'incivilisation qu'il incarne (...) comment les soldats resteraient-ils depuis quatre ans, endurant ce qu'ils endurent ? La haine du soldat n'est pas une haine extérieure et verbale mais qu'on ne croie pas qu'elle manque pour cela de s'attester (...) Au combat, le soldat qui tire, l'artilleur qui pointe sa pièce sur un rassemblement et voit l'efficacité du tir, ont, sans aucun instinct sanguinaire, le sentiment de faire de la bonne besogne. Ils se félicitent joyeusement de la mort de tout ennemi, parce qu'ils sont animés d'une haine légitime. C'est cette haine que les soutient, (...) haine intime et parfois inconsciente qui anime chacun.

Le Tord-boyau, juin-juillet 1918

[Nous avons connu] l'émotion d'avancer là où trois mois plus tôt il avait fallu tenir, l'enthousiasme de délivrer nous-mêmes nos tranchées anciennes. Et puis, le seuil du drame, le deuxième bond vers Roye (...) Nos sacrifices un jour cruel, d'autres sacrifices saignants, un second jour... et déjà les premières atteintes d'une fatigue que l'on ne veut pas connaître, de la poussière et de la boue, et de cette grippe traîtresse qui sape les rangs serrés (...) et des pestilences des charognes sur les routes ; et de ces gaz qui saisissent l'athlète à la gorge (...) Et puis le troisième élan vers Nesles, les marches savantes, la méfiance de tout ce que l'on dépasse, de la moindre branche, du moindre fil de cuivre : et la soif aussi, devant les eaux empoisonnées, et la grippe toujours, et la fatigue qui botte de plomb (...) Mais l'heure avait sonné du quatrième départ (...) Ce fut la marche à l'étoile d'un bataillon squelettique qui voulait bien achever de mourir, mais à bout de souffle de sa dernière poitrine (...) Ils s'étaient mis à trois cette fois contre le bataillon ; l'ennemi, la grippe, la fatigue. Et douze jours après les avoir vaincus, le bataillon montait en secteur. Vive la France !

Les Poilus de la 9e, 25 septembre 1918

Moi, à peine j'ai su qu'il y avait un sapeur blessé, j'ai dit il faut aller voir qui est celui-là et voilà que pas plutôt rentré dans le bois je vois je major qui lui donne des soins et il me dit d'aller prendre des brancardiers et que ce fut fait pas plutôt que commandé. Alors, tout en m'approchant de lui je vis que c'était Bruguier. « Un pays, ai-je dit à voix basse qu'est celui-là ! » Tout de suite entendu ma voix il me reconnaît et il me longe son bras pour me toucher la main : mais le pauvre il sentait venir la mort, moi je l'encourageais de mon mieux mais j'avais le cœur qui me faisait mal de le voir sourire et il me dit pour la dernière parole – me forces s'en vont... – et moi toujours je l'encourageais et toujours il demandait son sac pour mettre sous sa tête et je lui mis aussi ma capote sur lui parce qu'il suait ; et voilà que vers huit heures du soir il est décédé, dont sur sa petite croix on avait mis : « Bruguier françois, première victime du 18e régiment d'infanterie. »

Poil et plume, mai 1916

J'allais, heureux quand même à cause du soleil, quand au bord d'un entonnoir je m'arrêtai net. Au fond, dans la terre fraîche et retournée, cinq cadavres étaient dispersés mais d'une façon si régulière qu'on devinait que l'obus avait éclaté juste au milieu du petit tas d'hommes pour les envoyer un dans chaque direction, de telle sorte qu'ils faisaient, ces pauvres corps, les cinq branches d'une revue macabre. La violence de l'explosion les avait enfoncés en pleine terre, trois étaient entrés presque complètement dans les parois de la fosse, tassés comme des chiffons. Le bras d'un de ces écrasés sortait tout droit de la glaise, la main était intacte, une bague d'aluminium cerclait encore un doigt.

L'Argonnaute, 15 août 1916

Je vois ceux qui, tout à l'heure, étaient deux êtres vivants et qui ne sont plus, maintenant, l'un qu'un amas de boue et de sang, l'autre que ce long corps raidi, le visage noir, brûlé avec trois trous, à la figure, au ventre, aux cuisses, et les deux poings en défense devant la face, ces deux poings qui demandent grâce et voulaient éloigner le trépas. L'épouvante de ce corps ! Aucun de ceux qui l'on aimé n'y pouvait plus rien lire, car les sentiments humains n'habitent plus les cadavres que la guerre a broyés.

On progresse, 1er juillet 1917

Le poilu est un homme (...) Un séjour prolongé dans l'eau ou dans la boue peut provoquer chez lui des rhumatismes ou de la gelure ; la fatigue peut le terrasser, et, l'instinct de conservation n'étant pas aboli chez lui, il a la faiblesse de tenir à sa peau (...) Il peut s'invectiver et même se quereller avec ses compagnons d'armes et chacun sait que la distribution de rabiot de pinard dans une escouade s'accomplit rarement dans le calme. Il mange du singe avec réticence et « grogne » lorsque le ravitaillement vient à manquer. Il ne chante pas en montant à l'assaut pour ne pas s'essouffler inutilement. Il a le « cafard » lorsqu'il pense aux siens et à sa vie de l'avant-guerre (...) Quant au Droit, à la Civilisation et à l'Humanité, le poilu n'y songe guère. On pourrait d'ailleurs compter facilement les poilus qui ont de ces abstractions une notion claire. Le poilu songe tout bonnement à sa maison, à son lopin, aux délices rétrospectifs de la vie d'avant-guerre.

Le Périscope, 1916

Que les journaux rappellent sans cesse les crimes et les atrocités de boches, ils ont raison ! La longueur de l'épreuve ne doit pas émousser la haine. Le Boche est un bandit, c'est prouvé. Mais le plus cruel des bandits est-il forcément un pleutre ? (...) Que le boche n'ait point le mordant du troupier français, c'est juste. Que dans la Somme, des milliers d'hommes, abrutis par l'effroyable pilonnage de notre artillerie se soient rendus, c'est sûr. Mais ne lisez-vous jamais dans les communiqués : « combats acharnés », « terribles corps à corps », « furieuses contre-attaques » ? Dans ces blocs humains où chaque soldat n'existe qu'en fonction de l'unité, croyez-vous que l'annihilation volontaire de l'individu dans la masse ne soit pas une forme de courage ? Même si le courage n'est chez qu'un produit de la discipline, pourquoi le nier ? En reconnaissant la valeur de notre adversaire sur le champ de bataille, craignez-vous de le rendre sympathique ? N'est-il pas assez vil par ailleurs pour que nous soyons jamais tenté de l'estimer ? *Ce n'est pas la cause du boche que je plaide, mais celle du poilu qu'horripile la systématique dépréciation de l'adversaire.*

Le Crapouillot, septembre 1916

J'en avais déjà rencontré de ces tertres solitaires qui jalonnaient fidèlement nos routes douloureuses !... Mais celui-là, si petit, si simple, le plus humble de tous, les plus touchant, le plus navrant !... Aucun ornement ne s'y trouvait, que cette croix maladroitement dessinée ; et aucun nom... Et il se dissimulait là, en avant de la tranchée, entre la ligne française et la ligne allemande (...) Je songeais au mort... Je songeais à sa destinée qui, peut-être, serait aussi la mienne. Je me représentais les longs mois de souffrance que, peut-être, il avait vécus avant d'échouer là, obscur artisan d'une grande œuvre, faible vague qui vient s'épandre et mourir sur une grève déserte... Et on l'avait abandonné au milieu de la plaine nue. Un jour, des camarades inconnus, que le hasard conduit, le heurtent du pied et, envahis de pitié, pieusement ils l'ensevelissent. Au-dessus de sa tombe, ils élèvent un petit tertre et ils dessinent une croix blanche. Ils n'inscrivent sur la tombe aucun nom car ils ignorent comment ce mort s'appelle. Ils n'y mettent aucun ornement, car ils n'ont pas le temps. Et ils s'en vont pour ne plus revenir (...) Une fusée jaillit dans la nuit noire... Je m'agenouillai vivement... Mais je ne savais plus si c'était la prudence qui me précipitait à terre ou la pitié pour ce frère inconnu, étendu à mes pieds sous cette croix de pierres blanches.

Le Midi au front, 25 mai 1916

Aux tranchées [le soldat] prend la garde au créneau, passe la nuit au poste d'écoute comme les autres, fait partie des patrouilles quand il est commandé. Il rouscaille quand l'adjudant le met en corvée deux fois de suite mais il y a va tout de même ; il aime mieux remuer la terre que faire du maniement d'armes car, « le terrassement, ça le connaît » ; il sait se garer des torpilles et s'il est tué, ce ne sera pas de sa faute. Il a pris l'habitude de vivre dans la terre avant d'être mort et fait son boulot consciencieusement, en bon ouvrier qui gagne honnêtement sa pave. Il parle peu et ne lit pas les journaux : quand on annonce une attaque, il ne bat pas des mains mais quand, la gniole distribuée, l'escouade est groupée autour d'une de ces petites échelles que les poilus ont baptisée « l'échafaud », au coup de sifflet, il monte à son tour.

Le Crapouillot, septembre 1916

Le pauvre bougre, isolé dans un trou d'obus, au milieu des éléments déchaînés [a] le sentiment de « ce qu'il faut faire » et de « ce qui n'est pas à faire » (...) Dégagé de tous les grands mots ronflants, le sentiment du devoir (...) se résout à l'amour-propre, personnel et collectif, d'excellents ouvriers de guerre. C'est le sentiment normal du bonhomme consciencieux qui gagne honnêtement sa paie, qui, sachant qu'il faut faire la guerre, préfère l'ouvrage « bien faite » à l'ouvrage saboté et qui (...) trouve dans l'accomplissement même de sa dure besogne une intense satisfaction personnelle.

Le Crapouillot , décembre 1917

Lorsqu'on apprend soit par la bouche d'un soldat, soit par une lecture quelconque que des hommes sont montés à l'assaut à la baïonnette, comprend-on bien la signification de ces quatre mots ? Nous le demandons de toute notre force ; nous le demandons parce que nous sommes persuadés que l'on ne saisit pas tout ce qu'il y a de poignant et de formidable dans cette formule consacrée. Nous le demandons au nom de tous ceux qui tombent à chaque minute. Les mots tragiques sont devenus courants, familiers... (...) Pour un peu on s'étonnerait que nous ne nous servions pas plus souvent de cette arme. L'évolution de la guerre est une autre cause de cette ignorance et de cet irrespect (...) Imaginez-vous ce que peut être un assaut à l'arme blanche. Représentez-vous ces aciers fins et blancs au bout des fusils tenus par des mains crispées. Et dites-vous que ce combat est ce qu'on peut demander de plus terrible à nos pauvres corps faibles, tremblants, mortels.

Le Périscope, 1917

Au travers d'un petit bois de sapins qui les dissimule à l'ennemi mais ne les préserve pas des balles, nos patrouilles de tête sont arrivées à proximité des tranchées ennemies. Elles atteignent un réseau de fil de fer ; mais derrière celui-ci, il y en a deux autres. De formidables abattis d'arbres s'enchevêtrent. Nous nous trouvons en présence d'un organisation défensive puissante (...) Le Lieutenant Perrin comprend immédiatement qu'enlever la situation est aujourd'hui impossible (...) À onze heures, il est décidé que l'action sera reprise le lendemain après qu'une plus forte préparation d'artillerie aura entamé les ouvrages ennemis (...) [le lendemain], la 21e et la 22e prennent de nouveau la tête, le 19e reste en réserve comme la veille (...) À onze heures, la 21e et la 22e atteignent le premier réseau de fil de fer. Cette fois les boches furent surpris par notre attaque [mais] (...) nos pertes furent plus sérieuses que la veille (...) Le Capitaine Saudray, à la tête de sa compagnie, avait compris la difficulté de la situation. Sur un chiffon de papier, à quelques pas des tranchées ennemies, il eut le temps d'écrire en hâte : – Défenses de l'ennemi intactes. Trois réseaux de fil de fer et d'abattis protègent les tranchées ennemies. Se cramponner est impossible – (...) Il avait à peine écrit ces mots qu'il est tombé frappé d'une balle à la tête et de deux balles en pleine poitrine (...) L'ordre de repli nous parvint quelques instants après.

L'Écho des marmites, 20 avril 1915

À l'heure prescrite, les officiers nous font le petit laïus habituel, les dernières recommandations, puis nous demandent si nous sommes prêts. Sur notre réponse affirmative suit un instant de silence, de recueillement, puis soudain retentit le cri : « En avant » Nous étions dans la deuxième parallèle de départ. Sans hésitations, officiers et hommes, nous sautons sur le parapet et courons vers la première tranchée pour y remplacer les camarades qui déjà s'approchent des lignes boches. On s'arrête à peine, que déjà retentit de nouveau le cri : « En avant ! » Nous escaladons le nouveau parapet et en criant de toutes nos forces n'importe quoi : vive la France ! Sus aux boches ! Allons les gars ! nous partons pour rejoindre la première vague. La fusillade crépite là-bas devant nous. Les mitrailleuses dévident leurs rubans de mort. Tac, tac, tac, tac. Nous rejoignons les camarades, mais, horreur, nous nous heurtons, à une barrière de fils de fer barbelés intacte et profonde de plus de trente mètres. Pendant ce temps, les mitrailleuses ennemies continuent : tac, tac, tac, tac tandis que nous voyons à droite, à gouache, les camarades tomber et joncher la terre de taches bleues de capotes, rougies de sang aux endroits où le coup a frappé. Voici à présent les 3e et 4e vagues qui arrivent à leur tour. En avant, quelques poilus qui ont réussi à se couler sous les fils de fer atteignent la tranchée des empoisonneuses. Ils sautent dedans mais hélas on ne les a pas revus... Ils étaient trop peu nombreux ! D'autre part, franchir le réseau en masse est impossible et la situation devient de plus en plus critique. Le cri « aux outils ! » retentit. On creuses alors fébrilement le sol et bientôt nous sommes terrés tout contre le réseau boche. Les balles sifflent au-dessus de nous et nous nous cramponnons au terrain acquis. Voici le résultat de la journée mais... si les fils de fer avaient été coupés... comme nous enlevions la position ! (...) Bon dieu ! si seulement notre artillerie avait à établir une brèche ! (...) Si encore nous n'avions pas le chagrin d'avoir perdu notre commandant, notre capitaine, mon lieutenant et combien de copains tués ou blessés (...)

L'Écho de tranchées-ville, 28 octobre 1915

14 heures... Le Sergent Lair, d'un geste plus nerveux, a consulté sa montre. Il fait un signe... En avant ! (...) c'est drôle, je n'ai plus peur. Je me sens l'esprit lucide, le corps dégagé. La minute me paraît soudain d'une tranquillité, d'une douceur singulière (...) Le silence est si grand que l'on entend une voix chantonner quelque part, dans la plaine. Ma dernière vision est celle d'un champ de coquelicots dont la couleur, écarlate, devant moi, ondule comme une flamme.

Résolument, Lair a empoigné les sacs qui barrent notre boyau. Il les écarte, il passe suivi de Lapernelle qui a gardé son sourire goguenard. Les autres éloigné (...) Un bref sifflement, un balle boche. Puis ce sont sept ou huit boîtes jaunes qui arrivent sur nous, comme des pierres, pas plus vite. Cela ne donne même pas l'impression d'un danger. À l'explosion fracassante seul je me rends compte que ce sont des pétards allemands. Tout se brouille en moi comme autour (...) Je vois, comme des ombres, mes camarades tombés ou courbés (...) Ce qui est poignant, c'est ce grand silence qui retombe. En combien de secondes tout cela se passe-t-il ? Je ne sais... le vent disperse la fumée, les corps se redressent, se traînent, reviennent en arrière, chez nous. Sur quinze hommes, douze sont blessés et la barricade n'est pas prise. Lapernelle rampe sur le sol, rouge, une jambe fracassée. Il contracte les mâchoires pour ne pas crier... Je crois voir du sang partout. C'est fini... et j'éprouve un sentiment confus de colère et de chagrin.

L'Argonnaute, mai 1916

Depuis le matin il pleut, une de ces pluies d'hiver, froide, fine, éternelle, dont rien ne protège. La tranchée de première ligne est un ruisseau couleur de terre, mais un ruisseau immobile dont le courant resterait accroché aux parois de sont lit. De l'eau, de la boue. On y enfonce, on glisse doucement, attiré par on ne sait quelle irrésistible force. Les molécules de cette matière s'écartent d'abord, puis on les sent qui reviennent, qui s'agglutinent avec une ténacité contre laquelle rien ne prévaut. Les parapets s'écroulent par blocs. Vingt fois de suite on a clayonné cette masse qui coule quand même et se détache. Les piquets se courbent, rompent, la terre descend vers l'eau et s'y mêle. Les caillebotis flottent puis enfoncent aussi absorbés par la fange. Tout disparaît dans ce liquide pesant où les hommes disparaîtraient aussi, si la profondeur n'en était pas limitée. Il y a des pays qui connaissent l'obsession de l'insinuante et multiforme poussière. Ici c'est la boue qui obsède. Elle est partout, sous les pieds, sous les mains, sous les corps qui s'allongent. Elle ne vole pas avec le vent, mais elles s'attache aux vêtements, elle pénètre jusqu'à la peau, elle souille tout ce qui stagne comme tout ce qui meurt. Par des chemins mystérieux elle s'insinue jusque dans les sapes et les guitounes. Elle est informe et multiforme comme tout ce qui fuit, l'eau, la poussière, les nuages ; elle est partout !

Pour avoir partagé, aux jours sans pain de la retraite, les quelques pommes vertes glanées à grand-peine, pour avoir trimé en même temps, marché ensemble, souffert aux mêmes endroits, pour avoir été enterrés par la même rafales, pour avoir été souffletés du vent des mêmes marmites, ils ont conçu l'un pour l'autre une amitié profonde. De la communauté de leurs souvenirs et de leurs douleurs est sorti un lien indestructible qui les a toujours accolés l'un à l'autre. On les trouve ainsi, par couple, dans les escouades : deux par deux, comme si l'amitié ne pouvait sans s'affaiblir s'étendre à plusieurs personnes et perdrait de son intensité à être partagée... On ne les voit jamais l'un sans l'autre. Leurs créneaux sont côte à côte dans la tranchée, en marche les deux hommes marchent au même rang et le plus fatigué passe son fusil a l'autre ; aux passages périlleux des boyaux, ils ne sa lâchent pas d'une sernelle, s'aident réciproquement dans les endroit difficiles. En corvée, ils portent la même rondin, ou la même claie, l'un lève la terre que l'autre a piochée. ils pratiquent le plus fraternel communisme et font bourse commune ; ce que contiens le plus fraternel communisme et font bourse commune ; ce qui contient la musette de l'un appartient aussi bien à l'autre ; ils se partagent leurs colis, boivent à la même gourde et payent le pinard à tour de rôle. Ils se communiquent leurs lettres le soir, au cantonnement de repos, avant de souffler la bougie, il causent tout doucement entre eux de leur famille, de leurs affaires, et s'endorment en échangeant leurs projets d'avenir. On les appelle des camarades. L'amitié mutuelle les soutient dans leur rode et long effort ; comme ces boeufs biturés à porter le même joug, ils se sentent appuyés l'un sur l'autre et souffrent moins de se savoir souffla ensemble. Il peut advenir que l'un d'eux tombe, mais entre eux, ils se sont lares quelque chose, et ils ont confiance en leur serment. Si l'un d'eux est blesse l'autre le pansera, le ranimera, le portera s'il le faut pendant des lieues et, si la mitraille le couche entre les lignes pendant un assaut infructueux, l'autre rampera, dès la nuit, dans les fils terribles(...) Il ira fouiller le cadavre. Et, pour envoyer à la famille du mort des lettres sanglantes et quelques souvenirs, il sera trahi par une fusée et se fera peut-être trouer la peau. On les appelle des camarades.

Il y a quelques minutes encore, dans la tranchée de départ, nous étions plusieurs centaines de gens en ayant bien vu d'autres. Mais des regards se croisaient, vite portés ailleurs, le temps d'y lire l'angoisse secrète de « tout à l'heure ». Et j'ai senti que ma pensée allait pencher par là... J'allais avoir peur de l'inconnu, peur de sortir, peur de me battre (...) Et je n'ai plus songé à rien. Je suis sorti, j'ai couru, j'ai crié, j'ai frappé, je ne sais plus où, je ne sais plus qui. J'ai traversé du fil de fer, sauté des trous, rampé le long d'entonnoirs puant encore la poudre, des hommes tombaient, cassés en deux dans leur élan : des cris, des râles se mêlaient, étouffés à demi sous la houle glissante des balles. Mais c'était autour de moi comme une brume de mauvais rêves (...) Maintenant, mon rôle est fini pour quelques minutes (...) Il y a du rouge, là-bas : l'incendie. Il y a du rouge à mes pieds : du sang.

L'Argonnaute, mai 1917

Les quinze hommes de l'assaut sont là, dans le boyau, l'air tranquille. Ils attendent la minute décisive. Les uns fument, d'autres parlent à voix basse, un autre se contemple furtivement dans une petite glace. Cela me semble presque inouï. Aurais-je pensé à cela ? (...) Pourtant je dois avoir un drôle de visage. Deux ou trois hommes seulement paraissent nerveux. Ils regardent à droite et à gauche avec une sorte d'inquiétude animale. On dirait qu'ils espèrent que, brusquement, on va leur dire : c'est fini ! et qu'ils peuvent rester là. Tous d'ailleurs, au dernier moment, vont retrouver leur sang-froid, ils se seront adaptés, comme les autres, à l'idée du sacrifice.

L'Argonnaute, 15 avril - 1er mai 1916

Un soir, les colonnes d fantassins sont montées en ligne. Lentement, courbés sur leur sac, tiraillés par leurs musettes, accablés sous le poids des munitions et des vivres, ils ont gravi silencieusement leur calvaire. Cet interminable boyau, le descendront-ils demain couchés sur un brancard ? (...) Arrivés, ils se tassent tant bien que mal dans la tranchée ; un froid assez vif les tient éveillés, et, par moments, une pluie fine, fouettant leurs visages, y efface les sillons noirs que vient d'y tracer la sueur. Serrés les uns contre les autres, accroupis dans tous les coins, ils se taisent. Sur eux pèse un silence glacé. Chacun revoit les siens, la maison plongée dans la nuit, le village endormi, les enfans... Il est quatre heures, un agent de liaison passe en bousculant tout sur son passage. A un ami il glisse un mot : « c'est pour quatre heures quinze ».

Le cafard a pour cause des souffrances d'une netteté indiscutable, des désirs et des regrets on ne peut plus clairs, le regret, la nostalgie de toutes choses – travail, amitié, famille – dont la réunion forme le cours normal de la vie. Le cafard n'est pas le désir d'un amour à venir(...) S'il s'y mêle une pensée d'amour, c'est la pensée d'un amour très réel, qui silencieusement attend au loin. Le cafard pullule dans la boue et le plus épais bonhomme en peut être mordu(...) Même dans ses révoltes, le cafard est humble ; il naît du sentiment que nous sommes écrasés par les événements contraires, mais sans honneur spécial : nous souffrons comme tout le monde autour de nous et notre mal ne nous semble pas prouver que nous soyons d'un essence extraordinaire(...) Le cafard est hideux, sans volupté : il a en lui quelque chose de mortel. Il est lourd à porter comme la pierre d'un sépulcre. Souvent, on rit, on s'agite, on est dans un moment d'oubli. Puis le cafard revient, tenace... Et l'on songe à tous ceux qu'on aimait et qui sont loin... Et l'on songe à tous ceux qu'on aimait et qui sont morts... et quand même, on parle, et quand même, on rit, c'est le flot de la vie (qui) nous pousse malgré nous – et précisément pendant qu'on parle et pendant qu'on rit, on roule en soi des pensées amères ; et ce sont elles seules qui occupent l'esprit. Et dans le moment même qu'on plaisante, on a en soi, dans le cœur et dans les yeux, que le souvenir d'un mort qu'on aimait.

A huit heures trente, je parcourais ma ligne pour la dernière fois suivi de ma liaison, revoyant tout mon monde. On avait donné double ration d'eau-de-vie, j'avais peur qu'on ne soit pas très calme. Dans ces instants suprêmes, on voudrait faire sentir à ses hommes (...) combien on est près d'eux, combien on les aime, quelle gratitude on leur a d'avance de leur sublime obéissance qui les lancera en avant vers l'inconnu redoutable et traître. On voudrait leur donner à tous l'accolade et on ne trouve que quelques mots stupides : « Alors vieux ? Ça y est ? – Il paraît que ça approche ? – Penses-tu qu'on les aura ? » – Les têtes se dressent, on reconnaît la voix et la silhouette sur le parapet... – Ça va mon lieutenant – ...Et c'est toute l'effusion de ceux qui vont au combat ensemble.

A ma première permission, j'eus une certaine surprise de voir ces gens, tous officiers, sous des uniformes prestigieux. Ils donnaient à leurs vêtements militaires autant de soins qu'à leurs « complets » de jadis. Leur visage n'avait pas changé ; les fatigues et les misères de la guerre n'avaient laissé aucune trace sur leurs traits toujours impassibles. J'eus immédiatement la conviction qu'ils n'avaient pas quitté Paris. Un immense mépris d'eux me souleva et je résumai mon impression par la seule épithète convenable : « embusqués » (...) Mais ce que je trouve terrible c'est que ces gens osent arborer les uniformes les plus glorieux et porter des décorations auxquelles ils n'ont certainement aucun droit. C'est une exhibition de fourragères vertes, jaunes, rouges, de croix de guerre, de médailles militaires, de Légions d'honneur absolument révoltante.

GLOSSAIRE

des termes persans

Basidj : *Basidj* signifie *mobilisation.* Ce terme désigne un organisme paramilitaire créé après la révolution pour enrôler la jeunesse populaire dans le contrôle institutionnel de la société et réprimer les forces hostiles à la révolution. Lorsque la guerre commence, *Basidj* appelée encore aujourd'hui *Artesh-e bist milioni* (Armée des 20 millions [de volontaires, sur les 30 millions d'habitants de l'époque]), passe sous le contrôle de l'Armée des Gardiens de la révolution et lui sert de réservoir. Les *basidji*-s (membres de *Basidj*) sont en majorité extrêmement jeunes, puisque *Basidj* recrute dans les villes à partir de 12 ans et envoie des soldats sur le front à partir de 16. Beaucoup ont moins de 15 ans. Le nombre de *basidji*-s engagés dans la guerre fluctue selon les sources entre 500.000 et 1.000.000.

Basidji : voir *Basidj.*

Djahâd : Notion islamique essentielle qui désigne traditionnellement la guerre de propagation de l'islam vers l'extérieur, la guerre sainte contre les incroyants, mais aussi la guerre intérieure que tout croyant doit livrer à ses pulsions illicites. Cet effort sur soi même en vue du perfectionnement moral et religieux est encore appelé *djahâd* majeur par les auteurs chiites, tandis qu'ils réservent le terme de *djahâd* mineur à l'action armée pour l'expansion ou la défense de l'islam.

Djânamâz : Tapis de prière ou carré de tissu sur lequel le croyant fait sa prière en direction de La Mecque.

Emamzâdeh : Tombeau du descendant d'un Imam chiite.

Hadith : Dits et actes du Prophète et des Imams, regroupés en corpus.

Halvâ : Plat sucré que l'on prépare surtout le jeudi soir pour distribuer en aumône autour de soi en souvenir des morts.

Hezbollâh : Structure informelle regroupant les partisans de l'Islam politique prôné par l'ayatollah Khomeyni. Le Hezbollâh iranien ne forme pas un parti politique institutionnalisé comme au Liban.

Hoseyniyeh : Espace communautaire couvert, consacré aux cérémonies de deuil de l'Imam Hoseyn, troisième Imam du chiisme et martyr à Karbalâ en 680.

Karbalâ : Cité irakienne construite autour du sanctuaire de Hoseyn ibn 'Ali, petit fils du Prophète et troisième Imam du chiisme et de ses compagnons, qui y trouvent la mort en 680 A.D. face aux troupes omeyyades.

Khoresh : Ragoût.

Maddâh : Panégyriste des Imams chiites, qui occupe une position prédominante dans les cérémonies de deuil.

Mafâtih : *Mafâtih ol-djenân* (Les Clés des Paradis). Recueil de prières chiites compilé dans la seconde moitié du XIXe siècle par le Sheykh 'Abbâs

Qomi. Cet ouvrage figure en bonne place dans toutes les familles chiites, car il présente les prières et les rites dont le fidèle doit s'acquitter dans l'ordre prescrit par le calendrier immuable des évènements religieux communs à l'ensemble de la communauté musulmane ou plus spécifiquement chiite, ainsi qu'à l'occasion de chacun des événements affectant sa vie particulière.

Mehrâb : Niche de taille variable qui indique dans les mosquées la *qebleh*, la direction de La Mecque vers laquelle les musulmans se tournent pour faire leur prière.

Mohammadi : Rose *Mohammadi*, rose *Rosa Gallica* appelée *Mohammadi* en souvenir du Prophète Mohammad, très féru de parfum.

Mowdji : Soldat dont l'esprit a été dérangé par le souffle d'une explosion.

Pâsdâr : Gardien de la Révolution.

Qalam : Roseau utilisé pour écrire par les scribes et les calligraphes.

Salavât : Salutations sur le Prophète et les membres de sa famille.

Salavâti : Institution du front, la station *salavâti* (*istgâh-e salavâti*) est composée de quelques baraquements ou d'un simple container dans lesquels sont aménagés quelques services gratuits pour les combattants (salon de thé, coiffeur, etc.) L'on paye en lançant une salutation sur la Famille du Prophète (*salavât*), d'où son nom de station *salavâti*.

Sinezani : Rituel de deuil qui consiste à se frapper la poitrine.

Tâqut : terme coranique. Désigne, dans le vocabulaire révolutionnaire iranien, le régime dépravé de l'époque du shah.

Tchafiyeh : Grand carré de tissu de coton à damiers noirs et blancs qui sert de foulard et de signe de reconnaissance aux *basidji*-s.

Tekkiyeh : Voir *Hoseyniyeh*.

Zekr : Répétition des noms de Dieu.

Ziyârat-e 'âshurâ : Litt. "Pèlerinage". Prière du souvenir incorporé dans le rite chiite.

بسم الله الرحمن الرحيم

جنگ و خاطره

میزگرد بررسی ادبیات خاطره‌نویسی

رزمندگان جنگ ایران (و عراق) و رزمندگان فرانسوی جنگ جهانی اول

(۱۵ و ۱٦ آذر ماه ۱۳۷۸ ـ تهران)

دفتر ادبیات و هنر مقاومت

انجمن ایران‌شناسی فرانسه در ایران

دانشکدهٔ علوم اجتماعی دانشگاه تهران

تهران ، ۱۳۸۱

میزگرد بررسی ادبیات خاطره‌نویسی رزمندگان جنگ ایران (و عراق) و رزمندگان فرانسوی در جنگ جهانی اول (۱۳۷۸: تهران).
جنگ و خاطره: مجموعه مقالات میزگرد بررسی ادبیات خاطره‌نویسی رزمندگان جنگ ایران (و عراق) و رزمندگان فرانسوی جنگ جهانی اول (۱۵ و ۱۶ آذرماه ۱۳۷۸ ـ تهران)/ [برگزارکنندگان] دفتر ادبیات و هنر مقاومت حوزه هنری، انجمن ایران‌شناسی فرانسه در ایران، دانشکده علوم اجتماعی دانشگاه تهران.ـــ تهران: سوره مهر (حوزه هنری سازمان تبلیغات اسلامی)، ۱۳۸۱.
۲۰۸، 216 ص. ISBN 964 - 471 - 764 - 3
فهرستنویسی براساس اطلاعات فیپا.
فارسی ـ فرانسه.
کتابنامه.
۱. جنگ و ادبیات ـــ مطالعات تطبیقی. ۲. جنگ ایران و عراق، ۱۳۵۹-۱۳۶۷ ـــ ادبیات و جنگ. ۳. جنگ ایران و عراق، ۱۳۵۹-۱۳۶۷ ـــ خاطرات. ۴. خاطره‌نویسی. ۵. جنگ جهانی، اول، ۱۹۱۴-۱۹۱۸م. ـــ خاطرات فرانسوی. ۶. ادبیات تطبیقی ـــ فارسی و فرانسه. الف. سازمان تبلیغات اسلامی. حوزه هنری. دفتر ادبیات و هنر مقاومت. ب.انجمن ایران‌شناسی فرانسه در ایران Institut francais de recherche en Iran ج. دانشگاه تهران. دانشکده علوم اجتماعی. د. عنوان. DDCN: ۸۰۹/۹۳۵۸
کتابخانه ملی ایران ۲۷۸۳۸-۸۱م LCCN: PN ۵۶/ج۹۴م۹ ۱۳۸۱

دفتر ادبیات و هنر مقاومت
حوزه هنری

انجمن ایران‌شناسی فرانسه
در ایران

دانشکده علوم اجتماعی
دانشگاه تهران

جنگ و خاطره

میزگرد بررسی ادبیات خاطره‌نویسی رزمندگان جنگ ایران (و عراق) و رزمندگان فرانسوی جنگ جهانی اول

ویراستار متن فارسی: فرانک جمشیدی
مترجم فرانسه به فارسی: امیر مغانی، مهتاب بلوکی
مترجم فارسی به فرانسه: یولاند ممتاز
طراح جلد: کورش پارسانژاد
نوبت انتشار: اول ، ۱۳۸۱
شمارگان: ۱۵۰۰ نسخه
قیمت: ۲۱۰۰ تومان
لیتوگرافی، چاپ و صحافی: سازمان چاپ و انتشارات وزارت فرهنگ و ارشاد اسلامی
شابک: ۳-۷۶۴-۴۷۱-۹۶۴ ISBN: 964 - 471 - 764 - 3

نشانی ناشر:
۱. تهران، خیابان حافظ، خیابان رشت، شماره ۲۳، دفتر ادبیات و هنر مقاومت (حوزه هنری). تلفن: ۶۴۹۷۸۲۷، ۶۴۹۹۷۰۸ دورنگار: ۶۴۰۶۹۶۰
۲. تهران، خیابان فلسطین، خیابان شهید نظری، کوچه ادیب، شماره ۵۲، انجمن ایران‌شناسی فرانسه در ایران. تلفن: ۶۴۰۱۱۹۲ دورنگار: ۶۴۰۵۵۰۱
۳. تهران، خیابان کارگر شمالی، دانشکده علوم اجتماعی دانشگاه تهران. تلفن: ۸۰-۸۰۲۰۰۷۶

فهرست

مقدمه

به پیشنهاد «انجمن ایران‌شناسی فرانسه در ایران» و حضور «دفتر ادبیات و هنر مقاومت» و همکاری «دانشکدهٔ علوم اجتماعی دانشگاه تهران» در روزهای دوشنبه و سه‌شنبه (۱۵ و ۱۶ آذر ۱۳۷۸) میزگردی با عنوان «بررسی تطبیقی ادبیات خاطره‌نویسی جنگ رزمندگان جنگ ایران (و عراق) و رزمندگان فرانسوی در جنگ جهانی اول» با شرکت شماری از صاحب‌نظران، استادان، دانشجویان و نویسندگان خاطرات جنگ در تهران برگزار شد. نشست مذکور بر آن بود تا زمینه‌های مشترک و متشابه فرهنگ‌شناختی دو جنگ یادشده را از منظر مقابلهٔ خاطرات مکتوب رزمندگان مطالعه کند. موجب اولیهٔ برگزاری این نشست، پژوهش آقای اریک بوتل دربارهٔ «شهادت از منظر رزمندگان ایرانی در جنگ ایران و عراق» - و به تعبیر دقیق‌تر «شهادت در ادبیات جنگ» - بود. پژوهشی که به‌زعم پژوهنده‌اش، بنا داشته است تا با به کارگیری روش‌های تحلیلی انسان‌شناختی و جامعه‌شناختی به بررسی خردورزانهٔ داده‌های انسان‌شناختی شهادت بپردازد. آقای بوتل با این تحقیق، ضمن آشنایی و ارتباط با نهادهای فرهنگی و انتشاراتی جنگ - به ویژه دفتر ادبیات و هنر مقاومت - به حجم وسیعی از انواع خاطرات جبهه‌رفتگان و رزمندگان دسترسی یافت و از طریق مطالعه و بررسی آن‌ها به منظور رد یا تأیید یافته‌های خود، سرانجام پس از چهار سال با راهنمایی و اشراف نظر آقای دکتر کریستف بالایی به اخذ مدرک دکترا در رشتهٔ ادبیات فارسی از موسسهٔ ملی زبان و تمدن شرق (INALCO) نائل آمد. گرچه مبادی نظری، شیوه و نتیجهٔ تحقیق آقای اریک بوتل جای نقد و ایضاح دارد، موضوع پژوهش او و توجه وی به این مسئله، فی‌نفسه نشان از تازگی موضوع و اهمیت رویکرد علمی به آن است.

در نشست صبح روز نخست - که در دفتر مطالعات سیاسی و بین‌المللی وزارت امور خارجه برگزار شد و سفیر فرانسه در تهران آقای نیکولو و محقق فرانسوی آقای دکتر اورکاد نیز در آن حضور داشتند - پس از تلاوت آیاتی چند از قرآن مجید، آقای دکتر کریستف بالایی (رئیس انجمن ایران‌شناسی فرانسه در ایران) سخنرانی کرد و در پایان گفتار خود برای ادای احترام به شهیدان دعوت به یک دقیقه سکوت نمود. سپس آقای دکتر محمود طالقانی (استاد جامعه‌شناسی دانشکدهٔ علوم اجتماعی دانشگاه تهران) دربارهٔ نقش دانشگاه‌ها و مراکز مطالعاتی در فعالیت‌های ایران‌شناسی سخن گفت. آقای دکتر ادوان روزو (رئیس موزهٔ تاریخ جنگ پرون فرانسه) سخنران بعدی بود که به بررسی تاریخ فرهنگی جنگ جهانی اول و تأثیر آن بر فرهنگ فرانسه و دیگر کشورهای اروپایی پرداخت. وی در حاشیهٔ بحث خویش در پاسخ به این‌که چرا این میزگرد به بررسی تطبیقی ادبیات خاطره‌نویسی رزمندگان ایرانی و فرانسوی پرداخته است، به موضعی و بعضاً فرسایشی‌بودن جنگ ایران و عراق و جنگ جهانی اول و نقش گروه‌های رزمندهٔ هر دو کشور در ایجاد فرهنگ جنگ اشاره کرد و افزود، رزمندگان این هر دو جنگ، مدت بسیار کمی را در پشت جبهه و عمدتاً در جبهه‌ها گذراندند و نکتهٔ پایانی این‌که جنگ جهانی اول به‌لحاظ نظامی و انسانی

قابل‌مقایسه با جنگ ایران و عراق است. آن‌گاه آقای مرتضی سرهنگی (مسئول دفتر ادبیات و هنر مقاومت) در مقالهٔ خود روند خاطره‌نویسی جنگ در مطبوعات ایران و چگونگی تأسیس دفتر ادبیات و هنر مقاومت در حوزهٔ هنری را تشریح کرد. آخرین سخنران این جلسه آقای اریک بوتل بود که به علت ضیق وقت، اتمام مقالهٔ وی به نوبت دیگر موکول شد. در اولین سخنرانی بعد از ظهر نخستین روز، ـ که در سالن کنفرانس دانشکدهٔ علوم اجتماعی برگزار گردید ـ آقای دکتر ادوان روزو ضمن نمایش اسلایدهایی از محوطه و بخش‌هایی از موزهٔ جنگ پرون، به معرفی آن پرداخت و اشاره کرد که اشیای بازمانده از جنگ، احساس نزدیکی به واقعیت را در نظر بیننده ایجاد می‌کنند. آخرین سخنران روز اول، آقای دکتر مسعود کوثری (معاون وقت پژوهشی و آموزشی وزارت فرهنگ و ارشاد اسلامی) بود که راجع به وجه ادبی خاطرات جنگ و این‌که آیا می‌توان خاطرات نوشته‌شده را ژانر (گونه) ادبی محسوب کرد، سخن گفت و به دسته‌بندی انواع خاطرات جنگ اشاره نمود.

روز دوم این نشست ـ در سالن کنفرانس دانشکدهٔ علوم اجتماعی ـ با سخنرانی آقای علیرضا کمری (نویسنده و پژوهشگر) با عنوان «راز و رمز خاطرات جنگ و عرصهٔ نوین خاطره‌نویسی» آغاز شد. از آن‌جا که گفتار مفصل وی توجه و پرسش حاضران را برانگیخت، پس از سخنرانی، فرصتی برای پرسش و پاسخ در نظر گرفته شد. سپس آقای کاوه بیات (پژوهشگر و نویسندهٔ تاریخ معاصر ایران) دربارهٔ ادبیات جنگ جهانی اول در زبان فارسی و کتاب‌شناسی آن سخن گفت. او اظهار داشت خاطرات سفیر فرانسه در مسکو که به سال ۱۳۰۴ در خراسان انتشار یافت، اولین کتاب در این زمینه به‌شمار می‌رود.

نشست بعدازظهر روز دوم با نمایش چند تصویر از نقاشی‌های جنگ آقای کاظم چلیپا و بحث «تصویرها و نشانه‌شناسی» با حضور این نقاش ایرانی و نقد و بررسی آقای دکتر شهیدی و آقای دکتر ادوان روزو آغاز شد. پس از آن آقای دکتر ارمکی (استاد جامعه‌شناسی و رئیس دانشکدهٔ علوم اجتماعی دانشگاه تهران) مقالهٔ خود را قرائت کرد. در پایان سخنان وی آقای بوتل گفتار ناتمام خود را به پایان برد. سپس پرسش‌های حاضران پاسخ داده شد و سرانجام آقای دکتر بالایی سخنرانی اختتامیه این نشست دو روزه را ایراد و پیشنهاد کرد که چون مدت زمان برگزاری این سمینار برای بررسی موضوع‌های موردنظر کافی نبوده است، نشست‌های دیگری در این خصوص ترتیب داده شود. آقای سرهنگی در پاسخ به این پیشنهاد، آمادگی دفتر ادبیات و هنر مقاومت را برای برگزاری اجلاس بعدی اعلام کرد.

این نشست دو روزه، که به خلاف‌آمد عادت بدون جنجال تبلیغاتی و تشریفاتی و صرف هزینه‌های آن‌چنانی، در فضایی ساده، صمیمی و علمی و خالی از هرگونه رنگ و انگ سیاسی، بر مبنای مناظره و مفاهمه‌ای دوسویه انجام پذیرفت، نشان داد که فارغ از این همه می‌توان با نگاهی جزءشناسانه و علمی دربارهٔ پدیده‌ها و مسائل نوظهور مرتبط با انقلاب اسلامی و جنگ/ دفاع مقدس سخن گفت و وجوه متعدد آن را با مسئله‌شناسی‌های دقیق بازشناخت و باز کاوید. بررسی خاطره‌نویسی جنگ ایران و تطبیق آن با خاطره‌نویسی جنگ فرانسه ـ که هدف این نشست به شمار می‌رفت ـ مبین این نکته بود که به‌رغم سکوت و خاموشی نسبتاً فراگیر مراکز مطالعاتی و پژوهشی رسمی در ایران، واقعیتی به نام «ادبیات جنگ/

دفاع مقدس» هویت یافته و محقق شده است، آن‌سان که می‌توان دربارهٔ بخشی از تمامت آن ـ خاطرات ـ بحث و فحص کرد. همچنین قابلیت مطالعهٔ این عرصهٔ جدید و نوظهور را با نگاهی فراتر از محدودهٔ جغرافیای ایران و دیدگاه‌های رایج، با هدف کشف توانمندی‌های بالقوهٔ آن، آشکار کرد. مع‌الوصف و به‌رغم عنوان این میزگرد، تطبیق و مقابلهٔ خاطره‌نویسی و خاطره‌نگاشته‌های دو جنگ یادشده به‌دقت و به‌وضوح انجام نگرفت و بیش‌تر مقالات و سخنرانی‌ها ـ که متن کامل آن‌ها در این مجموعه آمده است ـ صرفاً زمینهٔ معارفهٔ طرفین بحث و مقدمهٔ برگزاری نشست‌های آینده به منظور طرح مسائل و موضوعات مشترک در حوزهٔ ادبیات جنگ و مسائل جانبی آن را فراهم آورد.

مقصود از انتشار مقالات و سخنرانی‌های این جلسه و گزینهٔ خاطرات جنگ ـ که گزینش آن‌ها با نظر و سلیقهٔ آقای اریک بوتل انجام گرفته است ـ در دسترس گذاشتن مباحث و موضوعات مطرح‌شده برای آگاهی علاقه‌مندان و ترغیب اهل‌نظر و نهادهای مطالعاتی به مسئله‌شناسی‌های دقیق‌تر در این زمینه به منظور یاری‌دادن به متولیان این نشست در برگزاری نشست‌های آتی است.

دفتر ادبیات و هنر مقاومت

انجمن ایران‌شناسی فرانسه در ایران

دانشکدهٔ علوم اجتماعی دانشگاه تهران

ادبیات خاطره‌نویسی جنگ

دکتر کریستف بالایی

ابتدا مایلم مراتب تقدیر خود را به مدیریت محترم دفتر مطالعات سیاسی و بین‌المللی وزارت امور خارجهٔ جمهوری اسلامی ایران، که میزبان مهربان ما برای جلسهٔ افتتاحیهٔ میزگرد ادبیات خاطره‌نویسی جنگ هستند، تقدیم نمایم.

انجمن ایران‌شناسی فرانسه پیش از این نیز این افتخار را به مناسبت گردهمایی ایران و جنگ جهانی اول داشته است. گفتنی است که مجموعهٔ مقالات و سخنرانی‌های این گردهمایی در آینده‌ای نزدیک با همکاری مشترک نهادهای متبوع ما منتشر خواهد شد.

تشکر صمیمانهٔ خود را نیز از آقایان عراقچی و موجانی اعلام می‌کنم که قبول زحمت فرمودند تا نخستین شنوندهٔ گفت و گوهای ما باشند.

در ادامه، اجازه می‌طلبم از عالی‌جناب سفیر فرانسه نهایت امتنان را به عمل آورم که در جایگاه نمایندهٔ وزارتخانهٔ ما، انجمن ایران‌شناسی را در فعالیت‌های علمی‌اش یار و یاوری همیشگی هستند.

همچنین به پیشگاه دانشگاه تهران و دانشکدهٔ علوم اجتماعی آن عرض سپاس دارم که دعوت همکاری ما را برای برگزاری این میزگرد پذیرفتند (این دانشگاه سه بار و این دانشکده برای بار اول است که ما را اجابت می‌کنند). به‌ویژه از مقام این دانشکده، جناب آقای دکتر آزاد ارمکی سپاسگزارم که از سر لطف به ما اعتماد نمودند. این عمل برای این‌جانب حُسن آغازی است در روابط علمی و فرهنگی دو کشور و حرکتی نوین در همکاری علمی دانشگاه‌های ایران و فرانسه.

و نیز قدردان دانشگاه آمیین و فرستادهٔ محترم آن، استاد اُدوان روزو هستم که تمام تجربه‌های گروه پژوهشی خود را دربارهٔ تاریخ فرهنگ و ادب جنگ به ارمغان آورده و ما را در آگاهی از فعالیت‌های موزهٔ جنگ جهانی اول، واقع در پرون، سهیم ساخته است.

در پایان اجازه می‌خواهم شخصاً از یکایک سخنرانان این میزگرد؛ آقای دکتر طالقانی، آقای اُدوان روزو، آقای دکتر کوثری، آقای دکتر بیات، آقای سرهنگی، آقای کمری، آقای بوتل، آقای دکتر شهیدی سپاسگزاری نمایم. همچنین به حضور جناب آقای دکتر اورکاد، که سابق بر این رئیس انجمن ایران‌شناسی بودند و اکنون سرپرست گروه پژوهشی جهان ایرانی در مرکز ملی تحقیقات علمی فرانسه هستند، خوش‌آمد می‌گویم.

نقش انجمن ایران‌شناسی فرانسه در ایران در مبادلات فرهنگی ایران و فرانسه

حضور اعضای علمی دانشگاه‌های ایران و فرانسه را در این جلسه مغتنم می‌شمارم و در مقام مدیر انجمن ایران‌شناسی فرانسه در ایران به شرح نقش ویژه‌ای می‌پردازم که این انجمن در عرصهٔ مبادلات فرهنگی ایران و فرانسه به عهده گرفته است.

این انجمن از بدو پایه‌گذاری (که با انگیزه و اقتدار استاد هانری کربن صورت گرفت و نام آن ابتدا انجمن ایران‌شناسی فرانسهٔ تهران بود و بعد به انجمن ایران‌شناسی فرانسه در ایران تغییر یافت)، مکانی بوده و هست برای تبادل اندیشه و تلاقی دو فرهنگ ـ ایرانی و فرانسوی. اگر ره‌آورد مطالعات هانری کربن برای فرانسویان آشنایی با مذهب شیعه و فلسفهٔ ایران بود، به همان اندازه نیز برای ایرانیان شناخت فلسفهٔ اروپا را دربرداشت. برشماری مفصل این پژوهش‌ها از حوصلهٔ زمان ما خارج است، ولی تنها اجازه می‌خواهم یادآور شوم که تمام فعالیت‌های انجمن ایران‌شناسی در زمینه‌های ادبیات، باستان‌شناسی، تاریخ، فلسفه، لغت‌شناسی، مردم‌شناسی، جغرافی، جامعه‌شناسی ـ و دیگر زمینه‌ها که از قلم افتاده‌اند ـ همه و همه، هدفی نداشته است مگر ایجاد پلی میان فرهنگ دو کشور یا به عبارت زبانزد ریاست جمهوری ایران، برقراری گفت‌وگو میان تمدن‌ها.

جای بسی خوشبختی است که اگر گهگاه ایران و فرانسه انگیزه‌هایی برای مغایرت داشته‌اند، در عوض زمینه‌های مرافقت و نزدیکی آن‌ها پرشمارتر بوده است. به‌هروصف، خوشا که هرگز با یکدیگر نزاعی نداشته‌ایم. از شما چه پنهان موضوعی که طی این دو روز به آن خواهیم پرداخت، خالی از مضامین مشخص سیاسی نیست. فراموش نکنیم در جنگی که در سال ۱۹۸۰ بین ایران و عراق درگرفت، بازی‌های سیاست بین‌الملل، کشورهای مختلف را در مواضعی قرار داد که گاه برای طرفین جای بحث و جدل باقی نهاد. با این همه، مناظرهٔ امروز ما فاقد هرگونه رنگ سیاسی و استراتژیک است. این مناظره کاملاً رنگ و بویی دیگر دارد. ما در حقیقت، آمدیم تا زمینهٔ ایجاد اشتراک میان اندیشه‌ها و طرح پرسش‌های تمام افراد از هر دو کشور را فراهم بیاوریم؛ افرادی که دربارهٔ ماهیت ژرف جنگ‌های بزرگی که جامعهٔ اروپایی را در ابتدای سدهٔ حاضر و جامعهٔ ایرانی را در پیش از ده‌سال اخیر دستخوش تلاطم کرده‌اند، به تفکر نشسته‌اند.

اما چرا رویکرد تطبیقی؟

نخست به این دلیل که به جهانی‌بودن تجربهٔ بشری معتقدیم. در حقیقت، جنگ با ضربه‌های روحی و پی‌آمدهای دهشتناکش برای ساکنان زمین، آفرینندهٔ مجموعه‌ای از نیازها و کارهای اجتماعی ـ فرهنگی است و با جرح و تعدیل لازم در تمدن‌های مختلف، مشخصه‌های مشابه پیدا می‌کند.

دلیل دوم این که، تجربه‌ها به گونه‌ای باطل نما، تفاوت‌های قابل‌توجهی را بروز می‌دهند که هر یک از طرفین در آینهٔ آن تفاوت‌ها، مجال شناخت خویشتن را پیدا می‌کنند.

اگر ما در مقام تطبیق و مقایسه برآمده‌ایم، بدیهی است که در مورد خود جنگ‌ها نیست بلکه در باب شیوه‌هایی است که هر یک از گروه‌های بشری، به کمک آن‌ها به بازتاب جنگ‌ها در فرهنگ خود

پرداخته‌اند. بدین‌سان با بهره‌گیری از اصطلاح استاد اُدوان روزو می‌توان از تاریخ فرهنگ و ادب جنگ سخن گفت. این اصطلاح نشان می‌دهد که مردم هر جامعه‌ای با رویکرد فرهنگی مختص دیار خود، پا در میدان جنگ نهاده، و جنگ را بر طبق عبارات تعریف‌شده در سنت و تاریخ خود زیسته‌اند و بالاخره آن را در هیئت کلمات و تصاویر بیان کرده‌اند؛ و این بازنمایی یک واقعیت به صور گوناگون است. این متن نیز که در انتهای همین زنجیره جای می‌گیرد، محصول تمام آن تجربه‌ها، صداها و دیدگاه‌هاست.

قصد این‌جانب در این‌جا این نیست که آغازگر مناظره باشم ولی نمی‌توانم از این اشاره صرف‌نظر کنم که این دو جنگ (ایران و عراق ـ جنگ جهانی اول) ـ یا به تعبیری دو پدیده ـ از نظر تلاش‌هایی که برای بازنمایی وقایع و تجارب آن‌ها انجام شده است، بسیار از یکدیگر متفاوتند. از وقایع جنگ جهانی اول ـ دست‌کم آن‌چه به فرانسه مربوط می‌شود ـ باید چندین دهه می‌گذشت تا کسی جرأت پرداختن جدی به مجموعهٔ متونی که آن را بازنمایی می‌کرد، پیدا کند. اما در مورد جنگ ایران و عراق موضوع ـ دست‌کم برای طرف ایرانی ـ به گونه‌ای دیگر بود. در آن‌جا، که هنوز دود آتشبارها به کلی محو نگشته و غرش تفنگ‌ها هنوز طنین‌انداز است، صحبت از چند تن نویسندهٔ جدا از هم که به بیان و بازنمایی تجربهٔ جنگ در تمام ژرفایش پرداخته باشند، نیست بلکه دریایی از متون گوناگون ادبی، از هر شهر و استان ایران پیش روی ماست.

پرسشی که به ذهن خطور می‌کند و جنبهٔ فرهنگی نیز دارد، این است که این همه فراوانی متون (که به عهدهٔ آقای بوتل خواهد بود تا آمار و ارقام آن را در اختیار ما قرار دهد)، برای چیست؟ این لزوم گفتن و روایت‌کردن شتاب‌انگیز از چه روست؟ آیا ناشی از نگرانی فراموش‌کردن آن‌هاست؟ خیر! فقط این نگرانی نیست، بلکه ارادهٔ کم و بیش خودآگاهانه برای ثبت و ضبط تجربه‌ای پربار و حفظ آن به‌صورت یک میراث دلیل دیگر آن بوده است. این‌گونه است که تاریخ معاصر به رود گستردهٔ سنت فرهنگی ایران می‌پیوندد. مورخان قدیم ایرانی مدت‌های مدید بر سر ضعف تاریخ‌نگاری ایران آن روزگار مسئله داشتند، حال آنکه استادی به نام دو فوشکو در اثر خود به نام ***اخلاقیات*** با دقت و ظرافت هر چه تمام‌تر، زنجیرهٔ ناگسستنی بین اخلاق سیاسی، دینی و اخلاقی مردم ایران را با توجه به خاستگاه زرتشتی آن تا آستانهٔ روزگار نو نشان داده است. نکتهٔ مهم در ایران زمین این است که تاریخ‌نگاری آن نه روزشمارانه است نه واقعاً وقایع‌پرداز، بلکه بیانگر نوعی تلاش خستگی‌ناپذیر و بی‌وقفه در جهت جست‌وجوی معنای تاریخ است.

با مطالعهٔ حجم عظیم خاطرات جنگ (که انجمن ایران‌شناسی چندین گزیده از آن را برای غنابخشیدن به اندیشهٔ حاضران در این نشست دو روزه، جمع‌آوری و ترجمه نموده است) از یادآوری‌های مکرر بسیجیان جوان به خود، شگفت‌زده می‌مانیم که به نبرد با دشمن عراقی نمی‌روند بلکه عازم زورآزمایی با حقیقت درونی خود می‌شوند، به جنگ با همسایه و برادران دینی خود نمی‌روند بلکه با نیروهای شر ـ و حتی به‌زعم بنده، با اهریمن و هر آن‌چه در مقابل نور عشق است و مانع از وصل عرفانی آن‌ها می‌شود ـ نبرد می‌کنند.

چالشگران خواهند گفت: روشن است که این متون توسط ارگان‌های تبلیغاتی چاپ و نشر شده است! آری، چه کسی منکر این مطلب است؟ انسان‌هایی روشن ضمیرتر و - بی‌هیچ گمان - صاحب دریافتی سریع‌تر، مهارت جمع‌آوری تمام آن نوشتارها را داشته و آن‌ها را به خدمت آرمان خود درآورده‌اند! چه کسی یارای آن دارد که به آنان خرده بگیرد؟ برای هر که به مطالعهٔ این متون می‌پردازد؛ متونی که گاه زبان آن‌ها ناهموار و گاه ساده‌و در عین حال نشان‌دهندهٔ توانایی ادبی نویسنده‌اش است، و نیز هر که آن آواهای گوناگون را می‌شنود که در رنج و شادی یگانه بودند و با مرگی خاموش شدند که خود، آن را «شهادت» یعنی گواهی‌دادن نامیده‌اند، و خلاصه برای هر خوانندهٔ صدیق و هوشیار و بی‌غرض، شک در اصالت این نوشته‌ها جایز نیست. گویی در برابر پدیده‌ای قرار دارد که اصالت آن فراتر از هر گونه تلاش تبلیغاتی است، نوعی کار معتبر تاریخی که دیدگاه معادشناختی، آن را اشباع نموده است. آری، روایت جنگ، آن گونه که در مجموعهٔ خاطرات جنگ ایران و عراق برای مطالعه عرضه شده، روایتی است وحی‌گونه؛ چراکه در عین ریشه‌داشتن در سنتی کهن، دینی، اخلاقی و ادبی و آخرت همیشه حاضر در این دنیا، تجربهٔ امروز را نیز بازمی‌نماید؛ و این بازنمایی تجربهٔ جنگ در قالب خاطرات و نوعی سنت ادبی چند صدساله، برای اروپاییان دارای جذابیت فوق‌العاده است.

بوتل و خاطرات جنگ

با توجه به آن‌چه گفته شد، معتقدیم که آقای بوتل راه به خطا نرفته است و در همین‌جا بر خود فرض می‌دانیم که از ژرف‌اندیشی و پشتکار او ستایش نماییم و فایدهٔ این پژوهش را که هیچ تردیدی دربارهٔ دشواری انجام آن وجود ندارد، ثابت (و شاید لازم باشد خود را به ضرورت انجام چنین پژوهشی متقاعد) کنیم.

از هنگام اقامت من در پاریس و برداشته‌شدن نخستین گام‌ها در جهت شناخت متون ادبی تهیه‌شده در خلال جنگ ایران و عراق و راه‌یافتن نخستین تردیدها و شگفت‌زدگی‌ها از مطالعهٔ آن‌ها و انعکاس نتایج همهٔ آن مطالعات در پایان‌نامهٔ د/او/آ - به راهنمایی دکتر فرهاد خسروخاور که خود در مطالعهٔ وصیت‌نامهٔ شهدا پیشگام بوده‌اند - کار آقای بوتل از جمله کارهایی است که مشخصاً به بررسی شواهد تاریخی و ادبی جنگ ایران و عراق معطوف است و موجب برپایی این میزگرد نیز بازتاب طرح اولیه بوتل و یافته‌ها و ادراک‌های ایشان از این بررسی است.

آقای بوتل چند سال پیش تصمیم گرفت پایان‌نامهٔ دکترای خود را به مطالعهٔ شهادت اختصاص دهد. به این منظور تمام توجه خود (و نیز ما را) به مجموعهٔ عظیم خاطرات جنگ - که انتشار آن‌ها را چند نهاد عمده در ایران از جمله حوزهٔ هنری سازمان تبلیغات اسلامی برعهده دارند - متمرکز کرد.

خاطرات جنگ (تجربهٔ حوزه هنری سازمان تبلیغات اسلامی)

افتخار خواهیم داشت که شرکت‌کنندگان محترم به‌تفصیل فعالیت‌های این مرکز را شرح دهند. ولی پیش از

آن مایلم در یک جمله بگویم که به نظر این جانب این تجربهٔ به دست‌آمدهٔ پس از پایان جنگ ـ که تنی چند با انگیزه‌ای عاشقانه و شجاعتی بی‌همتا به گردآوری و تدوین و انتشار آن پرداختند ـ نه تنها در خور تعمق، بلکه دارای اهمیتی اساسی برای فهم جامعهٔ ایران و فرهنگ معاصر آن است.

یکی از جرقه‌های اصلی برای توجه به این پدیده را نویسنده‌ای از نویسندگان خاطرات جنگ، محسن مطلق، در ذهن ما روشن کرد. وی در مقدمه کتاب خود ***زنده‌باد کمیل*** چنین نوشته است: «زمانی که در آخرین روزهای جنگ در دوکوهه اسلحه‌ام را به تسلیحات تحویل دادم، می‌رفتم تا از تدارکات یک قلم بگیرم و با آن از ارزش‌های به‌دست‌آمده از جهاد دفاع کنم».

با تأملی به‌سزا در این جمله درمی‌یابیم که عناصر اصلی پدیده‌شناسی پیش روی ماست: قلم، که ادامهٔ نبرد با اسلحه است، به نگارش درآوردن ارزش‌های به‌دست‌آمده در جنگ (مقدس)، که قالب را به معنی می‌پیوندد و در همان جهت ادامه می‌یابد.

اهداف و روش‌های این نشست

همان‌طورکه پیش‌تر هم گفتیم، هدف، پیش‌رو نهادن دو تجربه نیست (زیرا در طرف فرانسوی، دیگر تقریباً شاهدی وجود ندارد که بتواند با اقتدار از آن جنگ سخن بگوید)، بلکه عرضهٔ دو قرائت متفاوت از تجربهٔ جنگ است.

روش این نشست نیز، مبتنی بر محدود نمودن (تا حد امکان) حوزهٔ مناظره به خاطرات جنگ است، با در نظرداشتن این نکته که مواد و مصالح بحث از غنا و دامنه‌ای به مراتب وسیع‌تر از آن‌چه بتوانیم تصور کنیم، برخوردار است. نیز مصمم هستیم جلسات این دو روز را ـ اگر نگوییم محرمانه ـ دست‌کم به گروهی چند نفره از کارشناسان و دانشجویانِ مشتاقِ دست‌یابی به اندیشه‌های مشترک و بین‌فرهنگی محدود کنیم.

نتیجه

چشم داریم که این مناظره با فروتنی، شکیبایی، گذشت، انصاف و نیز احتیاط فراوان در بیانات و گفته‌ها برگزار شود و احساسات و عقاید یک‌جانبه بر جدیت علمی برتری نیابد. از همین رو، از برگزاری مناظرهٔ عمومی و هرگونه تبلیغات دربارهٔ آن صرف‌نظر نمودیم. تنها هدف ما این است که روش شناخت، و به‌ویژه شناخت خویشتن را فرا بگیریم و از ره‌آورد آن برای دست‌یابی به انسانیتی والاتر در عرصهٔ روابط بین‌الملل استفاده کنیم. آیا این شرط بسی بی‌پرواست؟ این‌طور فکر نمی‌کنیم. زیرا در این صورت نثار جان آن همه انسان به چه کار آمده است؟ آن همه جوانی که در خون خود غلتیدند؟

به یاد و خاطرهٔ آن جوانان و پاس‌داشت و زنده نگه‌داشت عظمت آن‌همه فداکاری، شما دوستان را به یک دقیقه سکوت فرامی‌خوانم و از توجه شما سپاسگزاری می‌نمایم.

□ □ □

نقش دانشگاه‌ها و مراکز تحقیقاتی کشور
در فعالیت‌های مطالعاتی و تحقیقاتی ایران‌شناسان خارجی

دکتر محمود طالقانی

همان‌گونه که از عنوان سخنرانی‌ام مشخص می‌گردد، قصد پرداختن به موضوع این میزگرد را ندارم و این مهم را به کارشناسان و صاحب‌نظران حوزهٔ هنری سازمان تبلیغات اسلامی و آقایان اریک بوتل و اُدون روزو و دیگر همکاران حاضر، که در خصوص موضوع این نشست از دانش و تجربهٔ کم نظیری برخوردارند، وامی‌گذارم و با عنایت به زمان بسیار محدودی که در اختیار من گذاشته شده است، به‌طور بسیار فشرده تنها به نقش مثبت دانشگاه‌ها در برگزاری این نوع نشست‌ها و فواید آن اکتفا می‌کنم.

اندیشهٔ برگزاری نشست‌های علمی و تخصصی در محافل دانشگاهی داخل کشور برای پژوهشگران و دانشجویان خارجی که در زمینه‌های مختلف علوم انسانی و اجتماعی ایران فعالیت مطالعاتی و تحقیقاتی دارند، سال‌هاست که فکر مرا به‌خود مشغول کرده است؛ زیرا عمیقاً بر این باور بوده و هستم که چنین نشست‌هایی نه تنها مانع بروز سوءتفاهم‌های اجتماعی می‌گردد بلکه مهم‌تر از آن، فرصتی در اختیار محققان خارجی قرار می‌دهد تا قبل از انتشار نتایج مطالعات و تحقیقات خود، آن‌را در فضایی کاملاً علمی و تخصصی و به‌دور از جنجال‌های تبلیغاتی با همکاران ایرانی خود در میان گذارند و به اتفاق به نقد و بررسی آن بپردازند. این امر به‌ویژه برای آن دسته از فعالیت‌های مطالعاتی و تحقیقاتی خارجیان که بدون مشارکت پژوهشگران ایرانی انجام می‌شود، از اهمیت خاصی برخوردار است. پیش از این، در چهارمین کنفرانس اروپایی مطالعات ایرانی -که در شهریور سال جاری در پاریس به همت دوست و همکارم آقای دکتر برنارد اورکاد برگزار گردید- به‌تفصیل گفته‌ام که در شرایط فعلی، اکثر ایرانیان درون‌مرزی، در هر موقعیت و مسئولیتی، خواهان و طرفدار فعالیت‌های ایران‌شناسی خارج از کشور هستند به شرط آن‌که این فعالیتها به‌دور از پیش‌داوری‌های عجولانه و بعضاً مغرضانه و با رعایت ضوابط و معیارهای علمی انجام گرفته باشد. به همین علت در سال‌های اخیر، به‌ویژه پس از پایان جنگ تحمیلی، کوشش فراوان شده است تا حتی‌المقدور شرایط لازم برای فعالیت‌های مطالعاتی و تحقیقاتی پژوهشگران ایران‌شناس خارجی در کشور فراهم گردد. حضور تعداد قابل‌توجهی از دانشجویان خارجی، به‌خصوص اروپایی در دانشگاه‌های کشور که زیر نظر استادان ایرانی در زمینه‌های مختلف فرهنگ و ادب فارسی و همچنین علوم اجتماعی مشغول مطالعه و تحقیق هستند، نه تنها گواه این مدعاست بلکه نشان می‌دهد بسیاری از همکاران دانشگاهی ما در خارج از کشور نیز به این حقیقت رسیده‌اند که در شرایط سیاسی، اجتماعی و علمی ایران، هیچ گونه مطالعه و تحقیق علمی در زمینه‌های یادشده بدون مشارکت مستمر و مؤثر

پژوهشگران و کارشناسان ایرانی مقدور نیست. به این منظور، کمک به محققان جوان خارجی که مایل به مطالعه و پژوهش در زمینه‌های مختلف علوم انسانی و اجتماعی هستند، اولویتی خاص دارد. به همین علت هنگامی که حدود سه ماه پیش مطلع شدم که آقای اریک بوتل ـ محقق جوان فرانسوی ـ مطالعه و تحقیق خود را در دربارهٔ «خاطرات رزمندگان جنگ تحمیلی ایران و عراق» تقریباً به پایان رسانده است، بلافاصله پیشنهاد کردم تا با برگزاری میزگردی نتایج مطالعات و تحقیقات ایشان نقد و بررسی شود. خوشبختانه ریاست محترم دانشکدهٔ علوم اجتماعی دانشگاه تهران، آقای دکتر تقی آزاد و رئیس انجمن ایران‌شناسی فرانسه در ایران، آقای دکتر کریستف بالایی نیز از این پیشنهاد استقبال کردند.

آقای اریک بوتل اگرچه در مدت نزدیک به چهار سالی که به مطالعه و تحقیق دربارهٔ موضوع یادشده پرداخته، از راهنمایی‌ها و مساعدت‌های بی‌دریغ کارشناسان و محققان خبره و صاحب‌نظر حوزهٔ هنری سازمان تبلیغات اسلامی بسیار بهره برده، به دلایل مختلف ـ که شرح آن از حوصلهٔ این جلسه خارج است ـ نتوانسته است ارتباط علمی سازمان‌یافته‌ای با مراکز دانشگاهی و تحقیقاتی کشور برقرار کند. امیدواریم که این نشست‌ها شرایط لازم را برای برقراری ارتباط علمی بین محققانی چون ایشان با مراکز دانشگاهی و تحقیقاتی کشور فراهم نماید و این عده با استفاده از امکانات علمی‌ای که این مراکز در اختیار آن‌ها قرار می‌دهد، در آینده با دقت و تعمق بیش‌تری در حوزهٔ تخصصی خود به مطالعه و تحقیق بپردازند. به‌علاوه انتظار داریم که نشست‌هایی از این دست ارتباط علمی و تخصصی پایدار و مستمری را بین همکاران دانشگاهی و کارشناسان و صاحب‌نظران متخصص ادبیات جنگ در حوزهٔ هنری سازمان تبلیغات اسلامی، که دارای دانش و تجربهٔ کم‌نظیری در خصوص ادبیات جنگ هستند، به‌وجود آورد؛ زیرا یقیناً در سایهٔ این ارتباط شرایط لازم برای تشویق و هدایت دانشجویان دورهٔ کارشناسی ارشد و دکترا به مطالعه و تحقیق در زمینه‌های مختلف ادبیات جنگ فراهم خواهد آمد.

در پایان لازم می‌دانم از جانب خود و دانشکدهٔ علوم اجتماعی از آقای دکتر مهدی فائزی‌پور، مدیرکل محترم روابط دانشگاهی و بین‌المللی دانشگاه تهران که در برگزاری این میزگرد نقش تعیین‌کننده‌ای داشته‌اند، سپاسگزاری نمایم.

□ □ □

جنگ یا انقلاب اجتماعی

دکتر تقی آزاد ارمکی

مقدمه

در مقالهٔ حاضر رابطهٔ موجود بین جنگ و انقلاب در ادبیات علوم اجتماعی، مطرح و نقد و بررسی شده است. عده‌ای جنگ را بیش‌تر پدیده‌ای نظامی ـ تا اجتماعی و فرهنگی ـ دانسته و بر این اساس، جنگ‌ها را تهاجم و غلبهٔ مهاجم (عموماً دولت‌های خارجی) بر کشور و دولت دیگر با استفاده از روش‌های قهرآمیز و بسیج نیروی نظامی تعریف کرده‌اند. در مقابل، انقلاب را بیش‌تر پدیده‌ای اجتماعی و فرهنگی ـ تا نظامی ـ دانسته‌اند. در این تلقی، مردم در مقام نیروهای اصلی انقلاب یا در کنار نیروهای انقلابی، با اختیار و پیروی از طرحی از قبل معلوم برای دست‌یابی به اهداف مورد نظرشان، که بیش‌تر تغییر در ساختار اجتماعی جامعه است، دست به اقدام می‌زنند. در تفاوت‌گذاری بین جنگ و انقلاب، از طرف دیگر به نتایجی که جنگ‌ها برای بشر و تاریخ درپی داشته‌اند نیز، توجه می‌شود. به این معنا که نتایج جنگ‌ها را ویرانی و نابسامانی، و نتایج انقلاب‌ها را رساندن ملت‌ها به اهداف انسانی و بشری بیان کرده‌اند. با تجربیاتی که جهان در دو سدهٔ اخیر از جنگ‌ها و انقلاب‌ها کسب کرده است، چنانچه ارزیابی علمی دو پدیدهٔ جنگ و انقلاب مدنظر باشد، بد دانستن جنگ‌ها و خوب تلقی کردن انقلاب‌ها قابل نقد و سئوال است. برای مثال، جنگ‌ها صرف‌نظر از نتایج نامطلوبی که در پی داشته‌اند، زمینه‌های عمده‌ای را برای ایجاد تحول و تغییر در ساختارهای اجتماعی و فرهنگی قدیمی (مانند انقلابات اجتماعی) فراهم و جامعه را وارد دوره‌ای جدید نموده‌اند. انقلاب‌ها نیز با وجود آن‌که توانسته‌اند با بسیج آگاهانهٔ نیروهای اجتماعی موجب ترقی فکری و بالندگی اجتماعی و سیاسی و ورود به دورهٔ جدید اجتماعی و فرهنگی شوند، بدون شک ویرانی‌ها و نابسامانی‌ها و اتلاف انرژی و امکانات را نیز در پی داشته‌اند. بنابراین، در مقام ارزیابی علمی ـ نه قضاوت ایدئولوژیک ـ می‌توان گفت که انقلاب‌ها و جنگ‌ها از آن‌رو که توانایی بالقوهٔ متحول‌سازی جامعه را دارند و در ضمن موجب نابسامانی‌های متعدد اجتماعی و فرهنگی نیز می‌شوند، هم خوب و هم بد هستند.

پرسش اصلی

مقاله در پی بیان این نکته است که جنگ‌ها و انقلاب‌های اجتماعی در جامعهٔ مدرن گرچه ممکن است به‌لحاظ صوری از یکدیگر متفاوت باشند، به‌لحاظ محتوا و جهت‌گیری و اثرگذاری بر جامعه و اثرپذیری از آن، تقریباً وضعیت یکسانی دارند. برای فهم دقیق‌تر این معنی برخی پرسش‌های محوری زیر مطرح

شده‌اند که پاسخ به بعضی از آن‌ها در این مقاله مطمح نظر قرار گرفته است:

ـ آیا نتایج جنگ‌ها غیر مطلوب و نتایج انقلاب‌ها مطلوب است؟

ـ آیا از حیث نتایج مترتب بر این دو پدیده تفاوتی وجود دارد؟

ـ آیا نتایج مترتب بر جنگ‌ها و انقلاب‌ها ناشی از مدرن‌شدن جامعه است؟

ـ آیا جنگ‌ها جامعه را به قهقرا می‌برند و در مقابل، انقلاب‌های اجتماعی رو به سوی جلو دارند و موجب تحول و تغییرات بنیادی می‌شوند؟

ـ آیا تفاوت این دو پدیده بیش‌تر به نحوهٔ تفسیر و تلقی ناظران این دو پدیده برمی‌گردد یا به ماهیت آن‌ها؟

چارچوب نظری

در علوم اجتماعی (به‌طور عام) و جامعه‌شناسی (به‌طور خاص) دو دیدگاه نظری به کلی متفاوت در بررسی جنگ و انقلاب وجود دارد. اولین چارچوب نظری متعلق به حوزهٔ مارکس است و دومین چهارچوب نظری به دیدگاه وفاقی و بیش‌تر کارکردگرایی ساختاری پارسونز تعلق دارد. چارچوب اول، انقلاب را پدیده‌ای ضروری و حتمی برای تحول جامعه از مرحله‌ای به مرحلهٔ دیگر و در عین حال مطلوب و مفید می‌داند. مارکس یکی از متفکران علوم اجتماعی است که بیش‌ترین تجلیل را از انقلاب نموده و کسانی را که در تخریب نظام فئودالی به سرمایه‌داری و تبدیل سرمایه‌داری به کمونیسم تلاش می‌کنند، نیروهای مطلوب و انقلابی خوانده است. وی از این نیروی انقلابی و عامل گذار از فئودالی به سرمایه‌داری، تحت عنوان «بورژوازی» یاد کرده است:

> *«بورژوازی با بهبود سریع همهٔ افزارهای تولید، و با وسایل ارتباطی وسیعاً سهولت‌یافته‌ای که در اختیار دارد، کلیه ملل، حتی عقب‌مانده‌ترین آن‌ها را به عرصهٔ تمدن می‌کشاند. قیمت‌های ارزان اجناس او، توپخانهٔ سنگینی است که وسیلهٔ آن همهٔ دیوارهای چین را فرو می‌ریزد و به یاری آن، سماجت‌آمیزترین نفرت اقوام وحشی و عقب‌مانده (از خارجیان) را به تسلیم بی‌قید و شرط تبدیل می‌کند. بورژوازی، تمام ملل را مجبور می‌سازد تا از ترس نابودشدن به دست او، شیوهٔ تولید بورژوایی را اختیار کنند. آن‌ها را وامی‌دارد تا آن‌چه را که خودش تمدن می‌نامد، در نزد خویش رواج دهند. به عبارت دیگر، خودشان هم صفت بورژوایی پیدا کنند. در یک کلام، بورژوازی جهان را از روی تصویر خودش خلق می‌کند».*[1]

مارکس باصراحت بورژوازی را نیروی اصلی انقلابی می‌داند:

> *«بورژوازی، از نظر تاریخی یکی از انقلابی‌ترین نقش‌ها را ایفا کرده است. بورژوازی، هر جا که تسلط یافته به کلیه روابط فئودالی در شهر و روستا پایان داده است. او بی‌رحمانه پیوندهای چل‌تکهٔ فئودالی را که بین انسان و «مافوق‌های طبیعی‌اش» وجود*

داشتند پاره پاره کرده و هیچ رابطه‌ای جز نفع‌پرستی عریان و جز معیار زمخت و بی‌عاطفهٔ «اسکناس» بین انسان و انسان باقی نگذاشته است. او ملکوتی‌ترین احلام ناشی از شور شواهد مذهبی و هیجانات دلاوری و جوانمردی و عوالم احساساتی عوامانه را در آب یخ‌آلود و حسابگری‌های خودپرستانه غرق کرده است. بورژوازی ارزش شخصی را در ارزش مبادله مستحیل ساخته و به جای آزادی‌های بی‌شمار و بطلان‌ناپذیری که منشور و حساب و کتابی داشتند، آزادی منحصر به فرد و نامعقول «تجارت آزاد» را برایمان مقرر داشته است. در یک کلام، به جای استثمار سیاسی که سابقاً در حجابی از توهمات مذهبی و سیاسی استتار می‌شد، بورژوازی استثمار عریان، بی‌آزرم، مستقیم و سفاکانه را برقرار کرده است».[۲]

در مرحلهٔ گذر از سرمایه‌داری به کمونیسم، مارکس از نیروی انقلابی تحت عنوان «پرولتاریا» و «روشنفکر» یاد نموده است. مارکس باصراحت و روشنی به اهمیت پرولتاریا در تبدیل سرمایه‌داری به نظام جدید پرداخته است:

«همهٔ جنبش‌های سابق تاریخی، جنبش‌های اقلیمی، به سود اقلیت‌ها بوده‌اند. جنبش پرولتاریا، جنبش خودآگاه و مستقل اکثریت وسیع و به سود اکثریت وسیع است. پرولتاریا که پایین‌ترین لایهٔ جامعهٔ کنونی ما را تشکیل می‌دهد، نمی‌تواند بجنبد و نمی‌تواند سر بلند کند، مگر آن‌که لایه‌های روبنایی جامعهٔ رسمی از هم بپاشد و به هوا پرتاب شود.

مبارزهٔ پرولتاریا با بورژوازی، گرچه نه ماهیتاً، ولی از نظر شکل، قبل از هر چیز مبارزه‌ای ملی است. بدیهی است که پرولتاریای هر کشوری باید قبل از هر کار، با بورژوازی داخلی خودش تسویه حساب کند».[۳]

بعد از مارکس، ماکسیست‌های هگلی از قبیل لوکاچ و گرامشی به نقش روشنفکران و پرولتاریا در شکل‌گیری انقلاب اجتماعی پرداختند. لوکاچ در کتاب ***تاریخ و آگاهی طبقاتی***[۴] با تأثیرپذیری و تأکید بر دیدگاه کانت و هگل به نقد دیدگاه انگلس در مورد انقلاب کارگری پرداخته و ماتریالیسم عصر روشنگری را به نام «قالب ایدئولوژیک انقلاب بورژوایی» معرفی کرده است. وی در این کتاب از روشنفکران به عنوان نیروهای انقلابی یاد کرده است.[۵]

در مقابل دیدگاه فوق، بسیاری از متفکران اجتماعی به نقد نظریهٔ مارکس دربارهٔ انقلاب پرداختند و با درنظرگرفتن نتایج تخریب‌کننده و نامطلوب انقلابات اجتماعی در دوران جدید، به فهم مکانیسم (سازوکار)های درونی نظام‌ها در قالب نظریهٔ اصلاح توجه کردند. کارل پوپر از جملهٔ همان متفکران اجتماعی است که در کتاب ***انقلاب یا اصلاح*** در نقد نظریهٔ انقلاب، به دفاع از نظریهٔ اصلاح پرداخته است.

با توجه به دو چارچوب نظری فوق، این پرسش مطرح می‌شود که چه سرنوشتی برای جنگ‌ها می‌توان متصور شد؟ آیا جنگ‌ها صرفاً دربردارندهٔ نتایج تخریبی‌اند یا موجب تحول و تغییر نیز می‌شوند؟

آیا به حکم این پیش‌فرض که انقلاب‌ها اصلی‌ترین پدیده‌های تحول‌آفرین هستند، می‌توان جنگ‌ها را پدیده‌هایی غیرمطلوب دانست؟

با پذیرش و پافشاری بر این دو دیدگاه نظری می‌توان جنگ‌ها را از دریچهٔ انقلاب‌ها بررسی کرد. دیدگاه مارکسی از آن‌جاکه انقلاب‌های اجتماعی را تنها راه تغییر ساختاری جامعه می‌داند، هم دیدگاه اصلاحی را نقد می‌کند و هم به نقد جنگ‌ها می‌پردازد (گرچه نقد ایدئولوژی روشنفکران چپ در آن کم‌رنگ است). در مقابل، دیدگاه وفاقی، انقلاب و جنگ هر دو را نقد و صرفاً به اهمیت اصلاح توجه می‌کند. با توجه به تجربیات جهان در دو سدهٔ اخیر در مورد انقلاب‌ها و جنگ‌ها، می‌توان بر اساس چارچوب نظری جدید، جنگ‌ها را به نوعی انقلاب‌های اجتماعی تلقی نمود.

جنگ‌ها، انقلاب‌های اجتماعی‌اند

تاکنون هر کوششی که در جهت بازشناسی انقلاب و جنگ صورت گرفته، درصدد معرفی این هر دو به‌منزلهٔ دو پدیدهٔ متفاوت با یکدیگر بوده است. در حالی‌که اگر به نتایج ناشی از این دو پدیده توجه شود، می‌توان مدعی شد که جنگ‌ها و انقلاب‌ها خیلی با یکدیگر متفاوت نیستند. همچنین با ملاحظه‌ای دقیق می‌توان دریافت که هر دو پدیده با پیروی از امیال انسانی، در زمان و مکانی خاص، دوره‌ای واحد، به قصد دست‌یابی به اهدافی مشخص، با مشارکت نیروهای انسانی، به کارگیری ابزارها و شیوه‌های مختلف خشونت و کشتار و سرانجام صرف هزینه و نیروی انسانی و تجربی و مالی محقق شده‌اند. به این ترتیب می‌توان گفت، جنگ و انقلاب، پدیده‌هایی اجتماعی‌اند که وجوه نظامی، سیاسی، اقتصادی و فرهنگی دارند.

آن‌چه جنگ و انقلاب را در دنیای مدرن به یکدیگر مرتبط‌تر می‌سازد، نتایج آن‌هاست. به این معنا که هر دو ریشه در ساختارهای اجتماعی دارند. هر دو ساختارشکنی نموده، ساختارهایی جدید پدید می‌آورند. حتی اگر مدعی بازگشت به گذشته یا بازگرداندن طبقات پیشین یا دولت‌های سنتی و ارتجاعی به قدرت باشند، آن‌چه در عمل اتفاق می‌افتد، معطوف‌بودن حرکت جمعی در هر دو پدیده به سمت به هم‌ریختن ساختار موجود و طراحی ناخواستهٔ ساختارهای جدید است؛ چیزی که ظاهراً فقط در انقلاب‌ها صورت می‌گیرد، حال آن‌که جنگ‌ها؛ انقلاب‌های اعلام‌نشده و انقلاب‌ها؛ جنگ‌های اعلام‌شده‌اند و نتایج هر دو مدرن‌سازی جامعه و حیات جمعی است.

برای فهم دقیق‌تر این تعابیر توجه به چند نکته ضروری است:

۱ـ در ادبیات اجتماعی و سیاسی (در علوم اجتماعی) وقتی سخن از جنگ به میان می‌آید، بالحنی تند و برداشتی انتقادگونه توأم است. ولی وقتی نوبت به انقلاب می‌رسد، بیان اغلب با نوعی خوش‌بینی همراه است.

۲ـ ناظران، با کنش کنشگرانِ جنگ‌ها و انقلاب‌ها نقدگونه و بعضی از مواقع اعتراض‌گونه برخورد می‌کنند. در حالی‌که کنشگران دو صحنه به میزان تعلق و بهره‌مندی از دو پدیده رویکرد دفاعی دارند.

۳ـ عاملان هر دو پدیدهٔ فوق، بدون هیچ‌گونه ارزش‌گذاری و صرفاً با تکیه بر چارچوب‌های نظری، قضاوت‌های تاریخی، نظام‌های ارزشی و ایدئولوژیک به عمل می‌پردازند. آن‌ها خود را نیروهای حتمی محقق‌سازی نتایج می‌دانند. برای اثبات ادعای فوق رجوع به وصیت‌نامه‌ها به ما کمک خواهد کرد. زیرا در وصیت‌نامه‌های چاپ‌شدهٔ پس از جنگ‌ها و انقلاب‌ها با چهرهٔ دیگری از کنشگران جنگی و انقلابی مواجه‌ایم که بسیار متفاوت با سیمایی است که در دوران حوادث از آن‌ها ترسیم می‌شد. کنشگران در انقلاب‌ها و جنگ‌ها ضمن این‌که رجز پیروزی بر دشمن سر می‌دهند، به مسائل عینی زندگی در صحنهٔ مبارزه و آن‌چه در زندگی واقعی پس از مبارزه در انتظار آن‌هاست، اشاره می‌کنند.

با توضیحات فوق، برآنم که به‌لحاظ نظری، جنگ‌ها؛ انقلاب‌های اعلام نشده‌اند و ابزارهای تحلیل و بررسی آن‌ها متفاوت با ابزارهای تحلیل و بررسی انقلاب‌ها نیست. با توجه به پرسش‌های آغازین می‌توان به حوزهٔ مشترک نظری و تجربی جنگ‌ها و انقلاب‌ها ـ که من آن را «حوزهٔ اثرگذاری» یا «حوزهٔ نتایج ناخواسته» نامگذاری نموده‌ام ـ توجه بیش‌تر نمود. با این توضیح دیگر نباید به تفاوت بین نیروهای درگیر در انقلاب‌ها و جنگ‌ها پرداخت یا به تفاوت شعارها و سیمای دشمن در این دو پدیده توجه نمود. زیرا این نوع بررسی بیش‌تر صورگرایانه است تا متن‌گرایانه. در این‌صورت پرسش‌های زیر را می‌توان مطرح کرد:

۱ـ آیا سهم جنگ جهانی اول در فرانسه کم‌تر از انقلاب کبیر فرانسه در تغییر ساختارهای اجتماعی فرانسه بوده است؟

۲ـ آیا سهم جنگ عراق علیه ایران کم‌تر از انقلاب اسلامی در تاریخ معاصر ایران بوده است؟

به نظر می‌آید، ارزیابی علمی، بدون قضاوت مطلق دربارهٔ بدبودن جنگ‌ها یا خوب‌بودن انقلاب‌ها، بتواند پاسخ‌گوی پرسش‌های فوق باشد. در بررسی تاریخی این دو جنگ با طرح پرسش‌هایی نظیر پرسش‌های زیر و یافتن پاسخ برای آن‌ها به نکاتی جدید می‌توان دست یافت:

ماهیت این دو جنگ در فرانسه و ایران چگونه بوده است؟ چگونه خلق شدند؟ چگونه ادامه یافتند؟ چگونه پایان یافتند؟ عاملان آن‌ها چه کسانی بودند؟ پیام‌های آن‌ها چه بود؟ چه نتایجی در پی داشتند؟ این‌ها پرسش‌هایی است که هر نوع بررسی تاریخی و آغازین مجبور به توجه بدان‌هاست.[۶]

پس از بیان ضرورت بررسی این مسئله که «جنگ‌ها همان انقلاب‌های اجتماعی‌اند»، باید به بررسی تجربی دورهٔ سازندگی و تجدیدنظر در ساختارهای اجتماعی و سیاسی ایران و فرانسه پس از پایان‌یافتن دو جنگ توجه نمود. به‌طور قطع هر دو کشور پس از پایان جنگ با شکل‌گیری نسل جدیدی روبه‌رو شده‌اند که اصلی‌ترین شعار آن نسل، نیاز به بازسازی نظام اجتماعی، و مهم‌ترین ویژگی آن، داشتن روحیهٔ ضدیت با جنگ و انقلاب و تأکید بر اصلاح درونی ساختاری است.

□ □ □

پی‌نوشت‌ها

۱ ـ جی. اچ. آبراهامز. **مبانی و رشد جامعه‌شناسی**، ترجمهٔ حسن پویان، جلد اول، چاپخش، چاپ اول، ۱۳۶۳، ص ۳۰۹۸.

۲ ـ همان، ص ۳۰۷.

۳ ـ همان، به نقل از مارکس، ص ۳۱۷.

۴ ـ جورج لوکاچ. **تاریخ و آگاهی طبقاتی**، ترجمهٔ جواد باشی، انتشارات امیرکبیر، ص ۳۷.

۵ ـ تقی آزاد ارمکی. **نظریه‌های جامعه‌شناسی**، انتشارات سروش، ۱۳۷۶، ص ۱۴۰.

۶ ـ صاحبان مقاله‌ها و محققها (در کنگرهٔ بررسی مقایسهٔ خاطره‌نویسی رزمندگان جنگ عراق علیه ایران و جنگ جهانی اول) قصدشان پاسخ به پرسش‌های فوق در قالب بررسی خاطره‌نویسی و خاطره‌نگاشته‌های این هر دو جنگ است. آن‌ها نمی‌خواهند صرفاً آن‌چه بوده را بازنمایی کنند، بلکه قصد آن‌ها تحلیل محتوای خاطره‌ها به‌منظور فهم جهت‌گیری دو جنگ و چگونگی تبدیل‌شدن آن‌ها به انقلاب است.

آتش و ادبیات

مرتضی سرهنگی

وقتی جنگ شروع شد، حتی یک موی سفید نداشتم. جوان بیست و چند ساله‌ای بودم که برای اولین بار در جبههٔ جنوب، جنگ را از نزدیک تجربه می‌کردم. زمستان بود. اولین زمستان جنگ. بیابان‌های اطراف شهرِ کوچکِ مرزیِ هویزه[1] پر از گل و لای بود و سیاهی دود باروت، تن آن را گُله به گُله هاشور زده بود. آن روزها، روزنامه‌نگار جوانی بودم کم‌تجربه و تا حدی دست و پا چلفتی؛ صفتی که اصلاً شایستهٔ چنین حرفه‌ای نیست اما من بودم و کاری‌اش هم نمی‌شد کرد. من برای تهیهٔ گزارش یا خبر به جبهه نرفته بودم. رفته بودم بجنگم. اما تجربه‌های مطالعاتی‌ام می‌گفت آن‌چه در جنگ می‌بینم، نوشتنی است. به همین خاطر یک دفتر کوچک با جلد چرمی مشکی رنگ در کوله‌ام داشتم. بعضی شب‌ها در نفربر یا درون سنگری که کنار رودخانهٔ کرخه بود آن‌چه در روز برایم می‌گذشت با ذکر تاریخ می‌نوشتم. هنوز این دفترچه مانده است اما به هیچ دردی نمی‌خورد، زیرا مطالب آن کامل نیست. حقیقت این است که مداوم نمی‌توانستم بنویسم، هم به خاطر جابه‌جایی‌های پی در پی و هم این‌که زیر بارانی از آهن و فولاد آتشین نمی‌توانستم به نوشتن هم فکر کنم. اما تلاش می‌کردم بسیاری از آن‌چه را که می‌بینم و می‌شنوم در حافظه‌ام نگه دارم. حادثه‌هایی که خود به خود هم فراموش‌نشدنی بودند. بعد از چند ماه، جبههٔ جنوب را با همهٔ تلخی‌ها و شیرینی‌هایش رها کردم و به اداره‌ام بازگشتم و زندگی عادی را در شرایط جنگی دوباره آغاز کردم. بی‌آن‌که حتی زخم کوچکی برداشته باشم. اما هر روز که می‌گذشت می‌فهمیدم آدم دیگری شده‌ام. جنگ، روح مرا شخم زده بود و بذر تازه‌ای در بستر آن پاشیده بود. این بذر چیزی نبود جز تشنگی بی‌پایان برای آگاه‌شدن به آن‌چه در دل جنگ می‌گذشت. هر روز نسبت به انبوه خبرهایی که از میدان‌های جنگ به دفتر روزنامه سرازیر می‌شد، حساس‌تر می‌شدم. با آن‌چه در آن چند ماه در جبههٔ جنوب دیده بودم، کشورم و انقلاب جوانش را از دست‌رفته می‌دیدم. این اندوهی بزرگ بود که اجازه نمی‌داد به جوانی‌ام و به زندگی‌ام، جدی‌تر فکر کنم. خبرها، گزارش‌ها و اطلاعیه‌های رسمی، پی در پی منتشر می‌شد و ستون روزنامه‌ها را اشغال می‌کرد. اما می‌دانستم هیچ‌کدام نمی‌تواند شکل و اندازه جنگی را که من دیده بودم نشان دهد. خبرها در برابر بزرگی جنگ کوچک بودند. این هم اندوه دیگری بود. کارم را دوست داشتم. می‌دانستم این حروف کوچک و بزرگ و این صفحه‌های به هم پیوستهٔ جادویی می‌تواند با نوشته‌های حقیقی، به بزرگی جنگ نزدیک شود و آن را به همه نشان دهد. اما این نوشته‌ها را چه کسی باید می‌نوشت؟ این سئوال مثل حفره‌ای در روح من جا باز کرده بود. بدون آن‌که بدانم، به دنبال گم‌شده‌ای بودم که هیچ نشانی از آن نداشتم. اما می‌دانستم که هست. جریان مطالعاتی‌ام را به طرف جنگ‌های جهانی کشیدم. پیش رویم

تجربه‌های گذشته بود و باید از آن‌ها سود می‌بردم. خیال می‌کردم کار دیگری ندارم به جز پیدا کردن همین گم‌شدهٔ بی‌نشان. در جریان مطالعاتم فهمیدم وقتی سربازان اشغالگر وارد روستا یا شهری می‌شوند، هیچ دری به روی آن‌ها بسته نیست. سربازان اشغالگر، شاهان بی‌تاج و تخت آن روستاها و شهرهای نیمه‌ویران بودند. پس باید بخشی از گم‌شدهٔ جنگ را در میان حرف‌های آنان پیدا می‌کردم. یک‌سال از جنگ گذشته بود که با یک برگهٔ عبور به اردوگاه نگهداری اسیران عراقی رفتم. ابزار کارم یک ضبط صوت کوچک و دفترچهٔ یادداشت بود. بعضی روزها از صبح تا شب؛ یعنی تا وقت قانونی اردوگاه پای حرف‌های اسیران عراقی می‌نشستم و می‌نوشتم. بعضی از آنان برای من از چگونگی اشغال، ویران، کشتار و تجاوز خود یا دوستانشان می‌گفتند. من همهٔ آن حرف‌ها را در ستونی از روزنامه‌مان چاپ می‌کردم. برای آن ستون، نام «اسرار جنگ تحمیلی به روایت اسرای عراقی» را انتخاب کرده بودم. آن مطالب خیلی زود مورد توجه قرار گرفت. زیرا مردم ما برای اولین بار حوادثی را از دل جنگ می‌شنیدند که تا آن زمان به گوششان نخورده بود. شنیدن آن حرف‌ها و حوادث، آن هم از زبان سربازان دشمن، چشم مرا بیش‌تر به درون جنگ باز کرد. می‌فهمیدم گردآوری آن گفته‌ها را نباید دست‌کم بگیرم. هر روز با چند اسیر عراقی حرف می‌زدم و دل آن ستون را پر می‌کردم. حتی بعضی‌هاشان که آدم‌های تحصیل‌کرده‌ای بودند علاقه داشتند خودشان خاطراتشان را بنویسند و می‌نوشتند. من همهٔ آن گفته‌ها و نوشته‌ها را چاپ می‌کردم. خواننده‌های زیادی هم داشت. بعدها با تدوین دوبارهٔ آن گفت‌وگوها کتابی منتشر کردم که همان عنوان «اسرار جنگ تحمیلی به روایت اسرای عراقی»[۲] را داشت. گفت‌وگو با نظامیان اسیر عراقی، زندگیِ کاری مرا دگرگون کرد. هر روز که می‌گذشت یک قدم به آن گم‌شده نزدیک‌تر می‌شدم. آن خاطرات توانست پرده‌هایی از جنگ را کنار بزند و حوادثی را نشان دهد که قادر به دیدن آن نبودیم. این موفقیت کوچکی نبود. نه برای من؛ بلکه برای کسانی که بعد از ما می‌آیند و لابه‌لای آن نوشته‌ها به دنبال گم‌شدهٔ خود می‌گردند. نکتهٔ دیگری که در خاطرات نظامیان اسیر عراقی وجود داشت این بود که آنان تنها خاطرات خود را بازگو نمی‌کردند، بلکه خاطراتی هم از رزمندگان ایرانی و مقاومت مردمی در شهرها و روستاهای مرزی می‌گفتند. این نکته به من آموخت که اگر خاطرات نظامیان عراقی و رزمندگان ایرانی در کنار هم قرار بگیرد، شکل کامل‌تری از حوادث جنگی را خواهیم دید. هر روز که از جنگ می‌گذشت، اهمیت بازگویی خاطرات جنگ بیش‌تر می‌شد. مطبوعاتِ آن روز ستون‌ها و صفحه‌های ویژه‌ای برای بیان خاطرات رزمندگان ایرانی اختصاص داده بودند که بعضی‌هاشان تا امروز که روبه‌روی شما ایستاده‌ام و حرف می‌زنم در همان ستون‌ها و صفحه‌ها چاپ می‌شوند. گرچه اغلب این خاطرات از زبان ادیبانه‌ای برخوردار نیست، اما درک اهمیت خاطره‌نویسی در آن مقطع زمانی مهم‌تر از چگونه‌نویسی خاطرات بود. زیرا همه می‌دانیم که خاطرات جنگ را سربازان می‌نویسند، نه ادیبان و مورخان.

ماه‌ها و سال‌های جنگ هر روز با حادثهٔ تازه‌ای سپری می‌شد. هنوز سال‌های جنگ به نیمه نرسیده بود که دوستانم در تحریریه روزنامه‌ای که کار می‌کردم، صفحه‌ای ویژه به نام «جبهه و جنگ» برای بیان خاطرات اختصاص دادند. آن دوستان، کسانی نبودند جز آقایان: سعید علاّمیان، هدایت‌الله بهبودی و

سعید صادقی که از عکاسان برجسته جنگ است. این صفحه، دو روز در هفته؛ یعنی روزهای یکشنبه و سه‌شنبه منتشر می‌شد. همهٔ مطالب آن دربارهٔ گونه‌های مختلف ادبی جنگ بود. این صفحه هم توانست علاقه‌مندان زیادی را به دور خود جمع کند. من هم به این گروه پیوستم. چاپ خاطرات رزمندگانی که از میدان‌های جنگ برای این صفحه خاطره می‌نوشتند و ارسال می‌کردند، سه نکتهٔ مهم به همراه داشت: نکتهٔ اول این بود که نوعی اعتماد به نفس در رزمندگان برای نوشتن به وجود می‌آورد. آنان تشویق می‌شدند که بیش‌تر بنویسند. بعضی‌هاشان قلم خوبی داشتند که با آنان ارتباط برقرار کردیم و بعدها نویسندگان ثابت صفحهٔ جبهه و جنگ شدند. این صفحه مجالی به وجود آورده بود تا رزمندگان ذوق نویسندگی خودشان را بیازمایند. نکتهٔ دوم این بود که رزمندگان می‌دیدند آن‌چه در جنگ اتفاق می‌افتد و برای آن‌ها کاملاً عادی است، ارزش چاپ در روزنامه را دارد و برای مردمی که دور از جنگ هستند حتی بهت‌آور است. نکتهٔ سوم این‌که خود ما با خواندن و ویرایش آن خاطرات دستورزبان تازه‌ای آموختیم که نوعی زبان واقع‌گرا بود. دانستیم که ایمان تازه به یک واقعیت، سبکی تازه برای بیان می‌طلبد و نگارش خاطرات جنگ همان سبک تازه‌ای است که عاری از آب و تاب و صناعات تفنن‌آمیز ادبی است. این خاطرات ممکن است از نظر ادبی ابتدایی باشند اما به عنوان بریده‌ای از واقعیت‌های جنگ استادانه‌اند.

با همان آموخته‌ها هر روز با تلاش بیش‌تری چرخ آن صفحه را می‌چرخاندیم. از طرف دیگر ارتباط من با اسیران جنگی برقرار بود و خاطرات آنان در روزنامه به چاپ می‌رسید. گرچه گاهی وقفه‌ای در چاپ به وجود می‌آمد اما این ارتباط هرگز به‌طور کامل قطع نشد. گروه ما از آن‌چه در روزنامه‌ها و مجله‌های دیگر دربارهٔ جنگ می‌گذشت بی‌خبر نبود. روزنامهٔ قدیمی ***اطلاعات***، اوایل سال ۱۳۶۶ اقدام به چاپ ضمیمه‌ای کرد با نام «اطلاعات جبهه» که روزهای سه‌شنبه به‌صورت هفتگی در شانزده صفحه منتشر می‌شد. این ضمیمه نگاهی هم به مسائل سیاسی و اقتصادی جنگ داشت، اما غلبهٔ مطالب آن با ادبیات جنگ بود. ***اطلاعات جبهه*** پس از انتشار نود شماره متوقف شد. این نشریه تا هشت‌ماه پس از پایان اعلان جنگ هم منتشر می‌شد. مجلهٔ ***پیام انقلاب***، ارگان سپاه پاسداران نیز در صفحه‌ها و ستون‌های ویژه‌ای خاطرات رزمندگان و گفت‌وگوهایی را که با آن‌ها در میدان‌های جنگ صورت گرفته بود، چاپ می‌کرد. این مجله صفحه‌ای با عنوان «لحظه‌های مرگ و زندگی» داشت که خاطرات هیجان‌انگیزی در آن چاپ می‌شد. شکل دیگر گردآوری خاطرات، تهیهٔ دفترچه‌های مخصوصی بود که سپاه پاسداران به چاپ آن‌ها اقدام کرد. این دفترچه‌ها در قطع جیبی بود و با عنوان «دفترچهٔ خاطرات» در تیراژ وسیع میان رزمندگان در جبهه‌ها توزیع می‌شد تا خاطرات خود را در صفحه‌های کوچک آن بنویسند. اکنون بسیاری از آن دفترچه‌های نوشته‌شده در مرکز سپاه یا خانه‌های رزمندگان باقی است. به این مجموعهٔ نوشتاری، چندین هزار نوار کاست از خاطرات رزمندگان را نیز که در آرشیو سپاه نگه‌داری می‌شود، باید اضافه کرد.

تجربه‌های دیگر به ما آموخت که باید در کنار انتشار کتاب‌های جنگ، نشریه‌ای مستقل منتشر شود تا ردّپای حقایق جنگ را در جامعهٔ ما به جا بگذارد. چهار سال پیش باز هم در کنار آقای بهبودی دوهفته‌نامهٔ ***کمان*** را به راه انداختیم. دوباره تجربه‌های روزنامه‌نگاران زمان جنگ را به دفتر کوچکمان آوردیم، اما

این‌بار هفت‌سال از جنگ می‌گذشت. این نشریه تا امروز هشتاد و پنج شماره منتشر کرده و تنها نشریهٔ تخصصی است که به ادبیات جنگ، که ادبیاتی انسانی و بی‌مرز است، می‌پردازد.

جنگ عراق با ایران هم مانند بسیاری از جنگ‌های دیگر که شروع آسانی داشت، به‌سختی به پایان رسید. روز اعلان پایان جنگ من در محل کار بودم؛ در اتاق صفحهٔ جبهه و جنگ، در حالی که دیگر نه جنگی وجود داشت و نه جبهه‌ای، اما اتاقش بود. بعضی از همکاران به شوخی می‌گفتند: «جنگ تمام شد و شما هم بیکار شدید، بهتر است بروید خانه‌تان و خوب استراحت کنید». ما در آن هشت‌سال به فرمول تازه‌ای دست پیدا کرده بودیم؛ فرمولی که به ما می‌گفت: ادبیات جنگ با شلیک اولین گلوله به دنیا می‌آید، در زمان جنگ رشد می‌کند و بعد از جنگ به بلوغ می‌رسد. و ما باید این ادبیات را در اوج بلوغ تنها می‌گذاشتیم؟

پیش از پایان جنگ ضرورت تشکیل یک مرکز ادبی را که بتواند به‌طور پی‌گیر دربارهٔ ادبیات جنگ کار کند، احساس کرده بودیم چون هم حجم آثار بسیار زیاد بود و هم گروه ما عمر مفید خود را وقف این کار کرده و صاحب‌تجربه بود. اما تا آن زمان طرحی برای آن مرکز نوشته نشده و روی کاغذ نیامده بود؛ فقط به‌طور شفاهی دربارهٔ آن بحث شده بود. تا این‌که روزی اهمیت و ضرورت تشکیل یک مرکز ادبی جنگ را با سرپرست حوزهٔ هنری، آقای زم مطرح کردیم. قرار شد طرح و برنامه آن نوشته شود. همان شب در خانهٔ آقای بهبودی ـ که بی‌تعارف چیزهای زیادی از ایشان یادگرفته‌ام ـ طرح را نوشتیم و نام مرکز را «دفتر ادبیات و هنر مقاومت» گذاشتیم. چند روز بعد در جلسه‌ای با آقای زم، دربارهٔ طرح نوشته‌شده بحث شد و ایشان موافقت خود را با راه‌اندازی دفتری با آن نام اعلام کرد. بنابراین، بعد از ده‌سال از روزنامه‌ای که در آن کار کرده و تجربه آموخته بودیم خداحافظی کردیم و به اتاق کوچکی در نبش خیابان سمیه آمدیم. دستمان خالی نبود. برنامه‌های زیادی برای انجام کارهای گوناگون داشتیم که یکی پس از دیگری انجام دادیم. از جمله در کنار نگارش خاطرات رزمندگان ایرانی و اسیران عراقی، خود را برای نگارش خاطرات اسیران جنگی ایران، که تا آن روز آزاد نشده بودند، آماده کردیم. با چاپ دو کتاب[3] از خاطرات دو اسیر ایرانی که در زمان جنگ با معلولان مبادله شده بودند، توانستیم گونهٔ دیگری از ادبیات جنگ را که در جهان به «ادبیات بازداشتگاهی» شهرت دارد، به جامعهٔ ادبیمان معرفی کنیم. وقتی مبادلهٔ بزرگ اسیران جنگی میان ایران و عراق صورت گرفت و حدود چهل‌هزار اسیر ایرانی به خانه‌هایشان بازگشتند، با حجم زیادی از کار روبه‌رو شدیم. آن خاطرات چهرهٔ دیگری از جنگ را نشان می‌دهند و اهمیت آن‌ها در آن است که هم گوشه‌ای از جنگ را بازگو می‌کنند و هم پرده از زندگی اردوگاهی برمی‌دارند؛ زندگی‌ای که محرومیت از همه چیز، حتی دیدن ستاره‌ای در شب، اساس آن را تشکیل می‌دهد.

تدوین **فرهنگ جبهه** که طرح آن را سیدمهدی فهیمی تهیه کرده بود و در همین دفتر ادبیات و هنر مقاومت شروع شد، قدم‌های اولیه را برای تدوین مجموعه آثار ماندنی دربارهٔ فرهنگ برداشت، چنان‌که امروز حدود چهل جلد از این آثار با یاری طراحان و مؤلفان آن به چاپ رسیده است. در این مدت به فرمول دیگری هم رسیدیم: جنگ‌های مردمی همان‌طور که فرماندهان خود را پیدا می‌کنند به نویسندگان

خود هم دست می‌یابند. رزمندگان دیروز میدان‌های جنگ، یکی پس از دیگری می‌آمدند و می‌نوشتند. بعضی از آنان همچنان در این میدان ماندند و امروز به آنان عنوان «نویسندگان جنگ» اطلاق می‌شود. این نویسندگان که در واقع نسل دوم نویسندگان بعد از انقلاب ایران هستند، متواضع‌تر از نویسندگان حرفه‌ای‌اند و این تواضع، بی‌تردید هدیهٔ جنگ به آنان است. آن‌ها به این باور رسیده‌اند که نویسندهٔ جنگ هستند و اهمیت آنان چیزی کم‌تر از اهمیت فرماندهان نامدار جنگ نیست.

اکنون یازده‌سال از سن دفتر ادبیات و هنر مقاومت می‌گذرد. این دفتر حدود پانصد عنوان کتاب در زمینهٔ ادبیات جنگ منتشر کرده است که بیش‌تر عناوین را خاطرات رزمندگان، خاطرات نظامیان عراق و خاطرات اسیران ایرانی شامل می‌شوند. ما امروز متأثر از تجربه‌هایی هستیم که در طول زندگیمان با آن برخورد داشته‌ایم. اگر قرار است قدم به روشنی فردا بگذاریم و فاصله‌مان را با زندگی پسندیده کم کنیم، یقین بدانیم که یک پایمان در مرز دیروز است. شناختن دیروز نوعی هوشیاری در درک واقعیت‌ها به ما می‌دهد و می‌آموزد که به یک حادثه چگونه بنگریم و حتی آینده را چگونه پیش‌بینی کنیم. حادثه‌ها شکل‌های گوناگون دارند. تا وقتی پوستهٔ آن‌ها شکافته و درون آن‌ها دیده نشده است، جنس واقعی آن‌ها مشخص نمی‌شود. گاهی ممکن است فکر کنیم که از تدوین جزییات آن حادثه چه سودی می‌بریم؟ اما وقتی دانستنی‌های کوچک و بزرگ را با تحقیق و مطالعه به دست آوردیم و آن‌ها را کنار هم چیدیم، متوجه می‌شویم که دایرهٔ آن حادثه به اندازه‌ای نبوده است که تصور می‌کردیم. جنگ از آن حادثه‌هایی است که پوسته‌های بی‌شمار دارد. تا وقتی به مرکز آن نرسیده‌ایم، نمی‌توانیم نوع و جنس آن را به‌درستی تشخیص دهیم. خاطرات جنگ مانند چاقوی تیزی است که با برّندگی خود آن پوسته‌ها را می‌شکافد و ما را به مرکز حقایق جنگ می‌رساند. تجربهٔ بیست‌ساله به من و مجموعه‌ای که در آن کار می‌کنم آموخته است؛ راهی که آمده‌ایم خودمان به پایان نخواهیم رساند. اگر پایانی برای این کار متصور شویم، پایان زندگی ماست و نه پایان آثار ادبی جنگ.

امروز بیست‌سال از روزی که در آن زمستان سرد، در جبههٔ جنوب، جنگ را برای اولین بار تجربه می‌کردم، می‌گذرد. امروز آدم میان‌سالی هستم که با موهای کم و بیش سفید، اصلاً احساس خستگی نمی‌کنم. حرف من و دوستان دفتر ادبیات و هنر مقاومت این است که ما با قرنی آغشته به خون خداحافظی می‌کنیم. آغوش قرن بیست و یکم به روی ما باز است. آرزو می‌کنیم در این قرن، مردم بیش‌تر خاطرات جنگ را بخوانند و خاطرات جنگ بنویسند. به نظر شما این آرزوی کوچکی است؟

□ □ □

پی‌نوشت‌ها

۱ ـ شهر کوچکی در جنوب خوزستان که ارتش عراق آن را با خاک یکسان کرد و امروز شهر جدیدی در کنار آن ویرانه‌ها ساخته شده است.

۲ ـ مرتضی سرهنگی، **اسرار جنگ تحمیلی به روایت اسرای عراقی**، سروش، چاپ اول ۱۳۶۳، چاپ دوم ۱۳۶۳، چاپ سوم ۱۳۶۴، چاپ چهارم ۱۳۶۹.

۳ ـ کتاب اول به نام **رمل‌های تشنه** نوشتهٔ جعفر ربیعی است که امروز در تهران دفتر وکالت دارد. کتاب دوم **اردوگاه موصل ۳** نوشتهٔ حمید محمدی است که امروز وابستهٔ فرهنگی ایران در بلگراد است.

جنبه‌های جامعه‌شناختی خاطره‌نویسی

دکتر مسعود کوثری

مقدمه

خاطره نوشته‌ها یا خاطره‌نگاشته‌های جنگ که در حال حاضر تنها بخش کوچکی از آن منتشر شده، تا کنون کم‌تر به‌مثابه ژانر (گونه) ادبی مورد توجه جامعه‌شناسان ادبیات در ایران قرار گرفته است. هدف مقالهٔ حاضر روشن‌کردن اهمیت جنبه‌های جامعه‌شناختی این نوع ادبی و ارزش جامعه‌شناختی آن در شناخت «جهان جبهه» یا به بیان دیگر «اجتماع همبستهٔ رزمندگان» مسلمان ایرانی است. بدیهی است جنگ همچون هر پدیدهٔ اجتماعی دیگر پدیده‌ای است که وجوه مشابه آن را در مکان‌ها و زمان‌های مختلف می‌توان مشاهده و بررسی کرد و دقیقاً همین امر مطالعهٔ تطبیقی این پدیده را ممکن می‌سازد.

مقالهٔ حاضر ابتدا خاطره‌نگاشته‌ها یا خاطره‌نوشته‌ها را به‌مثابه گونه‌ای ادبی بررسی کرده و سپس به تبیین ویژگی‌های آن به لحاظ عناصری چون روایت، روایت‌کنندگان، زمان و مکان روایت پرداخته و در پایان جنبه‌هایی از خاطرات جنگ رزمندگان ایران را که قابل‌پژوهش جامعه‌شناختی‌اند، فهرست‌وار برشمرده است.

نوع ادبی خاطره‌نگاشته‌ها

نخستین پرسشی که مبنای مباحث بعدی این مقاله است، این است که: آیا خاطره‌نگاشته‌ها را گونهٔ ادبی می‌توان به شمار آورد یا نه؟ پیش از پاسخ‌گویی به این پرسش ضروری است چند واژه را توضیح دهم تا به روشن‌ترشدن موضوع یاری رساند. یکی از این واژه‌ها «خاطره» است. برای درک بهتر این واژه ابتدا باید بین آن‌چه به نام «خاطره» در ذهن ثبت و ضبط می‌شود یا یادهای به جا مانده از گذشت ایام در ذهن، با آن‌چه به‌صورت متن باقی می‌ماند، تمایز قائل شویم. در این‌جا هنگامی که از خاطره سخن به میان می‌آید، منظور یادهای به‌جامانده در ذهن رزمندگان از وقایع مربوط به جنگ در جبهه یا پشت جبهه (و البته مرتبط با جبهه) نیست (اگرچه این دسته از خاطرات هم در جای خود ارزش و سندیت ویژه‌ای دارند)، بلکه چیزی خاطره تلقی می‌شود که از شکل‌گیری مواد خام انباشته در ذهن به‌صورت متن درآمده باشد. به بیان دیگر، به مدد عنصر «روایت»، ساختی مشخص یافته و «ارزش جامعه‌شناختی» داشته باشد. زیرا وقایع در شکل روایی اهمیتی متفاوت می‌یابند، مرتب می‌شوند، گزینش می‌گردند و سرانجام برای القای معنایی خاص، ساخت معنایی پیدا می‌کنند و به بیان درمی‌آیند. متن البته ممکن است هم به‌صورت شفاهی باشد و هم مکتوب، اما آن‌چه در مقالهٔ حاضر مدّنظر است، بیش‌تر متون یا خاطرات مکتوب رزمندگان ایرانی

است که آن‌ها را خاطره‌نگاشته‌ها یا خاطره‌نوشته می‌نامیم و از آن‌جا که این متون به شناخت نگرش‌ها، باورها و رفتارهای رزمندگان ایرانی، در جبهه‌ها و پشت جبهه‌ها مدد می‌رسانند و به کمک آن‌ها می‌توان به شناخت جامعهٔ ایرانی در طول هشت‌سال دفاع مقدس نائل آمد، ارزش جامعه‌شناختی برای آن‌ها قائل می‌شویم.

اهمیت عنصر روایت، در تبدیل خاطرات شخصی رزمندگان به متونی در خور بررسی‌های جامعه‌شناختی است. به این معنا که هنگام روایت، نویسنده (رزمنده) با الهام از جهان‌بینی و ایدئولوژی خود که با جایگاه اجتماعی رزمنده در کل جامعهٔ ایران مرتبط و متأثر از شرایط اجتماعی است، به وقایع ساخت مشخصی می‌دهد و دقیقاً از این‌جا به بعد خاطره‌نگاشته‌ها ارزش جامعه‌شناختی و انسان‌شناختی (آنتروپولوژیک) پیدا می‌کنند و می‌توان آن‌ها را به‌مثابه آثاری ادبی از دیدگاه جامعه‌شناختی تحلیل کرد. با این توضیح یادآوری می‌شود، از این پس هر گاه واژهٔ خاطرات یا خاطره‌نگاشته‌ها به کار رفته، متن مکتوب خاطرات رزمندگان ایرانی در جنگ ایران و عراق مدّنظر است. پس از این مقدمات بار دیگر به پرسش نخستین بازمی‌گردیم که آیا خاطره‌نوشته‌ها را می‌توان گونه‌ای ادبی محسوب کرد یا خیر. پاسخ ما به این پرسش این است که صرف‌نظر از میزان ادبی‌بودن هر یک از این خاطرات، به‌اجمال می‌توان گفت که خاطرات، گونهٔ ادبی مستقلی هستند که شایسته توجه‌اند و البته این پاسخ بیش‌تر در حیطهٔ تخصصی نقد ادبی می‌گنجد نه جامعه‌شناسی ادبیات[1].

تیپولوژی (گونه‌شناسی) خاطره‌نگاشته‌ها

از آن‌جا که بحث اصلی مقالهٔ حاضر دربارهٔ ارزش‌ها و جنبه‌های جامعه‌شناختی خاطره‌نویسی است[2]، به ذکر این نکته بسنده می‌کنم که از بررسی مجموعهٔ خاطراتی که دفتر حوزهٔ هنری سازمان تبلیغات اسلامی و ارگان‌هایی چون سپاه پاسداران انقلاب اسلامی منتشر کرده‌اند، می‌توان به این نتیجه رسید که خاطره‌نگاشته‌ها خود به زیرگونه‌ها یا گونه‌های فرعی دیگر تقسیم می‌شوند. دسته‌بندی این زیرگونه‌ها با توجه به سه عنصر روایت، روایت‌کننده، زمان و مکان روایت صورت گرفته است.

۱ ـ عنصر روایت

میزان کاربرد عنصر روایت در مجموعه خاطرات منتشرشده، متفاوت است و از این‌لحاظ می‌توان خاطرات را از یادداشت‌های سادهٔ روزانه تا خاطراتی که عنصر روایت کاملاً در آن‌ها به چشم می‌خورد، دسته‌بندی کرد. ذکر این نکته ضروری است که اهمیت عنصر روایت به‌تنهایی نشانگر سندیت متن نخواهد بود و چه بسا یادداشت‌های روزانهٔ یک رزمنده یا شهید در جای خود ارزش تاریخی بیش‌تری داشته باشد. با این همه از دید جامعه‌شناختی هر چه کاربرد عنصر روایت در متن افزایش یابد، به غنای متن برای بررسی‌های انسان‌شناختی و جامعه‌شناختی افزوده خواهد شد. البته در این جا دربارهٔ اهمیت و غنای ادبی این متون، از آن‌رو که در صلاحیت راقم این سطور نیست، سخنی به میان نمی‌آید و فقط یادآوری

می‌شود که مروری بر مجموعه خاطرات رزمندگان نشان می‌دهد، در اغلب موارد خاطرات نه به قصد تولید متن ادبی، بلکه به منظور ثبت وقایع و خاطرات مربوط به یک واقعهٔ مهم تاریخی نگاشته شده‌اند. بسیاری از رزمندگان خاطره‌نگاشته‌های خود را چنین آغاز کرده‌اند:

«چیزی که می‌نویسم نه برای آن است که کسی بخواند و نه برای این است که نیت سوء و ریایی داشته باشم، بلکه برای این است که اگر روزگاری خواستم به گذشته‌ها بیندیشم و خاطرات گذشته‌ام را به یاد آورم، وسیله‌ای در دست داشته باشم؛ اگرچه نه انشای خوبی دارم و نه فصاحتی در کلامم پیدا می‌شود» **(حرمان هور، ۲۷)**.

«... مطلب خود را می‌نویسم تا زمانی بنشینم و ورقی به این دفتر بزنم. یادداشت‌هایم شاید برای بعضی‌ها جالب نباشد و حتی خوششان نیاید؛ اما من برای کسی نمی‌نویسم و فقط برای خودم است تا بعدها به کار خودم آید» (همان، ۲۸).

این عبارت به معنای آن نیست که رزمندگان در نگاشتن خاطرات خود مخاطبی را در نظر نداشته‌اند و صرفاً «برای دل خود» نوشته‌اند (ضمن این‌که «برای دل خود نوشتن» هم به معنای در نظر نداشتن مخاطب نیست)، بلکه به این معناست که ثبت خاطرات یک واقعهٔ مهم بر تولید متن ادبی تقدم داشته است؛ اگرچه این نکته نیز چیزی از ارزش ادبی این آثار نمی‌کاهد.

خاطرات منتشرشده را به‌لحاظ ارزش روایتی می‌توان به شکل زیر در طول یک طیف نشان داد:

ارزش روایی کم ⟵ ارزش روایی متوسط ⟵ ارزش روایی زیاد

دستهٔ نخست، خاطرات با ارزش روایی کم

یادداشت‌های روزانه و شرح‌حال‌ها کم‌تر از دیگر خاطرات ارزش روایی دارند. در ذیل نمونه‌هایی از این نوع خاطرات ذکر می‌شوند:

ساعت ۶/۵ روز ۶۵/۳/۲

بسمه تعالی

یک مورد ریا (نشان‌دادن خود در جمع)، زیاد خندیدن، بی‌حال‌شدن نمازها و عدم حضور (قلبی) در آن‌ها را داشتم. اشک چشم نداشتم؛ شاید چون زیاد خندیده بودم. برنامه را تا حدود زیادی عمل نکردم؛ ولی به جایش برای صلهٔ رحم و خدمت به رزمندگان رفتم. به همین خاطر شیطان در طول روز آشکارا به سراغم آمده، فعالیت‌های بسیار مرموزانه‌ای انجام داد... (**برد ایمان**، ۱۱، *یادداشت‌های شهید سید قاسم ذبیحی‌فر*).

«امروز ۶۵/۱/۱۳ می‌باشد. تعدادی پول ده‌تومانی که نخست‌وزیر امضا کرده بود و به‌عنوان عیدی برای رزمندگان فرستاده بود، آوردند و به هر نفر، یک دانه ده‌تومانی دادند» (**برد ایمان**، ۶۸، *یادداشت‌های شهید مرتضی سنگتراش*).

این نوع خاطرات گرچه بیش‌تر شرح‌حال و بیان دغدغه‌های روحی رزمندگان یا گزارش ساده وقایع

در طی روزهای سپری‌شده‌اند، اما گاه لحظه‌های روحانی و به تعبیر عرفان اسلامی، «حال» رزمندگان را نیز به تصویر می‌کشند. این خاطرات سرشار از نقل خواب‌ها و رؤیاهای رزمندگان در گیرودار جنگ و در لحظه‌های تنهایی‌اند:

> *«امشب نیز دوباره خواب مهدی را دیدم. در خواب، با مهدی بگو و بخند می‌کردیم. خواب عجیبی بود! احساس می‌کردم در جایی غیر از این دنیا هستم. هم مهدی خوشحال بود و هم من. از خواب پریدم و دوباره خوابیدم. این بار نیز دوباره مهدی به خوابم آمد! ولی خیلی ناراحت!» (همان، ۶۹).*

دستهٔ دوم، خاطرات با ارزش روایی متوسط

دستهٔ دوم مربوط به خاطراتی است که در آن‌ها راویان (رزمندگان) در قالب روایت به تنظیم گزارشی نسبتاً دقیق از وقایع پرداخته‌اند. بهترین نمونه این دسته از خاطرات، کتاب **یادایام** مربوط به خاطرات حمید داوودآبادی است. در زیر بخش‌هایی از این کتاب آورده شده است:

> *«این اولین تجربه‌ام در اعزام با کاروان بود. دفعات قبل به‌صورت انفرادی اعزام شده بودم. به همین خاطر حال و هوای خاص و جالبی داشت. در اتوبوسِ دو طبقه نشستن و به ایستگاه راه‌آهن رفتن، سوار قطار شدن و در کوپه، با همهٔ آنانی که باید روزهای بعد دوش به دوش هم می‌جنگیدیم، بودن تا صبح روز بعد که به اهواز رسیدیم، برایم لحظات خوش و فراموش‌نشدنی‌ای به وجود آوردند» (**یاد ایام**، ۶۰).*
>
> *«از قسمت بریدگی خاکریز به آن طرف جاده رفتیم. با مشاهدهٔ نیروهایی که فاصله‌شان با ما خیلی کم بود و احتمال می‌دادیم عراقی باشند و از عربی صحبت‌کردنشان، اطمینان حاصل کردیم که دشمن هستند. با آن‌ها به درگیری پرداختیم. شلیک گلوله و آرپی‌جی از دو طرف بالا گرفت. فاصلهٔ چندانی نداشتیم. یکی از گلوله‌های آرپی‌جی در نزدیکیمان منفجر شد. رضا عالمیان بر اثر اصابت ترکش آن، مجروح شد. در همان حال فریاد زد: امیر من مجروح شدم. با فریاد او ناگهان از مقابلمان صدای نیروهای خودی را شنیدیم که به فارسی می‌گفتند: تیراندازی نکنید ما هم ایرانی هستیم، اشتباه گرفتین» (همان، ۸۰ـ۸۱).*

دستهٔ دوم، خاطرات با ارزش روایی بالا

سومین دسته از خاطرات رزمندگان ایرانی خاطراتی هستند که ارزش روایی نسبتاً بالایی دارند و کم و بیش به دو نوع ادبی؛ «نوول» (داستان کوتاه) و «داستان بلند» شبیه‌اند. البته این شباهت نه به خاطرآن است که خاطرات بر اساس ساختار داستان در سبک مدرن، که مجموعه‌ای از گره‌ها و گره‌گشایی‌های دراماتیک است، تدوین یافته‌اند، بلکه نحوهٔ روایت‌گویی به گونه‌ای است که گویی نویسنده، جبهه را به‌مثابه مکانی

واقعی با آدم‌ها و روابط واقعی ترسیم کرده است. به بیان دیگر، جهان اجتماعی داستان در این نوع خاطرات چنان شکل می‌گیرد و خواننده با پرسوناژ (شخصیت)های داستان آشنا می‌شود، که آن را واقعی‌تر از هر واقعیت دیگری می‌پندارد. نمونهٔ این نوع خاطرات در کتاب **هشتاد روز مقاومت** (خاطرات سعید تاجیک) به‌خوبی مشهود است:

> *«یک روز من از میدان تیر که برگشتم، وقتی به محوطهٔ گردان رسیدم، یک پتو روی دستم گذاشتم و سیمینوف را روی آن خواباندم و پیراهنم را بالا زدم و مثل مادری که به بچه‌اش شیر می‌دهد، لولهٔ سیمینوف را روی سینه‌ام گذاشتم، و شروع کردم به تکان دادن پتو و لالایی‌گفتن! بچه‌ها با دیدن این صحنه از خنده روده‌بر شدند.*
>
> *حاج آقا پروازی گوشه‌ای ایستاده بود و داشت مرا نگاه می‌کرد. من هم بی‌خبر از همه‌جا، که یک‌دفعه چشمم به حاج آقا افتاد که داشت به کارم می‌خندید. فوراً لباسم را پایین انداختم و گفتم:*
>
> *ـ حاج آقا سلام!*
>
> *سرم را خاراندم و از خجالت، پشت بچه‌ها قایم شدم. حاج آقا گفت:*
>
> *ـ بچه‌ات را شیر بده، خجالت نکش»* (**هشتاد روز مقاومت**، ۲۴).

۲ ـ عنصر روایت‌کننده

بررسی متون خاطرات جنگ رزمندگان ایرانی نشان می‌دهد که عنصر راوی در هر یک از این متون متفاوت است. در واقع برحسب مقتضیات موضوع یا زمان و مکان، راوی در یکی از اشکال زیر نمود پیدا کرده است:

- رزمنده در مقام نویسنده و راوی،
- یکی از دوستان یا بستگان رزمنده در مقام راوی یا نویسنده،
- پیاده‌کردن متن مصاحبهٔ رزمنده با ویرایش ادبی اندک،
- مصاحبه و تدوین خاطره توسط مصاحبه‌گر،

بدیهی است خاطراتی که رزمندگان آن‌ها را نگاشته‌اند، از آن‌رو که خود حضوری مستقیم دارند و باورها و نگرش‌هایشان در نوشته‌هایشان کاملاً آشکار است، اهمیت بیش‌تری دارند تا خاطراتی که فرد دیگری در تنظیم یادها و خاطرات ذهنی رزمندگان و تبدیل آن‌ها به متن مکتوب مدخلیت داشته است. به هر حال آن‌چه از تبدیل این یادها و خاطرات ذهنی رزمندگان به متن مکتوب در اختیار ما قرار دارد، بسته به این‌که از صافی ذهن چه کسی (رزمنده، دوستان و خویشاوندان رزمنده، ویرایشگران و تدوین‌کنندگان مجموعه‌ها) گذشته و تبدیل به متن شده باشد، هم به‌لحاظ ارزش و غنای ادبی و هم به‌لحاظ ارزش انسان‌شناختی و جامعه‌شناختی بسیار متفاوت است.

۳ـ زمان و مکان روایت

زمان و مکان نگارش یا روایت خاطره‌نگاشته‌ها عامل دیگری است که خاطرات را از یکدیگر متمایز می‌کند. بر این اساس خاطرات را به دو دستهٔ کلی می‌توان تقسیم کرد:

ـ جبهه‌نگاشته‌ها (حین یا اندکی پس از وقایع جبهه)،

ـ پشت جبهه‌نگاشته‌ها (غالباً با فاصلهٔ زمانی از بروز وقایع)،

داوری دربارهٔ این‌که کدام یک از دو دستهٔ مذکور اهمیت بیش‌تری دارند، دشوار است؛ زیرا از یک‌سو جبهه‌نگاشته‌ها به‌رغم کوتاهی، بریده‌بریده‌بودن و گاه ناتمام‌ماندن به دلیل مصادف‌بودن زمان نگارش آن‌ها با شدت‌گیری یک حادثه، و خلاصه نشان‌دادن عواطف و حالات روحی و روانی رزمندگان، دارای ارزش ادبی و جامعه‌شناختی‌اند و از سوی دیگر پشت جبهه‌نگاشته‌ها نیز از آن‌رو که نویسنده با فاصله‌گرفتن از فضای جبهه‌ها، فرصت تأمل و بازاندیشی بیش‌تر و روایت بهتر وقایع را داشته است، بسیار ارزشمند محسوب می‌شوند.

با توجه به سه عنصر روایت، روایت‌کننده، زمان و مکان روایت، خاطرات رزمندگان ایرانی را می‌توان دسته‌بندی کرد. به بیان دیگر، این سه عنصر، سه رأس یک مثلث را تشکیل می‌دهند که تغییرات هر یک از رئوس ممکن است به ایجاد گونهٔ فرعی (زیرگونه) منجر گردد:

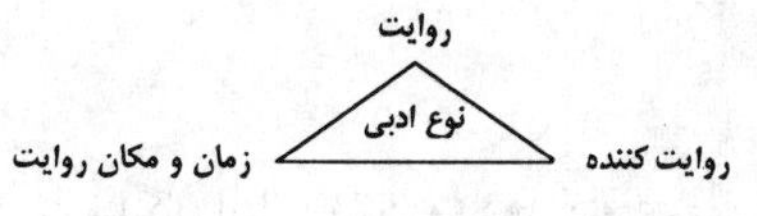

شکل ۱ـ تقاطع سه رأس روایت، روایت‌کننده، زمان و مکان روایت و پیدایی انواع ادبی مختلف

صحبت دربارهٔ این‌که هر یک از این زیرگونه‌ها به چه نام‌هایی ممکن است نامیده شوند، موضوعی است که از حوصلهٔ این مقاله خارج است و بحث و جست‌وجوی بیش‌تری می‌طلبد. لذا در پایان به‌اختصار به معرفی آن دسته از ویژگی‌ها و جنبه‌های خاطره‌نگاشته‌ها می‌پردازیم که قابل‌پژوهش جامعه‌شناختی‌اند.

جهان اجتماعی خاطره‌نگاشته‌ها

اگرچه هر یک از زیرگونه‌های خاطرات رزمندگان دارای ارزش‌های ادبی، انسان‌شناختی و جامعه‌شناختی متفاوت است، به نظر می‌رسد خاطراتی که عنصر روایت در آن‌ها کاملاً قوام یافته و ـ به تعبیری ـ جهان اجتماعی[۳] در آن‌ها شکل گرفته است، ارزش جامعه‌شناختی بیش‌تری داشته باشند. کتاب‌های ***حرمان هور***، ***یاد ایام***، ***هشتاد روز مقاومت*** و ***زنده یاد کمیل*** به‌ویژه از این جهت شایان ذکر هستند. در این نمونه‌ها شکل‌گیری جهان اجتماعی و تشخیص شخصیت‌ها (رزمندگان)، رابطهٔ آن‌ها با یکدیگر، پیشینه و خاستگاه اجتماعی و در نهایت سرنوشت آن‌ها (اعم از شهادت، مجروح، جانباز یا مفقودالاثرشدن)

به‌خوبی مشهود است.

بدون شک این جهان اجتماعی از ابعاد و جنبه‌های مختلف قابل پژوهش جامعه‌شناختی است، اما در این جا به منظور پرهیز از طولانی‌شدن کلام فقط فهرست‌وار به برخی از آن‌ها اشاره می‌شود:

۱ـ بررسی خاستگاه اجتماعی رزمندگان،

۲ـ تعیین مقوله‌های اجتماعی رزمندگان نظیر گروه‌های سنی، شغلی و ...،

۳ـ شناسایی مکانیسم (سازوکار)های بسیج و سازماندهی رزمندگان،

۴ـ تبیین فرآیندهای اجتماعی‌شدن (جامعه‌پذیری) رزمندگان،

۵ـ معرفی و تشریح شیوه‌های رهبری و سازوکارهای مؤثر در تبدیل رزمندگان ساده به فرماندهانی باتجربه و کاردان و ـ به تعبیر دیگر ـ تربیت نیروی کارآمد برای پذیرش مسئولیت رهبری.

□ □ □

پی‌نوشت‌ها

۱ - برای کسب اطلاعات بیش‌تر رجوع کنید به: مسعود کوثری، **تأملاتی در جامعه‌شناسی ادبیات**، «جامعه‌شناسی ادبیات جنگ»، انتشارات باز، ۱۳۸۰.

۲ - کوثری، همان منبع، همان مقاله.

۳ - نگارنده این تعبیر را از جامعه‌شناسان ادبیات وام گرفته است. به نظر این دسته از جامعه‌شناسان، در داستان‌ها، به‌ویژه در رمان، با جهانی نظیر جهان اجتماعی بیرون از رمان مواجه‌ایم که خود آن را «جهان اجتماعی داستان (رمان)» می‌نامند و معتقدند که وظیفهٔ جامعه‌شناس ادبیات، کشف این جهان اجتماعی از خلال اثر ادبی است. بدیهی است در این برداشت، اثر ادبی دیگر صرفاً روبنایی ساده از واقعیتی زیربنایی، یا آیینه‌ای برای انعکاس وقایع بیرونی نیست، بلکه جهانی مستقل با روابط و منطق خاص خویش است.

راز و رمز خاطرات جنگ و عرصهٔ نوین خاطره‌نویسی

علیرضا کمری

در این مجال و گفتار می‌خواهیم دربارهٔ سیر و تطور خاطره‌نویسی و برخی از جنبه‌ها یا ویژگی‌های خاطره‌نگاشته‌های رزمندگان ایرانی در جنگ ایران و عراق گفت‌وگو کنیم.

لازم است اشاره شود که با توجه به اندک‌بودن وقت و رعایت اقتصاد در کلام، نمی‌توان به همهٔ زوایای موضع، نظر کرد و بدان‌ها پرداخت. ناچار آن‌چه در این‌جا عرضه می‌شود، مقدمه و زمینه‌ساز مباحثی خواهد بود که می‌تواند در این میزگرد بررسی شود. بنابراین، ممکن است گفته‌های من فاقد صورت و سامان یک مقاله منسجم باشد و بیش‌تر شبیه کلمات متقاطع یا برش‌های انتخاب‌شده از کتاب و گفتاری گسترده به نظر برسد.

۱ـ از خاطره تعریف‌های متعددی می‌توان ارائه کرد و ما عجالتاً به این تعریف بسنده می‌کنیم که، خاطره ـ در شکل مکتوب ـ اثری است که پدیدآورنده، یعنی صاحب‌خاطره، با اتکا به حافظه و در نتیجهٔ تداعی و مرور در گذشتهٔ خود ـ و نیز هر آن‌چه به او در یادآوری گذشته‌هایش کمک کند ـ می‌نویسد و در آن به بازآفرینی کرده‌ها، دیده‌ها و شنیده‌های خود می‌پردازد. بنابراین، خاطره حاصل جست‌وجو در زمان سپری‌شده است.

با ملاحظهٔ این تعریف دم‌دستی اگر بخواهیم ارکان خاطره را برشماریم باید به زمان، مکان و موضوع خاطره و چگونگی نقش و حضور صاحب‌خاطره در متن اثر توجه کنیم. نحوهٔ ارتباط و نسبت این ارکان با یکدیگر، گوناگونی خاطره‌ها را موجب می‌شود. نتیجهٔ دیگری که این تعریف دربر دارد، این است که خاطره‌ها قدمتی به درازای تمدن بشری دارند. در کهن‌ترین اثر دینی و تاریخی ایران باستان، یعنی اوستا، در پاره‌هایی از گاثه‌ها، زرتشت با کاربرد ضمیر اول‌شخص مفرد به نقل گرفتاری‌ها و گلایه‌های خود پرداخته و حسب‌الحال خود را از اوضاع زمانه‌اش بازگو کرده است. همچنین در نخستین آثار مکتوب برجامانده از پارسی باستان به‌کتیبه‌هایی برمی‌خوریم که پادشاهان بر سینهٔ سنگ‌ها نقر و نقش کرده‌اند و به شرح کرده‌های خود پرداخته‌اند. بسیاری از بررسان این آثار، مثل هنینگ و تاریخ‌پژوهانی مانند فرانتس روزنتال به جنبهٔ یادبودی آن‌ها اشاره کرده و صراحتاً نام «خاطرات شهر یاران» بدان‌ها داده‌اند.[۱]

مقصود از بیان این پیشینه، اشاره به سیر تاریخی خاطره‌نویسی در ایران نیست، بلکه یادآوری این نکته است که خاطره و خاطره‌نویسی در تاریخ ایران موضوع حادث و بی‌سابقه‌ای نیست. اما در هر دوره و موقعیت تاریخی نام و نمود خاصی داشته و به دلایلی که در این‌جا گذرا بدان خواهیم پرداخت، بروز و

ظهور خاطره‌نویسی، در مقایسه با ادوار مختلف، طی دو دههٔ اخیر ـ پس از وقوع انقلاب اسلامی و به دنبال آن جنگ ایران و عراق ـ به پیدایی عرصه‌ای جدید در ادبیات و تاریخ ایران منجر شده است که اینک از آن با عنوان «ادبیات خاطره‌نویسی جنگ» یاد می‌کنیم.

تلقی ما از ادبیات و اطلاق وجه ادبی برای خاطره‌های جنگ نیازمند توضیح و تا حدودی بازنگری است، بدین معنا که کاربرد واژهٔ ادب یا ویژگی ادبیت در متن خاطره‌ها، با نظرداشت انگاره‌های ادب‌شناسی مطابقت و هماهنگی کامل ندارد. اثر ادبی در واقع بر مبنای حس زیباپسندی، عاطفه، ذوق و تخیل به وجود می‌آید و از طریق تأثیرگذاری بر احساس مخاطبان، اندیشه‌ها را به تکاپو و تأمل وامی‌دارد. زیرا کاربرد هنری کلام است که سخن (متن) را از مرتبهٔ عینی و عادی آن به منزلت ادبی سوق می‌دهد. اما خاطره اساساً بیانگر واقعیت‌های تجربه‌شدهٔ انسان‌هاست و می‌دانیم که در نقل واقعیت‌ها، هر قدر دقت و وسواس صورت گیرد، اهمیت اِسنادی و اَسنادی و اعتبار تاریخی آن‌ها فزون‌تر می‌شود. به همین دلیل است که ذکر زمان و مکان در نقل و نگارش خاطرات ضرورت دارد و نمی‌توان آن‌ها را نادیده انگاشت. از جهت دیگر، خاطرات را می‌توان در زمرهٔ آثار ادبی به حساب آورد و این به جهت نظرداشت تأثیرگذاری محتوایی و معنایی متن بر احساسات و عواطف مخاطبان است. در این صورت، ادبیت متن متوجه مفاهیم و مضامینی است که ممکن است خاطره‌ها از آن برخوردار و حتی سرشار باشند.

وجه دیگر، که به واسطهٔ آن می‌توانیم خاطرات را در شمار آثار ادبی ـ در معنای کلان آن ـ قرار دهیم، دیدگاهی سنتی است که تمام آثار مکتوب بشر را در ذیل ادبیات جای می‌دهد. دریافت دیگری که از تعبیر ادبیات خاطره‌نویسی می‌توان داشت، این است که ادبیات را معادل هنجار و اسلوب در نظر بگیریم و مقصود ما از آن تشخص و توجه‌دادن به مجموعه‌ای از ویژگی‌هایی باشد که در شماری از آثار همانند و مشترک ـ یعنی خاطرات ـ محقق شده‌اند و وجود دارند.

به نظر من همهٔ تلقی‌ها و تعبیرات یادشده دربارهٔ رابطه و نسبت ادبیات و خاطره قابل‌توجیه و تفسیرند و هر یک از آن‌ها را می‌توان در جای خود پذیرفت و از آن استفاده کرد.

از نظر علم ادب، در جایی که از ژانر (گونه)های ادبی سخن به میان می‌آید و نیز در آثار ادبی محض، از خاطره نمی‌توان سراغ و ردّی پیدا کرد. در عین حال ـ از این نظر ـ شماری از خاطره‌ها نیز وجود دارند که از نظر ویژگی‌های صوری و ساختاری متن با نوع آثار ادبی ربط و همانندی‌هایی می‌یابند، که این نوع آثار را از دیدگاه علم ادب می‌توان در شمار گونه‌های ادبی یا نیمه ادبی به حساب آورد.

اگر به محتوا، دلالت و موضوع خاطره‌ها ـ به‌مثابه جان‌مایه و باطن آن‌ها ـ توجه کنیم، درمی‌یابیم که وجه یا ارزش اصلی خاطرات در شأن تاریخی و دلالت موضوعی آن‌ها نهفته است و به همین علت، خاطرات را در مجموعهٔ اسناد و مدارک تاریخی جای می‌دهند. خاطرات را در مواردی اسناد و مدارک تکمیلی و در مواردی هم، منبع اصلی و مأخذ اول رویداد یا دوره‌ای تاریخی می‌شناسیم. به نظر من این بینابینی خاطره‌ها از حیث تاریخی و ادبی خود موضوع بحث مستقلی است که این‌جا مجال طرح آن‌ها نیست، منتها به این نکته بسنده می‌کنیم که جنبهٔ تاریخی و معنایی در خاطره‌ها را باید اصل و بنیاد (جوهر)،

و صورت ادبی آن‌ها را فرع (عَرَض) به حساب آورد و خاطره‌ها را در ذیل «ادبیات تاریخی» گنجانید.

هر قدر که خصوصیات، یا آرایه‌های مصنوع هنری در کلام ـ یعنی ادبیت ـ را در خاطره‌ها تسری دهیم، از اهمیت و کاربرد تاریخی آن‌ها کاسته‌ایم و بالعکس. ناچارم ناتمام این موضوع را رها کنم و به بحث بعدی بپردازم.

۲ـ گفته‌اند ـ و درست گفته‌اند ـ که خاطره‌نویسی و خاطره‌گویی، وقتی در یک جامعه یا دوره رواج و قبول می‌یابد که «من» فردی و جمعی در آن جامعه هویت یافته و به وجود آمده باشد و انسان‌ها به استقلال شخصیتی و نقش فردی خود وقوف یافته باشند. این وضعیت در اروپا پس از رنسانس به وجود آمد و در نتیجهٔ انقلاب‌ها یا خیزش‌های آزادی‌خواهانه و استقلال‌طلبانه تشدید گردید. خاطره‌نویسی، در معنای متعارف و امروزین آن، در ایران ـ تحت‌تأثیر تحولات اجتماعی در اروپا ـ از اواسط دورهٔ قاجار شکل گرفت و انقلاب مشروطه به آن وسعت بخشید و حتی در روش و نگرش تاریخ‌نگاری سنتی ایران تأثیری شگفت به وجود آورد. این تأثیر نه تنها هنجار معمول تاریخ نگاری را ـ که در چارچوب خواست و مصالح و پسند فرمانروایان بود ـ برهم زد، بلکه در زبان نگارش (نثر) و ادبیات این عصر و پس از آن، تأثیری شگرف و پایدار برجای گذاشت و به دورهٔ متکلف‌نویسی و مطنطن‌گویی پایان داد.[۲]

پس از استقرار نیم‌بند مشروطه در ایران، اگرچه فضای ذهنی جامعه با فضای دورهٔ پیش از آن تفاوت بسیار یافت، به مرور، با تمرکزیافتن قدرت، حدود اختیار و آزادی به دورهٔ استبدادی ـ البته به‌گونه‌ای جدید ـ رجعت کرد. در اواخر دورهٔ پهلوی، ویژگی‌ای عمومی در ذهن و اندیشهٔ آحاد جامعه ـ مانند نهال پنهانی که پس از سال‌ها سر از خاک برآورد و جوانه بزند ـ بروز و ظهور یافت و آن همانا خودباوری فردی و جمعی ملت بود. این خودباوری از نظر جامعه‌شناس شهیر و انقلابی این عهد، مرحوم دکتر علی شریعتی، «رجعت به خویشتن خویش» خوانده شد که تعبیر دیگری از همان خودباوری جمعی و فردی ملت است.

تلقی‌ای که مردم ـ عموماً ـ از جنگ ایران و عراق داشتند و نوع برخورد آنان با این واقعه، متکی بر همین باور عمومی بود و حضور در صحنه‌های دفاع برای آنان ادامهٔ همان انقلاب ـ یا در جهت آن ـ به حساب می‌آمد.

چند ماه پس از پیروزی مردم و سقوط حکومت شاه، نواحی غربی کشور (کردستان) درگیر جنگ داخلی و رویارویی نیروهای نظامی و غیرنظامی انقلاب با کسانی شد که ـ بنا بر مدارک موجود ـ با تحریک بیگانگان و زمینه‌چینی همسایهٔ غربی سر به شورش برداشته بودند. پاسداران انقلاب و داوطلبان، که تجربهٔ نظامی چندانی نداشتند، به همراهی و پشتیبانی ارتش ـ ناخواسته ـ وارد جنگ شدند؛ جنگی که از حوادث ریز و درشت و گاه خونین و دهشت بار خالی نبود. مشاهدهٔ وقایعی که در این خطه اتفاق می‌افتاد برای بسیاری جای درنگ و توجه فراوان داشت و ناگفته بر ذهن و روان بینندگان آن‌ها تأثیر فراوان می‌نهاد. نقل دیده‌ها و شنیده‌ها و روایت دهان به دهان این رویدادها در بین رزمندگان ـ که ابتدا از محدودهٔ جمع دوستانهٔ آنان فراتر نمی‌رفت ـ اولین زمینه‌های خاطره‌گویی‌های پراکنده را به وجود آورد. به مرور این

گفته‌ها از حلقه‌های محدود به زبان رسانه‌ها، به شکل شرح مشاهدات اشخاص، گزارش‌ها و نقل یادمان‌ها از کسانی که طی حادثه‌ای فراموش‌نشدنی کشته شده بودند (مثل شکست محاصرهٔ پاوه از زبان شهید چمران)، سرایت کرد و منتشر گردید.

خاطره‌گویی ـ به اتکای سنت دیرینهٔ ایرانی اسلامی نقل، حکایت، روایت‌گویی ـ داشت زبان باز می‌کرد و افتان و خیزان اولین قدم‌هایش را برمی‌داشت. هنوز جنگ گستردهٔ ایران و عراق آشکارا شروع نشده بود. از جمله خاطره‌هایی که در این ایام چاپ شدند، می‌توان به تک‌نگاشته‌هایی که تحت عنوان «لحظات مرگ و زندگی» در نشریهٔ ***پیام انقلاب*** (ارگان سپاه پاسداران انقلاب اسلامی) منتشر می‌شد اشاره کرد. همچنین پاره‌خاطره‌هایی که بعدها با نام «لحظه‌های یک پاسدار» فراهم آمد، قابل توجه است.

جنگ اگرچه یک‌باره و فراگیر آغاز شد و هیچ‌گونه تمهید و آمادگی رزمی در مناطق مرزی برای مقابله با دشمن وجود نداشت، به علت همان باورها و آمادگی انقلابی که در نهاد باورمندان انقلاب ـ یعنی تودهٔ مردم، نیروهای نظامی انقلابی و داوطلب (بسیجیان) ـ وجود داشت و نقش تعیین‌کننده و کلام پُرنفوذ رهبر انقلاب، مصیبت و فاجعه‌ای دلهره‌آور و مأیوس‌کننده و ترساننده تلقی نشد. شگفت است که ارتش عراق شهرها و روستاهای مرزی را به‌سرعت به تصرف در می‌آورد، اما در ذهن داوطلبان میدان‌های نبرد و آحاد مردم و باورمندان انقلاب تزلزل و تردیدی به وجود نیامد. انقلاب در یادها مرور می‌شد و جز برخی سالخوردگان سیاسی، کسی به فکر مذاکره و مصالحه با دشمن نیفتاد. رزمندگان به سوی جبهه‌ها سرازیر شدند و همان باور انقلابی را با تداعی به یک واقعهٔ اسطوره‌گون دینی و تاریخی درآمیختند و جنگ را در ادامهٔ آن برای خود تفسیر و تأویل کردند. یاد و خاطرهٔ کربلا و امام حسین(ع) همهٔ جان‌ها را دگرگون کرده بود.

۳ـ گیرایی و جاذبهٔ جبهه برای کسانی که حوادث جنگ را به مرور تجربه می‌کردند و می‌آفریدندو یا شاهد وقایع آن بودند، جریان خاطره‌گویی را در بین رزمندگان به هنگام آمد و شد آنان از خانه به جبهه، یا در محافل دوستانه، به‌ویژه در مراسم بزرگداشت شهادت همرزمانشان، رواج و رونق بخشید. وقوع حوادث گوناگونی که رنگی از حماسه و تراژدی داشت و احساسات عمومی را برمی‌انگیخت و متوجه خود می‌ساخت ـ مانند اشغال هویزه و شهادت همهٔ مدافعان این شهر در دی ماه ۵۹ ـ در واگفت و نشر خاطره‌های شاهدان این وقایع نقش فراوان ایفا کرد. در این خاطره‌ها رفتار و منش و آرمان رزمندگان در برابر رویدادها مدّنظر قرار می‌گرفت و در هاله‌ای از دریافت‌های شهودی و عرفانی انعکاس می‌یافت.

جنگ ـ یعنی صورت ظاهر حوادث ـ چندان در دیده‌ها و گفته‌ها مورد نظر و توجه نبود، بلکه درون‌گرایی و تلقی عرفانی ـ شهودی از نبرد، که با تعبیر و توجیه مقدس‌بودن دفاع ـ و تداعی واقعهٔ کربلا ـ توأمان و عجین بود، مبنای نگرش رزمندگان را به جنگ پدید آورد. همین عامل ـ یعنی درون‌گرایی و شهودی‌دیدن جنگ ـ از آن پس مانعی بود برای پدیده‌ای که تاکنون بازیابی و بررسی نشده است و آن پدیده، همانا پرهیز و گریز بسیاری از رزمندگان از بیان خاطرات و مشاهداتشان است.

به این نکته توجه باید کرد که به‌رغم شمار فراوان خاطرات منتشرشده ـ که بالغ بر صدها جلد کتاب و هزاران قطعه خاطره است ـ بیش‌تر خاطرات جنگ هنوز در سینه و خاطرهٔ رزمندگان، چونان رازی سر به مُهر، نهفته و بسیاری از آن شاهدان و رازداران در خاک خفته‌اند و گوش ما از شنیدن خاطرات آنان محروم مانده است. این پرهیز از خودگویی و خودنمایی، حتی در خاطرات منتشرشده، ویژگی عامی است که ـ کاملاً شایان توجه است. نویسندگان خاطرات از خود چیزی نمی‌گویند، مگر در مواردی اندک شمار و خاطرات آنان عمدتاً شرح رفتار و کردار جمع رزمندگان است. به عبارت دیگر، می‌توان گفت «منِ» راوی و خاطره‌نویس جنگ، برخلاف ساختار واقعی خاطرات، بروز آشکار ندارد، بلکه در سیرت و سیمای جمع و «ما»ی رزمندگان دیده می‌شود و نویسنده وقتی به شرح حال دیگران می‌پردازد، گاه و بی‌گاه نیز از خود یاد می‌کند.

جریان خاطره‌گویی رزمندگان، با تجربه‌ای که پیش از این گفته شد، اندک اندک با رویکرد مطبوعات به جنگ، به خاطره‌نویسی نزدیک شد؛ اما به‌صورت پراکنده و نامنسجم. پس از گذشت ماه‌ها از جنگ و مشخص‌شدن این موضوع که جنگ طولانی خواهد شد، تنی چند از داوطلبان رزمنده، که به اهمیت نگاهداشت خاطرات رزمندگان وقوف پیدا کرده بودند، در سپاه پاسداران جنوب (اهواز) تبلیغات جبهه و جنگ را به وجود آوردند و حدود یک‌سال بعد تشکیلاتی با همین نام و برای این مقصود در ستاد مرکزی سپاه پاسداران ـ واحد انتشارات و تبلیغات ـ به وجود آمد. این نهاد یکی ـ دو سال بعد، دفترچه‌ای منتشر کرد که برای نگارش خاطرات رزمندگان در اوقات فراغت ایشان، فراهم شده بود. حاصل کار این تشکیلات تا پایان جنگ تهیهٔ هزاران حلقه نوار صوتی و مصاحبهٔ شفاهی از خاطرات جبهه و جنگ بود. بخش بسیار ناچیزی از این مصاحبه‌ها بعدها در کتاب‌های خاطرات چاپ‌شدهٔ سپاه و مطبوعات منتشر گردید و بقیهٔ آن اینک در بایگانی نیروی زمینی سپاه نگهداری می‌شود.

بنابراین، خاطره‌گویی در سال‌های آغازین و میانی جنگ به گردآوری خاطره‌های شفاهی انجامید و علاوه بر این، بخش‌های فرهنگی قرارگاه‌ها و لشکرها در غرب و جنوب، به‌صورت نامنسجم و پراکنده، جای نگهداری هزاران حلقه نوار صوتی از رزمندگان جنگ گردید (شرح جزئیات و نقد سیر شکل‌گیری و داشته‌های این بایگانی‌ها نیازمند تفصیل است). در همهٔ این خاطره‌ها ـ یا ردیابی برای گرفتن خاطرات رزمندگان ـ موضوع اصلی معطوف به سیر و چند و چون وقایع رخداده جنگ به معنای شرح وقایع و عملیات نبود، بلکه از روزهای اول چنین جا افتاد که خاطرات رزمندگان حاوی و حاصل آرمان‌های رزمندگان و ابعاد فرهنگی جنگ است، نه مسائل نظامی آن. به این دلیل، گردآوری خاطرات در واحدهای فرهنگی و تبلیغی جنگ صورت گرفت و مقصود ناشر وقت (سپاه) از نشر آن‌ها عمدتاً همین جهات بود. به موازات این اقدام، بلکه مقدم بر آن، درست در همان ماه‌های آغاز جنگ، تشکیلاتی در سپاه به‌صورت مستقل مسئول گردآوری و ثبت سیر وقایع نبرد گردید که اینک با نام «مرکز تحقیقات و مطالعات جنگ سپاه» از آن یاد می‌شود. راویان این مرکز دوشادوش فرماندهان در شب‌ها و روزهای عملیات به ثبت و ضبط وقایع جنگ می‌پرداختند و حاصل یادداشت‌ها و مصاحبه‌های خود را به عنوان گزارش واقعیات

جنگ گرد می‌آوردند. شماری از این راویان در میدان‌های نبرد به شهادت رسیدند و ضبط صوت‌های ترکش‌خورده و خونین آن‌ها به یادگار بر جای مانده و موجود است. کار این راویان برخلاف گردآورندگان خاطرات، معطوف به‌جنبه‌های نظامی نبرد بود. بایگانی این مرکز غنی‌ترین مدارک و اسناد را در خود جای داده است.

به‌طور طبیعی و در تقسیم‌بندی‌ای اعلام‌نشده، شرح واقعیات میدان جنگ از حسب‌الحال و دنیای ذهنی رزمندگان تفکیک پیدا کرد. هر دو جریان یادشده بی‌آن‌که متکی بر مطالعات علمی ـ دانشگاهی یا آموزه‌ای مدون باشد، بر اساس تجربه‌اندوزی و احساس و تشخیص و سلایق شخصی و دوندگی‌های فعالان این دو نهاد شکل گرفت و جریان این کار ـ فروبسته و درون‌سازمانی ـ بیرون از حوزهٔ سپاه در معرض نقد و تماشا و بازنگری قرار داده نشد.

پس از گردآوری خاطرات جنگ در سپاه، در سال ۶۵ قرارگاه خاتم‌الانبیا مجموعهٔ شش‌جلدی از داستان‌ها، شعرها و خاطرات را منتشر کرد. نشر این مجموعه نیز سیر خاطره‌گویی را به سوی خاطره‌نویسی تا حدودی متمایل کرد و مطبوعات با اختصاص صفحات جبهه و جنگ و درج خاطرات تک‌نگاشت رزمندگان، به جریان نشر خاطرات کمکی شایان کردند.

تا پایان جنگ، خاطره‌گویی و گردآوری خاطرات شفاهی و تبدیل آن‌ها به متن مکتوب، سیر و سامان غالب خاطرات جنگ بود و تا آن هنگام خاطره‌نویسی، به معنایی که از آن یاد می‌کنیم، به‌صورت پراکنده و اندک‌شمار انجام می‌گرفت.

نکته‌ای که نباید از نظر دور داشت این است که آن‌چه در جریان خاطره‌گویی رسانه‌ای نیز تأثیر فراوان نهاد، تهیهٔ برنامه‌های ***روایت فتح*** از سوی شهید مرتضی آوینی بود. این برنامه، همچنان که از نام آن پیداست، بر اساس نقل و روایت خاطرات رزمندگان و مستند و متکی به گزارش‌های عینی از صحنه‌های جنگ و جبهه بود و در همان هالهٔ ارزشی و توصیفی ارائه می‌شد.

۴ـ پذیرش قطعنامه ۵۹۸ سازمان ملل از سوی ایران و پایان‌یافتن یک‌باره و غیرمنتظرهٔ جنگ برای همه ـ یا بیش‌تر رزمندگان و مردم ما ـ حادثه‌ای مبهوت‌کننده، بلکه شوک‌آور بود. دفعی و بی‌مقدمه‌بودن این ماجرا بی‌آن‌که زمینه‌سازی آشکاری برای آن صورت گرفته باشد، در ذهن و اندیشهٔ بسیاری از رزمندگان داوطلب، به‌ویژه کسانی که سال‌های سال در میادین نبرد حضور داشتند، موجب تنش شد. این وضعیت اندک اندک با سخنان آرام‌بخش و سوزناک رهبر انقلاب رو به التیام و آرامش نهاد.

رزمندگان به خانه‌ها، مدارس و به محیط کار خود بازگشتند و نظامیان به جایگاه همیشگی خود، پادگان‌ها روی آوردند. در آن دورهٔ فترت، که جنگ و همه چیز آن پایان‌یافته تلقی می‌شد و ادامهٔ نشر خاطرات رزمندگان نیز با تردید مواجه بود، «دفتر ادبیات و هنر مقاومت» به وجود آمد. تأسیس دفتر ادبیات و هنر مقاومت، به دستور و تشخیص و خواهش هیچ مسئول مملکتی ـ اعم از نظامی و غیرنظامی یا فرهنگی ـ صورت نگرفت و پدیدآورندگان و اعضای این دفتر، نظامی نبودند و اندیشهٔ نظامی‌گری هم

نداشتند.

ممکن است این سئوال مطرح شود که چرا این دفتر در نهادی، فرهنگی و تبلیغاتی (حوزهٔ هنری) شکل گرفت و مستقلاً یا زیرنظر مراکز دانشگاهی و مطالعاتی به وجود نیامد. این ایراد و سئوال به‌جایی است و کاش چنین اتفاقی امکان داشت یا داشته باشد که روزی محقق شود. اما تحقق آن، با توجه به شرایط موجود مملکت ما و وضعیت خاص جنگ، ناشدنی بوده و هست. این‌که چرا نظام علمی و فرهنگی کشور به مطالعات جنگ روی نیاورد و جریان خاطره‌نویسی یا فعالیت‌هایی از این‌دست از دانشگاه‌ها آغاز نشد، مستلزم بحث مستوفایی است که اشاره‌وار در جای دیگری به آن پرداخته‌ام (سرمقالهٔ فصلنامهٔ **نامهٔ پژوهش**، شمارهٔ ۹). اما این نکته را در این‌جا یادآوری می‌کنم که دفتر ادبیات و هنر مقاومت، همان‌گونه که به فرموده به وجود نیامد، اساس و هنجار و روش کارش را بر اساس تشخیص پدیدآورندگانش پی‌گرفت و ادامه داد.

اگر بخواهم نقش دفتر ادبیات را در زمینهٔ خاطره‌نویسی در خلاصه‌ترین شکل بازگو کنم باید به توضیح سه محور و موضوع بپردازم. یکی این‌که، دفتر ادبیات توانست جریان خاطره‌گویی و خاطره‌نویسی‌های پراکنده و تک‌نگاشت را دقیقاً به جریان سوم، یعنی خاطره‌نویسی تبدیل کند و به آن سمت سوق دهد. این پدیده را نباید ساده و سطحی تلقی کرد و از آن گذشت. یکی از نتایج پیدایی این جریان، برآمدن نسل دوم نویسندگان انقلاب در دو دههٔ اخیر بوده است. از طریق همین خاطره‌نویسی بود که کسانی چون، احمد دهقان، رحیم مخدومی، محمدرضا بایرامی، داوود امیریان و شماری دیگر به جرگهٔ نویسندگان این عصر پیوستند. بنابراین می‌توان گفت خاطره‌نویسی مقدمه و زمینه‌ای برای نویسندگی و نویسندگان ادبیات جنگ هم بود. جای توجه است که میانگین سنی این نویسندگان به سی تا سی و پنج سال می‌رسد.

تأثیر و نقش تعیین‌کنندهٔ دیگر دفتر ادبیات این بود که جریان مقید و مطلق خاطره‌گویی و خاطره‌نویسی پراکنده را از سیطرهٔ اندیشهٔ نهادهای فرهنگی نظامی، بیرون آورد و تا حدودی از بایست و نبایست‌هایی که پیش از این معمول بود، گامی فراپیش‌تر بُرد تا آزادتر به جهات گوناگون جنگ نظر کند. این مرزشکنی طلیعه‌ای شد برای این‌که علاوه‌بر خاطرات جبهه‌رفتگان و رزمندگان بسیجی به شرح کرده‌ها و مشاهدات دیگران (ارتشی‌ها) حتی زنان، کودکان، اسیران و به‌طور خاص اسیران عراقی نیز بپردازد.

سوم این‌که، در زمینه خاطره‌گویی، دفتر ادبیات و هنر مقاومت به طرحی نو و اقدامی جالب‌توجه دست زد و آن، فراخوانی جبهه‌رفتگان و جنگ‌دیدگان ـ از هر قشر و طبقه‌ای ـ برای بیان خاطرات‌شان در مراسم شب‌های خاطره بود که ماهی یک‌بار و در جمع دوستداران خاطرات جبهه و جنگ برگزار می‌شود. تعبیر رایج «شب خاطره» از آن پس معمول گشت.

۵ـ اینک جای درنگ است که سیر خاطره‌نویسی جنگ، به‌صورتی که اشاره‌وار مطرح شد، بازبینی و نقد

شود. عنوان «ادبیات خاطره‌نویسی جنگ» تعبیر عام، شامل و گسترده‌ای است. حال آن‌که، آن‌چه که بیش‌ترین حجم موردنظر خاطرات منتشرشده را دربرگرفته و اصلاً عنوان خاطره‌نویسی را از آن خود کرده است، خاطرات رزمندگان داوطلب حاضر در میدان‌های جنگ بوده است و نه همهٔ کسانی که جنگ را درک کرده و به هر صورت در گیرودار آن نقشی داشته‌اند. حتی نظامیان موظف، مثل ارتشیان، به خاطره‌نویسی، آن‌چنان که باید نپرداختند.

وضع موجود، گرچه حیطهٔ بررسی ما را در خاطرات، به جهت محدودیت دامنه، دقیق‌تر خواهد کرد، از شمول و گسترهٔ آن خواهد کاست و ما را در قبول عنوان پیشنهادی برای این میزگرد دچار تردید خواهد کرد. به نظر من همهٔ آنانی که به هر صورت با جنگ درگیر بوده، یا از آن مطلع شده یا نکته‌ای در ذهن و یادشان باقی مانده ـ اعم از تلخ و شیرین، زشت و زیبا، کم و زیاد ـ می‌توانند داشته‌های ذهنی خود را خاطرات جنگ تلقی کنند و ما باید برای دست‌یابی به آن‌ها کوشش کنیم. ماجرای بمباران شهرها و مصایب خانواده‌ها ـ به‌ویژه آن‌چه بعدها در نتیجهٔ جنگ پیش آمد و حوادث و خاطرات پس از جنگ را پدید آورد ـ این ذخیرهٔ حجیم را غنی‌تر و متنوع‌تر می‌کند.

تلخی‌های جنگ نباید از نظر ما ندید و مردود انگاشته شود و از آن غفلت کنیم. ما در خاطرات به دنبال کشف و نقل همهٔ ابعاد پدیدهٔ جنگ هستیم و گزینشی‌کردن خاطرات ممکن است در ترسیم آن‌چه اتفاق افتاده یا در ذهن‌ها و جان‌ها باقی مانده، خدشه و تزلزل ایجاد کند. قصد ما تنزیه و تقدیس جنگ نیست؛ چه کسی است که بتواند نَفْس جنگ را مقدس بداند؟ جنگ، پدیده‌ای است زشت و غیرانسانی و جالب این‌که حتی خود رزمندگان هرگز نه به بُعد جنگی جنگ، بلکه به ارزش‌ها و روابط انسانی و آرمان‌های پذیرفته‌شدهٔ غیرخشونت‌بار آن توجه کرده‌اند و خاطرات آن‌ها از عطر این لطایف آکنده است.

با این نظر، حتی بازگفت تلخی‌های جنگ از زبان مادری که فرزندش را از زیر آوار بیرون می‌کشد، آموزنده است و از نشر آن نباید نگران بود. پرهیز از انعکاس همهٔ واقعیات جنگ، ما را دچار تعارض خواهد کرد؛ زیرا چهرهٔ واقعیت‌ها را نمی‌توان پوشاند. مع‌الوصف، اگر کلیت وقایع، خاطرات و مخاطرات این رویداد به شکل همبسته و اندام‌وار احصا و عرضه شود، در غایت امر معنی و مفهوم والای «دفاع مقدس» و قدر و اهمیت صلح مبتنی بر عزت انسانی آشکار خواهد شد.

گام بعدی که باید برای نشر خاطرات جنگ برداشت، این است که آن‌ها را اندک اندک از سیطرهٔ تصرف نهادهایی که نام تبلیغاتی و نظامی دارند، بیرون آورد. این کار گرفتاری‌هایی دارد، اما باید آن را آغاز کرد، دست‌کم مستلزم تمکین مراکز اسنادی جنگ به این مهم است که داشته‌های آنان امانتی ملی است و نه دارایی شخصی؛ و تدوین قانونی که بتواند امکان بهره‌مندی از آن‌ها را به‌صورت سامان‌مند فراهم آورد، ضروری است. نخستین اقدام در این راه تهیهٔ نمایه‌ای از داشته‌های این مراکز و نهادهای متعددی است که به این امر اهتمام می‌ورزند.

۶ـ من در ارائهٔ این گفتار راهی تقریباً طولانی پیمودم تا به طرح نکاتی دربارهٔ خاطره‌نگاشته‌ها و

خاطره‌نویسی جنگ بپردازم؛ خاطره‌نویسی رزمندگان داوطلب که تنها بخشی از خاطرات جنگ به آن‌ها اختصاص دارد و در این جا به‌اجمال فقط برخی مسائل درخور تأمل‌را توضیح خواهیم داد.

الف ـ خاطرات جنگ ـ یعنی خاطره نوشته‌ها که عمدتاً موردنظر من است ـ به‌رغم متن ساده و روان و نزدیک به گفتاری نثرشان واگوی همهٔ حس نویسندگان آن‌ها و خوانندگان جبهه‌نرفته نیست. این نکته‌ای است که بی‌اغراق بدان باید توجه کامل داشت؛ درست مثل شعر عرفانی ـ حکمی فارسی که گفته‌اند سطرهای سفید بین ابیات آن‌ها را هم باید خواند. این امر مستلزم آن است که خواننده، خاطره‌ها را علاوه بر خواندن، در وجدان و ضمیر خود باور و بارور سازد تا بتواند به هندسهٔ درونی ذهن نویسندگان و آن‌چه در جبهه ـ یعنی واقعیت جبهه و ذهن خاطره‌نویس ـ گذشته است دست یابد.

برای کسی که با جنگ و جبهه خوی‌گر نبوده و نتوانسته است آن فضا را درک کند، درک گریه‌های شبانهٔ رزمندگان قبل از عملیات یا ترکیب شگفت غم و شادی، خنده و گریه در جبهه اعجاب‌آور است و ممکن است آن را انکار کند یا عبث بپندارد. این ویژگی یکی از ابعاد وجودی مستمر در آثار ادبی، تاریخی و فرهنگی ماست و رزمندگان ما بی‌آن‌که آن را آگاهانه اراده کرده باشند، در ادامهٔ آن قدم نهاده‌اند.

ب ـ رزمندگان خاطره‌نویس، در نوشتن خاطرات خود و به هنگام نگارش یادمان‌شان، از شیوهٔ خوانده‌شده یا روش آموخته‌ای استفاده نکرده‌اند. همان‌گونه که زبان دلشان می‌خواسته و بیان طبیعی آن‌ها حکم می‌کرده، یادداشته‌های خود را قلمی کرده‌اند. در شیوهٔ نثر و نگارش آنان نکتهٔ قابل توجه این است که هوشمندانه ـ یعنی با تسلط عقل مصلحت‌گرایانه و محاسبه‌گر ـ دست به قلم نبرده‌اند، بلکه در نقل و نگارش این یادمان‌ها عموماً تا حدودی امّی و عامی بوده‌اند، و این وجه البته در خاطراتی که با فاصلهٔ کم‌تری از زمان پایان جنگ نوشته شده‌اند، بیش‌تر قابل ملاحظه و مداقّه است. آنان به همان راحتی که باور کردند می‌توانند بجنگند، دل‌یادشان را مکتوب کرده‌اند. زبان آن‌ها به فطرتشان بسیار نزدیک است و خوشبختانه آلوده به بایست‌ها و نبایست‌های نگارشی نشده است! برخی از این خاطره‌نویسان تصریح کرده‌اند که اصلاً حوصله و وقت کتاب خواندن نداشته‌اند.

ج ـ در جریان رخدادهای آشکار و نهان جنگ به پدیده‌ای برمی‌خوریم که من از آن با نام «فشردگی زمان» یاد می‌کنم. غرض از فشردگی زمان این است که موقعیت جبهه و جنگ، که عرصهٔ بروز تام و تمام فعلیت قوای پنهان انسانی است، موجب شده است که فاصلهٔ تحولات و دگرگونی‌ها در جنگ به‌شدت کوتاه شود و رویدادی که در شرایط عادی زمان به سال‌های متمادی مطالعه و اقدام نیازمند است، در جنگ، چند روزه به نتیجه برسد. این معنا را حتی در نوآوری‌های جنگ می‌توان ملاحظه کرد.

دوستی و ارتباط بین افراد در جبهه‌ها، در مدت چند روز به آن‌چنان استحکامی می‌رسید که در شرایط عادی به سال‌ها وقت نیاز داشت؛ دوستی‌هایی که خیلی زود آغاز می‌شد و در بسیاری از موارد به هجران و شهادت یک تن از دو دوست می‌انجامید. براساس همین «اصل تحول سریع و فشردگی زمان»، اگر به سیر و تطور نگرش خاطره‌نویسان جبهه بنگریم، درمی‌یابیم که قاعدهٔ ادواری شعر فارسی از سبک خراسانی تا دورهٔ بازگشت بر سیر و تطور خاطره‌نویسی این دوره نیز حاکم است.

در خاطره‌گفته‌ها و خاطره‌نوشته‌های آغازین ـ لحظات مرگ و زندگی ـ بیش‌تر توجه خاطره‌نویسان به محیط محسوس جنگ معطوف است. این توجه به‌صورت ظاهر حوادث، اندک‌اندک کم‌رنگ می‌شود و بیان روابط انسانی و اندیشه‌ها و آرمان‌ها جای آن را می‌گیرد و تا جایی پیش می‌رود که اصلاً آن‌چه در جنگ دیده نمی‌شود، خود جنگ است و جنگ گویی موضوعی فرعی و حاشیه‌ای می‌شود و سخن اندیشه‌ورزانه و انتزاعی جای آن را می‌گیرد. این تحول را می‌توان با مطالعه و مقایسهٔ آغاز و پایان کتاب **حرمان هور** درک کرد. همچنین اگر کتاب‌های ***لحظه‌های یک پاسدار***، ***تپهٔ برهانی***، ***زنده‌باد کمیل*** و در نهایت ***جنگ پابرهنه*** به‌ترتیب خوانده شود، این نکته آشکار می‌گردد. این سیر و تحول با سیر زمانی جنگ و اقتضائات آن هم کاملاً همخوانی و مطابقت دارد.

د ـ اگر با نگاه تیپ (گونه)شناختی و شخصیت‌شناختی به خاطرات جنگ نظر کنیم، درمی‌یابیم برخی خاطرات (مثل ***لحظه‌های یک پاسدار***) ویژگی‌های انسان حسابگر و دوراندیش را به نظر ما می‌رساند. این نوع خاطرات بیش‌تر به جدی بودن نویسنده و مسئولیت‌پذیری او اشاره دارد. در یک نوع دیگر از خاطرات (مثل ***تپهٔ برهانی***) با کسانی سر و کار داریم که اهل مطالعه و دعا و نیایش‌اند و می‌توان آن‌ها را نیایشگران رزمنده نامید. نگاه و دریافت ایشان بیانگر نوعی تسلیم در برابر تقدیر و قضاست. در گونهٔ دیگر، با رزمندگان خوشباش و قلندری مواجه‌ایم که رفتار ظاهری آن‌ها با اعتقاد و مرام باطنی‌شان تفاوت دارد. می‌گویند و می‌خندند و می‌خندانند، اما در ورای همان رفتار به ظاهر سبک‌سرانهٔ آن‌ها، معانی و حکمت‌ها نهفته است. این خوشباشان رزمنده، خود به گونه‌های متعدد تقسیم می‌شوند که دو گونه و نمونهٔ مشابه اما متفاوت آن‌ها را در کتاب‌های ***زنده باد کمیل*** نوشتهٔ محسن مطلق و ***جنگ دوست داشتنی*** نوشتهٔ سعید تاجیک ملاحظه می‌شود. گونهٔ دیگر خاطرات جنگ ترسیم‌کنندهٔ رزمندگانی است که اهل تأمل و اندیشه‌اند و برخلاف خوشباشان جبهه، از روی تأنی و تفکر و ژرف‌کاوی، پدیده‌ها را می‌بینند و در واقع نگاه آن‌ها سطح ظاهر رویدادها را درمی‌نوردد و به جنبه‌های درونی و مستور آن‌ها نظر می‌کند. تصویری که از چهرهٔ این خاطره‌نگاران به دست می‌آید، جدی و تا حدودی خشک است.[۳]

نکتهٔ قابل توجه در مطالعهٔ همهٔ این گونه‌های مختلف، چگونگی پیوند این مجموعهٔ به ظاهر متعدد به یکدیگر و همزیستی آن‌هاست. این پارادوکس (متناقض‌نما) با نظریهٔ فلسفی وحدت در کثرت، که به تمام معنا در جبهه و جنگ وجود داشت، توجیه‌شدنی و تفسیرپذیر است و به صورت پنهان ـ نه آشکار ـ می‌توان آن‌را در خاطرات و خاطره‌نگاشته‌ها بازجُست. اضافه می‌کنم که جمع رزمندگان و جبهه‌رفتگان، از هر جهت (سن، سواد، شغل، قومیت، زبان و...) تنوع شگفتی داشتند. با این همه، چنان به یکدیگر پیوند خورده بودند که گویی تجسم هویت یک پیکرند و این‌گونه جامعهٔ رزمنده به‌وجود آمده بود.[۴]

هـ ـ ویژگی دیگری که در خاطرات رزمندگان وجود دارد، و البته آشکار نیست، پیوستگی معنایی و درون‌بافتی محتوای آن‌ها با سنت‌ها و آموزه‌های فرهنگ ایرانی و اسلامی است و به این تعبیر، خاطرات را در ادامه و مجموعهٔ بدنهٔ فرهنگ دینی و بومی می‌توان مطالعه کرد و حتی زیرساخت‌های آداب و باورهای فراگیر آن را بیرون آورد و از این جهت خاطرات ـ زبان و درون‌مایهٔ متن خاطرات ـ به‌شدت ملهم و متأثر از

زیرساخت‌ها و مشخصه‌های فرهنگ‌شناختی است. اگر حمل بر اغراق نشود ـ گرچه قابل اثبات است ـ برخی از این خاطره‌ها (مثل **حرمان هور** و **جنگ پابرهنه**) ردّی از اساطیر قومی و خاطرات ازلی در خود دارند. کافی است پدیده‌های محسوس طبیعت (کوه، درخت، آب، خورشید و آسمان) در همین خاطرات بازشناسی شوند.[۵]

با این جمله سخنان خود را پایان می‌دهم که، آن‌چه گفته شد، بخشی از دانسته‌ها و یافته‌هایی است که طی سال‌ها مطالعهٔ خاطرات جبهه و جنگ به آن‌ها دست یافته‌ام. بدون شک خاطره‌نویسی عرصه‌ای نوین و بدیع در تاریخ و ادبیات این عصر تلقی می‌شود و با توجه به لزوم درنوردیدن همهٔ افق‌هایی که پیش‌روی دارد، هنوز در آغاز راه است، نه حتی در میانهٔ راه. بازیابی و تدوین خاطرات و خاطره‌نگاشته‌های رزمندگان، جبهه‌رفتگان و جنگ‌دیدگان می‌تواند مبداء تحولی شگرف در «نهضت خاطره‌نویسی و ادبیات خاطره‌نگاری ایران» محسوب شود. زیرا فراگیرترین و مردمی‌ترین و طبیعی‌ترین احساسات و مشاهدات و انگیزش‌های یک عصر و نسل را در میدان عمل و تجربه فرا روی ما نهاده است.

□ □ □

پی‌نوشت‌ها

۱ ـ دربارهٔ سیر و سرگذشت خاطره‌نگاری در ایران پیش از اسلام، در مجلد اول کتاب آمادهٔ انتشار **با یاد خاطره** ـ تألیف صاحب این گفتار ـ به‌تفصیل بحث شده است. مفصل‌ترین کتیبهٔ یادبودی هخامنشیان، سنگ‌نبشتهٔ کوه بیستون است. دربارهٔ اشارهٔ محققان به جنبه‌های یادبودی کتیبه‌ها و سنگ‌نگارهای هخامنشی و ساسانی رجوع شود به:

ـ **تاریخ ایران (از سلوکیان تا فروپاشی دولت ساسانیان)**، جلد سوم، قسمت دوم، پژوهش دانشگاه کمبریج، ترجمهٔ حسن انوشه، امیرکبیر، ۱۳۷۷، ص ۸۰.

ـ **تمدن ایران ساسانی**، تألیف ولادیمیر گریگورویچ لوکونین، ترجمهٔ عنایت‌الله رضا، شرکت انتشارات علمی و فرهنگی، ۱۳۷۲، بخش یکم.

ـ **ایران باستان**، تألیف یوزف و سیهوفر، ترجمهٔ مرتضی ثاقب‌فر. انتشارات ققنوس، ۱۳۷۷.

ـ **فهرست ماقبل‌الفهرست (۱) آثار مکتوب ایرانی پیش از اسلام**، تألیف دکتر پرویز اذکایی، آستان قدس رضوی، ۱۳۷۵.

۲ ـ دربارهٔ این موضوع رجوع شود به: **خاطرات‌نویسی ایرانیان**، نوشتهٔ برت. فراگنر، ترجمهٔ مجید جلیلوند رضایی، شرکت علمی و فرهنگی.

۳ ـ بنگرید به کتاب‌های **حرمان هور**، نوشته احمدرضا احدی و **جنگ پابرهنه**، نوشته رحیم مخدومی.

۴ ـ دربارهٔ تنوع گونه‌ها و شخصیت‌ها در جبهه رجوع شود به علیرضا کمری (به‌کوشش)، **نام‌آورد**، «ریخت‌شناسی خاطرات جنگ»، ، حوزه هنری و موسسه پژوهش فرهنگ، هنر و ارتباطات، ۱۳۸۰، ص ۱۸۱.

۵ ـ دربارهٔ تأثیر و انعکاس پدیده‌های محسوس طبیعت در خاطرات جنگ رجوع شود به: علیرضا کمری، «بررسی آرایهٔ تشخیص در خاطرات جنگ»، **روزنامهٔ حیات نو**، (۷ آذر ۱۳۷۹، شماره ۱۲۶) و (۱۶ آذر ۱۳۷۹، شمارهٔ ۱۵۴).

تاریخ فرهنگی جنگ بزرگ

دکتر ادوان روزو

مقدمه

تاریخ جنگ جهانی اول، از حدود ده‌سال قبل در بطن مکاتب تاریخی غربی به زمینهٔ مطالعاتیِ در حال احیا تبدیل شده است. این احیا بسیار مدیون انگیزه‌ای است که یک گروه تحقیقات بین‌المللی (که این‌جانب نیز عضو آن هستم) برای این نوع تحقیقات ایجاد کرده است. این گروه پیرامون **موزهٔ** ***تاریخ‌نگاری جنگ بزرگ پُرن*** (l' Historial de la Grande Guerre de Péronne) در منطقهٔ سُم (la Somme) گرد هم آمده‌اند؛ یعنی در همان محلی که یکی از بزرگ‌ترین نبردهای جنگ جهانی اول و قرن حاضر در آن به وقوع پیوست. امیدوارم مجال بیابم موزه‌نگاری (muséographie) جنگ بزرگان را، که در این مکان یادبود و محل تحقیق شکل گرفته است، برای حضار محترم بیش‌تر معرفی می‌کنم.

این نگرش جدید به جنگِ ۱۹۱۴–۱۹۱۸، به‌ویژه در فرانسه، بر یکی از اشکال نسبتاً قدیمی یعنی بر «تاریخ ذهنیت‌ها» استوار است (درست است که امروزه این اصطلاح مجدداً به مناقشه کشانده شده است). در این مورد مشخص؛ یعنی جنگِ ۱۹۱۴–۱۹۱۸، منشأ تاریخ ذهنیت‌ها شاید به مقالهٔ متحجرانه‌ای که مورخ و مبارز قدیمی مارک بلک (Marc Bloch) اندکی پس از جنگ؛ یعنی در سال ۱۹۲۱ با عنوان «تأملات یک مورخ در مورد اخبار کذب مربوط به جنگ»[1] نگاشته است، مربوط شود.

تحلیلی که مقالاتی از این‌دست دربر داشتند، شکلی از تاریخ جنگ جهانی اول را برای نخستین بار به تصویر کشید که از حدود دو دههٔ قبل به این‌سو بر متخصصان تاریخ معاصر کاملاً چیره شده است. به عبارت دیگر، تحلیلی از تاریخ **فرهنگی** جنگ بوده است، نه تاریخ سیاسی و جنگی. با وجود این، تاریخ سیاسی و جنگی در تمام دوره‌های بین جنگ جهانی اول و دوم غلبه داشت و تا مدت‌ها بعد از ۱۹۴۵ نیز همچنان به تحمیل آثار خود ادامه می‌داد. اکنون نیز بعد از گذشت بیش از هفتاد سال از انتشار مقالهٔ مارک بلک، تاریخ فرهنگی جنگ بزرگ هنوز در اوان کار خویش است[2].

تعریفی که در این‌جا از تاریخ فرهنگی ارائه خواهم داد، با پیروی از همان شیوه‌ای است که معاصرانِ ۱۹۱۴–۱۹۱۸، به کمک آن، جنگ را ***به دیگران و به خود باز نمایاندند***. مایلم در این‌جا برای تأمل حضار محترم مفهومی بنیادین را ارائه کنم؛ مفهوم «فرهنگ جنگ»، که می‌توان آن را مجموعهٔ عملکردها، نگرش‌ها، روش‌ها، آفرینش‌های هنری و ادبی سال‌های ۱۹۱۴–۱۹۱۸ و همچنین سال‌های بعد از جنگ تعریف کرد؛ چراکه این نوع تاریخ به‌درستی جایگاه فراخی برای عزا، خاطره، شهادت و بزرگداشتِ پس از جنگ قائل است[3].

در خاتمهٔ این مقدمه به دلیل دیگرِ تأخیر طولانی تاریخ‌نگاری جنگ جهانی اول اشاره می‌کنم. شاید

بیان این محال‌نما (paradoxe) مایهٔ شگفتی شود، با وجود این، باید پذیرفت که اکثریت قریب به اتفاق جامعهٔ مورخان از سال ۱۹۱۸ بدین‌سو، جنگ جهانی اول را به‌مثابه همجواری برای جنگ‌های داخلی تلقی کرده‌اند.این نشان می‌دهد که ابعاد این جنگ در سطحی برآورد شده که درک مجموعهٔ جنگ را ـ که دقیقاً جدایی‌ناپذیر از خصوصیات تام و تمام آن است ـ اگر نه غیرممکن، بلکه مشکل ساخته است. تاریخ مقایسه‌ای جنگ دست‌یافتی تازه است (به عمد از تاریخ تطبیقی جنگ صحبتی به میان نیاوریم؛ زیرا وجود سدّ عمده‌ای به نام سدّ زبانی بدون شک این نوع مطالعهٔ تاریخی را تا مدت‌ها دور از دسترس خواهد کرد).

فرهنگ جنگ و تاریخ فرهنگی جنگ بزرگ

مفهوم «فرهنگ جنگ»، بار گرانی را که بر دوش جوامع درگیر در جنگ بین سال‌های ۱۹۱۴ تا ۱۹۱۸ سنگینی کرده است، القا می‌کند. اگر این فرهنگ را ثمرهٔ تنش مفرط ایجادشده توسط جنگ، یا ثمرهٔ فرآیند فراگیرشدن آن بدانیم، در اشتباه خواهیم بود، بلکه باید بر معکوس این مطلب تکیه کنیم؛ خشونت ریشه‌ای جنگ جهانی یا جنگ فراگیر را عمدتاً خود فرهنگ به وجود آورد. به عبارت دیگر، فرهنگ جنگ پی‌آمد جنگ نبود، بلکه منشأ و زمینهٔ حقیقی پرورش آن بود. در واقع، اولین جنگ فراگیر صرفاً ثمرهٔ بن‌بست استراتژیک (راهبردی) در پایان سال ۱۹۱۴ نبود، همچنان که صرفاً ثمرهٔ انتشار مناقشه یا پیشرفت فنون تسلیحاتی یا بسیج اقتصادی نیز نبود، بلکه همچنین محصول بسیج فکری یا روانی جبهه‌های داخلی یا پشت‌جبهه‌ها بود. فراگیر شدن جنگ پیوند بسیار عمیقی با فرآیند خشن‌سازی (brutalisation) جنگ ـ به تعبیر ژرژ مُس [۴] ـ داشت. او این عبارت ـ تقریباً غیرقابل ترجمه به فرانسه ـ را ابداع کرد تا معنای «به خشونت‌کشاندن» را تفهیم کند. این عبارت از زیرپاگذاشته‌شدن خشونت‌بار حد و مرزها در دوران جنگ خبر می‌دهد؛ حد و مرزهایی که ریشه در نظام‌های فکری جوامع درگیر در جنگ دارند. این نظام‌های فکری امکان درک عملکردهای تماماً جدید رویارویی را فراهم و می‌کنند و گسست این عملکردها را با عملکردهایی که تا قبل از آن تاریخ (مثلاً در سال ۱۸۷۰) رایج بوده‌اند، نشان می‌دهند، از جمله پایان مصونیت حاملان برانکاردها در میدان نبرد (از آن پس به امدادرسانان هم تیراندازی می‌شد)، بمباران شدید شهرهای محاصره‌شده، سرنوشت جدید اسرای جنگی (که اغلب در محل نبرد اعدام می‌شدند)، زبان یا شیوهٔ بیانی که جنگ با خود به همراه می‌آورد (شامل زبان تبلیغاتی و همچنین زبان نظامیان و سربازان که بیش‌تر اوقات در کنار همان زبان ثبت می‌شود) تمام این موارد، شواهدی هستند که بر عمق گسستگی بین مناقشه‌های قرون نوزده و اولین جنگ بین‌المللی دلالت می‌کنند.

علاوه بر آن‌چه گفته شد، گواهی مشارکت‌کنندگان در جنگ و تاریخ‌نگاران پس از آن، تا مدت‌ها، تاریخ این جنگ بزرگ را آن‌چنان از وقایع پاک‌سازی کرد که این کار به قیمت غیرقابل‌فهم‌شدن بخشی از آن برای آیندگان تمام شد. این ادعا شاید باعث شگفتی شود؛ گواهان دربارهٔ زنجیرهٔ فجایع و زجرهایی که این جنگ در پی داشته، به اندازهٔ یک لشکر (چندین هزار) بوده است، تا جایی‌که امروزه هر اروپایی از ناگفتنی‌هایی‌که این آزمون با خود به همراه آورده، آگاهی کامل دارد. اما، به نظر من، چند جنبهٔ اصلی این

جنگ، که یکی از بدترین تجربه‌های قرن حاضر است، مدت‌های مدید است که پنهان مانده‌اند و امروز نیز همچنان پنهان‌اند.

در بطن این پنهان‌سازی، در ابتدا و به‌ویژه افرادی قرار دارند که مجبور شدند با تجربهٔ میدان نبرد مواجه شوند. تعداد گواهانی که از سال‌های ۱۹۲۰ و خصوصاً از سال‌های ۱۹۳۰ بدین‌سو در فرانسه و کشورهای دیگر بر وحشت **برهوت** (no man's lannd) تأکید کرده‌اند، اندک نبوده است، اما اگر با دقت بیش‌تری نگاه کنیم، درمی‌یابیم که همواره خشونتی برجسته شده که بی‌عامل، کورکورانه، یا آن‌چنان‌که امروز آن را می‌شناسند، خشونت بدون هدف بوده است. در مقابل، گزارش از خشونت تن به تن در گواهی مشارکت‌کنندگان در جنگ سهم بسیار اندکی دارد. بنابه اشارهٔ برخی مردم‌شناسان ـ که شاید در این‌باره کم‌تر از مورخان مردد باشند ـ در جنگ، افراد «کشته می‌شوند» اما کسی را نمی‌کُشند.[5] وانگهی این خشونت تن به تن با وجود آن‌که یقیناً بسیار نادر بوده، وجود داشته است. در این زمینه اشیایی که به بهترین وجه نگهداری شده‌اند، به شهادت برمی‌خیزند، از جمله مجموعه‌هایی از چماق‌های یافت‌شده در خاکریزها و خنجرهایی باریک که سربازان آن را می‌ساختند و با اقتضائات جنگ موضعی منطبق بوده است، و خلاصه تمام اشیایی که وجود آن‌ها قتل یک‌نفر توسط فرد دیگر را تأکید می‌کنند و موزهٔ تاریخ‌نگاری پُرن آن‌ها را گردآوردی کرده است. این اشیا، جنگی از نوع دیگر را فاش می‌کنند؛ جنگی مخفی و غیرقابل اعتراف از سوی کسانی که در آن شرکت کرده و ناگزیر بودند برای کنار آمدن با صدمات روحی ناشی از خشونتی که پذیرا شده و خصوصاً خشونتی که تحمیل کرده بودند، آن را مخفی کنند.

بدیهی است انزجار از دشمن واقعاً وجود داشته[6] و این چیزی است که تاریخ‌نگاری جنگ بزرگ بسیار اندک بر آن تأکید کرده و به نفع شرح‌های مفصل دربارهٔ وجود حس برادری بین سربازان، آن را نفی کرده است. شنیدن سخنان مشارکت‌کنندگان در جنگ، که بازرسی پستی[7] فرانسه به‌راحتی امکان افشای آن‌ها را می‌دهد، جای هیچ‌گونه شبهه در مورد وجود انزجار یا حداقل خصومت باقی نمی‌گذارد، همان‌گونه که جنایت‌های اعمال‌شده بر غیرنظامیان از سوی ارتش‌های مهاجم و اشغالگر (از جمله قتل‌عام، گروگان‌گیری، اعزام به اردوگاه‌های اسرای جنگی، کار اجباری، تجاوز به زنان)، جای هیچ‌گونه شبهه باقی نمی‌گذارد؛ جنایاتی که برخلاف ارادهٔ معطوف به فراموش‌کردن همهٔ آن‌ها در دوران بین دو جنگ، به واقع روی داده بودند. این اراده که با صلح‌طلبی و ضدیت با نظامی‌گری همراه بود، سعی کرد برای ایجاد آشتی بین ملت‌ها با تبلیغات جنگ مخالفت ورزد. مورخان تنها امروزه این پدیده‌های خشونت افراطی را از نو کشف می‌کنند.[8]

دامنهٔ این پنهان‌سازی، زیان‌های وحشتناک واردآمده بر جسم انسان‌ها طی جنگ مدرن را نیز شامل می‌شود، چنان‌که شدت آن زیان‌ها یا بعضاً تقلیل‌یافته گزارش شده‌اند یا به نفع روایت‌هایی که نقل آن‌ها ضربهٔ کم‌تری وارد می‌کرده است، نفی شده‌اند. کتاب ژان نُرتُن ـ کرو (Jean Norton - Cru) به نام Témoins نمونه‌ای از این نوع پنهان‌سازی است. این کتاب که در سال ۱۹۲۹ استاد ادبیاتی که در جنگ شرکت داشت، آن را منتشر کرد، تا مدت‌ها تنها کتاب مرجع در زمینهٔ گواهی مشارکت‌کنندگان در جنگ بود. این

اثر، که تمام گواهی‌های انتشاریافته بین سال‌های ۱۹۱۴ تا ۱۹۲۸ را مرور می‌کند، در نوع خود یکی از کامل‌ترین کوشش‌ها برای تحمیل گونه‌ای هنجار در درک و برداشت از جنگ است؛ هنجاری که گرچه مدعی است صلح‌طلب و افشاگر جنگ است، باظرافت پاک‌سازی شده است.[۹] نویسنده برای نمونه هرگونه ادعایی را مبنی بر این‌که همهٔ جراحات جسمی ناشی از این جنگ قابل‌رؤیت بوده‌اند، نفی می‌کند. اما وقتی بحث بر سر مقابلهٔ جسم انسان‌ها با امکانات مدرن تخریب است. این گفتهٔ تقلیل‌گرایانه امکان مسکوت‌گذاشتن جراحات جسمانی غیرقابل‌رؤیت و حقیقتاً غیرقابل‌تحمل را فراهم می‌کند.[۱۰]

به این شیوهٔ مخفی‌کردن جراحات جسمانی واردآمده طی جنگ بزرگ، پنهان‌سازی طولانی مدت رنج‌های روحی نیز باید اضافه شود. به راستی چگونه می‌توانیم از لابه‌لای عبارات تاریخ‌نگارانه به رنج واقعی فک‌شکسته‌ها، شیمیایی‌شده‌ها، قطع عضوشده‌های بازمانده از جنگ پی ببریم؟ بدیهی است چیز زیادی ندانیم؛ چرا که پزشکی جنگ و رسیدگی به جراحات مجروحان برای مدت طولانی تقریباً به‌طور کامل خارج از حیطهٔ تحقیقاتی جنگ جهانی اول بود.[۱۱] اما آیا مجروحان جنگ و پزشکان معالج آن‌ها، هر کدام در نوع خود، عمیق‌ترین تجربه را از واقعیت‌های جدید جنگ مدرن نداشته‌اند؟ گویی نوعی تلاش برای پاک‌سازی قطعی تحقیقات جنگ از هرگونه گزارش دربارهٔ خشونت و رنج‌های جنگ، از هشتاد سال پیش به این‌سو، غلبه یافته است. این پاک‌سازی ابتدا از جانب شاهدان جنگ ـ به غیر از چند استثنا[۱۲] ـ صورت گرفت؛ کسانی که قادر نبودند بازگوکنندهٔ حدیث نفس خویش از رنج‌ها و ضربات روحی و جسمی ناشی از جنگ باشند. مورخان هم از آن‌ها پیروی کرده و تا امروز عمدتاً خلائق نگارش باقی مانده‌اند. آن‌ها ریشه‌دارترین ناگفته‌های جنگ را تصاحب کردند و سپس ناآگاهانه آن‌ها را به تاریخ‌نگاری انتقال دادند. در این‌جا خوب است قضاوت کاملاً موجه آلن کربن (Alain Corbin) را مطرح کنیم:

> *«نوعی پیرایش‌گری آشکار، تا همین اواخر بر تحقیقات دانشگاهی بسیار سنگینی می‌کرده است».*

همین مورخ اخیراً اضافه کرده است:

> *«سکوت یا بهتر بگوییم فراموشی‌گزیدن مورخان که امروزه با آن مواجه هستیم حاکی از اکراه‌هایی عمیق‌تر است. این سکوت از امتناعی که هر تاریخ درباره مسائل اساسی از خود نشان می‌دهد، تأثیر می‌پذیرد. نزدیک‌شدن به تاریخ جسم انسان‌ها و به تاریخ لذت یا رنج آن‌ها، مورخ را درگیر می‌کند. ... نوشتهٔ او این خطر را دربردارد که پرده از شخصیت نویسنده بردارد یا شخصیت او را زیر ذره‌بین خواننده ببرد».*[۱۳]

این جمله که بیانگر مسئلهٔ تاریخی‌کردن پدیده‌های افراطی، به‌ویژه تاریخی‌کردن تجربهٔ خشونت اساسی اعمال‌شده طی جنگ مدرن است، بر دشواری مختص تاریخ‌نگاری فرهنگی از تجربهٔ جنگ تأکید می‌کند؛ دشواری‌ای که به محض تلاش برای نگارش تجربهٔ جنگ از پایین؛ یعنی استناد به عملکردها و ذهنیت‌های عاملان آن، خود را بازمی‌نماید.

فراموشی جسم و رنج‌های جسمی همواره با فراموشی ذهن همراه بوده است. اما چگونه می‌توانیم از

این امر که تاریخ‌نگاری غربی جنگ بزرگ تنها در سال‌های اخیر به زیان‌های روحی و روانی سربازان و رنج‌های حاصل از این زیان‌ها[۱۴] توجه کرده است، شگفت‌زده نشویم؟ زیان‌هایی که گاه بسیار جبران‌ناپذیر بوده‌اند و رنج‌هایی که به‌طور ممتد در موقعیت‌های رویارویی با جنگ و حتی پس از اتمام جنگ با سربازان همراه بوده است. هشتادسال طول کشید تا جامعهٔ مورخان متوجه عواقب درازمدت و عمیق خشونت جنگ بر روان فردی و گستردگی دامنهٔ پدیده‌های جامعه‌زدایی (phénomènes dé désocialisation) حاصل از آن شدند؛ هشتاد سالی که انباشته از گفتار روان‌کاوانه و روان‌شناختی‌ای بود که از سال ۱۹۴۵ در جوامع غربی کاملاً به ابتذال گراییده بود. امروزه ناهنجاری‌های روانی در صدر فهرست آسیب‌های حاصل از جنگ ۱۹۱۴–۱۹۱۸ قرار دارند و اَشکال مختلف جنگ موضعی، همراه با ناآگاهی یا ناتوانی پزشکان در درمان ناهنجاری‌های حاصل از آن، به افزایش، شیوع، وخامت و پایداری این‌گونه ناهنجاری‌ها بسیار کمک کرده است.

در این‌جا باید دربارهٔ غیرنظامیان و وضعیت پشت‌جبهه یا «جبههٔ داخلی» در زمان جنگ صحبت شود. بی‌شک در این‌جا مسئله متفاوت است؛ چراکه به‌استثنای غیرنظامیانی که در تمام طول مدت مرحلهٔ اول جنگ به‌طور کامل در اراضی مورد تهاجم و اشغال به‌سر بردند، برخورد سایر غیرنظامیان با جنگ بسیار حاشیه‌ای بوده است. در این باره، ژان ژاک بکر (Jean Jecques Becker)، مدیر مرکز تحقیقات تاریخ‌نگاری جنگ بزرگ، به‌حق «مبتذل‌سازی جنگ»[۱۵] در میان مردم بعد از رویارویی‌ها را یادآور شده است. یکی از مشکلات مطالعهٔ جامع جنگِ ۱۹۱۴–۱۹۱۸ مشخصاً انباشتگی پیچیدهٔ بی‌هنجاری جنگ در جبهه و مناطق اشغال‌شده از یک‌سو و حفظ مناطق وسیع «بهنجار» (منظور جبهه‌های داخلی که گرچه از جنگ مصون هستند، متحمل دشواری‌های بعضاً سنگین ناشی از آماده‌سازی ارتش‌های کشورهای درگیر جنگ می‌شوند) از سوی دیگر است. به‌راستی چه کسی از رنج‌هایی که در حاشیه یا به‌عبارت دقیق‌تر پس‌زمینهٔ این «بهنجاری» موجود در زندگی اجتماعی بر افراد گذشته است، خبر دارد؟ رنج انتظارها (انتظار دریافت نامه، انتظار دریافت اجازهٔ خصوصی)، رنج مرگ نزدیکان و... . عجب است که تاریخ‌نگاری فعلی، به‌رغم آن‌که تماماً فاقد ابزار تحلیل در این‌گونه زمینه‌ها نیست، به شیوه‌ای ریشه‌ای و عمیق این مطالب را یادآور نشده است.[۱۶] باور این مطلب دشوار است که هیچ‌گاه رنج ناشی از مرگ فرزندان برای والدین، مرگ نوه‌ها برای پدربزرگ‌ها و مادربزرگ‌ها، مرگ پدرها برای فرزندان یا مرگ برادرها برای خواهران، به‌صورت جدی توصیف نشده است. به‌راحتی از «سوگ»ها صحبت می‌شود در حالی که هر یک از آن سوگ‌ها با توجه به رنجی که در پی داشته‌اند، متفاوت بوده‌اند. از بیوه‌ها و یتیمان یاد می‌شود، بی‌آن‌که دربارهٔ آن‌ها تأمل بیش‌تری صورت گیرد. ما فقط از تعداد آن‌ها که به‌عنوان ضمیمه شمارش شده‌اند، و نیز از تاریخچهٔ سرپرستی دولت از آن‌ها پس از جنگ آگاهی داریم، اما آیا این مقدار کافی است؟ و آیا دانستن این مطالب اساسی است؟ آیا بدون در نظر گرفتن سنگینی رنج مرگ بر افراد و تأثیر آن بر اغلب خانواده‌ها می‌توانیم غربی‌ها، به‌ویژه اروپایی‌های سال‌های ۱۹۲۰، ۱۹۳۰، ۱۹۴۰ و بسیار فراتر از آن را درک کنیم؟ بدین‌ترتیب، طبق برآوردهای این‌جانب درک این نکته که تاریخ‌نگاری جنگ تا همین

اواخر گروه‌هایی (منظور «اطرافیان» است؛ مشروط به کاربرد این اصطلاح در تعبیر جمعیت‌شناسان معاصر) را کاملاً به فراموشی سپرده، گویاست. بدین ترتیب مبارزان، که تنها قهرمانان واقعی و مشروع جنگ بوده‌اند، تمام توجه مورخان را به ضرر دیگران و نیز به ضرر درکی جامع‌تر از جنگ، به خود معطوف کرده‌اند. تنها همین اواخر به افراد مسن؛ افرادی که مجبور بودند با ضربهٔ روحی ناشی از مرگ جوانان خویش زندگی کنند، توجه شده است. برای نمونه امروزه مشخص شده که این ضربه‌های روحی، تنها توجیه برای ازدیاد درصد مرگ و میر افراد به‌ویژه در پاریس، لندن و برلین بین سال‌های ۱۹۱۴ و ۱۹۱۷ است.[۱۷] اگر توجه مورخان سریعاً به وضعیت زنان در طول جنگ جلب شد،[۱۸] وضعیت کودکان و تجربهٔ آنان از جنگ با تأخیر بسیار آن‌ها را به خود مشغول کرد، گرچه بررسی وضعیت کودکان عامل اساسی برپایی یادمان جنگ ۱۹۱۴–۱۹۱۸ بود؛ چراکه این فرزندان جنگ بودند که خاطرهٔ تاریخی نبرد را تا مدت‌ها زنده نگه داشتند. در حالی که آخرین سربازان سالخوردهٔ جنگ زندگی را وداع می‌گفتند، کودکان در مقام آخرین شاهدان جنگ باقی می‌ماندند، اما سه ربع قرن گذشت تا تاریخ‌نگاران در مورد میلیون‌ها کودک که جنگ بزرگ را تجربه کرده بودند، شروع به پرسش کردند.[۱۹]

با در نظر گرفتن قدمت تاریخ عقاید سیاسی در غرب، چنین تصور می‌شد که حیطهٔ عقیدتی جنگ بهتر مطالعه شده باشد، اما مورخان تنها در سال‌های اخیر به ارزیابی اهمیت توقعات بزرگ سیاسی - عقیدتی‌ای پرداختند که در طول جنگ رشد کرد و منتشر شد. جنگ ۱۹۱۴–۱۹۱۸ قبل از هر چیز رویارویی بین ملت‌ها و بین اروپایی‌ها - یا افرادی با فرهنگ اروپایی - بود که برای ملت خود جنگ می‌کردند. انکار این نکته، به‌قیمت ارزش‌بخشیدن بیش از حد به مقاومت‌ها، شورش‌ها و تمردها بی‌فایده است. فاجعهٔ انسانی جنگ بزرگ و یکی از رمزهای دیرپایی و سرسختی آن، در این است که محل سرمایه‌گذاری مردان ۱۹۱۴–۱۹۱۸ ملت‌هایشان بوده است. آن‌ها این احساس بسیار عمیق و درونی را داشتند که باید از ملت خود به هر قیمت دفاع کنند، چراکه مناقشه برای تمام رهبران جنگ بدون استثنا طبیعتی اساساً تدافعی داشت. نهایتاً، یکی از مصیبت‌بارترین جنبه‌های جنگ ۱۹۱۴–۱۹۱۸، موافقت با جنگ از سوی کسانی است که در آن شرکت کردند، حال چه این نکته خوشایند باشد یا خیر. البته اگر ملت‌ها محل چنین سرمایه‌گذاری بوده‌اند، از آن‌روست که مردان جنگ، آن‌ها را حامل توقعات مثبت و عظیمی می‌دانسته‌اند و اینک تاریخ‌نگاری صرفاً شروع به کشف این توقعات کرده است. انتظار دست‌یابی به دنیایی بهتر، رسیدن به مرحله‌ای جدید از تمدن بشری و آغاز «عصر طلایی» جدید، انتظاراتی است که دلایل درگیرشدن میلیون‌ها انسان را در این جنگ روشن می‌کند. در حقیقت فرهنگ جنگ ۱۹۱۴–۱۹۱۸، عمیقاً از امیدهای مذهبی تغذیه شده بود. ایمان به میهن و ایمان به خدا؛ دو مفهوم اغلب جدایی‌ناپذیر هستند. تاریخ دینی - که بدون آن نمی‌توان درک عمیقی از جوامع داشت - تنها همین اواخر با تاریخ‌نگاری جنگ جهانی اول ادغام شد و توانست راه‌گشای روزنه‌های مفهومی‌ای باشد که به‌حق می‌بایست بسیار پیش‌تر از این انتظار آن را می‌داشتیم.[۲۰] منظور ما این نیست که همهٔ سربازان جنگ مؤمن بوده‌اند. برعکس، ممکن است صرفاً اقلیتی این‌چنین بوده باشند. اما آن‌چه باید درک کرد این است که ارزش‌ها و

واژه‌های دینی و ایمانی در سال‌های ۱۹۱۴–۱۹۱۸ در «فرهنگ جنگ» نفوذ یافتند و انگاره‌های آن را فراهم کردند. همچنین نه تنها سوژه تصاویر «عاملان به دین»، بلکه سوژه تصاویر معاصران جنگ را نیز تغذیه نمودند. همین امر دالّ بر این نکته است که حتی در کشوری غیرمذهبی مانند فرانسه، تمثال‌گری مسیحی در حجم انبوهی از بزرگداشت‌ها خود را متجلی کرده است.[۲۱]

جنگ ۱۹۱۴–۱۹۱۸، هنگامی که از جنبهٔ فرهنگی در نظر گرفته شود، خواسته یا ناخواسته، نوعی تنش عظیم جمعی رستاخیزگونه است، چراکه انتظارات بزرگ جنگ مسئله صیرورت انسان را مطرح کرد؛ صیرورتی که از اندیشهٔ مسیحی در مورد اهداف نهایی انسان گرته‌برداری شده بود. بی‌شک «مردان سال ۱۴»، در آغاز جبر و فشار را پذیرفتند و از آن اطاعت کردند. در واقع وضعیت را تحمل کردند چون چارهٔ دیگری نداشتند. اما مسئله جنگ صلیبی برای درک نظام تصورات ذهنی آنان نکته‌ای اساسی است که صرفاً اقلیتی محدود توانستند خود را از قید آن رها کنند.

بدین ترتیب، تاریخ‌نگاری جنگ بزرگ تا مدت‌های طولانی از سکوت انباشته‌شده در طول سال‌ها ارتزاق کرد. اما چرا تا این حد طولانی؟ از دیدگاه شاهدان جنگ، جواب نسبتاً واضح است: همگی می‌خواستند شرّ جنگ حقیقی را از وجودشان دفع و جنگی متفاوت را بازسازی کنند که به آن‌ها امکان سرکردن با ضربه‌های روحی ناشی از جنگ را بدهد. آقای پیر شنو (Pierre Chaunu)، متخصص تاریخ مدرن، که شاید بهتر از هر کس دیگر، برخی محرک‌های عمیق جنگ را درک کرده ـ یا دست‌کم جنگ بزرگ را به شیوهٔ فرانسوی[۲۲] ادراک نموده است ـ روزی ادعایی کرد که تمام متخصصان روایت‌های جنگ و یادمان‌ها و بزرگداشت‌ها باید آن‌را بدانند و دربارهٔ آن اندیشه کنند. آن گفته یا ادعا این است: «یادمان برای فراموش کردن»! بی‌شک سربازان سالخوردهٔ جنگ می‌خواستند دربارهٔ جنگ شهادت بدهند. اما مورخان به‌آسانی فراموش کردند از خود بپرسند که آیا شهادت‌دادن آن‌ها در وهلهٔ اول اراده‌ای معطوف به فراموشی ـ یا حداقل معطوف به بازسازی ـ روایت جنگ نبوده است؟ شکافِ ـ غالباً عظیم ـ بین آن‌چه در همان لحظهٔ جنگ گفته‌اند و آن‌چه بعد از اتمام آن شهادت داده‌اند، در واقع منشأ دیگری جز مسئلهٔ فوق ندارد.

متخصصان تاریخ، در مقابل مشارکت‌کنندگان در جنگ ـ که خود را به صرف داشتن تجربهٔ شخصی از جنگ، مورخان ویژهٔ جنگ می‌دانستند و قد عَلَم کرده بودند ـ برای مدتی طولانی از قوانین ابتدایی تاریخ‌نگاری صرف‌نظر کردند. آن‌چه زیر سئوال است قابلیت این مورخان نیست. حسن نیت آنان نیز کم‌تر زیر سئوال است. برعکس، آن‌چه بی‌شک بیش‌تر سنگینی می‌کند، احساس تقصیر غیرنظامیان در مقابل آنانی است که در جنگ شرکت کرده بودند. اما آیا عمق مسئله در این نیست که جنگ ۱۹۱۴–۱۹۱۸، از حیث تیره‌ترین جوانبش، همچنان موضوعی غیرقابل‌تحمل باقی مانده و پرسش‌های غیرقابل‌تحملی را مطرح کرده است؟ آلن کربن، (Alain Corbin)، مورخ مشهور، مسئله را متبحرانه در این جمله خلاصه می‌کند: «مورخان، به غیر از برخی استثنائات نادر، از مطالعه نقطه اوج امتناع می‌ورزند».[۲۳]

در این‌جا من از مطالعهٔ این جوانب بسیار تیره که کشف تدریجی آن‌ها حیطهٔ تاریخ‌نگاری جنگ

جهانی اول را به شیوه‌ای شگفت‌انگیز بسط داده است، دفاع می‌کنم. من معتقدم که در این خصوص، برخی تجارب حاصل از تلاش مطالعات فعلی دربارهٔ جنگ ۱۹۱۴–۱۹۱۸ می‌توانند به مطالعهٔ مناقشات و جنگ‌های متعدد دیگر کمک کنند. برای هدایت‌شدن به این سمت، شاید بیهوده نباشد که از هشدار یک مورخ بسیار برجستهٔ ایتالیایی، کارلو گینزبورگ (Carlo Ginzburg) بهره ببریم. او هشدار می‌دهد که بین «اختیارکردن جایگاه علمی ضعیف برای رسیدن به نتایجی مهم و مؤثر و اختیارکردن جایگاه علمی محکم برای رسیدن به نتایجی ناچیز»[۲۴]، خود دست به انتخاب بزنیم.

در زمینهٔ فرهنگ جنگ و فعالیت‌های جنگی به‌طور کل، بی‌شک هیچ‌گاه نباید فراموش کرد که این‌گونه موضوعات تحقیقی، برخی اوقات بسیار فراتر از دانش فعلی رشتهٔ علمی تاریخ هستند.

□ □ □

پی‌نوشت‌ها

۱- در واقع مارک بلک عناصر بسیاری را از تجربه جنگی خویش برگرفت که می‌بایست کار بعدی او را در خصوص تاریخ قرون وسطا جهت می‌بخشیدند: «تأملات یک مورخ در مورد اخبار کذب مربوط به جنگ» در:
Marc Block, Paris, ***Mélanges historiques***, t. 1, Serge Fleuty, ENESS, 1983, P. 41-57.

۲- در این خصوص رجوع کنید به مقالهٔ مشترک این‌جانب و آنت بکر (Annette Becker):
Janvier (Vers une histoire culturelle de la premiére Guerre mondiale), ***Vingtiéme Siécle,*** n 41, - Mars 1994, P. 5-7.

همچنین رجوع کنید به مجموعهٔ همان شمارهٔ ماهنامه با عنوان:
(la guerre de 1914-1918. Essais d'histoire culturelle).

همچنین رجوع کنید به شمارهٔ ۱۷۱ مجله:
Guerre mondiales et conflits conte, porains: (Représenter la guerre de 1914-1918).

همچنین رجوع کنید به مصوبه‌های همایش Péronne در سال ۱۹۹۲:
Guerre et cultures (1914-1918), (sous la direction de: J. J. Becker, J. Winter, G. Kurmeich, A. Becker, S. Audoin - Rouzeau), Paris, A. Colin, 1994, 445 p.

۳- آنتوان پرست (Antoine Prost) با رسالهٔ خود در مورد مبارزان اسبق جنگ، مورخی پیشتاز در این زمینه بوده است:
(Antoin Prost, ***Les anciens combattants et la société,*** Paris, PFNSP, 1977).

آنت بکر (Anette Becker) موضوع را به‌تازگی عمیقاً احیا کرده است:
Anette Becker, ***Les monuments aux morts, mé,oire de la Grande Guerre,*** Paris, Errance, 1988.

4- G. l. Mosse, ***Fallen Soldiers, Reshaping the Memory of the World Wars,*** New-York, Oxford University press, 1990, 264 p.

5- Evelyne Desbois, (Vivement la guerre qu'on se tue! Sur la ligne de feu en 1914-1918). ***Terrain***, octobre 1992, n 19, pp. 65-80.

6- S. Audoin - Rouzeau, ***14-18, Les combattants des tranchées***, Paris, A Colin, 1986.

7- Annick Cochet, ***L'opinion rt lr moral des soldats en 1916, d'aprés les archives du contrôle postal,*** Thése de doctorat, Université de Paris X, 1986, 2t, 514 ff.

۸- گزارش‌هایی که طرفین درگیر در جنگ منتشر کرده‌اند، به‌رغم نواقص آن‌ها و تنظیم‌شدنشان توسط دستگاه تبلیغاتی، جای هیچ‌گونه شبهه‌ای را در این‌خصوص باقی نمی‌گذارند. همان‌طور که مطالعه‌ای پیشگام نیز که موضوع را کاملاً به شیوه‌ای جدید از سر گرفته است، این مسئله را نشان می‌دهد:
John Horne, (les mains coupées: "atrocités allemandes" et opinion en 1914) ***Guerre mondiales et confits contemporains***, n 171, juillet 1993, p. 26-45 . Alan Kramer, (les "artrocités

allemandes": mythologie populaire, propagande et, anipulations dans l'armée allemande),***Guerre mondiales et conflits contemporains.*** n 171, juillet 1993, p. 47-67. John Horne et Allan Kramer. (German "Atrocities" and franco - German opinion, 1914: The evidence of German Soldiers Diaries) ***Journal of Modern History***, n 66, Mars 1994, p. 1-33.

۹ـ برای اطلاع از اولین نقد مستدل بر اثر ژان نرتن ـ کرو رجوع کنید به:

Jean Jacques becker, "Récits de la guerre de 1914". ***L'Historie***, n 172, décembre 1993, p. 72-74.

10- Paul Fussel, ***A La guerre. Psychologie et comportements pendant la Seconde Guerre mondiale***, Paris, Seuil, 1992, p. 448, p. 379.

۱۱ـ با وجود این باید دو مقالهٔ پیشتاز را یادآور شویم:

Hélène Dequidt, "La crise d'identité du monde médical francais en 1914-1918" et Sophie Delaporte. "Les défigurés de la Grande Guerre", ***Guerres mondiales et conflits contemporains***, n 175, juillet 1994, p. 870-101 et p. 103-121.

۱۲ـ از میان آنانی که تمام ممنوعیت‌ها را زیر پا گذاشتند، به دو متن Blaise Cendrars رجوع می‌کنیم: یکی بسیار کوتاه، که به‌تازگی نوشته شده بود با عنوان من کشتم: ***J'ai tué***, Paris, Ed. Georges - Crés, 1919, pp. 148 - 152. و متن دیگر که بلافاصله پس از جنگ منتشر شد: ***La mian Coupée***, Paris, Denël, 1946.

13- Alian Corbin, in: ***Pour l'historie de la médecine. Autour de l'œuvre de Jacques. Léonard.*** Michel Lagrée, Francois lebrun, Rennes, PUR, 1994, p. 108.

14- Bruna Bianchi, "La psychiatrie italienne et la guerre", ***Vingtième, Op. cit,*** p. 75-85.

۱۵ـ این مفهوم یکی از مفاهیم کلیدی در کتاب ژان ژاک بکر است:

J. J. Becker, ***Les Francais dans la Grande Guerre***, Paris, Laffont, 1980.

۱۶ـ به‌رغم تلاش اخیر که متأسفانه خیلی پربار نبوده است:

Yves Pourcher, ***Les jours de guerre. La vie des Francais au le jour en 1914-1918***, Paris, Plon, 1994, p. 546.

۱۷ـ وضعیت جبههٔ داخلی در این سه پایتخت، برخلاف آن‌چه تصور می‌رفت، در جهتی بسیار متفاوت تحول یافت. برای نمونه، در لندن متوسط عمر بزرگسالان افزایش می‌یابد. برعکس در هر سه پایتخت، سالمندان، قربانی فاجعه‌ای از حیث جمعیت‌نگاری می‌شوند؛ فاجعه‌ای که نمی‌توان آن را صرفاً با محدودیت‌های جنگ که در هر کشوری بسیار متفاوت بوده‌اند، توجیه کرد. در این‌خصوص رجوع کنید به:

Jay Winter et Jean - Louis Robert, "Un sapect ignoré de la démographie urbaine de la Grande Guerre: le drame des vieux à Berlin, London et Paris", ***Annales de dèmographie historique,*** 1993, p. 303-328.

۱۸- به‌ویژه رجوع کنید به:

The Upheaval of War. Family, Work and Welfare in Europe, 1914-1918, Ed. par R. Wall et J. Winter, Cambridge University Press, 1988.

۱۹- رجوع شود به سخنرانی‌های همایش دابلین (Dublin) ۱۹۹۳، با عنوان ***Mobilizing for Total War*** سخنرانی:

"***German Children and Primary Schools during the War***", E. Demm.

و سخنرانی:

The "tender children of the Warriors": Children's assistance and the "National School" on the Italian Home Front (1915-1918) A.Fava (اسناد متعاقباً منتشر خواهد شد).

همچنین رجوع کنید به:

S. Audoin - Rouzeau, ***La Guerre des enfants. 1914-1918, Essai d'histoire culturelle,*** Paris, A. Colin, 1993, p. 187.

۲۰- در مورد تمام این نکات، رجوع کنید به:

Annet to Becher, ***La guerre et la foi. De la mort à la mémoire, 1914-1930***, Paris, A. Colin, 1994, P. 141. Nadine - Josette Chaline (sous la direction de), ***Chrétiens dans la première Gurerre mondiale***, Paris, Cert, 1993, p. 201.

21- Annette Becher, ***Les monuments aux morts. mémoire de la Grands Guerre***, Paris, Errance, 1988. "Les monuments aux morts", ***Guerre mondiale et conflit contemporains***, n 167, juiller 1992.

22- Pierre Chaunu, "Le fils de la more", in: ***Essais d'ego - historie***, sous la dir. de pierre Nora, Paris Gallimard, 1987, pp. 61-107.

23- Alain Corbin, in: ***Pour l'historie de la médecine. Autour de l'œuvre de Jacques Léonard***, sous la direction de Michel Lagrée et Francois Rennes, PUR, 1994, p. 106.

24- Carlo Ginzburg, ***Mythes. emblémes, traces. Morphologie et historie***, Paris, Flammarion, 1989, p. 304, p. 176.

جنگ یا انقلاب اجتماعی

دکتر اریک بوتل

ریاست محترم جلسه، آخرین سخنرانی نشست اول را به من واگذار کرده‌اند. این سخنرانی به‌گونه‌ای پایان‌بخش گفتارهای کلی امروز صبح و آغازگر جلسات تخصصی‌تر بعدی خواهد بود. از این رو، مایلم دربارهٔ تجربهٔ خاص خود در مقام پژوهشگر ادبیات جنگ ایران و عراق ـ که بنا به اطلاعات من، نخستین باری است که پژوهشگری غربی دربارهٔ این موضوع در این سطح پژوهش کرده است ـ سخن بگویم. البته پیش از آن، لازم می‌دانم اشاراتی را مطرح کنم:

نخستین نفر بودن در انجام یک کار علمی هیچ امتیاز و حقی برای آن فرد به همراه ندارد، جز آن‌که وظیفهٔ پذیرش متواضعانهٔ تمام نقدها و بررسی‌هایی را که بعدها دربارهٔ آن کار پایه‌ای و ابتدایی صورت می‌گیرد، بر گردن او نهد. سخن استاد بالایی که یادآور شدند، این میزگرد با تحقیق من ارتباط دارد، نشان می‌دهد که تحقیقات به گسترش و توسعه نیازمندند. کار من نیز بدون یاری شما ممکن نیست، به‌خصوص شما دانشجویان که امیدوارم بتوانم توجه شما را به این بعد اصلی از تاریخ معاصر کشورتان جلب کنم. رایزنی‌های ما برای برگزاری این میزگرد، آن‌گاه بیش‌تر اهمیت خواهد داشت که در آینده نیز ادامه پیدا کند و در چارچوب تشکیلات علمی که محور آن طبیعتاً دانشگاه خواهد بود، گسترش یابد. آقای دکتر طالقانی در مورد دشواری ایجاد روابط بین دانشگاه با موضوعی تحقیقی که کاملاً با دانشگاه بیگانه است، سخنانی ایراد فرمودند، در صورتی که اگر امکانات مادی و انسانی در اختیار محقق قرار گیرد و دانشگاهیان بتوانند به دور از هرگونه الزام ایدئولوژیک، آزادانه معیارهای علمی را مطرح نمایند، آن موضوع تحقیق نیز جایگاه واقعی خود را پیدا می‌کند. برای محققان غربی این نکته کاملاً واضح است که چنانچه تحقیقی بیرون از محیط دانشگاهی انجام شود، حتی اگر هدف علمی هم داشته باشد، نمی‌تواند در سطح مجامع علمی جهانی مطرح گردد. بنابراین، اگر می‌خواهیم ادبیات جنگ ایران و عراق به‌مثابه مبحثی علمی در عرصهٔ بین‌المللی شناخته شود، باید دانشگاه‌های ایران نیز فعالانه و آزاد وارد گُود گردند، زیرا بدیهی است آن مبحث علمی با چنان وسعت را نتوان تنها بر دوش چند محقق غیرایرانی گذاشت. بی‌هیچ تردید اگر این‌جانب به جای یک محقق غربی مبتدی، یک محقق جوان ایرانی باتجربه و بسیار باهوش بودم، این میزگرد ـ دست‌کم بدین شکل ـ برگزار نمی‌شد. این‌جانب به هیچ‌وجه اولین کسی نیست که در ایران به ادبیات جنگ پرداخته است، بلکه افراد دیگری در این‌جا این کار را با دانش و صلاحیت بیش‌تر انجام داده‌اند. اما اگر امروز فرصتی به من داده شده تا در این مکان در حضور شما سخن بگویم، تنها به دو دلیل است که البته هیچ‌یک از آن دو نه به من و نه به کیفیت پژوهش‌هایم مربوط نمی‌شود، بلکه به جایگاه من

بازمی‌گردد. تصور می‌کنم آقای دکتر طالقانی این مطلب را به‌طور کامل توضیح داده باشند: دخالت یک محقق غربی از یک‌سو محققان ایرانی را به چالش و طرح پرسش‌هایی دربارهٔ خود و ارائهٔ کارنامهٔ آن‌چه انجام شده و آن‌چه باقی مانده و نیز روش کار، وامی‌دارد و از سوی دیگر، آن‌ها چه بخواهند، چه نخواهند؛ چه اسطوره تلقی کنند چه حقیقت؛ دورنمای تحقیقات غربی با نوعی آزادی لحن و تعقل جدی و مبتنی بر خلاقیت عظیم در روش‌شناسی آمیخته است. مسئولان دانشگاه که در این پروژه، مرا یاری داده‌ند و نیز تمام همکاران ایرانی، همواره به این‌جانب اصرار می‌ورزیدند که از محدودیت‌های ایدئولوژیک، احساسی و شناخت‌شناسانه فراتر بروم؛ محدودیت‌هایی که محققان با آن درگیرند و البته برخی از آن‌ها شناخته‌شده و قابل‌فهم‌اند و کم و بیش عدم رغبت دانشگاهیان به تحقیق دربارهٔ جنگ ایران و عراق را توضیح می‌دهند. آن‌چه همکاران ایرانی در این‌جا از ما انتظار دارند، داشتن نگاهی ژرف به موضوع و استواری نتایج به‌دست‌آمده بر مفاهیم و روش‌های تحلیل مؤثر است؛ روش‌هایی که کارآمدی آن‌ها به اثبات رسیده و برای مثال دربارهٔ پدیده‌های مشابه نیز به کار رفته باشند. به نظر این‌جانب حضور استاد ادوان روزو در این‌جا یادآور اهمیت همین مطلب است. یادآور می‌شوم که ایشان در اصل ایران‌شناس نیستند و در نگاه اول، تحقیقات ایشان هیچ ارتباطی با مسائل ایران ندارد. با این حال ایشان با دیدن چند ترجمه‌ای که از متون ادبیات جنگ ایران برایشان ارسال نمودیم، کلاس‌ها و دانشجویان و مسئولیت‌های خود را رها کردند و برای گفت‌وگو با شما به تهران آمدند. مسئولان دانشکدهٔ علوم اجتماعی دانشگاه تهران نیز با کمال محبت و بی‌هیچ دریغ از این پروژه استقبال نمودند. برگزاری این نشست با همکاری دانشکدهٔ علوم اجتماعی ـ و نه دانشکدهٔ دیگری چون دانشکدهٔ ادبیات ـ اتفاقی نیست. همهٔ ما در این‌جا معتقدیم ـ و در عین‌حال کنجکاوانه منتظر ـ که نشست ما نه تنها به آشنایی بیش‌تر با هر دو جنگ خواهد انجامید بلکه فراتر از آن به‌واسطهٔ برخورد دو تجربه‌ای که به نظر، فاصلهٔ زمانی و فرهنگی بسیار از یکدیگر دارند، به شکل‌گیری چیزی منجر خواهد شد که آن را «انسان‌شناسی عمومی جنگ» می‌نامند. این همان چیزی است که در ورای خاطرات جنگ در جست‌وجوی آنیم و موضوع بحث ما در نشست‌های آتی خواهد بود. به‌این ترتیب، یقین دارم که بحث ما به تاریخ و ادبیات محدود نخواهد ماند (چون هیچ رشتهٔ علمی مالکیت انحصاری این پدیده را ندارد) و پیشرفت ما در این سلسله مباحث به شناخت بهتر انسان و نیز شناخت عمیق‌تر روندهایی که تحولات جوامع را همراهی می‌کنند، به‌ویژه جوامعی مانند ایران که در تحول سریع خود درگیر مسائل پدیدآمدهٔ ناشی از تجدد هستند، منجر خواهد شد.

نظر به تجربه‌ای که این‌جانب در تحقیقات خود کسب کرده‌ام، از شما می‌خواهم تا بی‌هیچ تردید از تمام منابع و امکانات علمی رشته‌های مختلف استفاده نمایید، از هر زاویهٔ ممکن به موضوع بپردازید، نظریه‌ها و فرضیه‌های خویش را توسعه دهید، مفاهیم جدید پیشنهاد کنید، روش‌های گوناگون را تلفیق نمایید و از ابزارهای نو بهره گیرید، به شرط آن‌که در پسِ همهٔ این‌ها با جدیت عمل کنید و هیچ محابایی از فرو رفتن در اندیشه‌های ژرف و پرشمار به‌خود راه ندهید.

با توجه به همین نکات برای ما مهم بود که این نشست به‌صورت میزگردی برگزار شود که در آن هر

عقیده و اندیشه‌ای می‌تواند راه یابد. امیدواریم هر کس با کمال اطمینان، نظر خویش را بر اساس تخصص خود اظهار نماید. خاطره‌نویسی جنگ آن‌چنان تجربهٔ انسان‌گونه‌ای است که در برابر هر تجزیه و تحلیلی مقاومت می‌کند، زیرا اصولاً انسان با همهٔ پیچیدگی‌هایی که دارد، اجازه نمی‌دهد که او را در چارچوب مفاهیم، فرمول‌ها و معادلات جای دهند و خلاصه نمایند. حتی می‌توان تصور کرد که این مقاومت با توجه به ریشه داشتن در ژرف‌ترین پایه‌های طبیعت بشری مانند درد، عشق و مرگ، مقاومتی استثنایی است. استاد ادوان روزو دربارهٔ روند کند شکل‌گیری تاریخ فرهنگی جنگ جهانی اول سخنانی گفتند و نیز اشاره کردند که این روند در فرانسه پس از گذشت هفتاد سال در ژوئیهٔ ۱۹۹۲ به افتتاح موزهٔ جنگ جهانی اول و مرکز تحقیقات بین‌المللی آن در پرن (Peronne) و در کنار میدان‌های نبرد منطقه سُم (Somme) منجر شد. احداث این موزه در شرایطی صورت گرفت که دیگر جنگ و پدیده‌های مربوط به آن به سردی و سختی گراییده بود، در حالی که پدیده‌های مربوط به جنگ ایران و عراق همچون گدازه‌های آتشفشان هنوز مذاب و روان هستند. یادآور می‌شوم که جنگ جهانی اول سبب نابودی اروپای تاریخی و زندگی فرهنگی اروپا در طی قرون متمادی بوده است. گسست عمیق ناشی از جنگ ۱۹۱۴-۱۹۱۸ تنها به قیمت ظهور و بروز یک جنگ جهانی دیگر با پنجاه میلیون قربانی و جداسازی قطعی اروپای قدیم با توسعهٔ کمونیسم ترمیم شد. اروپای نوین از تفکر تطبیقی دربارهٔ این دو تراژدی شکل گرفته است. گشایش موزهٔ جنگ جهانی اول در ژوئیهٔ ۱۹۹۲ در پرن و در کم‌تر از سه‌سال پس از فروریزی دیوار برلین ـ که اولین نشانهٔ اتحاد قطعی اروپا بود ـ برای این جانب بسیار حالت نمادین دارد.

آفرینش تاریخ فرهنگی جنگ تنها پس از سرد شدن آتش جنگ ایدئولوژی‌ها ـ از هر نوع آن ـ و مصمم‌شدن جوامعِ در حال امن و آسایش به مرتب‌کردن میراث جنگ و دست‌یابی دوبارهٔ آن‌ها به اعتماد به نفس خویش و کاهش‌یافتن احساس سنگین تردید و ترس آن‌ها از خودی و دیگر جوامع، صورت می‌پذیرد. سرد شدن احساسات مستلزم زمان است لذا قبل از سپری‌شدن این زمان هرگونه اظهارنظر یک محقق خارجی ـ که مانند محققان بومی، محدودیت‌های ایدئولوژیک و احساسی را ندارد ـ تحریک‌کننده و آزاردهنده خواهد بود. درواقع محقق خارجی مجبور نیست مانند همکاران بومی‌اش با برخی محدودیت‌های شناخت‌شناسانه، دست و پنجه نرم کند. در این‌جا مایلم چند کلمه‌ای دربارهٔ این محدودیت‌ها صحبت کنم.

بعضی از این محدودیت‌ها مربوط به شیوهٔ سازمان‌دهی ابتدایی اطلاعات دربارهٔ یک زمینهٔ در حال شکل‌گیری است. برای مثال، حدود یک‌سال از وقت خود را برای تنظیم کتاب‌شناسی متون جنگ صرف نمودم تا سرانجام به فهرستی شامل دوهزار عنوان دست پیدا کردم. البته این تعداد به نظر من دو سوم عدد واقعی است. چند صد عنوان از این کتاب‌ها در بازار موجود است، اما هیچ کتابخانهٔ عمومی زحمت جمع‌آوری منظم آن‌ها را به خود نداده است در حالی که به‌یقین دوستداران این‌گونه کتاب‌ها بنا به سنت عظیم کتابخوانی در ایران در جست‌وجوی آن‌ها از این شهر به آن شهر رفته‌اند. در نیمهٔ ماه ژوئیه آقای رحماندوست در بنیاد مستضعفان طرح ایجاد یک کتابخانه مرکزی ادبیات جنگ را دادند که در آن

دست‌کم از هر اثر شناخته‌شده‌ای دربارهٔ ادبیات جنگ یک نسخه نگهداری شود. گویا این طرح در سطح وسیعی با خرید کتاب‌ها حتی از بخش خصوصی دنبال شد، اما تا آن‌جاکه می‌دانم تاکنون به جایی نرسیده است. چهارصدوپنجاه عنوان از این آثار را حوزهٔ هنری سازمان تبلیغات اسلامی به چاپ رسانده است و بقیه را بیش از چهل ناشر به‌طور پراکنده منتشر کرده‌اند که از این عده، برخی یا دیگر وجود ندارند یا در شکل دیگری به‌کار خود ادامه می‌دهند. ناشران بزرگ این آثار را همه می‌شناسیم: سپاه پاسداران، ارتش، وزارت ارشاد، بنیاد حفظ آثار دفاع مقدس، بنیاد شهید و... ولی من نزد دو ناشر بسیار کوچک متون جالبی یافتم: انتشارات عمان سامانی از استان چهارمحال و بختیاری و انتشارات افلاک در خرم‌آباد. باتوجه به این شرایط و حجم اطلاعاتی که باید گردآوری می‌شد، یافتن متون، ساده نبود. علاوه بر این مجبور شدم بنا به‌دلایلی اندیشهٔ جمع‌آوری متون منتشرشده در مطبوعات طی بیست‌سال اخیر را رها کنم، زیرا برای مثال مطالعهٔ برخی از روزنامه‌ها مانند ***جمهوری اسلامی*** که نسخه‌های صحافی‌شدهٔ سالانهٔ آن‌ها موجود است، بسیار دشوار بود. با این حال مطبوعات مأخذ غنی و پرباری برای این تحقیق، به‌ویژه تحقیق دربارهٔ وصیت‌نامهٔ شهدا هستند. تحقیق این‌جانب به دلیل نبود کتاب‌شناسی واقعی دربارهٔ موضوع مورد بحث دشوارتر شد. ارگان‌های ذی‌ربط بی‌وقفه به انتشارات خود ادامه داده بودند، بدون آن‌که هیچ‌گونه فهرستی از انتشارات خود فراهم کرده باشند. گاه گروه‌هایی برای تهیهٔ فهرست تشکیل می‌شد و سپس منحل می‌گشت. به‌این ترتیب، مشکلات اساسی در این‌راه عبارت بودند از: نبود نوعی اندیشهٔ نظری از پیش طراحی‌شده، اتکا به روش‌های دستی و محدود، وجود مشکلات متعدد بین افراد دست‌اندرکار، موضع‌گیری‌های ایدئولوژیک، و مشکلات ناگزیر مادی. منتقدان ادبی که به این مسئله پرداخته‌اند و می‌بایست محورهای علمی روشنی پیشنهاد می‌کردند، با ایجاد دسته‌بندی‌های غیرقابل استفاده مسائل را مبهم‌تر کرده‌اند، به‌طوری‌که امروز پس از گذشت ده‌سال، هنوز هیچ منبع کتاب‌شناسی با کیفیت علمی محکم و قابل‌اعتماد و درخور فرهنگ ایرانی ـ اسلامی در اختیار نداریم. تاریخ کتاب‌شناسی ادبیات جنگ ـ برعکس تاریخ انتشارات متون ـ بازتاب شوم ازدیاد مراکز تحقیقی غیردانشگاهی است که در آن‌ها مطالعات با جدیت علمی لازم پی‌گیری نشده‌اند. حال آن‌که این امکان وجود داشت که با به‌کارگیری کتابداران حرفه‌ای و با صلاحیت علمی (نظیر کاری‌که کتابخانهٔ مرکزی دانشگاه انجام داده است) از چنین اشتباهاتی جلوگیری می‌شد. دربارهٔ مجموعهٔ **فرهنگ جبهه** نیز همین اندیشه را دارم. این پروژهٔ نوگرا و منحصر به‌فرد و درخور توجه بسیار گرچه با شجاعت تمام از امتحان بزرگ جابه‌جایی مسئولیت این مجموعه از این ارگان به آن ارگان سربلند بیرون آمده است، دارای برخی ناتوانایی‌های علمی است که به نظر این‌جانب مربوط به نبود همکاری فعالانه بین این مجموعه با پژوهشگران دانشگاه است. شاید بگویید دلیل این امر آن است که قاطبهٔ دانشگاهیان ایران تا مدت‌ها برای ورود به عرصه‌ای که در آن دارای استقلال فرهنگی کافی نبودند و اتخاذ رویکرد علمی مستقل دربارهٔ آن برایشان غیرممکن می‌نمود، تردید به خرج می‌دادند. اما آن‌چه در گفت‌وگو با دانشگاهیان بر من مشخص شد، این بود که آن‌ها نمی‌دانستند کار دربارهٔ ادبیات جنگ را در کدام حوزهٔ علمی مشخص باید جای دهند. مورخان آن را متعلق به

جامعه‌شناسی می‌دانستند و لذا برای ورود به این حوزه مردد بودند. جامعه‌شناسان آن را وابسته به ادبیات؛ و ادیبان آن را وابسته به حوزهٔ علوم سیاسی ارزیابی می‌کردند. انسان‌شناسان نیز نمی‌خواستند از تاریخ و جامعه‌شناسی دینی سخنی بشنوند. گویی همسایگی تنگاتنگ این رشته‌ها باعث چنین آمیختگی‌ای میان آن‌ها شده بود. اما آن‌چه بدیهی می‌نماید این‌است که چند رشته‌ای بودن این حوزه می‌طلبد که از ابتدا به‌طور گروهی و در مقیاسی وسیع دربارهٔ آن کار شود تا افراد به مسیر کار و اهداف آن به دیدگاهی روشن دست یابند.

جنگ از دید وقایع‌نگاری و گاه‌شماری، کاملاً به تاریخ ـ در معنای کلاسیک آن ـ تعلق دارد. [از این دیدگاه، جنگ واقعه‌ای سپری شده است]: صدای اسلحه‌ها خاموش شده‌اند و در بیشه‌ها و دشت‌های منطقهٔ سُم (Somme) فرانسه که اینک به تپه ماهور تبدیل شده‌اند، دوباره علف روییده است و باد هر روز بیش از روز پیش سنگرها و کانال‌های خالی جبهه را پر می‌کند. ولی از دیدگاه تاریخ فرهنگی، پدیدهٔ مورد بحث ما از آن زمان که در طول جنگ آغاز شده است، همچنان ادامه دارد. لذا تاریخ فرهنگی با تاریخ یک واقعه تفاوت دارد. به نظر می‌رسد پس از به قدرت رسیدن آقای خاتمی آهنگ نشر کتاب‌ها سریع‌تر شده باشد یا به عبارت دیگر، انتشار متون جنگ از دیگر عوامل کنونی تحول جامعهٔ ایران عقب نمانده باشد. روایت، تداوم عمل در شکلی دیگر و در زمانی دیگر است. دقیقاً همان‌طور که استاد بالایی از آقای مطلق نقل کردند، این اشکال در این‌جا طبق آن‌چه ارسطو در بوتیقا می‌گوید، به ویژگی تقلیدی اصلی روایت می‌پیوندند. وجود اندیشه‌ای اساسی و مرکزی در یک زمان قاطعیتی دوباره به تحقیقات انسان‌شناسانه می‌بخشد. این تحقیقات همان‌گونه که مارک اُژه (Marc Auge) در کتاب ***مقدمه‌ای بر انسان‌شناسی فراتجدد*** می‌گوید: «مسئله دیگری را در زمان حال بررسی می‌کنند». به‌نظر وی، مطلب فوق این تحقیقات را از تاریخ متفاوت می‌نماید. وقتی نوشته‌ای ما را در برابر غیریت یگانه، اساسی و شخصی می‌گذارد، روشن است که در این‌صورت هویت فردی کاملاً به هویت گروهی وابسته است، چراکه خود در نظام‌های تو در توی فزاینده‌ای قرار دارد. همان‌طور که مارک اُژه می‌نویسد: «اگر انسان‌شناسی به بازنمایی فرد توجه می‌کند تنها به این دلیل نیست که بازنمایی، نوعی ساخت اجتماعی است بلکه لزوماً هر بازنمایی از فرد بیانگر نوعی بازنمایی پیوندی اجتماعی است که فرد با آن همبستگی دارد».

بدین ترتیب، آن چه به نظر می‌رسد که فقط فردی باشد، مورد توجه جامعه‌شناسی نیز قرار می‌گیرد. بی‌آن‌که بخواهم دربارهٔ سخنرانی آقای کوثری حرفی بزنم، اشاره می‌کنم که رویکرد جامعه‌شناسی ادبیات جنگ در اوضاع کنونی ایران در برابر دو مسئله اساسی قرار دارد: نخستین و مهم‌ترین مسئله، مربوط به وجود رابطهٔ تنگاتنگ میان این نوع ادبیات با دین است. آیا ممکن است در ایران گفتمان مستقلی راجع به مذهب ـ که بُعد خاصی از واقعیت اجتماعی را نشان می‌دهد ـ سراغ گرفت؟ اگر تعریف بوردیو را مبنا قرار دهیم که حرکت جامعه‌شناختی شامل جداسازی موضوع از بداهت اجتماعی است، جامعه‌شناسی نوعی حرکت انتقادی و برخورد رو در رو با دین است، تنها به این دلیل که به گفتهٔ دانیل هرویولِژ (Danielle Hervieu-Leger) «دین در ذات خود شکل‌دادن عالمانه به توضیحی از دنیای اجتماعی است و استقلال دنیا

را تنها می‌تواند در محدودهٔ طرح الهی که آن را می‌پذیرد، تصور نماید». علوم اجتماعی با جست‌وجو در قوانین و نظم‌هایی که بر جوامع حاکم‌اند، طرحی رقیب برای دیدگاه یگانه‌ساز ادیان عرضه می‌کند. این کشمکش در غرب به ضرر دین پایان یافت. اما از آن‌جا که در ایران این مسئله غیرممکن است، باید در محدودهٔ نوعی جامعه‌شناسی توصیفی باقی بماند که ثمربخشی آن مشروط به این است که در شکلی کم و بیش مستقل از تمام جبریات فرهنگی و دینی و مرحله به مرحله بر پایهٔ موضوعاتی که به گونهٔ تجربی مشخص شده‌اند، شکل پیدا کند. از زمانی که فهمیدم فرضیه‌ها عاجز از توضیح کامل پیچیدگی موضوع هستند، راهی میانه بین آن فرضیه‌ها انتخاب کردم و از همین روش به‌طور وسیع در پایان‌نامهٔ دکترای خود استفاده نمودم. بدین ترتیب مثلاً با تلقی شهادت ایرانی به‌مثابه تنش ناشی از تجدد و جذابیت مرگ برای افراد به‌منزلهٔ علایم دردناک ظهور فرد جدید در ایران ـ که امروز تشکیل‌دهندهٔ مفهوم جامعهٔ مدنی است ـ در برشماری برخی از مشخصه‌های ذهنی سنتی قشرهای پایین جامعه ـ که بیش‌تر جوانان داوطلب از آن قشرها بودند ـ احتیاط کردم. از جملهٔ این مشخصه‌ها، وجود گونه‌ای رابطه بین رزمندگان و دینداری سنتی است. این دینداری سنتی مثلاً با اهمیت ایمان عامیانه به اعضای خانوادهٔ پیامبر (ص) ـ مانند حضرت زهرا، امام حسین و امام زمان ـ مشخص می‌گردد؛ بزرگانی که گاه مستقیماً به زندگی رزمندگان وارد می‌شوند. هدف این نوع ادبیات، برجسته‌سازی قداست شهدا و بیان آن با کرامت الهی است که کمال این نوع قداست را آشکار می‌کند. در این‌جا باید به جایگاه و جنبه‌های جمعی و اجتماعی ایمان مانند مراسم مذهبی، روضه‌خوانی و...، نیز اشاره کنم. هنگام مطالعه دربارهٔ شهادت به‌مثابه تصویری جدید از مرگی عمیقاً مدرن، از فقدان تاریخ عمومی مرگ در ایران، مانند آن‌چه فیلیپ آریه (Ph. Aries) دربارهٔ جوامع اروپایی انجام داده است، متأسف شدم.

حال به مسئلهٔ دوم بپردازم که پیش‌تر خدمت شما عرض کردم؛ یعنی تبدیل جامعه‌شناسی فعال به جامعه‌شناسی تاریخی، به موازات فاصله‌گرفتن تدریجی از وقایع و لزوم در پیش‌گرفتن راه‌های غیرمستقیم. این همان چیزی است که آقای سرهنگی تحت عنوان «بُعد» در سخنرانی خود از آن یاد کردند: «وقتی جنگ شروع شد، حتی یک موی سفید نداشتم». صحبت از نوجوانان دیروز به مردانی که امروز دیگر پدر خانواده شده‌اند. به‌رغم این فاصله‌گیری با وقایع که هر لحظه بیش‌تر می‌شود، شاهد نوعی یکسان‌سازی ملموس از وقایع، صرف‌نظر از شرایط و اوضاع گوناگون زمان جنگ، و پیدایی «نوع آرمانی» در ادبیات رزمندگان هستیم. در واقع این یکسان‌سازی، گوناگونی اوضاع زمان جنگ را از اذهان می‌زداید. سربازان وظیفه در سایهٔ بسیجیان محو می‌گردند. روستاییان در پشت رزمندگان شهری پنهان می‌مانند و تمام شهدا به نوجوانان فقیر مناطق جنوب شهر تهران اختصاص می‌یابند که به‌رغم میل پدر و مادر خود به جبهه رفته‌اند. این قالب‌ها، شهدا را در تصاویری بیش از پیش ایستا و خلاصه‌شده، ثابت و منجمد می‌کنند؛ درست مانند تصاویر قدسیان در کتاب‌های تذکره. حال آن‌که به هنگام رمزگشایی از اَشکال ارائه‌شده در روایت‌های مختلف، خیلی زود متوجه می‌شویم که منطق‌های قانع‌کننده و آموزشی گفتمان‌های ایدئولوژیک، باعث شده‌اند که سازمان‌دهی روایت‌ها محدود شود و نیز شکل‌گیری معانی در گذرگاه‌های

اجباری و قالبی صورت پذیرد.

دو متن «کوخ نشینان» و «ایثار یک برادر روحانی» (صفحات ۱۹۰ ـ ۱۹۵ از مجموعهٔ گزیدهٔ خاطرات به‌زبان فارسی و صفحات ۱۰۲ـ۱۰۴ از همان مجموعه به‌زبان فرانسه) مثال‌های بسیار گویایی به ما می‌دهند. در بی‌شمار داستان‌های کوتاه، جایگاه وسیعی به آن‌چه ژوله (Jolles) در نظریهٔ شکل‌های ساده، «شکل افسانه‌ای» می‌نامد، داده شده است. هدف این شکل افسانه‌ای ایجاد تحولی است که تقوای قدیس را فعال و فعال‌شدن تقوا به نیروی معجزه را تأیید می‌کند. پایگاه افسانه در موضع ذهنی خاصی قرار دارد که ژوله آن را «تقلید» می‌نامد. زندگی شهید همچون زندگی قدیسان در تذکره‌های قدیمی، نوعی زندگی نمونه است. زندگی قدیس باید فاقد جزئیات شخصی باشد تا ساز و کار تقلید صورت بگیرد. به نظر بنده این یکی از دلایل رابطهٔ مبهم خاطرات جنگ با تاریخ است. مفهوم الگو کاملاً با واقعیت تاریخی سازگار نیست. این تردید دائمی بین روایت تاریخی و روایت داستانی باعث شد تا پژوهشی مفصل دربارهٔ زمان انجام دهم که در این‌جا مطرح نمی‌نمایم ولی امیدوارم بتوانم روزی آن را به فارسی ترجمه کنم.

آن‌چه گفته شد برای تحقیقات جامعه‌شناختی محدودیت‌های فراوان ایجاد می‌کند. باید گزیده‌هایی را از برخی متون (مانند آن‌چه آقای مطلق گفته و در صفحهٔ ۲۵ از مجموعهٔ گزینهٔ خاطرات به زبان فرانسه و صفحه ۸۷ از همان مجموعه به زبان فارسی آمده است) بادقت بررسی کنیم. در آن‌جا، جنگ گویی بین عاشقان و عارفان است، گرچه با خواندن آن به رویارویی دانشجویان طبقهٔ متوسط شهری و سربازان روستایی یا اصالتاً روستایی پی‌می‌بریم. از آن‌جا که امکان دسترسی به آمار و داده‌های نظامی مبنی بر محل تولد و زندگی سربازان وظیفه و داوطلب و نیز پرونده‌های بنیاد شهید نیست، خاطرات جنگ منبع اطلاعاتی کیفی غیرمستقیم دربارهٔ تحولات اجتماعی به‌شمار می‌روند؛ تحولاتی که از پیش از انقلاب در زمان انفجار اقتصاد نفتی، سرمنشأ فرآیند انقلاب بوده‌اند و تا زمان جنگ و همچنین تا امروز ادامه یافته‌اند. این اطلاعات غیرمستقیم، بنا به گفتهٔ آقای کمری، تنها حاصل خاطرات منتشرشده‌اند، که خود فقط بخش ادبی کوچکی از تودهٔ عظیم دفترچه‌های خاطرات جنگ رزمندگان داوطلب، خانواده‌ها و نهادهاست و اقیانوسی از این متون هنوز منتشر نشده یا حتی هنوز نوشته نشده است. بنابراین تنها قطرهٔ ناچیزی از آن اقیانوس در دست ماست که باید آن را همچون زیست‌شناسان با میکروسکوپ نگاه کنیم و به کمک آن به وجود کلیتی معنادار پی‌ببریم. در این‌جا ادلهٔ کمّی دارای صلاحیت نیستند و در واقع ادلهٔ کیفی برتری دارند. پدیده‌های اجتماعی ـ فرهنگی‌ای که ما در خاطرات جنگ به بررسی آن‌ها پرداخته‌ایم (مانند تعریف دوباره از رابطهٔ جدید با تن، با زندگی اجتماعی و روزمرّگی) چون در روایت‌ها به جرم بحرانی می‌رسند، دیگر مسئلهٔ کمیت مطرح نیست. همان‌گونه که فرهاد خسرو خاور یادآور می‌شود، در علوم اجتماعی، پدیده‌ها ممکن است به‌رغم محدودیت در شمار، از لحاظ انسان‌شناختی بسیار معنادار باشند. این به نظر من مناسبت‌ترین پیش‌فرض در بررسی مسئلهٔ شهادت است.

در پایان و در مقام نتیجه‌گیری مایلم خوشحالی خود را از گردهم آمدن زنان و مردان آفاق مختلف در این‌جا ابراز نمایم. ادبیات جنگ، کارگاه بزرگی است که می‌تواند موضوع سال‌ها تحقیق گروه‌های پرشمار

تحقیقی ملی و بین‌المللیِ صاحب‌تجربه و دانشگاهی را تأمین نماید. نیز مایلم به ژرفا و کیفیت ادراک برخی از مردانِ دفتر ادبیات و هنر مقاومت و فرهنگ جبهه، که در محیطی دوستانه با آن‌ها ملاقات کردم، اذعان کنم. همچنین از شما حضار محترم که باحوصله به مطالب این جانب توجه نمودید، تشکر می‌نمایم.

□ □ □

گزینهٔ متن

خاطرات رزمندگان ایرانی

زنده‌باد کمیل[1] / محسن مطلق

یادداشت نویسنده

امام گفت:

«ما انقلابمان را در جنگ به جهان صادر نمودیم.

ما مظلومیت خویش و ستم متجاوزین را در جنگ ثابت نمودیم.

ما در جنگ پرده از چهرهٔ تزویر جهانخواران کنار زدیم.

ما در جنگ دوستان و دشمنان را شناختیم.

ما در جنگ ابهت دو ابرقدرت شرق و غرب را شکستیم.

ما در جنگ ریشه‌های انقلاب پربار اسلامیمان را محکم کردیم.

جنگ ما جنگ حق و باطل بود و تمام‌شدنی نیست.

جنگ ما جنگ ایمان و رذالت بود. این جنگ از آدم تا ختم زندگی وجود دارد.

چه کوته نظرند آن‌هایی که خیال می‌کنند چون ما در جبهه به آرمان‌های نهایی خود نرسیده‌ایم پس شهادت و رشادت و ایثار و از خودگذشتگی و صلابت بی‌فایده است.

ما در جنگ برای یک لحظه هم نادم و پشیمان نیستیم. راستی مگر فراموش کرده‌ایم که ما برای ادای تکلیف جنگیدیم و نتیجه فرع آن نبوده».

این سخنان امام بود که قلب سوخته و دردآلود ما را صفا و جلا می‌داد. و من فکر می‌کردم تا زمان ظهور ولی‌عصر باید یا اسلحه در دست بگیرم و یا قلم. و زمانی که در آخرین روزهای جنگ در دوکوهه اسلحه را به تسلیحات تحویل دادم، می‌رفتم تا از تدارکات یک قلم بگیرم و با آن از ارزش‌های به‌دست‌آمده از جهادم دفاع کنم. دوست داشتم سوادم بیش‌تر بود تا قلم بزرگ‌تری در دست می‌گرفتم و با آن دنیای بندگان زور و شیفتگان زر را بهتر لجن‌مال می‌کردم. اما چه باید کرد که قلم من هم مانند نخل‌های بی‌سر خرمشهر شکسته است و قدرت قدردانی از شهدا را که گنجینهٔ خاطراتشان را بر سینه اندوه‌بار من سپردند، ندارد. از آن‌جا که دوستان شهیدم را مظلوم‌تر و رفقای سفرکرده‌ام را از غریب‌ترین انسان‌ها که چند صباحی بر عرصهٔ خاک قدم گذاشته و رفتند می‌دانم، تصمیم گرفتم که قطره‌ای از دریای حلم و معرفتشان را بر روی این اوراق بریزم تا سرخوشان عشق با بوییدن آن لحظه‌ای به یاد روزهای جهاد و

۱ـ مطلق، محسن. **زنده‌باد کمیل**. تهران، سازمان تبلیغات اسلامی، حوزهٔ هنری، دفتر ادبیات و هنر مقاومت، ۱۳۷۰. ۱۱۲ ص.

شهادت بیفتند و به آن سرزمین سیر کنند. ولی نمی‌دانم تا چه حد در ادای این تکلیف موفق بوده‌ام. امید آن‌که هیچ‌گاه دوستی با اسلحه را فراموش نکنیم.

محسن مطلق، تابستان ۱۳۷۰

چند روزی بیش‌تر نبود که از تهران دل کنده بودم. دوکوهه هوای مطلوب و دلنشینی داشت. گردان‌های لشکر هم بعد از آزادسازی فاو، یا رفته بودند مرخصی و یا در پادگان، زیر چتری از معنویت صفا می‌کردند. من و عباس یگانه توی پادگان می‌چرخیدیم که خبردار شدیم بعد از یک‌سال که گردان کمیل منحل شده بود، دوباره تشکیل خواهد شد. با پیچیدن این خبر، بچه‌های قدیمی گردان از گوشه و کنار پیدا شده و جمع باصفایی به راه‌انداختند. من و عباس هم در این جمع بودیم. این‌بار فرماندهی گردان کمیل با برادر شاهسوند بود. در سازماندهی جدید من و عباس و تیموری، کمک تیربارچیِ برادر درفشی شده و در دستهٔ یک از گروهان شهید مدنی مشغول خدمت شدیم. در جمع ۷۵ نفری ما که حکم یک گروهان را داشت، وجود چند نفر موجب رضایت‌خاطر ما می‌شد. یکی از آن‌ها شاداب بود. شاداب از قدیمی‌ترین نیروهای جنگ بود و اهل خرمشهر. یک چشمش مصنوعی بود و جای سالم هم توی بدن این بندهٔ صالح خدا پیدا نمی‌شد. با لهجهٔ قشنگ خرمشهری‌اش، دوست داشتنی‌تر می‌شد. رنجه هم، مسئول دستهٔ ما بود و اهل آبادان. گرچه لهجه نداشت، اما خوش‌صحبت بود.

چند صباحی را که در پادگان دوکوهه بودیم، هر روز صبح، با صدای مناجات نورایی از خواب بیدار می‌شدیم و بعد از گرفتن وضو، به حسینیهٔ شهید حاج همت می‌رفتیم. هنوز صدای اذان صبح نشده، داخل و اطراف حسینیه از شب‌زنده‌داران پر می‌شد. گویا نماز جماعت برپا کرده بودند! بوی خوش جانمازها که عموماً به عطر گل محمدی معطر شده و جزئی از تجهیزات انفرادی هر دریادل بود، فضا را عطرآگین می‌کرد. هر گوشهٔ حسینیه، شاهد اعمال بچه‌ها بود؛ در گوشه‌ای، دست‌ها به قنوت رفته، گوشه‌ای سری به سجده افتاده، گوشه‌ای صورت نوجوانی به روی خاک و ... ما هم باید ممنون خدا باشیم که در این محیط نفس کشیدیم. دم غروب که می‌شد هر کسی توی خودش بود. هر چه خورشید پایین‌تر می‌رفت، دل آدم بیش‌تر می‌گرفت و بیش‌تر در یاد رفیق‌های هجرت‌کرده غرق می‌شد. آفتاب که غروب می‌کرد دیگر دل می‌خواست از جا کنده شود؛ و اگر صدای اذان که روحی دوباره به انسان می‌بخشید به فریاد نمی‌رسید، چشمه‌ها راه خود را از چشم‌ها باز می‌کردند. این‌ها مناظری بود که قبلاً احدی آن را ندیده و بعدها را هم خدا می‌داند. این همه نوجوان و جوان که هم سن و سالشان توی شهر، از پدر و مادرشان پول توجیبی می‌گیرند این‌جا شیران روز و زاهدان شب‌اند. بعد از نماز مغرب و عشا همه از حسینیه بیرون می‌آیند و به سمت ساختمان گردان‌ها حرکت می‌کنند؛ ما هم از این کار مستثنا نیستیم؛ وارد ساختمان گردان شده و همراه بچه‌های دستهٔ یک، سر سفرهٔ شام جا گرفتیم. بچه‌ها با فرستادن صلواتی، دعای سفره را دسته‌جمعی می‌خوانند: «اللهم ارزقنا رزقاً حلالاً ...». مهدی صابری لقمه‌هایش را می‌شمارد. شب‌ها بیش‌تر از هفت ـ هشت لقمه نمی‌خورد تا سحر راحت‌تر بیدار شود. بعضی‌ها هم اصلاً شام نمی‌خورند. مردم شهر، در

طول سال، فقط ماه رمضان است که برای سحر بیدار می‌شوند؛ آن هم برای خوردن سحری؛ اما مردم این‌جا، هر سحر بیدار می‌شوند اما نه برای خوردن سحری بلکه برای ...

یک روز صبح جمعه در هوای مه‌گرفتهٔ پادگان، با چند تن از بچه‌های دسته، به حمام رفتیم. در حمام غوغایی بود. بچه‌ها عموماً گروه گروه با هم بودند و به همین خاطر، صدای شوخی‌ها سر به آسمان می‌گذاشت. در میان آن همه سر و صدا و شوخی باز از یاد خدا غافل نبودند. غسل جمعه را به هم‌دیگر گوشزد می‌کردند. راستی که شوخی و خنده مجاهدان راه خدا، هم باصفا بود و هم دستگیره‌ای برای کسب رضای حضرت دوست.

با این‌که از تشکیل گردان، چند صباحی بیش‌تر نمی‌گذشت و یک عده از بچه‌ها، تازه‌وارد بودند، اما دیگر غریبی‌ها از بین رفته بود. اصلاً راهیان کربلا از راه دل، مدت‌هاست که همدیگر را می‌شناسند و اگر صورت ظاهری همدیگر را به جا نیاورند در باطن، سال‌هاست که باهم مأنوس‌اند.

بعد از مدتی، مأموریت پدافند خط مهران به گردان ما محول شد. به همین جهت، بچه‌ها آمادهٔ گرفتن تجهیزات شدند. بچه‌های که بوی شهادت به مشامشان می‌خورد برای آخرین بار به حمام دوکوهه می‌رفتند و غسل شهادت می‌کردند. همه از شهر مهران و خاطره‌های ویران‌شدن آن و سفرکردگان در این شهر با هم صحبت می‌کردند. بعد از رزم شبانه‌ای، سر و کلهٔ اتوبوس‌ها پیدا شد. نوار آهنگران پشت بلندگو روحیه بچه‌ها را دوچندان می‌کرد. بالاخره گردان به خط شد و برادر شاهسوند آخرین توصیه‌ها را گوشزد کرد. بعد از ذبح چند گوسفند چاق و چله جلو پای بچه‌ها، دسته‌ها به ترتیب سوار اتوبوس‌ها شدند. از بالای دژبانی پادگان به رسم خداحافظی به محدودهٔ ساختمان‌ها نگاهی کرده، بعد با آخرین سرعت به سمت مهران حرکت کردیم. حوالی غروب بود که به سنگ‌شکن رسیدیم. از اتوبوس‌ها که پیاده شدیم سوار تویوتاها شده، به سمت خط حرکت کردیم. من که قبلاً در مهران بودم، با دیدن تپه‌ها و ارتفاعات منطقه، خاطرات گذشته در ذهنم تداعی می‌شد و چهرهٔ یاران شهید، در مقابل چشمانم مجسم می‌شد. آفتاب داشت غروب می‌کرد و جادهٔ قلعه ویزان هم رو به اتمام بود. پس از دقایقی به خط رسیدیم. بچه‌ها از تویوتاها پیاده شده و دوستان خود را ـ که نزدیک به دو ماه در منطقه بودند ـ در آغوش کشیدند. در این جمع هیچ‌کس غریبه نبود و همه همدیگر را بدون ریا و بدون آشنایی قبلی در آغوش می‌گرفتند و به همرزم و هم‌مرام‌بودن اکتفا می‌کردند. بچه‌های گردان حضرت عبدالعظیم که خط‌نگه‌دار بودند، جهت مرخصی و استراحت به سمت پادگان دوکوهه حرکت کردند و ما به جای آن‌ها در خط مستقر شدیم. ابوالفضل اسلامی که مسئول گروهان ما بود، چند روز قبل از ما که جهت دیدن منطقه آمده بود متأسفانه روی مین رفته و پایش قطع شده بود. او را برای مداوا به تهران فرستاده بودند. به همین جهت، احمد بویانی مسئول گروهان شد. تا ساعت ۸ شب، نگهبانان در پست‌های خود بودند و بقیه هم در سنگرهای تعیین‌شده مستقر شده بودند. سنگر ما سنگر نسبتاً بزرگی بود که دوازده نفر در آن مستقر بودند. وسط سنگر یک ترازو بود که کار ستون را می‌کرد و در انتهای سنگر، تصویری زیبا و دلنشین از حضرت امام نصب شده بود و نور دو فانوس هم فضای سنگر را تا حدودی روشن می‌کرد. بچه‌ها وسایلشان را روی

طناب‌هایی که به همین منظور کشیده شده بود، آویزان کرده و شروع به نظافت سنگر کردند. آن شب با ادای نماز، خوردن شام و مراسم دعا و توسل به ائمه اطهار سپری شد.

چند روزی از استقرار ما در خط می‌گذشت و روز به روز فاصله بچه‌ها از خدا، کم‌تر و کم‌تر می‌شد. به تعبیر خود بچه‌ها، یک‌سری نور بالا می‌زدند. و از آن جمله بود مهرایی که همیشه قرآن یا مفاتیح به دست داشت. گوشه‌ای می‌نشست و با خود زمزمه می‌کرد. بچه‌های سنگر ما هم، پشت تپه‌ای کنار لاله‌های وحشی قبری کنده بودند و شب‌ها در آن حال و هوایی داشتند. برادر رنجه (مسئول دسته) هم هر از گاهی سری به سنگر می‌زد و جویای احوال ما می‌شد. بچه‌ها هم او را برای شام یا ناهار نگه می‌داشتند. در یکی از همین روزها برادر افراز (معاون دسته) که در عملیات والفجر ۸ شیمیایی شده و در بیمارستان بستری بود، برگشت. بچه‌ها به میمنت بازگشت او، جشن پتویی گرفتند که او خودش تیزتر از این حرف‌ها بود ...

یک‌روز صبح، متوجه شدیم که بر اثر آتش سنگین شب گذشته دشمن، چند ترکش، تانکر آب را سوراخ کرده است. بچه‌ها سریع دست به کار شدند تا منبع را وصله‌پینه کنند. هاتفی که خوراکش این کارها بود به کمک پاپی‌نژاد قیر داغ کردند تا سوراخ‌های منبع را بگیرند. من هم سرم را داخل منبع کرده بودم تا سوراخ‌ها را پیدا کنم. شاداب هم گل و لای زیر منبع را تمیز می‌کرد. آن‌طرف‌تر چند شاخه لالهٔ وحشی نظر هدایتی را جلب کرده بود. هدایتی رفت تا آن‌ها را بچیند. به علت این‌که آن‌جا در دید عراقی‌ها بود، چند تیر قناسه برایش هدیه فرستادند تا خود هدایتی هم شقایق شود که به خیر گذشت. هدایتی که برگشت، چند دقیقه بعد، چند گلولهٔ خمپاره در آن حوالی به زمین نشست و ترکش‌های قرمز و رنگ‌پریدهٔ آن از بالای سرمان گذشتند. بعد از چند دقیقه دوباره چند گلولهٔ خمپاره به زمین نشست؛ منتهی نزدیک‌تر از دفعهٔ قبل. بچه‌ها با خنده به سمت سنگرهای خود می‌رفتند که خمپاره‌ای نزدیک منبع خورد. هاتفی هم که برای گرفتن سوراخ‌های منبع به داخل منبع خم شده بود به درون منبع افتاد. نمی‌توانست بیرون بیاید؛ خندهٔ بچه‌ها بود که به طرف هاتفی شلیک می‌شد.

به هر حال آن روزها یکی پس از دیگری می‌گذشت تا این‌که خبر رسید خط را تحویل ارتش خواهیم داد. صبحِ آخرین روز اقامت ما در خط فرا رسید. من هم که تازه از پُست نگهبانی برگشته بودم وسایلم را سریع جمع و جور کرده، با بچه‌ها مهیای حرکت شدیم. بعد از نماز صبح و زیارت عاشورا، بچه‌ها حال عجیبی داشتند. با این‌که مدت زیادی توی خط نبودیم، بچه‌ها انس و الفت خاصی با منطقه گرفته بودند. به همین جهت دل‌کندن از آن‌جا برایشان مشکل بود. دقایق آخری که در خط بودیم، عراق شروع به ریختن آتش سنگینی کرد که در این بین دو تا از بچه‌های کم‌سن و سال و باصفای گروهان به سوی معبود پر کشیدند؛ نادر معصوم‌زاده و اصغر مهرایی. با رفتنشان همه را پکر و دمق کردند. در این جریان برادر شاداب هم مجروح شد و به عقب انتقال داده شد. آن روز خط را به لشکر ۲۱ حمزه تحویل داده و به سنگ شکن آمدیم.

شهید مهرایی که در عرض چند روز جای خودش را در دل بچه‌ها باز کرده بود، دیگر بین ما نبود. یادم می‌آید شب آخر، بعد از نماز، محو چیزی شده بود که نفهمیدم. با آن سن کمش، مرتفع‌ترین قله‌های

انسانیت را فتح کرده بود و ما چقدر به اخلاص و صفایش غبطه می‌خوردیم. جای شاداب هم بین ما خالی بود. بچه‌ها برای شفای او دعای توسل خواندند و دعایش کردند.

در منطقه آماده‌باش داده و می‌گفتند احتمال دارد که عراق بخواهد مهران را بگیرد و ما باید در «احتیاط منطقه» می‌ماندیم. یک‌روز صبح، رنجه، دسته را به خط کرد. هوا هنوز گرگ و میش بود و نم باران شب گذشته، طراوت خاصی به هوای منطقه داده بود. بعد از قرائت قرآن و دعای صبح، برادر رنجه دقایقی دربارهٔ اخلاص در کارها، تزکیه نفس، و تذکر این‌که، ما باید ادامه‌دهندهٔ راه شهدا باشیم صحبت کرد. و در آخر برای بهبودی برادر شاداب -که عمری را در جبهه‌ها زحمت کشیده بود- دعا کردیم. بعد از صحبت‌های رنجه، دسته به ستون سه شد و برای دو و نرمش به سمت جادهٔ اصلی مهران-دهلران راه افتاد. بچه‌ها بانظم می‌دویدند و صلوات می‌فرستادند. آن روز صبح، حدود ده کیلومتر را دویدیم. بچه‌ها می‌خواستند خسته بشوند که رنجه شروع به خواندن دعای فرج کرد و بعد شعار «خیلی باحاله» را دم داد که بچه‌ها هم جوابش را می‌دادند:

- صابری رو، خیلی باحاله
- عربعلی رو، خیلی باحاله
- هیکلشو، خیلی باحاله
- ورزشیه، خیلی باحاله
- نرمشیه، خیلی باحاله
- مطلقوباش، خیلی باحاله
- مصیبته، خیلی باحاله
- و...

اسم همهٔ بچه‌های دسته را می‌برد تا این‌که نوبت خودِ رنجه شد و بچه‌ها دم دادند:

- خیلی باحاله، خیلی باحاله، خیلی باحاله

و سر شوخی و خنده باز شد.

بعد از یک هفته‌ای که در «احتیاط منطقه» بودیم، خطر احتمال تک دشمن از بین رفت. ما کم‌کم باید با سوله‌های سنگ‌شکن، و هم با همهٔ صفا و خوبی‌هایش وداع می‌کردیم. بار دیگر سر و کله اتوبوس‌ها پیدا شد. وسایل را جمع و جور کرده و راهی دوکوهه شدیم. جلوی در پادگان دوکوهه، با شربت و شیرینی از ما پذیرایی کردند. بر سر در پادگان، روی پارچه‌ای نوشته بودند؛ «مقدم دلیرمردان گردان کمیل را گرامی می‌داریم» و صابری که بهترین دوستش مهرایی را از دست داده بود باحسرت گفت: «دلیر مرد آن‌هایی بودند که از این سفر برنگشتند».

فردای آن روز، رنجه دسته را به خط کرده و باکامیون به سمت اردوگاه کرخه به راه افتادیم تا چادرها و دستشویی‌ها را برای بچه‌های گروهان راه بیندازیم. از پل کرخه که گذشتیم، وارد جادهٔ خاکی‌ای که در سمت راست جادهٔ اصلی قرار داشت، شدیم. هوا حسابی گرم شده بود و ماشین، جادهٔ خاکی را پشت سر

می‌گذاشت تا این‌که رسیدیم به تپه‌های تفتیدهٔ کرخه. کامیون که از حرکت ایستاد پیاده شدیم. بچه‌ها از این اردوگاه جدید خوششان نیامد؛ مثل خودم. مشغول کار شدیم. تا غروب، چادرها سرپا و دستشویی‌ها احداث شده بودند. با غروب خورشید، اردوگاه تو دل بروتر شد. با تمام‌شدن کارها، لبخند رضایت روی لب‌های بچه‌ها نقش بست.

شب‌های کرخه از غروبش زیباتر بود و دلنشین‌تر از آن، سحرهای کرخه بود و خوشا به حال آنان که از تمام این اوقات به نحو شایسته‌ای استفاده کردند؛ با غروب‌هایش همنشین و با سحرهای آن هم نوا بودند. روز بعد، بقیهٔ نیروهای گروهان آمدند هر دسته در چادر بزرگی مستقر شد.

بعد از انجام مأموریت، از سوی گردان تغییر و تحولاتی در کادر گروهان ایجاد شد. برادر سراج مسئول گروهان و با حفظ سمت معاون گردان؛ برادر سلسله‌پور معاون گروهان؛ برادر رنجه مسئول دسته و برادر افراز هم معاون دسته شد. کار بقیهٔ بچه‌های دسته هم عوض شد. برادر معیری سرستون؛ حسین درفشی تیربارچی؛ صابری تک تیرانداز؛ ذهاب پیک دسته؛ قالیباف پیک دسته؛ سنگ‌تراش مسئول تدارکات؛ مصلح مداح دسته؛ میرقاسمی منشی گروهان؛ پرستاش امدادگر، «نوش‌آبادی» امدادگر؛ تیموری آرپی‌جی‌زن؛ پاپی‌نژاد کمک‌آرپی‌جی؛ عربعلی کمک‌آرپی‌جی؛ و خودم کمک‌آرپی‌جی شدم. فؤادیان که از مسئولین بانک ملت بود – همه‌کارهٔ دسته بود و بچه‌ها ایشان را «آقا خوبه» صدا می‌کردند. بقیهٔ بچه‌های دسته را هم به خاطر ندارم.

آن روزها از دست پاپی‌نژاد شب و روز نداشتیم؛ چقدر این بشر شوخ‌طبع و خوش‌اخلاق بود. کارهای خارق‌العاده‌اش هم نظیر نداشت. یادم هست، یک‌شب برق اردوگاه را به میله‌های چادر وصل کرده بود؛ هرکس وارد چادر می‌شد و اتفاقی دستش به میله‌های چادر می‌خورد، دچار برق‌گرفتگی می‌شد و متعجب می‌ماند که این چه سرّی است. یکی از تکیه کلام‌هایش این بود: «خاکی باش برادر».

بعد از گذشت چند روز که گروهان با ترکیب جدید جا افتاد، کارهای عملی و کلاس‌های آموزش شروع شد. بعد از پایان هر کلاس، راهپیمایی که می‌رفتیم، تپهٔ پشت چادرها، پاتق بچه‌ها بود. دم غروب هم عموماً بساط چای برپا بود و گاهی اوقات هم «آقا خوبه» با کمک سنگ‌تراش برای بچه‌ها شربت درست می‌کردند. عده‌ای از ایثارگران دسته بودند که تا دیر وقت، پوتین‌های بچه‌ها را واکس می‌زدند. از حمام که می‌آمدی لباس‌هایت امنیت نداشت! کافی بود ساعتی از لباس‌هایت غافل می‌شدی، دیگر لباس‌ها را پیدا نمی‌کردی مگر شسته و آویزان‌شده روی بند. این کارها یک چیز خیلی عادی بین بچه‌ها بود. سنگر تدارکات هم در انتهای چادر قرار داشت و با آویزان‌کردن چند تخته پتو، از بقیهٔ چادر جدا می‌شد. عالمی داشت. نیمه‌های شب سنگ‌تراش و چند تن دیگر آن‌جا نماز شب می‌خواندند. شب که از نیمه می‌گذشت، چشم‌های خداجو فرصتی برای دیدار یار پیدا می‌کردند. نوش‌آبادی با تمام اخلاصش در حسینیهٔ گردان مشغول نیایش بود. صدای قرآن، دعا، راز و نیاز و ضجه‌های شیران روز، از میان تپه‌ها به گوش می‌رسید. صابری هم‌چنان در حسرت روز وصل به‌سر می‌برد. به‌راستی که شکوه و عظمت شب‌های کرخه وصف‌ناشدنی است!

بعد از مدتی، قرار شد بچه‌های گردان به مرخصی بروند. به همین جهت، لباس رزم را درآورده و لباس بزم را به تن کرد، به سمت تهران به راه افتادیم. توی قطار قرار شد چند نفر از بچه‌های دسته به کل دسته سور بدهند. یکی از آن‌ها، همان «آقا خوبه» بود که خدمتشان رسیدیم. بعد از اتمام مرخصی، به پادگان دوکوهه و از آن‌جا به اردوگاه کرخه رفتیم. کرخه همچنان در انتظار دیدار دوبارهٔ مجاهدان راه خدا بود. پای بچه‌ها که به اردوگاه رسید، کرخه دوباره رونق گرفت. رزم شبانه‌ها، راهپیمایی‌ها و بدنسازی‌ها از سر گرفته شد و در این بین خبردار شدیم که دشمن در منطقه تحرکاتی داشته و شهر مهران را اشغال کرده و احتمال حملهٔ به فاو می‌رود. در این چند روز، بارش باران شروع شد که تا حدی از گرمای هوا کاست. ما هم از فرصت استفاده کرده، به کمک بچه‌ها، مجلس یادبودی برای شهدای گردان برپا کردیم. بچه‌های گردان حبیب را هم دعوت کرده بودیم. بعد از سخنرانی، هنگام ذکر مصیبت و سینه‌زنی یک‌دفعه باران شدیدی بارید؛ گویا دل آسمان هم به یاد سفرکردگان گرفته بود. باران می‌بارید و بچه‌ها به سینه می‌زدند و اشک می‌ریختند. چه روزهایی بود که بر ما گذشت!

بالاخره مأموریت پدافند خط فاو، نصیب گردان ما شد. هوا دیگر خیلی گرم شده بود. بار دیگر نشانه‌های سفر کاروان آشکار شد. اتوبوس‌ها از گرد راه رسیدند. راهیان نور را سوار کرده و شتابان به سمت اروند کنار به راه افتادند. شب‌هنگام بود که به نخلستان‌های کنار اروند رسیدیم. بچه‌ها، گروه گروه زیر درخت‌ها خوابیدند تا سپیدهٔ صبح بدمد.

صبح، دسته به خط شده، به سمت اسکله به راه افتادیم. با این‌که چند ماهی از عملیات والفجر ۸ می‌گذشت، هنوز منطقه شلوغ بود و هواپیماهای دشمن در منطقه شرارت می‌کردند. با رسیدن به اسکله و جلوه‌گرشدن گلدستهٔ مسجد فاو، بچه‌ها صلوات فرستادند. پرچم سبز گنبد امام رضا(ع) همچنان شکوه و عظمت رزمندگان بیشهٔ توحید را به نمایش می‌گذاشت. نسیم هوا از آن‌سوی اروند، بوی شهدا را به هدیه می‌آورد. همهٔ بچه‌ها «لاوژاکت» پوشیده و سوار قایق‌ها شدند. قایق‌ها به راه افتادند تا ما را به آن‌طرف رودخانه برسانند. شهر فاو با زبان بی‌زبانی به رزمندگان اسلام خیر مقدم می‌گفت. اولین گروهانی که باید در خط مستقر می‌شد گروهان ما بود. بچه‌ها که سوار کامیون‌های مایلر شدند به سمت خط حرکت کردیم. نیمی از راه را طی کرده بودیم که کامیون‌ها مسافران خود را به تویوتاها سپردند. تا خط دوم با تویوتا رفتیم و از آن به بعد را هم پیاده؛ تا این‌که رسیدیم به خط اول. آتش دشمن روی منطقه سنگین بود. رنجه و افراز، بچه‌ها را تقسیم کرده و گروه گروه در سنگرها جا دادند تا وضعیت مشخص شود. چند دقیقهٔ بعد سنگر ما مشخص شد. تیموری، پاپی‌نژاد، عربعلی، پرستاش و من داخل یک سنگر بودیم. سنگر ما در سمت راست قرار داشت و از بقیهٔ بچه‌ها کم‌تر خبر داشتیم.

خط، دستشویی نداشت و ما به عنوان اولین اقدام، شروع به ساختن یک دستشویی کردیم. یکی‌ـدو نفر در سنگر ماندند تا سروسامانی به سنگر بدهند. سقف سنگر خیلی کوتاه بود و نماز را مجبور بودیم نشسته بخوانیم. آفتاب، در حال غروب‌کردن بود که کار ساختن دستشویی به آخر رسید. بالاخره شب از راه رسید. هر سنگر محرابی بود برای عبادت و به‌راستی که در داخل آن سنگرهای کوچک، دریایی از

معرفت موج می‌زد و فانوس سنگر گویا تنها همدرد یاران بود. حالا دیگر بایستی از هر لحظه به‌خوبی استفاده می‌کردیم. دعا و مناجات توی خط با هر جای دیگر فرق می‌کرد. هر کسی زانویش را در آغوش کشیده و به تنها فانوس سنگر خیره شده بود. هم سوسوزدن فانوس دیدنی بود و هم سوسوزدن ستاره‌ها. گاهگاهی هم صدای انفجاری رشتهٔ افکار را می‌برید. روی خاکریز که رفتم چراغ‌های ام‌القصر دیده می‌شد. خورعبدالله هم دست به دست خاکریزهای ما داده بود. نسیمی خوشبو فضا را می‌نوردید؛ گویا از سمت کربلا می‌آمد. نگهبانی نیمه شب هم عالمی داشت؛ خصوصاً که نگهبانی به جهت آسایش خاطر شب زنده‌داران باشد. سر پُست، با یک نگاه می‌توانستی تا کربلا سیر کنی؛ چراکه کربلا در قلب تک‌تک بچه‌ها جا داشت. مگر نه این‌که فرموده‌اند: «مدفن ما در دل شیعیان ماست». در آن بیابان و در تاریکی مطلق، هیچگاه احساس وحشت و یا دلتنگی نمی‌کردی، چراکه هم‌نفس بسیجیان عاشق بودی؛ همان‌هایی که ره صدساله را یک‌شبه طی کردند. نمی‌دانی چقدر گوارا بود با آنان هم‌سفره‌شدن، زیر یک سقف زندگی‌کردن، در کنارشان نشستن و با آنان هم‌صحبت شدن. به علت گرمی بیش از حد هوا، هر روز آب خورعبدالله پایین‌تر می‌رفت و سواحل آن خشک می‌شد و ما باید محدودهٔ خشک‌شده را با خاکریز و نیرو پر می‌کردیم. سنگر نگهبانی ما در آخرین نقطهٔ خط که به خور متصل می‌شد قرار داشت. به همین جهت، چند سنگر در زمینی که تازه خشک شده بود، زدیم. بعدها آن سنگرها چون لبِ آب بودند، به پلاژ معروف شد؛ مثلاً ما هم تعطیلات تابستان را به لب دریا آمده‌ایم! فقط تنها عیبی که داشت، این بود که گاهگاهی صدای سفیر خمپاره‌ای و یا صدای قناسه‌ای آرامش کنار دریا را برهم می‌زد. در آن سنگرها عربعلی و پاپی‌نژاد هم‌پُست شده بودند و دیگر کسی حریف آن‌ها نمی‌شد. با هر خمپاره‌ای که رد و بدل می‌شد، می‌زدند زیر خنده و کلی کارهای خنده‌دار می‌کردند. درکمین سوژه‌ای بودند تا تیکه‌ای بیندازند و بخندند. در هر صورت روزها یکی پس از دیگری می‌گذشت. تا این‌که مأموریت گروهان ما در خط تمام شد و گروهان‌های دیگر خط را از ما تحویل گرفتند. گروهان ما به عقبهٔ گردان انتقال یافت. عقبهٔ گردان، مدرسهٔ دو طبقه‌ای بود در شهر فاو. در اولین فرصت جهت نظافت و حمام‌کردن، بعد از چند هفته راهی اروند شدیم و از نزدیک‌ترین اسکله، با لباس و پوتین پریدیم توی آب، تا هم خودمان را بشوییم و هم لباس‌هایمان را. بعد از شناکردن و شستن لباس‌ها به عقبه برگشتیم. بعد از اقامهٔ نماز جماعت، همهٔ برادران گروهان بعد از مدت‌ها بر سر یک سفره جمع شدند. برادر رنجه از زحمات بچه‌ها در طول مدت پدافند منطقه تشکر کرد و همه با ذکر صلوات و قرائت دعای سفره مشغول خوردن ناهار شدند. آن شب بعد از نماز مغرب و عشا مجلس عزاداری برپا شد که سینه‌زنی مفصلی کردند. بعد از صبحگاه دسته‌جمعی به شهر رفتیم. خیلی باصفا بود. برادر افراز سرود «ماشاالله... حزب‌الله» را می‌خواند و همه جواب می‌دادند؛
رهبر ما، حزب‌الله

کشور ما، حزب‌الله
ملت ما، حزب‌الله
تیربارچی‌ها، حزب‌الله

آرپی جی‌زن‌ها، حزب‌الله

تک تیراندازها، حزب‌الله؛ و...

برای نرمش، افراز میان‌دار بود و همه دورش حلقه زده بودند و با هر حرکت «علی ـ علی» می‌گفتند. صبح‌های فاو به همین‌صورت سپری می‌شد. روزهایی هم که هوا بیش از حد گرم می‌شد، دسته‌جمعی می‌رفتیم آب‌تنی. عصرها هم پاتوقمان شده بود ایستگاه صلواتی. ایستگاه صلواتی به ایستگاه کمیلی‌ها مشهور شده بود.

بالاخره مأموریت گردان در منطقهٔ فاو به پایان رسید. باز هم باید با فاو خداحافظی می‌کردیم. با نخلستان‌هایش، با مدرسه‌اش، با ایستگاه صلواتی‌اش و با گلدستهٔ معروفش. به‌راستی که فاو کوچه به کوچه‌اش بوی عشق و ایثار می‌داد و در هر خانه‌اش محبت موج می‌زد. فاو آن‌قدر از خود لیاقت نشان داده بود که قدمگاه یاران خمینی باشد و از فاو خداحافظی کرده، به وطنمان کرخه باز گشتیم.

کرخه، تشنه و ساکت به انتظار آمدن بچه‌ها نشسته بود. بچه‌ها در چادرها را باز کرده و رونق دوباره‌ای به کرخه دادند. دیگر گرما قابل‌تحمل نبود، طوری که سبزه‌ها خشک شده و به‌صورت تیغ‌های بیابان درآمده بود. چند روزی در کرخه بودیم که قرار شد گردان به مرخصی برود. برادر شاهسوند و رضا دستواره، هریک جداگانه از بچه‌ها تشکر کردند. علی‌رغم میل باطنی به مرخصی رفتیم. سه روز بعد به کرخه برگشتم. در اردوگاه، برادران رنجه، حمید بهادری و چند نفر دیگر بودند. برادر شاداب هم ــ که در مهران زخمی شده بود ــ بهبود یافته و به اردوگاه آمده بود. در اردوگاه قصد اقامت کرده و مشغول گرفتن روزه‌های قضایش بود. نمی‌دانم در آن گرما چه‌طور روزه می‌گرفت؟! چند روزی که به آمدن بچه‌ها مانده بود، به گشت و گذار پرداختیم. اکثراً می‌رفتیم لب رودخانهٔ کرخه و برای ناهار ماهی می‌گرفتیم. عصرها هم از شدت گرما به سایهٔ درختی که در نزدیکی گردان و در کنار چشمه بود، پناه می‌بردیم. دو ـ سه روزی به آمدن بچه‌ها مانده بود که خبردار شدیم عراق مهران را گرفته و وضعیت منطقه خوب نیست. برادر رنجه همراه بچه‌های گردان حبیب به مهران رفت. بچه‌ها از مرخصی آمدند و چون فصل، فصل امتحانات بود خیلی‌ها تسویه حساب کردند. گردان ما به یک گروهان که چهار دسته داشت تبدیل شد. من هم که قید درس را زده بودم. مهران خیلی شلوغ شده بود. چند تا از گردان‌ها به سنگ‌شکن رفته بودند؛ بوی عملیات می‌آمد. ما نیز به‌سرعت تجهیز شدیم. دوباره رزم‌های شبانه و راهپیمایی‌های سنگین شروع شد. برادر افراز که معاون دستهٔ ما بود مسئول دستهٔ دیگری شد. برادر زندی معاونت دستهٔ ما، و رنجه هم مسئولیت دسته و هم معاونت گروهان را به عهده گرفتند. برادر سراج هم، مسئول گروهان و سلسله‌پور معاونش شده بود. همه فهمیده بودند که عملیات از سمت مهران است. صدام با اتخاذ استراتژی دفاع از متحرک یک‌بار دیگر خود را به زحمت انداخته بود. من هم که خواب شهید قمصری را دیده بودم، فکر می‌کردم دیگر باید آمادهٔ هجرت شوم. خیلی‌ها بوی الرحمان می‌دادند؛ حاج آقا کابلی، که نزدیک به چهل سال داشت و حاج آقا گرگانی که از پیرمردهای باصفای گردان بودند. آخرین شب اقامت ما در کرخه رسیده بود. شب گذشته، مانور سنگینی برای ما تدارک دیده بودند و حالا آمادهٔ حرکت بودیم. یکی از مداحان

لشکر بعد از نماز مغرب و عشا نوحه‌ای خواند که بچه‌ها انصافاً خیلی گریه کردند.

نسیمی جانفزا می‌آید
حسین جان بوی کرب و بلا می‌آید

عده‌ای از بچه‌ها، جلوتر برای زدن چادرها رفته بودند. عده‌ای هم بعد رفتند. ما هم مانده بودیم که وسایل را جمع‌وجور کنیم. ساعت ده و نیم یازده بود که ما هم راه افتادیم. شور و حال وصف‌ناپذیری بین بچه‌ها بود. هر چه از لحظات می‌گذشت، چهره‌ها برافروخته‌تر می‌شدند. در دل شب خود را به بقیه رساندیم. در یکی از خانه‌های شهر دهلران منتظر ماندیم تا صبح شود. آن شب، تا صبح کسی نخوابید. صبح که شد بچه‌ها دسته‌دسته شروع کردند به گردش و قدم‌زدن. من هم با چند تن از بچه‌ها توی کوچه‌های شهر مظلوم دهلران می‌گشتیم و می‌خواندیم:

غم عشقت مرا بیچاره‌ام کرد
برون از خانه و کاشانه‌ام کرد
هوای دیدن روی تو یک عمر
میان کوچه‌ها آواره‌ام کرد

بعد از نماز صبح که زیارت عاشورا را خواندیم، برادر رنجه هم چند خطی شعر خواند که همهٔ بچه‌ها شیفتهٔ اشعارش شدند:

خاک درت سرشت من
مهر رُخت بهشت من
عشق تو سرنوشت من
راحت من رضای تو
حسین من حسین من

بعد از جمع‌وجور کردن وسایل، دوباره سوار اتوبوس‌ها شده، به سمت مهران راه افتادیم. نرسیده به سنگ‌شکن به سمت اردوگاه پیچیدیم. بعد از پشت سر گذاشتن چند تپه و کوه، چادرهای اردوگاه نمایان شد. اردوگاه در میان دره‌ای عمیق قرار داشت که از آن دره، رودخانه‌ای به نام گاوی عبور می‌کرد. چادر دستهٔ ما هم چسبیده بود به رودخانه. بعد از پیاده‌کردن وسایل و جابه‌جا شدن، برادر محمد زندی گفت: «کسی از محوطه دور نشه، شاید هر لحظه به سمت خط حرکت کنیم». بچه‌ها سریع با سنگ‌های بزرگ جلوی جریان آب رودخانه را گرفتند و با کندشدن جریان آب، محل مناسبی برای شنا و آب‌تنی درست شد. همه زدیم به آب. در حال آب‌تنی بودیم که برادر رنجه به همراه سلسله‌پور آمدند و گفتند که ناهار حاضر است؛ بیایید. تازه حرف‌شان تمام شده بود که چند تن از بچه‌ها، آن‌ها را از پشت هُل داده و داخل آب انداختند. در آب حسابی حال کردیم. سلسله‌پور می‌گفت: «خوب حالا دیگه مسئول گروهان را آب می‌دید! باشه! یه آشی برایتان بپزم که...». بچه‌ها هم زدند زیر خنده. البته می‌خواستیم برادر درویش را هم توی آب بیندازیم که زودتر فهمید و از کنار آب دور شد. روزها، توی آب بودیم و شب‌ها، با برگزاری

مراسم دعا صفا می‌کردیم. برادر کابلی همیشه می‌گفت: «قدر این روزها را بدانید که یک‌روز حسرت این ایام را خواهید خورد». همه و همه منتظر شروع عملیات بودیم و برای آن، لحظه‌شماری می‌کردیم. مهدی صابری با چشمان گریان، هر شب از خدا وعدهٔ وصل می‌طلبید. افراز هم توی خودش بود و عالمی داشت. بالاخره شب عملیات فرا رسید. بچه‌ها باشور و شوق فراوان خود را مهیای عملیات می‌کردند. نزدیک غروب خبر آورند که ما را در مرحلهٔ دوم عملیات به کار خواهند گرفت. با شنیدن این خبر، همه پکر شدند. آن شب قرار بود گردان‌های حبیب، حمزه و شهادت عمل کنند. ما هم دست دعا به آسمان بلند کردیم و برایشان آرزوی پیروزی کردیم. بچه‌ها به آسمان منطقه چشم دوخته بودند تا با اولین گلولهٔ منوری که دیدند همه را خبر کنند. ساعت حدود یازده شب بود که عملیات شروع شد. صدای انفجارها از دوردست به گوش می‌رسید. توصیف حال بچه‌ها کار محالی بود. به همین جهت قلمم را غلاف کردم.

صبح که برای نماز بیدار شدیم، دیدیم چند دستگاه کامیون مایلر دور و بر چادرها صف کشیده‌اند. بعد از نماز، همه به خط شدیم. وحشت‌زده از این‌که کار گره خورده باشد. هر دسته سوار کامیون مشخص شدند. کامیون‌ها باسرعت به حرکت درآمدند. وقتی چرخ کامیون‌ها از جادهٔ خاکی به روی جادهٔ آسفالت غلتید، تازه فهمیدیم منطقه چقدر شلوغ است. کاتیوشاها و آتشبارهای توپخانه، مرتب و بدون وقفه شلیک می‌کردند. امان دشمن را بریده بودند. هر کسی به نحوی در حال جنب‌وجوش و فعالیت بود. پاپی‌نژاد مرتب می‌گفت که خدا عاقبت ما را ختم به خیر کند. بچه‌ها هم مرتب صلوات می‌فرستادند. لبخند رضایت بر لب همگان نقش بسته بود. مقداری از راه را رفته بودیم که کامیون‌ها ایستادند. از این‌جا به بعد را باید پیاده می‌رفتیم. زندی که روزهای آخر، من رابه‌عنوان پیک دسته و به قول بچه‌ها «کیک دسته» انتخاب کرده بود، صدایم کرد و گفت: «بچه‌هارو به خط کن و از مسیری که من می‌رم بیارشون». از کنار جاده به سمت مهران به راه افتادیم. با عبور از چند پیچ و خم، وارد میدان مین شدیم. میدان مینی که شب، بچه‌ها از آن عبور کرده بودند. بچه‌ها می‌گفتند که دیشب گردان شهادت در میدان مین با دشمن درگیر شده است. از معبری که از آن عبور می‌کردیم، وسایلی از قبیل جیب خشاب، قمقمه، کیسهٔ امداد و باندهای بازشده به چشم می‌خورد. در ضمن روی سنگ‌های منطقه هم قطره‌های خون توجه هر رهگذری را به خود جلب می‌کرد. در طول معبر، پیکر دو شهید نوجوان کنار هم افتاده بود. هر دو باند سرخ‌رنگ «یا حسین» بر پیشانی داشتند و در کنار هم آرام و مطمئن خفته بودند؛ لاله‌های وحشی هم در کنارشان خودنمایی می‌کردند. گاهی در طول جنگ مناظری به چشم می‌خورد که سال‌های سال در ذهن می‌ماند و این صحنه هم از آن صحنه‌ها بود. به خاکریزهای تسخیرشده که رسیدیم، سمت چپ خاکریز را پر کردیم. خمپاره‌ها همچنان زوزه‌کشان در اطرافمان به زمین می‌نشستند و ترکش‌های قرمز و رنگ‌پریدهٔ آن از کنارمان گذشته و در دل خاکریز جا خوش می‌کردند. از روی خاکریز دیوارهای مخروبهٔ شهر مهران که در هاله‌ای از دود و آتش فرو رفته بود دیده می‌شد. قرار بود امشب مرحلهٔ دوم عملیات راکه پاکسازی و آزادسازی مهران بود، انجام دهیم.

با بالاتر آمدن خورشید، هوا هم گرم‌تر شد. بچه‌ها استوار و ثابت‌قدم و مطمئن داخل سنگرهای

انفرادی به خاکریز تکیه داده بودند. عده‌ای هم برای انتقال اسرا، عقب رفته بودند. تمام روز را بچه‌ها مشغول قرائت قرآن و دعا و خواندن نماز بودند. غروب روز هجران فرا رسیده بود و شب وصال از راه می‌رسید. مهدی صابری حال خوشی داشت. افراز، محکم دامن خدا را چسبیده بود. در زیر نور بی‌رمق غروب آفتاب، اشک‌های ریخته بر گونهٔ طالبی هم دیدنی بود.

خورشید که غروب کرد، آخرین صحنه‌ها را از رزم‌آوران گرفت و رفت تا فردا با طلوع خود، نظاره‌گر شهادت غریبانهٔ شهدا باشد؛ شهادتی به روشنی روز، تا نسل‌های آینده از آن‌چه بر ما گذشت، آگاه شوند و بر حال ما غبطه بخورند. همه نماز آخرینشان را خواندند و آمادهٔ سفر شدند؛ سفری به نهایت سعادت و عشق. کم‌تر کسی دیده می‌شد که در رکعت آخر و سجدهٔ آخرین، اشک نریزد و برای دست‌یافتن به گنجینهٔ شهادت دعا نکند:

خدایا! در صحنه‌های سخت، پای ما را ملرزان.

خدایا! رفتن ما به خاطر ماندن رهبر است؛ امام را تا انقلاب مهدی محافظت بفرما.

خدایا! پیروزی ما را، خودت تضمین کن و ما را از فیض شهادت محروم نفرما.

تویوتاها که آمدند، هر دسته به نوبت سوار شدند. همهٔ ماشین‌ها همزمان و با فاصلهٔ معین به راه افتادند. خمپاره‌ها همچنان در اطراف تویوتاها به زمین می‌نشستند. رانندهٔ تویوتا هم که در دل تاریک شب، با چراغ خاموش حرکت می‌کرد، به‌سرعت خود افزود. یک‌دفعه متوجه شدیم ستون را گم کرده‌ایم. ستون بریده شده بود. و سه ماشین دیگر هم پشت سر ما بودند. نمی‌دانستیم به کدام طرف برویم. به پیشنهاد یکی از بچه‌ها رفتیم روی جادهٔ آسفالت و به سمت عقب حرکت کردیم. کسی نفهمید که راه را برعکس می‌رویم. به جای این‌که به سمت دهلران برویم به سمت مهران می‌رفتیم؛ مهرانی که هنوز در دست دشمن بود. مسافتی از راه رفته بودیم که خودمان را در شهر مهران یافتیم. بچه‌ها سریع پیاده شده، اسلحه‌ها را مسلح کردند. عده‌ای هم با کمک چراغ قوه، راننده‌ها را کمک کردند تا دور بزنند. همه مضطرب و نگران بودند. از طرفی هم خنده‌شان گرفته بود. ناگهان صدای ماشینی همه را متوجه خود کرد. زیر نور منوری، می‌دیدیم که جیپی به سمت ما می‌آید. اول فکر کردیم عراقی است؛ اما وقتی جلوتر آمد، دیدیم که خودی است و پشت رُل کسی نبود جز حاج رضا دستواره، معاون لشکر ۲۷. حاجی ما را که دید، گفت: «ای بابا شما این جا چکار می‌کنین. این جا در دل عراقی‌ها هستین. دنبالم بیایین. خوبه گیر عراقی‌ها نیفتادین». ماشین‌ها پشت سر جیپ حاج رضا به راه افتادند. میانهٔ راه به بقیه بچه‌ها برخوردیم. تویوتاها ما را پیاده کرده و رفتند. همه گردانهابه ستون، پشت خاکریز نشسته بودند تا با اعلام رمز، عملیات بی‌امان خود را آغاز کنند. حاج رضا هم مرتب این‌طرف و آن‌طرف می‌رفت. بالاخره دستور حرکت صادر شد: «بسم‌الله و بالله و فی سبیل الله». همه به راه افتادند. نور منورهای دشمن، چشم‌های گریان و لب‌های ذاکر را در ستون لو می‌داد. من هم بهت‌زده به حالشان غبطه می‌خوردم. افراز کنار ستون ایستاده بود و از تک‌تک برادران حلالیت می‌طلبید. هر چه جلوتر می‌رفتیم، روح‌ها سبک‌تر و قلب‌ها مطمئن‌تر می‌شد. چند بار ستون نشست و دوباره برخاست و به حرکت خود ادامه داد؛ گویا زمین هم می‌خواست همواره

زیر گام‌های مجاهدان بماند. جناح‌های چپ و راست ما درگیر شده بودند، اما ما هنوز جلو می‌رفتیم و از عراقی‌ها خبری نبود؛ مثل این‌که همه فرار کرده بودند. تیرهای رسام از لابه‌لای ستون رد می‌شدند. یکی از تیرها رنجه را از پا انداخت و دیگری سینهٔ خانجانی را شکافت. عابدینی، امدادگر دسته با مهارت خاص خودش در همان تاریکی محل جراحت آن‌ها را بست و هر دو را روی برانکارد، داخل گودالی جا داد. تیرها همچنان از میان ستون می‌گذشت. انتهای ستون، نظم خود را از دست داده بود. ناگهان ستون زمین‌گیر شد. بچه‌های پیشرو ستون درگیر شده بودند. ما با آن‌ها خیلی فاصله داشتیم. محمد زندی می‌گفت: «بچه‌ها خونسرد باشید!» و ما همچنان نظاره‌گر بودیم. ناگهان در سر ستون، انفجار شدیدی رخ داد و آتش مهیبی به آسمان زبانه کشید. از قرار معلوم یک تانک دشمن سد راه بچه‌ها شده بود که به آتش کشیده شد. دوباره به ستون برپا دادند. ستون به راه خود ادامه داد. از کنار تانک منهدم‌شده که رد شدیم چشمم به تیموری و چند مجروح دیگر افتاد. «خدایا چه می‌بینم»؟ «افراز هم رفت»؟ جسم بی‌روحش آرام به خواب رفته بود و این دورنمای آخرین نمازش. از کنار این صحنهٔ گذشتیم. ستون همچنان راه خود را می‌رفت تا رسیدیم به دهکده‌ای که در چند صدمتری مهران بود. ظاهراً ستون از مسیر اصلی منحرف شده بود. برادر شاهسون مرتب با بی‌سیم تماس می‌گرفت و از قرارگاه کسب تکلیف می‌کرد. ستون همچنان به حرکت خود ادامه می‌داد که دستور نشستن رسید. ستون نشست. من که چند شب بود نخوابیده بودم به خواب رفتم. چشمم را که باز کردم، سپیدهٔ صبح زده بود. نماز صبح را با تیمم،نشسته خواندیم. محمد زندی آمد و به من گفت: «محسن سمت راستمون یه رودخانه هست؛ برو ببین اون‌طرف چه خبره»! به کنار رودخانه که رفتم، متوجه شدم زیر پرتگاهی که ما بالای آن بودیم، چند ستون تانک دشمن سردرگم در انتظارِ روشن‌شدن هوا ایستاده‌اند. سریع خود را به برادر سراج رسانده، قضیه را گفتم. سراج گفت: «فعلاً نمی‌شه کاری کرد». بعد هم چند نفر را فرستاد تا مواظب تحرکات تانک‌ها باشند. صدای لودرهای خودی که خاکریز گردان انصار را به حد ما می‌رساندند، به گوش می‌رسید. در این بین حاج رضا سوار بر موتور از کنارمان رد شد؛ در حالی‌که بلند داد می‌زد: «زنده باد کمیل». بچه‌ها با دیدن حاج رضا روحیه بیش‌تری گرفتند. هوا که روشن‌تر شد تانک‌های آن طرف رودخانه، با شلیک اولین گلوله به سمتمان فهماندند که کجا هستند. لودرهای بچه‌های جهاد، خاکریز حد ما را تا بالای رودخانه کشاندند و تمام کردند. چون عراقی‌ها سمت راست ما هم بودند، خاکریز را هلالی‌شکل زدند. تانک‌های دشمن بندکرده بودند به لودری که سمت ما کار می‌کرد. چند گلوله در کنار لودر به زمین نشست ،اما راننده عین خیالش نبود. چهره‌اش گرچه خاک گرفته بود اما از بشاش‌بودن صورتش کم نمی‌کرد. فقط لبخند می‌زد. داشتم با یکی از بچه‌ها صحبت می‌کردم که صدای انفجاری دیده‌ها را به سمت لودر چرخاند. لودر در دود و آتش گم شده بود و اثری از راننده به چشم نمی‌خورد. گویا لبخند آخر او را خریده بودند. تیر مستقیم تانک مأموریت خود را انجام داده بود.

بچه‌ها کلاه آهنی رانندهٔ لودر را آن‌طرف رودخانه، در حالی‌که سوراخ سوراخ شده بود، پیدا کردند. لودر همچنان می‌سوخت. دشمن که تازه خودش را در منطقه پیدا کرده و فهمیده بود ما تا کجا پیشروی

کرده‌ایم، خاکریزها را زیر آتش شدید گرفت. هنوز مهران پاکسازی نشده بود و ما در کنار دروازهٔ شهر متوقف شده بودیم. ایفاهای عراقی هم از جادهٔ غربی شهر خارج می‌شدند. بالاخره مهران ساعت یازده ظهر آزاد شد. تویوتاهای تدارکات، مرتب یخ، طالبی و هندوانه می‌آوردند. هر صد متر به صد متر، بار هندوانه و طالبی ریخته بود. بچه‌ها می‌گفتند معلوم نیست این‌جا خط است یا میدان بار فروش‌ها. سر ظهر، آفتاب دیگر غوغا می‌کرد. گرما قابل تحمل نبود. گرد و خاکی هم که از تردد وسایل نقلیه به هوا بلند می‌شد، طاقت و حوصله ما را کم‌تر می‌کرد؛ تا دل را به دریا زدیم و رفتیم داخل رودخانه کنار خط. گاه و بیگاه سفیر خمپاره‌ای و گاهی هم غرش هواپیماهای عراقی، مزاحم شنای کرال ما بودند، اما با این حال، کسی از آب دست نمی‌کشید. با از راه رسیدن غروب دوباره دل بچه‌ها گرفت. سنگ‌تراش و زندی در حسرت روزهایی که با افراز بودند می‌سوختند. بچه‌های دیگر هم به یاد دیگر سفرکرده‌ها که در پیکار دیشب بار سفر بسته بودند، دمق بودند. آن شب که پشت خاکریز سپری شد، از بهترین لحظات خاطراتم به حساب می‌آید. شبی که خواب تمام یاران شهیدم را دیدم. هزاران ستاره در آسمان مهران، آن شب در خاطراتم شریک بودند که تا صبح سوسوزنان، در حسرت دیداری دیگر به خاموشی گراییدند. گاهی با خود فکر می‌کردم که: «خدایا این جماعت عاشق، در دل این سنگرهای خاک‌گرفته وناامن به دنبال کدامین گمشده آمده‌اند»؟ «چرا این همه سختی دنیا را بر خود هموار کرده‌اند». بعد از لختی تفکر، پی بردم که هیچ جای دنیا مانند این سنگرهای کوچک، عقیده انسان امنیت پیدا نمی‌کند و هیچ جای دنیا، مانند این سنگرها آکنده از محک امتحان نیست؛ سنگرهایی که هر کدامش روزنه‌ای بود به بهشت.

شب گذشته، بچه‌ها چند ارتفاع مهم دیگر قلعه ویزان را از چنگ متجاوزان بعثی درآوردند. گردان ما هم جهت استراحت و سازماندهی مجدد به قرارگاه تاکتیکی برگشت. بعد از سازماندهی برای حفظ پیروزی‌های چند شب گذشته، راهی منطقه شدیم. شب‌هنگام از کنار خاکریزی‌های مرحلهٔ اول عملیات رد شده، مهران را هم پشت سر گذاشتیم تا دامنه‌های قلعه ویزان پیش رفتیم. برادر شاهسوند از قبل مأموریت هر دسته را مشخص کرده بود. هر دسته به سمتی رفت. وارد کانال‌ها شدیم. باز هر دسته به گروه‌های کوچک‌تری تقسیم شد. من و پاپی‌نژاد و شهیدی بنا شد سنگر کمین را پر کنیم. هوا روشن نشده بود که در سنگر کمین مستقر شدیم. هوا گرم‌تر می‌شد و تنها مسئلهٔ ما آب بود. البته آب گرم داشتیم، اما قابل‌خوردن نبود. شاداب هم که پیش ما بود، می‌گفت: «عملیات بدون آب یخ یا لو می‌ره یا شکست می‌خوره»! عطش بیداد می‌کرد. تنها دلخوشی ما شوخی‌های پاپی‌نژاد و شاداب بود که تا حدی از اثرات عطش کم می‌کرد. بالاخره طاقتمان تمام شد و شهیدی دل به دریا زد و برای آوردن آب به عقب رفت. بعد از مدتی، با یک کلمن آب یخ و یک دیده‌بان برگشت. دیده‌بان از بچه‌های تیپ ذوالفقار لشکر بود و قرار بود از سنگر کمین، آتش خودی را بر سر دشمن هدایت کند. با خوردن چند گلولهٔ خمپارهٔ ۶۰ فهمیدیم که جای ما لو رفته است. پاپی‌نژاد به شهیدی گفت: «آخه پسر بیکار بودی؛ ما نه آب یخ می‌خواستیم، نه دیده‌بان.» لبخندی روی لب‌های دیده‌بان نقش بست و گفت: «نترسین تا عصر از این‌جا میرم». شاداب هم گفت: «عصر که خواستی بری، یادت باشه جنازهٔ ما را هم ببری»! و همه می‌زدند زیر خنده. پاپی‌نژاد اصرار

داشت بچه‌ها از سنگر عراقی‌ها بیرون بیایند، چون تانک‌های دشمن با تیر مستقیم، سنگرها را یکی‌یکی می‌زدند. چند تیر مستقیم تانک هم دوروبر سنگر ما خورد اما بچه‌ها بی‌خیال بودند؛ تا این‌که با گلولهٔ مستقیم دیگری، سنگر ما را از هم پاشیدند. الحمدالله هیچ‌کدام از بچه‌ها آسیبی ندیدند. با کمک هم، بقیه را از زیر آوار بیرون کشیدیم.

فردای آن روز با ربیعی و چند نفر دیگر به مهران آمدیم. بعد از یک آب‌تنی حسابی و گشت‌وگذار در شهر و خواب بعد از ناهار، دوباره به سمت خط به راه افتادیم. در بین راه بودیم که آتش دشمن روی منطقه سنگین شد و بعد خبردار شدیم که عراق پاتک زده است. سریع خودمان را به خط رساندیم. اول کانال چند مجروح به چشم می‌خورد که از جلو آمده بودند. گفتند: «اگر جلو می‌روید، مهمات با خودتان ببرید». ما هم هر کدام یک جعبهٔ مهمات به دوش گرفته و طول کانال را به سمت خط دویدیم. نزدیکی‌های غروب بود که رسیدیم به خط. بچه‌ها با ایستادگی و مقاومت بی‌نظیری پاتک دشمن را درهم شکسته بودند. بعد از مقاومت بچه‌ها، آب یخ در خط شده بود کیمیا! داخل کلمن‌های آب جز گرد و خاک، چیز دیگری یافت نمی‌شد. خط در عطش می‌سوخت و به علت تاریکی هوا هم، عقب‌رفتن کاری دشوار و ناممکن بود. بالاخره با اصرار زیاد، از برادر سلسله‌پور اجازه گرفتم که بروم عقب و برای بچه‌ها آب بیاورم. دوان دوان چند کانال و میدان مین را رد کردم. هنوز منطقه زیر آتش دشمن بود. بوی حاصل از انفجارها، فضای منطقه را پر کرده بود. در آن تاریکی به هر صورت که بود آخرین کانال را هم رد کرده، رسیدم به آخرین سد راه؛ آن هم میدان مین! از مسیر معبر راه را گرفته و رفتم. مسافتی را رفته بودم که متوجه شدم طناب براثر انفجار خمپاره قطع شده و باد هم طناب معبر را این‌طرف و آن‌طرف برده است. دقایقی به میدان مین خیره شدم اما مثل این‌که قرار بودآن شب را در عطش بسوزیم. راه عقب را مأیوسانه در پیش گرفتم و برگشتم به خط. آن شب را همه در عطش گذراندند؛ به یاد کربلا. صبح زود گلولهٔ خمپاره‌ای که چهار برگهٔ عبور از پل صراط را به همراه داشت، روی یکی از سنگرها نشست. برادران طالبی، گرگانی، رمضی و حاج آقا کابلی بار سفر را بستند و رفتند:

همه بار سفر بستند و رفتند
مرا خونین جگر کردند و رفتند

حاج آقا کابلی آرام و متین در کف کانال آرمیده بود. یادم آمد حاج آقا گرگانی که در مانور پایش شکسته بود، همه‌اش نگران بود که از عملیات عقب نماند. حالا فهمیدم که چرا نگران این مطلب بود. به‌راستی که همیشه، دیر به سیرت مردان خدا آگاه می‌شویم. بچه‌های تعاون لشکر آمدند و پیکر مطهر این چهار شهید را بردند. اما حماسه و عظمت پیکارشان برای همیشه در دل آن زمین ماندگار شد. هنوز داغ این چهار عزیز را بر دل داشتیم که خبر معراج حاج رضا دستواره پشتمان را خم کرد. چند شب پیش که آمده بود پیش ما، تعریف می‌کرد: «با موتور می‌آمدم به شما سر بزنم و ببینم کجا موضع گرفته‌اید، که توی راه به چند نفر برخوردم. به من ایست دادند؛ اول فکر کردم ایرانی هستند اما جلوتر که رفتم، دیدم عراقی هستند. من هم موتور را گذاشتم و فرار کردم». هنوز صدای دلنشین حاج رضا که می‌گفت: «زنده باد کمیل؛

زنده باد کمیل»، در گوشمان طنین‌انداز بود.

خبر رسید گردان مقداد خط را از ما تحویل خواهد گرفت. شب آخر ما در مهران فرا می‌رسید. گویا شب شام غریبان است. چگونه می‌شد از آن سرزمین هجرت کرد؟ چه‌طور می‌شد کانال‌های خونین قلعه ویزان را ترک گفت؟ برادر درویش، من و زندی را برای آوردن ستون بچه‌های مقداد انتخاب کرد. قرار شد زندی هم گردان را به خط، پیش درویش ببرد و من هم شش نفر از بچه‌های مقداد را به سنگر کمین ببرم، ولی متأسفانه راه را گم کردم. آن شب به خاطر اشتباه من، چند نفر با آتش دشمن زخمی شدند. هم خودم از این قضیه ناراحت بودم هم درویش. و سر این قضیه، ما جریمه شدیم؛ قرار شد که من و زندی و یک تیم از بچه‌ها جزء آخرین نفراتی باشیم که منطقه را ترک می‌کنند. بعد از رفتن بچه‌ها و جایگزین‌شدن کامل نیروهای گردان مقداد، ما هم از قلعهٔ ویزان خداحافظی کردیم. هوا کاملاً تاریک شده بود. کانال‌ها و میادین مین را پشت سر گذاشتیم و خودمان را به جاده رساندیم، اما از تویوتاها خبری نبود. تشنگی، حال راه‌رفتن را از ما گرفته بود، اما چاره‌ای نبود؛ اگر می‌ماندیم زیر آتش دشمن تلفات می‌دادیم. به ستون، از کنار جاده به سمت مهران راه افتادیم. در راه چند کلمن آب گیرمان آمد که خودمان را سیراب کردیم. راه، تاریک و دشوار بود. گاه‌گاهی نور منوری راهنمای ما می‌شد. به آخر جادهٔ شِنی رسیده بودیم، اما اثری از جادهٔ آسفالت نبود. محمد زندی گفت: «محسن به نظرت راه کدوم طرفه»؟ من هم زیر نور منور یک تکه آسفالت پیدا کردم. جادهٔ آسفالت بود که بر اثر آتش دشمن، از بین رفته بود و بیش‌تر به یک جادهٔ مال‌رو شباهت داشت. راه را به سمت عقب ادامه دادیم. در راه چند تا ماشین عوض کردیم تا خودمان را به قرارگاه تاکتیکی برسانیم. نماز صبح را در اردوگاه و در فراق یاران شهید، به جماعت خواندیم. بعد خوابیدیم؛ خوابیدنی سنگین، خوابی که می‌بایست خستگی راه را از تنمان درمی‌آورد. روز بعد چادرها را جمع کرده و به سوی دوکوهه حرکت کردیم.

آن شب وقتی به دوکوهه رسیدیم، گویا در و دیوار دوکوهه از ما سراغ یاران سفرکرده را می‌گرفت. هر کسی افسرده و غمگین به گوشه‌ای پناه برده بود و زار زار گریه می‌کرد. بچه‌های تبلیغات هم با پخش نوار «ای از سفر برگشتگان؛ کو شهیدان ما» روی زخم بچه‌ها نمک می‌پاشیدند. آن شب، خدا می‌داند که بر جاماندگان از قافلهٔ شهادت چه‌ها گذشت!

بعد از مرخصی تشویقی که معمولاً بعد از انجام هر عملیاتی به گردان‌ها داده می‌شد، دوباره به دوکوهه برگشتیم. بعد از چند روزی قرار شد که لشکر به اردوگاه کوزران برود. کوزران در چندکیلومتری اسلام‌آباد قرار داشت. انبوه درختان، تا بلندترین نقطهٔ کوه‌ها را سرسبز نشان می‌داد. لشکر بعد از تحویل‌دادن قلاجه، کوزران را اختیار کرده بود. در کوزران، موقعیت گردان‌ها تقریباً نزدیک به هم بود. گردان ما هم در یک محوطهٔ باز، در دامنهٔ ارتفاعی سرسبز و مرتفع قرار داشت. خیمه‌های عشق را به نوبت برپا کردیم. چادرها کم‌کم جای خود را در دل کوه باز کردند. حالا دیگر باید منتظر نیرو می‌شدیم و منتظر می‌ماندیم تا ببینیم چه کسانی پا به خیمهٔ اهل دل می‌گذارند.

بالاخره انتظار به پایان رسید و کاروانیان «راهیان کربلا» بار خود را در اردوگاه ما به زمین گذاشتند. آن

روز، همه به پیشواز کاروان‌ها رفتند تا آشناها و نیروهای قدیمی را تور بزنند. رنجه هم که حالش بهتر شده بود همراه محمد زندی، با موتور بین کاروانیان دنبال آشنا می‌گشت. در لشکر جای سوزن‌انداختن نبود. همهٔ گردان‌ها تکمیل شده بود. برادر شاهسوند، گردان کمیل را تحویل درویش داده بود. رنجه معاون گروهان و من هم پیش زندی به‌عنوان مسئول تدارکات دسته، در خدمت بچه‌ها بودیم. از حال و هوای آن شب‌ها همین بس که وقتی وارد چادر می‌شدی جز بوی محبت چیز دیگری احساس نمی‌کردی و جز صحبت آشنا صحبتی نمی‌شنیدی. اول چادر، بچه‌های کم‌سن و سال و آخر چادر هم بچه‌های قدیمی و عملیاتی جا خوش کرده بودند. در میان آن‌ها سید ذبیحی‌فر بیش‌تر جلب توجه می‌کرد. سید، دفتری داشت که با دکمه قفل می‌شد و رویش نوشته‌بود: «برادر راضی نیستم». به این نشانه که نباید بدون اجازه دست بزنید. بعدها فهمیدم که آن دفتر محاسبهٔ نفس بوده و هر عملی راکه در طول روز انجام می‌داده، در آن ثبت می‌کرده است. نزدیکی‌های سحر، قبل از اذان صبح، تبلیغات با گذاشتن نوار مناجات نورایی سعی در بیدارکردن بچه‌ها داشت؛ غافل از این‌که بچه‌ها خیلی زودتر از این‌ها بیدار شده و مشغول عبادت بودند. بچه‌های تبلیغات به همین جهت، اسمشان شده بود «تنبلیغات»! سرمای صبح، اورکت می‌طلبید، ولی چون بچه‌ها آن را نداشتند، پتو به خود می‌پیچیدند و برای گرفتن وضو از چادر خارج می‌شدند. «پتو به دوشان نیمه شب» که ورد زبان بچه‌ها بود، از همین جا مد شده بود. جای خالی پاپی‌نژاد و چند تای دیگر از بچه‌های شوخ‌طبع دسته را، جواد سلیمانی و حسین سلیمانی پر کرده بودند. حسین سلیمانی به «حسین مصیب» و جواد به «جباد» معروف شده بودند. شب‌ها، بچه‌ها تا دیر وقت کنار آتش می‌نشستند و یاد قدیمی‌ها را می‌کردند. در آن لحظات، نگاه‌کردن به شعله‌های آتش هم عالمی داشت. نقطه به نقطه کوزران، آتش روشن بود و دُور آن، جمعی از عاشقان پروانه‌وش به یاد سفرکرده‌ها می‌سوختند. صبح‌ها با صدای مصباح‌الهدی و پاسخ «حسین جان» به خط می‌شدیم و جهت مراسم صبحگاه، با تجهیزات کامل به میدان صبحگاه گردان می‌رفتیم. بعد از اجرای مراسم، یا می‌دویدیم، یا کوهپیمایی می‌کردیم. می‌گفتند که این‌دفعه عملیات در منطقه‌ای کوهستانی و صعب‌العبور انجام خواهد شد. راهپیمایی‌های چندین ساعته، امان بچه‌ها را بریده بود. ساعت ده یا ده‌ونیم که می‌شد صبحانه می‌خوردیم. عصرها هم که کلاس تاکتیک داشتیم و شب‌ها هم کلاس عشق. با کمک جواد سلیمانی در کنار چادر دسته، با سنگ‌های بزرگ و سیمان، یک اطاقک برای تدارکات ساخته بودیم. با کمک محمد زندی مثل روزهای خوب مهران، دوباره هیئت را راه انداختیم. کم‌تر شبی بود که مراسم توسل به اهل‌بیت علیهم‌السلام و سینه‌زنی نداشته باشیم. گاهی اوقات هم من با خواندنم سر بچه‌ها را درد می‌آوردم. سخنرانی که تمام می‌شد، زندی نور فانوس‌ها راکم می‌کرد تا بچه‌ها راحت‌تر باشند. فریادهای جان گزای بچه‌ها بود که از درد و سوز جدایی به آسمان بلند می‌شد و چشم‌ها، که در مصیبت کربلا می‌گریستند. با فرا رسیدن ماه محرم، شور و عشق بچه‌ها بیش‌تر و بیش‌تر می‌شد. جواد با کمک بچه‌ها، چند پتو را زیر درخت‌ها، به حالت خیمه‌ای برپا کرده بود که غروب‌ها در آن‌جا زیارت عاشورا می‌خواندیم. اولین شب ماه محرم، بچه‌ها شال عزا به گردن انداخته و سیاه‌پوش شدند. جلوی هر چادری پرچم سیاهی نصب شده بود. شبها، بچه‌ها با نظم خاصی دسته را راه می‌انداختند

و، به گردان‌های مجاور می‌رفتیم و بعد از سینه‌زنی و دعا، شام را در کنار هم می‌خوردیم؛ تا روز عاشورا. روز عاشورا همه پابرهنه و سیاهپوش در جادهٔ سنگلاخی کوزران به راه افتادند و سینه‌زنان بـه مـحوطهٔ گردان حبیب رفتند. راه دور بود و آن روز، پاهای بچه‌ها پابرهنه، زخمی و خون‌آلود شد. شام غریبان را هم در حسینیهٔ گردان عمّار به عزاداری پرداختیم. بچه‌ها توی حال خودشان بودند. صدای حزین نوحه‌سرایان در کوه که می‌پیچید، روح آدمی به سوی کربلا پر می‌کشید و ناخودآگاه، چشم تر می‌شد:

کوزران بود و شب پر آوا
کوزران بود و مناجات و دعا
کوزران بود و همه خاطره‌ها
کوزران داشت سخن‌ها با ما
کوزران از پس آن کوه بلند
تا سحر زمزمه‌ها بود بلند
آتشی بود به هر جا برپا
عاشقانی به کنارش برجا
وه چه سرسبز درختانی داشت
با نسیمش گل ایمان می‌کاشت
هر طرف خیمه گهی بر پا بود
خیمه‌ها دایرهٔ تقوا بود
سنگ‌سنگش قدم خوبان بود
جای‌جایش هدف ایمان بود.

آن روزها، هیچ بازاری گرم‌تر از بازار محبت نبود. هر چه برای عملیات آماده‌تر می‌شدیم، از دنیا و دنیاپرستان بیش‌تر فاصله می‌گرفتیم. آن روزها با بچه‌های دسته، سرودی را دسته‌جمعی زمزمه می‌کردیم که تا اعماق جان رسوخ می‌کرد. همنشین و مرهمی بود بر دل خستگان راه عشق و صفا:

«امن یجیب المضطر اذا دعاه و یکشف السوء».

خدا روی سوی ما کن؛ ما بی‌پناهیم؛ خدا غرق گناهیم.

یاران همه سوی خدا گشتند راهی؛ خدا جا مانده‌ام من؛ وامانده‌ام من.

راهپیمایی‌ها و رزم شبانه‌ها همچنان تداوم داشت تا این‌که خـبر رسـید مـنطقهٔ عـملیات لو رفته و عملیات لغو شده است. عراق، منطقه را وحشیانه به وسیله توپخانه و هواپیما، شیمیایی زده بود. عده‌ای از بچه‌های بهداری که شیمیایی شده بودند، از منطقه عملیاتی برگشتند. به همین جهت چند گردان قرار شد به مرخصی بروند. یکی از آن‌ها گردان کمیل بود. روز عزیمت بچه‌ها به تهران رسید. قرار شد که من، جواد بهادری، کارگر و مجلل، داوطلبانه بمانیم و مراقب وسایل و چادرها باشیم. سوت و کوری اردوگاه، هنگام غروب آدم را دلتنگ می‌کرد. چند نفری، شب‌ها با هم زیارت عاشورا می‌خواندیم. بعد از آمـدن بـچه‌ها

دوباره به کرخه بازگشتیم.

چند روزی که در کرخه بودیم به علت انتقال وسایل تدارکات از کوزران، چند شب را در بیابان خوابیدیم. البته زیاد هم بد نمی‌گذشت؛ چراکه بیابان‌های کرخه همیشه مهمان‌نواز و دوست‌داشتنی بودند. شب‌ها که مهتاب در دشت جلوه‌گر می‌شد، در نور کم‌رنگش، روح را می‌شد صیقل داد و به جان طراوت بخشید. هنوز هم، مناجات نورایی، نماز شب‌ها را پر سوزوگدازتر می‌کرد و آوای دلدادگانی که مترصد فرصت بودند، در تاریکی شب همچنان به گوش می‌رسید. با این‌که لورفتن عملیات باعث تأثر و افسردگی بچه‌ها شده بود، ولی در عملکردشان هیچ تأثیری نگذاشته بود. گویا کسی تنها برای نماز شب، مناجات و شب زنده‌داری پا به جبهه نگذاشته بود؛ همه و همه، دنبال کسب رضای حضرت حق و «باب المجاهدین»[1] بودند و بس.

دوباره قرعهٔ پدافند مهران، به نام گردان کمیل افتاد و کمیلی‌ها آماده اجرای مأموریت شدند. می‌بایست به شهر مهران، شهر خاطره‌ها عزیمت می‌کردیم. بار دیگر سنگ‌شکن و دشت‌های پر از شقایق مهران را پشت سر گذاشته و روی ارتفاعات قلعهٔ ویزان جا خوش کردیم. این‌بار بچه‌ها با وجب به وجب این منطقه، درد دل‌ها داشتند؛ چراکه هر کدامشان عزیزی را در این جا از دست داده بودند. ساعت چهار صبح بود که داخل سنگرهایمان بودیم. باز هم سنگر بزرگی نصیبمان شده بود و جمعمان جمع بود. سنگر ما نزدیک سنگر گروهان بود. سلسله‌پور، شجاعی و جواد بابایی در سنگر مجاور ما بودند. سنگر باصفای ما هم پذیرای داربُر، نائینی، تقی‌زاده و صبیحی‌فر و چند نفر دیگر شده بود. حسین سلیمانی هم پاسبَخش سنگرهای پُست شب بود. همه دست به دست هم داده بودیم تا این دوران را به بهترین وجه بگذرانیم؛ گرچه از گذشت زمان دل خوشی نداشتیم. اولین صبح را در مهران با زیارت عاشورا شروع کردیم. خط مهران ساکت بود و خاموش. لاله‌های وحشی هم جامه‌درانی کرده بودند. در سنگر ما، همیشه یک عده تا کله سحر، گرم صحبت بودند. سید ضبیحی‌فر با مناجاتش، سنگرمان را نورانی‌تر می‌کرد و داربُر هم با اعمال و رفتارش تداعی‌گر خاطرات شهدا بود. سید هر روز صبح اصرار داشت که زیارت عاشورا بخوانیم. یک روز هم که سرپُست بود، مرا از خواب بیدار کرد و از من خواست زیارت عاشورا برایش بخوانم. هیچ‌وقت یادم نمی‌رود؛ من می‌خواندم و سید همچون ابر بهاران می‌بارید. به‌راستی سید کجای آن عالم را می‌دید که این‌چنین شیفتهٔ رفتن بود؟ در اعمال و کردارش هیچ نشانه‌ای از حُب دنیا به چشم نمی‌خورد. هیچ سنخیتی با دنیادوستان نداشت. خوشا به حال سید و سید سیرتان!

نیروهای دستهٔ ما، سه سنگر کمین و یک خاکریز کوتاه را تغذیه می‌کردند. فاصله کمین ما با کمین عراقی‌ها، حدود بیست متر بود و این فاصلهٔ کم، شوخ‌طبعی بچه‌ها را بیش‌تر می‌کرد. حسین سلیمانی با تیرکمان سربه‌سر عراقی‌ها گذاشته بود. هر وقت عراقی‌ها ناراحت می‌شدند، نارنجکی برایمان هدیه می‌فرستادند و تازه بچه‌ها می‌زدند زیر خنده و سلیمانی به سبک عرب‌ها دادوهوار می‌کرد و مسبب خندهٔ

۱ـ یکی از درهای بهشت که فقط به روی مجاهدین گشوده خواهد شد.

بیش‌تر بچه‌ها می‌شد و این تازه اول درگیری بود. عراقی‌ها که از دستمان کلافه شده بودند خط را می‌بستند به رگبار دوشکا و تیربار. احمد ربیعی - مسئول گروهان ۲ - که همجوار ما بود و مشرف به عراقی‌ها، سریع با شلیک چند موشک آرپی‌جی، سروصداها را می‌خواباند. تازه سر و کله سلسله‌پور و رنجه پیدا می‌شد که می‌گفتند: «چه خبره؟ چکار می‌کنید؛ این‌قدر آتش‌بازی راه نیندازید».

یک شب که لودری آمده بود تا روی سنگرها خاک بریزد، از جانب عراقی‌ها دیده شد. خط ما را با خمپاره و آرپی‌جی ۱۱ زیر آتش گرفتند. همه جا را پر از گرد و غبار کردند. رانندهٔ لودر هم که عین خیالش نبود، آرام و مطمئن، بدون این‌که توجهی به آتش دشمن داشته باشد، کارش را انجام می‌داد و به جلو می‌رفت تا این‌که کار را به اتمام رساند. گروهان ما در آخرین نقطهٔ خط قرار داشت و مانند پیکانی، در محور پدافندی عراق فرورفته بود. نزدیک‌ترین راه به کربلا، همین منطقهٔ مهران بود. ما از سنگر کمین ۲ نزدیک‌ترین فاصله را تا کربلا داشتیم و از آن سنگر با کربلا، با حسین و با یاران به خون غلتیده‌اش مأنوس‌تر بودیم. بچه‌هایی که به این قضیه پی برده بودند، در سنگرهای کمین با سیدالشهدا حال و هوا و راز و نیازی داشتند. از نیروهای عتیقهٔ آن دوران، مسعود نعمتی بود. مسعود بچه کم‌سن و سالی بود و تازه پا به جبهه گذاشته بود. همیشه هم در حال جنب و جوش. یا با اسلحه تیراندازی می‌کرد و یا توی انبار تسلیحات، دنبال تیر رسام می‌گشت. خلاصه با کارهایش نظم خط را به هم زده بود. یک‌بار نزدیکی‌های عصر بود که متوجه شدیم، عراق قسمتی از خط را با دوشکا شدیداً زیر آتش گرفته است. وقتی موضوع را پیگیری کردیم فهمیدیم که مسعود، کلاهخودی را بر سر چوب‌زده و داخل کانال می‌چرخاند که عراقی‌ها هم آن قسمت خط را با دوشکا می‌زدند. وقتی رنجه سر مسعود داد می‌کشید و حرص می‌خورد، قیافهٔ مسعود واقعاً دیدنی بود.

یک شب یکی از برادران روحانی پایش به سنگر ما باز شد. بعد از نماز مغرب و عشا و خوردن شام، سورهٔ واقعه، طبق روال هر شب قرائت شد. یکی رفت سر پُست، بقیه هم رختخواب را پهن کردند. داربُر با حاج آقا گرم صحبت شده بود. داربُر اصرار داشت حاج آقا از اسرار پشت پرده برایش بگوید. آن شب زیر نور بی‌رمق فانوس، در آن سنگر غم‌گرفته، شاید ذره‌ذرهٔ در و دیوار برای آخرین بار و باحسرت به چهرهٔ ملکوتی داربُر که برای پر کشیدن افروخته و منقلب شده بود، نگاه می‌کردند. ما نیز با یک نگاه تا آخر قصه را خواندیم و ساعتی بعد، داربُر جام وصل را سر کشید و به جمع شهدا پیوست. داربُر که زمان وصل را دریافته بود، به بهانهٔ سرکشی سنگرهای نگهبانی از جمع ما بیرون رفت و لحظه‌ای بعد در میان گرد و غبار انفجار خمپاره‌ای محو شد. پیکر پاکش راکنار خاکریز، خون‌آلود از طی طریق عاشقی، در حالی که به مقصد رسیده و روح نازنینش به لقاءالله پیوسته بود، پیدا کردیم. صبح زود که خبر شهادت داربُر توی خط پیچید، سنگر ما که چند روزی میزبان این مسافر کربلا بود، زیارتگاه دوستانش شده بود. چند تن از بچه‌ها، کنار خاکریز دور کلاه آهنی خون‌آلود و سوراخ سوراخش حلقه زده، زانوان غم به بغل گرفته و گریه می‌کردند. داربُر با اخلاص و صفای وصف‌ناپذیرش بالاخره رفت و چشمان گریان ما را به وعدهٔ روز قیامت منتظر گذاشت.

از خاطرات آن روزها، تک‌زدن حسین سلیمانی به سنگر تدارکات و آوردن یک بسته نبات به سنگر بود که با اصرار و نصیحت من و بچه‌های سنگر، حسین تصمیم گرفت نبات‌ها را به تدارکات برگرداند که در راه برگشت بر اثر اصابت ترکش خمپاره مجروح و از رده خارج و به قول بچه‌ها دست دوم شد.

شب، بعد از نماز مغرب و عشا خواستم که به پُست‌ها سری بزنم. هوا گرفته بود. سنگر اول بودم که باران شروع به باریدن کرد؛ آن هم چه باریدنی. طولی نکشید که آب، تمام سنگرها را گرفت. آن شب تردد توی خط خیلی مشکل شده و عراق هم شروع به ریختن آتش کرده بود. در راه سرکشی بـه پُست‌هـا، چندین و چندبار زمین خوردم. چندبار هم کم مانده بود روی مین بروم. تعدادی زمین را هم جریان آب باران، به داخل کانال آورده بود. جنازه‌های دشمن هم که بعد از عملیات در گوشه و کنار دفن شده بودند بر اثر شسته‌شدن خاک بیرون آمده بودند. صبح که آفتاب زد، همهٔ بچه‌ها، پتو و وسایل سنگر را بیرون پهن کردند تا خشک شود. دم غروب، سنگرها به حالت عادی برگشت. بچه‌ها که شب گذشته خسته و کوفته بودند، به خواب عمیقی‌فرو رفتند. نیمهٔ شب بود که با صدای انفجارهای پی در پی، همه از خواب پریدند تا ببینند چه خبر شده است. گروهان‌های مجاور با هم تماس می‌گرفتند تا ببینند سر و صدا از کجاست و برای چیست؟ بعد از سرکشی خط، متوجه شدیم انبار مهمات آتش گرفته است. نیمهٔ شب گـلوله مـنور دشمن که در سطح پایین منفجر شده بود روی سنگر مهمات دسته می‌افتد و سنگر و مهمات داخل آن را به آتش می‌کشد.

روزها از پی هم می‌آمدند و می‌رفتند. آخرین روزهای مأموریت گردان بود. احمد ربیعی توی کانال قدم می‌زد و با خود چیزهایی می‌گفت. گاهی هم شانه‌هایش از شدت گریه می‌لرزید. کسی هم بنا نداشت او را از احوال معنوی‌اش خارج کند تا این‌که کارنامهٔ قبولی احمد هم امضا و با انفجار گلوله‌ای در کنارش، به دیدار سفرکرده شتافت. همه سراسیمه خود را به پیکرش رساندند، اما دیگر دیر شده بود. مرغ عشق از قفس نفس پرِیده بود. دیدن حالت شاداب و خنده‌روی احمد، بعد از شهادت، دل همه را می‌لرزاند. آری احمد هم بعد از داربُر ما را با غم، همنشین کرد.

آخرین روز مأموریت گردان فرا رسید و بچه‌ها با همهٔ خاطرات خوب مهران خداحافظی کردند:

خداحافظ ای نزدیک‌ترین سنگر به کربلا!

خداحافظ ای دشت شقایق‌های وحشی!

خداحافظ ای شب‌های پر ستارهٔ مهران!

خداحافظ ای شهیدان! ای یاران سبکبال!

بعد از تحویل‌دادن خط و بازگشت به کرخه، تمامی گردان به مرخصی رفت.

در تهران که بودیم، مجلس ختمی برای شهیدان مأموریت پدافند مهران ترتیب دادیم. بچه‌های گردان باشور وصف‌ناپذیری در مجلس شرکت جسته بودند. عده‌ای از بچه‌ها هم که چند ماه پیش به خاطر درس و مدرسه از گردان تسویه کرده بودند، در نبود یاران، بیش‌تر می‌سوختند. بالاخره سروته مرخصی را هم آوردیم و از تهران، شهر و بلد گناهان کبیره، فرار کردیم و همان سنگرهای نمور و تاریک خودمان، همان

چادرهای پر از عقرب و رتیل کرخه، همان ساختمان‌های گرم دوکوهه، همان رویدادهای هفتهٔ آشپزخانه و خلاصه همان لباس‌های خاک‌آلود و پرچین و چروک را به هرچه هتل و غذاهای رنگارنگ و لباس‌های آن‌چنانی شهرزده‌ها، ترجیح دادیم. همان بهتر که بعضی نفهمند که توی این بیابان‌ها چه می‌گذرد!

بیش‌تر از یک‌ماه از فصل پاییز نمی‌گذشت. از تهران با قطار رفتیم اندیمشک و از اندیمشک با اتوبوس راهی دیار عاشقان، کرخه، شدیم... (صص ۱۱ـ۳).

□ □ □

حدیث نفس[1] / شهید سیدقاسم ذبیحی‌فر

۶۵/۲/۱ ـ ساعت ۱۰/۷ شب ـ اردوگاه کرخه ـ گردان کمیل

بسمه تعالی

الحمدلله روز را با برنامه شروع کردیم.[2]

در نمازها، به‌طور کلی مقداری زیادی عدم حضور قلب محسوس بود: ذکر، کم گفته شد. مقدار کمی، حالت ریا در کار کردن به وجود آمد. برنامهٔ ریخته‌شده اکثر عمل نشد که نصفش موجّه بوده است. یک غیبت شنیده شد. صبح، مقداری بیخودی حرف‌های شبهه‌دار زدم. تمامش «هذا من غفلتی» بود. ولی الحمدلله با توفیق بی‌انتهای الهی ـ آیهٔ قرآن، آیات روزمرهٔ زیارت، تفکر و دعا ـ مقدار زیادی حالت نشاط به من دست داد که تماماً و کمالاً «هذا من فضل ربی» است.

خدایا! توفیق بیش‌تر عطا کن تا در مقابل مسئولیت بزرگ تمامی نعمت‌هایت، تو را به شایسته‌ترین نوع شکر کنیم. اللّهمَّ اجْعَلْ مَحْیایَ مَحْیا مُحمدٍ وَ مَماتی مَماتَ مُحمدٍ وَ آلِ مُحمد.

والسّلام

۶۵/۲/۲ ـ ساعت ۱۰/۴۰ ـ کرخه ـ گردان کمیل

بسمه تعالی

امروز متأسفانه کارهای مقرر را انجام ندادم؛ که حالمان خیلی گرفته شد. بعد از آن متأسفانه در خوردن پسته زیاده‌روی و حرمان شد. به غیر از یک مورد، تمام موارد یادشده، با مقداری تأخیر انجام گرفت.

الحمدلله رب‌العالمین، یکی از ایام خوبی بوده است که خداوند بر ما منت گذارده و عطا کرده. چیزی به خاطرم نیست. فقط باید در گفتن (حرف‌زدن) بیش‌تر مواظبت کنم.

الحمدالله رب‌العالمین، آیات زیارت، صلهٔ رحم (دیدار از دوستان) انجام شد. تماماً و کمالاً هذا من فضل ربی است و بس.

خدایا! خودت توفیق بیش‌تر عطا کن؛ شاید بتوانم شکر نعمت کنم.

۱ـ **برد ایمان** (یادداشت‌هایی از شهید سیدقاسم ذبیحی‌فر، شهید مرتضی سنگ‌تراش و...). تهران، سازمان تبلیغات اسلامی، حوزه هنری، دفتر ادبیات و هنر مقاومت، ۱۳۷۴. ۹۸ ص.

۲ـ منظور از برنامه، ساعت‌هایی است که سید برای انجام هر کاری معلوم کرده است.

۶۵/۳/۲ ـ ساعت ۶/۵۰

لا تَقف ما لیسَ لَکَ به عِلم ان السّمع وَالبصَرَ وَ الفُؤادَ کل اولئکَ کانَ عَنهُ مَسئُولاً.

بسمه تعالی

یک مورد ریا (نشان‌دادن خود در جمع)، زیاد خندیدن، بی‌حال‌شدن نمازها و عدم حضور در آن‌ها را داشتم. اشک چشم نداشتم، شاید چون زیاد خندیده بودم. برنامه را تا حدود زیادی عمل نکردم؛ ولی به جایش برای صلهٔ رحم و خدمت به رزمندگان رفتم. به همین خاطر، شیطان در طول روز آشکارا به سراغم آمده، فعالیت‌های بسیار مرموزانه‌ای انجام داد؛ ولی الحمدلّله از آن‌جایی که خداوند غیاث‌المستغیثین است، با الهامات خودش، ما را نجات داد.

کارش (شیطان) این بود که ایجاد سئوال کند و در بعضی موارد، خشک مقدسی را به من تلقین می‌کرد. مثلاً وقتی گناهی انجام شد، شروع کرد به بزرگ‌کردن آن تا مرا ناامید کند. تماماً «هذا من غفلتی».

الحمدللّه زیارت که در برنامه بود، خوانده شد و صلهٔ رحم انجام گرفت که همه‌اش «هذا من فضل ربی» بود و بس.

یکی از سئوالات شیطان این بود که می‌گفت: «تو که گناهی مرتکب نشدی، پس چرا گریه می‌کنی»؟ و همچنین از رجائم[1] استفاده می‌کرد.

خدایا! خیلی ممنونم که این همه نعمت عطا کردی. ای خدای کریم! توفیق بیش‌تر بده تا تو را شکر کنم و بیش‌تر عاشقت بشوم، یا اله‌العالمین.

امروز با توفیق و الهام خدا یاد گرفتم کاری را که می‌خواهم انجام دهم، در موقع خودش فکر کنم تا پشیمانی زیاد در عدم اجرای کارها نداشته باشم.

۶۵/۲/۶ ـ ساعت ۲/۵

بسمه تعالی

الحمدللّه رب العالمین، امروز را آن‌چنانی شروع کردم و زیارت خواندم؛ ولی به علت این‌که قرار بود به شهر بروم، برنامه‌ریزی نکردم. به هر حال، صبح بعد از نماز و صبحانه، به شهر رفتم.

امروز صبح، دو نامه از خانه به دستم رسید که خوب صلهٔ رحمی شد.

یک غفلت باعث شد که امروز خلف وعده کنم. هیهات! هیهات! ولی در نمازجمعهٔ باختران[2]، حال خوبی داشتم و با این حال نماز خواندم. در این روز، مقدار زیادی حرف لغو آن‌چنانی، یعنی بی‌معنی، بر زبانم آمد. در عوض پنج آیه از قرآن خواندم.

خلاصه، امروز از طرفی روز نور بود که در آن مسئله‌هایی برایم روشن شد؛ از آن جمله که فهمیدم

۱ـ رجاء: امید

۲ـ کرمانشاه فعلی

خیلی زود عصبانی می‌شوم، و این حالت را شیطان مرموزانه می‌خواهد در درونم نفوذ دهد. والحمدلله که خود خدا الهام نمود. و از طرفی تفکر و دعا نداشتم. خلاصه غفلت سایهٔ سیاهی را بر این نور انداخته بود. انشاالله حضرت مهدی (عج) و ائمه، از ما راضی باشند و خداوند به رضایت ایشان، ما را شهود دهد[۱].

۶۵/۱/۶ ـ ساعت ۱۱/۴۵ شب

بسمه تعالی

با غفلت برنامهٔ آن‌چنانی نداشتم. بعد از نماز، چون خسته بودم خوابیدم که با این حال، اثرات منفی آن تا الآن در تمام وجودم تأثیر گذاشته و خلاصه خدا به فریادم برسد. یک مورد دروغ و چند مورد استماع غیبت شد که به آنان تذکر دادم و گفتم که غیبت نکنید. یک مورد زود عصبانی شدم و تند و نیش‌دار حرف زدم. در طول روز، مقدار کمی ذکر گفتم که به همین علت، تا غروب حال خوشی داشتم. بی‌برنامگی، باعث تلف‌شدن عمر انسان می‌شود. مقداری پرخوری کردیم؛ «هذا من غفلتی».

امروز الحمدلله در تفکرات مطالب جالب و زیادی نصیبمان شد که ان‌شاءالله در یک صفحه جمع‌آوری می‌شود. همچنین امروز موفق به نوشتن نامه به یکی از دوستان شدم. ان‌شاءالله با توفیق الهی، تنبلی را کنار گذاشته، در جهت رضای خدا و ائمه حرکت می‌کنم. امروز خیلی غفلت کردم که باعث آن، همین خوابِ بعد از نماز صبح بود.

۶۵/۱/۷ ـ ساعت ۱۰/۴۶ ـ اردوگاه کرخه

والّذین اذا فَعَلوُا فاحشَةً ظَلمُوا انفسَهُم ذَکروالله و فاستغفروا الذُّنوبُهُم و من یغَفِرالذُّنوبَ اِلّاالله و لَم یُصِرّوا علی ما فَعَلوا و هم یَعلمون.

آل عمران ـ ۱۳۵

بسمه تعالی

الحمدلله با برنامه و حالی آن‌چنانی وارد امروز شدم؛ ولی در وسط روز، بی‌حالی و تنبلی به سراغم آمد. اصلاً حال انجام کاری را نداشتم. البته عقلم دائماً در حال هشدار بود و به من می‌گفت که برنامه‌ریزی کن؛ ولی عملاً کاری نکردم. به هر جهت، حال خوش دوباره نصیب ما شد. به لطف خدا توانستم مقداری به رزمندگان خدمت کنم. زیارت و آیات هم خوانده شد و نمازها هم خوب بود و مقداری حال داشت که تماماً «هذا من فضل ربی» است. نتوانستم بقیهٔ برنامه‌ها، به جز قرآن را به اجرا بگذارم و این نشان‌دهندهٔ آن است که شیطان راه نفوذی را می‌خواهد پیدا کند. اعوذبالله من شیطان رجیم. در مقابل تمام کارهایم قرار گرفت و ایجاد سئوال می‌کرد که نکند ریا شود. امروز متوجه شدم که شیطان یواش یواش از همین‌جا راه نفوذ را پیدا کرده؛ برای مبارزه باید آماده شوم.

۱ـ شهود دهد: به مقام شاهدی و شهادت برساند.

۶۵/۱/۸ ـ ساعت ۱۰/۱۰ ـ اردوگاه کرخه

بسمه تعالی

الحمدلله رب‌العالمین، امروز را با حال خوش آغاز کردم. زیارت نیز خوانده شد؛ ولی از این به بعد، به علت رفتن به شهر، برنامه‌ریزی فسخ شد. امروز، روز خیلی بابرکتی بود و خدا توفیق داد تا صلهٔ رحمی کرده و با حاج خانم و آقا محمود و عمو حجت و آقا محسن[1] تلفنی صحبت کنم. امروز بعد از این مرحله، روحم عجیب شاد و سرحال شد و احساس سبکی می‌کنم. الحمدلله ذکر خدا زیاد گفتم؛ بیش‌تر از روزهای دیگر؛ که همه‌اش «هذا من فضل ربی» است و آیات نیز اجرا شد. چند مورد ذهنی ریا پیش آمد که الحمدلله سریع رفع شد! می‌توانم بگویم امروز روز نورالعظمی بود! حال نماز هم بد نبود. امروز نیز شیطان به فعالیت مرموزانهٔ خود ادامه داد و در صدد توجیه ریا بود که الحمدلله کاری که باید انجام می‌شد، شد.

خدایا! هر لحظه بر توفیقات ما بیفزا و ما را ادامه‌دهندهٔ راه شهدا قرار بده.

۶۵/۱۰/۱۰

ما اَصابَ مِنْ مُصیبةٍ اِلاّ بِاذنِ وَ مَن یُؤمِن بِاللّهِ یَهْدِ قَلبَهُ وَاللّهُ بکُلِّ شَیءٍ عَلیم.

تغابن ـ ۱۱

بسمه تعالی

صبح را الحمدلله رب‌العالمین، با برنامهٔ آن‌چنانی شروع کردم و بعد از زیارت، به صبحگاه رفتیم.

امشب وقتی برای بار اول رزم شبانه داشتیم و از خواب بیدار شدم، احساس روحی عجیبی داشتم و مثل این‌که در خواب، روحم به جاهایی رفته و خشنودی عجیبی به من دست داد.

۶۵/۱/۱۱ ـ ساعت ۱۰/۵۰ دقیقهٔ شب

بسمه تعالی

الحمدلله رب‌العالمین، امروز را آن‌چنانی شروع کردم و در جوار آقا جواد، از خواب بیدار شدم. وقتی که بار اول دیشب از خواب برای رزم شبانه بیدار شده بودم، حالت عجیبی داشتم. بعد از ظهر وقتی داشتم جزوهٔ اصول عقاید سپاه را می‌خواندم، یادم آمد که دیشب یک خواب دیده‌ام و فقط یک قسمت آن را به یاد دارم که: دو بلیت مشهد در دو دستم دیده‌ام و حرف از رفتن و برگشتن با هواپیما به مشهد بود. نمی‌دانم چگونه بود؛ ولی خواب را نورانی احساس می‌کردم.

امروز، به علت مریضی، آیات را نخواندم و به همین علت، یک کسالت روحی بر من چیره شد. یک مورد غیبت بود که در صدد رفع آن برآمدم.

۱ـ اعضای خانواده

امروز متأسفانه حضور قلبی، و در جمع[1]، خلوتی نداشتم و این در کل روز، تأثیر شگرف گذاشت. قرار شد فردا صد تا صد تا به ترتیب در طول روز صلوات نذر کنم و فعالیت و مسائل مطالعاتی و تحقیقاتی را زیاد کنم.

۶۵/۱/۱۹

بسمه تعالی

امروز به علت نوشتن وصیت‌نامه که تا پاسی از شب گذشته طول کشید، برنامهٔ آن‌چنانی نداشتم و به خاطر مسئلهٔ زیاده‌روی در غذا، نماز صبحم بی‌حال شد.

امروز صبح، طی مجادله‌ای که پیش آمد، زبانم زیادی کار کرد و دلم ناراحت شد و مقداری حرف‌های بی‌ربط زدم که باعث رنجش یکی از برادران شد. نمی‌دانم چگونه رضایت او را جلب کنم!

۶۵/۱/۲۰ ـ شهر فاطمیون[2]

بسمه تعالی

الحمدللّه رب‌العالمین، امروز را آن‌چنانی، ولی با حال کم شروع کردم. امروز از صبح تا به حال احساس می‌کنم زیاد صحبت کردم.

الحمدللّه رب‌العالمین، امروز خداوند عزیز مرحمتی بس عظیم کرد. بعد از خوابیدن قبل از ظهر، حال توبه‌ای عطا کرد و متوجه غفلتم شدم؛ خدا را شکر کردم.

۶۵/۱/۲۲ ـ ساعت ۸/۰۴ شب ـ فاطمیون

بسمه تعالی

الحمدللّه رب‌العالمین، امروز را با حال خوبی شروع کردم و نمازها نیز باحال بود. از چند روز قبل، همه‌چیز پیش چشمانم، پوچ و تلاش‌ها بی‌حاصل به نظر می‌رسید؛ ولی به لطف خدا امروز غروب، این مسئله حساس را حل کردم. شیرینی زندگی به همراه پرهیزکاری را احساس کردم که فکر می‌کنم آن کسالت، به خاطر طلب شهادت بود و این خود یکی از ریزه‌کاری‌های شیطان و شاید هم یک امتحان الهی باشد.

امروز بعد از ظهر، سوار ماشین شدیم که به خط برویم؛ ولی برگشتیم.

امروز کمی زیاد خوردم و زیاد حرف زدم که ان‌شاءاللّه از فردا قرار شده که هم خدمت زیادی انجام

۱ـ اشاره به دعایی است از امام سجاد (ع) در **صحیفهٔ سجّادیه** که می‌فرماید: «خدایا! در انبوه جمعیت، به من تنهایی عطا فرما».

۲ـ نامی است که رزمندگان اسلام بر شهر فاو گذاشته بودند.

داده و هم اعمال مرتب و بی‌وقفه ادامه پیدا کند و همچنین تفکر و ذکر نیز زیاد گفته شود.

شکر خدا، مجموع آیات مقرر خوانده شد.

۶۵/۳/۳ ـ ساعت ۱۰/۲۵ شب ـ کرخه

بسمه تعالی

امروز نزدیک ساعت ۱ بعدازظهر، به کرخه رسیدیم و صبح ساعت ۶/۵ یا ۷ بود که از اروند حرکت کردیم. آری امروز بعدازظهر که به دیدار رسول، مرتضی و اکبر رفته بودم، خبر عروج خونین و پرواز داداشم سیدمحمود را شنیدم. او را درک نکرده بودم؛ ولی در صدد درکش بودم. استاد بود. به قول صفر صادقی، سید شهید زندگی کرد و شهادت حقش بود. آری یکی دیگر از داداش‌هایم رفت و رفیق نیمه‌راه شد و یا نه، بگویم من رفیق نیمه‌راه او شدم. او، با پروازش، نوری در افق زندگی‌ام شد. هنوز باورم نشده که دیگر در میان ما نیست.

الهی، تو می‌دانی چه می‌خواهم؛ خودت عطا کن.

۱۰/۳۰ ـ بعدازظهر ـ کرخه

بسمه تعالی

الهی! تو را شکر که خودت فراهم کرده و خودت توفیق عطا می‌کنی.

روز را آن‌چنان که باید، شروع کردم. بعد از نماز، زیارت عاشورا خوانده شد و بعد از صبحگاه، به چادر برگشتم. در جزئی می‌بینم که کُلاً حرف زیاد زده شد و دیگر، بلند بلند صحبت‌کردن و استعانت از غیر در انجام امور نیز داشتم.

امروز، به خاطر نفاق درونی و جدال درونی نفس اماره که چند روزی سعی به ظاهرشدن داشته، برنامهٔ آن‌چنانی نداشتم و بی‌برنامگی باعث شد که بیش‌تر عمرم تلف شود.

امروز ۳۲۰ دقیقه مطالعهٔ اخبار و سخنرانی داشتم و کمی هم تفکر.

۶۵/۳/۵ ـ ساعت ۸/۱۵ ـ کرخه

بسمه تعالی

خدایا! تو را شکر می‌کنم که مرا به خود نزدیک می‌کنی و از تو مسئلت دارم که مرا در شکرگزاری این نعمت عظیم یاری دهی تا بتوانم خالص‌تر از همیشه، تو را عبادت کنم.

امروز، بعد از نماز، زیارت عاشورا خوانده شد. بر سر سفرهٔ صبحانه، یک برخورد خیلی تند و نادرست انجام دادم که هر چند امر به معروف و نهی از منکر بود، ولی نباید در جمع مطرح می‌شد و شاید این خطا، معصیتی بزرگ باشد.

امروز، به خاطر رفتن از کرخه به دوکوهه، برنامه پیگیری نشد؛ ولی به جای آن، صلهٔ رحم کردم. در

صحبت‌ها سعی شد که ذکر خدا فراموش نشود.

امروز مقداری از سنگینی سینه‌ام و آن‌چه که در قلبم می‌گذشت، برای کسی اهل‌دل بازگو کردم و خود را سبک ساختم و به آن‌که باید بگویم، گفتم. در نمازهایم، الحمدلله تا حد زیادی، حضور قلب بود.

۶۵/۳/۱۰ ـ ساعت ۱۲/۴۵ ـ تهران

بسمه تعالی

الحمدلله رب‌العالمین، امروز روز را آن‌چنان که باید، شروع کردم؛ ولی نه چندان سنگین و پربار. بعد از سحری و نماز، زیارت خوانده شد.

امروز، برنامه را عمل نکردم؛ چرا که فکرم مشغول امتحان فردا، یعنی امتحان ریاضی بود. نمازهایم مقدار خیلی کم ناخالصی داشت و سعی بر این بود که چراغ حضور را روشن نگاه دارم. خدا را شکر که ما را قبول کرد و به مجلس خود راه داد.

ناگفته نماند چند روزی است ـ یعنی از لیلةالقدر ۱۹ رمضان ـ چیزی در دلم مانده که مربوط به گذشته‌های خیلی دور می‌باشد که هم اکنون آزارم می‌دهد. علتش شاید کم‌حالی خودم باشد؛ چرا که یک‌دفعه از منطقه به تهران آمدن و از آن همه برنامه‌های متنوع در رابطه با تزکیه و خویشتن‌داری دست‌کشیدن، باعث خلأ می‌شود. به همین جهت، ته دلم سنگین است. یعنی خدا در این چند شب پر برکت از ماه رمضان، مرا می‌پذیرد؟

امروز، عید ما بود؛ که حضرت امیر (ع) فرمودند: هر کس که در روزی گناه نکند، آن روز، عید اوست.

ان‌شاءالله برنامه را پی می‌گیرم.

۶۵/۳/۱۳ ـ تهران

بسمه تعالی

الهی! از تمام نعمت‌های عظیمت که بر من عطا کردی، تو را شکر می‌کنم؛ شکری که انتهایش، دادن خون در رضایت باشد. شکر از این‌که توفیق شرکت در این میهمانی عظیم را نصیبم کردی.

الحمدلله امروز را با نیم حالی شروع کردیم. شیطان که نماینده‌اش الآن در وجودمان است، از همان صبح تنبلی را در تنم انداخت و از غفلتم استفاده کرد و نگذاشت تا برنامه‌ای داشته باشم.

امروز، سوار موتور که شدم، شیطان از پس من می‌آمد و باعث یک‌سری خودنمایی و ریا ـ هر چند خیلی کوچک ـ در قلبم شد. ان‌شاءالله که باعث عدم حضور نشود.

۶۵/۳/۲۲ ـ ساعت ۱۲/۴۰ نیمه‌شب

بسمه تعالی

الهی! تو را شکر که سعادت را برای ما قرار دادی و تو را شکر که بالاترین سعادت را شهادت در

راهت گذاردی.

الحمدللّه رب‌العالمین که خداوند کریم، روز دیگری را هم بر من منت گذاشت و نعمت حیاتم بخشید.

امروز تا قبل از اذان مغرب تقریباً گرفته بودم؛ ولی بعد از آن، با الهامات الهی متوجه شدم که اعمالم به‌گونه‌ای است که موجب دوری از وجود حق می‌شود؛ خصوصاً زیاد صحبت‌کردن و عدم حضور قلب که شاید از همین ناشی می‌شود. شیطان، به این طریق، انسان را از ذکر بازمی‌دارد و دین را از انسان می‌گیرد.

الحمدللّه امشب، خداوند حال خوبی عطا کرد. تصمیم بر آن است که ان‌شاءاللّه با سکوت، حکمت الهی نصیبمان شود و از این نعمت، در راه قرب حق کمک بگیریم.

۶۵/۳/۳۰

بسمه تعالی

الحمدللّه، امروز فهمیدم که سکوت، چاره‌ساز مسئله است و باید که علاوه بر سکوت، کم‌تر تنها باشم تا داشته‌ها را در اختیار دیگران هم قرار داده، از خرابی ذهنم، با این کار جلوگیری کنم.

ان‌شاءاللّه برنامه‌ها نیز کمک بیش‌تری در رابطه و برای تقرب به حق، به بنده می‌نماید.

خدایا! خودت می‌دانی که خیلی تنها شده‌ام؛ بیش‌تر از آن‌چه که انتظار داشتم. خودت می‌دانی که زندگی در این محدودهٔ کوچک برایم چقدر مشکل است. خدای من! از تنهاییم برهان و مرا به قافلهٔ دوستان شهیدم برسان. دوست دارم آن‌چه را که تو دوست داری؛ یاغیاث‌المستغیثین! یا رب‌العالمین!

یادداشت‌های پایان هر ماه

خدایا! ترا شکر می‌کنم از این‌که ما را مورد لطف و کرمت قرار دادی و ما را هدایت کردی به راهی که آن راه را اولیا طی کرده‌اند.

این ماه، ماه خون بود. این ماه، ماه شهادت دیگر یاران بود. این ماه، ماه هجران من با دوستان بود. کجایید ای یاران قدیمی؟ بیایید به استقبال دوستانتان.

در این ماه، شهید سیدمحمود موسوی پرواز کرد و به مادرش حضرت زهرا (ع) اقتدا کرد و جسم و روحش را تقدیم نمود. سیدمحمود، با رفتنش، خلأ بزرگی در ذهنم ایجاد کرد و با گذشتن این نور عظیم در قلبم، رفیق و برادر نیمه‌راه شد و در تنهایی مطلقم قرار داد و همچنین صفر رحمتی، به دنبال برادرش سیدمحمود شفاعت شد و او نیز از این دنیای فانی رخت بربست. به یاد آن‌ها هستم؛ چرا که شاید من با نرفتنم، رفیق نیمه‌راه شدم.

خدایا! تو خودت می‌دانی چقدر در سختی هستم. تا کی هجران دوست بکشم؟ پس زودتر عاشقم کن، محبتم را زیاد کن، پیش خودت بخوان که منتظرم.

۱۶ تیر ۶۵

بسمه تعالی

الهی! خودت می‌دانی که از فرط خجالت قلم نمی‌گردد و اصلاً نمی‌دانم چگونه از تو معذرت بخواهم. فقط می‌گویم که الهی! به عزّت و جلالت، یعنی به حسینت (ع)، مرا ببخش.

امروز متأسفانه نمازهایم اصلاً حال نداشت و همچنین نمازم را دیر خواندم. خدا می‌داند امروز چه‌قدر سعی کردم؛ ولی از همین الآن با خدایم و ائمه و خون شهدا تجدید عهد می‌کنم که:

از شهواتم کم کن، ان‌شاءالله.

سکوت و کم‌حرفی در طول روز، ان‌شاءالله.

ذکر از راه تفکر، ان‌شاءالله.

توسل را زیاد کنم، ان‌شاءالله.

حسین جان! کمکم کم در راه تو باشم.

۱۵ و ۱۶ مهر

الهی! اگر بر این احوال بی‌حال من نظر نکنی، وجودم خالی از تو شود. تو غفور و مهربانی؛ نور هدایت ائمه را از وجود ما مگیر.

دوست دارم سورهٔ زُمر را بارها و بارها بخوانم. خدایا! در زندگی من، لطف و کرم تو به‌آسانی دیده می‌شود. به‌عینه می‌توانم ببینم تسبیح، ملک و ملکوتت را. مرا نیز در این تسبیح، سهمی بدار تا آن‌گاه در صراط مستقیم گام بردارم.

خدایا! می‌دانم که امروز توشه‌ای برنداشتم؛ ولی تو راهنمای من باش.

۱۴ آبان ـ ساعت ۹/۲۰ شب ـ مهران

بارالها! اگر مرا لذّتی در ماندن و زندگی باشد و اگر شوق رسیدن و وصل‌شدن، در وجودم گم گردیده، از غفلتی است که بی‌حضور درک تو پدید آمده و نفهمیدم لقایت را.

خدایا! تو خوب می‌دانی که محنت ماندن را فقط و فقط به عشق «مَحْیایَ مَحْیا مُحَمَّدٍ وَ مَماتی مَماتَ مُحمَّدٍ وَ آلِ مُحمَّد». می‌پذیرم؛ چراکه حیات من آنیست که موجب خشنودی تو باشد. و از وجود ائمه که تو آن‌ها را برای هدایت من فرستادی، بهره گیرم. مگر تو مرا بنده بخوانی و این برایم لذتی بی‌نهایت است.

۶۶/۱/۱۵

بسمه تعالی

هشدار: آیا وقت آن نرسیده گرویدگان ظاهری، از باطن به خدا بگروند و دل‌هاشان به یاد خدا خاشع گردد و به آن‌چه از حق نازل شد، توجه کنند و مانند کسانی که پیش از این برایشان کتاب آمد (یهود و

نصارا) نباشند و دورهٔ طولانی بر آن‌ها گذشت و دل‌هاشان رنگ قساوت گرفت و بسیاری فاسق و نابکار شدند.

الهی! خجلم که این‌گونه با تو رفتار کردم. روز را گذراندم و دست تهی به شب رساندم؛ تهی از رضایت کاملت. در حالی به پیشواز سال نو می‌روم که خبر شهادت بهترین دوستان معنوی‌ام به من می‌رسد. در حال واماندگی، با روحی پر تلاطم و مشوش، به این تقدیر راضی می‌شوم؛ فقط بدان امید که تو خود کمک کنی و همراه با سال نو، تفکرات و اندیشهٔ نو و شور و شوق رسیدن به لقای دیگری، مرا عطا کنی. قلبم را نو کنی تا ذکرت را نو کنم و فکرم را نو کنی تا کردارم را نو کنم.

بحمدالله، امسال زیاد خود را محاسبه کردم و این باعث شناخت بیش‌تر من شد.

خدایا! چگونه با زبان و قلم ناتوانم شکرت کنم؟!

بسمه تعالی

قرآن مجید، الگوهای زیادی برای زندگی به انسان می‌دهد و این الگوها بعضاً جهت عمل به آن است و بعضی دیگر را نهی از عمل بدان کرده است. تمام الگوها علاوه بر این‌که برای شناخت بیش‌تر انسان‌هاست، ولی بعضی از آنها صرفاً به‌خاطر آگاهی ماست و هیچ‌گاه نباید به مرحلهٔ عمل برسد. و دیگر الگوهای قرآنی که به تأیید رسیده، در راستای عمل بدان است.

در قرآن، الگوی خیر و شر، به‌طور کامل آورده شده؛ به‌طوری که حتی بعد از معرفی یک الگو، خصوصیت‌های کلی و جزئی آن‌را درمی‌یابیم و برای هضم آن نیز شاهد مثال و محمل نیز هستیم. مثلاً اگر در مورد نفاق بحث می‌کند، بعد از تشریح آن، نفاق را در اعمال منافقان ترسیم می‌کند. در سورهٔ قلم، ابتدا اشاره به این مطلب می‌کند که بس شنیدنی است. این الگو که در این‌جا مطرح می‌شود، برای شناخت ما انسان‌هاست. خصوصاً توصیه به مسلمین و مؤمنین می‌شود تا شناخت کامل از نفاق و منافق داشته باشند و در جامعه با آنان دوستی نکنند و همچنین خود دچار نفاق نگردند؛ چه دانسته و چه ندانسته.

۶۶/۱/۲۳ ـ به یاد شهید محمد رجبی

بسمه تعالی

او[1] در دو خصوصیت خلاصه می‌شد: سکوت، که از سادگی و پاکی او بود و خلوصش، که حاکی از ایمان قوی او. فکرش در خودش جمع شده بود. سکوتش نشان از تفکر و خلوت فراوانش می‌داد. عشقش به خدا بود و عاشق‌شدنش را مدیون او. وجودش آغشته به محبت اهل‌بیت (ع) بود. و از علاقهٔ شدید به احادیث، این محبت در دلش موج می‌زد. چگونه رفت؟ از کدام طرف سبقت گرفت؟ اصلاً نفهمیدیم. در آغوش یار رفتن جداً همین‌گونه است؛ چراکه او نه محصور در زمان و نه محدود به مکان

۱ـ او: شهید محمد رجبی

است. چگونه شد که ما ماندیم و یاران همه می‌روند؟ آنان‌که از ما جلوتر بودند، رفتند؛ ولی شگفتا که سابقون چگونه از ما می‌گذرند! آری همه رفتند و ما جا ماندیم.

ای خدا! فرض نه این است که ما از ابراریم و بالا می‌رویم؛ ولی تو خود می‌دانی که دوستدار توایم.

هوالعالم العظیم

ای خانواده‌های شهدا و ای دوستان شهدا! برای چه نشسته‌اید؟ چرا سکوت اختیار کرده‌اید؟ مگر چه شده است؟ آیا فرج عظما رسیده؟ آیا پیروزی نهایی به دست آمده؟ چرا دیگر پیام شهدا را بازگو نمی‌کنید؟ تازه، آغاز رساندن این پیام به گوش جهانیان است. محرم از راه می‌رسد و ما باید این پیام را با عاشورا همراه سازیم. زینب (س) خود را آمادهٔ رساندن بار سنگین این رسالت کرده است و اگر شهدا رفته و خود را به کاروان حسینی واصل کرده‌اند، هنوز کاروان زینب (س) و امانت‌داران خون شهدا و پیامداران عاشورا، به انتهای حرکت خود نرسیده. آیا کاروان حسینی را دیده‌اید؟ پس چرا توقف کرده‌اید؟ به انتهای مسیر رسیده‌اید که این‌گونه پا از راه کشیده‌اید؟! اولین کاروان را زینب (س) و امام زین‌العابدین، از هزار و سیصد و اندی سال پیش به راه انداختند. و هنوز این کاروان از حرکت باز نایستاده. قلم‌ها را به کاغذها بتازانید، زبان‌ها را در گفتار، و فواید را در کردار ببندید .و همه و همه را در خدمت رساندن پیام شهدا به کار گیرید. نبردی تازه در پیش است. رسولان خون شهیدان! رسالت را آغاز کنید.

بسمه تعالی

خدایا! تو خوب می‌دانی که آن‌چه از لبانم بعد از نماز و سر سجاده به گوش می‌رسید، نه حرف‌های من، که گفته‌های تو بود و من نمی‌دانستم که چه بگویم و از کجا شروع کنم.

این ماه، ماه تولد چند تایی از ائمه‌اطهار (ع) می‌باشد. باید که در قلبمان و همچنین در اعضا و جوارحمان، اثرات این شادی مشخص شود. اگر بنا به هر یک ـ چه شادی در سرور ائمه و چه غم در عزای ائمه ـ باشد با توجه به این‌که هم خدا، هم ائمه، و هم شهدا، ناظر بر اعمال ما هستند، پس اعمال را هم فقط به‌خاطر خشنودی ایشان انجام دهیم. آن‌جا که امام صادق (ع) می‌فرمایند: شیعیان ما در غم و اندوه ما اندوهگین هستند و در شادی ما خرسند، مگر غم و اندوه، جایی به جز دل دارد؟ حال نیز که بنا بر شادی است، چه خوب است از اعماق جان شاد باشیم.

۶۶/۱۱/۲۳

دلم از آن‌چه که فکر می‌کنم، گرفته؛ از آن‌چه که می‌بینم، گرفته؛ از آن‌چه که می‌شنوم، گرفته. چه باید کرد؟ یابن‌الحسن! اگرچه تو را نیافتم، ولی محب توام. اگرچه نمی‌توانم حسینی باشم، ولی مرا به نوکریت بپذیر. از صبح که مرا بیدار کردی و نعمت حیات دیگری را در روزی نصیبم ساختی، اندوهگین و خسته بودم. تو خود در تمام مراحل زندگی‌ام شاهد بودی که تلاشم برای رسیدن به تو بود. یابن الحسن! نمی‌دانم الآن که

می‌خواهم به خواب یا مرگ موقت بروم، چگونه پرونده‌ام را فراروی خود می‌گیری و بر آن‌چه درون آن نوشته، خوشنود می‌شوی یا ناراضی. دوست داشتم که هنگام رؤیت پرونده‌ام، شاد شوی، نه این‌که از دیدگان نازنینت، اشک غم جاری شود.

بسمه تعالی

انسان در طرز برخورد با افراد مختلف باید چند مسئله را در مد نظر داشته باشد، آن‌گاه لب به سخن گشوده و یا دست به عمل زند. اول این‌که باید سعی در این باشد که مطالب، کامل انتقال پیدا کند و برعکس، سخن از غیر در میان نباشد (غیبت). حرف‌ها از دل برآید. بیان مطالب باید با روح و اندیشهٔ طرف سازگاری داشته باشد. برای این باید قبل از هر کاری روح او را سنجید. آن موقع هست که ابزار صحبت در دست ماست و آن‌چه که باید بیان می‌کنیم. از جمله طنز؛ عرفان؛ علم؛ عمل؛ و... . در تمام برخوردها باید احترام متقابل حفظ شود؛ چرا که هم در برخورد تأثیر سوء نمی‌گذارد و هم باعث کدورت نمی‌شود.

بسمه تعالی

خدایا! جانم را که یکی از نعمت‌های توست، فنا کن در بقایی که با رضایت تو همراه باشد.

خدایا! از این‌که صبحگاهان مرا با ملایکت که مژدهٔ بشارت می‌دادند، همدوش کردی، متشکرم. من همچون قطره‌ای می‌مانم در مقابل دریای رحمت تو که نمی‌توانم شاکر این‌همه نعمت باشم؛ ولی دوست دارم همان‌گونه باشم که تو می‌خواهی. دوست دارم عاشق باشم. دوست دارم از «اَحسَن عِبادِک» باشم. دوست دارم خالص باشم.

بسمه تعالی

قرآن‌ها را باز کنیم. گفتار خدا را که پیام شهداست، در این میان سلاح خود سازیم و کلام پر نور آن را ره توشهٔ خود. سیرهٔ ائمه (ع) را تاکتیک این رمز قرار دهیم. ای عزیزان! عملیات را این‌گونه شروع کنیم:

شعارمان هنگام فتح «تَوَکَّلتُ عَلَی‌اللّه» باشد و رمز عملیات را هجرت الی‌اللّه قرار دهیم. نور فیض را توسط ائمه بر دل‌ها جاری کنیم و اسلحه را بر دوش بکشیم. ای رسولان! برای ابلاغ رسالت باید تمام دروس یاوری را آموخت. قرآن را بشناسیم؛ احکام قرآن را درک کنیم. با سیرهٔ ائمه آشنا شویم و با آن خود را بیازماییم و کردارمان را به آن نزدیک کنیم. و تا این درس را نیاموزی، هیچ‌گاه نمی‌توانی پیام‌رسان خون شهدا باشی. وقت آن است که در این برهه، ملت را دعوت به استقامت کرد.

در مقابل شهادت عزیزانی چون مهران، اکبری، سعید و بهمن[1] به جای تحرک بیش‌تر، فعالیت

۱ـ از دوستان

بیش‌تر، حال بیش‌تر، متأسفانه برعکس شده. راه برایم دشوار شده. نمی‌دانم در چه حالی هستم؛ متقی، نیکوکار، زاهد! گویا روح معنوی از من بر کشیده.

چه مراحلی را قوم موسی گذراندند. در آخر خداوند می‌فرماید که دل‌هاشان را قساوت گرفت. از نظر قرآن، ایشان اعمالی را مرتکب شدند که این گونه خداوند به سنگ و کم‌تر از سنگ شبیه نمود و با این رفتار و کج‌اندیشی، دیگر جایی برای رحمت حق باقی نگذاشتند و قلبشان که محفل خدا بود، آن‌قدر آلوده شد که سختی سنگ از آن بهتر است.

نوشتن دو موضوع، مرا مشغول داشته؛ نخست این‌جا مدینهٔ فاضلهٔ بشریت است و یا این‌جاست مدینهٔ فاضلهٔ بشریت که در مورد جامعهٔ عظیم و پرشور و هیجان جبهه که جامعه‌ای اسلامی است و برخوردها و رعایت اصول اساسی اجتماعی و خصوصاً انفرادی در آن باعث ایجاد این مدینهٔ فاضله شده و بیان تمثیلاتی از این وادی که چهرهٔ این مدینهٔ فاضله را روشن کرده. دوم، موضوع نوشتن داستان‌های مختلف که نشأت گرفته از رخدادهای زندگی‌ام در طول این چند سال است. باید حوادث مهم را به کاغذ بیاورم؛ مثل شنیدن خبر شهادت علی خجابی (صص ۱۰ـ۴۳).

□ □ □

بُرد ایمان[1] / یادداشت‌های شهید مرتضی سنگتراش

بسم‌الله‌الرحمن‌الرحیم

امروز صبح، از خوابِ بعد از نماز دل کندم و اجباراً راهی کوچه و محل شدم. بعد از گشت بی‌موقع و سر و گوشی که در محل آب دادم، باز به خانه برگشتم تا برای صبحانه فکری کنم. ساعت حدود ۱۰ صبح بود. با این‌که هنوز اما همین که بوی جبهه به مشاممان خورده بود، از چند روز قبل، کار و زندگی را تعطیل کرده بودیم. بعد از یک استراحت طولانی، به خاطر مجروحیت و معلولیت و همچنین شهیدشدن مهدی، دلم برای همچنین روزی پر می‌کشید. دیگر حالم داشت از همه‌چیز به هم می‌خورد. خیابان‌ها، کوچه‌ها و دیوارها برایم کسل‌کننده بود. زنگ در به صدا درآمد و من که منتظر محمدرضا بودم، دم در رفتم. خودش بود؛ یعنی محمدرضا مصلح. گفت: «اگر حاضری، راه بیفت». من هم بعد از خداحافظی از خانواده، مثل کبوتربچه‌هایی که تازه پروازکردن را یاد گرفته‌اند، به شوق پرواز، از لانه زدم بیرون.

به خانواده سفارش کردم که به مادر مهدی (شهید مهدی) نگویند که عازم جبهه هستم؛ چرا که می‌دانستم دل‌نگران خواهد شد؛ چرا که جای خالی مهدی را من پُر کرده بودم. البته خودم این فکر را نمی‌کردم بلکه آنان راجع به من این‌گونه قضاوت می‌کردند. ولی به هر جهت، مادر مهدی قبل از حرکت ما خبردار شد و برای بدرقه، خودش را به ما رساند. من هم مشغول خداحافظی با بر و بچه‌های محل بودم که دیدم برادر مهدی نیز آن‌جاست. به محمد ـ برادرم ـ گفتم چه کسی آنان را خبر کرده؟ او گفت: «نمی‌دانم؛ خودشان خبردار شده‌اند».

خداحافظی با مادر مهدی، خیلی سخت‌تر از خداحافظی با خانوادهٔ خودم بود. گریه‌های غریبانهٔ مادر مهدی، مرا نیز به گریه انداخت و من فکر می‌کردم مهدی نیز آن‌جا بود. به هر جهت، به‌سختی خداحافظی کردم و با ماشین پدر محمدرضا مصلح، تا پایگاه مالک رفتیم. کارهایمان را ردیف کردیم و رفتیم تا در صف لباس بایستیم. تا زمانی که در صف لباس بودیم؛ دو سه تا از بچه محل‌های دیگر ما نیز برای خداحافظی آمدند؛ از جمله احمد تورانی که برای ما مقداری بادام هم آورده بود. گفت: «بادام‌ها را برادر شهید پورتقی داده تا در حین راه، آن‌ها را بشکنید و سرتان گرم باشد».

صف لباس همچنان کوتاه می‌شد و ما نیز در آن به جلو می‌رفتیم تا لباس‌های خاکی و بسیجی را که از تار و پود عشق و شهادت تافته شده بود، تحویل بگیریم و بر تن کنیم. به قول حضرت امیر (ع) که

۱ـ **برد ایمان** (یادداشت‌هایی از شهید سیدقاسم ذبیحی‌فر، شهید مرتضی سنگ‌تراش و...). تهران، سازمان تبلیغات اسلامی، حوزه هنری، دفتر ادبیات و هنر مقاومت، ۱۳۷۴. ۹۸ ص.

می‌فرماید: لباس سربازی، لباس شرافت و حریر بهشت است، ما نیز در پوشیدن این لباس، لحظه‌شماری می‌کردیم. به‌راستی که انسان، این‌قدر احساس سبکی نمی‌کرد که در لباس خاکی و بی‌آلایش بسیجی!

جیره‌مان را که تشکیل شده بود از یک دست لباس، یک مسواک، یک خمیر دندان، یک حوله و یک جفت پوتین، گرفتیم و به گوشه‌ای رفتیم تا بپوشیم. لباس‌ها برای ما خیلی بزرگ بود؛ ولی پوشیدیم. قیافهٔ خنده‌داری پیدا کرده بودیم. با گِت‌کردن شلوار و بالازدن آستین پیراهن، قدری از بزرگی آن کاستیم و راهی غذاخوری شدیم. این بار، اول غذا خوردیم و بعد رفتیم سراغ نماز؛ چرا که اگر دیر می‌کردیم شاید غذا به ما نمی‌رسید.

بعدازظهر، ما را راهی پادگان ولی‌عصر کردند. بچه‌های بسیجی، از کلیهٔ پایگاه‌ها آمده بودند و پادگان ولی‌عصر (عج) پر بود از بسیجی‌های باصفا. حاجی بخشی هم در میان آن‌ها عطر و گلاب می‌پاشید و شکلات پخش می‌کرد و بلند فریاد می‌زد: «ماشاالله» و بچه‌ها جواب می‌دادند: «حزب‌الله» و به همین ترتیب ادامه می‌داد:

ـ ماشاالله

ـ حزب‌الله

ـ کجا می‌ری؟

ـ مارم ببرید

و این‌جا بچه‌ها همگی به شوخی می‌گفتند:

ـ جا نداریم.

حاجی بخشی هم برای این‌که بچه‌ها را خندان ببیند، به آنان چشم غُره می‌رفت و همه می‌زدند زیر خنده.

چندی بیش‌تر نگذشت که ما را سوار بر اتوبوس‌های دو طبقه کردند و به سوی راه‌آهن راهی شدیم. تا چشم کار می‌کرد، اتوبوس دو طبقه بود که از همهٔ پنجره‌های آن، بسیجی‌ها با پرچم‌های رنگارنگ سَرَک کشیده بودند و شعار می‌دادند. مردم هم در طول مسیر، در دو طرف خیابان ایستاده بودند و برای ما دست تکان می‌دادند. طبقهٔ اول اتوبوس ما، با ریتم خاصی می‌گفتند: «زائرین آماده باشید کربلا در انتظار است».

و ما جواب می‌دادیم: «مژده می‌آید ز جبهه، خصم در حال فرار است».

با پایین‌رفتن آفتاب، ما نیز به راه‌آهن رسیدیم. بچه‌ها می‌دانستند که برای اعزام با قطار باید از زمین چمن راه‌آهن وارد شوند؛ ولی درِ زمین چمن بسته بود. بچه‌ها از بالای میله‌ها، به داخل زمین چمن رفتند و سیل نیروها به آن‌جا سرازیر شد. بعد از این‌که به همین ترتیب وارد زمین چمن شدند، تازه در اصلی را باز کردند که دیگر فایده‌ای نداشت و بچه‌ها به همین خاطر کلّی خندیدند.

همه به خط شدند و بعد بلیت‌ها را بین بچه‌ها پخش کردند. فکر می‌کنم دو سه قطار بود که می‌خواست بچه‌ها را ببرد؛ ولی با این حال باز بلیت به بعضی نرسید؛ از جمله ما. ولی از خوشوقتی ما و از آن‌جا که خدا نمی‌خواست بیش‌تر معطل شویم، دو بلیت هم برای ما جور شد و من و محمدرضا مصلح با

هم سوار شدیم و یک جوری، با انبوه بچه‌ها، در یک کوپه کنار آمدیم. هر چند جا نبود، ولی به جاماندن از قطار می‌ارزید. ساک‌ها را در بالای کوپه گذاشتیم و منتظر راه‌افتادن قطار شدیم. محمدرضا نیز با کارهای عتیقه‌ای که انجام می‌داد، موجبات خنده را فراهم می‌کرد. ساعت ۷/۴۰ دقیقهٔ بعدازظهر بود که پمپ‌های قطار، آهی از سینه کشیدند و بعد قطار خاطرات ما به سوی جبهه راهی شد.

روز ۶۴/۱۲/۲۷ ساعت ۱۰ صبح بود که به پادگان دوکوهه رسیدیم و به همراه مصلح، از قطار پیاده شدیم. گویا دوکوهه هم بی‌صبرانه منتظر بچه‌ها بود. اولین زیارتگاه ما، حسینیهٔ حاج همت بود. در آن‌جا قدری به سر و وضعمان رسیدیم و به جای پوتین، دمپایی به پا کردیم. بعد وضو گرفتیم تا در قدمگاه شهدا، با وضو گام نهیم؛ چرا که بچه‌ها در جبهه، اکثر دائم‌الوضو بودند. برای گشت و گذار و دیدار از دوستان، چرخی در دوکوهه زدیم.

غروب آن روز، به یاد دوستان سفرکرده دلم گرفت و یاد مهدی، قلب مرا به آتش کشید. به خاطرات گذشته رجوع کردم؛ یعنی یک‌سال پیش که برای ملاقات با مهدی، به پادگان دوکوهه آمده بودم. گریه امانم نداد و اشک، گوهر صبرم را ربود. عکس مهدی را که همیشه همراهم بود، از جیبم درآوردم تا با دیدنش آرام شوم. احساس دلتنگی و تنهایی می‌کردم. دلم هوای مهدی را کرده بود. نمی‌دانم حالم چگونه بود که قادر به نوشتن آن نیستم. یکی از بچه‌ها به نام شعبانی را دیدم.او خبر شهادت هادی قرائی را که بچه محلمان بود، به ما داد. من در جا خشکم زد. پرسیدم: «از کجا می‌دانی»؟

گفت: «برادرم در گردان آن‌ها بود».

و بعد فهمیدم که در گروهان شهید مهدی جمال‌آبادی[1] بوده است. اسم مهدی که آمد، دوباره دلم هوای روزهای خوب رفاقتمان را کرد.

به او گفتم: «آیا تا به حال، جمال‌آبادی را دیده بودی»؟

گفت: «مهدی را چند ماه قبل از شهادتش دیده بودم».

و بعد شروع کرد از او تعریف‌کردن.

غروب همان روز، بچه‌هایی را که اعزام شده بودند، در گردان‌های مختلف لشکر ۲۷ تقسیم کردند. قرعهٔ من و محمدرضا نیز به گردان کمیل افتاد؛ ولی هنوز خیلی زود بود که خودمان را به آن‌جا معرفی کنیم و فعلاً تصمیم گرفتیم چند روزی را در دوکوهه آزادانه بگردیم و آب و هوایی عوض کنیم. برای مطمئن‌شدن از شهادت قرائی، سری به تعاون لشکر زدیم. متأسفانه این خبر صحت داشت. حالم خیلی گرفته شد. ای کاش به جای قرائی، من رفتنی می‌شدم و یا این توفیق، نصیب من هم می‌شد. خوشا به حال آنان‌که با شهادت رفیق بودند!

گشت و گذار در دوکوهه زیاد طول نکشید و خودمان را به گردان کمیل معرفی کردیم.

بعدازظهر، چرتی زدیم و نزدیک غروب، روانهٔ حسینیهٔ حاج همت شدیم تا نماز مغرب و عشا را به

۱ـ مهدی جمال‌آبادی: رفیق مرتضی که قبل از او شهید شده بود.

جماعت بخوانیم. نزدیک حوض معروف حسینیهٔ حاج همت وضو گرفتیم. تصویر بچه‌هایی که برای گرفتن وضو در کنار حوض ایستاده بودند، وقتی با امواج آب روی صفحهٔ حوض نقش می‌بست، چشمه‌های بهشتی را در ذهن انسان تداعی می‌نمود؛ خصوصاً اگر نسیمی هم در حال وزیدن بود. با وضو وارد حسینیه شدیم. دو سه تا از بچه‌های آشنا هم در حسینیه به تور افتادند. کنار هم، در صف نماز جماعت نشسته بودیم که عده‌ای از روحانیون، به همراه حاج آقا بخشی وارد حسینیه شدند و مثل همیشه، با آمدن حاج بخشی، حسینیه بهٔ هم ریخت. او گلاب می‌پاشید و شعارهای همیشگی را می‌داد. طول حسینیه را به سمت تریبون که نزدیک محراب بود، طی کرد و پشت بلندگو رفت تا خاطره‌ای را تعریف کند.

او گفت:

ـ چندی پیش، به خدمت امام رفته بودیم. چون امام شنیده بود پسرم شهید شده، ما را حضوراً پذیرفت. حاج شیخ حسین انصاریان و آقای توسلی هم آن‌جا بودند. قبل از این‌که بگویند پسر حاجی بخشی شهید شده، امام گفت: «خودم می‌دانم».

اشک در چشمان امام جمع شده بود. برای این‌که امام را ناراحت نبینم، گفتم: «امام! چندی پیش در فاو، خبرنگاران خارجی آمده بودند تا فیلم و عکس تهیه کنند. مرا که دیدند، آمدند تا با من مصاحبه کنند و من هم گفتم: بو بو بو بو...».

حاجی بخشی می‌گفت این را که گفتم، لبخند بر لبان نازنین امام نقش بست. با خاطرهٔ حاجی بخشی، همهٔ بچه‌هایی که در حسینیه حاضر بودند، هم زدند زیر خنده و بعد هم گریه کردند.

با محمدرضا برگشتیم به ساختمان گردان تا شام را بخوریم و دوباره برای دعا به حسینیه برگردیم.

دعای کمیل آن شب، خیلی باصفا بود. وقتی چراغ‌ها را خاموش کردند، دلم پر زد برای روزهایی که با مهدی بودم و در لابه‌لای صدای گریه و زاری بچه‌ها گویا صدای مهدی به گوشم می‌رسید. یاد آن شبی افتادم که با هم به دعای کمیل رفته بودیم؛ چقدر باحال بود! دعا تمام شد و حسینیه حاج همت خالی. ما هم راهی رختخواب شدیم تا اگر توانستیم، صبح زود برخیزیم و آماده نماز شویم.

آن شب، خواب مهدی را دیدم. یادم نمی‌آمد چگونه و کجا بودیم؛ ولی می‌دانم که هم مهدی خوشحال بود و هم من. صبح فردا حدود ساعت ۷ بود که ما را به خط کردند. گفتند که ساعت ۱ راهی خط پدافندی مهران هستیم. من هم با محمدرضا راهی حمام معروف دوکوهه شدیم تا قبل از حرکتمان به خط، خودمان را از آلودگی‌ها پاک کنیم.

در راه بازگشت، علی عدنانی را دیدیم. گفت: «که دارم به مرخصی می‌روم». من هم به او گفتم: «پس قبل از رفتن بیا تا یکی دو تا نامه دارم که باید به تهران ببری».

دو نامهٔ هول هولکی نوشتم تا عدنانی با خود به تهران ببرد؛ یکی برای خانه و دیگری برای امیر جمال‌آبادی، برادر مهدی.

□ □ □

امروز ۶۵/۱/۲ است و من در حال نوشتن خاطراتم. چون تا به حال وقت نکرده بودم خاطرات هر روز را در همان روز بنویسم، این بود که امروز خلاصه‌ای از خاطرات گذشته را نوشتم.

هم اکنون مغرب است. بچه‌ها در سنگر آمادهٔ نماز جماعت هستند و محمدرضا اذان می‌گوید. نماز در این سنگرها، با این بچه‌ها و خلاصه در این شرایط، مزهٔ دیگری دارد. امام جماعت فرقی نداشت که چه کسی باشد؛ بچه‌ها همگی گویا یکی بودند و بعد از کلی تعارفات بالاخره یکی دل را به دریا می‌زد و جلو می‌ایستاد. بالآن هم می‌روم تا نماز را در کنار بچه‌ها بخوانم.

خودم باور نداشتم که بتوانم امام جماعت باشم. بله، چون در حال نوشتن بودم، حواسم نبود که بچه‌ها برایم نقشه کشیده‌اند و مرا به زور پیشنماز کردند. هم از خدا و هم از برادران رزمنده خجالت کشیدم و شرمنده شدم؛ ولی چه می‌شد کرد؟ جز این‌که تسلیم امر بچه‌ها می‌شدم؟ شام را خورده‌ایم و گوشهٔ سنگر لم داده و مشغول سرکشیدن لیوان چای هستیم.

پاسبخش هم مشغول ردیف‌کردن پاس‌های امشب است. محمدرضا مصلح هم آماده می‌شود برای رفتن به پاس. خدا بگویم چه کارش کند؛ همه‌اش تقصیر اوست. حتماً این دسته گل را او به آب داده؛ یعنی به بچه‌ها پیشنهاد کرده تا مرا پیشنماز کنند.

بعد از خوردن چای، راهی سنگر اجتماعی کانال شدم. ما دو سنگر داشتیم؛ یکی سنگر بالا که شب‌ها به آن کوچ می‌کردیم و یکی سنگر پایین که روزها در آن بودیم. شب‌ها، میهمان ستاره‌های شفاف و چشمک چراغ‌های شهر بدره که از دور دیده می‌شد، بودیم و روزها هم میزبان شقایق‌های چند روزه.

شب‌ها، در سنگر بالا حال‌وهوای دیگر داشتیم، خصوصاً زیر نور کمرنگ فانوس که گویا نوری معنوی داشت و حضور بچه‌ها نیز صفای دیگری بدان می‌بخشید. ساعت پاس من ۱۰ تا ۱ نیمه شب می‌باشد.

هم‌اکنون ساعت ۱۰ می‌باشد و داخل سنگر پُست نشسته‌ام. سکوت شب و آرامش بیابان، دست به دست هم داده و با نور بی‌صدای مهتاب همنشین شده‌اند و در این میان، لولهٔ سرد اسلحه، بی‌تاب غرش است. گاه‌گاه صدای خمپاره‌ای یا سوت منوری، این سکوت سنگین را می‌شکند و رؤیای تنهایی ما را به هم می‌ریزد.

سنگر ما بر یک نقطهٔ بلند در ارتفاعات قلاویزان قرار دارد. زیر پای ما، یک درهٔ خیلی عمیق است که تنها به کمک نور منور می‌توان آن زیر را دید. فاصلهٔ ما نیز تا عراقی‌ها حدود یک کیلومتر می‌باشد؛ البته در جاهای دیگر این خط، این فاصله به ۲۰۰ متر هم می‌رسد. نگاهی به آن دوردست، یعنی مواضع دشمن می‌اندازم. گویا عراقی‌ها در حال جابه‌جایی هستند. حتی بعضی از ماشین‌های آن‌ها، با چراغ روشن، تا پشت خاکریز ما می‌آید.

کسی که با من هم‌پُست می‌باشد، از بچه‌های دستهٔ خودمان است ولی چون هنوز با بچه‌ها آشنا نشده‌ایم، اسامی و چهره‌ها را نمی‌شناسم؛ خصوصاً در حال حاضر که تاریکی شب، دید انسان را کور می‌کند. هرچند مهتاب است، ولی لبهٔ کلاه کاسک، مانع از رسیدن نور مهتاب به چهرهٔ انسان می‌شود.

قدری با هم صحبت کردیم تا این‌که پاسبخش آمد و دو نفر دیگر را نیز به همراه خود داشت؛ به این معنی که پُست ما به اتمام رسیده. از کانال‌های خورده شده و سنگرهایی که گونی‌های پوسیدهٔ آن‌ها، خبر از قدیمی‌بودن خط پدافندی می‌داد، عقب آمدیم تا در سنگر شب استراحت کنیم. تجهیزاتم را باز کردم و بعد از خواندن سه قل هو الله، به خواب رفتم.

□ □ □

امروز یکشنبه ۶۵/۱/۳، ساعت ۵/۴۰ دقیقهٔ صبح می‌باشد و همه حاضر شده‌ایم تا به سنگر روز برگردیم؛ چرا که اگر آفتاب بالا بیاید، دیگر این‌جا ماندن خطرناک است. بعد از برگشت به سنگر پایین، وضو گرفتیم و آمادهٔ نماز شدیم. زیارت عاشورای بعد از نماز، خیلی صفا داشت. بعد از خوردن صبحانه، از سنگر زدم بیرون تا آب و هوایی تازه کنم. دو تن از بچه‌ها گفتند که اگر می‌توانی، سر ما را کوتاه کن و من هم که دنبال کاری می‌گشتم تا حوصله‌ام سر نرود، ماشین را گرفتم و مثل بلدوزر افتادم به جان موهای آنان. در حین سلمانی هم مصلح تکه می‌انداخت و بچه‌ها را می‌خنداند. فقط یک چای دارچین کم داشت؛ البته چای تلخ هم برایمان مهیا بود.

آفتاب بالا آمده بود و لاله‌های وحشی، صبحی باطراوت را آغاز کرده بودند. صبح‌ها روبه‌روی هر سنگر، مثل بازار، بچه‌ها بساط می‌کردند و در واقع، همه از سنگرها می‌زدند بیرون و آفتاب می‌گرفتند. خصوصاً اگر شب پیش بارانی هم می‌بارید، دیگر آفتاب و استنشاق آن هوا خیلی می‌چسبید. جلوی هر سنگری، عده‌ای نشسته بودند: یکی شوخی می‌کرد، یکی پوتین‌ها را واکس می‌زد، چند نفر سلاح‌ها را تمیز می‌کردند و خلاصه هر کسی کاری می‌کرد. یکی هم مثل محمدرضا مصلح، شعر می‌نوشت و شاعری و مداحی می‌کرد. بعد از اتمام کارم، آرایشگاه را تعطیل کردم و ماشین اصلاحی را هم تحویل تدارکات دادم. آفتاب، فتیله‌اش را پایین کشید. بچه‌ها نیز کم‌کم کارهای بیرون سنگر را تمام کردند و به داخل سنگر آمدند.

احساس خستگی می‌کنم. احساس می‌کنم تمام کارها کلیشه‌ای و تکراری است. دلم از همه‌چیز بریده؛ تنها مونس تنهایی من، عکس مهدی است. ای کاش الآن آن‌جایی بودم که مهدی هست. خیلی شکسته شده‌ام.

خدایا! نمی‌دانم چه کنم، کجا بروم، چرا همه جا گرفته است و همه ماتم‌زده‌اند.

خدایا! مرا از این سرگردانی خلاص کن و جانم را بگیر. گرچه می‌دانم که لایق آن جان‌دادن که «شهادت» نام دارد، نیستم، ولی خدایا تو کریمی و رحیم و مرا با همهٔ بدی‌هایم، از در خانه‌ات رد نخواهی کرد.

□ □ □

امروز ۶۵/۱/۴ است. قرار است یکی از برادران عقیدتی لشکر جهت کلاس احکام و اخلاق، به سنگر ما بیاید. بچه‌ها سنگر را تر و تمیز کردند و همه داخل سنگر جمع شدند. نورانیت عجیبی بر سنگر حکمفرما بود. آن برادر آمد. قدری هم صحبت کرد و تا موقع نماز در سنگر ما بود. بعد از ناهار هم گفتند

قرار است برادر رنجه، مسئول دسته بیاید و برای بچه‌ها صحبت کند. او نیز آمد و قدری از موقعیت ما در خط و همچنین دشمن، برای ما گفت و یادآوری کرد که امشب قرار است چند نفر از بچه‌های تخریب، داخل میدان مین بروند تا پیکر یکی از شهدا را که هفتهٔ پیش برای بازکردن یک معبر به میدان مین رفته و در اثر انفجار مین شهید شده بود، به عقب بیاورند و از ما خواسته‌اند که با آنان همکاری کنیم. صحبت‌های برادر رنجه تمام شد؛ ولی هنوز ما از او دل نکنده بودیم. بچه‌ها سئوالات متفرقه از او کردند و او هم به‌آرامی پاسخ داد. او قیافهٔ جذاب و خوش‌رویی داشت. همچنین خیلی شیرین صحبت می‌کرد. می‌گفتند که بچه آبادان است و از بچه‌های قدیمی جنگ.

غروب، خیلی زودتر از روزهای پیش، گرد تاریکی در آسمان پاشید. پاس من، ساعت ۷ بود. نمازم را در سنگر پایین خواندم و بعد از بستن تجهیزات، راهی سنگر شب شدم. امشب باران می‌بارد. صدای رعد و بارش باران، در داخل سنگر هم به گوش می‌رسد. بعضی مواقع، انسان آن را با صدای خمپاره اشتباه می‌گیرد. رفتم سر پُست. بوی خاک به خاطر بارش باران، همه جا را پر کرده بود. شب بسیار خوبی بود. بچه‌ها، در داخل سنگر و زیر باران رحمت بودند و ابرها هم با برقشان فلاش می‌زدند و آسمان نیز از آن لحظات که همه در شکر نعمت الهی فرو رفته بودند، عکس می‌گرفت. برای برگشت به سنگر شب ـ بعد از اتمام پاس ـ متوجه شدم که تمام کانال‌ها را آب گرفته. پوتین‌ها تا ساق داخل گل می‌شد و راه‌رفتن در آن‌جا خیلی مشکل بود. خود را به سنگر شب رساندم و بعد از بازکردن تجهیزات، رفتم زیر پتو تا استراحت کنم.

دیشب، مهدی را در خواب دیدم. خواب دیدم که داریم جایی را چراغانی می‌کنیم و پلاکارد نصب می‌کنیم.

□ □ □

امروز ۶۵/۱/۱۳ می‌باشد. تعدادی پول ده‌تومانی که نخست وزیر امضا کرده بود، به‌عنوان عیدی برای رزمندگان فرستاده بود، آوردند و به هر نفر، یک دانه ده‌تومانی دادند.

امروز، اتفاق خاصی رخ نداد. شب هنگام که به پُست رفتم، داخل سنگر نگهبانی دیدم که یک نفر خوابیده. اول نشناختم؛ ولی بعد از کمی دقت فهمیدم که مسئول گروهان، برادر بویانی است. خیلی تعجب کردم. خیلی خاکی و با عشق، روی زمین سنگر دراز کشیده بود.

به او گفتم: «حاج احمد آقا! پاشو برو تو سنگر بخواب».

گفت: «نه، این‌جا صفای دیگری دارد».

نیم‌ساعتی را در همان‌جا دراز کشید و ستاره‌ها را نگاه می‌کرد.

امشب نیز دوباره خواب مهدی را دیدم. در خواب، با مهدی بگو و بخند می‌کردیم. خواب عجیبی بود! احساس می‌کردم در جایی غیر از این دنیا هستم. هم مهدی خوشحال بود و هم من. از خواب پریدم و دوباره خوابیدم. این بار نیز دوباره مهدی به خوابم آمد! ولی خیلی ناراحت!

حکمت این دو خواب را ندانستم.

آفتاب با نوای حزین زیارت عاشورا، آرام آرام از پشت تپه‌ها بالا می‌خزید و روز دیگری در پیش بود.

امروز، یک تویوتا از تبلیغات لشکر آمد که چند نفری عکاس نیز به همراه داشت. گفتند هر کس می‌خواهد عکس بگیرد، بیاید. ما هم با بچه‌ها ایستادیم و چند تا عکس گرفتیم. امروز، در سنگر، جمعمان جمع بود. با بقیهٔ بچه‌ها قرآن خواندیم و همچنین یک مجلس عزاداری هم بر پا کردیم که خیلی باصفا بود. همین باعث شد که در نماز، حال خوشی داشته باشم. حالت عجیبی بود؛ ترس از مرگ عادی و عذاب دوزخ. می‌خواستم فریاد بزنم که اشک جلودارم شد.

«دیشب ز غم عشق تو افروخته بودم/ گر اشک نمی‌کرد مدد، سوخته بودم».

□ □ □

از آخرین خاطرات شهید سنگتراش، اوارقی در دست نیست؛ ولی یاد او و خاطرات شیرین او، هنوز در سینهٔ یاران کمیل باقی است. شهادت رفیق او ـ جمال‌آبادی ـ خیلی مرتضی را تحت تأثیر قرار داده بود. او هر لحظه به شهادت فکر می‌کرد و این‌که روزی باید به جمال‌آبادی ملحق شود. و سرانجام به آرزوی دیرینهٔ خود رسید. مرتضی سنگتراش، حدود دو سال دیگر در گردان کمیل ماندگار شد و سرانجام در عملیات بیت‌المقدس ۲، به فیض شهادت نائل آمد (صص ۵۹ـ۷۰).

۲۹ خرداد ۶۶

بسمه تعالی

دیروز دلم خیلی گرفته بود. ای دل، از من چه می‌خواهی؟

درون سینه نیز ناشناسی هست: «که من خموشم و او در فغان و در غوغاست».

و دفترچهٔ کوچکی را که حاوی چند دعا بود، باز کردم و زیارت عاشورا را خواندم. انگار هر چه در دلم بود، با اشک‌هایم ریختند بیرون. احساس می‌کنم بال درآورده‌ام. چه‌قدر سبک شده‌ام، خدایا ...

۶ تیر ماه ۶۶

به‌نام خدا

من به پایگاه عملیاتی سوته منتقل شده‌ام. پایگاه سوته در ابتدای محور سنته ـ بسطام قرار دارد. این پایگاه، یکی از بهترین و مجهزترین پایگاه‌های محور است که بهترین و زبده‌ترین نیروهای محور را در خود جای داده است.

از برادران، راجع به اتفاقات و درگیری‌های پایگاه سئوال کردم. چند روز پیش دو نفر از برادران خبّاز (نانوا)، زنده‌زنده در آتش سوخته بودند. برادری می‌گفت:

ـ شب حدود ساعت ۱۱ بود که دیدیم سنگر نانوایی آتش گرفته است. ورودی سنگر بسیار کوچک بود و آن‌جا را هم شعله‌های آتش پوشانده بود. پس از تلاش فراوان توانستیم آتش را خاموش کنیم و به

درون سنگر رفته، پیکرهای سوختهٔ برادران را بیرون بکشیم. در آن شب برفی بسیار سرد، از گردان تقاضای آمبولانس کردیم و با پیکرهای نیمه‌سوخته، به‌طرف سقز به‌راه افتادیم. هرچند، هر لحظه ممکن بود کمین بخوریم، ولی با توکل به خداوند پیش رفتیم و برادران را به بیمارستان رساندیم. تلاش ما ثمری نبخشید و آن‌ها زنده‌زنده در آتش سوختند و خدا را ملاقات کردند.

یکی دیگر از حوادث مهم، حادثهٔ سقوط پایگاه بود. پایگاه دگاگا. این پایگاه به دو بخش تقسیم می‌شود: پایگاه دگاگای بالا و پایگاه دگاگای پایین. این پایگاه بر فراز کوهی قرار گرفته است که از پایگاه سوته بخوبی دیده می‌شود. برادری تعریف می‌کرد:

ـ پایگاه دگاگای بالا، به‌علت خیانت فرماندهٔ خودفروختهٔ آن، توسط نیروهای ضدانقلاب، به سقوط کشیده شد. نیروهای ضدانقلاب اکثر نیروهای این پایگاه را سر بریده بودند و پس از آن به پایگاه دگاگای پایین، حمله کرده بودند. آن شب در این پایگاه فقط هفت نفر نیرو حضور داشتند. این هفت نفر نیروی فداکار تا صبح در مقابل ده‌ها نفر از ضدانقلابیون، با سرسختی تمام، مقاومت کرده بودند و با دلاوری تمام، پایگاه را حفظ کرده بودند.

درود بر شرف و غیرت دلاور مردانی که در راه حفظ بیرق اسلام و خاک وطن، تا آخرین نفس ایستادند و سراپا زخمی به خاک افتادند...

و من اکنون با چشمانی اشک‌آلود، در پناه نور فانوس مشغول نوشتن این سطورم. خدایا، ما به امید تو دل به دریا زدیم. تو آنی که ما را درمی‌یابی و فریادرس مایی. خدایا، آن‌کس که تو را دارد چه کم دارد و چه غم؟ و آن‌کس که از تو به غفلت ببُرد، باشد که لطف بیکرانت او را در پناه خویش گیرد. از بنده چه آید؟ تقصیر. از خدا چه شاید؟ بخشش.

یا ستّارالعیوب، یا غفّار، یا حنّان، یا منّان و یا منّان و یا ذوالجلال والاکرام (صص ۷۸ـ۸۰).

۴ مرداد ۶۶

به نام خداوند بخشندهٔ مهربان

... خدایا، ما به امید تو آمده‌ایم. الهی تو را سوگند می‌دهیم به عصر، که هر لحظه دریای بی‌انتهای رحمت تو موج‌زنان است، از بندگان گنهکارت درگذر. درگذر که شرمنده‌ام، شرمسارم. بس توبه‌ها که شکسته‌ام. بس عهدها که بسته‌ام و گسسته‌ام. هر نفس به گناهی آلوده‌ام. چه کنم اگر طفل‌وار پی بهانه نگردم؟ چه کنم اگر اشک ندامت نریزم؟ نه پای گریزم، نه راه گریزم. چه کند درمانده‌ای که به‌دست خویش خود را به مرداب افکند؟ چه کند کسی‌که راه را از چاه داند ولی به غفلت به چاه رود؟ چه کند کسی که پردهٔ جهل، چشمانش را بگیرد و او را به پرتگاه دوزخ نزدیک کند؟ چه کند اگر نگوید: شرمسارم سیّدی ...؟ چه کند که امیدش از همه‌جا قطع شده است؟ چه کند اگر نگوید: یاغیاث‌المستغیثین، الغیاث، الغیاث، الغیاث.

۶۶/۵/۴

در مجمع گل‌ها

من نه چون شمعم که شب در گوشه‌ای تنها بمیرم
غوطه‌ور در موج اشک چشم خون‌پالد بمیرم
می‌روم با کاروان رود از این صحرای سوزان
در خروش بیکران آبی دریا بمیرم
از سبک‌روحی چو شبنم دوست می‌دارم سحرگه
با فروغ جلوهٔ مهر جهان‌آرا بمیرم
دشت می‌خواهم که گردد شعله‌زار عشق و آن‌جا
جان دهم در التهاب وصل و بی‌پروا بمیرم
پرتوی باشم ز روی آفتاب صبح فردا
در حصار سایه چون مهتاب شب‌پیما بمیرم
دست در دست نسیم از دورها وادی به وادی
ره سپردم، آمدم در مجمع گل‌ها بمیرم

سنگر دیده‌بانی، پایگاه سوته (صص ۸۴ـ۸۵).

□ □ □

راز پرواز[1] / داود امیریان

از همان زمانی که جنگ شروع شد، دوست داشتم که به جبهه بروم. می‌ترسیدم که جنگ تموم بشه و من به جنگ نرسم! یکی نبود بگوید: «آخه پدر آمرزیده حالا تو بری جبهه مثلاً می‌خواهی کدوم گوشهٔ گلیم جنگ رو بتکونی؟ هان»!

وقتی که خبر زیر تانک‌رفتن محمدحسین فهمیده را شنیدم، بغضم ترکید. او از من دو سال بزرگ‌تر بود. چاره‌ای نبود. باید می‌سوختم و می‌ساختم.

هر وقت می‌رفتم دم در پایگاه اعزام به جبهه، با دژبان در سینه به سینه می‌شدم. طرف تا مرا می‌دید، نعرهٔ جانانه‌ای می‌زد که: بچه برو پی کارت! اگر یه بار دیگر بیای این‌جا می‌فرستمت جایی که عرب نی انداخت»! و اتفاقاً من هم همین را می‌خواستم. چون معلوم بود که آن عرب در عراق زندگی می‌کرده و من هم می‌خواستم به جنگ با عراقی‌ها بروم. وقتی می‌دید که من بِربِر نگاهش می‌کنم، پایش را می‌کوبید زمین و من فرار می‌کردم.

یکی از بچه‌های محل هم به نام فریبرز مثل من می‌خواست به جبهه برود. وقتی با هم مشورت کردیم، دیدیم بهتر است که اول به پایگاه بسیج محل برویم و بعد که جْا افتادیم راهی جبهه شویم.

با هزار زور و مکافات و پارتی تو بسیج محل به‌عنوان نیروی «نخودی» قبول شدیم. اسلحهٔ «ژ ۳» فقط یک‌وجب قدش از من کوتاه‌تر بود. وقتی به دست می‌گرفتمش پاهام تا می‌خورد و شروع می‌کرد به تکان‌خوردن. عشقم شده بود که بروم دم در راه‌آهن و با بچه‌های بسیجی که به جبهه می‌رفتند درد دل کنم. یک‌سال دیگر هم گذشت.

□ □ □

ماه صفر سال ۱۳۶۳ بود. برادر بزرگ‌ترم تازه به جبهه رفته بود و دو خواهر بزرگ‌ترم تازه از جبهه برگشته بودند. هر دوی آن‌ها در منطقه و پشت جبهه چند ماهی را گذرانده و برگشته بودند. اما من هنوز از شهر کنده نشده بودم.

یک‌شب که خودم را به خواب زده و به صحبت‌های خواهر بزرگ‌ترم با مادرم گوش می‌دادم که از چگونگی اعزامشان می‌گفت، کم مانده بود از خوشحالی بلند شوم و چند پشتک وارو بزنم. راز جبهه‌رفتن برایم فاش شده بود. همان‌طور که دراز کشیده بودم از خوشحالی زدم زیر گریه.

۱ـ امیریان، داوود. **بهشت برای تو**. تهران، سازمان تبلیغات اسلامی، حوزه هنری، دفتر ادبیات و هنر مقاومت، ۱۳۷۰. ۱۲۷ ص.

بیست و هشتم صفر به بهانهٔ این‌که دارم به هیئت و تکیه می‌روم از خانه زدم بیرون و راه افتادم. کجا؟ مسجد لاله‌زار پیش حاج آقا کفایی. به مسجد رسیدم. وسط خیابان لاله‌زار بود. دم درش هم یک طاق نصرت بود که رویش یک گنبد کبود و فیروزه‌رنگ جلب‌توجه می‌کرد. وضو گرفتم و داخل مسجد شدم. مردم مشغول عزاداری بودند. رفتم گوشه‌ای نشستم. به پیرمردها نگاه می‌کردم تا حاجی را شناسایی کنم. با خودم می‌گفتم: «اینه؟ نه بابا بهش نمیاد...».

مراسم تمام شد. با یک نوجوان که از خودم چند سالی بزرگ‌تر بود و یک شلوار خاکی و پیراهن آبی و یک چفیه به دور گردن داشت گرم گرفتم. رزمنده بود و از جبهه برگشته. هفده‌سال سن داشت و از چهارده‌سالگی به جبهه رفته بود. سراغ حاجی را از او گرفتم.

ـ اوناهاش. می‌بینی؟ اون‌که پهلوی منبر نشسته و داره با تسبیح ذکر می‌گه. آره. بغل دست همون روحانیه. آدم باحالیه، اما یه‌خُرده سخت‌گیره. باید دلشو به دست بیاری. وایستا اول ناهار بخور، سفره که جمع شد، برو سراغش.

ناهار خورشت قیمه بود. با این‌که صبحانه هم نخورده بودم باز اشتها نداشتم. یک‌ساعت بعد، رفتم پیش حاجی. سلام دادم. نگاهم کرد و جواب سلامم داد. مِنّ و مِنّ کردم و با صدایی لرزان گفتم: «حاج آقا! می‌بخشید، می‌خواستم یک چیز خدمتتون بگم».

ـ بفرمائید. گوش می‌دم.

ـ واللّه... واللّه می‌خواستم بگم... می‌خواستم بگم... اگه اشکالی نداره منو به جبهه اعزام بکنید. هر جا که بگید می‌رم. لباس می‌شورم. سنگر می‌کَنم. ظرف‌ها رو می‌شورم، فقط اعزامم کنید، همین.

ـ تا حالا جبهه نرفتی. نه؟

ـ نرفتم. اما توبسیج محل آموزش دیدم. یعنی اسلحه‌ها را می‌شناسم. با چشم بسته هم می‌تونم باز و بسته‌شون کنم.

ـ از کجا دونی که ما نیرو به جبهه اعزام می‌کنیم؟

ـ خواهرم گفت. همین چند روز پیش از جبهه برگشته. می‌گفت که بچه‌های هم‌سن و سال من تو جبهه فراوانند. حاج آقا تو رو به خدا منو اعزام کنید.

ـ پدر، مادرت با جبهه رفتنت موافقند؟

ـ آره. یعنی بله. این هم رضایت‌نامه‌شون.

و بعد متن رضایت‌نامه رو که به قلم خودم نوشته و امضا شده بود دادم دست حاجی!

به چشمانم نگاه کرد. نگاهش تا اعماق وجودم رخنه کرد.

ـ خب اگه راضی‌اند فردا بیا تا اعزام شی. فردا یک ماشین جنس با چند نفر از بچه‌ها و خود من به جبهه بریم و...

از خوشحالی بدون خداحافظی بلند شدم و دویدم بیرون. بال در آورده بودم و پرواز می‌کردم. از توپخانه تا جوادیه را دویدم. شلنگ تخته می‌انداختم، گریه می‌کردم و فریاد می‌زدم و گاه به تشرهای

پیرمردهای اخمو و کم‌حوصله می‌خندیدم.

شب خیلی سرسنگین با خانواده‌ام برخورد کردم. انگار آدم دیگه‌ای شده بودم. خروس‌خوان صبح بود که پیشانی خانواده‌ام را که در حال خواب بودند بوسیدم و از خانه زدم بیرون.

ساک کوچکی که داخلش مقداری لباس گذاشته بودم تو دستانم تلوتلو می‌خورد. مسجد خالی خالی بود. گریه‌ام گرفته بود. هر چه در زدم کسی نیامد در را باز کند. مردم تو خیابان رفت‌وآمد می‌کردند و کرکرهٔ اکثر مغازه‌ها بالا بود. دو ـ سه ساعتی نگذشته بود که یک جوان بسیجی آمد و در مسجد را باز کرد و رفت داخل کتابخانهٔ مسجد. رفتم دنبالش.

ـ سلام علیکم. می‌بخشید برادر، حاج آقا کفایی کی می‌یان؟

ـ علیک سلام. دو ـ سه ماهه دیگه!

نفسم بند آمد. اشک تا چانه‌ام پیشروی کرد.

ـ چرا دو ـ سه ماهه دیگه. مگر قرار نبود که امروز بیان؟

ـ گفتم که دو ـ سه ماهه دیگه می‌یان. همین امروز رفتند جبهه، ساعت شش صبح. ببینم تو هم می‌خواستی جبهه بری؟

سرم را تکان دادم و راه افتادم. گریه کردم و گریه. تقصیر خودم بود. منتظر نماندم که حاجی باقی حرف‌هایش را بزند. از دستم رفت. و اولین تجربهٔ تلخم را با گریه پشت سر گذاشتم.

□ □ □

برادرم تازه از جبهه آمده بود. می‌گفت که تو جبهه احتیاج فراوان به نیرو هست و فرمانده‌شان گفته که هر کس با خودش دو ـ سه نفر را به جبهه ببرد.

از خوشحالی داشتم می‌ترکیدم. آن‌قدر به پدر و مادرم اصرار و التماس کردم تا برادرم را راضی کنند تا مرا هم ببرد که دلشان به رحم آمد و برادرم را موظف کردند که مرا هم ببرد. برادرم قبول نمی‌کرد.

ـ آخه این فسقلی رو کجا ببرم؟ آخه این چه‌کار می‌تونه بکنه. اگر فرمانده‌مون اینو ببینه؛ خود منم از گردان بیرون می‌کنه؟ این همین‌جا هم مصیبته، چه برسد بیاد اون‌جا.

با گریه و التماس برادرم را راضی کردم. حالا دیگر برادرم و خانواده از این موضوع کمال سوء استفاده برای کار کشیدن از من را می‌کردند. من، که تا یک روز قبل اگر با جارو هم دنبالم می‌کردند برای خرید بیرون نمی‌رفتم ـ نه رنگ نانوایی را دیده بودم و نه رنگ مغازه و صف گوشت و پنیر و کره را ـ حالا تا از مدرسه می‌آمدم، مثل یک بچه آدم، بعد از خوردن ناهار و انجام‌دادن تکالیف، زنبیل را برمی‌داشتم و با کاغذی که لیست خرید رویش نوشته شده بود و به من دهن‌کجی می‌کرد می‌دویدم به سوی نانوایی و بقالی و قصابی. لباس می‌شستم، ظرف‌ها را آب می‌کشیدم، جارو می‌زدم و حتی به دستور برادرم بشین، پاشو و بخیز، برپا می‌کردم. حسابی اشکم درآمده بود. اما خب... مجبور بودم که بسوزم و بسازم و اِلّا جبهه بی‌جبهه. یک‌بار که تازه از خرید برگشته بودم و با تنی خسته به دیوار تکیه داده بودم، قاب عکس بالای سرم جابه‌جا شد و افتاد روی سرم. درد تا نوک انگشتان پایم یورتمه رفت. یک نعره جانسوز زدم که گربهٔ

لوس و پررو و تنبلمان که پهلوی بخاری لم داده بود، از جا پرید و فرار کرد. تا آمدم گریه کنم، برادرم در آمد که:

ـ به‌به! این‌طوری می‌خوای جبهه بیایی؟ تو که پاک آبرومونو بردی پسر! تو اگر ترکش و گلوله بخوری چه‌کار می‌کنی؟ هان؟

سریع درد را فراموش کردم و دستم را از روی برآمدگی سرم برداشتم و لبخندی تحویل دادم و بعد با کمال ملایمت قاب عکس را برداشتم و گذاشتم سر جایش.

شب آخر بود که برای خداحافظی رفتم به مسجد، مثل بچه‌هایی که شب آخر مرخصی می‌آمدند خداحافظی. قیافه گرفته بودم، با بچه‌ها خداحافظی کردم. چند نفر از بچه‌های هم‌سن و سالم در حالی که باحسرت نگاهم می‌کردند برای این‌که لجم را در بیاورند می‌گفتند:

ـ بابا خالی می‌بنده... اینو تو همین مسجدم به زور راه می‌دن چه برسه به جبهه!

ـ می‌خواد بره دهاتشون، خجالت می‌کشه که بگه دهاتی‌ام.

ـ آره داره فیلم بازی می‌کنه که مارو سیاه کنه!

حسابی کفرم در آمده بود. خودم را نگه داشتم و بعد در حالی که باغضب به صورت‌های درهم برهمشان نگاه می‌کردم، گفتم:

ـ دماغ سوخته می‌خریم!

شب از خوشحالی خوابم نمی‌برد. از این پهلو به آن پهلو می‌شدم و هی به ساک برادرم ـ که بالای سرم گذاشته بودم و دسته‌اش را از داخل دستم رد کرده بودم ـ نگاه می‌کردم. به جبهه فکر می‌کردم؛ به عملیات.

... تیر و ترکش از هر سو می‌بارید. عراقی‌ها داشتند به سویمان می‌آمدند. اسلحه را گذاشتم روی رگبار و شلیک کردم. اما هر چه تیر می‌زدم هیچ‌کدامشان نمی‌مردند. آمدم فرار کنم که یک عراقی گنده پرید جلو. لبخند زشتی روی صورتش ماسیده بود. با چشمان دریده‌اش و شکم برآمده‌اش اسلحه‌اش را به طرفم گرفت و شلیک کرد و من در حالی که داشتم دست و پا می‌زدم فریاد زدم: «نه، نه، منو نکش. نه...».

از خواب پریدم. مادرم بالای سرم نشسته بود. عرق روی پیشانی‌ام را با آستین پیراهنم پاک کردم. یاد برادرم افتادم. نه ساک بود و نه برادرم! همه‌چیز را فهمیدم. چنان ضجه‌ای زدم که دل مادرم به حالم سوخت.

تا سه روز با هیچ‌کس در خانه حرف نمی‌زدم. یا گریه می‌کردم و یا درگوشه‌ای می‌نشستم و به کنجی خیره می‌ماندم. روز چهارم بود که مادرم با آهنگ گریهٔ من به گریه افتاد.

ـ چرا این‌قدر گریه می‌کنی؟ من به داداشت گفتم که تورو نبره. برای تو هنوز زوده. یک‌سال یا دو سال دیگر صبر کن بعد برو. تو باید درسَت رو بخوانی. وقتی برادرت برگشت، تو برو. دیگه جگرم رو با گریه‌هات خون نکن.

صورت مهربان مادرم را بوسیدم و به اعتصاب سه روزه‌ام با خوردن یک بشقاب برنج و خورشت پایان دادم.

چند روز بعد رفتم بیمارستان ملاقات برادرم! یک تیر پایش را دریده بود. وقتی داخل اتاق شدم، جواب سلامم را داد و نگاهش را از چشمانم دزدید. خنده مؤذیانه‌ای کردم و گفتم: «آخیش راحت شدم. عشق کردی که چه‌طور شد؟ تا تو باشی دیگه منو سر کار نگذاری. چوب خدا صدا نداره، وقتی بزنه دوا نداره».

داشتم با شور و هیجان فراوان سخنرانی می‌کردم که نعره یک مجروح موجی مرا فراری داد: «عراقی‌ها دارند می‌یان. آر. پی. جی من کو؟ نذارید فرار کنند. پس اسلحه‌ام کو»؟

□ □ □

در محل با دو نفر دوست صمیمی بودم. با سیدامیر سیدزاده و خلیل عظیمی. آذر ماه سال ۶۴ بود. داشتم اول صبح از نانوایی برمی‌گشتم که دیدم هر دوی آن‌ها یک ساک انداخته‌اند روی دوششان و دارند می‌روند. رفتم جلوتر. از نان بربری‌ها روی دستم داشت بخار بلند می‌شد. گفتم: «خیر باشه، کجا ان‌شاءاللّه»؟ خلیل و سیدامیر یک‌صدا گفتند: «جبهه».

- چی؟ جبهه؟

- بله. با اجازه داریم می‌ریم. خب حلالمون کن. اگر خوبی دیدی اشتباه شده، اگر بدی دیدی حقّته!

وارفتم. نان‌ها را روی کاپوت یک ماشین گذاشتم و دست خلیل را گرفتم.

- ای ناقلا چه‌طور برگهٔ اعزام گرفتی؟ تو که هم‌سن و سال منی؟ تا نگی که چه‌طور ثبت نام کردی؛ نمی‌زارم بری. تازه امکان داره بیام و لوتون بدم. می‌گی یا نه؟

- خب پسر راه داره، چاه داره، یک کمی هم خرج داره. ببین ما دیرمون شده. الآنه که مارو جبهه نمی‌فرستند. تازه می‌خواهیم بریم پادگان آموزشی، بعدش جبهه. یک هفته دیگر که اومدیم مرخصی بهت می‌گم باشه؟

خلیل و سیدامیر، با قیافهٔ خندان و با اولین کاروان کربلا رفتند و من با قیافه‌ای درهم و گرفته و چند نان بربری سردشده ماندم.

آن یک هفته به اندازهٔ صد سال برایم طول کشید.

هفتهٔ بعد خلیل و سیدامیر با قیافهٔ خسته اما بانشاط آمدند. در پادگان ۲۱ حمزه آموزش دیده بودند. شب، خلیل در مسجد راز جبهه‌رفتن یا به قول خودمان «راز بزرگ» را گفت:

- از من نشنیده بگیر. منم اینو از کس دیگه شنفتم و یادگرفتم. از پسر خاله‌ام محسن غلامی. ببین! اول یه فتوکپی شناسنامه رو برمی‌داری. یک تیغ خودتراش هم ردیف می‌کنی. البته مواظب باش که دستتو نبُری. بعد آهسته و بادقت روی تاریخ تولد را - چه حروفی و چه عددی - با تیغ خراش می‌دی تا پاک بشه. بعد مثل دست‌خط شناسنامه، تاریخ تولد را دو - سه سال بزرگ‌تر می‌کنی. بعد یک فتوکپی از روش می‌گیری و می‌ری به پایگاه و بقیه‌اش دیگه با خودته.

شاید ده یا بیست بار صورت خندان خلیل را از خوشحالی بوسیدم.

شب بود که با یک عدد تیغ افتادم روی کپی شناسنامه‌ام. با دست‌خطم - که هر بار معلم مدرسه آن را

می‌دید سرزنشم می‌کرد ـ تاریخ تولدم را درست کردم.

صبح بود که بعد از گرفتن وضو راهی پایگاه ابوذر شدم. از میدان راه‌آهن تا نزدیکی‌های چهار راه خانی‌آباد ـ که پایگاه در آن‌جا قرار داشت ـ هر چی دعا و سورهٔ قرآن بلد بودم، خواندم و به خودم فوت کردم! رسیدم به پایگاه. دژبانِ دم در حواسش به کس دیگری بود که از لابه‌لای جمعیت چپیدم تو. دست و پایم می‌لرزید. دست خودم نبود. عرق سردی روی تنم نشسته بود. بادلهره و ترس از پله‌ها بالا رفتم و در طبقهٔ دوم پیچیدم به سمت راست که پذیرش در آن‌جا قرار داشت. در زدم و وارد اتاق شدم. یک جوان پیراهن مشکی پشت میز نشسته بود و داشت روی کاغذ چیزی می‌نوشت. سرش را بلند کرد و نگاهی به صورتم انداخت.

ـ سلام علیکم.

ـ علیک سلام. بفرمایید.

ـ می‌خواستم فرم پر کنم برای اعزام.

ـ متولد چه سالی هستی؟

ـ ۴۸.. متولد ۱۳۴۸ هستم.

نگاهی حاکی از تعجب به سر تا پایم کرد و با لحن خاصی گفت: «یعنی شانزده‌ساله هستی؟ پسر ما رو سیاه نکن! ما خودمون ذغال فروشیم. هر روز صد نفر مثل تو میان این‌جا و ما را سر کار می‌زارن، اینو بدون که این‌قدر تجربه داریم که بفهمیم چند ساله‌ای و راست می‌گی یا دروغ».

جا خورده بودم.

ـ بابا من شانزده‌ساله هستم. چرا باور نمی‌کنید. اینم شناسنامه‌ام. بفرمایید.

ـ شناسنامه پدر یا مادرت را هم بده.

ـ پدرم رفته مأموریت و شناسنامهٔ من و مادرم را هم با خودش برده.

ـ ببین، من وقت ندارم. کار هم زیاد دارم. برو بذار به کار و زندگیمون برسیم.

هر چه اصرار و تمنا می‌کردم، اثری نمی‌کرد. نمی‌دانم چه‌طور شد که زدم به سیم آخر و در حالی که داشتم گریه می‌کردم گفتم: «برادر تو می‌خواهی من پانکی بشم! می‌خوای من مفسد و دزد بشم! به خدا قسم اگر نذاری جبهه برم، می‌رم دزد و فاسد می‌شوم. اون وقت اون دنیا جلوی امام حسین (ع) را می‌گیرم و از دست تو شکایت می‌کنم و می‌گم که تو نگذاشتی ثواب جهاد و شهادت نصیبم بشه و...».

خودم هم نفهمیدم این جملات را از کجا آوردم، اما هر چه بود اثر خودش را کرد. در حالی که اشک در دیدگانش جمع شده بود، فرمی را جلویم گذاشت و گفت: «بیا بابا! دست از سر ما بکش».

فرم‌ها را در هوا قاپیدم و سریع پر کردم و پرسیدم: «خب کجا باید بروم»؟

ـ یواش، یواش. دیر اومدی، می‌خوای زود بری. باید مصاحبه بشی و بعد اگر قبول شدی، اعزام می‌شی.

فهمیدم که مصاحبه یعنی سئوالاتی دربارهٔ احکام و مسائل سیاسی و غیره. قرارمان هم شد برای سه

روز بعد.

□ □ □

طرف حسابی سئوال‌پیچم کرده بود. از خداشناسی پرسید، از پیغمبر، امامان معصوم و نماز. رسید به مسائل سیاسی که ریگان مادرمُرده، رئیس‌جمهور کدام قبرستونه؟ توده‌ای‌ها چه جانورهایی هستند؟ منافق‌ها از دستهٔ کدام کفتارها و لاشخورهایند؟ و اسم رئیس‌جمهور آنگولا چیه؟! آخرین سئوال گیر افتادم:

- شیخ حلبی کیه؟

نمی‌دانستم چه جوابی بدهم. با خودم گفتم. خدایا چی بگم؟ از اسمش که معلومه تو بازار مسگرها یا تو بازارچهٔ سیداسماعیل کار می‌کنه! اما اگر نباشه چی؟ آهان فهمیدم:

ـ رهبر افغانستانه!

طرف اول جا خورد. چشمانش گرد شد و نگاهی به صورت عرق رده‌ام انداخت و یک‌مرتبه همراه کسانی که مثل من برای مصاحبه آمده بودند، زد زیر خنده. حسابی که خندید گفت: «خیلی بامزه‌ای! این بابا رئیس انجمن حجتیه‌اس که اعتقاد دارن زمین باید از فساد و فحشا پر بشه تا امام زمان (عج) ظهور کنه. حالا عیب نداره، قبولی»!

باخوشحالی چند فرم را پر کردم و روز اعزام مشخص شد؛ بیستم فروردین. هنگام خداحافظی مسئول پذیرش نگاهی تردیدآمیز به شناسنامه‌ام کرد و گفت: «برادر امیریان! فتوکپی شناسنامه‌ات مقداری بدخط نیست»؟!

بدون هیچ جوابی از ترس زدم بیرون. پشت سرم صدای خنده به گوش رسید.

□ □ □

مادرم خیلی خودش را حفظ کرده بود و با خود می‌جنگید که جلوی من اشکش سرازیر نشود. آبی که پشت سرم روی زمین پاشیده شد، خداحافظی من با خانه و رفتن به سوی جبهه بود[1]. قرآن را بوسیدم و راه افتادم.

□ □ □

۱ـ بعدها من این روش را به چند نفر هم یاد دادم. از جمله به سیدمهدی میری متولد ۱۳۵۴. سال ۶۷ سیزده‌سالش بود. او هم به توصیهٔ من کپی را دستکاری کرد و روانهٔ جبهه شد. و خلیل عظیمی در یازدهم بهمن ماه ۱۳۶۵ بعد از یک نبرد جانانه در سن شانزده‌سالگی به سیاهی شب حمله برد و دیگر بازنگشت. مثل محمدرضا کشاورز متولد ۱۳۵۲. در سال ۶۷ در سن پانزده‌سالگی در شلمچه شهد شیرین شهادت را نوشید. مثل سعید غلامی که در سن پانزده‌سالگی به طرف جبهه فرار کرده بود، همراه محمدرضا کشاورز در سن نوزده‌سالگی به شهادت رسید.

هشتاد روز مقاومت[1] / سعید تاجیک

... چند روز بعد، مأموریتی جدید به گردان داده شد و آن، رفتن به فاو بود. ما باید در کانالی که از لحاظ نظامی، موقعیت خاصی داشت، مستقر می‌شدیم. این بار گروهان سیدالشهدا پیشتاز شد و گروهان روح‌الله در احتیاط ماند. من مسئول تدارکات بچه‌ها در منطقه شدم. حاج آقا روح‌الله هم به تدارکات گردان آمد.

تقریباً ۲:۳۰ بعدازظهر بود که به سوله‌ها رسیدیم. زیاد آن‌جا نماندیم و بعد از مدت کوتاهی، به فاو رفتیم. قرار بود گروهان شهید بهشتی هم در پیشانی خط مستقر شود. کانالی که قرار بود محل استقرار ما باشد، حدود ۳۵۰ متر طول داشت. از خاکریز تا کانال، حدود ۳۵۰ متر فاصله بود که باید حدود ۵۰ متر آن را روی زمین بی‌حفاظ می‌دویدیم تا به اول کانال می‌رسیدیم. عمق کانال، از نیم متر شروع می‌شد و تا یک و نیم متر می‌رسید. خاک کانال در بعضی قسمت‌ها بسیار سست و پوک بود. در سیصد متری پشت سر ما هم یک خاکریز وجود داشت که بچه‌های گردان شهادت، پشت آن مستقر بودند.

همهٔ بچه‌ها در پایگاه موشکی مستقر شدند. با تاریک‌شدن هوا، چند دستگاه خشایار برای انتقال بچه‌ها به خط جلو آمدند. گروهان شهید بهشتی سوار خشایارها شدند. خشایارها از این طرف، ما را می‌بردند و از آن طرف، بچه‌های گردان قبلی را که در منطقه بودند به عقب می‌آوردند. وقتی بچه‌های گروهان شهید بهشتی رفتند، نوبت به گروهان ما رسید.

قرار شد اول دستهٔ قاسم‌خانی به کانال برود و آن دو دستهٔ دیگر در احتیاط باشند. البته علاوه بر دسته‌ای که در کانال مستقر بود، شبها یک دستهٔ دیگر هم -به‌عنوان احتیاط- به کانال می‌رفت و قبل از طلوع آفتاب، به عقب برمی‌گشت. هر شب، به همین منوال می‌گذشت و هر دسته به مدت سه روز در کانال می‌ماند تا نوبت به دستهٔ دیگر می‌رسید. در اهمیت این کانال، همین بس که از دست‌رفتن آن، برابر بود با سقوط جادهٔ ام‌القصر تا فاو و دشمن از وجود این کانال، هیچ اطلاعی نداشت. به هر حال، سوار خشایارها شدیم. حجم آتش در جلو خیلی زیاد بود. بردن بچه‌ها با خشایار زرهی، بچه‌ها را از ترکش‌ها حفظ می‌کرد و این توفیق بزرگی بود! صدای خشایار چنان در داخل پیچیده بود که صدا به صدا نمی‌رسید. من و سعید حسنی و رحیم و صمد، بلند بلند صحبت می‌کردیم و می‌خندیدیم. اصلاً نمی‌فهمیدیم چی به چی است! از داخل خشایار، هیچ جا مشخص نبود. هر چه بود، صدای خشایار بود و بس. فقط چند تا سوراخ‌های کوچک و گرد در بدنهٔ خشایار وجود داشت که ما از آن‌جا می‌توانستیم بیرون را نگاه کنیم. از

۱ـ تاجیک، سعید. **هشتاد روز مقاومت**. تهران، سازمان تبلیغات اسلامی، حوزه هنری، دفتر ادبیات و هنر مقاومت، ۱۳۷۳. ۱۳۶ ص.

سه راه کارخانهٔ نمک که گذشتیم، نور انفجار خمپاره‌ها و توپ‌های دشمن را از آن سوراخ‌ها می‌دیدیم.

به محل مورد نظر که رسیدیم، مجید فرمان پیاده‌شدن داد. به دستور او، کنار خاکریز پهلو گرفتیم تا تیر و تیرکش نخوریم. دشمن به‌شدت منطقه را زیر آتش داشت. یکی ـ دو شهید از گردان قبلی را، کنار آمبولانس، روی زمین خوابانده بودند؛ قرار بود آن‌ها را به عقب ببرند. مجید به قاسم گفت، بچه‌هایش را بردارد و از خاکریز سرازیر شود به طرف کانال. قاسم افتاد جلو و ما پشت سرش. از خاکریز بالا رفتیم و به‌سرعت به طرف کانال دویدیم. اول باید از محلی رد می‌شدیم که مانند باتلاق بود. در آن‌جا چند پل شناور روی باتلاق گذاشته بودند. محمود صانعی هم همراه ما آمد. محمود که پای راستش معیوب بود، لنگان لنگان دنبال بچه‌ها می‌دوید. بچه‌ها در ابتدای کانال قرار گرفتند و به طرف نیروهای گردان قبلی به راه افتادند. بعد از پیمودن پنجاه متر از طول کانال، به اولین سنگر بچه‌ها رسیدیم.

به آن‌ها «سلام» و «خسته نباشید» گفتیم. بچه‌ها روی همدیگر را بوسیدند. مسئول دستهٔ آن‌ها ما را نسبت به منطقه توجیه کرد و گفت: «عراقی‌ها در حدود سیصد متری ما هستند. باید خیلی هوشیار باشید! چند شب پیش، ۲۵۰ نفر از گارد ریاست جمهوری عراق را، ما در همین کانال، به درک واصل کردیم. هنوز هم به لطف خداوند، این کانال لو نرفته، باید دقّت کنید که عراقی‌ها به وجودتان پی نبرند؛ وگرنه، با گلوله‌های زمانی، همهٔ شما را می‌کشند».

مجید مسئولیت سرِ کانال را به من داد؛ بااختیار تام. و گفت، اگر احتیاج به نیرو داشتم، از قاسم بگیرم. بعد، با چند نفر دیگر، به ته کانال ـ که به باتلاق‌های خور عبدالله می‌رسید ـ رفتند. من یک تیربار گرینوف، یک سیمینوف، یک تلفن قورباغه‌ای و یک دوربین مادون قرمز ـ که مخصوص دید در شب است ـ داشتم و با یک تیم نیرو باید از جناح راست کانال محافظت می‌کردم.

شب اول، چون به منطقهٔ جلو و کانال آشنایی نداشتم، خیلی سخت گذشت. برای نگهبانی، به نوبت پست گذاشتیم و تا صبح، بچه‌ها به نوبت پست دادند.

آن‌جا برای طهارت و وضو به هیچ وجه نمی‌شد از آب استفاده کرد و چون آوردن آب، زحمت زیادی داشت، بچه‌ها خود را باکهنه و دستمال کاغذی و گاهی باکلوخ پاک می‌کردند.

شب اول، خوابیدن در کانال، حقیقت خوانده‌هایمان دربارهٔ شب اول قبر را در ذهن زنده کرد. کانال آن‌قدر تنگ بود که دو نفر به هیچ عنوان نمی‌توانستند از کنار همدیگر رد شوند. و معلوم بود که یک نفر هم نمی‌تواند در آن راحت بخوابد.

در داخل سنگری که در کنارمان قرار داشت، تعدادی کنسرو و کمپوت و نان قندی و نان خشک بود. گردان قبلی، آن‌ها را برایمان جاگذاشته بودند؛ اما نمی‌شد به آن‌ها اکتفا کرد. به همین خاطر، من فردای آن روز، از عقب، تقاضای کمپوت و آب و کنسرو و چیزهای دیگر کردم.

عراق، خط ما را به جهنم تبدیل کرده بود و دیوانه‌وار می‌کوبید؛ ولی به لطف خداوند، از آن همه گلوله‌ای که به زمین خورد، هیچ‌کدام نتوانست از ما شهیدی بگیرد.

هوا کم‌کم داشت روشن می‌شد که بچه‌ها برای نماز تیمم کردند و نمازشان را خواندند. هوا رو به

گرما گذاشته بود. از عید[1] حدود یک‌ماه می‌گذشت.

صبح به صبح برای بردن جیرهٔ بچه‌ها وارد کانال می‌شدم، به هر نفر دو کمپوت و دو کنسرو ماهی و مقداری نان می‌دادم. در همان صبح، جیرهٔ ناهار و شام بچه‌ها را یک‌جا می‌دادم تا در داخل کانال، زیاد رفت و آمد نشود. همهٔ بچه‌ها، روزها توی آن کانال خاکی و نمناک و زیر برق تند آفتاب، با عشق به امام، روزگار می‌گذراندند و بهترین حالات روحی را داشتند.

یک روز، جیره‌ها را که بین بچه‌ها پخش کردم، به طرف سنگرم راه افتادم. در میان راه، چشمم به علی اُسالی و رضا سلیمانی افتاد که مشغول جابه‌جا کردن وسایلشان بودند. یک کم سربه‌سر علی اُسالی گذاشتم و گفتم:

ـ علی! خط خوبه یا نه؟

ـ عالیه!

و بعد خنده‌ای کرد و لپ مرا گرفت. علی همیشه لپ مرا می‌گرفت و می‌پیچاند.

یک روز در کانال با صدای بلند خواندم:

هر که دارد هوس کرب‌بلا بسم‌الله...

هر که دارد سرِ همراهی ما بسم‌الله...

همه بچه‌ها می‌گفتند: «ماشاالله تاجیک؛ بخوان»!

خواندنم که تمام شد، شروع کردم به عرعر کردن، با صدای بلند! صدایم آن‌قدر بلند بود که بچه‌های گروهان شهید بهشتی که حدود دویست ـ سیصد متر با ما فاصله داشتند، صدای عرعر مرا شنیدند و داد زدند:

ـ تاجیک! یک‌کم بلندتر عرعر کن!

همهٔ بچه‌ها خنده‌شان گرفته بود. با صدایی که من از خودم در می‌آوردم، عراقی‌ها مگسی شده بودند! و بامهارت تمام، با تیربار به طرف صدا شلیک می‌کردند. من هم وقتی فهمیدم عراقی‌ها نسبت به این صدا حساسیت دارند، صدای عرعرم را بلندتر کردم!

روزی پیش مجید رفتم و گفتم: «می‌خواهم روی کانال راه برم و عراقی‌ها رو مگسی کنم».

مجید اول تن نمی‌داد؛ اما وقتی دید حریفم نمی‌شود، گفت:

ـ هر کاری می‌خواهی بکنی، بکن! ولی مواظب خودت باش! چون یک سعید تاجیک بیش‌تر نداریم. اگر تو شهید بشی، دیگه کسی نیست برامون مارش بزنه و عرعر بکنه.

با خنده گفتم:

۱ـ سال تحویل را در پایگاه موشکی برگزار کرده بودیم و هفت سین سفرهٔ ما این‌ها بودند: سنبهٔ کلاش، سرنیزه، ساچمهٔ مین، سیم خاردار، سیم تلفن، سنبهٔ خمپاره و سیم‌چین.
در آن لحظه، حاجی بخشی به پایگاه آمد و یک ده تومانی که تبرک‌شدهٔ دست مبارک حضرت امام بود، در دست هر کدام از بچه‌ها گذاشت.

- پس من رفتم.

پریدم روی کانال و به طرف عراقی‌ها که با ما حدود سیصدمتر فاصله داشتند، شکلک و ادا و اطوار در می‌آوردم و می‌دویدم. همهٔ بچه‌ها به کارهای من می‌خندیدند. از طرفی هم نگران بودند که مبادا مـن را بزنند. عراقی‌ها بعد از چند لحظه متوجه من شدند و شروع کردند با سیمینوف به طرف من تیراندازی. من با کارم، عراقی‌ها را حسابی دیوانه کرده بودم. حدود پانزده دقیقه عراقی‌ها را مچل کردم! آن وقت با صدای بلند، به طرف عراقی‌ها فریاد زدم:

- ایّها العراقیون!

و دست و پا شکسته، چیزهایی گفتم. تا این را گفتم، با سیمینوف و تیربار، به‌شدت به طرفم تیراندازی کردند و من هم فوراً به داخل کانال پریدم.

ساعت ۱۲ ظهر، نماز را خواندیم؛ با تیمم و پوتین، در داخل سنگر. پس از آن، ناهار را که خوردیم، زیر آفتاب - در داخل کانال - دراز کشیدیم. صادق صدیقی، یک متر آن طرف‌تر داخل کانال خوابیده بود. صمدنیا هم با یک پتو برای خودش سایبان درست کرده بود. صادق، از گرما و آفتاب کلافه شده بود و دائم هوار می‌زد:

- ای خدا! من که مُردم!!

مگس‌ها رویش می‌نشستند و توی گوشش ویز ویز می‌کردند و صادق با لهجهٔ قشنگ فیروزکوهی می‌گفت:

- برید گم شید! مگه من پشمکم که دورم جمع شدید؟!

صمد - با پیراهنش - شروع می‌کرد به پراندن مگس‌ها و کارهایی می‌کرد که مـا از خـنده، دلمـان را می‌چسبیدیم. روزها از دست صادق، معرکه داشتیم و خاطره‌ها روی هم انباشته می‌شد.

با فرا رسیدن شب، تیمم کردیم، نماز خواندیم و آمادهٔ نگهبانی شـدیم. هـر شب بـرای پست‌دادن، بچه‌ها را به نوبت در دو سنگر قرار می‌دادیم. شب‌ها یک دسته هم برای احتیاط به کانال می‌آمد. شب که می‌شد، سعید حسنی با نارنجک‌انداز چهل میلی‌متری، به طرف سنگرهای کمین دشمن شلیک می‌کرد. از این طرف کانال هم، من با تـیربار شـلیک مـی‌کردم. گـاهی اوقـات هـم مـی‌خوانـدم و سکـوت شب را می‌شکستم. گاهی هم که می‌دیدم منطقه خیلی ساکت است، شروع می‌کردم به عرعر کردن! عراقی‌ها هم مثل همیشه در مقابل این صدا تعصّب نشان می‌دادند و به طرفم تیراندازی می‌کردند. هر شب، منطقه را با دوربینِ دید در شب کاملاً زیر نظر داشتم. اگر جنبنده‌ای در فاصلهٔ سیصد متری بین ما و عراقی‌ها حرکت می‌کرد، آن را به‌خوبی می‌دیدم. البته بُرد دوربین من کم بود؛ در حالی که عراقیها دوربین‌هایی داشتند که تا ۲۵کیلومتر را واضح و مثل روز نشان می‌داد.

دو - سه روز گذشت. دستهٔ اول به عقب رفت؛ ولی صمد و صادق پیش من ماندند و فقط گاهی برای نظارت و گرفتن خستگی، رو به عقب می‌کردند. راسخ، جای مجید را گرفت و مجید هم به عقب رفت. همهٔ بچه‌های دستهٔ قاسم‌خانی به عقب رفتند و به جای آن‌ها، دستهٔ اثباتی آمد. آن شب، مثل هر شب، برای

بچه‌ها خواندم؛ با صدای بلند عراقی‌ها را صدا می‌زدم و به آن‌ها دری وری می‌گفتم. این کار من آتش عجیبی به جانشان می‌انداخت!

هوا تقریباً گرگ و میش بود، که رفتم داخل سنگر تدارکات تا برای بچه‌ها کنسرو و کمپوت بردارم. همین که از سنگر بیرون آمدم، صدای غرش وحشتناکی به گوشم خورد. ناخودآگاه توی کانال خیز رفتم. وقتی بلند شدم، در یک لحظه، چشمم به آسمان افتاد. دو شکاری بمب افکن اف- ۵ را دیدم. آن‌ها بمب‌هایشان را دقیقاً در روی سر ما، با یک تاکتیک استثنایی، به طرف دشمن رها کردند. زمانی که بمب‌هایشان را روی لانه‌های تجاوز دشمن ریختند و به طرف خلیج فارس دور زدند، تازه عراقی‌ها متوجه شدند قضیه چیست! «اللّه اکبر» گفتم و صمد را از خواب بیدار کردم. حدود ده ثانیه طول کشید تا بمب‌ها به هدف‌ها خورد. یکی از بمب‌ها دقیقاً به یک سکوی تانک، و دیگری به انبار مهمات عراقی‌ها خورد که انفجار مهیبی، منطقه را به لرزه در آورد. عراقی‌ها با تمام ضدهوایی‌های خود، آسمان را نشانه رفتند؛ اما دیگر پرنده‌ها به آشیانه‌شان برگشته بودند. از خوشحالی پریدم پشت تیربار، برای شلیک‌کردن. و بعد شادی‌کنان کولهٔ کنسروها را روی دوشم گذاشتم و بین بچه‌ها تقسیم کردم.

رحیم، آن شب عقب نرفته بود. او یکی از نیروهای شجاع گردان ما بود. برادرش که در گردان انصار می‌جنگید، در شب پنجم عملیات شهید شده و جنازه‌اش کنار جاده -نزدیک تانک‌های عراقی -افتاده بود. رحیم مانده بود تا اگر فرصت پیدا کرد، جنازهٔ برادرش را عقب بکشد. اما نه تنها نتوانست که خودش هم روز بعد، با تیر مستقیم توپ دشمن تکه تکه شد. موج انفجار، او را حدود پانزده متر به بیرون کانال پرت کرد و درجا، دست و پایش قطع شد. علاقهٔ زیاد به رحیم، نگذاشت خودم راکنترل کنم، و منی که در چنین مواقعی، به بچه‌ها روحیه می‌دادم، زدم زیر گریه.

اگر این خبر را بچه‌ها می‌شنیدند، روحیه‌شان خراب می‌شد. به همین خاطر، صورتم را از اشک پاک کردم، یک مشت خاک برداشتم و صورتم را خاکی کردم که بچه‌ها متوجه گریه‌ام نشوند. همین که به جمع بچه‌ها نزدیک شدم، شروع کردم به عرعر کردن! بچه‌ها گفتند: «خدا را شکر که رحیم شهید نشد»! من که در درون داشتم می‌سوختم، با خواندن و درآوردن صدای خر، بچه‌ها را شاد می‌کردم. به سنگرم که رسیدم، صمد سئوال کرد: «حقیقت دارد»؟ و من با گریه گفتم: «بله» و خواستم که به کسی نگوید. راسخ، با بی‌سیم، خبر شهادت رحیم را به مجید اطلاع داده بود. و همان شب، مجید با دستهٔ احتیاط جلو آمد و ساعت ۹ شب، دو تا از بچه‌ها با قاسم‌خانی، بدون این‌که دیگران بفهمند، رحیم را به عقب بردند.

به علت کمی جا در کانال، عده‌ای از بچه‌ها توی چاله‌هایی قرار گرفتند که در اثر اصابت خمپاره گود شده بود. ساعت تقریباً ۱۰ شب بود که عراق دیوانه وار منطقه را زیر آتش گرفت. در همین ساعت بود که فهمیدیم کاهدی و موسوی شهید شده‌اند. من پشت تیربار ایستاده بودم و داشتم با دوربین، منطقه را وارسی می‌کردم تا مبادا عراقی‌ها در پناه آتش پیشروی کنند. چشمم به دو پیکر مطهر افتاد که مثل گل روی برانکارد خوابیده بودند. هر دو سر نداشتند. ترکش یک خمپاره، سر هر دوی آن‌ها را قطع کرده بود. با دیدن این صحنه، پشت تیربار گریه‌ام گرفت. گفتم:

ـ خدایا! اگه لیاقت شهادت رو به من دادی، یک چنین شهادتی رو نصیبم کن!

در سپیده دم، داشتم تیربار را از روی سه‌پایه باز می‌کردم که ناگهان چشمم به دو عراقی افتاد. فوراً تیربار را از ضامن خارج و به طرفشان تیراندازی کردم. همهٔ بچه‌ها با صدای تیربار بیدار شدند. به صمد گفتم به مجید تلفن بزند و بگوید دو تا عراقی تا صد متری ما جلو آمده‌اند. مجید خبر را به حاج رضا دستواره در ستاد رساند. حاجی تأکید کرده بود که اگر توانستیم، آن‌ها را زنده بگیریم و اگر خواستند فرار کنند، کارشان را بسازیم.

بلند شدم و با صدای بلند گفتم:

ـ یا اخی تعال! ارفع یدک!

عراقی‌ها از دور فریاد زدند:

ـ دخیل الخمینی!

من باز گفتم:

ـ ارفع یدک، تعال!

ولی گویا آن‌ها گوششان به این حرف‌ها بدهکار نبود و داشتن دولا دولا به عقب فرار می‌کردند. پریدم سیمینوف را برداشتم و یکی از آن‌ها را زدم. آن شخص توی یک چاله افتاد و فریاد کرد. سعید حسنی پیش آمد و قبضهٔ نارنجک‌اندازش را هم آورد. به سعید گفتم، هر وقت عراقی دوم بیرون آمد، بزند تو ملاجش. سعید قبضه‌اش را مسلح کرد و به طرف عراقی‌ها نارنجک پرتاب کرد. یکی از آن‌ها به هلاکت رسید و دیگری همراهش داد و فریاد می‌کرد. از بی‌سیم، به بچه‌های گردان شهادت گفتم، جلوی ما را با خمپارهٔ ۶۰ بکوبند تا دومی نتواند سالم به عقب برود. روبه‌روی ما میادین مین بود. عراقی‌ها توی میدان مین بودند و ما هم نمی‌توانستیم به طرفشان برویم. این بود که دیگر آن‌ها را به خودشان واگذاشتیم و دیگر کاری به کارشان نداشتیم. البته هر نیم ساعت، بلند می‌شدیم و جلویمان را نگاه می‌کردیم؛ اما از عراقی‌ها خبری نبود.

صبح ـ طبق معمول ـ جیرهٔ، بچه‌ها را دادم و در کانال خوابیدم. وقتی بلند شدم، ساعت ۱۰:۳۰ بود. توی کانال، آن‌قدر مگس بود که آدم نمی‌توانست از دست ویزویزشان چند دقیقه کپه مرگش را زمین بگذارد. خبر آوردند قاسم مهدوی و کُرد بچه شهید شدند. با شنیدن این خبر، دوباره دلم گرفت. با خودم گفتم: همهٔ بچه‌ها یک‌به‌یک می‌روند، خدایا توجّهی هم به ما کن!

شب، بعد از خواندن نماز و خوردن غذا، مجید با تلفن خبر داد تیربار را سریع آماده کنم. مجید گفت: «می‌خواهیم آتش‌بازی راه بیندازیم». بعد از این‌که پیام مجید تمام شد، دستهٔ احتیاط، از روی خاکریز، به طرف کانال سرازیر شد. بین آن‌ها حمید اخوان هم بود. حمید با عز و جز و التماس از حاج آقا نصرت اجازه گرفته بود که به کانال بیاید. خیلی حمید را دوست داشتم. همدیگر را بغل کردیم و بوسیدیم. به خدا قسم آن شب، حمید آن‌قدر نورانی شده بود که حد نداشت! من آن شب، نه از روی شوخی، که خیلی هم جدی به حمید گفتم که نورانی شده است. و او خودشکنانه درآمد که:

ـ نه بابا! این نورانیت، حکمتِ لیفه!

و ادامه داد:

ـ خوب، سعید من چه کار کنم؟

گفتم:

ـ قراره تا چند لحظهٔ دیگه منطقه شلوغ بشه. با یکی ـ دو نفر از بچه‌های ادوات برید پنجاه متر آن‌طرف‌تر از ما و همان‌جا مستقر بشید. آتش‌بازی که شروع شد، شما هم به طرف عراقی‌ها شلیک کنید.

همهٔ بچه‌ها، آماده و به فرمان، در سنگرهایشان مستقر شده بودند. من یک گونی فشنگ تیربار در داخل کانال گذاشتم و به صمد گفتم: «من با تیربار تیراندازی می‌کنم و شما سریع قطار فشنگ‌ها را پر کنید».

چند دقیقه که گذشت، صدای تلفن قورباغه‌ای بلند شد و مجید دستور شروع را داد. این یک جنگ روانی بود که ما به نیروهای عراقی تحمیل می‌کردیم؛ برای به هم زدن روحیه و فکر دشمن. این جنگ که به «جنگ بی‌سیم» معروف است، به این صورت است که قرارگاه از پشت بی‌سیم خطاب به کلیهٔ واحدها و گردان‌ها شروع می‌کند به خالی‌بندی که فلان گردان فوراً به فلان جناح دشمن بزند، فلان لشکر از فلان جا به دشمن بزند و ... چون دشمن در حال شنود است، سردرگم می‌شود و سازمانش درهم می‌ریزد.

آن شب، آتش سر تا پای خط را گرفت. عراقی‌ها به فاصلهٔ پنج دقیقه منطقه را جهنم کردند. البته گلوله‌های ما هم کم‌تر از عراق نبود! من آن‌قدر با تیربار شلیک کردم که لولهٔ تیربار، مثل آتش، سرخ سرخ شده بود و از چند متری دیده می‌شد. در حال تیراندازی بودم که یک تیر از گونیِ جلو من عبور کرد و به دست راستم خورد. یک‌دفعه داد زدم:

ـ آخ دستم!

اما باز پشت تیربار ایستادم و شلیک کردم. ناگهان صدای یکی از بچه‌ها بلند شد:

ـ تاجیک! سوختم.

تیربار را ول کردم و به طرف صدا دویدم؛ که دیدم حمید شهید شده، حاجی شهامی، تمام بدنش سوراخ سوراخ است، و دو تا از بچه‌ها هم بدنشان پر از ترکش‌های ریز و درشت شده است. پای یکی از آن‌ها خرد شده بود و مدام می‌گفت:

ـ تاجیک جان! پاهام قطع شد.

امدادگر را صدا زدم. علی اُسالی با روحیه‌ای عالی به طرفمان آمد. یکی از آن‌ها دائم می‌گفت:

ـ سعید جان! پاهام قطع شده!

ـ نه جونم! پاهات اینهاش!

تا پاهایش را از زیر بدنش بیرون کشیدیم، با یک فریاد بلند غش کرد. هر کاری کردم که به هوش بیارمش، نشد! پاهایش را برای آتل‌بستن که بلند کردم، به هوش آمد.

وقتی این دو نفر را به عقب منتقل کردیم، رفتم سراغ پیکر اخوان شهامی. یک ترکش به قلب، یکی به سر و دیگری به گردن اخوان خورده بود. ترکش‌های از یک طرف خورده و از طرف دیگر عبور کرده بود. پیکر حمید اخوان را که به دوش گرفتم، مغز و خون سرش ریخت روی محاسنم و تا توی کفشم نفوذ کرد؛ به‌طوری که تمام هیکلم از خون حمید سرخ شد. بعد از حمید، رفتیم سراغ شهید شهامی. تمام بدنش خرد

شده بود. بدنش مثل یک گونی که توی آن پر از استخوان‌های خرد شده باشد، صدا می‌داد. صدای استخوان‌های شکسته‌اش به‌راحتی شنیده می‌شد. کتفش را گرفتم تا بکشانمش روی برانکارد؛ که دست راستم در سینه‌اش فرو رفت و لای دنده‌هایش گیر کرد. به هر جان کندنی بود، دستم را از لای دنده‌هایش بیرون کشیدم. داخل سینهٔ شهید شهامی هنوز گرم بود. دستم را در آوردم و او را هم روی برانکارد گذاشتیم تا بچه‌ها به عقب ببرندش.

همهٔ بچه‌ها، طی شش روزی که در کانال بودیم، برای استحمام به عقب رفته بودند؛ جز من. همه و خصوصاً مجید و راسخ اصرار می‌کردند که به عقب بروم و من انکار که اگر بروم، کسی نیست کارها را انجام بدهد. با گرم‌شدن هوا، آن‌قدر بدنم بوی تعفن گرفت که بچه‌ها از دستم فراری شدند. هر وقت برای جیره‌دادن به بچه‌ها نزدیک می‌شدم، دم دماغ‌هایشان را می‌گرفتند. برای جیره‌دادن به سنگر راسخ رفتم. او بعد از «اَه» و «اُه» و تکرار اصرارهای گذشته بر عقب‌رفتن من، گفت:

ـ بگذار یک فیلم برایت تعریف کنم.

در حالی که من از آن‌ها فاصله گرفته بودم، شروع کرد به صحبت:

ـ یه روز دو تا کماندو از هواپیما پریدند پایین. بعد از چهل روز جنگیدن، توی جنگل مخفی شدند. یه روز داشتند می‌رفتند که چشمشون خورد به یک کلبه. یکی از اونا وارد کلبه شد و با وارد شدن، یک بُز از بوی گند اون کماندو زد بیرون. حالا تو هم مثل همون کماندو هستی.

من گفتم:

ـ دَست گرم! یعنی تو هم مثل همان بز هستی!!

ـ ها ... ها ... ها ...

خنده بچه‌ها بود که بعد از جواب دندان‌شکن من، پر گرفت.

شب، خبر شهادت محمود پیربداغی رسید. با شنیدن خبر، سرم گیج رفت و دنیا روی سرم چرخید. آن‌قدر بی‌حال شدم که همان جا زانو زدم. پشت تیربار ایستاده بودم و گریه می‌کردم. وقتی یاد محمود می‌افتادم و خاطره‌هایی که از او داشتم، از خودم بدم می‌آمد. محمود، معلم اخلاق بود و شهادتش، بچه‌های گروهان شهید بهشتی را حسابی دمغ کرد.

یک روز بعد از شهادت محمود، مأموریت گردان تمام شد. گردان مالک جای خود را به بر و بچه‌های گردان حمزه می‌داد. سوار خشایار شدیم و به طرف پایگاه موشکی راه افتادیم. از پایگاه هم رفتیم لب اروند و از آن‌جا به آن طرف اروند انتقال یافتیم.

وقتی پشت تویوتا نشسته بودیم، از دو چیز خیلی خیلی ناراحت بودم. یکی، شهادت تمام بچه‌ها، به‌خصوص محمود و رحیم. و دیگر، ترک فاو برای همیشه. ما داشتیم برای همیشه از فاو خداحافظی می‌کردیم. بالاخره، بعد از هشتاد روز مقاومت، هشتاد روز فداکاری، هشتاد روز جانبازی، ایثار و شهادت، مُهر اسلام، با مرکبی سرخ‌رنگ بر شهری خورد که فتح آن، سندی شد بر ایمان و اراده مردان حق (صص ۱۰۹ـ۱۲۱).

□ □ □

حرمان هور[1] / شهید احمدرضا احدی

می‌روی و گریه می‌آید مرا...

می‌خواهم درد دل کنم، اما با چه کسی؟ نمی‌دانم! هر چه می‌گردم کسی را نمی‌یابم که حرف‌های دلم را برایش بگویم. هر چه‌قدر فکر می‌کنم عقلم به جایی نمی‌رسد. تا این‌که به این فکر می‌رسم که با همین ورق و همین قلم و با آن خاطرات قلبی‌ام به خلوت بنشینم.

نمی‌دانم این کلمات را چه‌طور بیان کنم. هر چه می‌خواهم با زنجیر الفاظ، معنا را به کام خود کِشَم نمی‌توانم. چه‌طور این ۳۲ حرف را در کنار هم بگذارم تا قلبم آرام بگیرد. ولی می‌گویم اگر قرار بود اخلاصی در کلامم باشد و اگر قرار بود حرفی بی‌شائبه در نظرم بگذرد، دوست دارم این اخلاص برای این هدف باشد که با تمامی آن‌چه در وجودم دارم و با تمامی بارگنه خویش، با تمام اعمال ناشایست که غیر از خدا کسی نمی‌داند و بالاخره با تمامی این حرف‌ها بگویم که او را دوست دارم با تمامی احساس قلب.

«شکسته سرو باغ آشنایی / چه سنگین است بار این جدایی»

بعد از آن فراق اندوهبار، با خود می‌گفتم بعد از او زنده نخواهم ماند، دیگر نخواهم خندید. می‌گفتم با کسی دوست نخواهم شد. آن‌قدر ساکت در شهر از کنار دیوارها و پس سایه‌ها می‌گذرم تا اجلم فرا رسد. با این‌که هزاران بار عقلم این حرفها را رد کرد، اما احساساتم توان رد کردن آن‌ها را ندارد و راستی هم ندارد؛ که بعد از او خاک بر این دنیا و آن‌چه که در آن است؛ که بعد از او هر چه دنیاست هیچِ‌هیچ، پوچِ‌پوچ است. هنوز آخرین دیدارش از یادم نمی‌رود.

آری، زمین داغ و تفتیدهٔ دشت امان بچه‌ها را بریده بود. تو آمده بودی تا مقداری مهمات برای عملیات شب جمع کنی که ناگاه ضربات آهسته و متناوبی از پشت تو را به خود جلب کرد. وقتی برگشتی، برخلاف انتظار و در میان آن همه آدم‌هایی که یکی را نمی‌شناختی، محمد را دیدی. هوای گرم جنوب عرق‌ها را بر جبین پاک نوجوانی‌اش می‌جنباند و سنگینی گرما بر چشم‌های به گود نشسته‌اش فشار می‌آورد. مانند همیشه با آن لبخندها و ظرافت‌گویی‌ها احوالپرسی کردید. آن موقع گویی که قلب آرام گرفت.

لحظه‌ای بعد قلمزنِ هستی، رقم را به جدایی زد؛ با یک خداحافظی سریع. تو به خیال این‌که همیشه او را خواهی دید. اما صبر کن! تو را به خدا لحظه‌ای درنگ! کجا می‌روی؟ ای کاش می‌شد عقربه‌های

۱ـ **حرمان هور** (دست‌نوشته‌های شهید احمدرضا احدی). به‌کوشش علیرضا کمری. ویرایش دوم. تهران، سازمان تبلیغات اسلامی، حوزه هنری، دفتر ادبیات و هنر مقاومت، ۱۳۷۲. ۲۳۲ ص.

ساعت را نگه داشت، حتی برای یک لحظه. آخر کجا می‌روی محمد؟ تو دیگر بر نگشتی تا دوباره او را ببینی، چون که باور نمی‌کردی لحظه‌ای بعد از هم جدا شوید. و این روزگاران تلخ تلخ را تصور نمی‌کردی.

اما آخرین یادگار او چشمان اشکبارش در یکی از شب‌ها بود، که با هم در خیابان‌های خلوت قدم می‌زدید، یا آن سفر قم که همه‌اش درس بود. نوجوانی و این همه خاطره‌ها در کنج دالان‌های خفتهٔ ذهن! امشب فریاد این قلم که با شطحیات ما خو گرفته، به آسمان بلند است و سراسر وجودم را انتظار فراگرفته است. خوش باد یاد بچه‌ها در آن شب قدر که اکنون هم‌وزن خیال‌ها و خاطره‌ها هستند؛ پیکرهایی به سنگینی سایه‌ها، در آن دشت پر حادثه که لحظه‌ای از نظر محو نمی‌شوند. خوش باد یاد آن همه زیبایی‌های دوران نوجوانی و خاطرات آن هنگام. و راستی که چه ناخوش است ۳ سال هجران و ۳ سال انتظار. دوست داشتم این آخرین سطور این مقال نبود، ولی دیگر قلم و چشمانم یارای همراهی ندارند. «می‌روی و گریه می‌آید مرا/ ساعتی بنشین که باران بگذرد» (صص ۱۰۳ـ۱۰۵).

۶۴/۲/۱۶

دوشنبه ـ نیمه شعبان

مجنون

شنیده بودی که عشق لیلی، مجنون بیچاره را آن‌چنان آواره کرده بود که حتی سخت‌ترین و موحش‌ترین بیابان‌ها را هم برای یافتن لیلی زیر پا گذاشت، ولی باور نمی‌کردی آن عشق این قدر شدت داشته باشد که مجنون بیچاره را به این جزایر بکشاند ـ جزایر مجنون.

هور با نهایت وسعت جولانگاه بچه‌های بسیج است. نیستان‌های بلند و پراکنده و این همه جانورهای عجیب‌الخلقه و کلکسیون انواع حشرات ـ که باید لیست نامشان را فقط در دائره‌المعارف‌های بزرگ یافت ـ محیط را احاطه کرده است، و مثل همیشه مهمان هر سرزمین خطرناکی، هر ناکجایی، بسیجی است، که تنها استوار میانه میدان است. این جا همه مجنون‌اند.

بسیجی‌ها سوار بر قایق‌ها، زیر رگبار تیربارهای دشمن که مماس بر آب‌ها می‌نوازند، دیوانه‌وار می‌تازند؛ بَلَمها دیوانه، سکاندارها بی‌پروا، و دیوانه‌تر از همه خمپاره‌ها که هر شب زمین جادهٔ کم‌عرض جزیره را غرق بوسه‌های مرگ‌زای خود می‌کنند. این جا بسی عجیب است! جنگ؛ یک جنگ تمام عیار، یک نبرد آبی ـ خاکی، آن هم با تمام ترفندهای ممکن. خط، یک جاده است میان هور؛ دو طرف آب دشمن، انتهای جاده هم دشمن. بیش از نصف جاده، خالی از نی؛ ولی قطعاتی از جاده با نی‌های بلند هور مستور است. آتش دشمن از سه سمت بچه‌ها را نشانه می‌گیرد و این دیگر غیرقابل تصور است. تمام حرکات بچه‌ها در روز، زیر دید مستقیم دیده‌بان‌های دشمن است. تمام حمل و نقل نیروها و تدارکات و مهمات، در شب، آن هم با زحمات فراوان و با قایق‌ها انجام می‌شوند.

شب اول، طبق معمول و مثل همهٔ بچه‌ها، تو هم حالت تازه‌واردی را داری. سنگر، نمور و کوتاه و پر

از موش‌هایی است که هر کدامشان یک‌تنه چند گربه را حریف‌اند. کانالی موجود نیست. اگر هم هست، کانال مخروبه‌ای است که هر چند قدم یک جا با خمپاره باز یا بسته شده است. این جبهه جای آسانی نیست. ولی به هر حال همهٔ کارها به لطف و عنایت خدا به‌خوبی پیش می‌رود.

ناصر همان پسر سیزده یا چهارده ساله که صدای خوبی هم داشت، با همان پرچمدار دسته، که پیشقراول همهٔ کارها بود، در همان شب اول، جلوتر از محمود، معاون فرمانده گروهان ـ که در شب اول به شهادت رسید ـ به خدا پیوست.

خدا گلچین می‌کند. روز بعد، پیکان نشانهٔ حق، نصیب دو نفر دیگر، یکی حاج چراغی و دیگری احمد زمانی می‌شود. حاجی را خیلی وقت است که می‌شناسی. این روزهای آخر قرآن می‌خواند. اصلاً در عالم دیگری بود. آخرالامر با نهایت سکوت و لطافت و خلوص، جانش را تسلیم کرد. ولی باورت نمی‌شد احمد شهید شود. وقتی به یاد خاطرات دوران دبیرستان می‌افتی، و امروز که جسد پاره پارهٔ احمد، در هر طرف جاده پخش شده است، سخت دلگیر و ملول می‌شوی. به هر حال این هم گل چهارم بچه‌های ماست.

دو روز بعد، باز هم خدا گل می‌خواهد، از خوبان امت محمد(ص). این بار حکم الهی شامل دو فرشته دیگر می‌شود؛ یکی بهروز و دیگری عبدالله. بهروز را در کمین نوک شهید کردند؛ آن هم با شهامتی که بهروز از خودش نشان داد! هنوز یادگار بهروز و شهید فتح‌الله نظری در پادگان شهید رجایی اهواز ـ قبل از عملیات رمضان ـ برجاست.

بالاخره آخرین شهید این چند روزه عبدالله است. عبدالله همان روز که از مرخصی برگشت راهی خط شد. وقتی شنید محمود معاونش و ناصر کوچک و سر حالش به خدا پیوسته‌اند، احساس عجیبی داشت. بالاخره همان شب در راه کمین نوک آرام آرام به شهادت رسید. و این بار، در خونین‌ترین محور و پرحادثه‌ترین خاطرات، بهترین یارانت این‌چنین مردانه و باشکوه، به شهادت رسیدند؛ آرام آرام، مست مست! (صص ۱۴۸ـ۱۵۰).

نامعادله

(به بهانهٔ اعزام سراسری سپاه صد هزار نفری حضرت رسول)

چه کسی می‌داند جنگ چیست؟ چه کسی می‌داند یک فروند خمپارهٔ قلب چند نفر را می‌درد؟ چه کسی می‌داند هر سوت خمپاره فردا به قطرهٔ اشکی بدل خواهد شد و این اشک جگرهایی را خواهد سوزاند؟

کیست که بداند جنگ یعنی سوختن، ویران شدن؛ آرامش مادری که فرزندش را همین الآن با لالایی گرمش در آغوش خود خوابانیده؛ نوری، صدایی، ریزش سقف خانه، و سرد شدن تن گرم کودک در قامت خمیده مادر؟

کیست که بداند جنگ یعنی ستم، یعنی آتش، یعنی خونین‌شدن خرمشهر، یعنی سرخ‌شدن جامه‌ای و

سیاه‌شدن جامه‌ای دیگر، یعنی گریز به هر جا، هر جا که این جا نباشد؛ یعنی اضطراب که کودکم کجاست؟ جوانم کجاست؟ دخترم چه شد؟

به کدام گوشهٔ تهران نشسته‌ای؟ کدام دختر دانشجویی ـ که حتی حوصله ندارد عکس‌های جنگ را ببیند و اخبار آن را بشنود ـ دختران معصوم سوسنگرد، خواهران گل، آن گل‌های ناز، آن اسوه‌های عفاف که هر کدام در پس رنج‌های بیکران صحرانشینی و بیابانگردی آرزوهای سال‌های بعد را در دل می‌پروراندند، آن خواهران ماه، مظاهر شرم و حیا را بفهمد؛ که بی‌شرمان دامانشان را آلودند و زنده زنده، به رسم اجدادشان به گور سپردند.

کدام پسر دانشجویی می‌داند هویزه کجاست؟ چه کسی در آن کشته شده و در آن‌جا دفن گردیده؟ چگونه بفهمند تانک‌ها هویزه را با ۱۲۰ اُسوه، از بهترین خوبان له کردند. اصلاً چه می‌داند تانک چیست؟ و چگونه سری زیر شنی‌های آن له می‌شود؟ آیا می‌توانید این مسئله را حل کنید؟ گلوله از لوله دوشکا باسرعت اولیهٔ خود از فاصلهٔ ۱۰۰ متری شلیک می‌شود و در مبدأ به حلقومی اصابت نموده و آن را سوراخ کرده، گذر می‌کند. معلوم نمایید سر کجا افتاده است؟ کدام زن صیحه می‌کشد؟ کدام پیراهن سیاه می‌شود؟ کدام خواهر بی‌برادر می‌شود؟ آسمان کدام شهر سرخ می‌شود؟ کدام گریبان پاره می‌شود؟ کدام چهره چنگ می‌خورد؟ کدام کودک در انزوا و خلوت خویش اشک می‌ریزد؟

یا این مسئله را که هواپیمایی با یک و نیم برابر سرعت صوت از ارتفاع ده‌متری سطح زمین، ماشین لندکروزی را که با سرعت در جادهٔ مهران‌ـدهلران حرکت می‌کند، مورد اصابت موشک قرار می‌دهد. اگر از مقاومت هوا صرف‌نظر شود، معلوم کنید کدام تن می‌سوزد؟ کدام سر می‌پرد؟ چگونه باید اجساد را از درون این آهن پارهٔ له‌شده بیرون کشید؟ چگونه باید آن‌ها را غسل داد؟

چگونه بخندیم و نگاه آن عزیزان را فراموش کنیم؟ چگونه در تهران بمانیم و تنها درس بخوانیم؟ چگونه می‌توانی درها را به روی خودت ببندی و چون موش در انبار کلمات کهنهٔ کتاب لانه کنی؟!

کدام مسئله را حل می‌کنی؟ برای کدام امتحان درس می‌خوانی؟ به چه امیدی نفس می‌کشی؟ کیف و کلاسورت را از چه پر می‌کنی؟ از خیال؟ از کتاب؟ از لقب شامخ دکتر؟ یا از آدامسی که مادرت هر روز صبح در کیفت می‌گذارد؟ کدام اضطراب جانت را می‌خلد؟ دیر رسیدن اتوبوس، دیر رسیدن سر کلاس، نمره A گرفتن؟ دلت را به چه چیز بسته‌ای؛ به مدرک؟ به ماشین؟ به قبول‌شدن در دورهٔ دکترا؟

آی پسرک دانشجو! به تو چه مربوط است که خانواده‌ای در همسایگی تو داغدار شده است، جوانی به خاک افتاده و در خون شکفت؟ آی دخترک دانشجو! به تو چه مربوط است که دختران سوسنگرد را به اشک نشاندند و آنان را زنده به گور کردند، در کردستان حلقوم کسی را پاره کردند تا کدهای بی‌سیم را بیابند؟!

به تو چه مربوط است که موشکی در دزفول فرود بیاید و به فاصلهٔ زمانی انتشار نوری محله‌ای نابود شود؛ و یا کارگری که صبح به قصد کارخانهٔ نورد خارج شد و دیگر بازنگشت و همکارانش او را روی دست تا بهشت‌آباد اهواز بدرقه کردند؟!

به تو چه مربوط است که کودکانی در خرمشهر از تشنگی مردند؟ هیچ می‌دانستی؟ حتماً نه، هیچ آیا آن‌جا که کارون و دجله و فرات به هم گره می‌خوردند به دنبال آب گشته‌ای تا اندکی زبان خشکیدهٔ کودکی را تر کنی، و آنگاه که قطره‌ای نم یافتی با امیدهای فراوان به بالین آن کودک رفتی تا سیرابش کنی، اما دیدی که کودک دیگر آب نمی‌خواهد؟

اما تو؟

اگر قاسم نیستی، اگر علی اکبر نیستی، حَرمَله نیز مباش! که خدا هدیهٔ حسین (ع) را پذیرفت؛ خون علی‌اصغر را به زمین باز پس نداد، و نمی‌دانم که این خون، خون خدا، با حرمله چه می‌کند؟! (صص ۱۹۷ـ۲۰۰)

همین

والسلام علی من التبع الهدی

یا هو

[شوق تمنا ـ کمال انقطاع]

... دیگر نمی‌خواهم زنده بمانم. من محتاج نیست‌شدنم. من محتاج توام. خدایا! بگو ببارد باران؛ که کویر شوره‌زار قلبم سال‌هاست که سترون مانده است. من دیگر طاقت دوری از باران را ندارم.

خدایا! دیگر طاقت ماندن ندارم، بگذار این خشک‌زار وجودم، این مرده قلب من دیگر نباشد! بگذار این دیدگان دیگر نبینند. بس است هر چه دیده‌اند. بگذار این گوشهای صم دیگر نشنوند. بس است هرچه شنیده‌اند. بگذار این دست و پاها دیگر حرکت نکنند. بس است هر چه جنبیده‌اند.

خدایا! دوست دارم، تنهای تنها بیایم؛ دور از هر کثرتی. دوست دارم، گمنام گمنام بیایم؛ دور از هر هویتی.

خدایا! اگر بگویی: «لیاقت نداری»، خواهم گفت: «لیاقت کدام‌یک از الطاف تو را داشته‌ام»؟!

خدایا! دوست دارم سوختن را؛ فنا شدن، از همه جا جاری‌شدن، به سوی کمال انقطاع روان‌شدن... (ص ۲۰۳).

□ □ □

هفت روز آخر[1] / محمدرضا بایرامی

... خیز برمی‌دارم طرف دیوار حیاط. از سر دیوار، سرک می‌کشم و دشت را نگاه می‌کنم. آن‌سوی گندم‌زارهای دروشده، یک ردیف آدم، به‌طور پراکنده پیش می‌آیند. بیش‌ترشان غیرمسلحند. آرام آرام و افتان خیزان، نزدیک می‌شوند. باید یا خیلی خسته باشند، یا خیلی بدحال. یکی از بچه‌ها که از سوراخ دیوار، دشت را نگاه می‌کند، می‌گوید:

«درست نگاه کن حسن! این‌ها باید از بچه‌های خودی باشن».

جناب سروان از سنگر می‌آید بیرون.

ـ چی شده؟

ـ جناب سروان، یه عده دارن می‌آن این ور.

جناب سروان، سوار کا ـ ام می‌شود و با چند تا از بچه‌ها، می‌راند طرف آمدگان. پنج دقیقهٔ بعد برمی‌گردند.

ـ بچه‌های آتشبار هستن. دارن عقب‌نشینی می‌کنن.

ـ مگه تا آتشبار اومده؟

ـ بمباران شیمیایی کرده. بچه‌ها، درب و داغون شدن.

افسرها و درجه‌های کادر گروهان ارکان، می‌آیند پیش ما.

ـ غذا مذا توی بساطتون نیست؟

می‌آیند تو و می‌نشینند. چیزهایی را که داریم، بهشان می‌دهیم. از صحبت‌ها معلوم است که دیده‌بان کاتیوشا را توی دیدگاه زده‌اند؛ کمک افسر عامل، در اثر بمباران شیمیایی شهید شده و جنازه‌اش مانده توی مقر گردان. گروهان دوم را هم قیچی کرده‌اند.

ـ فرماندهٔ گروهانشان داد زد خداحافظ برادرها... دیگه نمی‌شه مقاومت کرد. مارو بردن.

یک تویوتای دیگر از راه می‌رسد. چند افسر تویش هستند و فرماندهٔ دستهٔ سهند خودمان. فرماندهٔ دسته تا پیاده می‌شود، می‌گوید: «هیچ معلومه که شماها کجا هستین؟ قبضه‌تونو من منهدم کردم. دوتا نارنجک انداختم توش. بازم درست و حسابی از بین نرفت».

همه دوره‌اش می‌کنند. می‌گوید: «سرگرد جلوست، دارن نیروهارو می‌کشن جلو. بیایید بریم».

۱ـ بایرامی، محمدرضا. **هفت روز آخر**. تهران، سازمان تبلیغات اسلامی، حوزه هنری، دفتر ادبیات و هنر مقاومت، ۱۳۶۹. ۱۴۴ ص.

از حرف‌هایش سر در نمی‌آورم. جناب سروان کا ـ ام را روشن می‌کند. همه سوار می‌شوند. با ناباوری نگاهشان می‌کنم. کجا می‌روند؟ ما را جا می‌گذارند؟ می‌خواهم بپرسم پس تکلیف ما چیست؟ آن هم با این همه اسلحه و وسایلی که روی دستمان مانده است؟ اما جناب سروان طوری حرف می‌زند که انگار به‌زودی برخواهند گشت.

ـ ماسک‌های مجروح‌ها رو بگذارید بغل دستشون. اگه گاز زد، ماسک‌هاشونو بزنین.

به‌سرعت می‌رانند سمت جادهٔ آسفالت. از رفتنشان، تنها گرد و خاکی بر جا می‌ماند. گرد و خاک چرخ‌های ماشین و گرد و خاک گلوله‌های عراقی، که ماشین را بدرقه می‌کند. می‌نشینم روی تخت. هوا گرم‌تر شده است. عباس می‌گوید: «تورو خدا، اگه گاز زد، ماسک منو هم بزن. من خودم نمی‌تونم. دست‌هام حس ندارن».

بهش قول می‌دهم که این کار را خواهم کرد. تصمیم می‌گیریم مجروح‌ها را بفرستیم عقب. کامیونی که شب‌ها یخ می‌آورد، توی آشپزخانه دیده می‌شود. آشپزخانه کنار چاه آب و آن‌سوی گندم‌زار است. یکی از بچه‌ها می‌رود و ماشین را می‌آورد. مجروح‌های هر دو گروهان را می‌ریزیم بالا. از گروهان‌های پیاده هنوز کسی عقب نیامده است. چند تایی از مجروح‌ها، نامتعادل و عصبی هستند. برای این‌که یک وقت اشکالی پیش نیاید، چند نفر از سالم‌ها هم همراهشان می‌روند. یکی‌شان اسلحه‌دار گروهان ارکان است و من تعجب می‌کنم از رفتن او. ماشین به‌آرامی راه می‌افتد و در میان گلوله‌های پراکنده که این‌طرف و آن‌طرف می‌خورد، راه می‌کشد طرف اندیمشک. حالا سرمان خلوت شده است. کم‌کم، بنهٔ همهٔ گروهان‌ها خلوت می‌شود. همهٔ افسرها و درجه‌دارها رفته‌اند. در هر بنه، تنها چند سرباز مانده‌اند. دشمن، قدم به قدم جلو می‌آید. کمی که می‌گذرد، دوروبرمان، زیر آتش سنگینی قرار می‌گیرد. هواپیماها هم بیش‌تر می‌آیند. انگار حسابی دست و بالشان باز شده است و راحت می‌توانند، کلک ما را بکَنند. اما ما دیگر، به وجودشان اهمیت نمی‌دهیم. حالا که دستمان بهشان نمی‌رسد تا دخلشان را بیاوریم، بگذار هر غلطی که می‌خواهند بکنند. توی بنهٔ ما، فقط شش نفر مانده‌اند. من و منصور و شعبانعلی، کمک اسلحه‌دار؛ اسفندیار، کمک انباردار؛ حسن، مسئول غذا؛ حسن هدایت و یعقوب؛ متفرقه. هنوز نمی‌دانیم که تصمیمات چیست و چه‌کار می‌خواهیم بکنیم. چند دقیقه‌ای که می‌گذرد، یکی از بچه‌ها داد می‌زند: «تانک‌ها... تانک‌ها دارن جلو می‌آن».

می‌پرم توی اسلحه‌خانه و یک دوربین ۷×۵۰ قطب‌نمادار برمی‌دارم و از سر دیوار، دشت را نگاه می‌کنم. از تانک خبری نیست. فقط گلوله‌ها هستند و گرد و خاک و دودشان. آخرین بازماندگان بچه‌های خط، در حال عقب‌نشینی هستند. چشمم به آن‌هاست که صدای غرش هواپیما به گوش می‌رسد. چند میراژ از راه می‌رسند و نزدیک آشپزخانه را بمباران می‌کنند. سر دوربین را کج می‌کنم آن‌طرف. بچه‌های آشپزخانه به تکاپو افتاده‌اند و این‌ور و آن‌ور می‌دوند. کمی بعد، لندکروزی به سویشان می‌رود. حتماً، یکی از درجه‌دارهایشان توی ماشین است. چند تا از بچه‌ها، دور چاه حلقه زده‌اند. دوربین را تنظیم می‌کنم رویشان. دارند از حوضچه، آب برمی‌دارند. دبه‌ها را یکی یکی آب می‌کنند و می‌گذارند پشت ماشین. بعد

هم وسایلشان را جمع می‌کنند. و بعد، روشن کردن «گانکس» غذاست، که پر است از نان و کنسرو و پنیر و... بچه‌ها سئوال‌پیچم می‌کنند:

- چی شده؟ چی می‌بینی؟

آشپزخانه‌ای‌ها راه می‌افتند. فقط یکی دو نفرشان می‌مانند. و به دلایلی نامعلوم... بقیه، سوار گانکس می‌شوند و می‌روند. بچه‌ها ناآرامی می‌کنند:

دوربین رو بده! چه خبر شده؟

دوربین را رد می‌کنم.

- رفتن، دارن می‌رن!

حسن می‌گوید: «بیاییم ما هم بریم. اگه این‌جا بمونیم، یکی یکی کشته می‌شیم».

با سماجتی که از ناچاری برمی‌خیزد، می‌گویم: «شماها برید. همه‌تون برید. ما مسئولیت داریم، نمی‌تونیم با شما بیاییم».

می‌گوید: «نه، ما با هم هستیم. یا با هم کشته می‌شیم، یا با هم می‌ریم عقب».

منصور می‌گوید: «پای‌بند ما نباشین. هیشکی پای‌بند ما نباشه. اوضاع تعارف‌بردار نیست. حرف مرگ و زندگیه. هر کی می‌خواد بره، بره».

هیچ‌کس چیزی نمی‌گوید. در اسلحه‌خانه را باز می‌کنم و می‌روم تو. سرگیجه گرفته‌ام. خدایا! پس چرا جناب سروان نمی‌آید؟ چرا یک ایفا از موتوری نمی‌فرستند؟ چرا هیچ‌کس به فکر ما نیست؟ یعنی باید بگذاریم این همه اسلحه، به دست دشمن بیفتد؟ «گرینوف»ی را که تازه تعمیر و تمیز کرده‌ام، از سقف آویزان است. قنداق چوبی‌اش برق می‌زند. «کلت»ها را چیده‌ایم توی جعبه‌های خمپاره. برای «کلاشینکف»ها و «ژ-۳»ها، مقر درست کرده‌ایم. جعبه‌های دوربین، وسایل طرح تیر، زاویه‌یاب‌های فرماندهی، لباس‌های ضدگاز، همه و همه مرتب چیده شده‌اند. دو بسته پتو هم وسط اسلحه‌خانه است. درست بیست و نه تا پتو!

چیزی به فکرم می‌رسد: چه‌طور است که پتوها را باز کنم و بکشم روی اسلحه‌ها و نفت بریزم رویشان. سقف هم چوبی است و به اشتعال کمک خواهد کرد. این‌جوری دیگر، چیزی به دست دشمن نخواهد افتاد و اما با خودم می‌گویم: «نه نه... جرأت نمی‌کنند تا این‌جا بیایند. تا تپه‌های حمرین بیش‌تر نمی‌آیند...» توی این فکرها هستم که گلولهٔ توپی، در همان نزدیکی‌ها به زمین می‌نشیند. سقف می‌لرزد. نگاهش می‌کنم. بعید نیست که پایین بیاید. می‌پرم بیرون. تانک‌ها، با شدت تمام شروع کرده‌اند به کوبیدنمان. گلوله‌ها با صدای مهیبی منفجر می‌شوند و گرد و خاک بلند می‌کنند. بچه‌های ارکان می‌آیند و جمع می‌شوند جلوی تانکر آب ما. دارند مشورت می‌کنند که چه کار باید بکنند. همه سردرگمند. هیچ‌کس نمی‌داند که تکلیف چیست. سرخود هم نمی‌توانیم عمل کنیم. از فرمانده هم خبری نیست. مسئول غذایمان می‌گوید: «پاشید بریم. آشپزخانه‌ای‌ها هم رفتن. هیچ‌کس نمانده لامصب‌ها، هیچ‌کس»!

نگاهی به جادهٔ دهلران - اندیمشک می‌اندازم. تمام توپخانه‌ها و کاتیوشاهای مادر، در حال

عقب‌نشینی هستند. کامیون‌ها و «پی ـ ام ـ پی»ها و ماشین‌های کوچک، همه پر از نفر، به سوی اندیمشک می‌روند. حتی یک ماشین هم به سوی دهلران نمی‌رود.

ـ بیایین بریم سر جاده. جلوی یه ماشین رو می‌گیریم و مجبورش می‌کنیم بیاد این‌جا. بعدش، اسلحه‌خانه و انبار و مخابرات رو بار می‌کنیم و می‌زنیم به چاک ـ.

ـ آقارو باش! چه خوش‌خیاله! هیشکی به کمکمان نمی‌آد؛ هیشکی!

ـ به زور می‌آوریمشان؛ پس این اسلحه‌ها برای چیه؟

ـ به زور اسلحه هم نمی‌آن. خودشان را به‌زحمت جمع و جور می‌کنن، چه برسد به ما.

منصور تو فکر است. دارد کوه‌ها را نگاه می‌کند. می‌گوید: «حالا اگه یه وقت مجبور شدیم بریم، کدوم وری باید رفت»؟

کوه‌های سنگی شمال‌غربی را که تیغه‌ای‌شکل هستند و دیواره‌ای، نشانش می‌دهم:

ـ پارسال، من یه هم‌دوره داشتم به نام دریکوند. یه شب غیبش زد و چند روز بعد که برگشت، معلوم شد رفته خرم‌آباد و به خانواده‌اش سرزده، از پشت همون کوه رفته بود.

ـ چقدر راه هست؟

ـ نمی‌دونم؛ من که نرفته‌ام.

یکی دیگر از بچه‌ها می‌گوید: «فعلاً که احتیاج به این‌کارها نیس، جاده که بازه».

ـ بله، ولی شاید پل کرخه رو زده باشه.

ـ خب، بالاخره می‌گید چکار کنیم؟

ـ من نمی‌دونم.

ـ من فکر می‌کنم بهتره صبر کنیم. اسفندیار، نظر تو چیه؟ حسن، یعقوب، شماها چی می‌گید؟

اسفندیار می‌گوید: «هر کاری شما کردین، منم می‌کنم».

هر کدام از بچه‌ها چیزی می‌گویند. ارکانیها هم، نمی‌دانند چه کنند. بدون این‌که نتیجه‌ای بگیرند، از ما جدا می‌شوند. باد، دود را توی روستا می‌پیچاند. باغچهٔ وسط حیاطمان، از تشنگی له‌له می‌زند. یک بندِ انگشت، خاک رویش نشسته. می‌روم کنار تانکر و سر و صورتم را می‌شویم. از نیزارهای کنار رودخانه، دود سفیدی بلند می‌شود. تپه‌های حمرین هنوز در ابری از گرد و غبار و دود فرو رفته‌اند. دوباره بحث درمی‌گیرد.

ـ باید بریم، شماها کله‌تون کار نمی‌کنه.

ـ کجا بریم؟ شاید برامون وسیله فرستادن. می‌دونند که این همه اسلحه و وسایل رو، نمی‌تونیم روی دوشمون بکشیم و ببریم.

ـ وسیله؟ چه وسیله‌ای؟ وسیله کجا بود؟ شماها چه دلتونو خوش کردین! واقعاً که!

ـ به هر حال مجبوریم منتظر بشیم.

ـ دیوانه‌اید پس، دیوانه.

ـ توی عاقل پس چرا با چند تا از دیوانه مونده‌ای؟

جواب نمی‌دهد. لحظات به‌کندی می‌گذرد. گاه تراکم گلوله‌ها روی روستا، چنان شدت می‌یابد که فکر می‌کنیم عن‌قریب کشته خواهیم شد. آن‌گاه نفس‌ها در سینه حبس می‌شود. گوش به صدای سوت گلوله‌ها می‌سپارم و دل به خدا؛ خدایی که اگر بخواهد، زنده نگه می‌دارد. در هر کجا که می‌خواهد باشد.

کمی بعد، تصمیم می‌گیریم برویم سراغ ارکانی‌ها. برای این‌که عکس‌العملشان را بدانیم، از همان دور می‌گوییم: «یواش یواش جمع کنین تا بریم».

ـ چه‌طور می‌تونیم بریم؟ این همه اسلحه، این همه وسایل مخابرات، بی‌سیم‌ها، وسایل مین‌یابی... این‌ها رو چه کنیم؟

ـ آشپزخانه‌ای‌ها رفتن.

ـ خودمون دیدیم، ولی آن‌ها فرمانده داشتن. سرخود که نمی‌تونیم بگذاریم بریم. آن‌هایی که مسئولیت کم‌تری دارند، سعی می‌کنند ما را هم قانع کنند.

ـ چی دارید می‌گید؟ همه عقب کشیده‌ان. فرماندهٔ گردان، فرماندهٔ تیپ، فرماندهٔ لشکر.

یکی از ارکانی‌ها بهش می‌توپد:

ـ کی گفته همه عقب کشیده‌ان؟ فرماندهٔ تیپ آن‌طرف گروهان پیاده‌هاست.

نمی‌دانم این را از کجا فهمیده است. همان‌طور که بغل انبار سررشته‌داری ارکانی‌ها ایستاده‌ایم و این حرف‌ها را می‌زنیم، یکهو شش ـ هفت گلولهٔ همزمان در اطرافمان به زمین می‌نشیند. هر کدام به گوشه‌ای می‌خزیم. یکی داد می‌زند: «دیگه نمی‌شه وایستاد».

خواسته و ناخواسته، همه کشیده می‌شویم سمت جاده. مسئول غذایمان، از این‌که بالاخره راضی به عقب‌نشینی شده‌ایم، خوشحال است. اما این رفتن، تأثیر آنی آن گلوله‌ها بوده است. خیلی زود تصمیم عوض می‌شود. اول از همه، منصور است که از رفتن باز می‌ماند.

ـ من نمی‌آم؛ شماها برید.

نگاهش می‌کنم. چهره‌اش آرام است و قاطع. من نیز از رفتن بازمی‌مانم. اسفندیار هم می‌ماند. حسن هدایت هم می‌ماند. شعبانعلی هم می‌ماند. یعقوب هم می‌ماند. حسن دودل است:

ـ د بیایین بریم لامصب‌ها؛ بیایین بریم.

می‌گویم: «تو برو حسن جان! ما نمی‌تونیم. من اگه جای تو بودم، شاید همون اول صبح می‌رفتم.»

ساکت می‌شود. نگاه می‌کند. نگاهش می‌کنیم. نگاه‌ها همه‌چیز را می‌گویند. حسن می‌نشیند روی زمین و شروع می‌کند به سفت‌کردن بند کتانی‌اش. خمپاره‌ای، سوت‌کشان از بالای سرمان می‌گذرد. همه زمین‌گیر می‌شویم. همه به خاک می‌چسبیم. دوباره تانک‌ها شروع می‌کنند به کوبیدن. هدف جاده است. گهگاه تک‌نیروهایی نیز، هوا را می‌شکافند و زوزه‌کشان از بالای سرمان می‌گذرند. دشمن باید خیلی نزدیک شده باشد. چند نفری که همراه حسن هستند، دارند از دوستانشان خداحافظی می‌کنند:

ـ خداحافظ!

ـ مواظب خودتان باشین!

ـ شما هم همچنین!

ـ خب، به امید دیدار! سعی می‌کنم زنده باشم و ببینمتان.

ـ زنده می‌مانی.

ـ موفق باشید.

ـ تا جادهٔ آسفالت رو، به‌کوب بدوید. اگه تا جاده خودتونو برسونید، رفته‌اید.

شروع می‌کنند به دویدن. همان‌جا می‌ایستیم. تکیه می‌دهیم به دیوار انبار و دور شدنشان را تماشا می‌کنیم. هر از چندگاه، گلولهٔ توپ و یا خمپاره‌ای که به نزدیکیشان می‌خورد، زمین گیرشان می‌کند. به خاک می‌افتند. لحظه‌ای ـ تا گذشتن ترکش‌ها ـ درازکش می‌مانند و بعد، باز دویدن است و دویدن. وقتی نگاهشان می‌کنم، حال عجیبی پیدا می‌کنم. به نظرم می‌آید که صدها کیلومتر از ما دور شده‌اند و دیگر هرگز نخواهیم توانست ببینیمشان.

ـ هی بچه‌ها! این‌جا وایستادن فایده‌ای نداره. بهتره بریم سنگر.

برمی‌گردیم طرف بنهٔ خودمان. در همین موقع، دو نفر توی میدان روستا پیدا می‌شوند. به یک‌باره، انگار از زمین بیرون آمده‌اند. یکیشان که رولور به کمر بسته، افسر است و دیگر، گروهبان یک و کلاش در دست. احتمالاً، باید محافظِ افسر باشد. جلو می‌آیند. همه پای دیوار به ردیف می‌ایستیم. فقط یکی از بچه‌ها چند قدم به استقبالشان می‌رود:

ـ لطفاً کارت!

افسر که درجهٔ سرهنگ تمامی دارد، کارتش را بیرون می‌آورد.

اسمش را می‌خوانیم: سرهنگ ح. ا. تازه به جا می‌آوریمش. فرماندهٔ تیپ خودمان است. گرما کلافه‌اش کرده. از سر و صورتش عرق می‌ریزد. بهش آب می‌دهم. یک قلوپ می‌خورد و یک مشت می‌زند به صورتش و قمقمه را برمی‌گرداند. همه ساکت می‌شویم. سرهنگ، عرق سر و صورتش را می‌خشکاند و رو می‌کند طرف تپه‌های حمرین. از این‌که به او برخورده‌ایم، خوشحال هستیم. حتماً می‌تواند تکلیف ما را روشن بکند. شاید این از خوش‌اقبالی ما باشد که به یک فرماندهٔ رده بالا برخورده‌ایم.

روی راه فرعی، کا ـ امی دیده می‌شود. صاف دارد می‌آید سمت ما. ظاهراً دنبال سرهنگ می‌گشته است. می‌آید و کنار پایمان ترمز می‌کند. سرهنگ بدون این‌که چیزی بگوید، راه می‌افتد طرف کا ـ ام. به منصور اشاره می‌کنم که برود جلو و بپرسد که ما چه باید بکنیم. می‌رود.

ـ ببخشید جناب سرهنگ! ما چیکار باید بکنیم؟ الآن، همه رفته‌ان عقب. فقط ما مانده‌ایم. کلی هم وسیله داریم. اقلاً اگه یه ماشین می‌فرستادن تا اینها رو بار کنیم، باز خیالمان راحت می‌شد.

ـ فرمانده گردانتان کجاست؟

ـ جلو هستن.

ـ بسیار خب، من می‌رم می‌بینمشان و بهشان می‌گویم که براتون دستور بفرستن.

سوار کا ـ ام می‌شود. کا ـ ام به‌سرعت راه می‌افتد. به نظر می‌رسد که دست به سرمان کرده باشد. یکی از بچه‌ها، از ناراحتی می‌گوید: «الآن می‌ره اندیمشک، فرماندهٔ لشکر رو می‌بینه و بهش می‌گه که برای ما دستور بفرسته».

پا می‌کشیم طرف سنگر. نگاهم را می‌کشم سمت جاده. دیگر نه حسن دیده می‌شود و نه هیچ‌کدام از همراهانش. بیابان سوخته است و موج گرما، و دیگر هیچ. سرهنگ و کا ـ امش هم غیبشان زده.

ـ این‌ها هم رفتن.

ـ نگران نباش، هر چه خدا بخواد، همان می‌شود.

حالا فقط پنج نفر هستیم و آسوده‌خاطر و بی‌خیال. فکر می‌کنم از این‌که توانسته‌ایم تصمیم بگیریم، همه خوشحال هستند. به محوطهٔ گروهان خودمان رسیده‌ایم. دوربین را برمی‌دارم و جاده را به نگاه می‌کشم. تراکم بیش از حدی، روی جاده دیده می‌شود. همه، به سوی پل کرخه و اندیمشک می‌روند. به یاد جمله‌هایی از کتاب ***نافرمان‌ها***[۱] می‌افتم: «به سوی شرق، دائماً به سوی شرق... حتی یک اتومبیل هم رو به غرب نمی‌رفت. قطارهای اتومبیل، وسایل نقلیه که روی آن‌ها علوفه و جعبه‌های خالی فشنگ بار شده بود، آمبولانس‌ها و اتاقک‌های چهارگوش بی‌سیم، پشت سر هم رژه می‌رفتند. اسبان خسته و فرسوده، با کندی و سنگینی قدم برمی‌داشتند. مردان دست بر روی قنداق توپ، غرق در گرد و خاک و خمیده در زیر بار غم و اندوه، خود را به طرف شرق، دائماً به شرق، به سوی استرایاموگیلد، به جانب کراسنا، دن، رو به کامنسک، به آن‌سوی دونتز شمالی می‌کشانیدند. می‌آمدند و می‌گذشتند و می‌رفتند و از دیده ناپدید می‌شدند، بدون این‌که نشانه و اثری، از خود بر جای گذارند. گویی گرد و خاک تند و سبز رنگ جاده، آن‌ها را می‌بلعید».

نیروهای ما هم، به سوی شرق می‌روند. با همهٔ ادواتشان. خود را مانند پیرمرد کتاب ***نافرمان‌ها*** می‌بینم که با نگرانی کنار جاده ایستاده بود و عبور ادواتی را که همه به سوی شرق می‌رفتند، نگاه می‌کرد. نگاهی به تانکر آب می‌اندازم. تا یک هفته، آب خوردن خواهیم داشت. نیم‌قالب یخ هم توی یونولیت هست. هفت ـ هشت تا هم نان داریم. نمی‌دانم چرا به حساب‌کردن این چیزها نشسته‌ام (صص ۳۱ـ۴۱).

... می‌دویم. با تمام قوا می‌دویم؛ دویدنی که بعید است بتواند نجاتمان بدهد. صدای شنی تانک‌ها، از آن‌سوی خاکریز به گوش می‌رسد. چیزی نمی‌گذرد که قوایمان رو به تحلیل می‌رود. پاها دیگر توان ندارند. قلب، می‌خواهد از جا کنده شود. تشنگی و آفتاب سوزان، کلافه‌ات کرده. گلویت می‌سوزد. چشم به روبه‌رو می‌دوزی. از آن لحظه‌هاست که تنها باید چشم به روبه‌رو بدوزی. به تپه ماهورها و کوه‌ها. به امید، به رهایی، و چه دست‌نایافتنی و دورند کوه‌ها! گویی از تو فرار می‌کنند. گویی، با هر قدمی که به جلو می‌گذاری، آن‌ها نیز قدمی واپس می‌روند. به سرابی می‌مانند که همواره پیش روی مسافر تشنه‌لب است،

۱ـ نوشتهٔ باریس گارباتوف

بی‌آن‌که باشد. اما کوه هست. این را مطمئن هستی. و اگر تو هم باشی و بمانی، آن را خواهی دید، اما چه سخت است ماندن! ای‌کاش پرنده‌ای بودی. ای کاش می‌توانستی پرنده‌ای باشی و خودت را به کوه برسانی. بی‌شک، کوه پناهت می‌داد. در آغوش مهربانش، پناهت می‌داد و راه بر دشمن می‌بست و نمی‌گذشت دست او، به تو برسد. آن وقت، می‌توانستی دمی آرام بگیری. دمی بیاسایی و مطمئن باشی که کوه، تانک‌ها را عبور نخواهد داد و آن‌ها را واپس خواهد زد.

رگبار پراکنده‌ای، خاکریز را در یک قدمیمان به بازی می‌گیرد. بی‌اختیار خم می‌شویم. اما فقط برای لحظه‌ای. چرا که در حالت خمیده، نه می‌توان راحت دوید و نه به‌سرعت. صدای غرش تانک‌ها، بلندتر شده است. به جز خاکریز، هیچ چیزی بینمان حایل نیست. و هر دو در یک‌جهت و به‌طور موازی. هر چند که آن‌ها مجبورند تابع ما باشند. نمی‌دانم چرا از خاکریز نمی‌گذرند. آیا نمی‌توانند؟ یا این‌که فکر می‌کنند این کار، اتلاف وقت است و آن‌ها را از تعقیب، عقب خواهد انداخت. هر چه هست، به نفع ماست.

یک کا ـ ام از یک کیلومتریمان می‌گذرد و به سوی تپه‌ها می‌راند. گلوله‌های تانک‌ها، حسابی گیجش کرده است. با این حال، شانس می‌آورد و صحیح و سالم توی شیاری می‌افتد و از دیدرس دور می‌شود. من از دو نفر دیگر جلوتر هستم. منصور که پشت سرم می‌دود، نفس‌نفس می‌زند و هی آیهٔ یأس می‌خواند. بدجوری ناامید است.

ـ بی‌فایده است؛ جان به‌در نمی‌بریم.

اسفندیار ساکت است و چیزی نمی‌گوید. دست‌ها و دهانش خونی است. معلوم نیست که چه‌اش شده. به یک سنگر بزرگ می‌رسیم. همهٔ وسایل سنگر دست‌نخورده باقی مانده است: تانکر آب، چند تخت‌خواب که با پتو مفروش شده‌اند، چند دبهٔ پلاستیکی، یک کتری بزرگ، یک تور استتار که روی تخت‌ها سایه انداخته، یک سایه‌بان جلوی در، یک قفسهٔ پر از ظرف، یک چراغ خوراک پزی و... . اما تنها چیزی که نگاه مشتاق ما را به خود می‌کشد، کلمن بزرگ و زیبای آب است. کلمنی آبی‌رنگ با دری سفید و لیوانی پیش رو. انگار دستی به‌عمد آن را برای وسوسهٔ ما روی تخت گذاشته است. شاید آن را بیرون آورده بودند تا با خود ببرند، ولی فرصت نشده است. نمی‌دانم چرا مطمئن هستم که توی کلمن، پر از آب یخ است؛ آب یخی که در این شرایط، حسابی می‌تواند رو به راهمان کند. فاصله‌مان با سنگر فقط چند متر است. در واقع، سنگر به خاکریز تکیه کرده و رو به دشت دارد و ما باید از جلویش بگذریم، اما حتی یک لحظه هم فرصت نداریم تا لبی تر کنیم. صدای غرش تهدیدآمیز تانکها اجازهٔ چنین کاری را بهمان نمی‌دهد.

همین‌طور که می‌دویم، چیزی بالای سرمان منفجر می‌شود. نگاه می‌کنم. یک لکه دود سیاه توی هوا دیده می‌شود.

ـ این دیگه چیه؟

گلولهٔ دوم و سوم هم منفجر می‌شود. انگار از آسمان سنگ می‌بارند. چیزهایی به دو طرف آبراه می‌خورند و خاک بلند می‌کنند. تازه می‌فهمیم که چه خبر است.

ـ گاومون زایید. دارن زمانی[1] می‌زنن.

این یکی دیگر قوز بالای قوز است. آدم نمی‌داند در مقابلشان چه عکس‌العملی نشان بدهد. دراز بکشد؟ بدود؟ بایستد؟ در هر صورت، نمی‌شود از شرّ ترکش‌ها در امان بود. تازه، دراز کشیدن هم کار را بدتر می‌کند. چون شعاع بیش‌تری از بدن در معرض خطر قرار می‌گیرد. چیزی که عجیب است، همراهی گلوله‌هاست با ما. طوری که همواره یکی دو تا از آن‌ها نزدیکمان منفجر می‌شوند، در حالی که بعید به نظر می‌رسد توپخانه‌ها، رویمان دید مستقیم داشته باشند. چیزی نمی‌گذرد که متوجه می‌شویم، هر چه هست، زیر سر همین تانک‌هاست. و این اولین باری است که من می‌بینم تانک‌ها هم گلولهٔ زمانی شلیک می‌کنند.

یک قسمت از خاکریز جلوی رویمان صاف شده است. تانک‌ها به‌راحتی می‌توانند از آن‌جا عبور کنند. کمی پا کُند می‌کنیم. از نزدیک‌شدن به بریدگی واهمه داریم. می‌ترسیم تانکی جلویمان سبز شود و تکه‌تکه‌مان کند، اما راه دیگری نیست. باید رفت و از همان‌جا هم. آن‌سوی بریدگی،کم‌کم راه می‌پیچد و خاکریز، به محلی پهن‌تر باز می‌شود.

می‌گویم: «به امید خدا، اگه این یه تکه راه را هم جون سالم در ببریم، دیگه رفته‌ایم».

هیچ دام چیزی نمی‌گویند. بار اول که چنین حرفی زدم، دوباره به دردسر افتادیم، نکند حالا هم...

بریدگی نزدیک‌تر شده است. قلبم به‌سرعت می‌زند. دیگر صدای شنی تانک‌ها نمی‌آید. با خودم می‌گویم: «حتماً، پشت بریدگی از حرکت افتاده‌اند و منتظر ما هستند». احساس می‌کنم منصور و اسفندیار نیز به‌شدت هیجان‌زده هستند. حالا همه‌چیز به بریدگی بستگی دارد.

ـ این یه تکه رو باید مثل برق ردکنیم. یه ذره به خودتون فشار بیارین!

بار دیگر، آخرین توانمان را در پاهایمان جمع می‌کنیم و سرهایمان را بیش‌تر از قبل، رو به پایین خم می‌کنیم. در حالی که قلبم از هیجان می‌خواهد بایستد، بریدگی را پشت سر می‌گذاریم، بدون آن‌که تانکی جلویمان بپیچد. فقط از جایی نامعلوم، رگباری به سویمان شلیک می‌شود و یکی از بچه‌ها، به خیال این‌که تانک‌ها هستند که شروع کرده‌اند، وحشت‌زده داد می‌زند: «یا حضرت عباس»! و من، یک‌آن فرصت می‌کنم آن‌سوی خاکریز را نگاه کنم. بچه‌ها را جمع کرده‌اند و دارند می‌برند.

تپه ماهورها نزدیک شده‌اند. این‌جا و آن‌جا، بر حاشیهٔ آبراه، تک‌درخت‌هایی دیده می‌شود. با ناباوری داد می‌زنم: «بچه‌ها رفتیم. به امید خدا رفتیم».

تا به حال، هیچ‌وقت این‌قدر احساس راحتی و سبکی نکرده‌ام. انگار بار طاقت‌فرسایی از روی دوشم برداشته شده. انگار در چاه عمیقی افتاده بوده‌ام و حالا بالا آمده‌ام.

منصور، با صدایی که به‌زحمت بالا می‌آید، می‌گوید: «معلوم نیست که بتونیم بریم. تانک‌ها هنوز دارن می‌آن. صداشونو نمی‌شنوی»؟

راست می‌گوید. باز هم صداها نزدیک شده‌اند. می‌گویم: «طوری نیست. به تپه‌ها که برسیم، دیگه

۱ـ گلوله‌هایی که توی هوا منفجر می‌شوند.

نمی‌تونن دنبالمون بیان».

راه بازتر می‌شود و پهن‌تر. مسیل به بیشه‌ای می‌رسد. جایی است دنج و زیبا. سرسبز و سایه‌دار. و همهٔ این‌ها از سایهٔ کُنارهای وحشی. می‌زنیم به بیشه و از دیدرس می‌افتیم. بیشه، ابتدا بکر می‌نماید، اما کمی که جلوتر می‌رویم، به چند سنگر می‌رسیم. سنگرهایی پراکنده و در پناه درخت‌ها. زیر تختی، یک دبهٔ آبی‌رنگ دیده می‌شود. می‌دوم به طرفش. تا نیمه پر است. خوشحال می‌شوم. بلندش می‌کنم تا سر بکشم. بوی بدی می‌دهد. دبهٔ نفت است. با لگد می‌زنم زیرش و پرتش می‌کنم آن‌ور.

همان‌طور که دور و برمان را می‌پاییم، از بیشه می‌گذریم. منصور داد می‌زند: «هی بچه‌ها! یه تانکر آب! شاید آب داشته باشه».

خیز برمی‌داریم طرفش. دارد. هرچند که گرم است و نزدیک به جوش.

پشت سرمان را نگاه می‌کنیم. هنوز از تانک‌ها خبری نیست. شاید هم دیگر نمی‌آیند. به‌سرعت آب می‌خوریم و قمقمه‌هایمان را پر می‌کنیم و می‌زنیم به راه. آب دارد حالم را به هم می‌زند. نزدیک است بیاورم بالا. حالا تنها اگر یک کیلومتر دیگر بدویم، می‌توانیم در پناه تپه ماهورها از تیررس به دور باشیم.

روی تپه‌های سمت راستمان، یک ایفا دارد جان می‌کند و سعی می‌کند از یک سر بالایی، بالا بکشد؛ اما نمی‌تواند. تانک‌ها سعی می‌کنند بزنندش. گلوله‌های پی‌درپی، چپ و راستش به زمین می‌نشینند و گردوخاک می‌کنند. نفرات پیاده‌ای که توی محاصره نیفتاده‌اند، ناامیدانه سعی می‌کنند زیر آتش تانک‌ها و تیربارهای دشمن، در حالی که هیچ جان‌پناهی ندارند، خودشان را به پشت و پناه تپه‌ها برسانند. بعضی‌هایشان از صبح تا حالا راه رفته‌اند و دیگر نای حرکت ندارند.

از بیشه که در می‌آییم، به یک کا ـ ام از راه‌مانده می‌رسیم. همان کا ـ امی است که مدتی پیش، از یک کیلومتری ما گذشت. سه نفر باهاش هستند. یک سروان و دو سرباز. یکی از سربازها داد می‌زند: «هی! بیایین هل بدین. اگه روشن شد، شما رو هم می‌بریم».

نگاهی به پشت سرمان می‌اندازیم. خبری نیست. برای هل‌دادن ماشین فرصت داریم.

ـ یه دست بهش می‌گیریم. اگه روشن شد که هیچی، وگرنه معطلش نمی‌شویم.

سروان می‌نشیند پشت فرمان. ماشین را می‌اندازیم توی سرازیری و هل می‌دهیم. بلافاصله روشن می‌شود. چه شانسی! لب‌های خشکیده به لبخند باز می‌شود. پشت کا ـ ام پر است از مدارک و پرونده و وسایل جور واجور. سروان و سربازهایش جلو می‌نشینند. من و اسفندیار می‌رویم روی سقف. منصور هم روی کاپوت می‌نشیند. ماشین، زهوار در رفته است، با این حال، سرعتش از دویدن معمولی یک نفر، بیش‌تر است. حالا دیگر از جانب دشمن خیالمان آسوده است. می‌دانیم که دستش بهمان نخواهد رسید. ماشین، نرم‌نرمک توی آبراه جلو می‌رود. کم‌کم به سربازانی برمی‌خوریم که هر کدام از جایی آمده‌اند و خودشان را به آبراه رسانده‌اند. همین‌طور که جلو می‌رویم، تعدادشان زیادتر می‌شود. همه بی‌حال و خسته هستند و به‌زحمت خودشان را جلو می‌کشند. بعضی‌هایشان می‌لنگند، یا این‌که دست زخمی خود را از گردنشان آویزان کرده‌اند. چند نفری به هم تکیه داده و با کمک همدیگر راه می‌روند. آن‌هایی که در

حال از پا درآمدن هستند؛ جلوی ماشین را می‌گیرند. دست تکان می‌دهند. لب‌های داغمه‌بسته‌شان را به‌زحمت تکان می‌دهند و التماس می‌کنند که سروان، سوارشان کند. اما ماشین، نه ظرفیت دارد و نه این‌که می‌تواند بیش‌تر از این، بار داشته باشد. با همین تعداد هم، به‌زور خودش را توی سربالایی، بالا می‌کشاند. من و اسفندیار، میله‌های سقف را چسبیده‌ایم و سعی می‌کنیم سنگینیمان را روی برزنت سقف نیندازیم. همین‌طور که ماشین به‌آرامی خم و پیچ آبراه را پشت سر می‌گذارد، گهگاه از لابه‌لای تپه‌ها صحنهٔ کارزار را می‌بینم. هنوز هم این‌جا و آن‌جا، تک و توک، گلوله‌هایی به زمین می‌نشیند و گرد و خاک و دود بلند می‌کند. روی قلهٔ یکی از تپه‌ها، یک گلولهٔ شیمیایی خورده است و دود می‌کند. یک منور توپخانه در ارتفاع زیاد روشن می‌شود. نمی‌دانم چه معنی‌ای می‌تواند داشته باشد و از کدام سو زده شده است.

ـ تورو خدا منو هم سوار کنین، دیگه نمی‌تونم راه برم.

رویم را برمی‌گردانم. سربازی لاغر، کنار راه ایستاده و دست به سویمان دراز کرده. سروان سوارش نمی‌کند. از کنارش که می‌گذریم، نگاهمان در هم گره می‌خورد. به نظرم می‌رسد که به‌زحمت خودش را سرپا نگه داشته است. از چشم‌هایش التماس می‌بارد. نمی‌دانم در نگاهم چه می‌خواند که شروع می‌کند به دویدن. نزدیک‌تر که می‌شود، دستش را به طرفم دراز می‌کند. دستش را می‌گیرم و می‌کشمش بالا. پاهایش را که روی چرخ زاپاس می‌گذارد و از سقف آویزان می‌شود، آرام می‌گیرد. چشم‌هایش را می‌بندد و نفس‌نفس می‌زند. شانه‌اش را می‌چسبم.

ـ نیفتی!

چیزی نمی‌گوید. نای حرف‌زدن ندارد. از نفرات دیگری می‌گذریم. چند پیچ دیگر را پشت سر می‌گذاریم. سر یکی دیگر از پیچ‌ها، سرباز دیگری با دیدن ما از حرکت بازمی‌ماند. خودش را می‌کشد وسط راه و بی‌تابانه دست تکان می‌دهد. لب‌هایش ترک‌خورده و گرد و خاک، سر و صورت و لب‌هایش را پوشانده. معلوم است دیگر حاضر به راه‌رفتن نیست. یکی از سربازان سروان، سرش را از ماشین می‌آورد بیرون و می‌گوید: «شرمنده‌تم، کجا سوارت کنم».

سرباز، به شنیدن این حرف خودش را پرت می‌کند جلوی ماشین. منصور می‌کشدش روی کاپوت.

ـ چه‌کار می‌کنی داداش؟ نزدیک بود بری زیر ماشین.

او نیز چیزی نمی‌گوید. انگار دیگر مرگ و زندگی، هیچ فرقی برایش ندارد.

ماشین ناله می‌کند و دوباره راه می‌افتد. کمی که می‌رویم، سروان ماشین را نگه می‌دارد و می‌پرد پایین.

ـ بیایین پایین! همه‌تون بیایین پایین! هیچ‌کدامتونو نمی‌برم.

صف سربازان پراکنده، از کنارمان می‌گذرند. بعضی‌هایشان نگاهمان می‌کنند و بعضی دیگر حتی نگاه هم نمی‌کنند. حرف سروان را جدی نمی‌گیریم، چرا که خودمان را در راه‌انداختن ماشین سهیم می‌دانیم. کمی بعد، ماشین دوباره راه می‌افتد و باز، سربازی دیگر. از راه‌مانده‌ای رنگ‌پریده که صورتش حسابی مسخ شده است. این یکی وقتی می‌بیند ماشین برایش نگه نداشت و از کنارش گذشت، اسلحه‌اش را از

روی دوشش پایین می‌آورد و گلنگدن می‌کشد. تکانی به خودم می‌دهم. نکند بزند ناکارمان کند؟ خودم را آماده می‌کنم تا به محض این‌که انگشتش خواست روی ماشه برود، بپرم پایین. اما رفیقش به دادمان می‌رسد. روی دست او می‌پرد و نمی‌گذارد تیراندازی کند. سرباز بیچاره، تقلا می‌کند اسلحه‌اش را از دست رفیقش در بیاورد، اما نمی‌تواند و سرانجام کوتاه می‌آید. نفس راحتی می‌کشم. دلم به حالش می‌سوزد. باید وضع روحی بدی داشته باشد.

گاه راه به بن بست می‌رسد و ماشین نمی‌تواند بگذرد. این‌جور وقت‌ها مجبور می‌شویم برگردیم و راه دیگری پیدا کنیم. به یک بریدگی می‌رسیم. ماشین نمی‌تواند از آن عبور کند. همه پیاده می‌شویم. سروان، که به نظر می‌رسد افسر اطلاعاتی باشد، نقشه‌ای از پشت ماشین بیرون می‌آورد و پهن می‌کند روی کاپوت. سعی می‌کند از روی نقشه، راه را پیدا کند، اما چیزی سر در نمی‌آورد. ما در سکوت کامل، چشم به دهانش دوخته‌ایم. سرش را بالا می‌آورد و می‌گوید: «سوارشید»!

سوار می‌شویم و قسمتی از راه را برمی‌گردیم و در راهی جدید، شروع به حرکت می‌کنیم. کمی بعد، راه توی دره‌ای باز می‌شود. دره‌ای که دور تا دورش را تپه گرفته. دیگر راه ماشین‌رو وجود ندارد. می‌آییم پایین. یک کامیون بنز هم از راه مانده است. پشتش، یک توپ دوربُرد بسته‌اند و زیرش، پر از نفراتی است که از گرمای طاقت‌فرسای آفتاب، به پناه آمده‌اند.

سروان می‌گوید: «باید بریم بالای تپه‌ها و راه پیدا کنیم. تا پیدا کردن راه، ماشین همان‌جا می‌ماند».

خودش و دو سرباز همراهش به سوی بلندترین تپه راه می‌افتند. ما می‌مانیم. می‌گویم: «خب، حالا چه کار کنیم»؟

منصور می‌گوید: «صبر می‌کنیم. هر جا که این ماشین رفت، ما هم باهاش می‌ریم».

اسفندیار می‌گوید: «فکر نمی‌کنم دیگه راه ماشین‌رو وجود داشته باشه».

سرنشینان کامیون، بی‌تفاوت نگاهمان می‌کنند. به نظر می‌رسد که آن‌ها هم، نفراتی برای شناسایی و پیدا کردن راه فرستاده باشند. پا می‌کشیم طرفشان. روی سنگی می‌نشینیم تا تصمیم بگیریم. زمین، مثل کورهٔ گداخته، داغ است. کم‌کم، نفرات دیگری از راه می‌رسند و توی دره جمع می‌شوند. همین‌طور که نگاهشان می‌کنم، یکهو یکی از بچه‌های گروهان یک را بینشان می‌بینم. می‌روم طرفش:

- چه خبر؟

- سلامتی؟

- از گروهانتون چند نفر عقب اومدن؟

- نمی‌دانم. ما که چهار - پنج نفر بیش‌تر نبودیم.

- از بچه‌های مخابرات چه خبر؟

- کی‌ها را می‌خواهی؟

اسم بچه‌ها را یکی یکی می‌گویم.

در جواب‌دادن تردید دارد: «چه نسبتی باهاشون داری»؟

ـ هیچ! فقط با هم رفیقیم. یه وقتی هم، همکار بودیم.

ـ پس خدا رحمتشان کنه

جا می‌خورم. باورم نمی‌شود. می‌پرسم: «چه‌طور...»؟

می‌گوید: «همان اول بسم‌الله، یه صد و بیست خورد روی سنگرشان. همه‌شان زیر آوار ماندند. تنها سرگروهبانشان تونست خودشو از زیر آوار بیرون بکشه. بچه‌ها می‌گفتن پلیت، سر یکی‌شونو قطع کرده».

به یاد علی می‌افتم و صدای خوشش. ۲۹ ماه بود که داشت خدمت می‌کرد. یک‌ماه اضافه آورده بود. داشت آخرین روزهای اضافه‌اش را می‌کشید. این اواخر، بیش‌تر روزها را با ما می‌گذراند. بچه‌ها بهش می‌گفتند: «دیگه نرو خط! یه وقت می‌بینی این آخرِ خدمتی، خدای ناکرده دخلت رو آوردن».

محمد هم تا این اواخر بنه بود. همین دو روز پیش بود که رفتم دیدنش. خیلی دلتنگ بود. می‌گفت: «این‌جا حوصله‌ام سر می‌ره. فردا می‌خوام برم جلو و یکی از بچه‌ها رو به جای خودم بفرستم».

گفتم: «ای بابا، تو هم حال داری که بری با این و آن، سر و کله بزنی، حیف این‌جا نیست؟ سال به سال، یه درجه‌دار و افسر نمی‌بینی. هیشکی نیست که بگه، بالای چشمت ابروست. آن وقت، تو می‌خوای این‌جا رو ول کنی و بری توی آن هرو ور».

اما نتوانست بماند. نماند. رفت و بهرامی را به جای خودش فرستاد.

قمقمه‌ام را تکان می‌دهم. فقط چند قلپ آب، ته‌اش مانده است. آب منصور و اسفندیار هم، در حال تمام‌شدن است. نمی‌شود زیاد معطل شد. آفتاب دارد کبابمان می‌کند. انگار از مغزها، بخار بلند می‌شود. فکرهایمان را می‌ریزیم روی هم تاببینیم چه کار می‌توانیم بکنیم. از سروان و همراهانش خبری نیست. به نظر می‌رسد که این‌جا ماندنمان، وقت تلف‌کردن باشد. باید راه بیفتیم (صص ۵۶ـ۶۵).

... توی صورتش دقیق می‌شوم. قهرمان سنگین‌وزن کشتی قزوین بدجوری از پا درآمده. با این حال، به نظرم می‌رسد که حرف بی‌جایی نمی‌زند. من یکی که دیگر به این‌سو و آن‌سو رفتن اصلاً امیدی ندارم. می‌گویم: «می‌دونید! عراقی‌ها تازه آن‌جارو گرفته‌ان. هنوز به منطقه آشنا نیستن. تازه، خیلی از سنگرهای این‌ور جادهٔ آسفالت هنوز سقوط نکرده. می‌تونیم برگردیم و از این سنگرها آب برداریم».

ـ اگه هم نتونستیم، کشته می‌شیم. شایدم اسیرمان کنن. در هر صورت، چاره‌ای نیست.

اسفندیار می‌گوید: «نه، من برنمی‌گردم. می‌رویم، بالاخره به جایی می‌رسیم. من مطمئن هستم».

حسن باسماجت می‌گوید: «من نمی‌گذارم برید. توی این بیابان، همه تلف می‌شیم. یک نفرمان زنده نمی‌مونه».

منتظر است که ازش حمایت کنم. بدون این‌که چیزی بگویم، بلند می‌شوم و از تپه بالا می‌کشم. راهی را که آمده‌ایم، از نظر می‌گذرانم. راه، طولانی‌تر از آن است که فکرش را بکنیم. برگشتن، اصلاً عاقلانه نیست. هنوز هم این‌جا و آن‌جا گلوله‌هایی به زمین می‌نشیند. گلوله‌هایی که نه صدای سوتشان شنیده می‌شود و نه صدای منفجرشدنشان. تنها کمی دود و آتش دیده می‌شود و بس. در جای‌جای زمین، علف‌های خشک در حال سوختن هستند. شعاع آتش گاه تا چند کیلومتر گسترده شده است. دشت را

سراسر به آتش کشیده‌اند.

از تپه پایین می‌آیم. حالا من هم نظر اسفندیار را قبول کردم. سعی می‌کنم حسن را هم قانع کنم: «فرض کن با هزار زحمت تونستیم برگردیم و آب بخوریم. آن وقت، دوباره می‌تونیم خودمونو تا این‌جا بکشیم»؟

حسن را به‌زحمت می‌شود قانع کرد، اما بالاخره تسلیم رأی دیگران می‌شود.

می‌گویم: «خیله خب، حالا که قرار شد راهمونو ادامه بدیم، باید قول بدین که درست و حسابی راه بیایین و مثل سابق نباشه».

طرف حرفم، بیش‌تر منصور است. سرش را پایین می‌اندازد و چیزی نمی‌گوید. به جایش، اسفندیار می‌گوید: «نه، دیگه مثل سابق راه نمی‌ریم».

شروع می‌کنیم به پایین‌کشیدن از تپه. من، جلوتر از دیگران هستم. همگی می‌لنگیم. پاها سرد شده‌اند و زمین که می‌گذاریمشان، حسابی درد می‌گیرند. همراه «ابهریمان» توی شیار افتاده است. می‌روم بالای سرش.

ـ بلند شو! داریم می‌ریم.

می‌گوید: «شما برید، من نمی‌آم. نمی‌تونم راه برم».

سعی می‌کنم لبخند بزنم.

ـ مگه می‌شه که نیایی؟ جا زده‌ای؟

آرام نگاهم می‌کند. چشم‌هایش حالت عجیبی دارد. آرامش سردی در آن‌ها موج می‌زند. انگار مرا از دور، از خیلی دور نگاه می‌کند. می‌گویم: «می‌دونم که خسته و تشنه‌ای، اما همهٔ ما، مثل هم هستیم. من هم مثل تو تشنه‌ام. اما تا می‌تونیم باید راه بریم. حالا که قرار شده بمیریم، بگذار تلاشمونو کرده باشیم».

چیزی نمی‌گوید. فقط نگاه می‌کند. همچنان سرد و بی‌روح. به نظر می‌رسد که دارد به مرگ فجیعی که در انتظارش هست فکر می‌کند. آرامش چشم‌هایش نشان می‌دهد که بالاخره به سرنوشت خودش راضی شده است. با این حال، شانه‌هایش را می‌گیریم و از زمین بلندش می‌کنم.

ـ بلندشو برادر! مرد که جا نمی‌زنه.

بی‌فایده است. دستم را کنار می‌زند. سری به علامت نفی تکان می‌دهد و دوباره توی شیار دراز می‌کشد. حالا اشک توی چشم‌هایش جمع شده است. انگار می‌خواهد به حال خود گریه کند. شاید هم یاد خانواده‌اش افتاده است. لحظه‌ای با ناباوری نگاهش می‌کنم و با خودم می‌گویم: «آیا به این راحتی تسلیم مرگ شد»؟ و به خودم نهیب می‌زنم: «شاید کار عاقلانه همین باشه که او می‌کنه. شاید شماها بی‌خودی دارین، خودتونو زجرکش می‌کنین».

او را به حال خود می‌گذارم و راه می‌افتم. بچه‌ها هنوز دارند به‌احتیاط از تپه سرازیر می‌شوند. می‌افتم توی یک شیار. بچه‌ها دارند از نزدیکی همراه ابهریمان می‌گذرند. داد می‌زنم: «اسفندیار، آن بابارو هم صدا کن»!

اسفندیار هم بالای سرش می‌رود، اما تلاش او هم بی‌حاصل است.

منصور داد می‌زند: «وایستا! وایستا تا با هم بریم»!

می‌ایستم تا برسند. می‌رسند. از اسفندیار می‌پرسم، «نتونستی بیاریش»؟

ـ نه، نیامد. بندهٔ خدا بریده؛ از ناامیدی بریده.

ـ امشب گرگ‌ها می‌خورندش. بد جایی از پا افتاد.

ـ تا زنده هست، نمی‌تونند. اسلحه‌شو گذاشت روی شکمش. دستش روی ماشه بود.

از یک تپه بالا می‌رویم، اما معلوم است که دیگر نخواهیم توانست تپه‌ها را بالا و پایین برویم. یک آبراه وسیع همان‌طور که بین تپه‌ها پیچ و تاب می‌خورد، به سوی غرب و شمال‌غربی می‌رود. تصمیم می‌گیریم آبراه را بگیریم و برویم. می‌افتیم توی آبراه. زیر پایمان پر از سنگ‌های ریز و درشت است و این، راه‌رفتن را مشکل می‌کند. آن هم با این پاها!

همینطور که می‌رویم، منصور می‌گوید: «هوا داره تاریک می‌شه».

ـ چی گفتی؟

ـ می‌گم هوا داره تاریک می‌شه.

نگاهی به همدیگر می‌اندازیم. هوا هنوز روشن‌روشن است. معلوم می‌شود که تشنگی، سوی چشم‌هایش را از بین برده است. با این حال، چیزی بهش نمی‌گوییم.

ـ صدای پارو که می‌شنوی؟ دنبال صدا بیا!

روی تپه‌های کم‌شیب دو سوی آبراه را یکسر علف‌های خودرو پوشانده است. بی‌شک یک روز این‌جاها مرتع خوبی برای چرای دام بوده است، اما علف‌ها بدون این‌که استفاده‌ای از آن‌ها شده باشد، خشک شده‌اند. با خودم می‌گویم: «کاش زمستان بود... اگه زمستان بود، به جای این علف‌های خشکیده و پلاسیده، روی این تپه‌هارو، علف‌های سرسبز و گل‌های خودرو پوشانده بود. صدای پرندگان مهاجر، روح آدمو نوازش می‌داد و آب... بی‌شک توی یکی از این آبراه‌ها، آب پیدا می‌شد».

چشم‌های من هم مثل منصور کم‌کم می‌روند که سوی خودشان را از دست بدهند. گوش‌هایم هم دارند سنگین می‌شوند. نمی‌دانم این‌ها از فشار بی‌آبی است یا از اثر گازهای شیمیایی. انگار پاهایم از درون خالی شده‌اند. هیچ حسی ازشان ندارم. مثل این‌که به جای پا، روی دو بادکنک پر باد راه می‌روم.

چند کیلومتری که می‌رویم، آبراه به پایان می‌رسد. حالا، جلوی رویمان چند رشته تپه است که به ترتیب ارتفاعشان زیادتر می‌شود. اولین تپه را بالا می‌رویم. بالا رفتنمان بیش‌تر از یک ربع ساعت طول می‌کشد. هیچ‌کدام حرفی نمی‌زنیم. خورشید غروب کرده است و محیط اطرافمان، منظرهٔ دلگیرکننده‌ای دارد. از هر طرف، در محاصرهٔ تپه‌های شبیه به هم هستیم. پای کوهِ آن‌سوی دشتِ خشک، قطعه زمینی دیده می‌شود که به نظر می‌رسد یک گندم‌زار باشد. در آن صورت، حتماً کسی آن را کاشته و این یعنی، نزدیک‌بودن یک روستا. اما به‌زودی می‌فهمیم که همه‌چیز، یک توهم است و نه بیش.

به قلهٔ تپهٔ دوم می‌رسم. روی قله می‌ایستم و آن‌سو را نگاه می‌کنم. یک درهٔ سنگی بینمان با تپهٔ بعد

فاصله انداخته است. دره، کاسه‌ای‌شکل و گرد است. سرازیر می‌شوم. زمین یکسره سنگی است، اما در بین سنگ‌ها، شیارهای عمیق و پیچ واپیچی دیده می‌شود که آدم را به شگفتی وامی‌دارد. این شیارها را، آب در دل سنگی زمین ایجاد کرده است. عمق شیار، تقریباً دو برابر قد یک انسان معمولی است و عرضش (در عریض‌ترین جایش) حداکثر شصت ـ هفتاد سانتیمتر، تقریباً شبیه شیارهایی است که قبلاً دیده‌ایم. اما به مراتب قشنگ‌تر از آن‌هاست. همان‌طور که شیار را نگاه می‌کنم، برای لحظاتی، در عالم خیال فرو می‌روم. آسمان با خشم می‌غرد. رعد و برق‌های پی‌درپی، نوک تپه‌ها را به شلاق می‌گیرند. باران، بارانی سیل‌آسا فرو می‌ریزد. از هر طرف، آب‌ها می‌غلتد و می‌خروشد و سروصداکنان خودش را به این‌طرف و آن‌طرف می‌کوبد. دیوانه می‌شوم. شروع می‌کنم به دویدن. روی این تپه می‌دوم. روی آن تپه می‌دوم. روی همهٔ تپه‌ها می‌دوم. باران خیسم می‌کند. لباس‌هایم به تنم می‌چسبد. کفشم پر از آب می‌شود و وقتی می‌دوم، شلپ و شلپ صدا می‌کند. دست‌هایم را می‌گیرم رو به آسمان و سرم را می‌برم بالا. می‌گذارم که باران بی‌امان بر صورتم بکوبد...

به خودم می‌آیم. لب شیار سنگی ایستاده‌ام و خیره شده‌ام به کف آن. قمقمه‌ام را تکان می‌دهم. ای‌کاش تنها یک قطره آب...!

از روی شیار، به آن‌سو می‌پرم. پای یک صخرهٔ سیاه، اسکلتی افتاده است. بالای سرش می‌ایستم. به نظر می‌رسد که اسکلت یک گاو و یا اسب باشد. دست و پایش جدا شده‌اند. شاید گرگ‌ها آن را کنده باشند. شاید هم کار طبیعت باشد. معلوم است که هفته‌ها و شاید هم ماه‌ها پیش مرده است. با این حال، دندان‌هایش هنوز سفیدی خودشان را از دست نداده‌اند و برق می‌زنند. به نظرم می‌آید که دارد به ما می‌خندد.

ـ دیوانه‌ها!... دیوانه‌ها! منی که تموم عمرمو تو کوه و بیابان گذرانده‌ام، نتونستم از این‌جا جان سالم در ببرم، شماها چه‌طوری می‌خواهین ببرین؟

بدجوری خیالاتی شده‌ام. مرتب در عالم واقعیت و خیال سرگردان می‌شوم. نمی‌دانم چرا چنین است. آیا به روحیه‌ام برمی‌گردد؟ یا اقتضای موقعیت و محیط است؟ شاید هم این به نوعی گریزی باشد از وضعیت نابهنجاری که برایمان پیش آمده. گزیر از واقعیت؛ واقعیتی که چهره‌ای بس ترسناک دارد.

دره را پشت سر می‌گذارم و خودم را می‌رسانم به نوک تپهٔ مقابل. روی علف‌های خشکیده دراز می‌کشم، اما نمی‌توانم آرام و قرار بگیرم. زمین هنوز داغ و ملتهب است. عرق به پیشانی‌ام می‌نشیند. پیراهنم را درمی‌آورم و می‌اندازم زیرم. شاید از گرمی زمین بکاهد. بی‌فایده است. ناله می‌کنم. بی‌اختیار ناله می‌کنم. دیگر خوددار نیستم. به کلی از پا درآمده‌ام. مدتی بعد، حسن و اسفندیار از راه می‌رسند، بدون این‌که حرفی بزنند، در کنارم به زمین می‌افتند. کمی به همان حال می‌مانیم. از منصور خبری نیست. می‌پرسم: «اسفندیار، پس منصور کجاست»؟

می‌گوید: «جا ماند؛ سر آن یکی تپه جا ماند».

ـ چرا گذاشتی بمانه؟ حالا چه کار کنیم؟

ـ نمی‌دونم؛ صبر می‌کنیم تا بیاد.

می‌دانم که نمی‌آید. باید به‌زور راهش انداخت. کمی از راه‌رفته را برمی‌گردم. حالا می‌توانم منصور را ببینم. مثل گرگ تنهایی بالای تپه نشسته است و ما را نگاه می‌کند. سوت می‌زنم. دست تکان می‌دهم. داد و بیداد می‌کنم.

ـ د بیا لعنتی! تو که پدر مارو درآوردی!

گلویم می‌سوزد. زبانم مثل چوب خشک شده. دیگر نمی‌توانم داد بزنم. منصور از جایش تکان نمی‌خورد. اگر نخواهد بیاید، هیچ‌کاری نمی‌توانیم برایش بکنیم. برمی‌گردم پیش بچه‌ها.

ـ بلندشید بریم!

حسن می‌گوید: «یه کمی صبر کن! بگذار نفسی تازه کنیم».

اسفندیار می‌گوید: «می‌ریم کمی پایین‌تر می‌نشینیم. اگه جلوی چشمش باشیم، از سر جایش جُم نمی‌خورد، اما وقتی ما رو نبینه، راه می‌آد. از ترس گرگ‌ها هم که شده، راه می‌آد».

اسفندیار مخالف است. می‌گوید: «اگه مارو نبینه، ناامید می‌شه و اصلاً راه نمی‌آد. من می‌رم سراغش».

راه می‌افتد به طرف بالا و می‌رود می‌نشیند روی یال تپه. نمی‌دانم چرابی‌اختیار به یاد آن روزی افتادم که با سرنیزه کف دست منصور را جر دادم. دستش را مشت کرد و نشست روی زمین. زخم، عمیق نبود، با این حال احتیاج به پانسمان داشت. هر کاری کردم برود بهداری، نرفت که نرفت. بعد از آن به مدت یک ماه، به بهانهٔ زخمی‌بودن دستش، از زیر جاروکردن سنگر و شستن ظرف‌ها در رفت و حسابی به ریش من خندید.

کمی پایین از ما، جای صاف و بدون بوته‌ای دیده می‌شود. من و حسن پا می‌شویم و می‌رویم آن‌جا دراز می‌کشیم. زیر پایمان، پرتگاه عمیقی دیده می‌شود و دره‌ای که خاک سیاه دارد. یک خرگوش که احتمالاً وجود ما را حس کرده، از زیر سنگی بیرون می‌آید و می‌گریزد. پرنده‌ای روی دره تاب می‌خورد. باید یک قرقی باشد. وجود پرنده و خرگوش، از احساس تنهاییمان می‌کاهد.

حسن چند آمپول آتروپین و امیل نیتریت[1] از جیبش درمی‌آورد و با آن‌ها ور می‌رود. می‌پرسم: «چه کار داری می‌کنی»؟

می‌گوید: «نمی‌شه آبشونو خورد»؟

می‌گویم: «مگه زده به سرت»؟

آمپول‌ها را به گوشه‌ای پرت می‌کند و دوباره دراز می‌کشد. همان‌طور که نگاهم به یال تپه است، اسفندیار را می‌بینم که قمقمه‌اش را به دهانش نزدیک می‌کند، چیزی می‌خورد و بعد صورتش را درهم می‌کشد. تعجب می‌کنم. یعنی چه؟ آیا آب داشته و از ما پنهان می‌کرده؟ و بعد، همه‌چیز را می‌فهمم[2].

۱ـ آمپول‌های ضد گازهای شیمیایی، میکربی و رادیواکتیوی

۲ـ این، کاری است که بعدها منصور نیز مجبور به آن شد.

تا منصور برسد، هوا هم کم‌کم رو به تاریکی می‌گذارد. به خاطر او، کمی دیگر استراحت می‌کنیم. ظاهراً تا من چیزی نگویم، کسی قصد حرکت نمی‌کند. بلند می‌شوم تا راه بیفتم. حسن و اسفندیار هم بلند می‌شوند. منصور همچنان خوابیده است. می‌گویم: «پاشو! داریم راه می‌افتیم».

می‌گوید: «شماها استراحت کردین، ولی من تازه از راه رسیده‌ام.»

ـ عوضش، تو هم وقتی ما داشتیم راه می‌آمدیم، بالای تپه نشسته بودی و استراحت می‌کردی.

جواب نمی‌دهد. دوباره و چندباره صدایش می‌کنم. وقتی ازش ناامید می‌شوم، یقهٔ اسفندیار را می‌گیرم. انگار که او مسئول منصور است.

ـ اسفندیار، تو یه چیزی بگو! چرا ساکتی؟ چرا بهش نمی‌گی که این‌جا جای خوابیدن نیست. آخه لامصب، چرا راهش نمی‌اندازی؟

راه می‌افتم. بچه‌ها، منصور را هم راه‌انداخته‌اند. از تپه‌ها سرازیر می‌شویم و می‌افتیم توی شیار. دیگر برایمان فرقی نمی‌کند که شیار به کجا ببردمان. باهاش می‌رویم. مهم این است که تپه‌ها را بگذرانیم و به آن‌سو برسیم (صص ۸۶ـ۹۳).

... گوش‌هایم را تیز می‌کنم. سرم را می‌چسبانم به زمین. نفسم را حبس می‌کنم. گوش می‌دهم. اما هیچ صدایی به گوش نمی‌رسد. انگار نه انگار.

دوباره همان نفر می‌گوید: «دیگه خیلی واضح شده؛ نمی‌شنوید»؟

چند تا از بچه‌های خودشان، حرفش را تایید می‌کنند. لحظات بسیار حساسی است. صدای نالهٔ بچه‌های ما بریده است. همه گوش شده‌اند. یک نفر داد می‌زند: «آره، راست می‌گه. صداست. صدای ماشین! باید همان تراکتور باشه».

چیزهایی بین خودشان می‌گویند، بعد یکیشان از بلندی روبه‌رویمان بالا می‌دود.

ـ من می‌رم ببینم چه خبره.

بقیه نیز تکانی به خودشان می‌دهند.

ـ بچه‌ها آماده باشین! وسایل‌تونو جمع کنین!

بغل دستی‌ام، آن را که بالای تپه رفته است، صدا می‌کند: «چه خبره احمدی»؟

احمدی چیزهایی می‌گوید. صدایش با صدای تانکی که توی گوشم پیچیده است، درهم می‌آمیزد و چیزی نمی‌فهمم. پای بغل دستی‌ام را می‌کشم. می‌پرسد: «چی می‌گی»؟

می‌گویم: «احمدی چی می‌گه»؟

می‌گوید: «داره یه نور می‌بینه. می‌گه که احتمالاً نور یه ماشینه»!

... نور؟ نور یک ماشین؟ باورکردنی نیست. و من به هر ماشینی بدبین هستم. اگر هم باشد. نمی‌دانم احمدی چه مدت آن بالاست، اما بالا بودنش، کمک بزرگی است برایمان. همچون یک دیده‌بان دلسوز، هر چیزی را که می‌بیند، لحظه به لحظه گزارش می‌کند. و من در هر بار، پای بغل دستی‌ام را می‌کشم و از او جویای خبر می‌شوم.

ـ داداش چی می‌گه؟

ـ می‌گه نور به سمت چپ پیچید. مثل این‌که ماشین داره می‌ره سمت غرب.

ـ حالا چی می‌گه؟

ـ می‌گه ماشین به طرف راست پیچیده.

ـ حالا چی؟!

با اکراه جوابم را می‌دهد. معلوم است که از دستم خسته شده.

ـ می‌گه دیگه نورو نمی‌بینه.

«نورو نمی‌بینه»! یعنی چه شده است که دیگر نور را نمی‌بیند؟ شاید ماشین، چراغ‌هایش را خاموش کرده باشد. شاید توی یک سرازیری افتاده. شاید هم دور زده و برگشته باشد. و این، بدترین چیزی است که می‌تواند اتفاق افتاده باشد. افسوس! باز داشتیم امیدوار می‌شدیم.

چشم در اطرافم می‌چرخانم. دور و برم چند نفر افتاده‌اند. نمی‌دانم کدامشان بچه‌های خودمان هستند. می‌خواهم صدایشان کنم که باز احمدی چیزی می‌گوید. ولوله‌ای بین بچه‌ها می‌افتد. از عکس‌العمل‌ها معلوم است که خبر مهمی بوده است. از بغل دستی‌ام می‌پرسم: «چی می‌گه»؟

جوابم را نمی‌دهد. دوباره و سه‌باره می‌پرسم. بالاخره مجبور می‌شود به حرف بیاید.

ـ می‌گه که نور صاف داره می‌آد طرف ما.

نور به سمت ما می‌آید. از جایم بلند می‌شوم. خدایا! یعنی ممکن است که نجات پیدا کنیم؟ جملهٔ آخری دیده‌بان، همه را از جاکنده است. همه روحیه گرفته‌اند. به‌خصوص ما چهار نفر. خبر، نقش تلقینی غیرمنتظره‌ای داشته است. انگار تواناتر شده‌ام. به نظرم می‌رسد که تشنگی‌ام کمی کاهش پیدا کرده است.

دیده‌بان از تپه پایین می‌آید و هیجان‌زده می‌گوید: «چندان فاصله‌ای با ما نداره. فقط یکی ـ دو کیلومتر»!

همه از جا بلند می‌شویم. امید، معجزه می‌کند. جان دوباره‌ای می‌گیریم. اما من هنوز باورم نمی‌شود رهایی. خدایا یعنی امکان دارد که کسی به دادمان برسد؟ نکند این هم مثل آن بنز از دستمان در برود؟ نکند بهش نرسیم؟ نکند راهش را عوض کند؟ نکند با دیدن ما فرار کند؟ نکند... ده‌ها سئوال بی‌جواب توی سرم می‌چرخند. بچه‌ها را گم کرده‌ام. هم بچه‌های خودمان را و هم دیگران. یکهو وحشت می‌گیردم. نکند مرا جا بگذارند؟ نکند دیگر پیدایشان نکنم؟ چشم در اطراف می‌چرخانم. هیچ چیز دیده نمی‌شود. اصلاً متوجه نشده‌ام که کی از دیگران جدا افتاده‌ام. تصور این‌که در این بیابان برهوت، تک و تنها بمانم و بمیرم، به پاهایم نیروی تازه‌ای می‌دهد. پا تند می‌کنم و لحظاتی بعد، صدای پاها را می‌شنوم و دلم آرام می‌گیرد. ظاهراً، در بستر خشک یک رودخانه، در حال راه‌رفتن هستیم. هوا عجیب تاریک است. هیچ‌چیز را نمی‌بینم. حتی زیر پایم را. وقتی می‌بینم چشم‌ها بدون استفاده مانده‌اند آن‌ها را می‌بندم و سعی می‌کنم در حال راه‌رفتن، چرت بزنم، اما هی توی چاله‌چوله‌ها می‌افتم و زمین می‌خورم. خیلی عجیب است! تا به حال هر چه سعی می‌کردم خوابم ببرد، نمی‌توانستم، ولی حالا می‌بینم که اگر لحظه‌ای غفلت کنم، خوابم خواهد برد. ترس برم می‌دارد. نکند خوابم ببرد و راه را اشتباه بروم و یا از دیگران عقب بیفتم؟ صدای پاها را همچنان می‌شنوم و نمی‌گذارم که زیاد دور بشود. برای این‌که یک وقت خوابم نبرد، به هر زحمتی که

هست، چشم‌هایم را هم باز می‌کنم. چیزی نمی‌گذرد که خود را میان جمع می‌یابم. حالا، زمین زیر پایمان که سفید سفید است، دیده می‌شود. باید وارد یک شوره‌زار شده باشیم.

به یک چاله می‌رسیم. اطراف چاله را سنگ‌چین کرده‌اند. یک نفر، نور چراغ قوه‌اش را توی چاله می‌اندازد. می‌روم پایین و خاک کف چاله را چنگ می‌زنم. از آب خبری نیست. ولی حتماً یک وقتی، چاله پر از آب بوده است، والّا چه دلیلی دارد سنگ‌چین کردنش؟

به یک دو راهی می‌رسیم. دیده‌بان، راه را انتخاب می‌کند. این را از صحبت‌کردن دیگران می‌فهمم. حالا دیگر زیر پایمان نرم شده و از آن سنگ‌ها خبری نیست. یک پیچ، دو پیچ... به تپه‌ای می‌رسیم. از پشت آن، نوری بالا می‌آید و به سوی آسمان می‌رود. نوری است آسمانی. برای اولین بار می‌بینمش.

ـ پخش و پلا بشید. آن‌هایی که اسلحه دارن، اسلحه‌هاشونو آماده کنن. نبایس بگذاریم دربره.

از راه بیرون می‌زنیم و توی علفزار خشکیده‌ای شروع به دویدن می‌کنیم. همراهان، همه از من جلو زده‌اند. هر چه می‌کنم ازشان عقب نمانم، نمی‌توانم. تعجب‌انگیزتر از همه، جلو افتادن منصور است. منصوری که با آن مکافات، تا این‌جا کشیده‌ایمش. نگاهی به خط نور که تا بی‌نهایت آسمان کشیده شده است، می‌اندازم. ثابت است و بی‌حرکت. معلوم می‌شود که ماشین ایستاده است. بچه‌ها خودشان را به سینهٔ تپه می‌رسانند. تپه را دور می‌زنند و از هر طرف، سرازیر می‌شوند آن‌سو. وقتی از یال‌ها یا قلهٔ تپه می‌گذرند، توی نور قرار می‌گیرند و برای اولین بار، می‌توانم هیکل‌هایشان را ببینم.

حالا که ماشین ایستاده است و نفرات به آن رسیده‌اند، دیگر عجله‌ای برای گذشتن از تپه ندارم و به‌آرامی بالا می‌روم. زیر پایم را علف‌های بلندی پوشانده است؛ علف‌هایی که بلندیشان تا بالای زانو می‌رسد و راه‌رفتن را مشکل می‌کند. از آن‌سوی تپه، سروصدای بچه‌ها به گوش می‌رسد. به قلهٔ تپه که می‌رسم، نور تندی چشمم را می‌زند. بچه‌ها، اطراف ماشین در رفت‌وآمد هستند. چند بار، جسته و گریخته، کلمهٔ «آب» می‌شنوم. با خودم می‌گویم: «لابد این‌جاها چشمه‌ای هست و ماشین هم سر چشمه ایستاده بوده تا آب برداره».

دستم را جلوی چشمم می‌گیرم و پایین می‌روم. از چشمه خبری نیست. بچه‌ها، دور یک مرد جمع شده‌اند. مرد، دشداشهٔ سفیدی پوشیده و جامانهٔ سفیدی هم بر سر دارد. لاغر و قد بلند است. دارد سعی می‌کند بچه‌ها را آرام کند.

«جوش نزنید برادرها! آب زیاد هست. یک کلمن پر! به همه‌تان می‌دهم».

می‌روم توی صف. بچه‌ها برای آب‌خوردن، سر و دست می‌شکنند.

ـ آب زیاد است. بالاخره به هر کدامتان، یک دِر کلمن می‌رسد.

سرانجام نوبتم می‌شود. مرد عرب، دِر کلمن را پر از آب می‌کند، می‌گیرد به طرفم. آب را می‌گیرم. دست و دلم می‌لرزد. در تمام طول راه، در همهٔ لحظات امید و ناامیدی، تنها کلمه‌ای که ورد زبانمان بوده، همین بوده: «آب» (صص. ۱۰۴ـ۱۰۸).

□ □ □

گزینهٔ متن

خاطرات رزمندگان فرانسوی

متن یکم: نشان افتخار[1]

«جنگ تنها ما را کشته و مجروح و کور و علیل نساخت. جنگ علاوه بر اعمال نیک و پسندیده‌ای مانند ایثار و فداکاری، در ما غریزهٔ دیرین و کهن وحشیگری و خشونت را نیز بیدار کرد و گاه به حد نهایت رساند. در این جا می‌خواهم اعتراف کنم که برای خود من پیش آمده که از کشتن لذت ببرم. برای شخصی مثل من که در طول عمر هرگز دست روی کسی بلند نکرده‌ام. منی که از آشوب و خشونت بیزارم. آن‌گاه که در یک عملیات، سینه‌خیز به سوی دشمن می‌رفتیم، با نارنجکی در دست و کاردی میان دندان‌ها، ترس تمام وجودمان را فرامی‌گرفت. با این حال نیرویی عظیم ما را به پیش می‌برد. غافلگیرکردن دشمن در درون سنگرش، پریدن روی او و لذت‌بردن از ترس و وحشت انسانی که جن را باور ندارد ولی ناگهان حس می‌کند که یکی از آن‌ها روی او افتاده است! این لحظهٔ آمیخته با توحش و جنایت برای ما حلاوت عجیبی داشت و ما را به سوی خودمان می‌خواند. درست مانند مصرف‌کنندگان مواد مخدر که به‌رغم مضرات و خطراتی که به آن آگاهند، باز هم نمی‌توانند در برابر وسوسه و جاذبهٔ آن مقاومت کنند.

من این جا از فکر این‌که نزد شما به دگرگونی ذهنی خود اعتراف می‌کنم، شرمگینم ولی می‌خواهم تا حد امکان صادق باشم. من پس از پایان جنگ و بازگشت به روستای زیبا و خوش‌منظره‌ام، دیگر با نگاه یک جنگجو به مناظر چشم‌نواز پوشیده از گل و سبزه می‌نگرم. این جا، بالای این تپه، عجب جای خوبی برای استقرار یک گروهان است! آن‌جا یک مسیر خیلی عالی برای غافلگیرکردن دشمن است و آن طرف‌تر یک موقعیت بی‌نظیر برای قراردادن یک مسلسل است. اوه! چند نفر از دشمن را می‌توان با این مسلسل به خاک افکند! همه جا و همه جا، حتی در آرام‌ترین و شاعرانه‌ترین مکان‌ها، وسوسهٔ جنگ، وسوسهٔ کشتن، وسوسهٔ مرگ... بیش‌تر به خاطر همین ارمغان جنگ که خشونت و خشکی روح است، دیگر جنگ را به‌سادگی توجیه‌پذیر نمی‌دانم».

□ □ □

۱ـ سخنان رفیق بارنا، مدیر مدرسه‌ای در باریون به مناسبت دریافت نشان افتخار، **نشریهٔ اتحاد فدرال**، ۱۵ اوت ۱۹۳۶، نقل از صص ۲۰۵ـ۲۰۶ کتاب **تاریخ اجتماعی فرانسه در قرن ۲۰**، نوشتهٔ آنتوان پروست.

متن دوم: پ. دریو لاروشل[1]

اگر رنجبران تنها یک بورژوازی، یک نظامی‌گری و یک نظام سرکوب در مقابل خود داشتند، انقلاب‌کردن در اروپا ساده‌تر بود.

دبری با گفتن این حرف پوزخندی زد. او دندان‌های کوچک و تیزی داشت که خوشایند ژیل نبود. ژیل صورت کوچک را، که نشان می‌دهد دستانی ماهر و زبردست برجستگی‌های آن را تراشیده است، خوش‌تر داشت.

او با این همکلاسی دورهٔ دانشگاه در خیابان روبه‌رو شده بود. آن‌ها از ژوئیه سال ۱۹۱۴ همدیگر را ندیده بودند. در حالی که بی‌هدف قدم می‌زدند، به مدت دو ساعت در مورد مسائل گوناگون صحبت کردند. ژیل ناگهان از دبری پرسید:

ـ هیچ‌گاه از خود پرسیده‌اید که آیا این عقیده زادهٔ ترس نیست؟

او ایستاد و دبری را با دلهره نگاه کرد. نمی‌خواست او را جریحه‌دار کند، و مهم‌تر آن‌که نمی‌خواست قضاوتی اشتباه کند. لابد او احساس ترس می‌کرد و ژیل نیز مانند او می‌ترسید. اما رفتار ناامیدانه او که بیش از پیش جلوه می‌یافت، خطر دیگری برای او وجود می‌آورد. لذا با عجله افزود:

ـ اجازه بده توضیح بدهم... چیزی که می‌خواهم بگویم...

ـ چرا به موضوع ترس اهمیت ندهم؟

ـ دوست داشتم که شما از موضوع ترس اطلاع نیابید. این ترس بخشی از احساسات شما در قبال جنگ را شکل می‌دهد. من از ایدئولوژی‌ها متنفرم، سرمنشأ آن‌ها داده‌های ناشناخته‌ای بر اساس حساسیت‌هاست.

دبری، ژیل را با کنجکاوی صمیمانه‌ای نگاه کرد. در این نگاه خط باریکی از تأسف وجود داشت که پیش‌تر نیز به هنگام تحصیل در سوربون نسبت به ژیل ابراز می‌کرد. او ژیل گامبیه را دارای اندیشه‌ای باریک می‌دانست که شیفتهٔ افکار و اعمال نادر است.

ـ اما شما، گامبیه، شما نظام ضد ترس را بنیان می‌گذارید. اما من به خود می‌گویم: ترس یک غریزهٔ طبیعی است که بدی را به من نشان می‌دهد، بدی. من از جنگ می‌ترسم چرا که جنگ برای انسان بد است.

ژیل با حالتی شگفت‌زده از حرکت باز ایستاد. شجاعت، مفهومی مثبت برای او داشت. او ادامه داد:

ـ هیچ‌گاه از خود پرسیده‌اید که آیا ایدئولوژی شما به ترس مشروعیت نمی‌بخشد... چگونه بگویم؟...

۱ـ دریو لاروشل، ژیل. انتشارات گالیمار، ۱۹۳۹.

به تنبلی و ناتوانی مشروعیت نمی‌بخشد؟ آری به ناتوانی. شما ورزشکار نیستید و نمی‌دانید با جسم خود چه بکنید.

ـ ببخشید، من...

ـ اعتراف کنید که راه به جایی نمی‌برید. انسان نوین به‌طرز وحشتناکی منحط است. دیگر نمی‌تواند جنگ کند. اما کارهای دیگری نیز نمی‌تواند انجام دهد. اما این انسان با خودخواهی‌اش و با غرور جاهلانه‌اش هر چیزی را که نمی‌تواند انجام دهد و هر چیزی را که نمی‌تواند تحمل کند، محکوم می‌نماید. مانند هنر. انسان چون دیگر نمی‌تواند هنرمند باشد، دانشمند می‌شود.

ـ چه هنر زیبایی است، این جنگ.

ژیل آهی کشید و گفت:

ـ آه، آری می‌توان گفت جنگ آن‌قدر زشت است که انسان حق دارد آن را محکوم کند. با این حال...

ایستاد. دبری به او علامت داد که سخنانش را تمام کند. او متوجه شد که در دهان ژیل چین ظریفی داشت پهن و تنفرآور می‌شد.

ـ با این حال جنگ هر قدر هم بد شکل باشد، امری ضروری است. شما انقلابی هستید. انقلاب همان جنگ است.

چین از صورت ژیل پاک شده بود و چشمانش می‌درخشید. دبری نگاه دلپذیری به او انداخت. سپس تصویر یک خاطره از مقابل چشمان این فرد ناامید عبور کرد. آرواره‌های او در هم قفل شدند:

ـ من می‌ترسم، من از ماه اوت ۱۹۱۴ از ترس خزیده‌ام.

ژیل دوست خود را نگاه می‌کرد. زیرا کسی که این سخنان حقارت‌آمیز را بر زبان می‌راند، دوست او بود؛ کسی که ارزش دوستی را داشت. در سوربن او دانشجوی ممتازی بود و تمام استادها و همکلاسی‌ها به خاطر عطش قدرتی که در او وجود داشت و ارضا شده بود شیفتهٔ او بودند، زیرا انسان‌ها خود را در اختیار کسی قرار می‌دهند که می‌خواهد آن‌ها را تصرف کند.

ژیل به ابتدای صحبتشان برگشت:

ـ شما با پیروزی آلمان، اروپا را به یک ایرلند بزرگ تبدیل می‌کنید که در احساسات ملی‌گرایانه بسیار قوی‌تر، خشماگین‌تر و کینه‌جویانه‌تر است.

او فکر می‌کرد که اگر کسی از یک جنگ خودداری کند، باید جنگ دیگری را آغاز کند. نمی‌توان از قانون جنگ اجتناب کرد، چرا که جنگ قانون زندگی است. او در جنگ، باوری به‌یادماندنی را کشف کرده بود و اولین اصول این باور را نوشته و قاب گرفته بود: انسان بدون مبارزه وجود ندارد. انسان تنها زمانی زنده است که با خطر مرگ روبه‌رو باشد. هیچ تفکر و احساس دیگری واقعیت ندارد مگر آن‌که به هنگام خطر مرگ تجربه شود.

او مجدداً گفت:

ـ شما مخالف جنگ هستید، اما با انقلاب موافقید. هرچند که انقلاب همان جنگ است.

دبری در برابر نگاه شگفت‌زدهٔ ژیل این‌بار سرش را به علامت موافقت تکان داد و گفت:

ـ آری همان جنگ است ولی جنگی دیگر، جنگ داخلی.

ـ دربارهٔ جنگ داخلی با من صحبت کنید. در این حالت آدم دشمنش را می‌شناسد.

ـ باید بین بورژواها تمایزهایی قائل شد، همان‌طور که آلمانی با آلمانی فرق می‌کند.

ـ این تمایزها بسیار ساده‌اند.

ـ این‌طور فکر می‌کنید؟ آیا باور دارید که انقلابیون در سال ۱۷۹۳ یا در کمون پاریس تمایز قائل شدند؟

ژیل نکتهٔ تندی را مطرح کرد.

ـ هدف جنگ همانا رسیدن به صلح است... با تمایز قائل‌شدن در میان دشمن. همین صلح است که هدف نهایی انقلاب شما و صلح من است.

دبری که حوصله‌اش سر رفته بود، سخنان خود را رها کرد و به ابتدای بحث برگشت:

ـ شما از ترسیدن بسیار می‌هراسید. به‌نظر می‌رسد که جنگ برای نسل ما اولین تجربهٔ زندگی محسوب می‌شود. شما از این می‌ترسید که پاسخ کافی نیابید. لذا شما فلسفه‌ای بر اساس مقاومت بنیان می‌نهید.

ژیل ساکت ماند. بی‌شک او به تحلیلی که از خود او می‌شد علاقه داشت؛ [تحلیلی] که حتی خود او نیز نمی‌توانست ارائه کند. ژیل اندیشهٔ مبارزه را کنار می‌گذاشت تا به مبحث جدیدی که مبارزه برای او به ارمغان می‌آورد، فکر کند. با این حال مخالفت سرسختانه‌ای با اندیشه‌های دوستش داشت. دبری از سلامت کامل برخوردار نبود و ژیل از این‌لحاظ او را آشکارا ملامت می‌کرد. او مدت‌ها در پشت جبهه بود و سپس در مقام حامل برانکارد خدمت کرده بود. اکنون او تغییر کرده بود. نقطهٔ ضعف ژیل در مقابل او این بود که هیچ‌گاه در خط مقدم حضور نیافته و کشته نشده بود. تنها مرگ می‌توانست او را از این نژاد برده‌های شورشی جدا کند. او نگاهی به دبری انداخت؛ نگاهی که مانند تیغهٔ چاقو او را کاملاً از محیط خود جدا کرد.

ژیل خواست دبری را ترک کند. «من می‌خواهم دبری و ماریام را ترک کنم. من از این دنیا اجتناب می‌کنم. جنگ، میهن من است». او تنها بود. با این همه تعللی کرد. ماه‌ها بود که با هیچ فرد روشنفکری بحث نکرده بود، با اندیشمندی که از نظر باریک‌بینی همتای او باشد. سرانجام به او گفت: تا دیدار بعد. اما به خود گفت: نه، این خداحافظی همیشگی است.

زمانی‌که دست همدیگر را می‌فشردند، ژیل وسواسی را احساس کرد که به گذشته مربوط می‌شد.

ـ اگر در جبهه کنار یگدیگر بودیم؟

دبری ژیل را نگاه کرد، انگار که منظور او را درک نمی‌کرد.

ـ ای کاش می‌دیدم که اندیشهٔ شکست‌گرای خودتان را چگونه به کار می‌بندید.

ـ آه، اگر مرا مسئول حمل برانکارد نمی‌کردند، دست به اسلحه نمی‌زدم.

ـ من چه می‌کردم؟

ـ دبری نگاهی دلپذیر و کمی تمسخرآمیز به ژیل انداخت.

ـ دوست عزیز، خود را بدذات‌تر از آن‌چه هستید، جلوه ندهید.

ژیل در حالی که سرخ شده بود، این جملات را ادا کرد:

ـ به شما شلیک می‌کردم.

□ □ □

متن سوم: یادداشت‌های جنگ/ لویی بارتاس[1]

ـ ۱۹۱۸ ترک مخاصمه! آزادی!

بالاخره، پایان جنگ نزدیک می‌شد. آلمان که در سال ۱۹۱۴ در اوج غرور بود و فکر می‌کرد می‌تواند یک‌تنه با بیست کشور بجنگند به زانو درآمد و تمنای عفو و ترک مخاصمه کرد.

البته این شیوهٔ گریز از جنگ برای عده‌ای ناگوار بود؛ چون هنوز آن‌قدر که انتظارش را داشتند نتوانسته بودند نشان و درجه و ستاره و شهرت و افتخار بیندوزند. آن‌ها دوست داشتند این جنگ به شکست کامل آلمان بینجامد، شکستی که «نیا»، «واترلو» و «سدان» در برابرش هیچ بود. جنگجویان بزرگ ما، دولت، مطبوعات، آن‌ها که پشت جبهه یا در خط مقدم بودند، کسانی که دیگر چیزی نداشتند ازدست بدهند یا آن‌هایی که در صورت ادامهٔ جنگ چیزهای بیش‌تری به دست می‌آوردند، همه و همه رؤیای دیگری در سر می‌پروراندند: تصرف هزاران قبضه توپ، اسارت صدها هزار آلمانی، فرار قوای باقیماندهٔ دشمن از روی پل‌های «راین» در حالی که نیزه در پهلو دارند و سربازان ما تعقیبشان می‌کنند، اشغال شهرهای بزرگ آلمان، شیپورهایی که مارش می‌زنند و پرچمهایی که به اهتزاز درمی‌آیند.

صدها هزار تا که چیزی نبود، می‌شد دویست هزار نفر دیگر بر شمار کشته‌شدگان افزود و چند ماه دیگر را نیز به رنج و سختی سپری کرد! برای آن‌ها که جنگ نمی‌کردند، چه فرقی داشت چه تعداد کشته شوند؟

متفقین برای تحقق این رویای شوم، چندین بار به بهانه‌های مختلف خاتمهٔ جنگ را به تعویق انداختند و آلمان را مجبور کردند به دفعات، درخواست ترک مخاصمه را تکرار کند. در همان حین، تمام جبهه، از «ایپرس» گرفته تا «بلفور» در آتش جنگ و خون می‌سوخت و تمام‌هنگ‌های ارتش ما بدون استثنا در معرض تیربارهای آلمان قرار داشت. ارتش آلمان در تمام نواحی ضعیف شد ولی از هم نپاشید. عقب‌نشینی آن‌ها نیز شباهتی به فرار نداشت. دیگر نوبت دیپلمات‌ها و سیاستمداران بود که وارد صحنه شوند. البته من قصد ندارم به تشریح حوادث تلخ و غم‌انگیزی بپردازم که به امضای پیمان ترک مخاصمه ساعت پنج صبح یازدهم نوامبر ۱۹۱۸ ساعت پنج صبح، شد.

حتی تصمیم‌گیرندگان سیاسی و نظامی متفقین هم فکر نمی‌کردند، جنگ به این زودی تمام شود. دلیل مدعا این‌که دو روز قبل از امضای پیمان ترک مخاصمه، یازده صبح، بعد از سه چهار ساعت تمرین،

۱ـ **یادداشت‌های جنگ**. اثر لویی بارتاس، بشکه‌ساز (۱۹۱۸ ـ ۱۹۱۴)، با مقدمهٔ رمی کازال. پاریس، انتشارات فرانسوا ماسپرو، ۱۹۸۱.

تازه به پادگان رسیده و حسابی گرسنه بودیم. به این امید بودیم که برویم غذا بخوریم اما وقتی وارد حیاط شدیم، امیدمان تبدیل به یأس شد؛ چون فرماندهٔ نظامی ـ منطقه ژنرال آماد معروف که در مستعمرات، حماسه‌ها آفریده بود ـ آن‌جا بود.

قطعاً، خودش سیر بود. به نظر نمی‌آمد عجله داشته باشد. ما را جمع کرد، با افسرها خوش‌وبش کرد، گشتی زد و از سربازها سئوال‌های مختلف پرسید، میهن‌پرستی ما را ستود و آخر سر، لابد به خیال این‌که خوشمان می‌آید، خاطرنشان کرد که «پیروزی قطعی است ولی جنگ هنوز تمام نشده است و افتخارات دیگری هست که باید کسب کنیم»! افتخاراتش خوب بود ولی حرف‌هایش ما را عمیقاً در فکر فرو برد و بانگرانی داخل آسایشگاه رفتیم.

وقتی خبر به پادگان ما در ویتره رسید، ظهر بود. در راهروهای دور و دراز آسایشگاه، قیامت بود. جمعیت هجوم برده بودند به طرف دژبانی تا تلگرامی را که به تابلو نصب شده بود، بخوانند. تلگرام در دو خط به‌طور مختصر، آزادی میلیون‌ها انسان، پایان‌یافتن رنج آن‌ها و بازگشت قریب‌الوقوعشان را اعلام می‌کرد.

چه‌قدر انتظار آن روز فرخنده را کشیده بودیم؛ روزی که بسیاری آن را ندیدند. چه‌قدر در جست‌وجوی این اختر رهایی، آینده مرموز را کاویده بودیم و چه شب‌های تیره‌ای را به امید این آفتاب، صبح کرده بودیم!

سرانجام، آن روز به یادماندنی فرا رسید! اما آن خوشبختی و آن نشاط آزارمان می‌داد، در قلبمان نمی‌گنجید. مدتی خاموش و مبهوت یکدیگر را نگاه کردیم.

صدای «به خط شوید» ما را به خود آورد و صدای سکوت حاکی از آن بود که می‌بایست طبق معمول می‌رفتیم برای تمرین.

تمرین! آن هم در چنان روز باشکوهی که تا قرن‌ها در [حافظه] تاریخ می‌ماند، مسخره بود. غرغرکنان به طرف میدان موانع راه افتادیم. روز بعد هم به همین ترتیب گذشت. بالاخره، روز سوم، یکی از فرماندهان که حماقتش کم‌تر از بقیه بود، برنامهٔ آموزشی را قطع کرد؛ چون دیگر فایده‌ای نداشت و سه روز بعد، یگان ما در مرکز سرزمین گنگام بود. خوشبختانه عقلشان این بار کار کرده بود و قطار گرفته بودند ولی چون مستقیماً به مقصد نمی‌رفت، مجبور شدیم یک شب را در سالن انتظار ایستگاه «رن» سپری کنیم.

پنجاه روز مرخصی گرفتم و ۱۰ ژانویه ۱۹۱۹ برگشتم به مقر هنگ.

موقعی که رفته بودیم پاریس، سری به «باغ گیاهان» و «اپرا» و موزهٔ «لوور» زدم.

دوباره، یک ماه از آزادی دور افتادم. این مدت را در پادگان هنگ ۴۸ و یک بیمارستان نظامی گذراندم که محل نگهداری اسرای آلمانی بود.

دو چادر بزرگ ته باغ بیمارستان زده بودند و آلمانی‌ها را برده بودند آن‌جا و دیگر کسی به آن‌ها رسیدگی نمی‌کرد. اگر حالشان خیلی بد بود می‌مردند، یک آلمانی کم‌تر. کسی به ملاقاتشان نمی‌آمد. هفته‌ای یک‌بار، افسری می‌آمد، صورتشان را نگاه می‌کرد و هر کدام را که حالشان به نظر خوب می‌آمد،

می‌فرستاد اردوگاه. یک روز مرا همراه چهار سرباز مأمور کردند که دوازده نفر از همین آلمانی‌هایی را که حالشان «خوب» شده بود، ببرم به زندانشان در «سن بریو».

دبیرستانی را تبدیل به زندان کرده بودند. وقت غذا رسیدیم. غذایشان برنج سفید بود و گوشت نامرغوب. البته زیاد بود، هر کس دوست داشت، می‌توانست شکمی از عزا درآورد. هر کس پول داشت، می‌توانست غذای بهتری بخورد. گوشه‌ای از حیاط، یک نفر میزی گذاشته بود و روی آن قوطی کنسرو و شکلات و خوراکی‌های دیگر چیده بود. پول اندک اسرا در جیب آن فروشنده سرازیر می‌شد.

بقیهٔ روز را صرف گردش در «سن بریو» کردیم. این شهر را مسیل‌های شیب‌داری از دریا جدا می‌کند. در یکی از میادین شهر، مجسمه‌ای از شهردار سابق بود که به دست یاغیان کشته شده بود. آن‌ها شهر را به تصرف درآورده بودند و قصد داشتند به زندان‌ها یورش ببرند تا زندانیانی را که قرار بود روز بعد اعدام شوند، آزاد کنند.

بالاخره ۱۴ فوریه ۱۹۱۹، روزی که بی‌صبرانه در انتظارش بودیم، فرا رسید. آن روز در «ناربون» پس از طی سلسله‌مراتب اداری و از این اتاق به آن اتاق رفتن، آجودان برگهٔ آزادی‌ام را به دستم داد و شتابزده جمله‌ای گفت که مدت‌ها منتظر بودم بشنوم: «بروید، شما آزادید». پس از پنجاه و چهار ماه بردگی، آزاد شدم! بالاخره خدمتم تمام شد و از چنگال منفور ارتش و نظامی‌گری گریختم.

کوشیده‌ام این نفرت از ارتش و نظامی‌گری را به فرزندان، دوستان و نزدیکانم منتقل کنم. همیشه گفته‌ام وطن، افتخار و سرافرازی، نقاب‌های زیبایی هستند بر چهرهٔ زشت و خشن جنگ. کسانی که آتش این جنگ را افروخته‌تر کردند، برای این‌که وانمود کنند پای‌بند به اخلاق هستند و در واقع برای توجیه جنگ، به دروغ گفتند این نبرد فقط در جهت بسط عدل و داد است و هیچ‌گونه اهداف توسعه‌طلبانه یا مقاصد سودجویانه در میان نیست. به دروغ گفتند اگر می‌خواهید در دنیا جنگی درنگیرد، باید این جنگ را تا آخر ادامه دهید. به دروغ گفتند سربازان دوست دارند جنگ ادامه پیدا کند تا انتقام کشته‌شدگان را بگیرند و خون همرزمانشان پایمال نشود. زیاد دروغ گفتند، ولی من از نقل تمام دروغ‌هایی که دولتمردان گفتند و روزنامه‌نگاران نوشتند، صرف‌نظر می‌کنم. وقتی پیروز شدیم، همه‌چیز را از یاد بردیم و همه را بخشیدیم. اما بعید نبود دولتمردان ما، به قول ژنرال دوکاتسلنو برای نجات بشریت و در واقع برای حکومت بر آن، به‌کلی بشریت را از بین ببرند. در هر کوی و برزن می‌خواهند برای تجلیل از قربانیان کشتار عظیم، مجسمه‌هایی برپا کنند. وطن‌پرستان می‌گویند: «آن‌ها داوطلبانه جان خود را فدا کردند». آیا مگر کار دیگری هم می‌توانستند بکنند؟ این مجسمه‌ها در واقع، به‌نظر من نماد اعتراض به جنگ و جنگ‌طلبی است، نه چنان‌که سازندگان آن می‌پندارند، وسیله‌ای جهت تجلیل از مرگ باعزت و سرمستی برای نسل‌های آینده که راه آن‌ها را ادامه دهند؛ راه کشته‌شدگانی که ناخواسته جانشان فدا شد. آه! اگر قربانیان این جنگ می‌توانستند از گور درآیند، این مجسمه‌ها، این نمادهای ترحم مزورانه را خرد می‌کردند؛ چون همان کسانی که در یادبودشان مجسمه می‌سازند و در شهر عَلَم می‌کنند، همان‌ها قربانی‌شان کردند. چه کسی جرأت کرد فریاد بزند: «خونریزی بس است! مرگ بس است! رنج بس است!»؟ آیا احدی جرأت

کرد پولش را، پول خودش را، به ستیزه‌جویان ندهد تا آن‌ها مجبور شوند دست از ادامهٔ جنگ بردارند؟

وقتی پس از سال‌ها رنج و عذاب، مجدداً به آغوش خانواده بازگشتم، لذت حیات و به عبارتی، تجدید حیات را چشیدم. از چیزهایی که قبلاً برایم مهم نبود، لذت می‌بردم. از این‌که در خانه بودم، پشت میزم می‌نشستم، در رختخواب خودم می‌خوابیدم لذت می‌بردم. خواب را بر خود حرام می‌کردم تا از شنیدن صدای برهم‌خوردن پنجره‌ها در اثر باد، حظ کنم. می‌شنیدم باران بی‌امان به شیروانی می‌کوبد. آسمان پرستاره را نگاه می‌کردم: وقتی ماه را نمی‌دیدم، یاد شب‌های جبهه می‌افتادم...

اغلب اوقات، در فکر همرزمانی هستم که دسته‌دسته در کنارم، کشته شدند. می‌شنیدم جنگ و جنگ‌افروزان را به باد نفرین گرفته و با تمام وجود از سرنوشتشان، از قاتلانشان خشمگین بودند. و من؛ من که زنده مانده‌ام، تا آخرین نفس، با الهام از ارادهٔ آن‌ها برای استقرار صلح و برادری میان ابنا بشر می‌جنگم.

فوریه ۱۹۱۹

□ □ □

متن چهارم: آتش/ هانری بابوس

دشمن کجاست؟ اجسادشان همه جا افتاده بود و دسته‌دسته آن‌ها را اسیر گرفته بودند. توده‌ای ابر آسمان آلوده را پوشانده بود. چند خمپاره اطرافمان خورد که به هیچ جا اصابت نکرد، همه مسخره‌شان کردند. در آن شب بیابان، آزاد و آرام و تنها بودیم، اجساد روی هم افتاده بودند، دسته‌ای آدم زنده نیز به صف ایستاده بودند.

شب فرا رسید. غباری به هوا خاست و جای غروب و سایه را گرفت و بر فراز جمعیت خفته ایستاد. مردها تکیه بر هم، نزدیک می‌شدند، می‌نشستند، بلند می‌شدند، قدم می‌زدند. میان جان‌پناه‌ها که انباشته از کشتگان بود، دسته‌دسته چمباتمه می‌زدند. عده‌ای تفنگشان را زمین گذاشته‌بودند و همان‌طور که دست‌هایشان را تکان می‌دادند، شروع کردند به پرسه در اطراف گودال: از نزدیک که آن‌ها را می‌دیدی، چهره‌هایشان سوخته و صورتشان گل‌آلود بود. کسی حرف نمی‌زد، همه جست‌وجو می‌کردند.

چند نفر حامل برانکارد آمدند، کسانی را جستند، خم شدند و جلو رفتند. دو به دو برانکاردهای سنگین را گرفته بودند و آن را می‌کشیدند. از سمت راستمان صدای بیل و کلنگ می‌آمد.

در آن آشفتگی پرسه می‌زدم.

در سراشیبی کانال که در اثر اصابت بمب گود شده بود، کسی طلب آب می‌کرد. هنوز نای نفس‌کشیدن داشت. در فکر فرو رفته بود و مقابلش را نگاه می‌کرد. حرکاتش آرام و تکان‌دهنده بود. به نظر مجسمه می‌آمد. خم که شدم، او را به جا آوردم. سرجوخه برتراند بود. صورتش را در تاریکی به طرف من برگرداند. حس کردم به من لبخند می‌زند. گفت: «ضمن این‌که منتظر بودیم ببینیم دیگران چه می‌کنند و آن جلو چه اتفاقی می‌افتد، عده‌ای را به گشت‌زنی واداشتیم. خودم نیز آمده بودم دنبالت. باید با پارادی، دو نفری نگهبانی بدهید».

بر دیوارهٔ سنگر ویرانه، در خاکستری ابری که روی آن منعکس شده، سایه‌های افراد و اشیا را می‌بینم که مانند لکه‌های جوهر در حرکتند و خم و راست می‌شوند. سایه‌های ظلمانی به کوچکی حشراتند. در اردوگاه، سایه‌ها در حرکتند؛ اردوگاه‌هایی که آرامش را از مرگ گرفته‌اند و سال‌هاست سربازان را دسته دسته در گورهای بزرگ و عمیق خود می‌پذیرند. در دو قدمی ما، دو سایه وارد تاریکی می‌شوند و آهسته با هم زمزمه می‌کنند:

ـ به جای این‌که حرفش را گوش کنم، طوری نیزه را در شکمش فرو کردم که خودم نمی‌توانستم درآورم.

من رنگم پریده بود، ترسیده بودم.

همان نفر اولی گفت: «اگر بعداً به گوش بقیه برسد، چه‌طور»؟

ـ برای من که مهم نیست.

برتراند کم‌حرف بود و چیزی از خودش نمی‌گفت. با وجود این، گفت:

ـ بازویم سه تا زخم برداشت. دیوانه‌وار مبارزه کردم. آه! ما وقتی رسیدیم این‌جا، مثل حیوان بودیم.

صدایش بلند بود و می‌لرزید. گفت: «لازم است، برای آینده لازم است».

بعد، ناگهان فریاد زد: «آینده...! خدا می‌داند آیندگان با چه نظری به کشتارها و حماسه‌ها نگاه می‌کنند. خود ما هم که درگیر این خونریزی شدیم، نمی‌دانیم شبیه حماسه‌های قهرمانان پلوتارک و کرنی است یا توحش آپاچی‌ها»!

سپس افزود: «اما، ببین! در این جنگ شخصیت یک نفر که شهامتی زیبا و ستودنی داشت، بار دیگر درخشید و در واقع احیا شد»...

من به چوب‌دستی تکیه داده بودم و به صدای او که در تاریکی گرگ و میش پخش می‌شد، گوش می‌دادم؛ صدای آدمی که همیشه ساکت و بی‌صدا می‌نمود. بلند فریاد زد: «لیب کنچ را می‌گویم»!

همان‌طور دست به سینه بلند شد. چهرهٔ زیبایش مثل صورت مجسمه، جدی و سخت بود. سرش را خم کرد. دوباره سکوت نفوذناپذیرش را شکست و تکرار کرد: «آینده! آینده! تنها کاری که آیندگان باید انجام دهند، این است که حوادث این روزها را از صفحه تاریخ محو کنند، چنان‌که گویی خاطرهٔ حادثه‌ای ویرانگر و شرم‌آور را محو می‌کنند. با این همه، این روزها، این حوادث لازم بود. می‌بایست اتفاق می‌افتاد! لعنت بر افتخار و شهرت، لعنت بر ارتش و ارتشی، لعنت بر سرباز و سربازی، لعنت بر نظام و نظامی‌گری که انسان‌ها را دسته‌دسته قربانی می‌کند و از آن‌ها جلادانی پست و حقیر می‌سازد. بله، لعنت. راست است، این‌ها همه راست است، خیلی هم راست است. باید مراقب افکارمان باشیم! راست است چون انجیل راست است. این راست است که تزکیهٔ روح به انسان قدرت درک می‌دهد. ما در آینده هم دچار چنین گرفتاری‌هایی خواهیم شد. در به دری و تبعید پایانی ندارد. فعلاً، در این روزگار، هر کس از این حرف‌های مقدس بزند، می‌گویند اشتباه می‌کند، کفر می‌گوید»!

خندید، صدایش پرطنین و خیال‌انگیز بود.

پهلوی برتراند نشستم. او که همیشه بیش‌تر از آن‌چه وظیفه داشت کار می‌کرد و با وجود این، هنوز زنده بود. در آن لحظه، به نظرم شبیه آدم‌هایی آمد که در مراتب بالای اخلاقی هستند و قدرت دارند که اسیر آشفته بازار و حوادث نشوند و، اگرچه در زمانی کوتاه، اطرافیان را مبهوت خود کنند.

گفتم: «حرف‌هایت را قبول دارم».

برتراند گفت: «آه»!

مدتی ساکت، فکور و مبهوت به هم زل زدیم. بعد او گفت: «وقتش شده. تفنگت را بردار و بیا» (صص ۲۱۲ـ۲۱۴).

□ □ □

متن پنجم: کشتم[1] / بلز ساندرار

زمان، زمان عمل است. سیگار به لب، عازم حمله می‌شویم. طولی نمی‌کشد که تیربارهای آلمانی به کار می‌افتند. آسیاب‌ها می‌چرخند. صدای شلیک گلوله می‌آید. شانهٔ چپ را بلند می‌کنیم، کتفمان را به سمت صورت می‌چرخانیم، بدن نرممان به شکل سپر در می‌آید. تب و اضطراب پایانی ندارد. اوقات همه تلخ است ولی مرتب و آرام راه می‌روند. افسر و ارشد در کار نیست. در چنین مواقعی، همه به‌طور ناخودآگاه دنبال کسی راه می‌افتند که خونسردتر از بقیه و معمولاً سرباز صفر است و مرموز. کسی لاف نمی‌زند. البته، همیشه و همه جا چند نفر عربده‌کش پیدا می‌شوند که فریاد بزنند: «زنده باد فرانسه» یا مثلاً «به یاد همسرم» و خود را به کشتن بدهند. معمولاً آنکه فرمان می‌دهد، بداخم‌تر از بقیه است و چند نفر آدم عصبی هم دنبالش راه می‌افتند. این عده بقیه را هم تحریک می‌کنند. آنکه زیاد لاف می‌زند، قد کوتاه است. الاغ سر و صدا می‌کند. ترسوترین پنهان می‌شود. آنکه ضعیف است، به زانو می‌افتد. دزدکی می‌رود. بعضی هم پیشاپیش هر چه پول دارند، می‌دهند. آنکه ترسو است سوراخی پیدا می‌کند و پنهان می‌شود. برخی وانمود می‌کنند، کشته شده‌اند. برخی آدم بیچاره نیز، بی آنکه خود بدانند چه‌گونه و چرا، دسته‌دسته شجاعانه خود را به کشتن می‌دهند. بعد هم پرتاب می‌کنند! نارنجک‌ها طوری منفجر می‌شود که گویی در قعر دریا می‌افتد. دود و آتش احاطه‌مان می‌کند.

از ترس، معلق زدیم داخل کانال آلمانی‌ها. بعد از هیاهویی مبهم، به خود آمدیم و موضع تصرف‌شده را سروسامان دادیم. شلیک شروع شد. ناگهان چشم باز کردیم، دیدیم دور تا دورمان پر از کشته و زخمی است. مجال درنگ نبود. صدایی که معلوم نبود صدای کیست و از کجا می‌آید، دستور پیشروی می‌داد. کوله‌پشتی را گذاشتیم و دوباره راه افتادیم. سپس وارد علفزار انبوهی شدیم. همه جا، توپ‌های شکسته و مین‌های وارونه و خمپاره بود. تیربارها از پشت ما شلیک می‌کردند. آلمانی‌ها همه جا پراکنده بودند. باید از خط آتش می‌گذشتیم. اتریشی‌های سیاهپوش درشت‌اندام و چاق، همه را درو می‌کردند. دست و پا بود که به هوا می‌رفت. خون پاشید به صورتم. صدای فریادهای دلخراش می‌آمد. کانال‌های متروک و خالی را رد کردیم. از جسدهایی که مثل کهنه مچاله شده بودند، تلی درست شده بود. حفره‌هایی که در اثر اصابت خمپاره ایجاد شده بود، مملو از خرده‌ریز و چیزهایی بود که در واقع چیزی نبودند جز گوشت و خونابه و لباس. پشت بیشه‌زار در جاده‌های گود، یک گوشه، مرده‌های عجیبی، مانند اجساد مومیایی شهر باستانی پمپیء، بودند.

۱ـ کشتم. اثر بلز ساندراز. انتشارات ژ ـ کره، ۱۹۱۹. ۱۵۲ ص.

هواپیماها به‌قدری ارتفاعشان کم است که مجبور می‌شویم سرمان را پایین بگیریم. آمده‌اند شهر را غارت کنند. لقمهٔ چربی است. نیروی کمکی رسید. بمباران شروع شد. گلوله و توپ می‌فرستادند. نیم‌ساعت بعد، پیشروی را از سر گرفتیم. بیست و شش متر جلوتر، به موضعمان رسیدیم. دکور مجللی از خانه‌های ویران و سنگرهای داغان بود. می‌بایست آن‌جا را پاکسازی می‌کردیم. خواستم به من هم افتخار لمس‌کردن یک چاقوی ضامن‌دار را بدهند. چاقو و بمب ملینت پخش می‌کردند. چاقو به دست ایستاده بودم. با خود گفتم، این ماشین جنگی عریض و طویل، عاقبت، آدم را به این‌جا می‌کشاند، چاقو می‌دهد دستت.

زن‌ها در کارخانه‌ها جان می‌کَنند. مردها در معادن، عرق می‌ریزند. مبتکران و مخترعان شب و روز مطالعه و تحقیق می‌کنند. همه دست‌آورد بشر را غصب می‌کنیم، ثمرهٔ یک قرن کار خستگی‌ناپذیر را می‌گیریم. تجربیات تمدن‌های مختلف را به کار می‌بندیم که بجنگیم. زمین و زمان، تمام جهان برای من کار می‌کنند. سنگ معدن از شیلی، کنسرو از استرالیا و چرم از آفریقا می‌آورند. آمریکا برایمان ماشین‌افزار، و چین کارگر می‌فرستد. اسب‌هایی که سوار می‌شویم، در چراگاه‌های سرسبز آرژانتین به دنیا آمده‌اند. توتون سیگارم عربی است و شکلاتی که در کوله‌پشتی‌ام گذاشته‌ام محصول اندونزی است. لباسی که به تن دارم، دسترنج زنان و مردانی بی‌شمار است. تمام آدم‌ها از هر نژادی و اقلیمی و دینی، در آن سهم دارند. از کهن‌ترین سنن تا مدرن‌ترین شیوه‌ها دست به دست هم داده‌اند. دنیا را زیر و رو کرده‌اند، هر جا هر چه بوده، آورده‌اند تا به انسان‌هایی بی‌آزار، فنی خشن بیاموزند. چه کشورها که ظرف بیست و چهار ساعت عوض شدند. آب، هوا، آتش، برق، رادیوگرافی، آکوستیک، بالستیک، ریاضیات، متالوژی، مد، هنر، خرافات، لامپ، سفر، میز، خانواده، تاریخ جهان، همه و همه دست به دست هم داده‌اند تا شده این اونیفورمی که تن من است. کشتی‌ها پهنهٔ اقیانوس‌ها را طی می‌کنند. زیردریایی‌ها عمق اقیانوس‌ها را طی می‌کنند. قطارها راه می‌افتند. کامیون‌ها پیش می‌روند. کارخانه‌ها منفجر می‌شوند. مردم شهرهای بزرگ به سینماها هجوم می‌برند، روزنامه می‌خوانند. روستاییان می‌کارند و برداشت می‌کنند. قلب‌ها دعا می‌کنند. جراحان جراحی می‌کنند و تجار پولدار می‌شوند. مادر بزرگ‌ها نامه می‌نویسند. میلیون‌ها انسان دسترنج روزمره، توان و استعداد و دانش و عقل و عادات و احساسات و قلبشان را نثار من کرده‌اند. آن وقت، من امروز چاقو به دست گرفته‌ام. چاقوی «بنو». زنده باد بشریت!

حقیقتی سرد در دست دارم که به تیغی برنده ختم می‌شود. مهیای آنم که یک‌باره در حقیقت غرق شوم. هرچه اژدر و توپ و مین و آتش و تیربار، تمام این ماشین جنگی بی‌نام، شوم، دقیق و کور را به مبارزه طلبیده‌ام. بشریت را به مبارزه طلبیده‌ام، همنوعم را. یک علامت. چشم در مقابل چشم، مشت در مقابل مشت. حالا دوتایی می‌جنگیم. اول با مشت می‌زنیم بعد چاقو. بدون هیچ رحم و ملاحظه‌ای. به

دشمنم حمله می‌کنم. ضربهٔ مهلکی بر او وارد می‌آورم. سرش را جدا می‌کنم. آلمانی را کشتم. قوی‌تر و چالاکتر بودم. ضربهٔ اول را من زدم. من؛ منِ شاعر حقیقت را می‌فهمم. وارد میدان شدم. کشتم؛ کشتم چون می‌خواهم زندگی کنم.

نیس، سوم فوریه ۱۹۱۸

□ □ □

متن ششم: وصیت‌نامهٔ مارک بلوک

وصیت‌نامه‌ای که در پی می‌آید، در اول ژوئن نوشته شده است. نگارنده‌اش آن را پس از بهبودی، چند روز پیش از بازگشت به جبهه نوشته و به خواهرزنش، ماری بلوش میشل، سپرده است. همراه آن، نامه دیگری بوده که آن نیز در اول ژوئن ۱۹۱۵، در پاریس نوشته شده است.

احتمالاً وقتی این نامه را می‌خوانید، من دیگر زنده نیستم. به گمان، «مثل دشمن» از دنیا بروم. نمی‌گویم صبور و شجاع باشید؛ چون می‌دانم صبر و شجاعت شما زیاد است. نمی‌گویم اشک نریزید ولی امیدوارم اشکتان خیلی تلخ نباشد! من داوطلبانه و در راه هدفی ارزشمند جان دادم. همان موقع که به جبهه آمدم، می‌دانستم که در این راه، جان می‌بازم. اما هدف من بهترین هدف است. اگر بگویم حسرت زندگی از کف‌رفته‌ام را نمی‌خورم، دروغ گفته‌ام و در حق شما که چنان زندگی دلچسبی برایم فراهم کرده بودید، ناسپاسی کرده‌ام اما شما، خودتان یادم دادید که در زندگی، بعضی چیزها را از خود زندگی بیش‌تر دوست داشته باشم و برایش ارزش قائل شوم. به خاطر داشته باشید که می‌شد در اوت ۱۹۱۴، هنگام عقب‌نشینی و در یأس کامل از سرنوشت فرانسه، جان بدهم. مرگ کسانی که در چنان وضعیتی کشته شدند، جای تأسف دارد نه مرگ من، که با اطمینان کامل از پیروزی، می‌میرم. و خوشحالم، باور کنید از صمیم قلب خوشحالم که این‌گونه می‌میرم.

سلامم را به لویی و ماری برسانید. وقتی می‌اندیشم هانری مرا از یاد نمی‌برد، خوشحال می‌شوم. بعدها، با بچه‌ها دربارهٔ من صحبت کنید اما نگذارید از سوگواریتان ناراحت شوند.

به ژاک ماسیگلی و سوزان هاتزفلد بگویید، دورهٔ دوستی‌ام با آن‌ها شادترین لحظات زندگی‌ام بود.

دوستتان دارم

مارک.

لویی عزیز،

اگر روزی، این نامه به دستت برسد، جز زحمت و غصه فایدهٔ دیگری برایت ندارد. این نامه را به دوستم، کراسیه، می‌سپارم و از او خواهش می‌کنم اگر کشته شدم آن را برایت بفرستد.

خواهش می‌کنم زحمت مطلع‌کردن بابا و مامان را بکش. بهتر است خبر کشته‌شدنم را خودت برایشان ببری. بهترین کاری که برای تخفیف دردشان می‌توانی انجام بدهی، این است که بلافاصله، بچه‌های‌ت را به دیدنشان ببری. هانری هنوز کوچک است. نگذارید زیاد ناراحتی کند. دوست ندارم هانری و ژان، خاطرهٔ غم‌انگیزی از عمویشان داشته باشند.

به بابا و مامان بگو، من افسوس هیچ‌چیزی را نمی‌خورم. همیشه زندگی را دوست داشته‌ام و هیچ‌وقت به دلم بد راه نداده‌ام، حتی الآن که این نامه را می‌نویسم با تمام وجود امیدوارم هرگز به دستتان نرسد، آماده‌ام که جانم را فدا کنم. وجودم عاری از ترس و سرشار از غرور و افتخار است. یک نامهٔ خداحافظی نوشته بودم و سپرده بودم دست ماری. اگر آن نامه را دارد که گمان می‌کنم داشته باشد، از او بخواهید که آن را به بابا و مامان بدهد. هیچ تغییری نمی‌خواهم در آن بدهم. چند یادگاری برای دوستان (به‌خصوص ژاک، بش، داوی، لوروو موریز، سوزان و آندره) گذاشته‌ام. چند هزار فرانک هم پس‌انداز دارم که خرج کارهای عام‌المنفعه شود (در این مورد اعتماد کامل به بابا و مامان دارم). خواهش دیگری ندارم.

دوستتان دارم.

سلامم را به سوزان و ژاک ماسیگلی برسانید.

□ □ □

متن هفتم: نامه‌های جان فرانسیس موت

آن‌چه در پی می‌آید، بخش‌هایی از چند نامهٔ ناخدا جان فرانسیس موت، از ناوگان «یورک ولنکستر» است. این ناوگان در اوایل جنگ درگرانتهام مستقر بود. ناخدا در ۱۹۱۵، به جلیپولو (ترکیه) اعزام شد. او در اول ژوئیه ۱۹۱۵، انگلستان را ترک کرد و در دهم ژوئیه به مودرس (جزیرهٔ لمنوس) لنگرگاه ناوگان مستقر در مدیترانهٔ شرقی رسید. در ۶ اوت، ناوگان وی در سوولابای واقع در شمال شبه‌جزیرهٔ جلیپولو درگیر شد و فردای آن روز ناخدا کشته شد. او چهار فرزند داشت.

اول ژوئیه ۱۹۱۵

عزیزم،

امیدوارم راحت برگشته باشی خانه. قرار است اسم کشتی را که فردا سوارش می‌شویم، بگویند. بهتر است تو نامه‌هایت را به جبل‌الطارق نفرستی؛ چون ممکن است خودمان زودتر برسیم آن‌جا. ببین می‌توانی نامه‌هایت را بفرستی مالت. اگر پول نداری، سری به بانک «کاکس» بزن. خداحافظ. عزیزم، نگران نباش، من صحیح و سالم برمی‌گردم.

قربانت، شوهرت جی. اف. موت.

نهم ژوئیه

عزیزم،

این نامه را می‌دهم یکی از افسران کشتی برایت بیاورد و اولین نامه‌ای است که سانسور نمی‌شود. چهارم ژوئیه، ساعت پنج صبح، ناوشکنی که همراه کشتی ما آمده بود، رفت. بیست دقیقه بعد، یک زیردریایی ما را هدف گرفت و اژدری شلیک کرد که از سه‌پایی کشتی ما رد شد. آخرش هم نفهمیدیم این اژدر از کجا شلیک شد. البته، آماده باش دادند و ما تا ساعت یازده شب، آماده بودیم که سوار قایق بشویم ولی بعد، برگشتیم. از آن‌جا که بخت یارمان بود. ناوشکنی که همراهمان بود تا نرسیده به جزایر سیلی دنبال ما آمده بود؛ چون درست همان‌جا، پنج کشتی را با اژدر زده بودند. همه، حتی ناخدای کشتی، از بی‌کفایتی فرماندهان نیروی دریایی خشمگین بودند. بزرگ‌ترین کشتی دنیا در خطرناک‌ترین قسمت مسیر رها شده بود و ۹۰۰۰ نفر سرنشین آن را احدی کمک نمی‌کرد (...)

۱۳ ژوئیه، مودروس

عزیزم،

هوای جزیره گرم است ولی مرتب باد می‌وزد. هیچ خبری از جبهه نداریم. الآن مشغول تخلیهٔ نیرو هستند و گمان می‌کنم ما هفته آینده برسیم. همه اسهالیم. حال من خیلی بد نبود، فقط کمی دلم درد می‌کرد. ولی اکنون حالم خوب است. خوب گرما را تاب آوردیم. دریاسالار چادر دارد ولی بقیه زیر آفتاب داغ، سر می‌کنند (...)

۲۸ ژوئیه.

عزیزم،

همین الآن، نامه‌ای به بانک «کاکس» نوشتم و مسئلهٔ حقوق و مزایایم را مطرح کردم. حقوق من روزی ۱۴ شلینگ و ۶ پنی و مزایایم ۳ شلینگ است. جمعاً می‌شود روزی ۱۷ شلینگ و ۶ پنی یا ماهی ۲۶ پوند و پنج شلینگ. به محض این‌که نامه‌ام را دریافت کردی، برای بانک بنویس (..) از این بی‌پولی شرمنده‌ام. نفهیمدم این قرض از کجا پیدا شد. در کشتی، ورق بازی کردم و مبلغی باختم. برای آن مبلغ، رفتی سراغ وکیل؟ مطمئنم تا خودم را به دادگاه احضار نکنند، کاری از دستشان ساخته نیست. دوست داشتم خودم آن‌جا بودم و این مسائل را حل می‌کردم ولی نمی‌شود. سخت است که آدم خودش خانه نباشد و یک‌چنین مشکل مالی داشته باشد (...)

۳۱ ژوئیه ۱۹۱۵

عزیزم،

سه تا از نامه‌هایت یک‌جا به دستم رسید که تاریخ پنجم، ششم و هفتم ژوئیه را داشت. تا موقعی که نامه‌ات را نخوانده بودم، نمی‌دانستم کاری در مورد آن مبلغ از دستشان ساخته است. نمی‌بایست همه‌چیز را در چنان وضعیت آشفته‌ای رها می‌کردم. فقط امیدوارم تو اوضاع را رو به راه کنی.

دیروز ساعت ۵/۳۰، همراه دریاسالار رفتم سری به کانال‌ها زدم. روز سختی بود. دوست ندارم دوباره به آن‌جا برگردم. با قایق رفتیم آن‌جا و بعد، مدت‌ها زیر بارانی از گلولهٔ شراپنل پیاده‌روی کردیم. چندان جالب نبود. بعد، وارد کانال‌های ارتباطی شدیم و ۱۵ مایل رفتیم بالا. سپس، از کانال‌های خط مقدم سردرآوردیم. بوی تعفن می‌داد. سنگرها انباشته از اجساد سربازان تُرک بود. تا حاشیهٔ جاده، جسد بود. همانجا کوهی از اجساد تُرک درست کرده و محل را تَرک کرده بودند. چون بیش از حد متعفن بود. درست پیش از رسیدن ما، سرباز جوانی از مارک لینکلن راکشته بودند که دقیقاً پشت کانال دفنش کردند. ناوهای جنگی ما به‌شدت حمله کردند. باید امشب، نامه‌ای برای مادرم بنویسم. همه‌تان را از دور می‌بوسم. دوستدارتان، بی. اف. موت.

اول اوت ۱۹۱۵

باد می‌وزد و گرد و غبار را به هوا بلند می‌کند. صبح که بلند شدم، تمام بدنم پوشیده از خاک بود. هنوز دلم درد می‌کند، سه بار در روز می‌گیرد و ول می‌کند.

امروز باید چادری برای سینما برپا کنم. صندلی‌ها پایه‌های محکمی ندارند. اما، به هر حال بهتر از آن است که روی زمین بنشینیم. همان آموزش‌هایی را که در ویتنی داشتیم، این‌جا هم ادامه می‌دهیم منتهی سخت‌تر و با امکانات کم‌تر. امیدوارم این کار طاقت‌فرسا هر چه زودتر تمام شود. برایم کتاب و جوراب بفرست.

تو و بچه‌ها حالتان خوب است؟ برای فرزند چهارممان، اگر دختر بود، موریل هم اسم بدی نیست. دربارهٔ تغییر مکانت به «کیلوینگتون» باید بگویم تنها فایده‌ای که در آن می‌بینم این است که مقداری در مخارجت صرفه‌جویی می‌شود و ضمناً می‌توانی آخر سال، چند روز بیایی اسکندریه. یکی ـ دو نفر از افسرها زن‌هایشان را آوردند. هر وقت مرخصی می‌گیرم، می‌روم اسکندریه چون نزدیک‌ترین جایی است که می‌شود رفت. یکی از بچه‌ها، بدشانسی بزرگی آورد: درست همان روزی که زنش آمده بود اسکندریه که او را ببیند، کشته شد.

مادرم حالش خوب است؟ خیلی خوب شد که رفتید خانهٔ او، البته می‌دانم که تو از آن محل بدت می‌آید. خب، تقصیر من است که مجبور شدی بروی آن‌جا. باید قبل از این‌که بیایم جبهه، یک وکیل پیدا می‌کردم. مادرم سه نامه فرستاده بود و نوشته بود که نگران نباشم و او هر کاری از دستش بربیاید، برای شما انجام می‌دهد. خداحافظ، باید برگردم به سینمای صحرایی (...)

۶ اوت ۱۹۱۵

(...) امروز، صبح اول وقت راه می‌افتیم، جیرهٔ چهار روز را به ما داده‌اند. هنوز معلوم نیست کجا می‌رویم، وقتی رسیدیم می‌گویند. مدتی که مشغول جابه‌جایی هستیم، نمی‌توانم برایت نامه بنویسم. امیدوارم بتوانی اجازهٔ ملاقات بگیری، شاید آن وقت، بفهمی ما کجا بوده‌ایم. خوشحالم که از این‌جا می‌رویم.

با تمام عشقم و بوسه‌های ابدی‌ام، شوهر عاشقت جی. اف. موت. بچه‌ها و به‌خصوص کوچولوی نورسیده را ببوس.

نامهٔ آ. تامپسون به خانم موت

ششم اوت، در محل مستقر شدیم و دو تپه را گرفتیم. هفتم اوت، در منطقه‌ای که پوشش گیاهی انبوهی نداشت، پیشروی کردیم (...) و هدف بمباران شدید دشمن واقع شدیم. سپس، به تپهٔ کوچکی رسیدیم (...) ۲۰۰ یارد پایین‌تر از این تپه، ناخدا را زدند. نمی‌دانم خمپاره بود یا شراپنل، ولی گمان می‌کنم شراپنل بود، چون این‌جا زیاد استفاده می‌کنند. با چنان قدرتی اصابت کرد که کسی نتوانست به ناخدا نزدیک شود، گمان نمی‌کنم بعد از اصابت، مدت زیادی زنده مانده باشد (...) شب که اوضاع آرام شد، او را به خاک

سپردیم. بالای سرش صلیب نصب کردیم و سنگ قبری دادیم برایش نوشتند. گمان نمی‌کنم اگر در شهر خودش به خاک سپرده می‌شد، در مقبره‌ای زیباتر از این، می‌آرمید. چیز دیگری از ناخدا موت نمی‌دانم که برایتان بنویسم. دوست داشتم خبرهای خوشی برایتان بنویسم.

با تقدیم احترامات آ. تامپسون

□ □ □

متن هشتم: نامه‌های دو سرباز، باغدار انگور

نامه‌های دو سرباز، باغدار انگور. به دختر عموی خود در تزه (لوار ـ شر)

لور عزیز **کمرمون آن آرگون ـ ۲۴ ژوئن (یا فوریه؟) ۱۹۱۵**

فرصتی دست داد تا به نامهٔ قشنگت جواب بدهم. نمی‌دانی چقدر از خواندنش لذت بردم، خستگی از تنم در رفت. هر وقت نامه‌ای به دستم می‌رسد، روحیه‌ام تقویت می‌شود به‌خصوص اگر خبری از دوستانم داشته باشد. به‌طور ناگهانی از زندگی آرام روزمره جدا شدیم و معلوم نیست چه وقت می‌توانیم آن را از سر بگیریم. مشکل می‌شود گفت این مصیبت چه زمانی تمام می‌شود. نوشته بودی برای خدمهٔ توپ ۷۵ و بابت خدمتی که برایمان کرده، کمک‌هایی جمع‌آوری کرده‌اید. خیلی خوب است ولی متأسفانه چیز زیادی از این کمک‌ها به ما نمی‌رسد. از دوشنبهٔ هفته گذشته در استراحت به سر می‌بریم. و احتمالاً جمعه برمی‌گردیم به جبهه. چهار روز سخت را پشت سر گذاشتیم. این چیزها را در روزنامه‌ها نمی‌نویسند. همچنان سالم هستم و جراحت برنداشته‌ام و امیدوارم تا آخر، همین‌طور بخت یارم باشد. لور عزیزم، عرض دیگری ندارم. کارت پستالی از این منطقه برایت می‌فرستم. فعلاً این‌جا مشغول استراحتیم. آلمانی‌ها سرخورده شده‌اند. دیروز، موریس گوشز را دیدم. سلامم را به دوستان برسان.

ژرژ سرو، گردان ۸۹

لور عزیزم

این چند خط را می‌نویسم که از اوضاعم خبر داشته باشی و بدانی فعلاً حالم خوب است و اوضاع رو به راه. البته گمان نمی‌کنم وضع به همین منوال باشد چون قرار است ظرف چند روز آینده، حملهٔ عظیمی علیه دشمن ترتیب بدهیم. من به وظیفه‌ام عمل می‌کنم اما گمان نمی‌کنم همه از این حمله جان سالم به‌در ببرند. این‌که زندگی نشد که آدم دائم در کانال و خاکریز باشد. همه از این جنگ خسته شده‌اند. دیشب نامه‌ای از اودت به دستم رسید. نوشته بود حالش بهتر است و دنبال کار می‌گردد. به دوستانم گفته‌ام اگر اسیر یا کشته شدم، شما را خبر کنند. ولی من در فکر این چیزها نیستم و کار خودم را انجام می‌دهم، هر چه از دستم بربیاید، دریغ ندارم.

ادوارد بودن

□ □ □

متن نهم: نامه‌های فرناند لژه

وردن، ۲۵ اکتبر ۱۹۱۶

دوست عزیزم،

نامه‌ای که روز نوزدهم نوشته بودی به‌دستم رسید. باور کن که مرا بسیار خوشحال کرد. من از مشغله‌های اخیر تو بی‌اطلاع نبودم. از طریق روزنامه‌ها فهمیده بودم که تو و رئیست افراد باابتکاری هستید. آیا طنزنویسان بونو را به خاطر داری؟ آن‌ها مرا یاد آن بعدازظهر به‌یاد ماندنی می‌اندازند که شبگردها به ملاقات ما آمدند! چه زندگی کولی‌واری داشتیم! تو ترانه‌ای برای شبگردها ساختی! پس از آن تو راه درستی را در پیش نگرفتی. ای بورژوا! من فکر می‌کنم که تو باید این روز را به بونو و سی یادآوری کنی. آن‌ها حتماً متعجب خواهند شد وقتی بفهمند که یک مشاور استانداری برای چندین ساعت هم که شده همکار آنان در کار طنزپردازی بوده است.

توجه داشته باش که مشغله‌های تو به هیچ‌وجه مرا شگفت‌زده نمی‌کند. من خوب می‌دانم که هنوز غیرنظامیانی وجود دارند که به هنگام مطالعهٔ اطلاعیه‌های جنگی دوست دارند ضمیمهٔ فکاهی نیز در کنار آن باشد. همچنین یادآوری می‌کنم که ضمیمهٔ هیجان‌انگیزی را برای شما تهیه کرده‌ایم. گروهان پیادهٔ ما در بازپس‌گیری دوومون عملیات کوچکی انجام داد (ما راه را برای توپخانهٔ سنگین باز می‌کنیم). در این حمله، من در کنار سربازان پیاده‌نظام بودم که بی‌هیچ بحثی طرف پیروز این نبرد هستند. به‌نظر می‌رسد که این آقایان پیاده‌نظام هیچ کاری به‌جز گشت‌وگذار ندارند. آن‌ها این کار را به‌طور تمام و کمال انجام داده‌اند. من در این‌باره چیزهای زیادی می‌دانم. گوش‌ها و سرم درد می‌کند، همه جایم درد می‌کند. توصیف این صداهای گوش‌خراش غیرممکن است. تنها چیزی که اکنون احساس می‌کنم، منگی پس از آن صداهای مهیب است. در این‌جا می‌توان علت دوصدایی بودن ترقه‌هایی را که در پانزده سالگی پرتاب می‌کردیم، فهمید. این منگی را می‌توان با منگی سرعت مقایسه کرد؛ چیزی که آدم را کاملاً مچاله می‌کند. لازم بود تا از حالت بی‌حسی خارج شوم و مجدداً نامه را ادامه دهم. زمانی که حمله شروع شد (روزنامه‌ها درست می‌گویند یازده و اندی)، من در منطقه ۷۵ بودم. می‌دانی که در این منطقه به‌ندرت جنگ‌های شدید درمی‌گیرد. دوست من! در این‌جا آتشبارها نیز همانند سربازان پیاده در خط مقدم قرار دارند، در وسط میدان نبرد. آن‌ها همه جا هستند. ما در جایی مرتفع قرار داریم. تعداد توپ‌هایی که به خاطر این حمله به حرکت درآمده‌اند بسیار زیاد است. اما تازه این‌که چیزی نیست. در این‌جا تجهیزات کامل است. برای ارزیابی وضعیت، باید به حومه وردن می‌رفتیم. در آن‌جا قطعات سنگین را استتار کرده‌اند. واقعاً جهنمی برپا بود. یادآوری کنم که من با تعداد زیادی اسیر راه افتادم. آلمان و فرانسه در یکی از شدیدترین

جنگ‌های توپخانه‌ای وردن درگیر بودند. سربازان پیاده مانند دیوانه‌ها بودند و مانند سگ‌های هار زوزه می‌کشیدند. آن‌ها دستور داشتند که سریع‌تر شلیک کنند. من افسرانی را دیدم که گلوله‌های خمپاره را دست به دست عبور می‌دادند تا شلیک خمپاره سریع‌تر صورت گیرد. کاملاً سردرگم شده بودم. آلمانی‌ها هم همین‌طور. این موجودات بدبخت که از گرسنگی به خود می‌پیچیدند. فراموش کرده بودند باید نان‌هایی را که به آن‌ها داده‌اند، بخورند. حتی لحظه‌ای رسید که آنان نیز به کمک سربازان پیاده شتافتند. آن‌ها در وضع عجیبی بودند. از چهار روز پیش حجم آتش مانع از رسیدن هر نوع آذوقه شده بود. آن‌ها همه جوان و رشید بودند. حرکت آنان همانند یک رژه در یادم باقی خواهد ماند. آنان به توده‌های لجن با چهره‌هایی لاغر و چشمانی کم سو می‌ماندند. تنها روزنهٔ امید، قطعه نانی بود که آن‌ها ذره‌ذره می‌خوردند و ما نمی‌توانستیم نان‌ها را به آن‌ها ندهیم. بیش از این نمی‌توان فقر و رنج روحی و جسمی را متصور شد. ما در مقابل این صحنه‌ها تحمل داشتیم. من نمی‌دانم دیگران در این مواقع چه‌گونه رفتار می‌کنند. من در بین خودمان هیچ‌گاه کلمه و حرکت بی‌جایی مشاهده نکردم. اوضاع سربازان چنان اندوهبار بود و چهره‌ها آن‌قدر آشفته که بعضی‌ها از آن‌ها دوری می‌کردند تا با آن‌ها مواجه نشوند. نیروهای ما وارد وردن شدند. وردن ویران شده بود. در آن‌جا نیز اوضاع به همین منوال بود. همان رنگ و رو. در آن‌جا حتی از نگاه‌های کنجکاو نیز خبری نبود. این روز برای من یکی از تأثرآورترین روزهای جنگ بود. من از ارسال این نامه به تو خوشحالم. از وردن خارج می‌شوم. ذهن من مملو از این صحنه‌هاست. مدت‌ها بود که چنین احساسی داشتم. چهرهٔ این منطقه پس از شش ماه جنگ شبیه چهرهٔ متهمان است. خمپاره‌ها چهرهٔ این جا را از خطوط مقدم تا وردن، تغییر داده‌اند. تعداد خمپاره‌هایی که به این‌جا فرود آمده، باورنکردنی است. این‌جا زمینی است که سراسر آن را شخم زده‌اند، با خطوط خشکی از سنگرها، آبشارها، ریشه‌های درختان و پیچاپیچ خاکریزها. همه‌چیز مسطح است، بدون برجستگی. من چند نقاشی عجیب از چیزهای خاص این‌جا کشیده‌ام. در آرگون اصلاً این‌طور نیست. آرگون مملو از درختان زیبا، سرسبزی و گُل است. در این‌جا دیگر از آن‌ها اثری نیست. در این‌جا باید به تماشای کار انسان‌ها پرداخت. ای غیرنظامی خوشبخت! آیا می‌توانی کاری را که انسان‌ها طی این سالیان دهشتناک انجام داده‌اند تصور کنی. آن‌ها این موضوع را فراموش می‌کنند؛ چرا که تنها به خود نبرد می‌اندیشند. اما زمانی که جنگ به پایان برسد و تو برای دیدن این‌جا بیایی، فکر خواهی کرد که چه حجم عظیمی از خاک زمین جابه‌جا شده است: سربازان پیاده‌نظام، تونل‌های چندکیلومتری ساخته‌اند. آه سربازان، که هیچ‌گاه استراحت ندارند و پس از چند روز در خط مقدم، به پشت جبهه برمی‌گردند و روز و شب کار می‌کنند تا خط دیگری بسازند. با کدام مجسمه می‌توان سرباز پیاده‌نظام را به حجم آورد و خاطره او را ابدی ساخت. تو نمی‌توانی آن‌ها را بشناسی، نه در بیمارستان و نه در مرخصی، آن‌ها دیگر همان سربازان نیستند. باید چنین مصیبت عظیمی رخ دهد تا بتوانی دربارهٔ ارزش‌ها قضاوت کنی، ارزش انسان شگرف است. یک اسب در برابر انسان و قدرت شراب و الکل هیچ است. تغییری که شراب در انسان ایجاد می‌کند و کاری که در اثر آن انجام می‌شود چیزی بس عجیب است. من اصلاً این چیزها را نمی‌دانستم و از نزدیک ندیده بودم. چه مسائل جدیدی را می‌توان

این‌جا دید و کندوکاو کرد. قیافه‌ها پرشور و نپخته هستند و باید چهره‌ها را مطالعه کرد. اما اگر از این‌جا بیرون بروند، همه‌چیز تمام شده است. آن‌ها را فقط باید در این‌جا دید، نه جای دیگر. آن‌ها دروغ می‌بافند، مبالغه می‌کنند. دیگر چیزی برای گفتن باقی نمی‌ماند. خداحافظ دوست قدیمی. آن‌چه در زیر می‌آید به همسرت بگو.

افسوس که دانژل، کلودون را ترک کرده است. امیدوار بودم به من اطلاع دهد. او به من گفت که ناامید نشوم و افزود که سازمان هوانوردی مرا به‌عنوان طراح دعوت کرده است. او واقعاً به فکر من بود اما فکر می‌کنم که همه‌چیز به نبوغ و استعداد بستگی دارد. به او گفتم که اگر تو از این نظر نمی‌توانی به ما کمک کنی، برایت نامه بفرستد. اما فکر می‌کنم که او عزت نفس خاصی برای انجام فردی امور دارد. پس دربارهٔ این نامه با او صحبت نکن و اگر واقعاً می‌توانی به من کمک کنی و می‌دانم که این کار را خواهی کرد، به من بنویس که می‌توانی. تقریباً همه رفته‌اند. من ماندم و چند تای دیگر با دو سال خدمت در گروهان ۳. من از «مر» خیلی راضی نیستم، او آن‌چه می‌توانست برایم انجام دهد، انجام نداد. او فراموش کرده که من بارها او را به‌رغم میل خانواده‌ام از خطرات مالی نجات داده‌ام. با این حال تعداد ما زیاد نیست. ما سه‌چهار دوست هستیم و من تنها می‌توانستم از تو کمک بخواهم. خداحافظ دوست قدیمی، ببخش که اوقات تو را تلخ کردم اما تو باید همه این مسائل را درک کنی.

دوست قدیمی تو اف. لژه

وردن ۳۰ اکتبر ۱۹۱۶

دوست عزیزم،

این، ادامهٔ نامهٔ قبلی‌ام است. چیزی را که روز ۲۴ اکتبر تجربه کرده بودم برایت نقل کردم، اما پس فردای آن نیز تمایل یافتم که به مشاهدات خود ادامه دهم. تا خطوط قدیمی نبرد راه خود را ادامه دادم. منتظر نشدم که هوا خوب شود. ساعت ۶ صبح تنها به آن‌جا رفتم. باران نرمی می‌بارید، این هوای واقعی وردن بود. از مشکلاتی که در انتظار بود کاملاً آگاهی داشتم. می‌دانی که سفر به فلوری کوتاه نیست. اما از آن‌چه دیده‌ام متأسف نیستم. همه‌چیز به هم ریخته بود. تو ناگهان وارد جهنم نمی‌شوی. هنوز تا سه کیلومتری خطوط نبرد آثاری از طبیعت برجای مانده، اما رفته‌رفته این آثار محو می‌شود و آدم احساس می‌کند که وارد صحرایی از سکوت شده است. در ساعت ۶ صبح، آتش توپخانه کم‌تر است. در این ساعت آرامش برقرار است. این وضع حاضر کاملاً برعکس هیاهوی دو روز قبل است. در جایی کاملاً خلوت بودم و هیچ موجود زنده‌ای در اطرافم نبود. می‌دانستم تنها چیزی که از فلوری باقی مانده، درختی است؛ درختی بسیار کوچک با شاخه‌ای در سمت راست که در پشت دوومون کاملاً مشخص است و در سمت چپ آن تیمومون قرار دارد. این تنها نشانهٔ مشخص برایم بود. مستقیم رفتم و نگاه می‌کردم تا بدانم کجا هستم و روی چه چیزی گام برمی‌دارم. به محض خروج از منطقه در جایی که جاده‌ای دیگر قرار دارد، اعضای بدن انسان‌ها کم‌کم ظاهر می‌شود. من چیزهای بسیار عجیبی دیدم؛ سرهای انسان که تقریباً خشک شده بودند

و در گل و لای قرار داشتند. آن‌ها در این پهنه گل‌ولای بسیار کوچک بنظر می‌رسیدند. انگار بچه بودند. به‌ویژه دست‌ها حالت فوق‌العاده‌ای داشتند. دوست داشتم عکس دقیقی از بعضی دست‌ها بگیرم. حالت دست‌ها بسیار گویاست. بسیاری از انگشت‌ها در دهان قرار دارند، دندان‌ها انگشتها را قطع کرده‌اند. من قبلاً چنین صحنه‌ای را در روز ۱۳ ژوئیه در آرگون دیده بودم. کسی که رنج زیادی بکشد دستان خود را به دندان می‌گیرد. حدود یک‌ساعت آن‌جا بودم و هر لحظه دقت می‌کردم که غرق نشوم (خوب می‌دانی که خیلی از مجروحان در حفره‌های منطقه ۳۸۰ غرق شده‌اند، این حفره‌ها سه متر عمق دارند و پر از آب هستند). کاملاً آگاه بودم که اگر داخل آن‌ها بیفتم دیگر نمی‌توانم خود را به کنارهٔ حفره برسانم. خاک رسی که در آب مخلوط شده، مانع از حرکت می‌شود. این موضوع کاملاً روشن است. لذا کاملاً دقت می‌کردم چون اگر آن‌جا می‌افتادم کارم تمام بود. به‌رغم احتیاط کامل، دو بار در گل فرو رفتم. یکی از پاهایم تا زانو و دیگری تا وسط ساق در میان گل بود. سعی کردم به کمک دست‌هایم خود را بالا بکشم. اما نتوانستم. دستانم نیز تا بالای مچ فرو رفته بودند. لذا کاری را کردم که حاملان برانکارد برای نجات مصدوم انجام می‌دهند؛ یعنی روی شکم دراز کشیدم دستانم را نیز دراز کردم و آرام پاهایم را بیرون کشیدم. اعتراف می‌کنم که لحظه‌ای هولناک بود. هیچ‌گاه دیگر چنین سفری را به‌تنهایی انجام نخواهم داد. این کار چیزی بیش از بی‌احتیاطی است. سرانجام خود را بیرون کشیدم و در حالی که همواره به راهنمای خودم؛ یعنی آن درخت کوچک نگاه می‌کردم، توانستم به جایی که می‌بایست فلوری می‌بود برسم. در آن‌جا نیز چیزی وجود نداشت؛ نه سنگی، نه تکه چوبی. فقط حفره، گل‌ولای، آب داخل حفره و بقایای انسان‌ها. بدن‌ها کاملاً سالم مانده بودند. تنها از این طریق بود که حدس زدم باید در خطوطی باشم که در آن دو شب پیش چندین حمله پس از بمباران صورت گرفته بود. حال در تلاش بودم که خطوط آلمانی‌ها را نیز پیدا کنم. هیچ نشانی در اختیار نداشتم جز اجساد و اشیا، به‌ویژه کفش‌ها که خیلی به من کمک کردند. وقتی پوتین‌ها و کلاه‌های سبزرنگ را دیدم، فهمیدم که از خطوط خودی پیش‌تر رفته‌ام. در آن‌جا، در شیب فلوری درست در ناحیه‌ای بودم که بمباران‌های ما در آن‌جا به اوج خود رسیده بود. من اصلاً نمی‌توانم مشاهدات خود را برایت توصیف کنم. کسانی که می‌خواهند این وضع را توصیف کنند در واقع به کار ادبی می‌پردازند. در این‌جا آن‌چه قبلاً به تو گفتم، تأیید می‌شود: بسیاری از مغروقان در آبی به رنگ صورتی افتاده بودند و در سطح آب چیزهای بسیاری موج می‌خورد. علت مرگ تنها اصابت خمپاره نبود، بلکه غرق‌شدن نیز یکی از علل بود. باید این چیزها را دانست. من یک جفت پوتین لازم داشتم تا از آن‌ها به‌جای ساق‌بند استفاده کنم. پوتین‌های آلمانی از جنس چرم عالی است. هر جفت پوتینی که یافتم، پاهایی درون آن‌ها بود. از خیر پوتین گذشتم؛ چراکه بالای سر یک سرباز سنگالی ایستاده بودم که بدن او به‌طور مایل میان دو چالهٔ انفجار قرار داشت. ایستادم تا تمامی این صحنهٔ دهشتناک را خوب ببینم و نگاه کنم. مدتی ایستادم تا مطمئن شوم آن‌چه می‌بینم واقعیت دارد و درک درست و کاملی از این فاجعه داشته باشم. این درک را کاملاً به‌دست آوردم. فریاد وحشت سر نمی‌دهم؛ چراکه به این چیزها عادت کرده‌ام. در میان مخلوطی از گوشت‌های پوسیده و گل‌ولای، سربازها کمی بالاتر شروع به کندن سنگرهای جدید

می‌کردند. آن‌ها دوباره سنگرسازی را آغاز کرده بودند. آیا این به‌نظرت جالب نیست! آن‌ها کار خود را جالب نمی‌دانند. آن‌ها کار خود را باآرامی انجام می‌دادند. یکی از آن‌ها سوت می‌زد و می‌خواند: «این مادر بلز است...». آن‌ها از من توتون خواستند و پرسیدند آیا من خرت‌وپرت‌های آلمانی‌ها را می‌خواهم. بوی فاسدشدگی در خاکی که آن‌ها جابه‌جا می‌کردند چنان قوی بود که مجبور شدم از آن‌جا دور شوم. آن‌ها آن‌جا هستند. باید چهار روز آن‌جا باشند! آن‌ها پناهگاهی برای خود می‌سازند و از آن‌جا که تخته در اختیار ندارند، می‌دانی چه می‌کنند؟ به تو گفتم که انبوهی از پوتین‌ها در آن‌جا بود که پاها در آن‌ها قرار داشت. سربازان برای ساختن پناهگاه، چهارهشت تا از این پوتین‌ها را در دو ردیف قرار می‌دهند و خاک روی آن می‌ریزند. این هم پناهگاه.

خداحافظ دوست قدیمی، نامه من بسیار طولانی شد اما این نیز گشت‌وگذاری بود که خواستم برایت تعریف کنم. گشت‌وگذار ما تمام شد. سلام گرم مرا به همسرت برسان. دست شما را از دور می‌فشارم.

وردن ۷ نوامبر ۱۹۱۶

دوست قدیمی من،

الآن از یک سفر شش روزه به خط حایل بین «وو» و «دوومون» بازگردم. این شش روز من به کمک کرد تا آن‌چه را که فردای روز حمله در گشت‌وگذار خود در فلوری دیده بودم، کامل‌تر و غنی‌تر کنم. من این شش روز را با گروه کوچکی از گروهانمان در چند صد متری خطوط جنگ گذراندم. من با آذوقهٔ شش‌روزه به راه افتادم؛ زیرا هیچ نوع آذوقه‌ای به آن‌جا نمی‌رسد. آن‌جا آشفتگی مطلق است. من در دو کیلومتری فلوری خطی را تجسم کردم که منطقهٔ جنگی را از آن‌چه ما زندگی عادی می‌دانیم، جدا می‌کند. باید از این خط عبور کنیم تا وارد منطقه‌ای برهوت شویم. این منطقه حاصل کار انسان‌ها و توپ‌هاست. من در دوکیلومتری فلوری بودم. همان‌طور که گفتم، در آن‌جا دیگر نه جاده‌ای وجود دارد و نه سنگرهای زیرزمینی. اما یک معبر مخصوص وجود دارد، معبر شمارهٔ ۱ که منطقهٔ پسین را به مواضع جدید وصل می‌کند. این معبر که همه باید از آن عبور کنند، در واقع ممّر پیک‌های دونده است که هنگامه قطع خطوط تلگرافی مأمور بردن نامه‌ها می‌شوند. به آنان فرمان می‌دهند که به هر قیمتی که شده به مقصد برسند، بی‌شک تنها به دستور غریزه عمل می‌کرده‌اند. این معبر هزار پیچ دارد. دوندگان با پاهای خود زمین را بررسی کرده‌اند تا از روی مقاوم‌ترین سطح عبور کنند. معلوم است که آن‌ها گاهی اوقات دچار تردید شده‌اند. جای پاهایی به‌سوی چپ یا راست دیده می‌شود که ادامه نیافته‌اند، سپس مسیر معبر را دنبال کرده‌اند. این تنها مسیر درست است و نباید از جای دیگری عبور کرد. آن‌ها تنها مسیر ممکن را یافته‌اند. اجساد و تخته‌ها به عبور از چاله‌های انفجار کمک می‌کنند. این، روش ایجاد معبر بود. وقتی راه افتادم، تنها معبر شمارهٔ ۱ وجود داشت. وقتی برگشتم معبرهای دیگری به‌وجود آمده بود. زندگی بیش‌تری جریان داشت. معبر شمارهٔ ۱ به‌سوی آبکندی که گروه ما باید در آن جان‌پناه می‌ساخت، می‌رفت. مطلقاً هیچ‌چیز در آن‌جا وجود نداشت. باید هر چه سریعتر همه‌چیز را می‌ساختیم تا حداقل آذوقه خود را در امان

نگهداریم. من، چاله‌ای که در اثر انفجار خمپاره ایجاد شده بود انتخاب کردم. سپس به جست‌وجوی تکه‌های تخته پرداختم و با پارچهٔ چادر، جان‌پناه خود را ساختم که شش روز همهٔ بیست‌وچهار ساعت را در آن گذراندم. تنها دل‌مشغولی من این بود که مراقب باشم جسدی در اطرافم نباشد. کار اشتباهی کردم و به‌منظور ساختن جایی برای سرم داخل حفره را کمی کَندم. دو پا با کفش از آن‌جا بیرون زد. این جسد یک فرانسوی بود (زیرا آلمانی‌ها تنها پوتین می‌پوشند). کمی بالاتر رفتم تا جای بهتری پیدا کنم. هیچ‌کاری نمی‌توانستم بکنم. همه‌جا پر از جسد بود. در داخل چالهٔ مجاور بقایای یک صلیب را پیدا کردم که روی آن نوشته شده بود: «سرهنگ». شاید این پاها از آنِ یک سرهنگ باشند که از زیر در داخل حفره بیرون زده‌اند. نمی‌دانم. تصمیم گرفتم که در کنار این دو پا زندگی کنم. از آن‌ها استفاده کردم. به یکی که محکم بود توبره‌ای آویختم؛ کاری که در این‌جا رایج است. زمین چنان جابه‌جا شده، که نمی‌توان تکه چوبی را در آن محکم کرد. از همه‌چیز استفاده می‌شود. زندگی در این‌جا چنان ساده و احتیاجات چنان اندک شده است که این کارها معمولی به‌نظر می‌رسد. گفتم که شش روز و شش شب را بدون خواب گذراندم. [روزها] گلوله‌باران شدیدی درمی‌گیرد و در شب شدت می‌یابد. معبرهایی که علامت‌گذاری شده‌اند، به‌ویژه در شب زیر پاها کوبیده می‌شوند؛ زیرا کسانی که از وردن شب‌ها برای سنگرها آب می‌آوردند به طرف خط مقدم می‌آیند و الاغ‌های خود را در تپهٔ فلوری متوقف می‌کنند. در آن‌جا سربازان پیاده‌نظام منتظرند تا قمقمه‌های خود را پر کنند و سپس در صف‌های طولانی به طرف محل توزیع آذوقه حرکت کنند. این‌جا جیرهٔ هر نفر، روزانه یک‌چهارم پیمانه آب است. اغلب شب‌ها گفت‌وگوی سربازانی را می‌شنیدم که از مقابل سنگر انفرادی من عبور می‌کردند. طی چند دقیقه‌ای که می‌ایستادند تا استراحت کنند، بیش‌تر دربارهٔ اجتناب از کشته‌شدن و انتظار آرام‌شدن اوضاع صحبت می‌کردند. اما از آن‌جا که مرتباً خمپاره می‌آمد، تنها مجبور به تسلیم در برابر شرایط بودند و راه خود را در شب ادامه می‌دادند و هیچ تلاشی برای اجتناب از خمپاره‌ها نمی‌کردند. تنها دغدغهٔ آن‌ها این بود که پای خود را روی زمین سفت بگذارند و مسیر معبر را گم نکنند. آنان معبر را نمی‌دیدند بلکه آن را حس می‌کردند. می‌کوشیدند تا داخل چاله‌های سه متری آب غرق نشوند. روزها بهتر از شب‌ها سپری می‌شود، چون آدم کم‌تر به آن‌چه موجب هراس همه می‌شود فکر می‌کند. من به تماشای صحنه‌های شگفت‌آوری که اطرفم را فراگرفته بود، می‌پرداختم. خدمهٔ توپ باید واقعاً راضی باشند. آنان به نتیجه‌ای قطعی رسیده و تصمیم گرفته‌اند که اهداف مشخص‌شده را به گودالی سه متری تبدیل و سپس نابود کنند. همین کار را هم انجام می‌دهند. در این‌جا جنگ میان جان پناه‌های زیرزمینی و گلوله‌هایی است که از آسمان می‌بارند. هیچ جان‌پناهی نمی‌تواند مقاومت کند. منطق «وو» را سربازان بدون استفاده از تفنگ فتح کردند. جدی می‌گویم، من با چشم خودم دیدم. این تنها در حد حرف نیست، حقیقت است. من به لبهٔ آبکند رفتم. فلوری در پشتم بود و دومون و وو در مقابلم. حدود ده کیلومتر مربع در میدان دیدم قرار داشت. این محدوده به بیابانی یکدست و قهوه‌ای رنگ تبدیل شده بود. این‌جا و آن‌جا قامت‌های ریز به چشم می‌خورد. به‌زحمت می‌توانستم آن‌ها را تشخیص دهم.

خمپاره‌ای در میان لکه‌های ریز فرود می‌آمد لحظه‌ای همه‌چیز تکان می‌خورد. زخمی‌ها را می‌بردند،

کشته‌ها را بر جا می‌گذاردند. آنان همانند مورچه بی‌ارزشند. این‌جا آدمی بزرگ‌تر از مورچه نیست. تنها توپخانه است که بر همه‌چیز تسلط دارد. او عالی، باهوش و هر جا که لازم باشد کوبنده است. نظم کار توپخانه آدمی را ناامید می‌کند. آرزوی چند ساعت استراحت را به گور می‌بری. در «وردن» چنین چیزی وجود ندارد. ما به دل زمین خزیده‌ایم. زمین ما را بلعیده است. خود را مچاله می‌کنیم تا از مرگی که همه‌جا حضور دارد، دوری کنیم. تنها سرای امید، حفره‌هایی هستند که ایجاد توهم نیز می‌کنند. سربازها خود را در داخل حفره‌ها می‌فشرند و بدنشان را کوچک و جمع‌وجور می‌کنند. خود را در پسِ یک جسد پنهان می‌کنند. ما در این‌جا با مردگان زندگی می‌کنیم. آنان دوستان خوبی هستند. آنان را دفن نمی‌کنیم. دفن آن‌ها سودی ندارد؛ چرا که خمپاره‌ای دیگر آن‌ها را از خاک بیرون می‌آورد. وانگهی یک مرده که چیزی نیست. چه بی‌معناست مراسم باشکوه خاک‌سپاری! باید در این‌جا زندگی کنی تا یاد بگیری که ارزش‌های واقعی، احساسات و اهداف را چگونه ارزیابی می‌کنی. در این‌جا همه‌چیز به همین سادگی و بی‌ریایی است. می‌خوریم تا از گرسنگی نمیریم. لحظاتی می‌خوابیم تا خواب و خستگی جسمانی بر اضطراب روحی فائق آید. چیز دیگری را نمی‌بینم و با صبر و حوصله و خویشتن‌داری در انتظار گروه جای‌گزین هستم. این نامه را شبی که به وردن بازگشته‌ام به تو می‌نویسم. من نیز لحظاتی را تجربه کرده‌ام که مرا به قهقرا می‌برد. یک‌بار دیگر از معبر گذشتم و این بار اصلاً در گل‌ولای فرو نرفتم. از تپهٔ فلوری پایین آمدم. در آن‌جا دوباره چیزهای چشم‌نوازی دیدم؛ تنهٔ درختانی که شروع به رشد کرده بودند، جاهایی بر روی زمین که کمی علف روییده بود و درختانی که چندین شاخه داشتند. اضطراب روحی محو می‌شود و آدمی می‌تواند زندگی را از سر گیرد و مانند کودکان طعم زندگی را بچشد. سپس به توپچی‌ها رسیدم. دشواری آنان کم‌تر از دیگران است. برخورد با انسان‌هایی که می‌خندند و به‌راحتی شوخی می‌کنند، لذت‌بخش است. آنان هیچ فشاری به خود نمی‌آورند. در میان علف‌ها نشستم. ساعت شش بامداد بود. هوا خیلی عالی بود و روز داشت می‌دمید. دیدم مجروحی با باندپیچی‌های سفید با تلاش فراوان به سویم می‌آید. به انتظارش ایستادم. وقتی به کنارم رسید با هم راه افتادیم. او یک سرباز پیاده بود که از خط برمی‌گشت. او در حملهٔ به وو و دهکده شرکت داشت. دربارهٔ همهٔ آن چیزها با من حرف زد. روی بازوی خود یک روبان سرخ‌رنگ داشت. پرسیدم: «این چیست»؟ گفت: «این، یعنی من سنگر پاک‌کن هستم». می‌دانستم سنگر پاک‌کن یعنی چه. لذا او را بادقت نگاه کردم. چهره‌ای روستایی با ریشی انبوه داشت و با ظاهری قوی و آرام. معلوم بود که از اهالی مرکز فرانسه است. او خود داوطلب چنین کاری نشده بود. او را انتخاب کرده بودند. می‌گفت: «من با آغاز حمله جلو می‌روم و با رسیدن به اولین سنگر آلمانی‌ها به همراه دوستانم کارمان را آغاز می‌کنیم». این کار برایم جالب بود. می‌دانستم که زندگی و مرگ زخمی‌ها و تسلیم‌شدگان در دست این چند نفر سنگر پاک‌کن است. می‌خواستم بدانم که او با آنان چه‌کار می‌کند. گفت: «خوب، این تنها به من بستگی ندارد، به دوستانم نیز مربوط می‌شود. بی‌شک، آوردن آن‌ها خیلی خسته‌کننده است؛ چرا که در راه با خطر مرگ روبه‌رو می‌شویم». فهمیدم که او ترجیح می‌دهد زخمی‌ها را بکشد، اما باید قبل از آن با دوستانش صحبت کند. آیا می‌توانی آن دادگاه شوم و بدون فرجام‌خواهی را مجسم کنی که در آن این

چند نفر دربارهٔ دیگران تصمیم می‌گیرند؛ دیگرانی که در مقابلشان زانو زده‌اند و به آن‌ها پول و تمام دارایی خود را پیشنهاد می‌کنند تا کشته نشوند؟ به آن آلمانی‌ها فکر کن که زبان فرانسوی را می‌فهمند و متوجه می‌شوند که بحث و حساب و کتاب این روستایی به آنان مربوط می‌شود. همه‌چیز را می‌شنوند و منتظر دادرسی هستند. اگر در دفتر کار راحت خود با یکی از این افراد که باند قرمز به بازو دارد برخورد کردی، همانند من رفتار کن: او را به‌خوبی نگاه کن، اما از او چیزی نپرس. این خدا که اختیاردار زندگی همنوعانش است، بی‌شک حقایق را به تو نخواهد گفت. آنان برای غیرنظامیان لاف می‌زنند. دیگر آن آدم‌هایی که بودند نیستند، دیگر همانند دورهٔ جبهه رک و راست نیستند. چیزی از گفت‌وگو با آنان دستگیرت نخواهد شد. سربازی که تو می‌بینی یا در مرخصی است یا در دورهٔ نقاهت، همین.

من و او، هر دو، به‌سوی زندگی رهسپار شدیم؛ به‌سوی درختانی که برگ داشتند. هر دویمان هر چه دورتر می‌شدیم گذشته را فراموش می‌کردیم. من فلاکت شش‌روزه‌ام و او شغل شوم و هولناکش را. ما دو مرد بیچاره بودیم که به خاطر خروج از جهنم، آن هم به مدت چند روز احساس خوشبختی می‌کردیم. به حومهٔ وردن رسیدیم. با دو توپچی برخورد کردیم که دو لیتر شراب برای فروش داشتند. شراب‌ها را با هم نوشیدیم. سنگر پاک‌کن دلش می‌خواست پول آن را حساب کند. کیف پول خود را با چندین انگشتر و مدال طلایی کوچک و ساعت مچی زیبا از جیبش بیرون آورد و آن‌ها را به توپچی داد. حالا دیگر این سنگر پاک‌کن یک تاجر کوچک شده است، به همین سادگی و کاملاً عادی! او شاید در میدان نبرد این‌قدر قلبش به رحم آمده بود. خداحافظ لویی عزیزم، می‌بینی که تو را فراموش نمی‌کنم. می‌دانی که وردن تمامی وجود مرا فراگرفته است. تا زمانی که این اوضاع ذهن و روح مرا تغذیه می‌کند، احساس بدبختی نخواهم کرد، اما نمی‌دانم بعد از آن چه می‌شود! هزاران درود بر همسرت. همیشه به‌یاد این دوست قدیمی‌ات باش.

□ □ □

برگزیده‌ای از متون نشریات آن روزگار

نامهٔ یک تلگرافچی:
میان من و تو تنها یک تفاوت وجود دارد که تو در رختخواب می‌خوابی و من در میان کاه. تو از این لذت برخوردار نیستی که با صدای توپ و مسلسل به خواب فرو روی، اما من از این امتیاز برخوردارم. در این‌جا زندگی بسیار شادمانه است و به‌نظر می‌رسد که هر کدام از ما فراموش کرده‌ایم که خویشان و دوستان ما در دلهره و اضطراب، انتظار ما را می‌کشند. آنان باید بتوانند از آن‌چه در اطراف ما می‌گذرد اطلاع یابند. این امر موجب تسکین آن‌ها خواهد شد؛ تسکینی عمیق. من هر روز فرصت می‌یابم با سربازانی که از خط برمی‌گردند یا به خط می‌روند، صحبت کنم. آنان یک‌صدا اعلام می‌کنند که حضور در خط مقدم کاملاً قابل‌تحمل است و می‌توانند حتی در آن‌جا تفریح کنند. وقتی آن‌ها را جهت استراحت به پشت جبهه هدایت می‌کنند، متوجه می‌شوند که پشت جبهه تنها یک امتیاز نسبت به خط مقدم دارد؛ در آن‌جا این‌که می‌توانند لباس‌های زیر خود را عوض و استحمام کنند. سربازان زخمی در بیمارستان‌ها با سرسختی تحسین‌برانگیزی درد را تحمل می‌کنند. وانگهی، هر کس با صبر و حوصله و با آرامش در انتظار حوادثی است که پیروزی را برای ما به ارمغان آورد.

لوپتی پاریزین، ۶ ژانویه ۱۹۱۵

ما در این منطقه (کرانهٔ راست رود اسن) مدام در حال کسب موفقیت هستیم و پیشرفت‌های روزانهٔ ما از مدت‌ها پیش ادامه دارد. با تصرف هر سنگر، خاکی را از آنِ خود می‌کنیم. دشمن دست به ضدحمله می‌زند. آن‌ها را عقب می‌رانیم و از این فرصت برای تصرف سنگرهای جدید استفاده می‌کنیم. همواره این عمل تکرار می‌شود و زمینهٔ آن به‌واسطهٔ تحرکات تهاجمی دشمن ایجاد می‌گردد. در این میان، گاهی اوقات نیز اقدام به حمله می‌کنیم و باید خاطرنشان شوم که در این حالت هم، مانند حالت قبل، به‌ندرت مواضع تصرف‌شده را از دست می‌دهیم. توپخانهٔ سنگین ما به توپخانهٔ دشمن برتری دارد. توپهای جنگی ما نیز همچنین. اکنون این برتری به امری بدیهی تبدیل شده است.

لوپتی ژورنال، ۱۳ ژانویه ۱۹۱۵

ملت ژرمن، ملت شیلر و گوته، ملت لایب‌نیتز و شوبرت، از چهل‌سال پیش به این‌سو، به مشتی مردمان زمخت و نفرت‌انگیز و درنده‌خو تبدیل شده‌اند که ویران می‌کنند، تجاوز می‌کنند، به غارت می‌برند و کشتار و شکنجه می‌کنند، بدان‌سان که ترک‌ها، متحدان امروزی آن‌ها، سه قرن پیش می‌کردند. اشتباه

می‌کنم، آلمانی‌ها حتی خشن‌تر از ترک‌ها شده‌اند. برتری نیروی سلطان محمد دوم نسبت به نیروهای «گیوم» این بود که از شراب امساک می‌کردند. آنان هیچ‌گاه برای برانگیختن خشم و توحش در خود به سراغ الکل نمی‌رفتند. اما آلمانی‌ها که لابد می‌ترسند که در حال عادی به اندازهٔ کافی نفرت‌انگیز نباشند، دست به دامان پست‌ترین نوع مستی می‌شوند تا توحش و خشونت را در خود تقویت کنند. این دون‌صفتان هم مست‌اند و هم دزد و هرزه و قاتل. بدتر آن‌که این تجاوز عظیم آنان به قوانین بشری در سطوح بالای نظام آنان صورت می‌گیرد. افسران آلمانی، شخصاً معرکه را هدایت می‌کنند. آنان جز جلاد و شکنجه‌گر چیز دیگری نیستند. آنان سربازان خود را به‌سوی خانه‌هایی می‌فرستند که با شیوه‌ای خاص تخریب و غارت شده‌اند. آنان در حالی که سیگاری به لب دارند، سربازان خود را به اعدام‌هایی وحشتناک تشویق می‌کنند، و مسیر عبور آنان را خط طویلی از خون تشکیل می‌دهد. آلمانی‌های متحد همه وحشی شده‌اند، چه اهل ایالت باواریا یا ایالت باد باشند و چه اهل وورتمبرگ.

«گیوم» دوم، دسته‌های نظامی و ملوک مزدور محلی خود را به‌سوی تخریب جهان هدایت می‌کند. تقریباً تعداد جنایتکاران با سربازان برابر است. به هنگام تسویه حساب باید این امر را به خاطر داشته باشیم؛ یعنی زمانی که نیروهای متفق ـ که سرانجام پیروز خواهند شد ـ آن خاک نفرین‌شده را که از نیم‌قرن پیش به محل تجمع این دزدان مسلح تبدیل شده، زیر پای خود له کنند.

لوپتی پاریزین، ۸ ژانویه ۱۹۱۵

سربازان سردشان است. تعداد پناهگاهها کافی نیست.

این مطلب را گفتم و مایلم دوباره بگویم: سربازان سردشان است. این مکان‌های غم‌انگیز استقرار نیرو را که سرد و تاریکند، برایتان توصیف می‌کنم. در این‌جا به خاطر نبود آتش و روشنایی، سربازان به محض تاریک‌شدن هوا روی کاه می‌خوابند و تا صبح از سرما می‌لرزند. در همان‌جاست که اضطراب، کینه، نفرت‌های گنگ، خشم و دلسردی ظاهر می‌شود و مفهوم وظیفه را مخدوش می‌کند. سربازان سردشان است. عجله کنیم تا آنان را از این لحظات دهشتناک نجات دهیم. تا فرصتی باقی است باید امکان استراحت و آرامش را برای آنان فراهم کنیم (...). من در مقالهٔ قبلی خود همه‌چیز را نگفتم. تنها در مورد استراحتگاه‌ها صحبت کردم. فقط وضعیت آن‌جا موجب نگرانی من نیست (...). وضعیت پناهگاه سنگرها نیز مثل استراحتگاه‌هاست اصلاً تمام تشکیلات مستقر در خطوط نبرد؛ چه اردوگاه‌های نیروهای ذخیره و چه سنگرهای رزم این‌طور است. آیا افراد پشت جبهه دقیقاً می‌دانند که اوضاع سنگرهای خطوط نبرد چگونه است؟ در این خطوط دائماً سوت خمپاره و توپ در میان غرش باد طنین‌افکن می‌شود. آیا می‌دانید که پست‌های دیده‌بانی سربازان پیش‌قراول، پناهگاه‌های ضدبمب، سنگرها، خاکریزهای ارتباطی و پناهگاه‌های نیروهای ذخیره در چند صدمتری دشمن، در چه وضعی قرار دارند؟ آیا تمام این نیروهای ذخیره در زیر سقف‌های ضخیم در امان هستند؟ آیا هیچ‌گاه تصمیم گرفته‌اند که چندین پناهگاه مقاوم‌تر، امن‌تر، عمیق‌تر و گرم‌تر برای سربازان بسازند تا آنان بدون تحمل رنج فراوان بتوانند در امنیت نسبی، در

انتظار ساعت آغاز مأموریت یا روز حمله باشند؟ آیا خندق‌های عمیقی کَنده‌اند تا افراد بتوانند با کم‌ترین خطر و به‌دور از رگبار مسلسل‌ها به رفت‌وآمد بپردازند؟ آیا در تمام نقاط جبهه خاکریزهای ارتباطی برای این‌که افراد بتوانند بدون خسارت زیاد به حمل‌ونقل مهمات و جابه‌جایی نیرو بپردازند ساخته شده است؟ آیا مطمئن هستیم که تا سر حد خطوط نبرد، راه‌های ارتباطی برای جای‌گزینی نیرو در امنیت کامل، وجود دارد؟

لو ماتن، ۹ ژانویه ۱۹۱۸

ما باید تا زمان رسیدن آمریکایی‌ها مقاومت کنیم.

حوادث کنونی نتیجهٔ مستقیم و اجتناب‌ناپذیر خروج روسیه از صف نبرد است. در بدترین دورهٔ جنگ به‌سر می‌بریم. دیگر ارتش روسیه وجود ندارد و ارتش آمریکا هنوز تمام تلاش خود را به کار نبسته است. آمریکا در آیندهٔ نزدیک تلاش بسیاری خواهد کرد. این ما هستیم که در میدان نبرد باید در مقابل هجوم دشمنان مقاومت کنیم. ما موفق به این کار شده‌ایم و آخرین اطلاعیهٔ جنگی گواهی بر این مدعاست. اما مبارزه بسیار سخت است. از دو روز پیش، دشمن در بن‌بست به سر می‌برد. اما خطاست اگر فکر کنیم که از هم اینک به وضعیت ثبات رسیده‌ایم. باید در انتظار لحظهٔ موعود برای درهم کوبیدن دشمن باشیم؛ یعنی لحظه‌ای که نیروهای متفق به اندازهٔ کافی در خط نبرد باشند تا قاطعانه حمله را آغاز کنیم. هرچند لشکرهای دشمن فرسوده می‌شوند، اما نیروهای ذخیره، توان خود را حفظ کرده‌اند. این نیروها در مناطق مرکزی مستقر می‌شوند و از آن‌جا می‌توان آن‌ها را از کوتاه‌ترین راه به نزدیکی صفوف دشمن منتقل کرد. در این حین، باید از خود دفاع کنیم، لذا باید بر استحکامات خود بیفزاییم. به ضدحمله‌های موضعی دست بزنیم و هر اندازه که می‌توانیم سربازان آلمانی را به قتل برسانیم. آیا باز هم عقب‌نشینی خواهیم کرد؟ هیچ‌کس نمی‌تواند پاسخی دهد. کسی نمی‌تواند آیندهٔ این نبرد را پیش‌گویی کند. اما اولین وظیفهٔ ما این است که خطوط را به حداقل کاهش دهیم. دشمن از هنگام آغاز جنگ، پس از عقب‌نشینی از مارن بارها این‌گونه عمل کرده است. چاره‌ای نداریم جز این‌که از او تقلید کنیم.

لوپتی ژورنال، ۶ ژوئن ۱۹۱۸

نوشته‌هایی از آن نوع که در ذیل می‌آید، بسیار نادرند ولی اهمیت بسیاری دارند چراکه شیوه‌های خصمانه فرماندهان تا ۱۹۱۷ را زیر سئوال می‌برند. گاهی اوقات، انتقادات تلویحی است ولی در اغلب موارد، کینهٔ نویسندگان آشکارا به چشم می‌آید. اینها همه حکایت از وضع روحی افسران ارشد و زیردستان آن‌ها دارد که همگی برآشفته بودند و حاضر نبودند دم فرو ببندند و ساکت شوند. اما سانسور همه‌جا حضور دارد. از متنی که در پی می‌آید و گزارش یک جنگ شیمیایی است، ۷۵ خط سانسور شده است که احتمالاً به دلیل آثار مخرب این‌گونه تسلیحات بر روحیه نظامیان بوده است. گازهای شیمیایی، به روایت آن‌ها که دیده‌اند:

موج که برخاست، مرگ ما را در آغوش کشید. گازهای شیمیایی به لباس‌هایمان رخنه کرد و اطرافمان،

هرچه موجود زنده بود، نابود کرد. پرنده‌ها وسط راه می‌افتادند. سگ‌ها و گربه‌ها که همدردمان بودند، پیش پایمان از هوش می‌رفتند و دیگر از جا برنمی‌خاستند. بعد، دیدیم دوستانمان می‌روند به سوی بهداری. مدتی نگران و مضطرب در انتظار مرگ و دشمن بودیم.

رفقای عزیز! آن لحظات، سخت‌ترین و طولانی‌ترین لحظات در تمام مدت سربازیمان بود. همه‌جور رنجی کشیدیم و همه‌چیز دیدیم: خمپاره، مین، گاز اشک‌آور، زیر و رو شدن جنگل‌ها، انفجار مین‌هایی که چهار تا چهار تا می‌انداختند، شدیدترین جراحات و بارانی از آهن و فولاد کُشنده. ولی این همه در مقایسه با مِهی که چند ساعت؛ ساعت‌هایی به بلندی قرن، نور خورشید و سفیدی برف را پیش چشمان تیره کرده بود، هیچ بود.

لوفیلون، ۲۰ مارس ۱۹۱۷

گازهای شیمیایی کم‌تر استفاده می‌شد، ولی بمباران را اغلب سربازان به چشم دیدند:

در جنگ، هیچ‌چیز وحشتناک‌تر از بمباران نیست. مردی تنها در سنگر نشسته است. او در معرکه حضور ندارد. او استدلال می‌کند. قدرت تحلیلش فوق‌العاده است. اول، با رزمنده‌ای که در سنگر مجاور است، گپ می‌زند. از این‌که حس می‌کند موجودی زنده، یک دوست، در کنار اوست که در خطرها با او شریک است، احساس آرامش می‌کند. آدم است. خودش را می‌گیرد، سعی می‌کند شوخی کند (...) ولی، خودش هم متوجه می‌شود که خنده‌اش از ته دل نیست و ناگهان، تصمیم می‌گیرد با خودش رو راست باشد. تردیدی نیست که بمبارانی در پیش است و توپخانه زمینه را برای حمله، آماده می‌کند، حمله‌ای که خاک را زیر و رو می‌کند و موجود زنده‌ای باقی نمی‌گذارد... وقتی خمپاره شلیک شد، او نترسید. سی، چهل سانتی متر خاکی که بالای سرش بود، ترکش‌ها را کاملاً مهار می‌کرد. اما اصابت خمپاره و ریزش خاک به معنای مرگ حتمی بود. فکری کرد، امن‌ترین جا را پیدا کرد، خودش را جمع کرد و دهانش را گذاشت نزدیک شکاف سنگر تا چنانچه بخشی از سنگر خراب شد و فرو ریخت، بتواند نفس بکشد (...). صدای تمام شلیک‌ها را می‌شنید. خط سیر خمپاره را حدس زد و محل انفجار را به‌طور تقریبی پیدا کرد (...). اگر می‌دانست خمپاره نزدیک او می‌افتد، چشم‌هایش را می‌بست، جمع می‌شد، دستش را ناخودآگاه حائل سر می‌کرد... آتش مژه‌هایش را سوزاند و دود غلیظی نفسش را بند آورد... این بار به خیر گذشت، زخمی نشد. صدای مهیبی به هوا خاست. چند توپ با هم می‌غریدند. چیزی نمی‌شد دید. پشت سر هم، خمپاره شلیک می‌کردند. حس کرد جمجمه‌اش ترکیده و عقلش واژگون شده است. این عذاب پایان نداشت. ناگهان، ترس به جانش افتاد که نکند زنده به گور شده شود. حتی یک لحظه، دید کبدهایش تکه‌تکه شده و او نفس‌زنان زمین را حفر می‌کند. یاد احتضار دردناک افتاد. با تمام وجود آرزو کرد بمباران پایان یابد و حمله آغاز شود (...). چه بر سر همرزمانش آمد؟ رفتند؟ کشته شدند؟ یعنی، فقط او که در سنگر بوده، زنده مانده است؟ ناگهان، یاد عزیزانش افتاد: همسر و مادر و بچه‌اش (...). بی‌آن‌که بداند چرا، تمام جزئیات آپارتمانش را به خاطر آورد (...). دوست داشت در آخرین لحظات زندگی، در فکر عزیزانش

باشد... آهسته و بااحترام اسم تک‌تکشان را زمزمه می‌کرد... ناگهان برآشفت، زد به سرش که بپرد بیرون. حماقت محض است که دست روی دست بگذارد و منتظر مرگ بنشیند. هر چیزی به این برتری دارد. آه! خطر را در آغوش کشیدن! جنگ‌کردن! دست به کار شدن! سیل ادامه یافت. قدرت بی‌حد و مرز آزاد شد. مرد، عاجزانه در سنگرش به انتظار معجزه نشست.

لا سوسیس، آوریل ۱۹۱۷

متنی که در پی می‌آید، به‌معنای واقعی نشان می‌دهد، «کشف» سایر طبقات اجتماعی برای سربازان باسوادتر، تا چه حد مهم بوده است. از غرور تحقیرآمیزی که در متن وجود دارد، برمی‌آید که برادری و برابری بین رزمندگان به کجا محدود می‌شده است. دربارهٔ برابری، بسیار نوشته‌اند:

درسی که این جنگ به ما روشنفکران داد، درس تواضع و فروتنی است. برادران ما که در شهرت و افتخار به سر می‌برند، (...) هستند. همرزمان ما در این نبرد عظیم، برایمان راحت و آسودگی فکری به ارمغان می‌آورند. بارها تحسینشان کرده و حسرتشان را خورده‌ایم. وقتی توان روحی و جسمی‌مان کاهش می‌یابد و کلنگ را رها می‌کنیم، بازوان پرتوان آن‌ها ادامه می‌دهد و آن‌ها مجبور می‌شوند بخشی از وظیفهٔ ما را به دوش بکشند؛ چراکه کار ما پیوستگی و سرعت و دقت لازم را ندارد. در بیگاری‌های شبانه، وقتی زیر بار الوار خم می‌شدیم و به‌زحمت قدم برمی‌داشتیم، آن‌ها دستمان را می‌گرفتند و ضمن حمل بار خود، به ما کمک می‌کردند. وجود آن‌ها سرشار از ترحم و روح ما آکنده از حق‌شناسی، تمنا، تواضع و شرم بود. ما از دستان سفید و بازوان ضعیف خود شرم داشتیم. از زودرنجی خود نیز، گاهی شرمگین بودیم. روزهایی که در اثر بمباران طولانی و خشن، اعصابمان درهم می‌ریخت، آن‌ها با طبیعت آرام، متعادل و صبوری که داشتند، بی‌آن‌که عصبانی شوند، زیر زمین، در سایه‌ای که مرگ پرسه می‌زد، عذاب این انتظار را تاب می‌آوردند (...). وقتی قرار است از دشتی رد شویم که آماج گلوله است، آن‌ها که سینه‌هایشان سبک‌تر و محکم‌تر، بازوانشان قوی‌تر، حرکاتشان ورزیده‌تر، راحت‌تر و مطمئن‌تر است، بی‌محابا پیش می‌تازند. در کار و جنگ مفیدتر از ما و بهترین تیراندازها و سریع‌ترین دونده‌ها هستند و در پرتاب‌ها، مهارتی ویژه دارند. از آن‌ها که مغزشان را با فکرکردن خسته می‌کنند، راحت‌تر به خواب می‌روند. خستگی را زود از یاد می‌برند. اگرچه آن‌ها نیز گاهی اوقات دانش ما را تحسین می‌کنند و به ما، مانند دانش‌آموزی به معلمش، احترام می‌گذارند ولی در قبال آن‌ها، احساس حقارت می‌کنیم؛ چراکه می‌دانیم ورزیدگی و توان جسمی‌مان از ایشان کم‌تر و سیستم عصبی‌مان بسیار حساس است. فهمیدیم که برای مقاومت در برابر قوی‌ترین چیزها، برای استقبال از خطر در عین ضعف، برای درک و انجام بی‌نقص وظایف، برای این‌که مرگ را باافتخار و با شهامت در آغوش بکشیم ـ مرگی که وقتی شعلهٔ نابرابر خرد در جان به خاموشی می‌گراید، همه را به یک اندازه نوازش می‌کند ـ هیچ نیازی به فلسفه نیست.

هوریزون، نوامبر ۱۹۱۷

نامه، مرموز است. وسیله‌ای برای سفر در زمان و مکان است و حس و حال را به‌کلی محو می‌کند. دنیای نامه‌نگاری دنیایی مستقل است و هیچ ربطی به اعمالمان، به آن‌چه با دوستان می‌گوییم، ندارد. زندگی کاملی است که از حادثه و اتفاق بی‌نیاز است. آدم وقتی نامه می‌نویسد، از دنیا جدا می‌شود، سر و صدای پیرامون را دیگر نمی‌شنود، صدای توپ به نظر، دوردست می‌آید و متوجه شوخی دوستان نمی‌شود. وقتی می‌نویسیم، به زندگی سابقمان برمی‌گردیم و یادمان می‌رود که چه هستیم و چه می‌کنیم. دیگر، حرفی از جنگ نمی‌زنیم (...). آخرین نامه را جواب می‌دهیم، یاد گذشته می‌افتیم، تفسیرش می‌کنیم، سرشار از امید می‌شویم، رؤیاهای مشترک در سر می‌پرورانیم. وقتی می‌نویسیم، حسادت می‌کنیم، بله دورادور، حسادت می‌ورزیم. یک کلمه ممکن است سرباز را متقلب کند (...). ممکن است در جواب آن یک کلمه، دوازده صفحه بنویسد هر چند که یک کلمهٔ، بی‌معنی باشد (...). جملات ناشیانه صحنه‌هایی می‌آفرینند: آن‌جا، اشک، این‌جا، غم (...). مشکل می‌شود تصور کرد که نامه چه احساسات شدیدی را می‌تواند ایجاد کند. در طول جنگ، مردها به‌قدری دورادور به زن‌ها عشق می‌ورزند که اگر نزدیک هم بودند، هرگز چنین نمی‌کردند...! در نظر سربازها، نامه‌رسان خداست؛ نامه‌ها، نامهٔ تقدیر و مادران، مقدسند.

بلیکا، مه ـ ژوئن ۱۹۱۶

نوعی قرابت، گونه‌ای نگرانی، نیاز شدید به داشتن حامی در برابر دشمنی که چندان هم دور نیست، باعث نزدیکی رزمندگان به مردم می‌شد. البته، نه به آن معنا که همیشه و همه‌جا میان پشت جبهه و خط مقدم برادری کامل حکمفرما باشد. بلکه، هر جا فرصتی دست می‌داد، ایجاد قرابت، آسان بود. متنی که در پی می‌آید، شرح عبور یک هنگ از پاریس است که عازم «آرتوا» می‌شده و نشان‌دهندهٔ دوستی تنگاتنگ مردم با رزمندگان است:

از پنجرهٔ خانه‌ها، دم در کافه‌ها، در پیاده‌رو، از داخل تراموا، همه‌جا مردم به ما سلام می‌کنند، شادی می‌کنند، هلهله می‌کنند. سربازان منقلب شده‌اند. خستگی نبرد، نگرانی‌های دیروز، دلواپسی فردا و بلندی راهی را که باید بپیمایند، همه را از یاد می‌برند؛ چون می‌دانند هدیهٔ ارزشمندی انتظارشان را می‌کشد: شادی و تحسین ملتی که خود را رهین منتمان می‌دانند. وقتی فکر می‌کنیم به لطف رنجی که می‌بریم زنان، بچه‌ها و سالخوردگان می‌توانند یکشنبه‌ها در کمال آرامش، در خیابان‌ها گردش کنند، سینه‌ها مالامال از غرور و افتخار می‌شود. شادی تحسینشان و لذت استقبالشان، کینه و نفرت را از دلمان می‌زداید و دیگر، آن‌ها که دور از معرکه‌اند، به نظرمان حقیر نمی‌آیند. حتی آن دسته از سربازانی که دیروز در گل‌ولای و زیر حملات توپخانهٔ دشمن به ساده‌اندیشی آن‌ها که سختی جبهه را نچشیده‌اند، می‌خندیدند، در اثر کف‌زدن‌های مردم نظرشان عوض می‌شود و می‌کوشند همان‌طور باشند که همه می‌پندارند: سربازان شاد و پرتوان! وقتی وارد ایستگاهی شلوغ می‌شویم صدای سرود، بی‌آن‌که کسی فرمان داده باشد، بلند می‌شود: «جان فدای جمهوری! یا مرگ یا پیروزی...». اشک از چشمانمان سرازیر می‌شود. منقلب می‌شویم. با صدای بلند آواز می‌خوانیم. تحسین جمعیت سرمستمان کرده است. به لباس گل‌آلودمان

می‌بالیم. از افتخاری که به آن سختی کسب کرده‌ایم، دیوانه‌وار مغرور می‌شویم و مهیای هر فداکاری (...). احساس می‌کنیم برای دفاع از پاریس است که زیر آسمان خاکستری «آرتوا» می‌جنگیم.

لوکراپویو، ژانویهٔ ۱۹۱۷

دشمن را معمولاً تحقیر نمی‌کردند مگر در مواردی معدود. در همان موارد معدود هم ضمن انتقاد از بی‌رحمی و نظم کورکورانه و سستی اراده‌شان، خاطرنشان می‌کردند که آن‌ها «ارزش» جمعی دارند. در این‌گونه نوشته‌ها، احترام و خصومت درهم آمیخته و این، بازتاب برداشت سربازان از دشمنشان است. مقالهٔ زیر به‌خوبی این مطلب را روشن می‌کند:

شاید بتوان گفت که سرباز کینه به دل نمی‌گیرد. اگر قرار باشد دربارهٔ آلمانی‌ها صحبت کند، با لحنی صحبت می‌کند که هیچ نوع صمیمیتی در آن احساس نمی‌شود. این نکته ارزش تأمل دارد (...). به عبارتی، می‌توان گفت سرباز کم‌ترین کینه را به دل می‌گیرد آن‌قدر که برای ادامهٔ جنگ لازم است. این مقدار کینه هست و کفایت هم می‌کند. این هستهٔ انزجار در وجود همه هست و نه نیاز به انکار دارد نه تقدیس. اگر این مقدار کینه نباشد، اساساً جنگ و جبهه معنا ندارد: می‌شود مثل جبههٔ روسیه که از هم پاشید. اگر سرباز از دشمن و توحش او متنفر نباشد، چه‌طور می‌تواند چهار سال تمام در جبهه بماند و آن همه سختی را تحمل کند؟ کینهٔ سرباز مشهود و شفاهی نیست و از این رو، مشکل می‌توان آن را ثابت کرد (...). با وجود این، اثباتش غیرممکن نیست. در جنگ، وقتی سربازی شلیک می‌کند یا آن کسی که سلاح سنگینی را روی عده‌ای تنظیم می‌کند، هر دو بی‌آن‌که فطرتاً خونخوار باشند، احساس می‌کنند عمل شایسته‌ای انجام می‌دهند. هر دشمنی کشته شود، سرباز خوشحال می‌شود چون در وجودش کینه‌ای مشروع وجود دارد. همین کینه، حامی آن‌هاست (...)؛ کینه‌ای درونی و ناخودآگاه.

لوتور ـ بویو، ژوئن ـ ژوئیه ۱۹۱۸

لحن نوشتهٔ قبلی معتدل بود ولی همیشه اینطور نیست:

از جایی که سه ماه پیش مستقر شدیم، حرکت می‌کنیم و خوشحالیم. از این‌که کانال‌های قدیمی‌مان را خودمان آزاد می‌کنیم، هیجان‌زده شده‌ایم. ولی آغاز حماسه، جهش دوم به سوی «روی» است (...). یک روز تمام جان‌فشانی کردیم. روز دوم هم سراسر حماسه‌ای خونین بود... اولین آثار خستگی ظاهر می‌شود ولی تسلیم نمی‌شویم، گرد و غبار و گِل سر تا پایمان را می‌پوشاند. سرماخوردگی صف‌های به هم فشرده را دچار خلل می‌کند (...). لاشهٔ حیوانات طاعون‌زده در جاده افتاده است. گازهای شیمیایی نفس را بند می‌آورد (...). سومین خیزش به سمت «نسل». آرام پیش می‌رویم. از هر جا و هر چیز که می‌گذریم، روی‌گردانیم؛ از یک شاخهٔ درخت گرفته تا سیم مسی. تشنگی هم آزارمان می‌دهد. آب هست ولی سمی است. سرماخوردگی همچنان هست و خستگی دائم شدیدتر می‌شود (...). دوباره، برای چهارمین بار، راه می‌افتیم (...). گروهان کم‌تعدادمان، شب با واپسین نفس‌ها پیش می‌رفت (...). این بار، دشمن و سرما و

خستگی دست به دست هم داده و سه‌تایی مقابل گردان صف‌آرایی کرده‌اند. دوازده روز طاقت آوردیم و به جبهه رسیدیم.

زنده باد فرانسه، سربازان هنگ نهم، ۲۵ سپتامبر ۱۹۱۸

متنی که در پی می‌آید، نوشتهٔ سربازی کم‌سواد است در تشریح مرگ دوستش، که بدون تصحیح نقل می‌شود:

گفتند یکی از سربازان مهندسی زخمی شده است. رفتم ببینم کیست. وقتی وارد جنگل شدم، دیدم افسری از او مراقبت می‌کند. به من گفت برانکارد خبر کنم. من هم کردم. وقتی نزدیک سرباز شدم، دیدم «بروگیه» است. تا صدایم را شنید مرا به جا آورد و دستش را جلو آورد تا لمس کند. ولی بیچاره، مرگ را جلوی چشمش می‌دید. وقتی لبخند می‌زد، قلبم به درد می‌آمد. سعی می‌کردم به او روحیه بدهم. آخرین حرفی که زد، این بود که قدرتم از دست می‌رود... من همچنان به او قوت قلب می‌دادم و او می‌گفت: «ساکم را بده بگذار زیر سرم». ساکش را دادم و لباسم را درآورم، انداختم رویش؛ چون عرق می‌ریخت. حدود ساعت ۸ شب، تمام کرد و روی قبرش نوشتند: «بورگیه فرانسوا، اولین قربانی هنگ ۱۸ پیاده‌نظام».

پوال پلوم، مه ۱۹۱۶

وضعیت پنج سرباز که هدف خمپاره قرارگرفته‌اند، در زیر دقیقاً تشریح شده است:

داشتم از آفتاب لذت می‌بردم و قدم می‌زدم که حفره‌ای دیدم، کنارش ایستادم. ته چاله، پنج جسد دیدم که هر یک به سویی افتاده بودند، البته به طرزی مرتب، چنان‌که گویی خمپاره درست وسط آن‌ها خورده تا هر یک را به سمتی بیندازد. شدت انفجار به حدی بود که آن‌ها را در خاک فرو برده بود. سه نفرشان هم به دیوارهٔ گودال چسبیده و مثل کهنهٔ مچاله‌شده بودند. دست یکی از آن‌ها سالم بود و صاف از خاک درآمده بود. او یک حلقهٔ آلومینیومی، به دست داشت.

آرگونوت، ۱۵ اوت ۱۹۱۶

در متن زیر هم، وضعیت وحشتناک و بهت‌آوری تشریح می‌شود:

کسانی را می‌بینم که تا لحظاتی پیش، دو موجود زنده بودند و اکنون دیگر زنده نیستند. یکی از آن‌ها تبدیل به توده‌ای از گل و خون شده، بدن دیگری کاملاً خشک شده و چهره‌اش سوخته و سه سوراخ در بدنش دیده می‌شود: یکی در صورت، یکی در شکم و دیگری در ران. دست‌هایش را حائل صورت کرده؛ دست‌هایی که تمنای کمک داشته و می‌خواسته‌اند مرگ را دور کنند. چه بدن‌های وحشتناکی! کسانی که آن‌ها را دوست داشته‌اند، دیگر احساسی در آن‌ها مشاهده نمی‌کنند؛ چرا که جنگ آنان را سوزانده است.

ان پروگرس، اول ژوئیه ۱۹۱۷

سرباز هم آدم است (...). اگر مدت زیادی در آب یا گل بماند، یخ می‌زند یا مبتلا به رماتیسم می‌شود. او هم مانند هر انسان دیگری به زندگی‌اش علاقه‌مند است و جانش را دوست دارد (...). سربازان نیز گاهی به هم دشنام می‌دهند و با یکدیگر درگیر می‌شوند و همه می‌دانند که به‌ندرت اتفاق می‌افتد که جیرهٔ اضافی شراب توزیع شود و دعوا نشود. اگر غذا کنسرو گوشت گاو باشد، می‌خورند و صدایشان در نمی‌آید، اما وقتی تدارکات کم می‌شود، غر می‌زنند. وقتی از سراشیبی بالا می‌روند، سرود نمی‌خوانند تا نفسشان بیهوده هدر نرود. وقتی یاد خانواده و زندگی قبل از جنگ خود می‌افتند، غمگین می‌شوند (...). هیچ سربازی در فکر حق و تمدن و بشریت نیست کم‌تر سربازی پیدا می‌شود که این‌گونه مسائل انتزاعی را درست درک کند. طبعاً سربازان هم گاهی یاد خانه و زمین خود و لذت‌هایی می‌افتند که پیش از جنگ، از آن بهره‌مند بودند.

لو پریسکوپ، ۱۹۱۶

از نظر سربازان، شجاعت افراد در میادین نبرد و در برابر آتش به‌درستی سنجیده می‌شد؛ خواه خودی بودند، خواه دشمن. همین امر مانع از تحقیر دشمن بود. به این ترتیب، حفظ حرمت خود با احترام به دشمن درهم آمیخته بود ولی آیا این، به معنای نفی هرگونه خصومت بود؟

روزنامه‌ها هر چه دربارهٔ جنایات و بی‌رحمی دشمن بنویسند، حق دارند! اکنون که جنگ به درازا کشیده است، نباید کینهٔ ما به دشمن کم شود. تمام آلمانی‌ها جانی‌اند، این را همه می‌دانند. ولی آیا، خونخوارترین جانی، لزوماً ناجوانمرد هم هست؟ (...) هیچ آلمانی، بُرّندگی و دلیری سربازان فرانسوی را ندارد. هزاران آلمانی در اثر شدت حملات خمپاره‌های ما، تسلیم شده‌اند. اما آیا تا به حال اعلامیه‌ها را خوانده‌اید که نوشته‌اند: «نبرد سهمگین»، «جنگ خونین تن به تن»، «پاتک برق‌آسا»؟ ارتش، دیوار است و هر سرباز، خشتی از آن دیوار. در چنین اوضاعی، آیا هضم‌شدن خودخواستهٔ فرد در جمع، شجاعت نیست؟ شاید در نظر دشمن، این شجاعت معلول نظم افراطی باشد. نظم افراطی به کنار، چرا شجاعت را نفی کنیم؟ می‌ترسید اگر نقاط قوت دشمن را اذعان دارید، دشمن در نظر شما، دوست جلوه کند؟ به نظر شما کار پستی نیست که تا به حال نخواسته‌ایم قبول کنیم دشمن هم توانایی‌هایی دارد؟ من از آلمانی‌ها دفاع نمی‌کنم، از سربازان خودی دفاع می‌کنم که تحقیر هدفمند دشمن، نفرتشان را برمی‌انگیزد.

لوکراپویو، سپتامبر ۱۹۱۶

این برآمدگی‌های تک افتاده همه‌جا به چشم می‌خورد و در تمام جاده‌های سخت و بلندی که می‌پیمودیم، باحوصله راه را نشانمان می‌داد...! ولی این یکی فرق می‌کرد، کوچک‌تر و هموارتر از بقیه بود و بیش‌تر از آن‌ها بیننده را منقلب می‌کرد...! جز صلیبی که ناشیانه و شتابزده کشیده بودند، زینت دیگری بر آن نبود. نام و نشان هم نداشت... آن‌جا، جلوی کانال، بین خط مرزی فرانسه و آلمان پنهان شده بود (...). در اندیشهٔ مرگ بودم... در اندیشهٔ تقدیر او که شاید تقدیر من هم باشد. با خود می‌گفتم، لابد چند ماه زجر کشیده و

سرانجام، آن‌جا جان سپرده است. لابد حماسه‌ای آفریده و گمنام مانده است. [شاید] موج کوچکی که در ساحل آرام گرفته ... او را میان دشتی عریان رها کرده است [و شاید] روزی، دوستانی غریب، ناخواسته پایشان به او خورد. و بعد، دلشان به‌رحم آمده و او را به خاک سپرده‌اند. قبرش را بالا آمده و صلیب کوچکی روی آن کشیده‌اند. بر گورش، اسمی ننوشته‌اند؛ چون نمی‌دانسته‌اند اسمش چیست. تزئینش نکرده‌اند؛ چون وقت نداشته‌اند. بعد رفته‌اند و دیگر برگشته‌اند (...). در تاریکی شب، راکتی شلیک می‌شود... من بی‌درنگ، زانو می‌زنم. اما نفهمیدم که از روی احتیاط به زمین غلتیدم یا از سر دلسوزی برای آن برادر بیگانه که پیش پایم، زیر سنگ سفید صلیب آرمیده است.

وظیفه، وظیفه است... این مطلب اساس حس وطن‌پرستی است. «ژ. گالتیه بو آسیر» سعی می‌کند ابعاد گوناگون این مسئله را روشن کند.

سرباز در کانال، نگهبانی می‌دهد. شب عملیات، شناسایی می‌کند. هر وقت دستور بدهند همراه گشتی‌ها عازم می‌شود. وقتی او را دو بار پشت سر هم به بیگاری می‌گمارند، غر می‌زند ولی کارش را انجام می‌دهد؛ چون زیر و رو کردن زمین را بیش‌تر از حمل اسلحه دوست دارد و با کندن زمین آشناست. بلد است از راکت بگریزد. ولی کشته می‌شود، تقصیر او نیست. عادت کرده پیش از مرگ، درون زمین زندگی کند و مثل کارگری که آبرومندانه امرار معاش می‌کند، کارش را درست انجام می‌دهد. کم‌حرف است و روزنامه نمی‌خواند. موقع حمله، کف نمی‌زند اما وقتی که مشروب تقسیم شد و همه دور نردبان جمع شدند، نوبتش که می‌شود با شنیدن سوت از نردبان بالا می‌رود.

لوکراپویو، سپتامبر ۱۹۱۶

سرباز بی‌نوایی که در سنگر، کنار خمپاره‌انداز نشسته و دور تا دورش هیاهو است، می‌داند «چه بکند» و «چه نکند» (...). از تمام حرف‌های مبالغه‌آمیز دور است و وظیفه‌اش را انجام می‌دهد (...). احساس وظیفه؛ حس جمعی و فردی تمام عوامل زحمتکش جنگ است. این حس در تمام سربازانی که آبرومندانه امرار معاش می‌کنند، وجود دارد. آن‌ها می‌دانند که «باید» بجنگید و کار خوب و دقیق را به کار شتاب‌زده ترجیح دهند (...) و از انجام آن کار سخت، لذت ببرند.

لوکراپویو، دسامبر ۱۹۱۷

این روایتی است که عمداً طولانی نوشته شده است، زیر طولانی‌بودنش رنج آن را تحمل‌ناپذیرتر می‌کند. لحظاتی که به آغاز حمله باقی‌مانده، تشابه زیادی با لحظات انتظار در زیر باران خمپاره دارد. در هر دو حالت جنگجویان از اندیشه مرگ احتمالی به لرزه می‌افتند و در همان حال چهرهٔ کسانی که بی‌شک خواهند مُرد، در ذهن آن‌ها ماندگار می‌شود. خروج از سنگر برای آغاز حمله، ترس را از سربازان می‌زداید اما در زیر بمباران هیچ تلاشی نمی‌توان کرد. این حالت، بی‌تحرکی کامل است و نوعی احساس ناتوانی

مطلق به عذاب سربازان افزوده می‌شود.

دلایل پیچیده‌ای باعث شده که برخی سربازان خاطرات جنگی خود را منتشر کنند. این خاطرات می‌تواند نوعی اعتراض کمابیش آشکار علیه بی‌اعتنایی مقامات بالا به زندگی سربازان پیاده‌نظام باشد. اما این تعبیر بسیار سطحی است؛ زیرا این نوشته‌ها نشان می‌دهند که سربازان خواسته‌اند رنج‌هایی وصف‌ناشدنی را بیان کنند:

آیا وقتی که از زبان یک سرباز یا با خواندن یک خبر درمی‌یابیم که افراد با سرنیزه دست به حمله زده‌اند، مفهوم این چند کلمه را می‌فهمیم؟ با تمام وجود معنی آن را می‌پرسیم؛ معنی آن را می‌پرسیم چرا که مطمئنیم مفهوم کوبنده و سهمگین این عبارت را درک نمی‌کنیم. معنی آن را به یاد کسانی می‌پرسم که هر لحظه بر خاک می‌افتند. کلمات اندوه‌آور برایمان رایج و آشنا شده است. شاید عدهٔ کمی متعجب شوند که چرا ما اغلب از این سلاح استفاده نمی‌کنیم. تحول جنگ دلیل دیگری بر این بی‌خبری و بی‌اعتنایی است. تصور کنید که حمله با سلاح سرد چه‌گونه می‌تواند باشد؟ تصور کنید این فولادهای تیز و سفید در انتهای تفنگ‌ها را که در دستانی منقبض قرار دارند، و به خود بگویید که این نوع جنگ، وحشتناک‌ترین چیزی است که می‌توان از جسم‌های نحیف، لرزان و مُردنی انتظار داشت.

لوپریسکوپ، ۱۹۱۷

برخی روزنامه‌ها دلیل آورده‌اند که تأثیر سانسور کاملاً نسبی است. این روزنامه‌ها از توصیف برخی حملات خونین که به‌دلیل عدم آمادگی کامل به عقب رانده شدند و کشته دادند، امتناع نکرده‌اند:

پس از گذر از بیشهٔ کاج که سربازان را از دید دشمن پنهان می‌کند ولی از گلوله‌های توپ در امان نگه نمی‌دارد، گشتی‌های ما به نزدیکی سنگرهای دشمن رسیدند. آن‌ها به یک ردیف سیم خاردار برخوردند که در پشت آن نیز دو ردیف دیگر وجود داشت. چندین تنه بریده درخت روی هم انباشته شده بود. ما در مقابل سیستم دفاعی بسیار قوی قرار داشتیم. ستوان پرن فوراً متوجه شد که امروز تغییر اوضاع ممکن نیست.

ساعت یازده بود که تصمیم گرفت عملیات را به روز بعد موکول کند تا این‌که توپخانه شکافی در تأسیسات دشمن به‌وجود آورد. روز بعد دوباره گشتی‌های ۲۱ و ۲۲ عازم شدند و گشتی ۱۹ هم همانند روز قبل، ذخیره باقی ماند. در ساعت ۱۱ گشتی‌های ۲۱ و ۲۲ به اولین ردیف سیم خاردار رسیدند. این بار آلمانی‌ها از حملهٔ ما غافلگیر می‌شدند، اما... خسارات ما سهمناک‌تر از روز قبل بود. سروان سودری فرمانده گروهان، دریافت که اوضاع دشوار است. او در چند قدمی سنگرهای دشمن فرصت یافت تا روی تنهٔ یک کاج باعجله بنویسد: «سیستم دفاعی دشمن دست‌نخورده باقی است. این سه ردیف سیم خاردار و تنهٔ درختان به‌خوبی از سنگرهای دشمن محافظت می‌کنند. ادامه و پافشاری امکان‌پذیر نیست». همین که جمله را تمام کرد یک گلوله به سرش و دو گلوله به سینه‌اش اصابت کرد و او به زمین افتاد. چند لحظه بعد فرمان عقب‌نشینی به ما رسید.

اکود مرمیت، ۲۰ آوریل ۱۹۱۵

دو شکست اخیر ضعف‌های فرماندهی را در همان ابتدای جنگ به‌خوبی به نمایش گذاشت. این ضعف‌ها عبارت بودند از: عدم شناخت دقیق منطقهٔ جنگی، بی‌اطلاعی از تأثیر شبکه‌های سیم‌خاردار در امر دفاع، علاقه به حملات پیاده‌نظام پیش از آنکه توپخانه به اندازهٔ کافی راه‌گشایی کرده باشد، لجاجت و اصرار در یأس‌آمیزترین حالات. با این حال، به‌نظر می‌رسد که خاطرهٔ زیر با بی‌اعتنایی آشکاری نوشته شده باشد. در واقع نوعب بی‌اعتنایی و بی‌علاقگی، که در جاهای دیگر نیز دیده می‌شود. در این خاطره که به سال ۱۹۱۵ برمی‌گردد، اثری از خشم دیده نمی‌شود و بیش‌تر غم‌انگیز است:

در ساعت تعیین‌شده، افسران نطق‌های معمول و آخرین توصیه‌ها را خطاب به ما ادا کردند و پرسیدند آماده‌ایم یا خیر. پس از پاسخ مثبت ما، لحظه‌ای سکوت و تمرکز برقرار شد و سپس ناگهان فریادی برآمد: «به پیش». ما در ردیف دوم بودیم. همهٔ ما، افسران و سربازان، بدون معطلی روی دیوارهٔ سنگر جهیدیم [و سپس] به‌سوی سنگر ردیف اول دویدیم تا جای همرزمان خود را که به خطوط آلمانی‌ها نزدیک می‌شدند بگیریم. هنوز کاملاً توقف نکرده بودیم که فریاد دیگری برآمد: «به پیش»! ما از دیوارهٔ سنگرهای پیش رویمان بالا می‌رفتیم و با تمام قدرت فریاد می‌زدیم: «زنده‌باد فرانسه»! «آلمانی‌ها را بگیرید»! «به پیش بچه‌ها»! هدف ما پیوستن به خط اول حمله بود. صدای رگبار مسلسل‌های دشمن گوشمان را کر کرده بود. «تق، تق، تق...». ما به یاران خود رسیدیم. اما وحشتناک بود؛ با شبکه‌ای از سیم خاردار روبه‌رو شدیم که سی متر ضخامت داشت. در همین حال رگبار مسلسل‌های دشمن ادامه داشت و ما در چپ و راست خود شاهد فرو افتادن یارانمان بودیم که زمین را از رنگ آبی اورکت‌های خود پوشانده بودند و محل اصابت گلوله در اورکت‌های آن‌ها به رنگ سرخ بود. سومین و چهارمین گروه حمله هر یک به نوبت از راه رسیدند. در جلو تعدادی از سربازها موفق شدند که به زیر سیم‌های خاردار نفوذ کرده به سنگرهای دشمن نزدیک شوند و حتی به داخل آن بپرند اما افسوس که دیگر آن‌ها را نمی‌دیدیم. تعداد آن‌ها خیلی زیاد نبود! از سوی دیگر، عبور همهٔ سربازان از شبکهٔ سیم‌ها غیرممکن بود. اوضاع بیش از پیش بحرانی‌تر می‌شد. فریاد برآمد: «دست به کار شوید». ما باسرعت زمین را کَندیم و درست در مقابل آلمانی‌ها در زمین فرو رفتیم. سوت توپ‌ها از بالای سرمان به گوش می‌رسید. در خاکی که تصرف کرده بودیم سرسختی می‌کردیم. این نتیجهٔ کار آن روز بود. اگر سیمهای خاردار بریده شده بودند، موضع آن‌ها را تصرف می‌کردیم. اگر تنها توپخانهٔ ما می‌توانست شکافی ایجاد کند، اگر رنج از دست‌دادن فرمانده، سروان و ستوان و چند تن از دوستان را که کشته و زخمی شده بودند، نداشتیم...

اکو دو ترانشه ـ ویل، ۲۸ اکتبر ۱۹۱۵

این تسلیم آشکار که شاید ناشی از بی‌تجربگی آغاز جنگ باشد، بعدها نمی‌توانست جایز و پسندیده باشد. نشریهٔ **آرگونوت** *با جملاتی متفاوت کارنامهٔ یک حمله را ارائه می‌کند و در ابتدا به آغاز حمله اشاره می‌نماید:*

ساعت ۱۴ ... گروهبان لُر با ظاهری عصبی، به ساعت خود نگاه کرد. علامت داد... (به پیش)... جالب

است، من دیگر ترسی ندارم. احساس می‌کنم که افکارم روشن‌تر و جسمم آزادتر شده است. این لحظه برایم بسیار آرام‌بخش است و لطافت خاصی دارد. چنان سکوت عظیمی حکم‌فرماست که هر صدایی در هر گوشه از صحرا به گوش می‌رسد. آخرین چشم‌اندازی که در مقابلم گشوده شده، خرمنی از شقایق است که رنگ سرخ آن در جلوی من همانند شعله‌ای موج می‌خورد.

گروهبان لر به کیسه‌های شنی که راه را در کانال سد کرده‌اند چنگ می‌اندازد. آن‌ها را کنار می‌زند و خود را عبور می‌دهد. لاپرنل با لبخند تمسخرآمیزی بر لب، در پی او و دیگران هم دنبال آن‌ها می‌روند. همه اخم کرده‌اند و دندانهایشان را به هم می‌فشارند. خطوط دشمن بسیار دور به نظر می‌رسد. سوتی به گوش می‌رسد؛ گلولهٔ توپ آلمانی‌هاست. سپس هفت یا هشت گلولهٔ زرد همانند سنگ و باسرعت به‌سوی ما پرتاب می‌شود. این حادثه هیچ احساس خطری در ما به‌وجود نمی‌آورد. پس از این انفجارهای مهیب، متوجه می‌شوم که ترقه‌های آلمانی هستند. همه‌چیز در درون و اطرافم به هم می‌ریزد. دوستانم را می‌بینم که همانند سایه به زمین افتاده‌اند و یا خم شده‌اند و آن‌چه درد را دو چندان می‌کند این است که سکوت عظیمی همه‌جا را فرامی‌گیرد. همهٔ این ماجرا چند ثانیه طول کشید؟... باد دود را می‌پراکند، برخی باز می‌ایستند، برخی کشان‌کشان به عقب بازمی‌گردند؛ به‌سوی ما. از پانزده نفر، دوازده نفر زخمی شده‌اند و سنگر دشمن نیز فتح نشده است. لاپرنل روی خاک سینه‌خیز می‌رود. یک پای او شکسته است. فک‌هایش را به هم فشار می‌دهد تا فریاد نکشد... فکر می‌کنم که در همه‌جا خون می‌بینم. تمام شد... و احساسی مبهم از خشم و رنج وجودم را فرا می‌گیرد.

آرگونوت، مه ۱۹۱۶

مشاهدات بسیاری دربارهٔ عذاب در گل‌ولای ابراز شده است. در طول جنگ مطبوعات جبهه به توضیح و تشریح این موضوع می‌پرداختند:

از صبح باران می‌بارد؛ یکی از آن باران‌های زمستانی، سرد و ظریف و دائمی. هیچ‌چیز نمی‌تواند جلوی نفوذ باران را بگیرد. خاکریز خط مقدم گویی رودخانه‌ای به رنگ زمین است. اما رودخانه‌ای بی‌حرکت که جریان آن به دیوارهٔ بسترش بستگی دارد. همه‌جا آب و گِل است. در آن فرو می‌رویم و به‌آرامی لیز می‌خوریم. نمی‌دانم کدام نیروی مقاومت‌ناپذیری ما را به‌سوی خود می‌کشد. ابتدا مولکول‌های این ماده از هم فاصله می‌گیرند. سپس احساس می‌کنی که مجدداً بازمی‌گردند و با سرسختی خاصی که نمی‌توان با هیچ‌چیز مقایسه‌اش کرد به هم می‌چسبند. دیواره‌های سنگرها خرد می‌شوند. این توده‌های گلی را چندین بار با حصارهایی از شاخه و میله محکم کرده‌اند اما آن‌ها باز جاری می‌شوند و از هم می‌گسلند. تیرک‌ها خم می‌شوند، می‌شکنند و خاک به سوی آب حرکت می‌کند و با آن مخلوط می‌گردد. تخته‌ها روی آب موج می‌خورند سپس فرو می‌روند و گل‌ولای جذب می‌شوند. همه‌چیز در این مایع سنگین ناپدید می‌شود. اگر عمق آب محدود نباشد افراد نیز درون آن ناپدید می‌شوند. در برخی سرزمین‌ها گرد و غبارهایی هستند که به اشکال مختلفند و به همه‌جا نفوذ می‌کنند و به دل‌مشغولی انسان‌ها

تبدیل می‌شوند. در این جا گل‌ولای، ذهن آدم را مشغول می‌کند. گل‌ولای همه‌جا هست؛ زیر پاها، زیر دست‌ها، زیر بدن وقتی که دراز می‌کشی. گل‌ولای با باد نمی‌رود بلکه به لباس‌ها می‌چسبد و تا پوست نفوذ می‌کند. گل‌ولای هر آب راکد و هر کسی را که می‌میرد دربرمی‌گیرد و آلوده می‌کند. از راه‌های اسرارآمیز به داخل خندق‌ها و چادرها نفوذ می‌کند. از همه‌چیز اطلاع دارد و همانند هر سیالی به اشکال مختلف درمی‌آید؛ مانند آب، گرد و غبار و ابرها. گل‌ولای همه‌جا را فراگرفته است.

آرگونوت، اول ژوئن ۱۹۱۶

در مقابل آزمون دشوار زندگی در خط مقدم، همیاری روزمرهٔ سربازان به واکنشی طبیعی برای بقا تبدیل و باعث شد تا رزمندگان پس از سال ۱۹۱۸ دائماً به موضوعی تحت‌عنوان «برادری سنگرها» اشاره کنند. شعار اتحادیهٔ ملی رزمندگان این بود: «اتحاد همانند دورهٔ جبهه»، و این شاهدی بر مدعای فوق است. هرچند که همیاری رزمندگان به امری رایج تبدیل شده بود اما برادری واقعی به‌وجود نوعی روابط میان افراد بستگی داشت. بنابراین، این واقعیت که همیاری در میان تمام سربازان رواج یافته بود، خود جای بحث دارد. گرچه گاهی اوقات روابطی ایجاد می‌شد که از استحکام شگفت‌آوری برخوردار بودند:

آن‌ها به خاطر تقسیم چند سیب سبز که بازحمت چیده شده بود، آن هم در روزهای استراحت که نانی پیدا نمی‌شد، جان‌کندن همزمان، راهپیمایی‌کردن با هم، رنج‌کشیدن در یک‌جا، خاک‌آلودشدن مانند یکدیگر به‌واسطهٔ انفجار مین‌های مشابه، به‌خاطر فرو رفتن در گل‌ولای، خم‌کردن سر زیر رگبار مسلسل‌هایی که همهٔ آن‌ها را نشانه رفته بود، خراش‌برداشتن در اثر عبور گلوله‌هایی یکسان، احساس دوستی عمیقی به یکدیگر دارند. خاطرات و رنج‌های مشترک آنان منشأ روابطی فناناپذیر در میان آن‌هاست؛ روابطی که آن‌ها را برای همیشه به هم پیوند می‌دهد. آن‌ها را در گروه‌های دو نفری می‌بینی؛ یک جفت، گویا اگر دوستی میان بیش از دو نفر باشد ضعیف می‌شود. هیچ‌گاه یکی از آن‌ها را بدون دیگری نمی‌بینی. جای آن‌ها در داخل سنگر کنار یکدیگر است. به هنگام حرکت هر دو در یک ردیف قدم برمی‌دارند و آن‌که خسته است اسلحه خود را به دیگری می‌دهد. در معابر خطرناک خاکریزها، آن‌ها یک لحظه یکدیگر را رها نمی‌کنند و در جاهای صعب‌العبور به هم یاری می‌رسانند. به هنگام بیگاری هر دو یک دسته هیزم را حمل می‌کنند. یکی خاک را برمی‌دارد، دیگری کلنگ را می‌زند. آنان برادروارترین نظام کمونیستی را به‌وجود آورده‌اند و خرجشان مشترک است. محتویات کیسهٔ یکی به دیگری نیز تعلق دارد. آنان هدایای رسیده را بین هم تقسیم می‌کنند، از یک قمقمه آب می‌خورند و پول مشروب را به نوبت می‌پردازند. شب‌ها، در استراحتگاه، پیش از خاموش‌کردن شمع، نامه‌های رسیده را برای یکدیگر می‌خوانند. به‌آرامی دربارهٔ خانواده و کارشان با یکدیگر صحبت می‌کنند و طرح‌های زندگی آینده‌شان را به هم می‌گویند و سپس با هم به خواب می‌روند. آن‌ها را «هم‌قطار» می‌نامند. این دوستی دوطرفه، آنان را در تلاش سخت و طولانی‌شان یاری می‌کند، مانند دو گاوی که عادت کرده‌اند یک خیش را بکشند. آنان احساس می‌کنند که به همدیگر اتکا دارند و از این‌که می‌بینند با هم رنج می‌کشند، کم‌تر دچار رنج

می‌شوند. ممکن است یکی از آن‌ها به خاک افتد اما آن‌ها در بین خود قسمی یاد کرده‌اند و به قسم همدیگر اطمینان دارند. اگر یکی از آن‌ها زخمی شود، دیگری او را باندپیچی می‌کند، به هوش می‌آورد و اگر لازم باشد او را فرسنگ‌ها حمل می‌کند. اگر گلولهٔ خمپاره‌ای یکی از آن‌ها را به هنگام حمله‌ای بی‌حاصل در محلی در تیررس دشمن، به خاک افکند، دیگری به محض تاریک‌شدن هوا سینه‌خیز به جست‌وجوی جسد خواهد رفت .او برای این‌که چند نامهٔ خونین و چند یادگاری از دوست مقتولش بـه خانوادهٔ او بفرستد، شاید هدف گلوله قرار گیرد و بدنش سوراخ‌سوراخ شود. آن‌ها را «رفیق» می‌نامند.

پریسکوپ ۱۹۱۶

دقایق پیش از حمله با جملاتی کمابیش مشابه توصیف شده است: انتظاری پایان‌ناپذیر [برای ترک سنگر و چون آن لحظه فرامی‌رسد گویی] آدم دوست دارد ترک سنگر یک‌بار دیگر به تعویق افتد. سکوت نفرات، آثار ترس بر روی چهره‌ها، حالت‌هایی که عمق اضطراب در وجود افراد را فاش می‌سازد، خاطرهٔ عزیزانی که یادآوری آنها آدمی را در لحظهٔ نهایی به لرزه درمی‌آورد...

سپس حمله آغاز می‌شود. در این‌جا نیز تشابه احساسات و جملات بسیار تکان‌دهنده است. بسیاری از سربازان از زوال ناگهانی ترس سخن می‌گویند که فرد حمله‌کننده را وارد نوعی حالت دوم می‌کند و به هجوم او به‌سوی خطوط دشمن جنبه‌ای غیرواقعی می‌دهد.

هنوز چند دقیقه‌ای باقی بود. در سنگر آغاز حمله بودیم و تعدادمان چند صد نفر دیگران را به‌خوبی می‌دیدیم. نگاه‌ها با یکدیگر تلاقی می‌یافت و سپس به سویی دیگر متمایل می‌گشت. در این فاصله اضطراب مخفی و لحظه‌ای در چشم‌ها خوانده می‌شد. احساس کردم که افکارم به سویی دیگر منحرف می‌شود... کم‌کم به ترس از دشمن ناشناخته، ترس از خروج و ترس از جنگ‌کردن دچار می‌شدم. دیگر در فکر چیزی نبودم. خارج شدم، دویدم، فریاد زدم و نمی‌دانم کجا را و چه کسی را زدم. از سیم خاردار عبور کردم، از روی چاله‌ها پریدم، در طول کانال‌هایی که هنوز بوی باروت می‌داد سینه‌خیز رفتم. افراد می‌افتادند و در حال جهش تکه‌تکه می‌شدند: فریادها و خُرخُرها به هم آمیخته بود و زیر بارانی از گلوله‌های توپ تقریباً محو شده بود. اطراف من را غبار و مه کابوس گونه‌ای فراگرفته بود. اکنون برای چند دقیقه وظیفهٔ من به پایان رسیده است. در آن دوردست رنگ سرخ دیده می‌شود. زبانه‌های آتش است. زیر پایم رنگ سرخ دیده می‌شود؛ خون است.

آرگونوت، مه ۱۹۱۷

پانزده نفر در انتظار حمله، در داخل خاکریز با ظاهری آرام در انتظار لحظهٔ نهایی، چند نفر سیگار می‌کشند. چند نفر دیگر با صدای آرام صحبت می‌کنند و یکی هم باعجله خود را در آینه‌ای کوچک نگاه می‌کند. تقریباً هیچ صدایی نمی‌شنوم. آیا اصلاً به این فکر کرده بودم؟ باید چهرهٔ مضحکی داشته باشم. تنها دو یا سه نفر عصبی به نظر می‌رسند. آنان با نگرانی به چپ و راست نگاه می‌کنند. گویا امیدوارند که

ناگهان به آن‌ها بگویند: «تمام شد». و آن‌ها بتوانند در خاکریز باقی بمانند. همه در آخرین لحظه خونسرد می‌شوند. آنان همانند دیگران خود را با اندیشهٔ، ایثار وفق داده‌اند.

آرگونوت، ۱۵ آوریل ـ اول مه ۱۹۱۶

این همه دقت در سال ۱۹۱۶ نادر بود. پس از آن بود که ارائه مشاهدات رواج یافت:

یک روز غروب، ستونهای پیاده‌نظام راهی خط شدند. آنان به‌آرامی، در حالی که روی ساک‌هایشان خم شده و زیر کوله‌پشتی‌هایشان تعادل خود را از دست داده بودند و نیز در حالی که زیر بار مهمات و آذوقه خرد شده بودند، در سکوت کامل تپه را به‌سختی بالا می‌رفتند. آیا مجدداً این خاکریز تمام‌نشدنی را فردا روی برانکارد باز خواهند گشت؟ به محض رسیدن ولو خواهند شد. سرمای شدید آن‌ها را بیدار نگه خواهد داشت و بارانی نرم بر چهرهٔ آنان تازیانه خواهد زد و آثار عرق را پاک خواهد کرد. آن‌ها به هم می‌چسبند و در هر گوشه‌ای چمباتمه می‌زنند. سکوت اختیار کرده‌اند. سکوت سردی بر آنان سنگینی می‌کند. هر کدام عزیزان خود را در ذهن می‌بیند، خانه‌اش را که در اعماق شب فرو رفته، دهکده‌اش را که در خواب است و فرزندانش را. ساعت چهار است. یک مأمور رابط از آن‌جا عبور می‌کند و همه را هُل می‌دهد. او به یکی از دوستانش به‌آرامی می‌گوید: «برای ساعت چهار و ربع پیش‌بینی شده است».

لوفیلون، آوریل ۱۹۱۷

این اندوه چند وجهی، مزمن و غیرقابل احساس، سرنوشتی است که با هیچ‌چیز نمی‌توان با آن مقابله کرد:

دلیل این اندوه؛ رنج‌ها، تمایلات و تأسف‌هاست. تأسف و حسرت همه‌چیز که در مجموع روند عادی زندگی را تشکیل می‌دهد (کار، دوستی، خانواده). این اندوه تمایل به عشقی در آینده نیست. اگر اندیشهٔ عشق با آن آمیخته شود، اندیشهٔ عشقی واقعی است که بی‌سر و صدا در دوردست‌ها انتظار می‌کشد. اندوه در گل‌ولای انباشته می‌شود و حتی [قلب] بزرگ‌ترین مرد را می‌فشارد. اما اندوه جلوه‌های شدیدی از خود بروز نمی‌دهد. وقتی احساس می‌کنیم در مقابل حوادث ناخوشایند خرد شده‌ایم و افتخاری نصیبمان نمی‌شود، دلسردی زاده می‌شود. ما همانند تمام کسانی که در اطرافمان هستند رنج می‌کشیم و به نظر نمی‌رسد که درد ما بتواند ثابت کند که اصل و نسبی فوق‌العاده داریم. اندوه چندش‌آور است، هیچ جاذبه‌ای ندارد. در بطن آن، چیزی مرگ‌آور نهفته است. همانند سنگ قبر سنگین است. اغلب می‌خندیم. می‌جنبیم و مدتی اوضاع را فراموش می‌کنیم. اما اندوه بااصرار تمام بازمی‌گردد.

باز رویای کسانی که دوست داشتیم و اکنون از ما دورند، به ذهنمان خطور می‌کند، رؤیای کسانی که دوست داشتیم و اکنون مرده‌اند. با این حال می‌گوییم و می‌خندیم. این جریان زندگی است که ما را به‌رغم میلمان به جلو می‌راند. دقیقاً زمانی که می‌گوییم و می‌خندیم، اندیشه‌های تلخ در ذهنمان جولان می‌دهند. و تنها همین اندیشه‌ها هستند که ذهن را اشغال می‌کنند. حتی زمانی که شوخی می‌کنیم، در درون قلب و در چشمان ما خاطرهٔ دوستی از دست‌رفته موج می‌خورد.

لوکواپویو، سپتامبر ۱۹۱۶

این روایت از ستوانی است که با امانتداری تمام واقعیت روابط روزمره میان افسران و سربازان عادی را بازگو می‌کند:

در ساعت هشت و سی دقیقه، من برای آخرین بار به همراه رابط خودم خط تحت اختیارم را بازدید و منطقهٔ خودم را نظاره کردم. جیرهٔ شراب را دو برابر داده بودند، می‌ترسیدم که آن‌ها خیلی آرام نباشند. در این لحظات، آدم می‌خواهد در آن‌ها این احساس را ایجاد کند که چه‌قدر به آن‌ها نزدیک است و چه‌قدر آن‌ها را دوست دارد و به خاطر فرمانبرداری آن‌ها چه‌قدر احساس قدردانی می‌کنند. درپی این فرمان‌برداری است که آن‌ها به پیش و به سوی دشمن ناشناختهٔ ترسناک و خطرناک حمله می‌کنند. آدم دوست دارد که همهٔ آن‌ها را در آغوش بگیرد، اما با چند جملهٔ ابلهانه روبه‌رو می‌شود: «خوب دوست عزیز، اوضاع رو به راهه؟ ـ انگار وقتش نزدیکه، نه؟ ـ فکر می‌کنی ما از آن‌ها برتر خواهیم بود»؟ سرها افراشته می‌شود. صداها و قامت‌ها را روی دیوارهٔ سنگر بازمی‌شناسیم. «حالت خوب است جناب سروان...»؟ و این است تمام ابراز محبت همرزمان تو.

لو ولتیزور، ۲۱ ژوئیه ۱۹۱۷

امتیازاتی را که به افسران می‌دهند به‌سختی می‌توان تحمل کرد، اما سربازان اصلاً به آنان حسادت نمی‌ورزند، گرچه این تبعیض آرمان جمهوری اسلامی آنان را عمیقاً جریحه‌دار می‌کند؛ آرمانی که خواهان برابری مطلق میان سرباز ـ شهروندانی است که همگی برای دفاع از میهنشان دست در دست یکدیگر نهاده‌اند.

این موضوع باعث می‌شد که سربازان از افسران ـ که آن‌ها را «مخفی‌شده» و «پشت‌جبهه‌ای» می‌نامیدند ـ و به‌ویژه از افسران ارشد، متنفر شوند:

در اولین مرخصی از دیدن این افراد متعجب شدم. همه افسر بودند و یونیفورم‌های پُرزرق و برقی به تن داشتند. آنان چنان به لباس‌های نظامی خود می‌رسیدند که گویا کت و شلوارهای قبلی‌شان است. چهرهٔ آن‌ها عوض نشده بود. خستگی‌ها و بدبختی‌های جنگ هیچ اثری روی چهره‌های بی احساس آن‌ها نگذاشته بود. بلافاصله یقین یافتم که آن‌ها اصلاً پاریس را ترک نکرده‌اند. احساس کردم که چه‌قدر حقیرند و احساس خود را در تنها صفتی که مناسب آنان بود خلاصه کردم: «پشت‌جبهه‌ای». اما چیزی که [پذیرش آن] برایم دشوار است این است که برخی‌ها جرأت می‌کنند پرافتخارترین یونیفورم‌ها را بپوشند در حالی که حق این کار را ندارند. این لباس‌ها نمایشگاهی از واکسیل‌های سبز، زرد و قرمز، نشان جنگ، مدال‌های نظامی و مدال لژیون دونور بود [و این همه‌چیزهایی بود] که خشم آدمی را برمی‌انگیخت.

لوموشوار، آوریل ۱۹۱۸

□ □ □